Johann Michael Fischer
1692 – 1766

Johann Michael Fischer
1692 – 1766

Band II

Herausgegeben
von
Gabriele Dischinger

unter Mitarbeit
von
Christl Karnehm

mit Beiträgen
von
Anna Bauer · Josef H. Biller
Dagmar Dietrich · Gabriele Dischinger
Ute Esbach · Reinhold Halder
Hans-Joachim Hecker · Christl Karnehm
Anton H. Konrad · Hans Lehmbruch
Stefan Nadler · Klaus Schwager
und Raimund Waibel

Ernst Wasmuth Verlag
Tübingen / Berlin

Die Deutsche Bibliothek - CIP-Einheitsaufnahme
Johann Michael Fischer: 1692-1766 /
hrsg. von Gabriele Dischinger
unter Mitarb. von Christl Karnehm. -
Tübingen; Berlin: Wasmuth
Bd. 2. / Mit Beitr. von Anna Bauer... 1997
ISBN 3-8030-0176-5
ISBN 3-8030-0175-7

Redaktion: Gabriele Dischinger
Typographie: Josef H. Biller, München
Graphische Formgebung und Satz:
Peter Langemann, München; Mitarbeit: Nadja Kias
Reproduktionen: Lanarepro, Lana (Italien)
Druck: Sellier, Freising
Bindung: Oldenbourg, München

ISBN 3-8030-0176-5 (broschierte Katalogausgabe)
ISBN 3-8030-0175-7 (gebundene Buchhandelsausgabe)

Auf dem Umschlag:
Ausschnitt aus dem Fassadenentwurf für München,
St. Anna im Lehel, 1753/54
(BayHStA, PlSlg 8500)

Inhalt

Vorwort

Nunmehr kann endlich der zweite Band über Johann Michael Fischer vorgelegt werden. Er bildet die Ergänzung und Fortsetzung des 1995 zur Fischer-Ausstellung in Burglengenfeld erschienenen Begleitbuches. Die darin vereinte Sammlung von 21 Aufsätzen über den Architekten wird durch die hier publizierten sieben Beiträge abgerundet; sie behandeln Themenkreise, die 1995 nicht im vorgesehenen Umfang veröffentlicht werden konnten oder gänzlich zurückgestellt werden mußten.

Kernstück dieses Bandes ist jedoch das Verzeichnis aller bekannten Fischer-Werke – ein Verzeichnis, das schon 1895 als »eine der ... wichtigsten Aufgaben der bayerischen Kunstgeschichte« angesehen wurde (s. Band I, S.14 und Anm.34) und seither die Forschung mit unterschiedlichem Erfolg beschäftigte. Ausgang und Ziel war immer die Inschrift des Fischer-Epitaphs, wonach der ›kunsterfahrene, arbeitsame, redliche und aufrichtige ... Baumeister ... 32 Gotteshäuser, 23 Klöster, nebst sehr vielen anderen Palästen ... erbaute‹. Hier nun wurde die Herausforderung dieser Zahlen aufs neue angenommen. Angesichts der Größenordnung begab man sich allerdings im Team ans Werk und eruierte – um verläßliche Grundlagen für die weitere Forschung zu schaffen – für jeden Fischer Bau die Überlieferung, förderte durch systematische, intensive Quellenrecherchen Überraschendes zutage, spürte ungeahnte Zusammenhänge auf, mußte Tradiertes revidieren, konnte Bekanntes bestätigen, aber auch bisher Unbekanntes oder Übersehenes vorweisen.

Der Umfang des Materials und die Fülle der Ergebnisse übertrafen alle Erwartungen. Das rechtfertigte zwar den Neuansatz in der Erforschung des Gesamtwerks, erforderte jedoch unvorhersehbaren Mehraufwand, zumal da sich die Zahl der Mitarbeiter im Laufe der Zeit auf zehn Autoren reduzierte. Dennoch hielten die Beteiligten in seltener Einmütigkeit, mit nie erlahmendem Elan und außergewöhnlichem Engagement an dem Vorhaben fest. Dank solchen Einsatzes kam eine dicht vernetzte Werkübersicht mit weit über Fischer hinausgehenden Informationen zustande.

Da das Verzeichnis erhaltene und verlorene Fischer-Werke berücksichtigt, kommen neben aktuellen Fotos auch viele historische Aufnahmen und Vorlagen zur Abbildung. Grundrisse, Schnitte und Aufrisse basieren überwiegend auf Originalzeichnungen aus dem Nachlaß des Architekten Max Gruber, Bergkirchen. Für eine eigene, nie realisierte Abhandlung stellte Gruber in den 50er Jahren zusammen, was in den einschlägigen Landesdenkmal- oder Bezirks- und Landbauämtern an Plänen von Fischer-Bauten greifbar war, zeichnete die teilweise noch aus dem 19. Jahrhundert stammenden Aufmaße ab und überarbeitete sie. Auf diese Weise entstand eine wertvolle Sammlung einheitlich angelegter Bauaufnahmen, die allerdings nicht immer strenger Prüfung standhalten. Aber Band I lehrt, daß sich bei Verbesserungsversuchen neue Fehler einschleichen können; einige der dort wiedergegebenen Grundrisse decken sich nämlich bedauerlicherweise nicht mit dem Bestand (s. S.140, Anm.4). Insofern sind exakt vermessene Bauaufnahmen insbesondere der großen Fischer-Kirchen nach wie vor ein Desiderat.

Idealismus und Solidarität des Fischer-Teams hätten nicht zum angestrebten Ergebnis geführt, wäre es nicht gelungen, den Druck dieses Bandes durch private Finanzierung sicherzustellen; dafür ist gesondert Dank zu sagen. Gedankt sei ferner allen, die das Unternehmen auf andere Weise unterstützten: den Vertretern der Pfarreien und Ordensgemeinschaften sowie den Eigentümern von Fischer-Bauten, die die Besichtigung von Kirchen, Kloster- und Profangebäuden ermöglichten, vereinzelt auch Einsicht in Archivgut gewährten, den Mitarbeitern der in Anspruch genommenen Diözesan-, Staats- und Stadtarchive, den Fotografen und Institutionen, die bereitwillig Abbildungsvorlagen zur Verfügung stellten, den zahlreichen Helfern vor Ort und – nicht zu vergessen – den Verantwortlichen für die Buchherstellung. Ihre Namen sind im jeweiligen Zusammenhang genannt. – Fischer und seiner Umgebung entspräche wohl: Vergelt's Gott!

G.D. und C.K.

Confir-
matio.
Litteræ
Confir-
mationis.

Gabriele Dischinger

Pläne und Modelle im Abbild

Fischers mittelbar überlieferte Entwürfe

Architekturzeichnungen wie auch Architekturmodelle dienen naturgemäß vorrangig der Bauvorbereitung und -ausführung, haben aber – vor allem im 17. und 18. Jahrhundert – vielfach noch eine Sekundärnutzung durch Maler, Bildhauer und Stukkatoren erfahren, waren sie doch auch ein beliebter Abbildungsgegenstand. Neben vielen unspezifischen Darstellungen mit Phantasie- und Symbolcharakter, auf die hier nicht weiter eingegangen werden kann, lassen sich zahllose Wiedergaben geplanter, aber nur zum Teil ausgeführter Bauten nachweisen, und das in vielerlei Gestalt, wechselnden Zusammenhängen, unterschiedlicher Genauigkeit und verschiedenen Medien. Überwiegend sind Pläne, insbesondere Grundrisse im Abbild überliefert. Die Erklärung ist im üblichen Gang einer Planung zu suchen, die, gedeiht sie über den ersten Entwurf hinaus, in weiteren Zeichnungen konkretisiert und dann im fortgeschrittenen Stadium, zumeist am Ende in ein Entwurfsmodell umgesetzt wird [1]; folglich standen immer mehr Pläne als Modelle für Abbildungszwecke zur Verfügung.

Von indirekt faßbaren Plänen seien vier exemplarisch genannt: der Grundriß der Klosterkirche Fürstenfeld in der Gründungsszene der dortigen Chorfresken (um 1723) [2], der Fassadenaufriß der Wallfahrtskirche Birnau, mit dem sich deren Bauherr, der Salemer Abt Stephan II Enroth (1745-1746), porträtieren ließ [3], sowie die Klosterpläne in den Bibliothekssälen von Schussenried und Donauwörth, der eine im Stuckrelief (1757) [4], der andere im Deckenbild (1780) [5]. Durchweg sind nicht erhaltene, zeitgenössische Entwürfe dargestellt. Um deren Verfasser benennen zu können, müssen für gewöhnlich Schriftquellen aus der Entstehungszeit bemüht werden; so auch in Fürstenfeld und Birnau. In den Sonderfällen Schussenried und Donauwörth dagegen haben die abbildenden Künstler mit den Grundrissen sogar die Namen der Entwerfer überliefert.

Anders als Pläne gehören Modelle im Abbild zu einer architekturgeschichtlich weitgehend noch unreflektierten Gattung, sie haben bisher kaum Beachtung gefunden, geschweige denn eine angemessene Würdigung. Dafür mag zum Teil die Qualität der Darstellung verantwortlich sein, denn sie sind selten so deutlich identifizierbar wie – um nur zwei prominente Beispiele anzuführen – die Modelle für das Berliner Schloß [6] und für die Wiener Hofbibliothek [7], die frei stehend, in perspektivischer Untersicht, auf der Bodenplatte montiert, im Deckenbild gezeigt werden. Daß Modelle ebenso wie Pläne nicht allein abgemalt wurden, beweist das Beispiel der St. Theklakirche in Welden; dort veranschaulicht ein Stuckmodell, wie sein Vorbild, das verschollene hölzerne Entwurfsmodell für den Neubau, ausgesehen hat [8].

Im Prinzip kann jede Ansicht eines Gebäudes Abbild eines ehemals existierenden Modells sein; diese Möglichkeit muß vor allem dann erwogen werden, wenn das Bild vom ausgeführten Bau abweicht. Was im Einzelfall wiedergegeben ist, läßt sich jedoch erst nach genauer Prüfung, auch der bauhistorischen Umstände, entscheiden [9]. Dabei ist es unerheblich, ob die betreffenden Quellen ein Modell erwähnen, denn das Entwurfsmodell war – und ist – als Bestandteil der Planung gang und gäbe. »Es hat ... vielerley Nutzen, sonderlich aber dienet ein Modell, den Begriff einer Grösse deutlicher zu machen [und] die Einbildungs-Krafft zu stärcken« [10], primär natürlich die des Auftraggebers; schließlich lag – und liegt – es im Interesse eines Architekten, dem

1 Wohlbekanntes Beispiel ist die Klosterkirche Ottobeuren, für die im Laufe ihrer sich über Jahrzehnte erstreckenden Planung mehrere Architekten Pläne einreichten, aber nur zwei Entwurfsmodelle gebaut wurden; s. unten S.30 u. Anm.118.

2 Vgl. Anna Bauer-Wild/Bärbel Hamacher/Heide Werner-Clementschitsch, Fürstenfeld, in: Hermann Bauer/Bernhard Rupprecht, Corpus der barocken Deckenmalerei in Deutschland, Bd. 4, München 1995, 84-86 (mit Abb.)

3 Vgl. Ulrich Knapp, Die Wallfahrtskirche Birnau, Planungs- und Baugeschichte, Friedrichshafen 1989, 93 (mit Abb.)

4 Grundriß der Klosteranlage in dem *GEOMETRIA*-Stuckrelief, gekennzeichnet *ARCHITECTUS IACOBUS EMELE*, Jakob Emele (1707-1780); vgl. Alfons Kasper, Der Bibliotheksaal des Prämonstratenserstifts Schussenried, ²Schussenried 1964, 3 (mit Abb.)

5 Grund- und Aufriß des Südflügels mit Signatur von Thomas Specht (1747-1792); vgl. Gabriele Dischinger, Die Anlage der Klostergebäude, in: Werner Schiedermair (Hg.), Heilig Kreuz in Donauwörth, Donauwörth 1987, 114 und 121 (Abb.)

6 Dargestellt im Deckenbild (1701/02) des Rittersaals des zerstörten Schlosses; s. Hans Reuther/Ekhart Berckenhagen, Deutsche Architekturmodelle, Berlin 1994, 11 und 53 (mit Abb.)

7 Dargestellt im Kuppelfresko der Bibliothek (zwischen 1726 und 1730); vgl. Walter Buchowiecki, Der Barockbau der ehemaligen Hofbibliothek in Wien, ein Werk J. B. Fischers von Erlach, Wien 1957, Abb.29

8 Ehemaliges Entwurfsmodell (1755) im Stiftungsaltar (1759); vgl. Karl Heinrich Koepf, Joseph Dossenberger (1721-1785), Weißenhorn 1973, 179 mit Abb.60 sowie Dagmar Dietrich, St.Thekla/Welden (KKF Nr.790), ²München-Zürich 1979, 12

9 Das Thema »Modelle im Abbild« soll in größerem Rahmen wieder aufgegriffen und eingehend behandelt werden.

10 Johann Heinrich Zedler, Universal-Lexicon aller Wissenschafften und Künste, Bd.21, Halle-Leipzig 1739, Sp.713

Abb. Diessen, Ausschnitt aus dem Langhausfresko, 1736

Bauherrn die eigene Planung nahe zu bringen. Balthasar Neumann (1687-1753) bot beispielsweise dem Abt in Neresheim 1748 an, zum besseren Verständnis seiner Pläne *von der Kirchen wenigstens die Helfte in Modell von Giebs zu machen ..., daß Modell wirdt teytlicher sein zu verstehen, besonders denen, die die Riß nicht können [kennen]* [11].

Seien es nun Zeichnungen oder Modelle, bei Fischer kommt den mittelbar überlieferten Entwürfen erhöhte Bedeutung zu, weil die Zahl bekannt gewordener Pläne im Verhältnis zu seinem außergewöhnlich reichen Lebenswerk so gering ist, daß man von Raritäten sprechen muß. Lediglich 48 eigenhändige oder von Mitgliedern der Fischer-Werkstatt angefertige Zeichnungen und Kopien können derzeit benannt werden. Dank der Entdeckung von sechs Entwürfen, die nicht materialiter, sondern im Abbild überliefert sind, umfaßt der »Katalog der Entwürfe« jetzt 54 Nummern für 19 Objekte [12]. Diese sechs Entwürfe werden hier neu in die Forschung eingeführt.

Es handelt sich um drei Grundrisse und drei Entwurfsmodelle für bestehende Fischer-Kirchen, die in zeitgenössischen Tafelgemälden, in Fresken, in der Titelvignette eines Antiphonars und sogar im Relief eines Abtstuhls wiedergegeben sind. Entweder abgemalt, gezeichnet oder in Holz nachgebildet, das verlorene Original ist jeweils so gut getroffen, daß sein Abbild genügend Ansätze zur Auswertung liefert. Der einzelne Grundriß oder das betreffende Modell bietet somit Informationen, die helfen, Lücken in der Überlieferung zu schließen sowie bislang unbekannte Planungsabläufe und Bauvorgänge aufzurollen.

Von den sechs Entwurfs-Abbildern lassen sich die drei Grundrisse am leichtesten erschließen. Darunter verdienen der unbekannte Grundriß für die Anastasia-Kapelle in Benediktbeuern, besonders aber der bislang übersehene Grundriß für die ehemalige Stiftskirche in Diessen Beachtung, weil für diese beiden Fischer-Bauten keine anderen Pläne aus der Bauzeit überliefert sind. Aber auch für die Kirche in Aufhausen bildet der nunmehr in die Diskussion einbezogene ›neue‹, zweite Kirchengrundriß eine wertvolle Ergänzung der erhaltenen Zeichnungen.

Interessanter noch als die Grundrisse sind die Modelle, weil damit endlich eine zwar vorauszusetzende aber nur vereinzelt in den Quellen genannte Entwurfsform in Fischers Werk sichtbar Gestalt annimmt. Schriftlich belegt war bisher nur das Modell für die Kapitelle der Ottobeurer Kirchtürme [13]; neuerliche Durchsicht der Unterlagen erbrachte jetzt den Hinweis auf ein zweites Modell für Ottobeuren, das wahrscheinlich die Turmobergeschosse betraf [14]. Ferner wird aus Fürstenzell berichtet, Fischer habe für das Kreuz auf dem Giebel der Kirchenfassade ein Holzmodell hergestellt [15]. Baumodelle sind außerdem für die Wallfahrtskirche in Aufhausen und für die Benediktiner-Klosterkirche in Rott am Inn überliefert [16].

Keines dieser Fischer-Modelle hat die wechselvollen Zeitläufte überstanden. Dasselbe gilt für die nicht bezeugten, aber erschließbaren Entwurfsmodelle für Diessen und Zwiefalten. Es dürfte aber noch mehr gegeben haben, weil etliche Fischer-Bauten eine Größenordnung erreichen, deren Kosten kein Abt oder Propst ohne Vorweisen eines Modells vor seinem Konvent verantworten konnte oder wollte, zumal da sich der finanzielle Aufwand für Modelle seinerzeit in engen Grenzen hielt [17]. Insofern wird bei großen Projekten – so, wie auch heute noch – ein Entwurfsmodell weniger die Ausnahme als vielmehr die Regel gewesen sein [18].

Solchen Modellen war insbesondere dann eine längere Lebensdauer beschieden, wenn sie unausgeführt blieben und sich vom Demonstrationsobjekt zu kunstvollen Sehenswürdigkeiten mit Erinnerungswert wandelten. In Rott am Inn zum Beispiel existierte noch in den 90er Jahren des 18. Jahrhunderts das 1758 von Franz Xaver Feichtmayr und Jakob Rauch vorgestellte Modell für die bald darauf verworfene Barockisierung der Klosterkirche, Fischers Modelle für

11 Zitiert nach Willy P. Fuchs, Die Abteikirche zu Neresheim und die Kunst Balthasar Neumanns, Stuttgart 1914, 17
12 S. in Band I S.110-144
13 Norbert Lieb, Ottobeuren und die Barockarchitektur Ostschwabens, Diss. München 1931, 67; s. auch WVZ 50, Nachricht vom 19.3.1755.
14 S. WVZ 50, Nachricht vom 20.11.1755
15 S. WVZ 17
16 S. WVZ 4 und 54
17 S. Gabriele Dischinger, in Band II S.97
18 Im Falle Ottobeuren bestand eine besondere Konstellation; s. weiter unten S.30

den ab 1759 realisierten Neubau waren dagegen längst vergessen [19]. Verwirklichte Entwurfsmodelle verloren ihre Bedeutung schnell; sobald der betreffende Bau abgeschlossen war, hatten sie ihre Aufgabe im Planungsprozeß und als Vorstellungshilfe sowohl für den Bauherrn wie auch für die an der Ausstattung Beteiligten erfüllt und waren entbehrlich. Selbst für diesen Fall gab es Regelungen; in Neresheim z. B. vereinbarte man bereits bei Auftragserteilung zum Klosterneubau 1698, das dafür angefertigte Entwurfsmodell nach vollendetem Bau dem Baumeister zu überlassen [20]. Warum hätte man das fragile und platzraubende Gebilde auch behalten und aufbewahren sollen, erforderte das doch sehr viel mehr Sorgfalt, als die Archivierung von Planzeichnungen. Auf diese oder ähnliche Überlegungen ist wohl das Fehlen der Modelle für Fischers Bauten und ihre spärliche Zahl ganz allgemein zurückzuführen [21].

Deshalb darf als echte Bereicherung gelten, zumindest auf dem Umwege über Abbildungen Kenntnis vom Aussehen inzwischen verschollener Fischer-Modelle zu erhalten, insbesondere bei Bauten, deren Projektierung schlecht dokumentiert ist. Ein Glücksfall also, daß Johann Georg Bergmüller eine Ansicht des Entwurfsmodells für Diessen im Langhausfresko der Stiftskirche festgehalten hat und Johann Joseph Christian Fischers dreidimensionalen Entwurf für Zwiefalten zum Vorbild nahm für das Kirchenmodell auf dem geschnitzten Relief des Abtstuhls. Diese Aussagen lassen sich nicht quellenmäßig absichern, aber höchst wahrscheinlich machen.

Aus den Nachrichten über die Kirchenbauten in Aufhausen und Rott am Inn wissen wir, daß Fischer erst dann ein Modell baute (oder bauen ließ), wenn der gezeichnete Entwurf realisiert werden sollte. Das Entwurfsmodell entstand demnach im letzten, der Ausführung vorausgehenden Planungsstadium. Aber auch die abgeschlossene, ins Modell umgesetzte Planung hat manchmal noch unmittelbar vor Baubeginn – wie in Aufhausen – oder während des Baues Änderungen erfahren, was in Diessen, Zwiefalten sowie Rott am Inn anhand der erschlossenen Modelle nachvollzogen werden kann.

Von den hier besprochenen drei Modellen im Abbild ist das Diessener am besten und – was noch wichtiger ist – wohl auch getreu wiedergegeben; seine Ansicht läßt sich nämlich mit erhaltenen Exemplaren sowohl aus der Zeit als auch aus Fischers Tätigkeitsbereich gut vergleichen, mit den Modellen für die Klosteranlage im schwäbischen Schussenried (1748) sowie in Oberbayern für die Klosterkirche in Baumburg (1754/55) und die Wallfahrtskirche Marienberg (1759/60) [22]. Danach zu urteilen, dürfte es sich in Diessen um einen vermutlich aus Holz gefertigten Hohlkörper gehandelt haben, mit plastischer Außengliederung und farbiger Fassung. Ob das für Diessen angenommene Holzmodell allerdings hinsichtlich des Materials und der Fassung repräsentativ ist, muß offen bleiben [23], da kein Fischer-Modell ›überlebt‹ hat und die hier veröffentlichten Vergleichsstücke in effigie nichts darüber aussagen. Vielleicht läßt sich die Anzahl der im Abbild greifbaren Modelle durch systematische Sichtung der Bildquellen zu Fischer-Bauten noch erhöhen und auf diesem Wege eine breitere Basis zu deren Beurteilung gewinnen [24].

In Anlehnung an das Werkverzeichnis (WVZ) sind die Pläne und Modelle im Abbild ebenso wie die erhaltenen Entwürfe nach Bestimmungsorten alphabetisch geordnet. Sie bilden eine eigene Gruppe, sind aber zugleich Bestandteil des »Katalogs der Entwürfe« und schon in dessen Nummernfolge integriert [25]. Hier werden die sechs Entwürfe neuerlich unter ihrer Nummer aufgerufen und anschließend gesondert besprochen. Grundlage der Ausführungen sind die Daten und Fakten im entsprechenden Artikel des Werkverzeichnisses.

19 Wie Anm.15

20 Vgl. Paulus Weißenberger, Baugeschichte der Abtei Neresheim, Stuttgart 1934, 200 f.

21 Wieviele Modell bei der Säkularisation zugrunde gegangen sind, ist unbekannt. – Der Verlust von Planzeichnungen, insbesonderer solcher, die dem ausgeführten Bau zugrunde lagen, erklärt sich aus ihrer Verwendung – und damit Gefährdung – auf der Baustelle; s. dazu Hans Lehmbruch, in Band II S.54 mit Anm.95.

22 Vgl. Alfons Kasper, Bau- und Kunstgeschichte des Prämonstratenserstifts Schussenried, Teil 2, Schussenried 1960, 61 und Kilian Kreilinger, Der bayerische Rokokobaumeister Franz Alois Mayr, in: Jb. des Vereins für Christliche Kunst 9 (1976) 137; dort ist noch das 1768 entstandene Modell für Michaelbeuern genannt. Die Größe der Modelle: Schussenried 88 x 110 cm, Baumburg 104 x 43 x 81 cm, Marienberg 70 x 68 x 108 cm. Ferner die Maße der Kirchenmodelle von Balthasar Neumann: Münsterschwarzach, 1726/27 (96 x 65 x 132 cm) und Vierzehnheiligen, 1744 (98 x 60 x 95 cm); nach Ausst.-kat. »Aus Balthasar Neumanns Baubüro«, Würzburg 1987, 148 (Hans-Peter Trenschel) und 242 (Stephanie Kleidt).

23 Fischers Modelle könnten auch aus Gips oder Pappe und, falls aus Holz, holzsichtig gewesen sein. – Dazu Zedler (Anm.10) generell: »In der Baukunst heist ein Modell oder Muster eine vollkommene geschnitzte Vorstellung eines gantzen Gebäudes, so man auszuführen vorgenommen. Dasselbe kan von Wachs oder Gips poßirt, besser aber von Holtz, bereitet werden. ... Wenn nun alles also fertig, wird ein jedes Theil mit seiner gehörigen Farbe angestrichen, und ihm dadurch eine Erhöhung gegeben«.

24 Selbst wenn die Vermutung, auf dem 1741 datierten Stich der Kirche in München-Berg am Laim (s. WVZ 27) könnte ein Modell wiedergegeben sein, zur Gewißheit reifte, ergäben sich daraus keine Erkenntnisse über dessen Material und Fassung.

25 Wie Anm.12

Abb. Aufhausen
Abbild eines Fischer-Entwurfs im Langhausfresko, 1738

AUFHAUSEN (Kr. Regensburg, Oberpfalz) WVZ 4
Ehem. Oratorianer-Stiftskirche, heute Wallfahrtskirche Maria Schnee, und das Institutsgebäude

3 Grundriß (EG) der Kirche [26]
Wiedergabe (im Fresko von 1738)
eines Fischer-Entwurfs – 1732/33

Auf dem 1738 gemalten Hauptfresko der Kirche, das die Stiftung der Wallfahrt zum Thema hat, ist der Plan mit dem Kirchengrundriß abgebildet, genauer gesagt im nördlichen Viertel des Gewölbes, oberhalb des kurfürstlich bayerischen Wappens im Chorbogen. Im Verhältnis zu den dargestellten Personen erscheint das Blatt ziemlich groß; sein Format dürfte mit Rücksicht auf die Entfernung zwischen Betrachter und Bild gewählt worden sein, damit der Grundriß an der Decke von unten gut erkennbar ist. Daß auf Detailtreue und Deutlichkeit in der Wiedergabe Wert gelegt wurde, belegt auch die technische Analyse des Freskos, denn für den Plan und die beide Putten, die den Grundriß halten, benötigte der Maler einen vollen Tag [27].

Der Flügel eines Engels sowie zwei eingerollte Blattecken verdecken zwar Teile der Plandarstellung, aber die wesentlichen Partien sind gut erkennbar. Der Grundriß auf dem Fresko entspricht dem Kirchengrundriß auf der im Original erhaltenen Entwurf Kat.-Nr.2 in dem Maße, daß – um Wiederholungen zu vermeiden – auf dessen Beschreibung verwiesen werden kann [28]. Nur in drei Punkten unterscheidet sich Kat.-Nr.3 von Kat.-Nr.2: Statt rot ist der Grundriß schwarz angelegt, in den massiven Mauerpartien der acht Zentralraumecken fehlen die runden Hohlräume und durch einen der Eckpfeiler ist im Bogen eine Kanzeltreppe geführt [29]. Andererseits schließt die Übereinstimmung selbst Einzelheiten wie Stufen und Gewölbelinien ein. Während sich beim Abmalen der Stufen an einer Stelle offensichtlich ein Versehen eingeschlichen hat – in der südöstlichen Seitenkapelle bindet die unterste Stufe an einer Seite falsch an – weisen die Seitenräume der Eingangshalle und des Chores dieselben Kreuzgratgewölbe mit gespaltenen Graten bzw. dieselben Längstonnen auf, wie sie auf Kat.-Nr.2 eingezeichnet sind.

Im Unterschied zu den erhaltenen Entwürfen Kat.-Nr.1 und 2 zeigt der gemalte Grundriß Kat.-Nr.3 die Kirche ohne die ostseits geplanten Institutsgebäude. Daß er dennoch mit deren Anbau rechnet, beweisen zwei Details: die gelängte Schneckenstiege am Ansatz des Instituts-Südflügels sowie die Mauer-

26 Bei Hans-Josef Bösl, Aufhausen – Wallfahrtskirche Maria Schnee, Aufhausen 1989, 64 f. und 67 erwähnt und abgebildet, aber nicht mit Fischers Planung in Verbindung gebracht.

27 S. bei Bösl (Anm.26, 64 f.) die Netzkarte der Tagwerke. Einen weiteren Tag verwandte der Maler – Joseph Zitter aus München – auf die männliche Person, die eine Ecke des Planes hält und durch die Stellung zum Gnadenbild als Stifter gekennzeichnet ist. Bösl (67) identifiziert den Mann fälschlich mit Fischer.

28 S. Kat.-Nr.2, in Band I S.112-114

29 Auf der Evangelienseite der genordeten Kirche, der Pfeiler zwischen nordöstlicher Diagonal- und östlicher Seitenkapelle. Die Kanzeltreppe wurde ausgeführt, wie abgebildet; vgl. den (irrtümlich seitenverkehrt wiedergegebenen) Grundriß der Kirche in Band I, S.38 und 55.

reste nordwestlich des Turmes hinter dem Chor, die zu der ursprünglich dort vorgesehenen Sakristei gehören. Wie Kat.-Nr.1 und 2 sieht Kat.-Nr.3 den Bau der Kirche mit Institutsgebäude vor und ist somit ebenfalls Fischers Planung vor Baubeginn 1736 zuzuordnen [30]. Dem Maler des Kuppelfreskos, Joseph Zitter, diente 1738 also ein ad acta gelegter Fischer-Entwurf als Vorlage.

30 S. in Band I S.112-114

BENEDIKTBEUERN (Kr. Bad Tölz-Wolfratshausen, Oberbayern) WVZ 8
Anastasia-Kapelle an der ehem. Klosterkirche, heute Pfarrkirche St. Benedikt

4 Grundriß (EG und Emporengeschoß) [31]
Wiedergabe (auf einem Porträt von 1750/58)
eines Fischer-Entwurfs – 1749/50

Schon im Jahre 1606 wurde in Benediktbeuern eine Anastasia-Kapelle errichtet. Ihre Ansicht ist auf mehreren Stichen festgehalten, über Inneneinteilung und Größe informiert ein Grundriß von 1709 [32]. Danach war der geostete, einschiffige Bau im Winkel zwischen dem nordöstlichen Chorturm der Klosterkirche und der Sakristei eingefügt; nur an zwei Seiten stand er frei, gegen Osten und gegen Norden. Mit dem polygonalen Chor ragte die Kapelle im Osten weit über die Sakristei hinaus, im Norden lag der Eingang. Die Abmessungen des Innenraumes einschließlich Vorraum betrugen in der Länge 60 und in der Breite 15 Schuh, also rund 17,5 x 4,5 Meter [33].

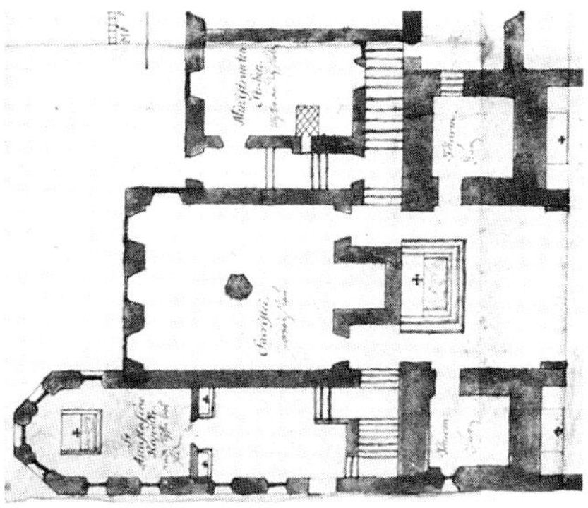

Abb. Benediktbeuern
Anastasia-Kapelle,
Grundriß des Vorgängerbaus,
Ausschnitt aus einem Gesamtplan,
1709

Diese erste Anastasia-Kapelle wurde 1750 abgebrochen und durch einen Neubau nach Fischers Entwurf ersetzt. Der Auftraggeber, Abt Leonhard Hochenauer (1742-1758), hat sich mit einem Grundriß der neuen Kapelle – wohl zwischen 1750 und 1758 – porträtieren lassen [34]. So, als wolle er verhindern, daß sich die Blattenden des Planes weiter einrollen, setzt der Abt ein Buch auf die Zeichnung und verdeckt dadurch wichtige Bereiche der ohnehin nur partiell sichtbaren Darstellung.

Das rechteckige Blatt zeigt einen Grundriß, dessen große Nähe zum ausgeführten Bau erst beim Vergleich mit der bestehenden Situation erkennbar ist. Der Ostteil der Kapelle ist auf der linken Blatthälfte zu suchen; er liegt weitgehend verborgen unter und hinter dem Buch, nur das angeschnittene Rund der Außenmauer schimmert seitlich als schmaler Streifen durch. Rechts, nahe am Blattrand, stößt die Kapelle mit ihrer Westmauer an den nördlichen Chorturm der Klosterkirche. In der unteren Blatthälfte ist beinahe vollständig der Verlauf der Kapellenlängsmauer im Norden zu verfolgen. Wenig unterhalb der Nordmauer ist die Maßstabsleiste angebracht, die der Maler erstaunlich genau wiedergegeben hat: ein längsgeteilter Balken mit drei gleichgroßen Abschnitten, von denen der linke in zehn Einheiten – vermutlich Schuh – unterteilt ist. Eine dekorative Umrandung faßt den Grundriß einschließlich Maßstabsskala ein. Mauerschnitte, eine Hälfte des Maßstabsbalkens und die Umrandung sind schwarz angelegt.

Sowohl in der Art der Einfassung als auch in der farblichen Fassung gleicht der gemalte Kapellengrundriß erhaltenen Planzeichnungen aus der Fischer-Werkstatt. Im »Katalog der Entwürfe« findet sich auch für den längsgeteilten Maßstabsbalken – zum Beispiel auf Kat.-Nr.31 – eine Entsprechung. Das Erscheinungsbild des Grundrisses bestätigt also, was die Abbildung auf dem Porträt ohnehin nahelegt: Abt Leonhard hat sich als Bauherr der Kapelle mit einem damals existierenden Fischer-Entwurf malen lassen.

Erfahrungsgemäß wurden für solche Zwecke keine Ausführungspläne, sondern ›ausgediente‹, verworfene oder überholte Entwürfe genommen; so auch in diesem Falle. Verglichen mit dem heutigen Bestand erweist sich der gemalte Grundriß Kat.-Nr.4 nämlich als Vorstufe der realisierten Planung. Im Unterschied zur ausgeführten Kapelle erscheint das Oval des Kernraumes weniger ausge-

31 Kat.-Nr.4 ist unveröffentlicht.
32 BayHStA, PlSlg 3102; bei Gabriele Dischinger, Zeichnungen zu kirchlichen Bauten bis 1803 im Bayerischen Hauptstaatsarchiv, Wiesbaden 1988, 38 f. (Nr.54)
33 Der Umrechnung liegt das Maß eines Bayer. Landschuhs mit 29,2 cm zugrunde; vgl. Hans Lehmbruch, in Band II S.54 mit Anm.98.
34 Das Porträt hängt in den Räumen des Klosters Benediktbeuern; seine Entstehungszeit kann nur grob eingegrenzt werden auf die Jahre zwischen dem Bau der Kapelle und dem Tod des Abtes.

prägt und steht der Vorraum in einer Flucht mit dem nördlichen Chorturm der Klosterkirche. Die vorgegebene Fluchtlinie wenigstens im Eingangsbereich der neuen Kapelle einzuhalten, bot sich an, konnte dabei doch die Nordmauer der alten Kapelle teilweise übernommen werden. Letztlich trennte Fischer sich aber von dem Vorgängerbau, löste die Kapelle konsequent aus der Kirchenflucht und verhalf ihr so zu echter Eigenständigkeit.

Dieser Schritt war entscheidend auf dem Wege vom gelängten Zentralraum mit gerundeten Schmalseiten – wie ihn Kat.-Nr.4 wiedergibt – zum ovalen Zentralraum mit abgeflachten Längsseiten – wie wir ihn kennen. Denn erst die vollständige Abkehr von der alten Struktur, der Entschluß, den am Kapellenwestende mittig anschließenden Vorraum ebenfalls aus der alten Fluchtlinie herauszurücken und auf diese Weise die Längsachse des Baues nach Norden zu verschieben, schuf die Voraussetzung zur Ausbildung des Ovals. Nur in diese Richtung konnte der an zwei Seiten umbaute, ungünstig geschnittene Grund vergrößert und der erforderliche Platz für die Weitung des Grundrisses gewonnen werden.

Mit der Verbreiterung der Kapelle erhielt der Innenraum eine modifizierte, straffere Gliederung. Aus Kat.-Nr.4 ist abzulesen, daß an den Längsseiten ursprünglich äußerst flache, von Pilastern gerahmte Nischen für die Seitenaltäre ge-

Abb. Benediktbeuern Anastasia-Kapelle, Abbild eines Fischer-Entwurfs im Porträt des Abtes Leonhard Hochenauer, 1750/58

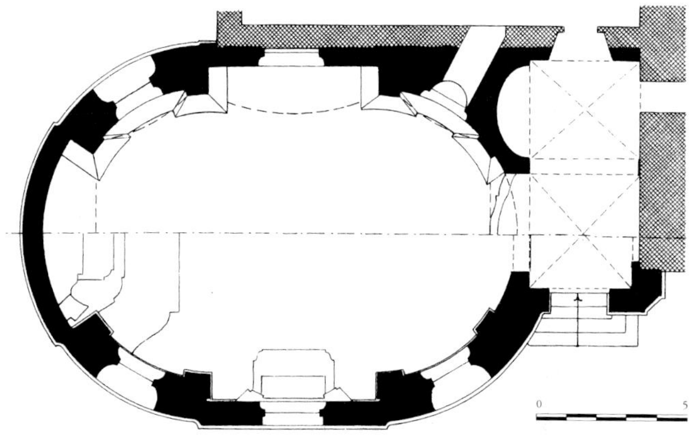

Abb. Benediktbeuern, Anastasia-Kapelle, Grundriß in zwei Ebenen

plant waren; die Spalte zwischen Nischenansatz und Pilastern erinnern an die Lösung von Aufhausen, wo die Pilaster ähnlich freigestellt sind [35]. Bei der Ausführung dagegen fassen in die Gesamtgliederung integrierte Eckpilaster die Nischen ein. Fischer hat also den Vorentwurf für den Bau stärker strukturiert. Ganz in diesem Sinne entwickelte sich auch die Ausstattung der Kapelle; statt der Seitenaltäre von Kat.-Nr.4, deren Architektur möglicherweise mit der gebauten konkurriert hätte, fiel die Wahl auf »zurückhaltend instrumentierte, flache Retabel« von Ignaz Günther [36].

Ausgerechnet die später verworfenen Seitenaltäre liefern d e n Hinweis zum richtigen Verständnis des Grundrisses, der sich erst auf den zweiten Blick als Kombination von Erd- und Emporengeschoß zu erkennen gibt. Während die Eingangsstufen vor dem Portal in den Kapellenvorraum sowie die Darstellung der Altarmensen keine Zweifel daran lassen, einen Schnitt zu ebener Erde vor sich zu haben, wirft die Position der Altäre Fragen auf; denn deren Säulen verstellen genau die auf zusätzlichen Lichteinfang zielenden, gekehlten Laibungen der großen Fenster in der Querachse. Für diese Anordnung gibt es nur dann eine Erklärung, wenn man übereinandergezeichnete, unterschiedliche Grundrißebenen voraussetzt und sich die Seitenaltäre nicht vor den Fenstern, sondern darunter stehend vorstellt – so, wie bei der ausgeführten Kapelle. Vorlage des Malers war demnach ein Grundriß, der Erd- und Emporengeschoß einander überlagernd zeigte. Als Vergleichsbeispiele bieten sich Fischers erhaltene Grundrißentwürfe für die Lazarettkapelle in München (1748) und für die Klosterkirche in Ottobeuren (1748/49) an [37]. Projektionen dieser Art bilden also im zeichnerischen Werk Fischers keine Ausnahme.

Der Vorentwurf für die Anastasia-Kapelle entspricht bereits in wesentlichen Zügen dem Ausführungsplan [38]. Seine Entstehungszeit liegt kaum vor 1749, weil Fischers Berufung ziemlich sicher auf wiederholte Kontakte 1749 zwischen Benediktbeuern und dem Augustiner-Chorherren-Stift Polling zurückzuführen ist; schließlich stand er seit 1745 in Pollings Diensten [39]. Unter anderem plante Fischer für Polling den Pfarrhof in Unterapfeldorf, der sich interessanterweise in einem markanten Motiv mit der Anastasia-Kapelle vergleichen läßt: Die konvex vortretenden, übereinander liegenden, ovalen Räume von Vestibül und Saal in dem 1749 vollendeten Pfarrhofbau und das 1750 begonnene Benediktbeurer Oval mit den abgeflachten Längsseiten ähneln sich derartig in Grundrißfigur und -proportion [40], daß an eine direkte Ableitung gedacht werden kann. Es liegt also nahe, Fischers Kapellenentwurf 1749/50 anzusetzen und Kat.-Nr.4 damit auch zeitlich in eine Folge mit den oben erwähnten, in der Projektion vergleichbaren Planzeichnungen für München und Ottobeuren einzureihen.

35 Vgl. dort die Gliederung der Durchgänge in die Diagonalkapellen

36 Peter Volk, Ignaz Günther (Aufnahmen von Wolf-Christian von der Mülbe), Regensburg 1991, 74; s. auch Uta Schedler, in Band I S.254-265.

37 S. Kat.-Nr.12 und 34, in Band I S.121 und 129

38 Als geringfügige Änderungen sind zu nennen: die Stufen vor dem Portal und beim Durchgang vom Vor- in den Hauptraum, die Einteilung des Westteiles, wo ursprünglich, vorbei an einem gekrümmten Aufgang zur Empore, wohl ein Durchgang vom Vorraum in die Klosterkirche führen sollte.

39 S. WVZ 8 sowie WVZ 52, 66 und 72

40 Vgl. den Grundriß des Pfarrhofs in WVZ 66

DIESSEN am Ammersee (Kr. Landsberg am Lech, Oberbayern) WVZ 12
Ehem. Augustiner-Chorherren-Stiftskirche,
heute Pfarrkirche Mariä Himmelfahrt, und das Kloster

8 Grundriß (EG) der Kirche [41]
Wiedergabe (auf einem Porträt von 1731/32)
eines Fischer-Entwurfs – 1728/29

Abgebildet ist der Plan auf dem Johann Georg Bergmüller zugeschriebenen Porträt des Diessener Propstes Herculan Karg (1728-1755), Bauherr der Kirche und Fischers Auftraggeber [42]. Der Propst hält das längsrechteckige, am unteren Ende eingerollte Blatt mit dem Kirchengrundriß in seiner Linken; er präsentiert den Plan hochformatig, wobei der Schatten eines Fingers die Chorausßenmauer leicht verdeckt und die Fassadenmauer in dem eingerollten Ende versteckt ist.

Schließt man von dem Porträt, in dem der Maler sein Modell sehr gut getroffen hat [43], auf den Grundriß, dann ist auch dieser ein getreues Abbild des

41 Kat.-Nr.8 ist zwar schon in der Literatur erwähnt und abgebildet – vgl. z.B. Dagmar Dietrich, Ehem. Augustiner-Chorherren-Stift Diessen am Ammersee (GKF Nr.128), ²München-Zürich 1986, 10 –, wurde bisher aber nicht mit Fischer in Verbindung gebracht. – Dagmar Dietrich und Christl Karnehm danke ich für wertvolle Diskussionen.

Originals. Dafür spricht die äußerst detailreiche Wiedergabe, deren Genauigkeit soweit geht, daß sogar gestrichelte von durchgezogenen Linien zu unterscheiden sind. Was in Stein hergestellt werden soll – Mauern, Architektur des Choraltars und Stützen der Orgelempore – ist grau getönt, Einrichtungsteile aus Holz – Kirchengestühl, Chorschranke und Brüstung der Orgelempore – heben sich gelb von dem weißen Papier ab.

Durch seine Nähe zu dem ab 1732 unter Fischers Leitung realisierten Kirchenbau gibt sich der Grundriß als dessen Entwurf zu erkennen. Plan und Ausführung stimmen weitgehend überein: Die Außenmauern bilden ein schlichtes Längsrechteck, an dessen östlicher Schmalseite die eingezogene, halbrunde Apsis vortritt. Südseits, zwischen zweitem und drittem Joch (von Westen), ist der Turm angebaut, im Norden, knapp hinter dem ersten Joch, stößt eine Mauer im rechten Winkel an. Der damit angedeutete direkte Anschluß des Marstallgebäudes unterblieb jedoch; vielmehr erfolgte im Süden der Anbau des Klosterwestflügels, worüber der Grundriß aber keine Aussagen macht. Ausgenommen die Apsis gliedern einfache Pilaster und ein umlaufender Sockel den Außenbau. Wandpfeiler mit ausgeprägten, pilasterbesetzten Pfeilerköpfen unterteilen das Langhaus in fünf Joche. Im westlichen Eingangsjoch fehlen noch die während des Baues abgemauerten Seitenkapellen. Zwischen dem westlichen Wandpfeilerpaar ist die Orgelempore eingezeichnet; sie ruht auf vier zierlichen Säulen, durch deren versetzte Stellung die Brüstung in einer Wellenlinie verläuft. Stützen und Kurvierung zeigen eine sehr viel leichtere Konstruktion an als verwirklicht.

Die bewegte Linie der Orgelempore hat ihr Gegenstück in der geschwungenen Stufenfolge mit Kommunionbank vor dem Presbyterium. Dadurch erscheinen westliches und östliches Wandpfeilerpaar gleichartig miteinander verklammert, so daß die drei mittleren Achsen des Langhauses zu einer Einheit zusammengeschlossen und zugleich gegen die Eingangs- bzw. Chorzone abgegrenzt sind[44]. Auf diese Weise übernimmt das östliche Langhausjoch eine Vermittlerrolle zwischen Langhaus und Chor, es erhält die Funktion eines Chorauftaktjoches. Dementsprechend sind die Seitenaltäre hier größer als in den anderen Langhausjochen, bis an den Chorbogen gerückt und dem Choraltar zugeordnet; außerdem wiederholen die ersten drei Stufen am Chorbogen die mittlere Kurve der ersten Stufenfolge.

Der Plan sagt zwar nichts über die Wölbung von Langhaus und Seitenkapellen aus, deren Einteilung widerspricht aber auch nicht den ausgeführten Gewölben.

Stark eingezogene Wandpfeiler markieren den Übergang vom Langhaus zum Chor, der sich aus zwei Kompartimenten, dem vierungsähnlich angelegten Chorquadrat und der Apsis, zusammensetzt. Die ›Chorvierung‹ ist allseits offen, noch fehlen die eingebauten Tribünen in den seitlichen Anräumen sowie im Süden der Anschluß des Klosterostflügels mit Zugang in die Sakristei. In die vier Öffnungen sind Dreiviertelsäulen gestellt; einerseits verengen sie die Durchgänge, andererseits fassen sie die zum Achteck abgeschrägten Ecken des Chorquadrats. Durch die Abschnürung erhalten die Seitenräume, vor allem aber die Apsis mit ihrem hufeisenförmigen Halbrund Eigenständigkeit. Betont wird dieser Eindruck durch die – gestrichelt – eingezeichneten Gurte, die die zentrale Wölbung der ›Chorvierung‹ von den Gewölben der Seitenräume und der Apsiskonche trennen.

Ihrer Besonderheit entsprechend liegt die ›Chorvierung‹ vier Stufen höher als das Chorauftaktjoch, wobei zwischen die dritte und vierte Stufen ein Absatz geschaltet ist, um den Wechsel von konvexer zu konkaver Stufenführung auszugleichen. Für derartige Lösungen bietet sich im entwerferischen Nachlaß Fischers eine direkte Parallele: Auf Kat.-Nr.36, der eigenhändigen Zeichnung für das Ottobeurer Presbyterium, ist an vergleichbarer Stelle eine Richtungsänderung der Stufen zu beobachten. Im Diessener Grundriß wiederholt sich das Motiv der konkaven Stufe symmetrisch an allen Seiten des Chorquadrats. Die

42 S. WVZ 12 sowie Dagmar Dietrich, in Band I S.184f. mit Abb.; das Porträt wird 1731/32 eingeordnet.

43 Vgl. das von Dagmar Dietrich (Anm.41, 31) identifizierte Porträt des Propstes im Hauptfresko

44 Den Zusammenschluß der drei Langhausjoche unterstreicht die Aufstellung des Kirchengestühls: vier Blöcke mit einem Quergang in der mittleren Achse.

Abb. Diessen
Abbild eines Fischer-Entwurfs im Porträt des Propstes Herculan Karg, 1732

Stufenlinien zeichnen innerhalb des Quadrats ein Achteck mit abgeschrägten Ecken und konkaven Längsseiten nach. Denkt man an das Langhaus, wo der Raum mit Hilfe von Orgelempore und Stufen am Chorauftaktjoch eine Gliederung erfährt, die sich auf die Einteilung der Deckenzone auswirken muß – und im realisierten Bau auch ausgewirkt hat –, enthalten die Stufenlinien im Chorquadrat möglicherweise eine doppelte Aussage. Sie könnten die Figur eines Deckenfeldes in der ›Chorvierung‹ beschreiben. Dann hätte man sich im Entwurf Kat.-Nr.8 über dem Chorquadrat wohl eine böhmische Kappe oder eine Flachkuppel vorzustellen [45].

Die Absonderung der Apsis als Altargehäuse erhält ihren Sinn durch die eingezeichnete Hochaltararchitektur. Auf vierstufigem Podest steht links und rechts jeweils die Dreiergruppe eines Pfeilers mit zwei Vollsäulen; dahinter, etwa im Abstand der Mensatiefe, sind zwei weitere Säulen zu erkennen, vor einer offenbar durchbrochenen, dünnen Wand, die konzentrisch zur Apsismauer verläuft. Leicht schräg hinter der Mensa sind seitlich zwei Fenster in das Apsisrund eingelassen. In Höhenstaffelung und Grundriß gleicht diese raumhaltige Architektur des Choraltars der Altaranlage in der Kirche des Augustiner-Chorherren-

45 Diese Vermutung gewinnt an Wahrscheinlichkeit durch den Baubefund, wonach die ausgeführte Kuppel nachträglich erhöht wurde; vgl. Dagmar Dietrich, in Band I S.193 f.

Stifts Rohr, die der Münchener Bildhauer und Stukkator Egid Quirin Asam 1722/23 geschaffen hat[46]. Sollte in Kat.-Nr.8 bereits der Einbau eines ganz bestimmten Hochaltares berücksichtigt sein? Die Parallele Aufhausen, wo Fischer die Anlage des Asam-Hochaltars von Osterhofen in seinen Entwurf aufnahm[47], erleichtert die Antwort. Und die entschiedene Anbindung des östlichen Langhausjochs einschließlich der östlichen Seitenaltäre an das Presbyterium, wie sie der von Propst Herculan vorgewiesene Grundriß abbildet und wie sie Asam ganz ähnlich spätestens ab 1730 in Osterhofen vollzog, läßt eigentlich keinen Zweifel mehr.

Offenkundig rechnete Fischer auch in Diessen, wenigstens in der ursprünglichen Planung, mit der Aufstellung eines von Egid Quirin Asam entworfenen Hochaltars. Kat.-Nr.8 dürfte das Ergebnis enger Zusammenarbeit von Architekt und Bildhauer wiedergeben. Ausschlaggebend dafür waren vermutlich die Vorstellungen des Bauherren; denn es ist davon auszugehen, daß Propst Herculan die Stiftskirche der Ordensbrüder in Rohr kannte und dort seine Anregungen bezog, für die er um so empfänglicher gewesen sein dürfte, als die Altargestaltung in Rohr auf das Kirchenpatrozinium Mariä Himmelfahrt bezogen ist, – dasselbe Patrozinium, das auch die Diessener Kirche führt.

Fischer und Asam: An dieser Zusammenarbeit waren neben Egid Quirin Asam zumeist auch dessen älterer Bruder, der Maler Cosmas Damian Asam beteiligt. Es ist also nicht auszuschließen, daß der Architekt sowohl den einen als auch den anderen anfangs in sein Kirchenbauprojekt für Diessen eingebunden hatte, denn gerade in der Zeit der Diessener Planung, zwischen 1728 und 1731, arbeitete Fischer ständig mit beiden Asam zusammen[48]. 1729 ist die Verbindung von Fischer und Egid Quirin Asam sogar außerhalb des beruflichen Feldes greifbar[49]. Die baugeschichtlichen Nachrichten, der intensive Kontakt mit dem jüngeren Asam wie auch die direkte Bezugnahme auf die Asam-Hochaltäre in Rohr und Osterhofen – anhand dieser Informationen wird Fischers Entwurf Kat.-Nr.8 1728/29 angesetzt.

9 Ansicht (von Westen) der Kirche mit Kloster[50]
Wiedergabe (im Fresko von 1736)
des Fischer-Entwurfsmodells – 1729/30

Diese Ansicht, *in einer Tafel gezeichnet und von zween Edlknaben gehalten*[51], ist als ›Bild im Bild‹ Bestandteil des Hauptfreskos im Langhaus der Diessener Stiftskirche, das Johann Georg Bergmüller aus Augsburg gemalt und 1736 datiert hat. Abgebildet ist die 1732 nach Fischers Plänen begonnene Stiftskirche zwischen dem dreistöckigen Klosterwestflügel (rechts) und dem zweigeschossigen sogenannten Traidkasten (links); sie überragt die beiden Anbauten um die Höhe des mächtigen Daches. Weiter hinten, teilweise vom Klosterwestflügel verdeckt, ist der hohe Kirchturm zu erkennen, mit der kunstvollen Haube, deren Holzkonstruktion dem Zimmermann schon zu Lebzeiten Ruhm eintrug[52]. Ihre Perspektive, der nach rechts (Süden) verschobene Standort des Betrachters und die leichte Untersicht, verleihen der Darstellung besonderen Reiz.

Kräftige Farben bringen die Baugruppe vor dem angedeuteten Himmel wirkungsvoll zur Geltung: Das Rot der Dächer wie auch der Turmhaube steht in angenehmem Kontrast zu der weiß und grau gehaltenen Architektur der Kirche und ihrer Anbauten. Durch intensives Gelb sind vergoldete Zierstücke der Fassade – das Stiftswappen, die (Augustinus-) Statue in der Giebelnische und das Dreifaltigkeitssymbol auf dem Fassadengiebel – hervorgehoben. Gezielt gesetzte Schatten unterstreichen sowohl die räumliche als auch die malerische Wirkung der Ansicht, die den Eindruck einer Vedute erweckt.

Bisher richtete sich das Interesse primär darauf, welcher Szene die Ansicht zugeordnet ist, denn der Neubau des 18. Jahrhunderts erscheint in Verbindung

46 Vgl. u.a. Heinz Jürgen Sauermost, Die Asams als Architekten, München-Zürich 1986, 43
47 S. Kat.-Nr.2 und 3, in Band I S.114. Eine Untersuchung zum Thema »Asam und Fischer« ist in Vorbereitung.
48 S. WVZ 15, 23 und 49
49 S. WVZ 75, Nachricht vom 7.2.1729
50 Kat.-Nr.9 ist zwar schon in der Literatur erwähnt und abgebildet – vgl. z.B. Dietrich (Anm.41), 17 –, wurde bisher aber nicht mit Fischer in Verbindung gebracht. – Für hilfreiche Anregungen bei den Überlegungen zu Kat.-Nr.9 möchte ich Hans Lehmbruch danken.
51 ABA, Hs. 128 (= Joseph Dall'Abaco, Chronik von Diessen, 3./4. Teil), p.31
52 Dall'Abaco (Anm.51), p.46; vgl. auch Thomas Raff, Überlegungen zum Gebälkmodell des Dießener Kirchturms, in: Lech-Isar-Land 1980, 141-146

Abb. Diessen
Abbild des Fischer-Entwurfsmodells im Langhausfresko, 1736
(vgl. S.8)

mit der Klostergründung des Jahres 1132; zu Recht wird dieses Spiel mit verschiedenen Zeitebenen als »bewußter Anachronismus« gewertet[53]. Dagegen wurde die Frage, was die Ansicht eigentlich zeigt, nebensächlich behandelt; es blieb bei der Feststellung, ein Projekt sei wiedergegeben, weil die abgebildete Anlage einen 1736 noch nicht erreichten Grad der Vollendung aufweise[54]. Dieses Projekt soll hier nun erstmals untersucht werden.

1736, als Bergmüller das Langhaus freskierte, waren weder der Turm in der abgebildeten Form ausgeführt noch die neue Kirche mit dem Kloster verbunden, beide Maßnahmen hatte Fischer nicht einmal angefangen[55]. Mit seiner Darstellung griff der Maler also dem Baugeschehen voraus, er berief sich nicht auf Ausgeführtes sondern auf Projektiertes und trieb demnach auch ein Spiel mit den Realitätsebenen. Allerdings scheint Bergmüller dieses Projekt erst vor Ort kennengelernt zu haben, weil das ›Bild im Bild‹ auf den beiden bekannten Entwürfen für das Fresko noch leer ist[56]. Wie in Aufhausen, wo der Freskant einen überholten Grundrißentwurf Fischers heranzog[57], könnte auch in Diessen ein veralteter Plan – in dem Fall eine Aufrißzeichnung – als Vorlage gedient haben[58]. Die Ansicht geht aber in ihrer Perspektive und Räumlichkeit weit über die Abbildung eines Aufrisses hinaus, weiter, als sich mit der Umsetzung durch den Maler erklären ließe. Aus dem Grund ist weniger an einen gezeichneten als vielmehr an einen ins Modell umgesetzten Fischer-Entwurf zu denken.

Daß auch in Diessen der Bau eines Modells dem Bau der Kirche einschließlich der Anschlüsse an das Kloster vorausging, ist ohne weiteres anzunehmen, denn der Bauherr, Propst Herculan, ließ selbst für einzelne Teile des Kirchenbaues wie auch der Ausstattung Modelle anfertigen. Es sei nur an das einst bewunderte, aber mittlerweile verlorene Gebälkmodell des Kirchturmes sowie an das erhaltene Gipsmodell für die Ausmalung der Kuppel über der ›Chorvierung‹ erinnert[59]. Ein solcher Auftraggeber verlangte mit Sicherheit auch ein Baumodell, zumal bei seinen schlechten Erfahrungen vor der Berufung Fischers und bei dem anstehenden Bauvolumen.

53 Thomas Raff, Diessen am Ammersee in alten Darstellungen und Schilderungen, München 1985, 53
54 Wie Anm.53
55 S. WVZ 12
56 Vgl. Raff (Anm.53), 54 f.
57 S. weiter oben Kat.-Nr.3, S.12 f.
58 Auf dem Bildnis der Hl. Mechthild (in der Diessener Pfarrgalerie) von Franz Seraph Kirzinger (um 1728-1795) ist ein Aufriß der Kirchenfassade abgebildet; er zeigt die bestehende Eingangsfront und kann hier außer acht gelassen werden, weil dieser Plan zu den Zutaten gehört, um die Kirzinger das Originalbildnis der Hl. Mechthild von Johann Evangelist Holzer (1709-1740) nachträglich ›bereicherte‹.

Dieselbe Vorliebe für das Detail, mit der Bergmüller Fischers Grundrißentwurf Kat.-Nr.8 abgemalt hat, zeichnet auch seine Wiedergabe des Diessener Entwurfsmodells aus. Die ungemein exakt abgebildete Architektur provoziert förmlich den Vergleich mit der Realität – und offenbart bemerkenswerte Abweichungen zwischen Planung und Ausführung. Das gilt besonders für die Kirchenfassade. Deren charakteristische Konvex- und Konkavschwünge fehlen im Modell, die fünf Achsen der Eingangsfront treten im Wechsel ›a-b-a-b-a‹ lediglich minimal vor und zurück; bestätigt wird der gerade Verlauf durch die Verkröpfungen im Gebälk. Darüber hinaus gibt die Schrägansicht des Modells wertvolle Auskünfte über die Ecklösungen der Fassade. Beabsichtigt war, die Eingangsfront beim Ansatz an die Seitenmauern der Kirche bzw. an die Anbauten enden zu lassen; in Wirklichkeit geht die Fassade jedoch deutlich über die Breite des Kirchenbaues hinaus, verstellt einerseits eine Achse des Klosterwestflügels und ragt andererseits um knapp zwei Meter über die nördliche Kirchenmauer hinaus.

Hier läßt sich eine am bestehenden Bau nachvollziehbare Planungsänderung fassen. Den entscheidenden Anhaltspunkt liefert die Verschiebung in den äußeren Fassadenachsen. Während die Mittelachsen in den ›b‹-Bereichen innen und außen auf einer Linie liegen, lassen sich die Mittelachsen der abgemauerten Seitenräume mit denen der äußeren Fassadenbereiche ›a‹ nicht mehr zur Deckung bringen; im Verhältnis zum Inneren sind die Achsen erheblich nach außen verschoben. Dafür gibt es nur eine Erklärung: Statt, wie ursprünglich vorgesehen, über geradem wurde die Fassade über wellenförmigem Grundriß errichtet, was

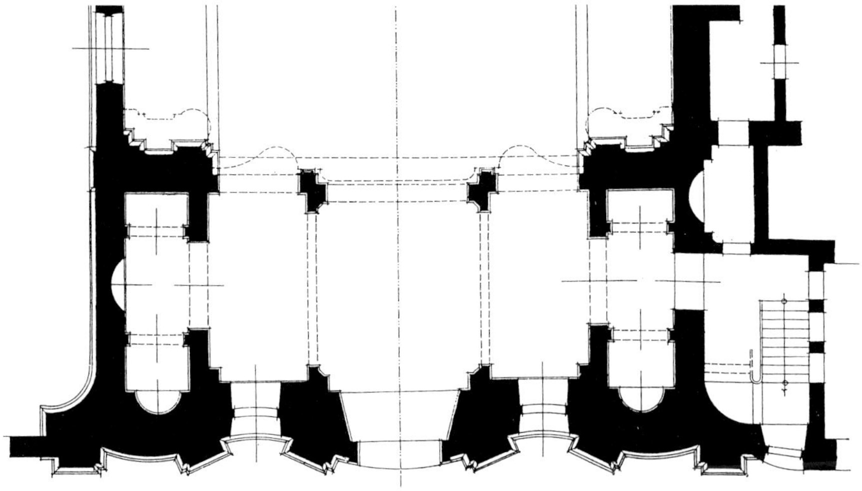

Abb. Diessen, Grundriß des Eingangsbereichs mit Angaben zum Achsenverlauf (nach Aufleger/Trautmann, 1894)

sich auf die absolute Breite der fünfachsigen Eingangswand auswirken mußte, und dort natürlich auf die Breite der beiden äußeren Achsen; denn nur in diesem Bereich waren keine die Achsen festlegenden Portal- und Fensteröffnungen vorgesehen. Die Korrektur im Grundriß hatte veränderte Proportionen im Aufriß der Fassade zur Folge.

Aus dem Vergleich des Entwurfs Kat.-Nr.8 mit dem ausgeführten Kirchenraum hat Dagmar Dietrich die Änderung des ursprünglichen Fischer-Konzeptes erschlossen und überzeugend auf Cuvilliés zurückgeführt [60]. Diese These läßt sich auf die ausgeführte Fassade übertragen, in der schon Robert Stalla die »Redaktion eines Fischer-Planes« durch Cuvilliés sah [61]. Jetzt, nach ›Entdeckung‹ des Diessener Entwurfsmodells läßt sich Cuvilliés' Anteil konkretisieren: Seinem Eingreifen ist vermutlich die Revision der gerade geplanten Fassade zu verdanken; an die Stelle leicht abgestufter Vor- und Rücksprünge traten Konvex- und Konkavschwünge, die der Fassade zu ihrem prägnanten Relief ver-

59 S. weiter oben und Anm.52 sowie Heinrich Habel, Die Glorie des Hauses Diessen-Andechs. Zum Bildprogramm des Ellwanger Kuppelmodells von Matthäus Günther, in: Ars bavarica 59/60 (1989) 111-124

60 S. Dagmar Dietrich, in Band I S.188-195

61 Robert Stalla, St. Michael in Berg am Laim, Weißenhorn 1989, 118

halfen und zugleich zwischen den unterschiedlich verlaufenden Gebäudefluchten des Traidkastens auf der einen und des Klosterwestflügels auf der anderen Seite bruchlos, ja elegant vermitteln [62]. Es widerspricht jedoch dem zeitlichen Ablauf, den 1734 begonnenen Bau der Amalienburg als Vorbild »für die sensibel bewegte Grundrißführung« [63] zu betrachten, fand doch die Diessener Lösung schon vor 1734 Nachfolge im Werke Fischers: in der Fassade der 1732/33 geplanten Wallfahrtskirche Aufhausen [64].

Zusammen mit der geraden Grundrißführung wurden auch die kleinteiligen Rahmungen von Portal und Mittelfenster zugunsten einer klaren Gliederung der Fassade aufgegeben. Unter anderem verzichtete man auf die Säulen beiderseits des Eingangsportals, die die Fassade motivisch mit dem Kirchturm verbanden. Die Gestaltung des Turmes, sein durch Dreiviertelsäulen akzentuiertes Obergeschoß, läßt sich stilistisch zwischen zwei Fischer-Bauten einordnen, zwischen den 1723-1727 ausgeführten Kirchturm in Deggendorf und die 1729/30 geplanten Türme in Niederalteich [65]. Damit gelangen wir in die Frühzeit der Fischer-Planung für Diessen, in die Jahre 1728/29, in denen wohl auch der Entwurf Kat.-Nr.8 entstanden ist. Dort fehlt jedoch noch der Anschluß des Klosterwestflügels, so daß Kat.-Nr.9 ein wenig später, 1729/30 anzusetzen ist. Der zeitliche Abstand von einem Jahr ist reichlich bemessen, aber schließlich mußte das Modell erst einmal gebaut werden.

Ausgehend von den Fällen Aufhausen und Rott am Inn sind für die Herstellung des Diessener Entwurfsmodells sechs Monate zu veranschlagen [66], möglicherweise sogar mehr, denn es dürfte ein verhältnismäßig großes Modell gewesen sein. Diese Vermutung hat Matthäus Günthers unausgeführtes Modell für die Ausmalung der Kuppel evoziert [67]. Sein dreidimensional ausgearbeiteter, in eine Gipsschale gemalter Freskoentwurf von 1733/34 macht nämlich vor allem dann Sinn, wenn er mit Blick auf ein Baumodell geschaffen wurde; in das Kirchenmodell montiert, ließ sich der Entwurf des Malers erst wirklich unter realitätsnahen Bedingungen beurteilen.

Demzufolge wäre von dem erhaltenen Gipsmodell auf das verschollene Baumodell zu schließen, das heißt, von der Schale könnten die Abmessungen der Kuppel im Kirchenmodell abgeleitet und sogar die Größenordnung des Baumodells errechnet werden. Legt man also die Innenmaße der zwei Zentimeter starken Gipsschale – 54,6 cm im Durchmesser und 25 cm in der Höhe [68] – zugrunde, hätte es sich um eine leicht abgeflachte Kuppel mit etwa gleichem Durchmesser gehandelt; daraus ergäbe sich für das erschlossene Kirchenmodell eine Außenlänge von rund drei Metern.

So überraschend diese Zahlen klingen, sie erhalten gewisse Wahrscheinlichkeit durch einen anderen Entwurf für Diessen, durch die Ölskizze von Johann Georg Bergmüller für das 1736 signierte Hauptfresko im Langhaus der Kirche; das Bild – im Format 106 x 61 cm – gilt als »Kontraktmodell« für die Ausmalung [69]. Zwischen Bergmüllers Kontraktmodell für das heute 20,90 Meter lange Deckengemälde und Günthers Gipsmodell für die Kuppel mit dem realen Durchmesser von 11,30 Metern [70] bestehen erstaunliche Bezüge hinsichtlich der Abmessungen. Die Maße der beiden Freskenmodelle verhalten sich annähernd so zueinander, wie die Maße der ausgeführten Fresken, das heißt die Ölskizze mit der Länge 106 Zentimeter und die Gipsschale mit dem Durchmesser 54,6 Zentimeter entsprechen sich maßstäblich [71].

Günther und Bergmüller – der erste 1733/34, der zweite 1735/36 – werden kaum zufällig denselben Maßstab für ihre Modelle gewählt haben, sie dürften eher von einer für alle Ausstattungskünstler verbindlichen Vorgabe ausgegangen sein, von einem Baumodell. Vermutlich orientierten sie sich an Fischers Entwurfsmodell, nahmen dort Maß für ihre Vorschläge, damit diese in das Modell eingepaßt und ›ausprobiert‹ werden konnten. Auf diese Weise ließ sich die Wirkung des einzelnen Entwurfs im räumlichen Zusammenhang simulieren und der Auftraggeber erhielt die notwendige Entscheidungshilfe [72].

62 Der Zugang von der Seite spielte wohl auch eine nicht zu unterschätzende Rolle bei dieser Änderung; s. Kathrein Blättler, in Band I S.205-211

63 Stalla (Anm.61), 120

64 S. Kat.-Nr.2 und 3, in Band I S.112-115, sowie WVZ 4. – Obwohl die Kirche in Aufhausen auch mit wellenförmig geführter Fassade gebaut wurde (Abb. in Band I S.209), heißt es bei Robert Stalla – falsch –, sie stehe »über geradem Grundriß«; Stalla (Anm.61).

65 S. Dagmar Dietrich, in Band I S.201-203

66 In Aufhausen beanspruchte der Bau des Modells sechs, in Rott am Inn mindestens fünf Monate; s. WVZ 4 und 54.

67 Zur Datierung des Günther-Modells s. WVZ 12

68 Nach Ausst.-kat. »Matthäus Günther 1705-1788«, München 1988, 333 (Kat.117, Gode Krämer)

69 Deutsche Barockgalerie (Städtische Kunstsammlungen Augsburg, Bayer. Staatsgemäldesammlungen) Katalog der Gemälde, bearbeitet von Eckhard von Knorre und Gode Krämer, ²Augsburg 1984, 38. Abb. der Ölskizze u.a. bei Raff (Anm.53), 54.

70 Maße nach Hermann Bauer/Bernhard Rupprecht, Corpus der barocken Deckenmalerei in Deutschland, Bd.1, München 1976, 38

71 Die Differenz von 5% ist zu gering, um diese Aussage einzuschränken.

72 In dem Zusammenhang wird die Überlieferung aus Brixen herangezogen. Dort legte Paul Troger 1748 einen Ölbozzetto für die Deckenfresken im Dom vor und zeigte *mitelst Gebrauchung eines Spiegels* dem Auftraggeber *noch clärer ..., wie dises Gemähl in der Hechen zu stehen khomben werde*, zitiert nach Michael Krapf, Paul Troger: Sein »Heiliger Cassian« für den Dom in Brixen, in: Mitt. der Österreichischen Galerie 28 (1984) 18. Das geschilderte Verfahren leuchtet nur ein, wenn man sich vorstellt, Troger habe den Spiegel – vielleicht auf den Boden des Brixener Baumodells (s. Anm.73) – unter die darüber montierte Ölskizze gelegt, um dem Auftraggeber damit auf bequeme Art zu besserer Einschätzung zu verhelfen.

Mit der hochgerechneten Gesamtlänge von drei Metern hätte das Diessener Kirchenmodell selbst so stattliche Vergleichsbeispiele wie die in Herzogenburg (1743) und Brixen (1745) noch übertroffen[73]. Aber in Propst Herculan Karg besaß Diessen auch einen außergewöhnlichen Bauherrn, der sich mit dem Projekt identifizierte, alles genauestens vorbereitete und vor keiner Nachbesserung zurückschreckte, um künstlerische Vollendung zu erzielen[74]. Solche Ansprüche implizieren geradezu ein Baumodell, dessen Größe eine wirklichkeitsgetreuen Demonstration der geplanten Ausstattung erlaubte.

73 Kirchenmodell in Herzogenburg 2,43 m lang; vgl. Klaus Güthlein, Der österreichische Barockbaumeister Franz Munggenast, Diss. Heidelberg 1973, 192. Kirchenmodell in Brixen ca. 2,36 m lang; vgl. Reuther/Berckenhagen (Anm.6), 59

74 Wie Anm.60

ROTT am Inn (Kr. Rosenheim, Oberbayern) WVZ 54
Ehem. Benediktiner-Klosterkirche,
heute Pfarrkirche St. Marinus und Anianus, und das Kloster

48 Ansicht (Perspektive von Süden) der Kirche mit Kloster[75]
Wiedergabe (in einer Vignette von 1764)
des Fischer-Entwurfsmodells – 1758/59

Die Ansicht in der ovalen Vignette schmückt als Titelzeichnung das handgeschriebene Antiphonar, das der Rotter Konvent 1764 dem damaligen Abt Benedikt Lutz (1757-1776) widmete[76]. Die Vignette mißt 88 x 110 mm, ist in roter Feder gezeichnet, lila-rot schattiert und mit Goldrand eingefaßt.

Auf kleinstem Raum ist die Rotter Gebäudegruppe in perspektivischer Ansicht von Süden abgebildet. Die Analyse dieser Ansicht erfolgt jedoch in anderem Zusammenhang und daher an anderer Stelle; dort wird auch begründet, warum die auf der Ansicht wiedergegebene Kirche und der Klostersüdflügel als Abbild des Fischer-Entwurfsmodells zu betrachten sind[77].

75 Kat.-Nr.48 ist zwar schon in der Literatur erwähnt und abgebildet – vgl. Willi Birkmaier (Hg.), Rott am Inn, Weißenhorn 1983, Abb.37 und 124 –, wurde bisher aber nicht mit Fischer in Verbindung gebracht.

76 Das Antiphonar liegt im PfarrA Rott. Rektor a.D. Willi Birkmaier und Pfarrer Ludwig Schleiß in Rott am Inn danke ich für die Unterstützung bei meinen Recherchen.

77 S. Gabriele Dischinger, in Band II S.88 und 90-93

ZWIEFALTEN (Kr. Reutlingen, Baden-Württemberg) WVZ 67
Ehem. Benediktiner-Klosterkirche, heute Pfarrkirche St. Maria[78]

54 Ansicht (von Süden) mit Teilansicht der Eingangsfassade
Wiedergabe (im Relief des Abtstuhls, zwischen 1744 und 1752)
des Fischer-Entwurfsmodells – 1741/42

1741 reichte Fischer in Zwiefalten seinen *Rieß zur Kirchen*[79] ein und wurde daraufhin unter Vertrag genommen; im Frühjahr des folgenden Jahres setzten die Bauarbeiten ein. Als noch nicht einmal die Außenmauern in voller Höhe errichtet waren, im August 1744, erhielt Johann Joseph Christian (1706-1777) aus Riedlingen den Auftrag für das Chorgestühl[80]; 1752 wurde es aufgestellt. In diesen acht Jahren stellte der Bildhauer sowohl den reichen Figurenschmuck als auch die 20 Reliefs her, die das Dorsale zieren. Das für die weiteren Ausführungen wichtige 21. Relief befindet sich an der Rückwand des Abtstuhls. Darauf ist das »Modell der Kirche, durch Engel der Madonna dargebracht«[81], zu sehen. Daß es sich dabei nicht um die ausgeführte Kirche, sondern wohl um das in Lindenholz geschnitzte und vergoldete Abbild des – in den Quellen nicht erwähnten aber doch anzunehmenden – einstigen Entwurfsmodells handelt, soll hier dargelegt werden.

Das Modell ist perspektivisch wiedergegeben; es zeigt die (geostete) Kirche von Süden, leicht verschoben und in Untersicht. Durch die Drehung des Modellkörpers sind die Glockengeschosse beider Chortürme sichtbar und die Westfassade präsentiert sich zu mehr als der Hälfte. Vorn, im Bereich der Eingangsfront, verdeckt die Marienfigur mit ihrem Gewand Teile der Fassade, und hinten

78 Kat.-Nr.54 ist zwar schon in der Literatur erwähnt und abgebildet – vgl. z.B. Ernst Michalski, Joseph Christian, Leipzig o.J. (1926), 21 und Abb.14 –, wurde bisher aber nicht mit Fischer in Verbindung gebracht.
Der Text zu Kat.-Nr.54 war bei Erscheinen von Band I noch nicht abgeschlossen und somit auch nicht mit Reinhold Halder (s. in Band I, S.222-233) abgestimmt; daraus erklären sich die unterschiedlichen Ergebnisse in einigen Punkten.

79 Baubericht bis 1765 von Othmar Baumann, zitiert nach dessen Edition von Eduard Paulus, Das alte und das neue Münster in Zwiefalten, in: Württ. Vierteljahreshefte für Landesgeschichte 11 (1888/89) 176

80 Baubericht, nach Paulus (Anm.79), 180

81 Max Schefold, Alte Ansichten aus Württemberg, Stuttgart 1957, 857

Abb. Zwiefalten
Abbild des Fischer-Entwurfsmodells zur Kirche in Verbindung mit dem später entstandenen Fassadenmodell im Relief des Abtstuhls, um 1750

hält der Engel, der das Modell der Patronin des Klosters zum Schutze empfiehlt, seinen Kopf vor die Apsis des Chores.

Allein die Wiedergabe der Kirche als Modell legt die Vermutung nahe, Christian habe ein ehemals existierendes Baumodell nachgebildet. Argumente für diese These liefert auch die Darstellung selbst. Denn die Kirche ist frei stehend abgebildet, obwohl sie zu keiner Zeit diesen Anblick bot, weil der Neubau im Süden an drei bestehende, mehrstöckige Klostertrakte angeschlossen wurde, an den Klosterostflügel, den sogenannten Gartenbau (mit Kapitelsaal), sowie an den Fraterbau und im Westen an den Gastbau [82]. Durch das Fehlen dieser Gebäude entsteht zusätzlich der falsche Eindruck, die Kirchenfassade erhebe sich unmittelbar vor dem vierachsigen Langhaus; beide trennt aber heute eine Art Vorhaus mit Eingangshalle und Emporenanlage, das in den Westflügel des Klosters integriert ist. Im Modell erscheint die Kirche also genau um dieses Vorhaus gekürzt.

Die Beobachtung ist mit einer Nachricht in Verbindung zu bringen, wonach sich die Benediktiner erst 1749 anschickten, das Vorhaus zu errichten; *anfänglich*, bei Baubeginn 1742, war beabsichtigt, *außen nur ein blindes [Vorzeichen] zu machen, das man von den Gastzimmern schauen könne; da man aber gesehen, wie groß das Kreuz und folgsam das Langhaus zu kurz, gegen einem solchen großen Kreuz, so hat man sich anders besinnet*[83]. Bis 1748 bestand also die Absicht, *außen*, das heißt an der Eingangsseite des Klosterwestflügels, nur ein *blindes [Vorzeichen]* auszuführen. 1749 dann, als Freskant und Stukkatoren den Kirchenbau schon beinahe zur Hälfte ausgestattet hatten, änderte man plötzlich die Meinung – angeblich aus ästhetischen Gründen; Abt und Konvent sollen sich zur Verlängerung gegen Westen und damit zum Bau des Vorhauses ein-

82 Vgl. Ernst Fiechter, Zwiefalten, Augsburg 1927, 9-10 (Abb.) sowie Walter Meyberg, Die barocke Klosteranlage in Zwiefalten, in: Hermann Josef Pretsch (Hg.), 900 Jahre Benediktinerabtei Zwiefalten, Ulm 1989, 516-521

83 Baubericht, nach Paulus (Anm.79), 176. *Vorzeichen* bedeutet »Portal oder Vorhaus«; nach Johann Andreas Schmeller, Bayerisches Wörterbuch, [2]München 1872/77, Bd.1, Sp.847. Mit dem *Kreuz* ist das Querhaus gemeint.

schließlich Fassade entschlossen haben, weil das Langhaus im Verhältnis zum Querhaus als zu kurz empfunden wurde.

Um zu verstehen, was mit dem ›blinden Vorzeichen‹ gemeint ist, muß auf die Zwiefaltener Kirchenprojekte aus der Zeit vor 1741 verwiesen werden, angefangen bei dem Grundriß von Franz Beer aus dem Jahre 1709 bis zu den Vorschlägen der Brüder Schneider um 1738. Mit einer Ausnahme berücksichtigen die Entwürfe übereinstimmend die vorgefundene Situation und lassen das Langhaus am Westflügel des Klosters enden; lediglich eine Planung erwägt, diesen Querriegel vor der alten Kirche mit dem Neubau zu durchstoßen, alle anderen übernehmen den Gang, der vom Kircheninneren quer durch den Klosterwestflügel nach *außen* führte, auf die Eingangsseite, wo eine blinde Portal- oder Fassadenarchitektur den Zugang zur Kirche markierte und offenbar auch weiterhin anzeigen sollte [84].

Fischer mußte bei seiner Planung den Klosterwestflügel ebenfalls als Grenze akzeptieren und ging deshalb gegen Osten weit über die alte Baulinien hinaus [85]. Ferner bestand die Auflage, ein ›blindes Vorzeichen‹ *zu machen, das man von den Gastzimmern schauen könne*, was wohl besagt: damit man von den im Westflügel untergebrachten Gasträumen in die Kirche sehen kann. Demnach waren ursprünglich am Westende des Langhauses eine oder mehrere Öffnungen als Oratorien für Gäste vorgesehen, die man sich in der Wand über dem inneren Eingang in die Kirche vorstellen muß, anstelle der ausgeführten Emporenanlage [86]. Hinter dem beharrlichen Festhalten an dem ›blinden Vorzeichen‹ dürfte allerdings weniger der Wunsch nach Gästeoratorien als nach Erhalt des Westflügels gestanden haben; den Kirchenneubau bis zur Eingangsseite durchzuführen, bedeutete nämlich, den knapp 130 Meter langen Flügelbau in einer Breite von 30 Metern zu durchbrechen und damit seine räumlichen Zusammenhänge zu zerstören und die Funktionsfähigkeit zu schmälern.

Wie unvorbereitet die Entscheidung zur Verlängerung der Klosterkirche 1749 getroffen wurde, belegt ein Entwurf für das Vorhaus, den Reinhold Halder den beiden Zwiefaltener Maurermeistern, die an Fischers Kirchenbau mitarbeiteten, den Brüdern Joseph Benedikt und Hans Martin Schneider zuschreibt und um 1749 datiert [87]. Ihr Projekt mit zwei Alternativen für eine konkav einschwingende

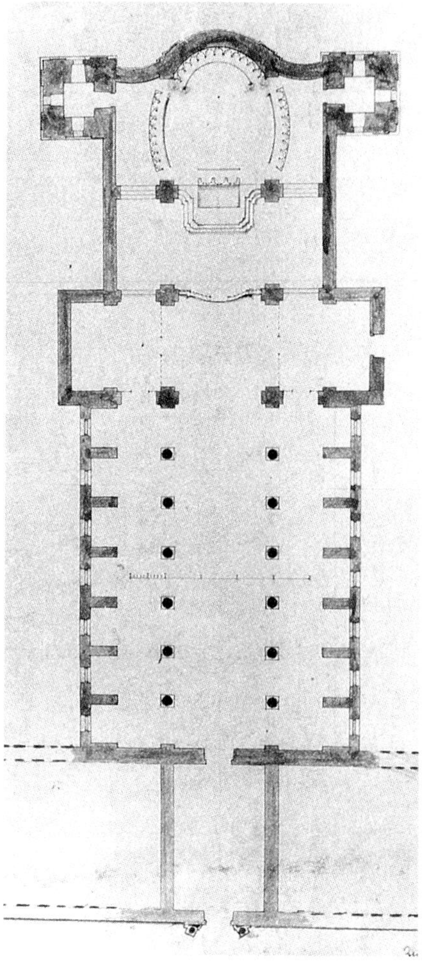

Abb. Zwiefalten
Entwurf von Franz Beer für den Kirchenneubau, 1709

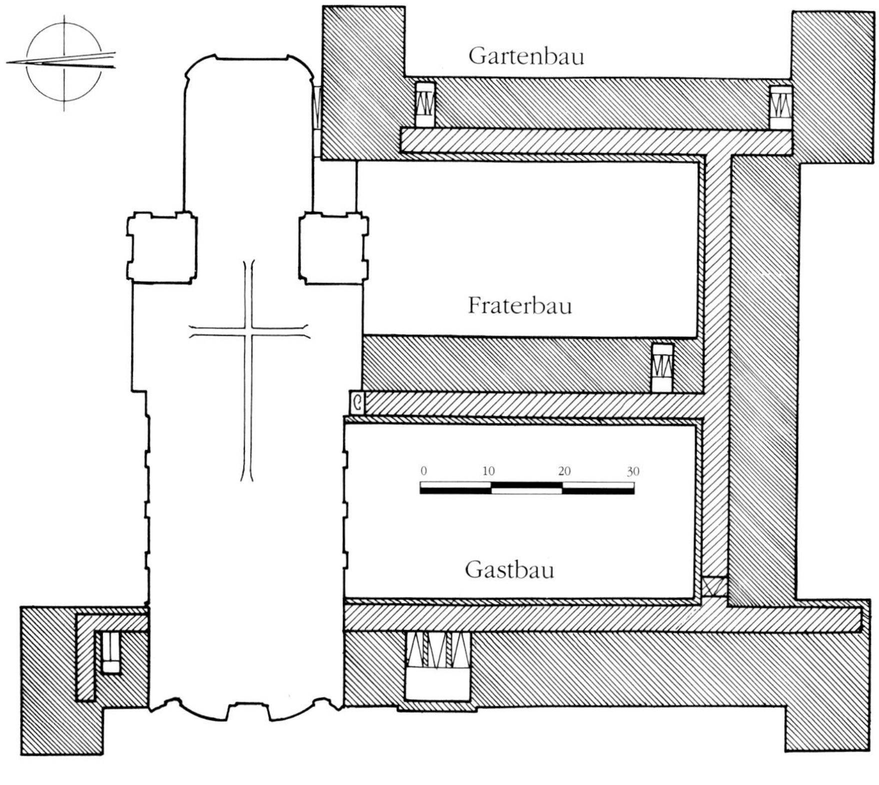

Abb. Zwiefalten
Schema der Klosteranlage
(Zeichnung Ernst Götz)

84 Zu diesem Abschnitt vgl. die Ansicht der Zwiefaltener Klosteranlage von 1715 bei Pretsch (Anm.82), Abb.101; außerdem Reinhold Halder, Zur Bau- und Kunstgeschichte des alten Zwiefalter Münsters und Klosters, in: Pretsch (wie oben), Abb.26-30 sowie Reinhold Halder, in Band I S.223 und Abb. S.231

85 Baubericht, nach Paulus (Anm.79), 177: 1742 wird berichtet, nach Fischers Entwurf werde die neue Kirche *gegen Sonnenaufgang ... mehrer als 30 Schuh länger* als die alte.

86 Die Frage nach einer Westempore vor Ausbau des Vorhauses kann nicht beantwortet werden, weil die bekannten Schrift- und Bildquellen keine Hinweise darauf enthalten.

87 S. Reinhold Halder, in Band I S.228 mit Abb. auf S.230

Fassade zeigt den äußerst eigenwilligen, vor allem aber hilflosen Versuch, die Aufgabe zu bewältigen. Daraus ergibt sich beinahe zwingend der Rückschluß, daß damals noch keine auswertbaren Fischer-Pläne für das Vorhaus und eine entsprechende Fassade existierten. Fischer hatte 1745 lediglich einen *Riß zu dem Portal* geliefert[88], der zu der Zeit eigentlich nur auf die Neugestaltung der blinden Portal- oder Fassadenarchitektur an der Eingangsseite des Klosterwestflügels abzielen konnte, aber kaum auf den Bau einer monumentalen Westfassade; denn Lösungen in der Art der Brüder Schneider – eine hohe Eingangsfassade, deren obere Hälfte nur durch eine Holzkonstruktion, die den Westflügel überfängt, mit der Kirchenwestwand verbunden ist, oder ein hinter dem Westflügel aufragender Fassadengiebel[89], dürften ausscheiden.

Abb. Zwiefalten
Schneider-Entwurf für die Vorhalle der Klosterkirche, um 1749

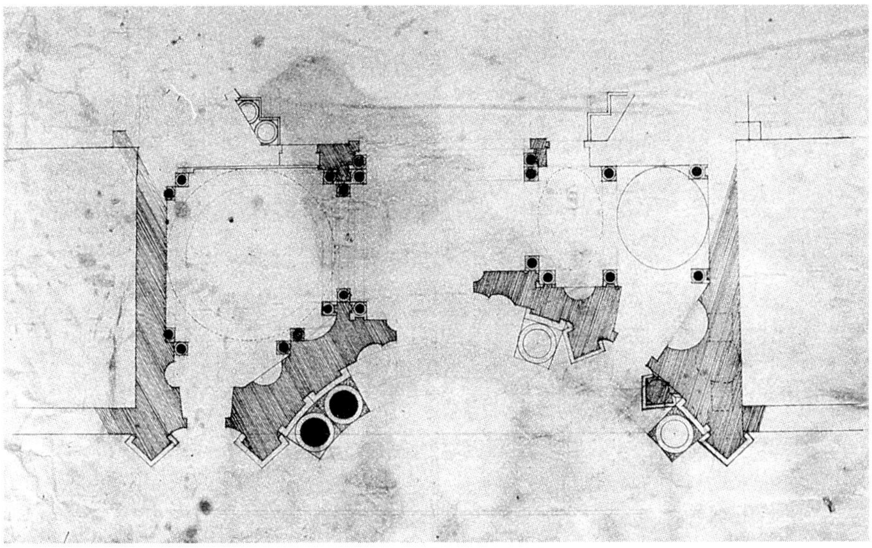

Zu dem selbständigen Entwurf der Brüder Schneider kam es, weil das Kloster seine Bauabsichten 1749 überraschend und gewissermaßen zu spät änderte, denn in dem Jahr war von den Hauptverantwortlichen für den Kirchenbau, Fischer und/oder einer seiner Paliere, keiner mehr in Zwiefalten, weil der Architekt seine Arbeiten Ende 1748 abgeschlossen und die Baustelle verlassen hatte[90]. Auffällig ist die Eile, mit der das Kloster die Weichen stellte; schon 1749 wurde mit dem Teilabriß des Westflügels der Bauplatz für das künftige Vorhaus bereitet. Gleichzeitig ist ein Ansteigen der Baukosten zu registrieren. 1750 dann wurden die Fundamente gelegt – und Fischer kehrte noch einmal zurück, wobei Datum und Dauer seines Aufenthaltes unbekannt sind. Danach empfing er 300 Gulden, das Doppelte seines jährlichen Honorars, das zwischen 1743 und 1748 regelmäßig 150 Gulden betrug. Das Geld ist aber nicht wie zuvor als *Deservit*[91] verbucht, Fischer erhält die ansehnliche Summe *wegen Fürdergeldt*[92] und *per aversum*[93]; die 300 Gulden setzten sich also aus Gesellengeld und einer Abfindung zusammen.

Anders als der zeitgenössische Baubericht glauben machen will, hat nicht Unzufriedenheit mit den Proportionen des Kirchenraumes 1749 den plötzlichen Umschwung verursacht; der Sinneswandel hing vielmehr mit der von Zwiefalten angestrebten Reichsfreiheit zusammen, die 1749 in erreichbare Nähe rückte und Anfang 1750 besiegelt wurde[94]. Und die neue hoheitliche Würde als Reichsstift verlangte natürlich nach architektonischer Manifestation[95]. Dafür mußten der bescheidene Zugang in die Kirche durch eine einladende Vorhalle ersetzt werden und zuvorderst an die Stelle des ›blinden Vorzeichens‹ eine repräsentative Fassade treten.

88 S. WVZ 67. Mit 30 fl 40 x erhielt Fischer für den *Riß* einen Betrag, der für einen Plan allein zu hoch ist. Jeweils 30 fl 40 x wurden 1745 auch Fischers Palier sowie den Brüdern Schneider ausbezahlt, allerdings als *discretion*, d.h. als Sonderzahlung nach eigenem Ermessen, für ihre Leistungen, die 1745 mit Eindecken und Wölben der Kirche einen Höhepunkt erreichte. Somit sind die 30 fl 40 x für Fischer wohl primär als Extrahonorar zu werten – den *Riß* eingeschlossen.

89 Vgl. Halder in: Pretsch (Anm.84), Abb.29 und 30

90 1748 – lediglich die beiden Türme harrten noch des Ausbaues – erreichten die jährlichen Ausgaben für den Kirchenbau ihren tiefsten Stand (s. WVZ 67), was den nahenden Abschluß der Bauaktivitäten signalisiert. Insofern konnte Fischer sich und seine Paliere zurückziehen; außerdem wartete der Kirchenbau in Ottobeuren auf vollen Einsatz der Kräfte.

91 Deservit oder »derservita = Gebühren für geleistete Dienste (Anwalt, Arzt)«; Rolf Lieberwirth, Lateinische Fachausdrücke im Recht, Heidelberg 1986, 84. Für den Hinweis danke ich Archivoberrat Hans-Joachim Hecker, München.

92 Fürdergeld ist »die Rate, die der Zimmer- oder Maurergeselle dem Meister, der ihm Arbeit verschafft am Taglohn zu entrichten hat«; Hermann Fischer, Schwäbisches Wörterbuch, Bd.2, Tübingen 1908, Sp.1847.

93 Avers bedeutet »Abfindung, Pauschvergütung«; Duden, Rechtschreibung, Leipzig 1914, 38.

94 Franz Quarthal, Kloster Zwiefalten zwischen Dreißigjährigem Krieg und Säkularisation, in: Pretsch (Anm.82), 422: »Seit 1748 bemühte sich Abt Benedikt Mauz, sein Kloster völlig von Württemberg zu lösen und die Reichsfreiheit zu erwerben. ... In dem »Eliberationsinstrument« vom 20. Februar 1750 verzichtete Württemberg auf sämtliche Rechte über Zwiefalten; das Kloster sollte zu den Reichs- und Kreistagen zugelassen werden.«

95 S. auch Lieb 1982, 109

Da Fischer 1749 nicht mehr greifbar war, zogen Abt und Konvent einheimische Kräfte für die Planung des Vorhauses heran, zum Beispiel die Brüder Schneider. Der Bildhauer Johann Joseph Christian, der offenbar schon in die Ausführung der blinden Fassadenarchitektur involviert war, wird auch daran beteiligt gewesen sein. 1748 kümmerte er sich bereits um die Beschaffung von zwei großen Steinen [96], was in dem Jahr sicher noch der Realisierung von Fischers *Riß zu dem Portal* gegolten hat, vielleicht zwei darin vorgesehenen Figuren. 1749 dann erscheint Christians Name zum ersten Male in Verbindung mit dem Kirchenbau: Er verbrachte mehrere Wochen in einem Steinbruch in *Hausen hinder Haigerloch*, wo das Kloster fortan seinen Materialbedarf für die künftige Fassade deckte [97]. 1750 und 1751 hielt sich Christian mehrfach im Steinbruch auf und die Steinlieferungen nahmen zu [98]; für 1752 fehlen die Informationen, 1753 aber, als das Vorhaus samt Fassade vollendet wurde, reiste Christian wieder nach Haigerloch [99].

Faßt man die Nachrichten zusammen, verlief die Entwicklung folgendermaßen: 1749, nachdem die Entscheidung zum Bau des Vorhauses gefallen war, nahmen die Vorstellungen vom westlichen Abschluß der Kirche schnell Gestalt an, denn der partielle Abbruch des Westflügels und das Einsetzen beträchtlicher Steinlieferungen 1749 sind ohne einen konkreten Entwurf für das Vorhaus und eine Hausteinfassade nicht denkbar. 1750 wurden sogleich in der breiten Lücke zwischen dem kleineren nördlichen und dem größeren südlichen Abschnitt des Westflügels die Fundamente vorbereitet. In demselben Jahr, vielleicht schon bei Beginn der Bausaison, tauchte Fischer neuerlich auf [100]; wohl kurz nach dem Palier, Anfang November 1750, wurde er mit einer hohen Abschlußzahlung wieder entlassen [101]. Anschließend führten Johann Joseph Christian und Hans Martin Schneider den Bau des Vorhauses bis 1753 zu Ende.

Fischers kurzer und ungewöhnlich reich belohnter Einsatz galt zu dem Zeitpunkt natürlich dem Vorhausbau, wobei sich seine Tätigkeit kaum auf Direktiven zur Fundamentierung beschränkt hat; höchstwahrscheinlich setzte er sich auch mit dem 1749 in Zwiefalten entstandenen Plan auseinander, und zwar in dem Maße, daß bisher keine Zweifel an seiner Autorschaft geäußert wurden. Das ist wiederum erstaunlich, weist doch das ausgeführte Vorhaus einige für Fischer sehr untypische Elemente auf; zum Beispiel die Vorhalle mit ihrer dreischiffigen Einteilung, die sich bei genauer Betrachtung als beidseitige Erweiterung des alten Kirchenzuganges herausstellt. Sie wirkt phantasielos und eigentümlich starr, vergeblich sucht man die Begründung für die nach außen vorbauchende Mitte der Fassade [102]. Dafür gibt es keine Parallele in Fischers Werk; die Vorhausanlage dürfte ein vom Architekten toleriertes oder ein irreversibles Relikt der Planung sein, die er 1750 vorfand.

Auch an der aufgehenden Fassade lassen sich Unstimmigkeiten ausmachen. Schon Ernst Fiechter und Julius Baum vertreten die Ansicht, »die Komposition [der Fassade ist] schwer und massig, aber die Einzelheiten sind z.T. rokokomäßig zart, ...«; sie gelangen zu dem Schluß: »Es fehlt eine gewisse überzeugende innere Einheit« [103]. Dieser Mangel resultiert entweder aus einer zurückhaltenden Revision des Entwurfs von 1749 oder auf nachträglicher Verfälschung des Ausführungsplanes von 1750. Beim jetzigen Kenntnisstand ist eine Entscheidung nicht möglich, aber auch nicht unbedingt erforderlich, denn sowohl für die Planung 1749 als auch für die Leitung der Vorhausbaues kommt nur einer in Betracht: Johann Joseph Christian, die Künsterpersönlichkeit in Zwiefalten und nach allem, was wir kennen, den Brüdern Schneider an Inventionskraft weit überlegen. Überdies wird Christian als ausgebildetem Steinmetz größere Affinität zur Architektur zuzutrauen sein, als anderen Bildhauern [104].

Ob im großen oder im kleinen, die Westfront der Zwiefaltener Kirche verrät den Einfluß eines Bildhauers. Keine andere Fischer-Fassade weist diese plastische Qualität oder ein ähnliches Widerspiel von Monumentalität und ›rokokomäßig zarten Einzelheiten‹ auf, hat einen solchen, weich geschwungenen

96 HStA Stuttgart, B 555 Bd. 98 (Großkellereirechnung 1748): (p.34) Ausgaben für eine fünftägige Reise von *H[errn] Bildthauer ... nacher Rottenburg*, (p.43) unter den Ausgaben für den Kirchenbau die Posten *5 Fuhren nach Rottenburg* und *2 große Stein von Rottenburg* nach Zwiefalten zu transportieren.

97 HStA Stuttgart, B 555 Bd.99 (Großkellereirechnung 1749), p.43: Ausgaben im Steinbruch *wegen Herabschlaiffungen grosser Steinen* 40 fl, *H. Christian Bildthauer Zehrung* 34 fl 6 x, *H. Christian wegen 4wöchiger Zehrung l[aut] C[onto]* 41 fl 16 x. Laut Baubericht – nach Paulus (Anm.79), 181 – wurde 1749 ein Stein herbeigeschafft, aus dem Christian hernach die Fassadenfigur des Hl. Stephanus herstellte.

98 HStA Stuttgart, B 555 Bd.100 (Großkellereirechnung 1750), p.47 f.: Ausgaben für *Stein, so von Hausen ... anhero seindt geführt worden ... H. Christian Bildthauer in 3 Mahl Zehrung* 85 fl 25 x. HStA Stuttgart, B 555 Bd.101 (Großkellereirechnungen 1751), p.44 f.

99 HStA Stuttgart, B 555 Bd.102, p.43

100 Gemeinsam mit Fischer wird 1750 wieder hauptamtlich ein Palier beim Kirchenbau beschäftigt; s. WVZ 67. Der namentlich ungenannte verdiente genausoviel wie sein 1748 abgezogener Vorgänger, so daß auf einen Fischer-Palier geschlossen werden kann; er war vom 4.4. bis 31.10.1750 in Zwiefalten.

101 Der Anteil des Gesellengeldes an den 300 Gulden, die Fischer bekam, wird nicht einmal die Hälfte betragen haben; vgl. z.B. das Gesellengeld im Falle München, St. Anna im Lehel (WVZ 24).

102 Die Tatsache, »daß hinter der konvexen Mitte der Fassade eine gerade Innenmauer liegt«, deutet Norbert Lieb (1982, 104) als Folge des Bauverlaufs: »Offensichtlich ist die Fassade erst nach Vollendung der Innenarchitektur aufgeführt worden«. Diese Annahme läßt sich weder durch den Baubericht (s. Anm.79) noch durch die Ausgaben zur Zeit des Vorhausbaues stützen.

103 Ernst Fiechter/Julius Baum, Oberamt Münsingen (Kunst- und Altertumsdenkmale in Württemberg, Donaukreis 5), Esslingen 1926, 150

104 Christian bezeichnete sich 1731 selbst als »Bildhauer und Steinmetz«; vgl. Rudolf Huber, Joseph Christian, der Bildhauer des schwäbischen Rokoko, Tübingen 1960, 17 und 96, Anm.8.

Abb. Zwiefalten, Kirchenfassade

Giebel mit fein gestuften Profilen und zeichnet sich durch ebenso reichen Figurenschmuck aus. Nicht einmal Fischers 1748/49 und um 1750 entstandene Fassadenaufrisse für Ottobeuren [105] bieten Vergleichbares, obwohl sie die Kirche eines gleichrangigen Klosters wie auch ein annähernd gleichgroßes Objekt betreffen. Und: Die Fassade nimmt sogar in Zwiefalten eine Sonderstellung ein, weil sie sich im Material – statt verputztes Ziegelmauerwerk wurde Haustein verwendet – wie auch im Stil – keine Form der strengen, dezent betonten Außengliederung kehrt an der Eingangsseite wieder – vom restlichen Bau der Kirche unterscheidet.

Wenn Richard Zürcher schreibt, »als Ganzes erscheint die Fassade bereits dem Aufbau eines Hochaltars verwandt« [106], umreißt er eine Wirkung, wie sie unter allen Fischer-Kirchen nur von der in Zwiefalten ausgeht. Das Einzigartige dieser Fassade ist allem Anschein nach auf die Beteiligung Christians zurückzuführen; der Bildhauer war (planend) vor, (mitplanend) neben oder (ausführend) nach Fischer daran tätig und hat so stark Einfluß genommen, daß das Ergebnis als eine gemeinschaftliche Leistung von Architekt und Bildhauer angesprochen werden muß; die jeweiligen Anteile bleiben allerdings noch zu bestimmen [107].

Christians intensive Beschäftigung mit der Fassade macht sich selbst im Abbild des Modells auf dem Relief bemerkbar. Während die Kirche weitgehend

105 S. Kat.-Nr.38 und 44, in Band I S.130 f. Bezeichnenderweise ist der Entwurf Kat.-Nr.38, den der Bildhauer Johann Baptist Straub gezeichnet hat, stärker mit Figuren bestückt.

106 Richard Zürcher, Zwiefalten, Konstanz 1967, 35

107 Eine stilistische Analyse der Fassade mit dem Versuch, die Anteile Fischer – Christian zu scheiden, ist an anderer Stelle vorgesehen.

ungegliedert ist, – was übrigens auf ein Innenraummodell hinweisen könnte[108] – hat der Bildhauer die Fassade einschließlich ihres figürlichen Schmucks mit bemerkenswerter Genauigkeit abgebildet. Darüber hinaus unterscheiden sich die beiden Bauteile durch den Winkel ihrer Projektion; die Fassade ist dem Betrachter stärker zugewandt als nach der Drehung der Kirche zu erwarten wäre und ragt mit der Südkante deutlich über die Langhausflucht der Kirche hinaus. An dieser Stelle kommt der fehlende organische Zusammenhang zum Vorschein, hier verläuft eine Linie, die das Modell in zwei Teile trennt. Es gibt die Kirche nach der Fischer-Planung von 1741/42 wieder, ohne das 1749 beschlossene Vorhaus, aber mit der 1749 und 1750 in zwei Phasen projektierten Fassade; das Modell im Relief erweist sich somit als Spiegel der Baugeschichte.

Abweichungen von der Ausführung bestehen an Kirche und Fassade gleichermaßen. Die Doppelreihe der Langhausfenster zeigt unten höhere Öffnungen als oben, statt der schmalen, hochrechteckigen sind verhältnismäßig große, rundbogige Fenster in die zwei unteren Turmgeschossen eingelassen, der Dreiecksgiebel am Querhaus wie auch der Giebel über dem großen Fassaden-Mittelfenster sind nicht gesprengt, zudem werden die Doppelsäulen der Fassade nicht von Pfeilern flankiert. Daraus Planungsänderungen herzuleiten, hieße wohl, Christians Darstellung zu überfordern, denn es handelt sich um kein gemaltes Abbild, wie in Diessen; das geschnitzte Abbild wird naturgemäß eher Vereinfachungen aufweisen und etwas grober ausfallen.

Bei aller zu unterstellenden künstlerischen Freiheit scheint Christian sich dennoch ziemlich genau am Original orientiert zu haben. Immerhin provozierte das Kirchenmodell auf dem Relief Fragen, für deren Beantwortung weit ausgeholt werden mußte, Fragen, für die sich aber sowohl in den Quellen als auch am ausgeführten Bau Erklärungen fanden und die letztlich zur Präzisierung der Planungsgeschichte und des Bauablaufs führten.

Abschließend sei noch einmal der am Modell beobachtete Bruch zwischen Kirche und Fassade angesprochen, wäre es doch für den Bildhauer leicht gewesen, die von der Realität weit entfernte Kombination beider Bauteile harmonischer zu gestalten, ein idealisiertes Kunstgebilde zu schaffen. Die Unstimmigkeiten aber boten den Ansatz, Fischers Entwurfsmodell für die Kirche von 1741/42 von der rund acht Jahre später in Verbindung mit dem Vorhaus entworfenen Fassade zu trennen; sie steht als nachträgliche Ergänzung vor dem Kirchenmodell. Angesichts dieser Darstellung drängt sich der Gedanke auf, außer dem Kirchenmodell könnte es einst auch ein Fassadenmodell in demselben Maßstab gegeben haben, die Christian zum Zwecke der Abbildung auf dem Relief eigens zusammenstellte.

108 Der dreifache Anschluß der Kirche an das Kloster legt ein Innenraummodell nahe.

Ein Pendant zu dem Modell auf dem Zwiefaltener Relief befindet sich auf dem Relief des Abtstuhls der ehemaligen Benediktiner-Klosterkirche in Ulm-Wiblingen aus der Zeit um 1780. Entwerfer des dreisitzigen Abtstuhls war Januarius Zick (1730-1797), die Ausführung unterstand Franz Joseph Christian (1739-1798) [109], dem Sohn und langjährigen Mitarbeiter von Johann Joseph Christian. In die Rückwand des dreisitzigen Abtstuhls ist ein hochovales, vergoldetes Stuckrelief eingelassen. Es zeigt die beiden Stifter des Klosters und im Zentrum, flankiert von den zwei beinahe freiplastischen Gestalten, die Wiblinger Klosteranlage. Das gesamte Areal mit Kirche Kloster, Ökonomiebauten und Einfahrtstor ist in perfekt geplanter, aber bereits 1732 aufgegebener Symmetrie wiedergegeben [110]. Gewählt wurde die Ansicht von Westen und die Darstellung in Vogelperspektive, so daß sowohl die repräsentative Eingangsfront als auch die Weitläufigkeit der vielhöfigen Anlage mit einem Blick zu erfassen sind – so, als stünde man vor einem Baumodell. Nicht umsonst wird diese Ansicht als »Idealplan« bezeichnet [111]; dessen Aussagewert für die Planungsgeschichte ist allerdings noch nicht ausreichend erkannt.

*

Eingangs wurde die Behauptung aufgestellt, Entwurfsmodelle seien vor allem bei Fischers großen Bauten vorauszusetzen. Dazu zählt selbstverständlich auch die Klosterkirche in Ottobeuren, doch ausgerechnet in diesem Falle fehlt jeglicher Hinweis auf ein Kirchenmodell. Die schriftlichen Quellen berichten 1755 nur von zwei Detailmodellen für die Türme [112], was ein Gesamtmodell weder ausschließt noch bestätigt. Selbst die Abbildung der Kirche auf einem Bozzetto für die Ausmalung kann trotz einzelner Unterschiede zum ausgeführten Bau nicht als Abbild eines Modells gesehen werden [113]. Andererseits ist die Planung für Ottobeuren einzigartig reich belegt; die 17 überlieferten Entwürfe hat Klaus Schwager ausführlich besprochen und erstmals in eine überzeugende Reihenfolge gestellt [114]. Ergänzend dazu sollen hier Überlegungen zu vier Ottobeurer Plänen ausgebreitet werden, die an die Beschäftigung mit den oben behandelten Entwurfsmodellen für Diessen, Rott am Inn und Zwiefalten anknüpfen. Auslöser war jedoch die einmalige Zusammenschau von Originalplänen in der Fischer-Ausstellung 1995.

Es handelt sich um Kat.-Nr.34-35 und 37-38 [115], zwei Grundrisse, einen Längsschnitt und einen Aufriß der Eingangsfassade; sie bilden einen maßstäblich identischen Satz und decken sich im Zeichenstil. Fischer legte die Zeichnungen nicht selbst an, sondern setzte seinen besten Zeichner ein, den Palier Hans Georg (N.N.) [116], in Verbindung mit dem Bildhauer Johann Baptist Straub (1704-1784), der die figürlichen und ornamentalen Partien in Schnitt und Aufriß einzeichnete. Es entstanden die schönsten unter den bekannten Fischer-Entwürfen, äußerst qualitätvolle und suggestive Zeichnungen, die nicht allein die Architektur, die Maße und Einteilung des künftigen Kirchenbaues zeigen wollen, sondern zugleich im zeitlichen Vorgriff ein anschauliches Bild des späteren Kirchenraumes einschließlich seiner Ausstattung entwerfen. Die differenzierte räumliche Darstellung des Kircheninneren kommt um so besser zur Geltung, als der Längsschnitt auf jegliche Angaben zum Dachstuhl verzichtet, so daß keine Konstruktionsdetails das Auge ablenken.

Kat.-Nr.34-35 und 37-38 geben sich eindeutig als Präsentationsrisse zu erkennen, für den Auftraggeber bestimmt und mit dem Ziel, zu beeindrucken. Letzteres gelingt den Plänen auf zweifache Weise, denn Fischers schönste Entwürfe sind auch seine größten. Neben diesen imposanten Großformaten treten alle anderen Fischer-Pläne zurück, sogar die übrigen, nicht gerade kleinen Ottobeurer Blätter [117]. Als Gradmesser für die Wirkung der Pläne mag deren

109 Zu den Vorgängen um Entwurf und Ausführung des Wiblinger Chorgestühls s. Hans Christ/Hans Klaiber, Inventar Donaukreis Teil 2 (Kunst- und Altertumsdenkmale in Württemberg 4, 2), Esslingen 1924, 156 f.

110 Vgl. die Baugeschichte des Klosters in WVZ 64

111 Lothar Altmann, Ulm-Wiblingen (KKF Nr.1038), ³München-Zürich 1983, 18 f. mit Abb. und Erwin Treu, Der barocke Neubau von Kloster und Kirche, in: Kloster Wiblingen, Ulm 1993, 28 mit Abb.

112 S. weiter oben sowie Anm.13 und 14

113 Vgl. Klaus Schwager, in Band I S.244 f., Anm.87. In seiner bevorstehenden, ausführlichen Veröffentlichung über Fischer in Ottobeuren – s. die Ankündigung in Band I S.235, Anm.1 – wird Klaus Schwager auch auf die im folgenden angesprochenen Fragen genauer eingehen.

114 S. Klaus Schwager, in Band I S.234-253

115 S. in Band I S.129 f.

116 S. dazu Hans Lehmbruch/Gabriele Dischinger, in Band II S.36

117 Einzig Kat.-Nr.39, die Kopie einer Werkzeichnung, erreicht fast die Größe.

Wiedergabe in der Literatur dienen; von Fischers Entwürfen sind der Längsschnitt Kat.-Nr.37 und der Fassadenaufriß Kat.-Nr.38. mit Abstand am meisten abgebildet.

Um die Sonderstellung des Plansatzes zu erklären, muß auf die Ottobeurer Kirchenplanung vor Fischers Auftreten zurückgegriffen werden, bis in das Jahr 1736. Damals – nach langer Vorbereitung und reger Beteiligung verschiedener Architekten – fiel endlich die Entscheidung zum Neubau der Kirche; »fünf so genannte Baurisse ... sammt zwei hölzernen Modellen« standen zur Diskussion [118]. Eines dieser Modelle basierte auf Entwürfen des Maurermeisters Simpert Kramer (1679-1753), dessen Projekt dann ab 1737 umgesetzt wurde [119]. Obwohl langsam und mit Unterbrechungen betrieben, stand Fischer 1747/48, als er den Bau übernahm, vor der Situation, im Grundriß weitgehend festgelegt zu sein; das bedeutete Adaption der Planung.

Unter anderem aus dem Grund könnte man in Ottobeuren von einem weiteren Modell abgesehen haben. An dessen Stelle traten vermutlich Entwurfszeichnungen, die es in Größe und Aussagekraft mit einem Entwurfsmodell aufnehmen konnten: Fischers Pläne Kat.-Nr.34-35 und 37-38. Sowohl im Format als auch in der Anschaulichkeit reicht der Plansatz an ein Modell heran. Als Vergleichsexemplare bieten sich die Modelle für Münsterschwarzach und für Baumburg an; das erste entspricht den Plänen in der Größenordnung, das zweite in der räumlichen Ausgestaltung [120]. Dabei ist interessant, zu wissen, daß das Baumburger Modell mit Entwürfen für die Ausstattung ausgeklebt ist, die dem Wessobrunner Stukkator Johann Baptist Zimmermann (1680-1758) zugeschrieben werden. Das Entwurfsmodell wurde also dekoriert – so, wie Fischer zwei der Entwurfszeichnungen von Johann Baptist Straub mit Figuren und Ornamenten dekorieren ließ.

Qualität, Format und die ausführenden Zeichner deuten darauf hin, daß die Ottobeurer Entwürfe Kat.-Nr.34-35 und 37-38 als Ersatz für ein Entwurfsmodell angefertigt wurden. Ob die Zeichnungen allerdings Rückschlüsse auf die Größe des heute verlorenen Kramer-Modells, das sie wohl ersetzen sollten, zulassen, ist ungewiß. Ihre besondere Funktion ist auch mit der Datierung – unmittelbar vor Fortsetzung des Kirchenbaues 1748/49 – bestens zu vereinbaren.

118 Maurus Feyerabend, Des ehem. Reichsstiftes Ottenbeuren ... sämmtliche Jahrbücher, Bd. III, Ottobeuren 1815, 722

119 Vgl. Klaus Schwager, in Band I S.236, Anm.4 und WVZ 50

120 Zu den Modellen in Münsterschwarzach und Baumburg s. Anm.22

Hans Lehmbruch und Gabriele Dischinger

Die Zeichnungen

Die Bilanz der zu den Zeichnungen der Fischer-Werkstatt erarbeiteten Materialien ist von Gewicht: Der neu erarbeitete »Katalog der Entwürfe« zählt insgesamt 48 erhaltene Baurisse, darunter 19 eigenhändige Arbeiten Fischers auf, obwohl zugleich eine Reihe der ihm bislang zugeschriebenen Pläne aus dem Werk ausgeschieden wurde [1]. So ist es zum ersten Mal möglich, auch diesen Teil des Œuvres aus dem Bereich phantasievoller, oft leichtfertiger Spekulationen in das Feld seriöser Forschung zu heben.

Bisher waren die Entwürfe Fischers kein Gegenstand eigenständiger Betrachtung, während die Zeichnungen seines großen Zeitgenossen Balthasar Neumann (1687-1753) schon längst eingehende Würdigung erfahren haben. Die Gründe dafür sind vor allem in der Überlieferung zu suchen. Der zeichnerische Nachlaß Neumanns blieb bis 1803 in Familienbesitz und wurde dann versteigert, doch gelangten insgesamt knapp dreihundert eigenhändige oder aus dem Baubüro stammende Blätter 1912 und 1926 als geschlossene Bestände in zwei öffentliche Sammlungen [2]. Einen vergleichbaren Nachlaß von Fischer-Zeichnungen gibt es dagegen nicht. Seine Entwürfe haben sich als vereinzelte Arbeiten meist in Verbindung mit den zugehörigen Bauakten ausschließlich in Archiven erhalten. Das Material ist verstreut, seine Erschließung vom Zufall bestimmt.

Die in dem Plankatalog zusammengefaßten Zeichnungen sind ohne Zweifel nur der stark reduzierte Rest der Werkstattproduktion; daher wird man sich hüten müssen, aus dem zahlenmäßigen Befund weiterreichende Schlüsse zu ziehen. So etwa aus der Feststellung, daß unter den eigenhändigen Fischer-Zeichnungen 17 Entwürfe für Bauten in München oder in der nahen Umgebung bestimmt sind, dagegen nur zwei für weiter entfernte Orte, daß aber bei den Plänen seiner Mitarbeiter das Verhältnis umgekehrt, nämlich 3 zu 22 ist. Oder wenn sich zeigt, daß von Fischer selbst 15 Grundrisse (einschließlich der Detail- und Situationspläne) und vier Aufrisse stammen, während der Katalog für die Werkstatt 13 Grundrisse [3], fünf Aufrisse, sechs Schnitte und einen mit dem Grundriß der Balkenlage kombinierten Querschnitt eines Dachwerks aufführt.

Tatsächlich ist, entsprechend einerseits dem gebauten Werk, andererseits den durch schriftliche Nachrichten überlieferten Planungen, eine weit umfangreichere und vielfältigere zeichnerische Produktion der Fischer-Werkstatt vorauszusetzen [4]. Doch trotz des Vorbehalts, daß der Zufall der Überlieferung das Bild verfälschen muß, lassen sich auf der Basis der nunmehr erschlossenen Pläne in Verbindung mit den aus schriftlichen Nachrichten gewonnenen Erkenntnissen einige wesentliche Feststellungen zur Zeichenpraxis in der Fischer-Werkstatt treffen.

I. Zeichenbüro Fischer ?

Angesichts des Umfangs der Fischer anvertrauten Bauvorhaben liegt die Vermutung nahe, daß er die für die Ausführung erforderlichen Baurisse durch besonders geschulte Mitarbeiter gleichsam in einem Zeichenbüro ausarbeiten ließ. Dagegen aber spricht neben den schriftlichen Quellen vor allem der Vergleich des erhaltenen Planbestands. Ihm fehlt die Durchgängigkeit eines bestimmten Zeichenstils, wie er von spezialisierten Mitarbeitern in einem Zeichenbüro zu erwarten wäre. Trotz gewisser Gemeinsamkeiten sind die Pläne der Fischer-Werkstatt auf durchaus unterschiedliche Weise gezeichnet, so daß sich die Eigenheiten verschiedener Planverfasser ohne weiteres erkennen lassen. Eindeutig

1 S. in Band I S.110-144

2 Vgl. Joachim Hotz, Katalog der Sammlung Eckert aus dem Nachlaß Balthasar Neumanns im Mainfränkischen Museum Würzburg, Würzburg 1965 und Hans Reuther, Die Zeichnungen aus dem Nachlass Balthasar Neumanns. Der Bestand in der Kunstbibliothek Berlin, Berlin 1979

3 Drei Detailpläne für Kirchenpflaster sind dazugerechnet.

4 Wie wenig das erhaltene Material die Zeichnungsproduktion tatsächlich widerspiegelt, sei hier nur an einem Beispiel, an den lediglich schriftlich überlieferten Plänen für Schloß Donaurieden gezeigt. Das 1745/46 entwickelte Projekt für einen adeligen Landsitz, und damit für eine in den erhaltenen Plänen nicht faßbare Baugattung, umfaßte insgesamt sieben eigenhändige Entwürfe Fischers, und zwar neben vier Grundrissen und einem Aufriß, auch einen Gebäudeschnitt und einen Gartenriß, beides Plangattungen, die in dem überlieferten eigenhändigen Material nicht vertreten sind. S. Anton H. Konrad, in Band II S.101 f.

läßt sich in mehreren Fällen belegen, daß die als Bauleiter eingesetzten Paliere für die von ihnen betreuten Bauten die Risse gezeichnet haben. Wie jeder Geselle in diesem Handwerk und wie zumal jeder Palier beherrschten die Werkgenossen Fischers auch die Kunst des ›Riß-Machens‹ [5], wenngleich mit unterschiedlicher Fertigkeit. Als Beispiele seien die Zeichnungen Melchior Streichers für die Kirchen in Bichl, Stallau und Söllhuben oder die Risse Martin Wögers für Ottobeuren genannt. Die Pläne für Ottobeuren entstanden zum Teil direkt vor Ort, nicht in der Münchner ›Zentrale‹, wie sich bei mehreren Blättern an Hand des Wasserzeichens der nahe gelegenen Papiermühle Wangen zeigen läßt.

Nicht zuletzt aber sprechen auch Zahl und Vielfalt der von Fischer mit eigener Hand ausgeführten Pläne und die Tatsache, daß er, Meister eines großen Baubetriebs, selbst untergeordnete Zeichenaufgaben übernahm (Kat.-Nr.29), statt sie einem Mitarbeiter zu überlassen, eindeutig gegen die Vermutung, es habe in seinem Unternehmen ein ständiges Zeichenbüro mit spezialisierten Zeichnern gegeben.

Eigenhändige Zeichnungen

Von acht Plänen, die Adolf Feulner 1913 als »Fischers Risse für die Klosterkirche in Ottobeuren« identifizierte [6], waren nach seiner Meinung vier eigenhändig und »schon zeichnerisch Kunstwerke, von einer höchst exakten Technik, von ganz präziser Durchführung in den Strichlagen und in der Abtönung, auch im freihändigen Ornament von sehr großer Leichtigkeit und Frische« [7]. Zwei dieser Zeichnungen (Kat.-Nr.37 und 38) hat Peter Volk überzeugend mit dem Namen des Münchner Bildhauers Johann Baptist Straub in Beziehung gebracht [8], und auch die beiden anderen (Kat.-Nr.34 und 35) müssen nach neuesten Erkenntnissen ebenfalls als nicht eigenhändig eingestuft werden [9].

5 Vgl. dazu Hans Lehmbruch, in Band II S.40-57
6 Feulner 1913, 46
7 Feulner 1913, 56
8 Volk 1991
9 S. Klaus Schwager, in Band I S.240 f.

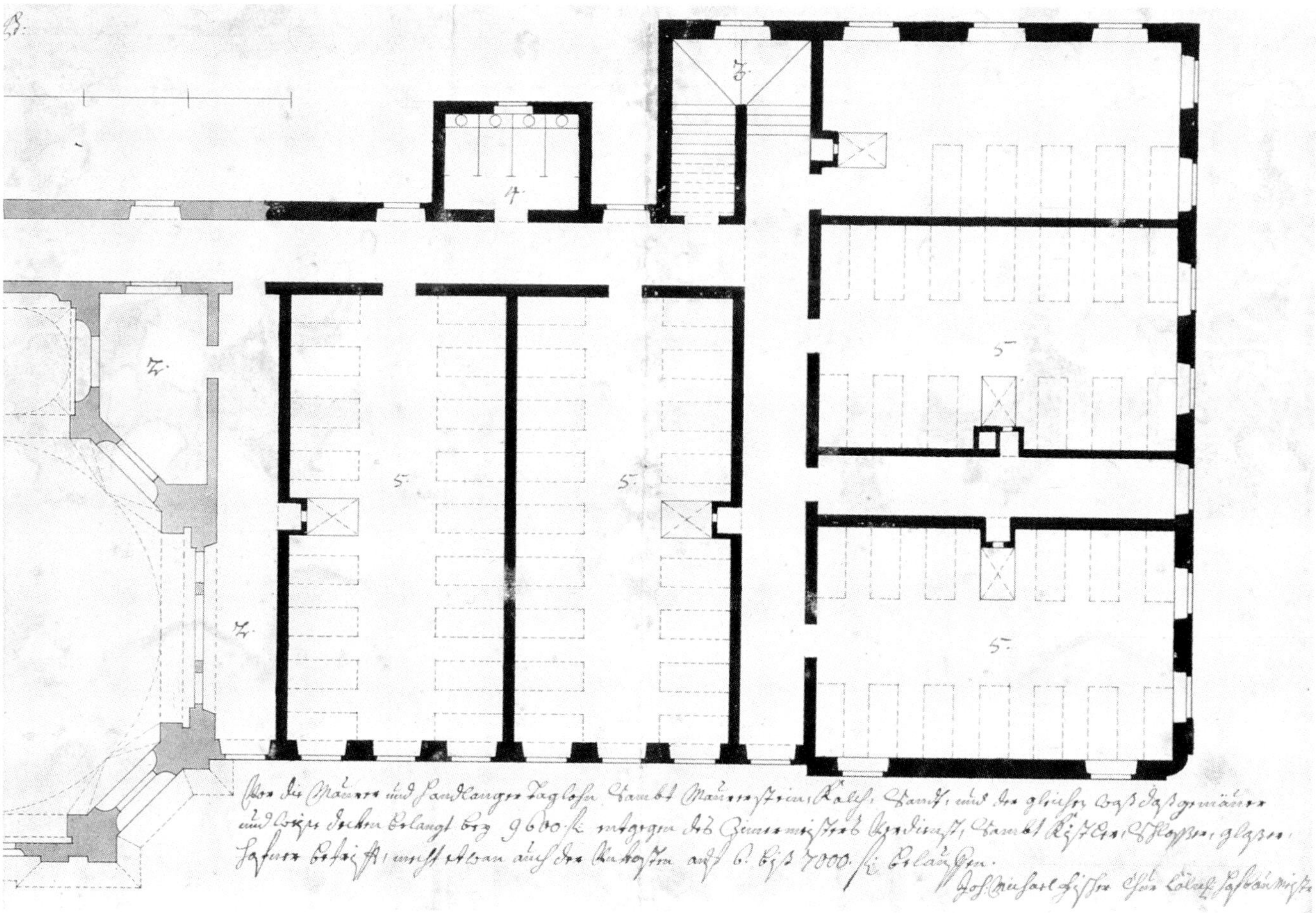

Abb. München, Lazarett
Detail aus Fischers Entwurf
Kat.-Nr.15, 1754/55

Zu einer ganz ähnlichen Beurteilung eigenhändiger Fischer-Zeichnungen kam 1921 auch Max Hauttmann, wenngleich ohne zu präzisieren, welche Pläne er dabei vor Augen hatte: »Risse und Ansichten, mit der Feder minutiös und virtuos ausgeführt, Kabinettstücke der deutschen Bauzeichnung des 18. Jahrhunderts« [10].

Anders muß heute nach den jüngsten Forschungen die Beurteilung der Zeichnungen lauten, die sich als eigenhändige Entwürfe Fischers bestimmen lassen. Sie alle zeichnen sich durch ihre schlichte, schnörkellose Machart aus, die jede überflüssige Zutat vermeidet [11]. Weit entfernt von künstlerischer Ambition sind sie handwerklicher Tradition verpflichtet; freie, künstlerische Entwürfe oder Skizzen sind von Fischer nicht überliefert.

Die Bestimmung der Eigenhändigkeit stützt sich vor allem auf eine Reihe von neu entdeckten Planungen, die im ersten Band veröffentlicht sind. Zu ihnen zählen drei Alternativprojekte für ein Lazarett in München, die Fischer auf insgesamt neun Blättern entwarf (Kat.-Nr.14 bis 22). Acht der Blätter tragen meist ausführliche Beschriftungen in der sehr charakteristischen und daher unverkennbaren Handschrift Fischers, darüber hinaus ist ein Blatt der Serie von Fischer signiert (Kat.-Nr.15) [12]. Diesen Zeichnungen schließen sich zwei Entwurfszeichnungen für die Münchner Lazarettkapelle an, die nicht nur wiederum durch die Beschriftung, sondern auch durch die Aktenlage als eigenhändig ausgewiesen sind (Kat.-Nr.12 und 13) [13], ferner vier weitere Pläne, die ebenfalls von der Hand des Meisters beschriftet sind (Kat.-Nr.25, 27, 29 und 30). Diese insgesamt 14 Blätter bilden eine solide Basis, um Zeichenstil und -technik Fischers zu bestimmen und ihm auf dieser Grundlage fünf weitere Risse (Kat..-Nr. 1, 11, 22, 26 und 36 zuzuweisen.

Fischers eigenhändige Zeichnungen betreffen neben ausgeführten Bauten auch Projekte, die nie realisiert wurden. Sie umfassen Grund- und Aufrisse sowie Situationspläne, darunter die Vermessung eines Grundstücks mit den dort befindlichen Bauten; dagegen sind bisher keine Gebäudeschnitte bekannt. Kaum je ging Fischer auf bautechnische Einzelheiten ein. Ebenso selten sind Detailpläne; diese Gattung ist allein durch den Entwurf für die Fußbodengestaltung in der Chorapsis von Ottobeuren (Kat.-Nr.36) belegt.

Überwiegend handelt es sich um Federzeichnungen, von denen etwa die Hälfte nur mit Tusche angelegt ist, manchmal zusätzlich mit einzelnen farbigen Markierungen für baufest installierte Einrichtungsteile (Altäre, Herde oder ähnliches). Etwa ebensoviele Blätter sind mit Wasserfarben koloriert, ohne daß in der Anwendung der Tusche oder der Farbe eine Vorliebe oder ein System zu erkennen wäre. Ausnahmen bilden zwei in Graphitstift gezeichnete Pläne, einer davon laviert (Kat.-Nr.29 und 30).

Räumlich-perspektivische Darstellungen aus der Hand Fischers sind nicht überliefert, so auch, wie erwähnt, keine Längs- oder Querschnitte zur Illustration von Raumgestaltungen [14]. Aufrisse zeigen Körperhaftigkeit und Tiefenstaffelung der Architektur durch schmale Schattenränder an Fassadengliedern, durch Schlagschatten stärker ausladender Bauteile, durch Abschattierung oder Verschattung zurückweichender Flächen, schließlich durch dunkle Tür- und Fensteröffnungen.

Werkstattarbeiten

Den eigenhändigen Zeichnungen Fischers stehen die Pläne, die in seinem Namen von Mitarbeitern ausgeführt wurden, verständlicherweise sehr nahe. Sie umfassen Grund- und Aufrisse und, als eine von Fischer selbst nicht überlieferte Plangattung, mehrere Längs- und Querschnitte. Darunter befinden sich auch Entwürfe, deren Korrekturen von der Hand Fischers die ständige Aufsicht des Meisters bezeugen [15]. Als Detailzeichnungen kennen wir nur drei Entwürfe für Plattenmuster (Kat.-Nr.45 bis 47).

Abb. Stallau
Fischers Entwurf Kat.-Nr.51, 1750

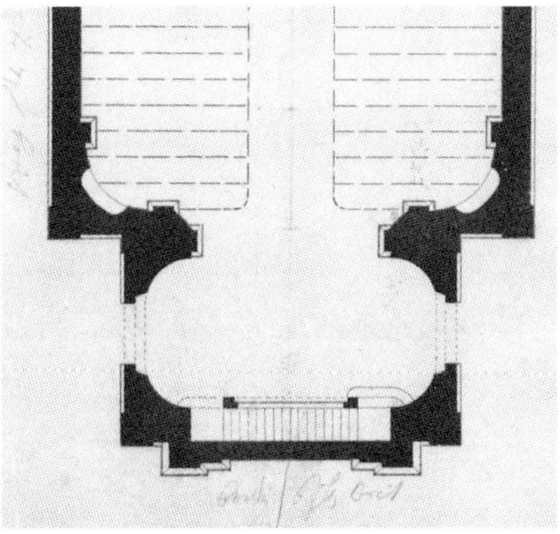

Abb. Bichl
Detail aus Fischers Entwurf Kat.-Nr.5, 1750

10 Hauttmann 1921, 47

11 Anders ist allerdings in den Quellen zu Donaurieden, in einem – allerdings mala fide verfaßten – Brief vom 10. 2. 1746, ein eigenhändiger Aufriß Fischers beurteilt: Er sei zwar ›schön gezeichnet und sauber laviert, [jedoch] mit überfüssigem Ornament und Flitterwerk‹ verziert; vgl. Anton H. Konrad, in Band II S.103

12 Das einzig unbeschriftete Blatt der Serie (Kat.-Nr. 22) haftete einst als Tektur auf der beschrifteten Zeichnung Kat.-Nr.21.

13 S. Hans Lehmbruch, in Band I S. 266-271

14 Vgl. aber Anm.4

15 S. Kat.-Nr. 5 und 51

Abb. München, Lazarett
Detail aus Fischers Entwurf Kat.-Nr.18, 1754/55

Abb. München, St. Anna im Lehel
Detail aus Fischers Entwurf Kat.-Nr.11, 1753/54

Die Werkstattzeichnungen sind nicht signiert, doch lassen sich die Verfasser in vielen Fällen mit einiger Sicherheit aus den schriftlichen Quellen zur Baugeschichte der geplanten Gebäude, besonders auch aus der Zeichenweise erschließen. Fast immer sind es Paliere, langjährig bewährte Mitarbeiter Fischers, denen er Organisation und Leitung auch der Großbauten anvertrauen konnte. Namentlich bekannt und mit erhaltenen Zeichnungen in Verbindung zu bringen sind die Paliere Melchior Streicher und Martin Wöger sowie dessen Sohn Johann Georg, ferner der nur mit seinen Vornamen überlieferte Palier Hans Georg [16]. Von dem Palier Daniel Sacher sind derzeit nur die Meisterstückrisse bekannt, seine Tätigkeit als Zeichner im Auftrag Fischers ist jedoch in den Quellen überliefert [17]. Zu den Aufgaben der Bauleiter zählte die Ausarbeitung der auf dem Bau benötigten Pläne, in einzelnen Fällen der selbständige Entwurf kleiner Kirchen und Kapellen (Kat.-Nr.5 bis 7, 49 bis 52). Aus dieser engen Verschränkung der Planfertigung mit der Ausführungspraxis erklärt sich, daß in den Rissen der Mitarbeiter über die eigenhändigen Pläne des Meisters hinaus häufiger bautechnische Einzelheiten berücksichtigt sind.

Sonst aber eignet der Mehrzahl der Werkstattzeichnungen die gleiche unprätentiöse, handwerkliche Machart der eigenhändigen Risse, die gleiche Reduktion der farbigen Aussage und die gleiche Beschränkung auf die wichtigsten Angaben. Doch trotz der Nähe zum Meister sind, wohl auf Grund unterschiedlicher Schulung, auch individuelle Eigenarten erkennbar. Unter den Zeichnungen für die Kirchbauten in Bichl, Stallau und Söllhuben, die Melchior Streicher zuzuschreiben sind, fallen die farbigen Gebäudeschnitte durch ihre Darstellung der räumlichen Situation auf: Schlaglichter und Schlagschatten modellieren den Kirchenraum, geben die Höhlungen der Kuppelschale, des Chors und der Altarnischen anschaulich wieder, sorgfältig ist das Ziegelwerk der Mauerschnitte gezeichnet (Kat.-Nr.7, 49, 51). Darüber hinaus aber ist die Konstruk-

16 Trotz gleicher Vornamen ist der hier Genannte nicht mit Johann Georg Wöger identisch. Als Hans Georg (N.N.) 1744 Fischers Palier in Fürstenzell war, zählte der 1729 geborene Wöger erst 15 Jahre; vgl. Josef H. Biller, in Band II S.73

17 S. Josef H. Biller, in Band II S.72 und WVZ 6. Ob auch der in Söllhuben tätige Joseph Kirnberger (s. WVZ 60) zu den engeren Mitarbeitern Fischers gerechnet werden muß, läßt sich derzeit nicht entscheiden.

Abb. Ottobeuren
Detail aus Fischers Entwurf Kat.-Nr.38, 1748/49

Abb. Ottobeuren
Detail aus Fischers Entwurf Kat.-Nr.44, um 1750

tion der Dachstühle mit allen notwendigen technischen Einzelheiten – etwa der Holzverbindungen – wiedergegeben. Die Risse entsprechen ausgeführten Dachwerken kleiner Fischer-Kirchen, und sie zeigen, daß Streicher über das Maurerhandwerk hinaus auch die konstruktiven Regeln der Zimmermannskunst beherrschte. Möglicherweise war er Fischers Dachwerkspezialist und wurde von ihm für diesen Zweck offenbar auch als Zeichner eingesetzt. Darauf jedenfalls scheint ein ihm zuzuschreibender Balkenriß hinzudeuten, der kombinierte Grundriß und Querschnitt des Dachstuhls für die Kirche in Unering (Kat.-Nr.53), deren Bau nicht von Streicher als Palier betreut wurde [18].

Martin Wöger, übrigens Fischers Gewölbespezialist [19], werden von Klaus Schwager wohl zu Recht die meisten der erhaltenen Pläne für Ottobeuren zugeschrieben [20]. Bis zum Ende der Bausaison 1747 leitete Wöger den Kirchenbau in Zwiefalten [21]; dann berief ihn Fischer nach München, wo er 1747/48, beginnend mit einer Bauaufnahme des Altbestands, erste Pläne für Ottobeuren ausarbeitete. Ab 1749 wirkte Wöger in Ottobeuren als Leiter des Kirchenbaus, für den er vor Ort weiterhin die Mehrzahl der Pläne zeichnete. Von ihm stammen großformatige Plansätze für die Kirche, daneben auch drei Detailpläne für das Steinpflaster der Vierung (Kat.-Nr.45 bis 47). Seine Risse zeichnen sich durch die fast allzu penible Sorgfalt aus, mit der er etwa in Schnitten die kleinteilige Struktur der Ziegelmauern oder der Balkenlagen von Decken und Zwischenböden eintrug (Kat.-Nr.43) und mit der er durch dicht gesetzte, differenzierte Schraffuren Relief und Materialwirkung der Wandflächen darzustellen suchte.

An den zeichentechnischen Aufwand seiner Pläne erinnert der Entwurf für ein Sommerhaus in München [22]. Besonders der Fassadenriß (Kat.-Nr.24) weist in der differenzierten Anwendung der Schraffur unübersehbare Affinitäten zu den Martin Wöger zugeschriebenen Zeichnungen auf, ohne ihnen in der künst-

18 S. WVZ 65
19 S. Dokument Nr.13c, in Band II S.349 f.
20 S. in Band I S. 239f.
21 S. WVZ 67; Wöger wurde in Zwiefalten 1748 durch Melchior Streicher als Bauleiter abgelöst.
22 S. Hans Lehmbruch, in Band I S. 310-321

lerischen Handschrift völlig zu gleichen. Hier liegt der Gedanke an den Sohn Wögers Johann Georg nahe, der gemeinsam mit seinem Vater als Mitarbeiter der Werkstatt unter anderem in Ottobeuren tätig war [23]. 1749 wurde er dort auch als Zeichner bezahlt: Er erhielt als eine ›Verehrung‹ die vergleichsweise stattliche Summe von fünf Gulden und zwanzig Kreuzern *wegen Riss* [24], ohne daß sich derzeit bestimmen ließe, um welche Zeichnungen es sich handelte.

Von dem Palier Hans Georg berichten die Quellen, daß er zwar ein *ser guetter Zaichner, in der Arbeith [als Bauleiter] aber nachläßig* gewesen sei [25]. Auf Grund dieser Nachricht lassen sich ihm vermutlich vier besonders sorgfältig gezeichnete Pläne für Ottobeuren zuweisen, darunter ein aufwendig ausgearbeiteter Schnitt der Kirche und ein ebensolcher Fassadenriß; sie waren mit hoher Wahrscheinlichkeit als Präsentationsrisse für den Auftraggeber gedacht (Kat.-Nr.37 und 38). Unter den bekannten Werkstattzeichnungen bilden sie einen Sonderfall, da an ihnen, wie oben erwähnt, der Bildhauer Johann Baptist Straub beteiligt war [26]. Offenbar setzte Fischer, um das Projekt dem Auftraggeber wirkungsvoll vorstellen zu können, für den Entwurf der ornamentalen und figürlichen Dekoration der Fassade und des Kirchenschiffs einen Spezialisten ein, der nicht zur Werkstatt gehörte. Fischer bediente sich in der Person Straubs eines Außenstehenden für eine zeichnerische Aufgabe, der seine Mitarbeiter nicht gewachsen waren. Auch seine eigene Zeichenkunst reichte dafür nicht aus, wie die schwächeren figürlichen und ornamentalen Partien des eigenhändigen Fassadenrisses für St. Anna im Lehel, München, zeigen (Kat.-Nr.11).

II. Zeichentechnik und Arbeitsmittel

Die von jeder zeichenkünstlerischen Ambition freie, schlichte Darstellungsart vor allem der eigenhändigen Planzeichnungen entspricht einer ebenso schlichten Machart ohne großen materiellen Aufwand. Die Nähe zum Handwerk, nicht, wie bei anderen Architekten der Zeit, die Affinität zu den mathematischen und geometrischen Wissenschaften, bleibt auch in der Zeichentechnik bei allen Arbeiten immer spürbar. Soweit das überlieferte Material Rückschlüsse zuläßt, wurde für die Ausarbeitung der Pläne in der Fischer-Werkstatt nur ein knappes, auf einfache Geräte beschränktes Instrumentarium benutzt unter sparsamem Einsatz der Zeichenmittel. Zwar sind nicht alle Instrumente und Arbeitsverfahren unmittelbar aus den Zeichnungen abzulesen – vieles muß als unabdingbar für die Arbeit vorausgesetzt werden – dennoch lassen sich aus der materiellen Betrachtung des Planbestands einige wesentliche Aussagen zur Zeichentechnik der Fischer-Werkstatt machen.

Papier

Das für die Baurisse verwendete Papier ist uneinheitlich in Format und Qualität. Seine Herkunft läßt sich nur zum Teil anhand der Wasserzeichen bestimmen. Hochwertige Blätter stammen aus Holland [27], für Planzeichnungen auf auswärtigen Baustellen wurde gelegentlich auch Papier aus nahe gelegenen, lokalen Papiermühlen verwendet, wie für Ottobeuren nachgewiesen werden konnte [28]. Größere Bögen sind oft aus mehreren Blättern zusammengestückelt, in einem Fall besteht der Plan aus sieben kleineren Teilen (Kat.-Nr.34). Das spricht für den sparsamen Umgang mit dem Material, ebenso wie die gelegentliche Verwendung von gewöhnlichem Schreibpapier für kleinformatige Arbeiten (Kat.-Nr.30).

Die Pläne zeigen keine Befestigungsspuren. Daraus läßt sich schließen, daß die Zeichenbögen nach der damals üblichen Praxis durch Aufleimen der Ränder auf der Unterlage, Reißbrett oder Zeichentisch, befestigt wurden; der fertige Bauriß wurde mit dem Federmesser aus dem aufgeleimten Rand geschnitten [29].

23 Zuvor auch in Zwiefalten; s. WVZ 67
24 S. WVZ 50
25 S. WVZ 17 und Josef H. Biller, in Band II S.71
26 Wie Anm.8
27 Falls es sich nicht um Fälschungen/Imitationen holländischer Wasserzeichen handelt
28 S. Klaus Schwager, in Band I S. 247 und Anm. 105
29 Zu den Zeicheninstrumenten, Arbeitsmitteln und -verfahren s. Hans Lehmbruch, in Band II S.40-57

Instrumente, Zeichenmittel, Verfahren

Die Arbeit am Plan hat auf dem Papier Spuren hinterlassen, aus denen sich die Arbeitsschritte ablesen oder erschließen lassen [30]. Der Vorzeichnung gehören feine graue Linien und Markierungen mit dem Graphitstift sowie die mit einem Metallgriffel in das Papier getieften Blindlinien an. Zeichenstift und Blindliniengriffel sind gleichwertig eingesetzt; mit beiden wurden sowohl die Hilfslinien für die Konstruktion der Zeichnung als auch das Liniengerüst des Gebäudeplans selbst gezogen. Häufiger als Spuren des Graphitstifts sind heute Blindlinien zu beobachten, da die feinen Graphitstriche bei Vollendung der Zeichnung mit Tusche und Farbe überdeckt, Hilfslinien und überschüssige Striche in der Regel ausradiert wurden [31]. Blindlinien blieben dagegen bis heute im Streiflicht sichtbar, soweit sie im Lauf der Jahre nicht durch die Handhabung der Pläne eingeebnet wurden [32].

Gerade Linien sind an der Reißschiene, am Lineal oder am Zeichendreieck ausgeführt; welches Instrument jeweils benutzt wurde, läßt sich allenfalls indirekt erschließen. Freihändige Striche sind nicht zu erkennen; fraglich bleibt allenfalls, ob geschwungene Linien freihändig oder mit dem Kurvenlineal ausgeführt wurden.

Erkennbare Spuren hinterließ der Zirkel. Die Benutzung des mit zwei Spitzen bestückten Stechzirkels, mit dem Abmessungen übertragen wurden, ist an punktförmigen Eindrücken, häufig auch durch nadelfeine Durchstechungen des Papiers zu erkennen; der Reißzirkel dagegen hinterließ beim Zeichnen von Kreislinien an seinem Drehpunkt größere, ausgeweitete Einstiche.

Die Linien der Vorzeichnung wurden mit schwarzer Tusche nachgezogen; nur drei Pläne sind als Graphitstift-Zeichnungen überliefert (Kat.-Nr.29, 30 und 53). Für die Tuschlinien wurde mit hoher Wahrscheinlichkeit die Reißfeder (Ziehfeder) aus zwei Metallblättchen mit Stellschraube genutzt, wie sie in Zirkelkästen noch heute zu finden ist; die aus der Vogelschwinge gewonnene Kielfeder wurde bei Architekturzeichnungen meist nur für die dünnflüssige braune Tinte bei Beschriftungen verwendet. Unterbrochene Striche, etwa für die als ›Höhenlinien‹ in Grundrisse projektierten Gewölbeformationen, Gurtbögen, Emporen oder ähnliche Bauteile, sind, wie die Strichführung erkennen läßt, nicht mit dem Punktierrädchen als mechanische Hilfe, sondern von Hand mit dem Reißzirkel oder mit der Tuschfeder am Lineal gesetzt.

Zur Vollendung der Zeichnung wurde das Liniengerüst entweder mit Farbe oder aber mit schwarzer und/oder grauer Tusche ausgestaltet. Der überlieferte Bestand zeigt etwa gleich viele farbig angelegte Pläne und andere, die allein mit Tusche, allenfalls mit farbiger Kennzeichnung einzelner untergeordneter, im Bau fest verankerter Einrichtungsteile vollendet sind. Schlagschatten, Schattenkanten und verschattete Flächen in Aufrissen oder Schnitten sind auch bei farbigen Plänen immer mit schwarzer oder grauer Tusche dargestellt. Sie verleihen dem Bauwerk Körper und Relief oder geben, als Lavierung über einer Buntfarbe, gleichsam in Farbperspektive den räumlichen Eindruck etwa einer schräg zurückweichenden Dachfläche wieder. Meist ist die Tusche mit dem Pinsel aufgetragen; für tiefe Schatten die reine Schwärze unverdünnter Tusche, für hellere Schatten und verschattete Flächen ist sie zu unterschiedlichen Grautönen verdünnt und lavierend vertrieben. Gelegentlich ist für den Tuschauftrag statt des Pinsels auch die Feder verwendet, entweder für Kreuzschraffuren zur Flächenfüllung bei Portal- und Fensteröffnungen oder für dicht gesetzte Parallelschraffuren bei Schlagschatten und Schattenkanten. Abstufungen der Dunkelheit sind dabei durch die Dichte des Liniennetzes erreicht.

Farbig ausgestaltete Risse sind mit sehr heller, durchsichtiger, zum Teil inzwischen verblaßter Wasserfarbe angelegt: Gelb ist nur bei genauer Beobachtung heute noch zu erkennen (Beispiel: Die Lavierung der Öfen in Kat.-Nr.14). Die Farbskala bleibt auf wenige Angaben beschränkt. Sie dient kaum je zur Schö-

30 Das gilt selbstverständlich nur für die Pläne, bei denen die Arbeitsspuren durch häufige Benutzung nicht getilgt sind.

31 Nicht selten allerdings blieben bei den Zeichnungen der Fischer-Werkstatt überflüssige Linien auch ungelöscht.

32 Blindlinien können durch Pressung des Papiers, etwa bei der Lagerung oder bei Restaurierungen verloren gehen.

nung des Plans [33]; selbst dann bleibt sie zugleich Träger technischer Information, sei es bei Aufrissen zur Darstellung des farbigen Erscheinungsbildes eines geplanten Bauwerks, sei es zur Angabe des Baumaterials bei Grundrissen und Schnitten – als Beispiele: Rottöne für Ziegel, Grüntöne für Glas.

Offenbar war die Wahl von Farbe oder Tusche zur Vollendung eines Plans in der Fischer-Werkstatt keiner einheitlichen Regel unterworfen. Vielmehr scheint die Entscheidung für eine bestimmte Ausführung jeweils nur auf den einzelnen Plan, allenfalls auf einen zusammengehörenden Plansatz bezogen. Auch bei verwandten Bauaufgaben und selbst bei Varianten eines einzelnen Projekts folgt die Ausgestaltung keiner erkennbaren Systematik. Als Beispiel sei hier die zwischen grauer und schwarzer sowie farbiger Lavierung wechselnde Farbgestaltung der Grundrisse bei den drei Alternativprojekten für ein Lazarett in München angeführt, die derselben Zeit und demselben Planungsvorgang angehören (Kat.-Nr.14 bis 16, 21 und 22).

Maßstab

Die Maßstäblichkeit der Plandarstellung in der Fischer-Werkstatt läßt ebenfalls keine Regel erkennen; meist ist die ›Verjüngung‹ des Gebäudeplans von Projekt zu Projekt, gelegentlich selbst bei gleichartigen Plänen desselben Bauvorhabens verschieden. Das schließt Übereinstimmungen zwischen einer Reihe von Baurissen keineswegs aus. Sie ist verständlicherweise am ehesten bei Zeichnungen zu finden, die demselben Bauprojekt zugehören, doch auch zwischen zeitlich oder topographisch weit auseinanderliegenden Planungen sind von Fall zu Fall gleiche Maßstabsverhältnisse zu beobachten, ohne daß sich daraus weitergehende Schlußfolgerungen ziehen ließen. Die Beobachtung könnte lediglich ein Hinweis darauf sein, daß vorgefertigte Maßinstrumente mit unterschiedlichen Reduktionsmaßstäben, wie sie damals gebräuchlich waren, auch in der Fischer-Werkstatt benutzt wurden.

Angesichts des unterschiedlichen Maßstabs war die Angabe der jeweils gewählten Reduktion für einen Plan um so wichtiger; Angaben der Abmessungen in Schuh (Fuß) und Zoll sind nur selten eingetragen (Kat.-Nr.20 und 29). Das Reduktionsverhältnis ist nie in Ziffern ausgedrückt, vielmehr sind die Abmessungen des Geplanten mit Hilfe einer gezeichneten Maßstabsdarstellung abzulesen, die allerdings bei einer Reihe von Plänen fehlt [34]. Einige Zeichnungen weisen zwei Maßstabsskalen auf: Außer der wie üblich gut sichtbar plazierten Maßstabsleiste findet sich dort nahe dem Papierrand als Blindriß in das Papier getieft, daher kaum erkennbar und leicht zu übersehen, eine zweite Darstellung mit demselben Reduktionsverhältnis (Kat.-Nr.16, 28, 31, 52). Sie diente, wie sich an Zirkelspuren feststellen läßt, als Arbeitsmaßstab für die Konstruktion des Bauplans. Eine solche Arbeitsskala darf bei den meisten Rissen vorausgesetzt werden. Nur selten blieb sie durch Zufall erhalten; meist ging sie mit dem aufgeleimten Papierrand verloren, wenn der fertige Plan von der Zeichenunterlage getrennt wurde. Die für die Lektüre der Zeichnung bestimmte Maßstabsdarstellung wurde zuvor an gut sichtbarer Stelle auf dem Blatt nachgetragen [35].

Meist handelt es sich um eine Maßstabsleiste einfachster Machart: Eine horizontale Linie, die durch Querstriche in Maßeinheiten von mehrmals fünf und/oder zehn Schuh (Fuß) unterteilt ist [36]; sie ist mit nur zwei Ausnahmen (Kat.-Nr.12 und 31) weder beziffert noch bezeichnet. Die weit genauere, komplexe Darstellung in Form des Transversalmaßstabs fehlt völlig. Wie allgemein üblich, ist eine Einheit von zehn Schuh an einem Ende in einzelne Schuh unterteilt.

Nicht allgemein üblich, und in München sonst nur in Ausnahmen zu finden, ist, daß die Feinteilung bei Zeichnungen der Fischer-Werkstatt nicht am Beginn, also links, sondern rechts am Ende der Leiste eingetragen ist [37]. Während die Striche für die Unterteilung in fünf und zehn Schuh die Horizontallinie queren, stehen die Striche der Feinteilung auf der Linie, haben also keine Unterlänge.

33 Eine Ausnahme bildet der Aufriß für St. Anna im Lehel, München, Kat.-Nr.11.

34 Die eigenhändigen Pläne haben bis auf eine Ausnahme alle eine Maßstabsleiste oder Angaben der Abmessungen in Zahlen. Bei den Werkstattplänen haben von 25 Zeichnungen nur 15 einen Maßstab; vgl. den »Katalog der Entwürfe«.

35 In der Regel über Vorzeichnung in Blindriß

36 Offen bleibt, ob und in welchen Fällen der Münchner Schuh oder ein anderes örtliches, differierendes Schuh-Maß jeweils gemeint ist. Für die Planung war diese Frage nicht in jedem Fall von Bedeutung. So ist im Zusammenhang mit der Planung für Schloß Donaurieden überliefert, daß Fischer es ohne weiteres für möglich erachtete, daß der Bau bei der Ausführung, *fahls etwan der Riß und das Gebäu nach dem französischen Schuech zu groß erachtet werden solte,... durch einen kleineren Werckhschuech enger zusammen gezogen werden* könnte; zitiert nach Anton H. Konrad, in Band II S.102

37 Abweichend die in Blindriß erhaltenen Arbeitsmaßstäbe: Dort findet sich die Feinteilung am linken Ende.

Gelegentlich erscheint die Maßstabsleiste auf den Kopf gestellt: Die Feinteilung steht am Anfang, also zur Linken, mit Halbstrichen unterhalb der Horizontallinie. Das läßt vermuten, die nachträgliche Anbringung der für die Lektüre des fertigen Plans bestimmten Skala sei bei gedrehtem Blatt erfolgt, zumal auch Beschriftungen gelegentlich in gleicher Weise im Verhältnis zur Plandarstellung auf den Kopf gestellt erscheinen (Kat.-Nr.27 und 30).

Ausdrücklich sei betont, daß auch andere, und zwar auch zeitgenössische, in München entstandene Pläne die Feinteilung der Maßstabsleiste bisweilen auf der rechten statt auf der linken Seite aufweisen, doch bleibt dies eine Ausnahme[38]. Bei den Plänen der Fischer-Werkstatt häuft sich diese Art der Darstellung so sehr, daß man beinahe von einem Markenzeichen sprechen könnte[39]. Das schließt Abweichungen und Varianten, schließt auch besonders individuelle Eigenarten der verschiedenen Zeichner keineswegs aus: Die Horizontallinie erscheint gelegentlich verdoppelt, Querstriche haben pfeilspitzenartige Endungen oder T-Form, mehrfach ist der Maßstab auch in die doppelte Umrandung einer Zeichnung integriert.

Umrandung, Beschriftung

Pläne der Fischer-Werkstatt kommen weitgehend ohne jedes Zierelement aus. Schriftkartuschen, Wappen oder bildliche Schmuckelemente fehlen völlig. Allein die Umrandung durch eine Tuschleiste ist mehrfach zu finden. Die Form der Umrandung unterscheidet sich nicht von der damals üblichen Zeichenpraxis: Eine breitere Linie wird in knappem Abstand auf einer oder beiden Seiten von einem dünnen Strich begleitet, beide in schwarzer Tusche mit der Feder ausgeführt. Die Linien folgen dem Umriss des Papiers und lassen außen nur einen schmalen Überstand[40]. Die Mehrzahl der Zeichnungen jedoch steht auf ungerahmtem Blatt, oft beansprucht der Bauriß den ganzen Bogen bis nahe an den Papierrand. Eine einleuchtende Erklärung für die unterschiedliche Gestaltung läßt sich heute nicht geben; weder die Bedeutung der Bauaufgabe noch die des Auftraggebers waren offenbar ausschlaggebend für die Vollendung einer Zeichnung durch eine Umrandung. Eine Ausnahme in dieser Hinsicht bildet der gerahmte und mit besonderer Sorgfalt ausgeführte Aufriß der Münchner Klosterkirche St. Anna im Lehel (Kat.-Nr.11); er war vermutlich als werbende Darstellung für die Spendensammlung zur Vollendung der Kirche bestimmt.

Der Rahmen hat als Zierelement für die in den Plänen enthaltene technische Information in der Regel keine Bedeutung. Fünf der insgesamt neun Zeichnungen, die Fischer für den Lazarettbau in München eigenhändig entwarf, nehmen in dieser Hinsicht jedoch eine Sonderstellung ein. Bei zwei Erdgeschoßgrundrissen und zwei Situationsplänen ist mit dem Gebäude auch die geplante Einfriedung des Grundstücks durch Zaun oder Mauer dargestellt (Kat.-Nr.14, 19, 20, 21). Der Plan der Einfriedung ist jedoch so angelegt, daß er zugleich als Rahmung des Blatts gelesen werden kann. Daß diese Doppeldeutigkeit gesucht ist, zeigt sich bei dem einzigen Aufriß der Planserie (Kat.-Nr.18): Dort reicht die mit der Tuschfeder gezogene Standlinie des Gebäudes bis nahe an den Papierrand, setzt sich als dünner Strich parallel zum Umriß des Bogens seitlich und oben fort und faßt auf diese Weise den Aufriß als Rahmenlinie ein.

Auch die Beschriftung ist bei der Serie der Münchner Lazarettentwürfe Teil der Bildkomposition. Sorgfältig auf Linien gesetzt, die mit dem Graphitstift oder mit dem Blindliniengriffel vorgezeichnet sind[41], und in deutlich ausgeschriebenen Schriftzügen mit der Kielfeder in brauner Tinte ausgeführt, ist die Planlegende in der Weise zu Blöcken geordnet, daß die Symmetrie des Gebäudeplans betont und eine ausgewogene Füllung der Blattfläche erreicht wird. Das graphische Bild sucht hier eine Vollendung, die sich ganz offenbar an Stichvorlagen orientiert.

38 Vgl. Gabriele Dischinger, Zeichnungen zu kirchlichen Bauten bis 1803 im Bayerischen Hauptstaatsarchiv, Wiesbaden 1988, Nr.356 bis 362

39 Selbst bei Kopien zu beobachten (Kat.-Nr.10)

40 Bei dem vermutlich von dem Fischer-Palier Melchior Streicher gezeichneten Seitenaufriß der Kirche in Söllhuben (Kat.-Nr.50) ist das Blatt für die Darstellung des Kirchturms angestückt; die Umrandung folgt dem ausspringenden Umriß des Blatts.

41 Die Schrift ist mittig auf die Linie gesetzt.

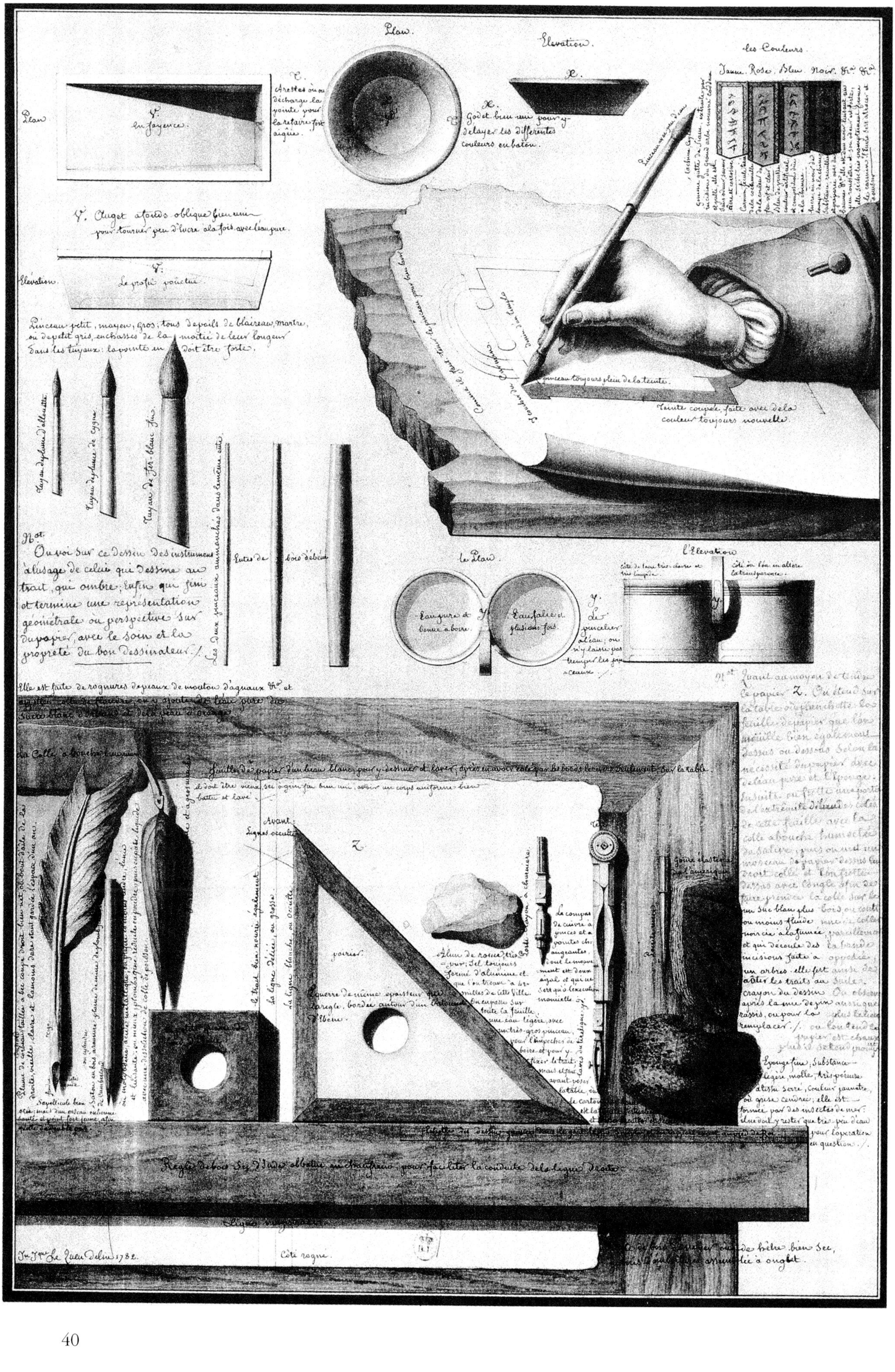

Plan.
Elevation.
les Couleurs.
Jaune. Rose. Bleu. Noir. &c. &c.
V.
En fayence.
V. Auget à fonds oblique bien uni pour tourner peu d'ivoire à la fois avec l'eau pure.
Elevation.
Pinceau petit, moyen, gros; tous de poils de blaireau, martre, ou de petit gris, enchassés de la moitié de leur longeur dans les tuyaux: la pointe en doit être forte.
Tuyau de plume d'alouette.
Tuyau de plume de Cygne.
Tuyau de fer blanc fin.
On voit sur ce Dessin des instrumens à l'usage de celui qui dessine au trait, qui ombre; enfin qui finit et termine une représentation géométrale ou perspective sur du papier, avec le soin et la propreté du bon Dessinateur./.
le Plan
l'Elevation
Pinceau toujours plein de la teinte.
Teinte coupée, faite avec de la couleur toujours nouvelle.
Z.
Avant.
Jn Jque Le Queu Delin 1782.
Côté rogné.

Hans Lehmbruch

»Riß machen«

Das Handwerk des Architekturzeichners zur Zeit Fischers

Nur wenig ist über den Werdegang Fischers bekannt; über seine Ausbildung als Zeichner schweigen sich die Quellen vollständig aus. Daß er das Rüstzeug für diese Kunst während der Handwerkslehre erwarb, dafür sprechen die Forderungen seines Gewerbes: »Maurer, ein Handwerker, welcher ... Gebäude aufführet und mauret. Er muß vornehmlich zeichnen können, um seinen vorzunehmenden Bau in einem Riß entwerfen zu können« [1]. Von jedem Gesellen und zumal vom Maurerpalier, der »anstatt des Meisters die Aufsicht über die ganze Arbeit hat«, wurde »verlangt, daß er das Zeichnen versteht« [2]. Für die Meisterprüfung war die Fähigkeit, den Plan für ein Gebäude zu entwerfen, wichtigste Voraussetzung. »Zum Meisterstück muß der neu angehende Meister ein großes Gebäude ... erbauen, davon er die Zeichnung nach dem verjüngten [reduzierten] Maaßstab gemacht hat«[3]. Auf die Planfertigung kam es in erster Linie an, denn in vielen Städten, so auch in München, galt: »Riß machen ist bey unterschiedlichen Handwerckern«, darunter auch bei den Maurern, »an statt des Meisterstückes« [4]. Nicht zufällig führte Fischer nicht ein Maurerwerkzeug, sondern Zeichengeräte, Zirkel und Stift, in seinem Siegel [5]. Beides, Planlegung und Ausführung eines Gebäudes, gehörten zum Berufsbild seines Handwerks.

Wie, das heißt mit welchen Arbeitsmitteln und nach welchen Verfahren, entstand zur Zeit Fischers eine Architekturzeichnung? Dieses Thema soll uns im folgenden beschäftigen. Dabei soll weder der umfangreiche Katalog der damals benutzten Zeichenmittel noch ihre historische Entwicklung beschrieben werden. Es geht um die Planungen Fischers, daher beschränkt sich die Untersuchung auf das knappe in seiner Werkstatt benutzte Instrumentarium, soweit es sich aus den erhaltenen Baurissen erschließen läßt. Nicht alle Mittel und Verfahren sind aus den Zeichnungen abzulesen; vieles muß als unabdingbar für die Arbeit vorausgesetzt werden. Hier bieten zeitgenössische Lehrbücher mit der Beschreibung von Zeichengerät und den Anweisungen für ihren Gebrauch zusätzliche Auskunft. Neben deutschsprachigen Schriften müssen dabei vor allem französische Publikationen beachtet werden; Frankreich war in der Architekturlehre damals führend in Europa [6].

Das Instrumentarium des Architekturzeichners hatte bis zum 18. Jahrhundert einen hohen technischen Stand erreicht, dennoch blieb sein Hauptgerät immer noch jenen Werkzeugen gleich, die in mittelalterlichen Darstellungen den Bauleuten als Zeichen ihres Gewerkes beigegeben sind[7]: Reißbrett und Reißschiene, Winkel und Lineal, Zirkel und Maßstab, Zeichenstift und Feder, nur wenig mehr brauchte der Zeichner auch im 18. Jahrhundert als Grundausstattung seiner Werkstatt. Auch die Arbeit am Plan blieb trotz aller Fortentwicklung seit dem Beginn der Neuzeit bis in das frühe 19. Jahrhundert im wesentlichen gleich. Daher erscheint es legitim, bei der Befragung zeitgenössischer Quellen die Lebens- und Schaffenszeit Fischers in beiden Richtungen zu überschreiten [8].

Viele der damals benutzten Zeicheninstrumente sind uns heute noch so vertraut, daß hier allenfalls ihre damalige Machart kurz beschrieben werden muß. Andere jedoch sind aus unserem Gesichtskreis verschwunden; sie müssen ausführlicher dargestellt werden. Gleiches gilt für Arbeitsmittel und Arbeitsweisen jener Zeit. Daher versucht der folgende Abriß mit dem Zeichengerät auch die Schritte darzustellen, die ein Architekturzeichner zur Zeit und in der Werkstatt Fischers von der Vorbereitung der Planzeichnung bis zu ihrer Vollendung und schließlich Vervielfältigung auszuführen hatte.

1 Jacobsson Bd.3, 1783, 38 f. – Die Aufschlüsselung der in den Anmerkungen verkürzt zitierten Literatur findet sich am Schluß dieses Beitrags.

2 Jacobsson Bd.3, 1783, 276

3 Jacobsson Bd.3, 1783, 39. Ähnlich Johann Samuel Halle, Werkstäte der heutigen Künste, oder die neue Kunsthistorie, Bd.4, Brandenburg-Leipzig 1765, 336

4 Zedler Bd.31, 1742, Sp.1744; vgl. auch Gabriele Dischinger, Zeichnungen zu kirchlichen Bauten bis 1803 im Bayerischen Hauptstaatsarchiv, Wiesbaden 1988, 273, Anm.925 und die dort zitierte Literatur. Abb. von Meisterstückrissen bei Volker Liedke, Das Bürgerhaus in Altbaiern, Tübingen 1984, Taf. 24 ff.

5 Siegel von 1723: »H M F« mit Zirkel und »Bleirohr«, ein Zeichenstifthalter (StadtA Deggendorf, VI 10 – Benutzung des vom Vater Hans Michael Fischer überkommenen Siegels ?); Siegel von 1724: Figur in der bekrönenden Wappenzier mit Zirkel und »I M F« (ebd.); Siegel von 1759: bekröntes Wappen mit (u.a.) zirkelhaltendem Greif. S. in Band II S.133

6 Vgl. als beispielhafte Auswahl, weit entfernt von Vollständigkeit, die Literaturliste am Ende dieses Beitrags. Als Beispiele neuerer Literatur zu diesem Thema seien hervorgehoben: Maya Hambly, Drawing Instruments 1581-1980, London 1988 (mit umfangreichem Bildteil) und André Beguin, Dictionnaire technique et critique du Dessin, Brüssel-Paris 1978

7 Kurt Gerstenberger, Die deutschen Baumeisterbildnisse des Mittelalters, Berlin 1966

8 Die Beständigkeit der Zeichenmittel und -verfahren zeigt sich u.a. durch die fast wortgleiche Wiederholung zahlreicher einschlägiger Artikel aus Zedlers Universal-Lexikon in dem fast fünfzig Jahre späteren technologischen Wörterbuch von Jacobsson und Jacobsson/Rosenthal; vgl. u.a. Zedler/Jacobsson »Durchschnitt«/»Durchschnitt«, »Grund-Riß in der Baukunst«/»Grundriß«, »Haupt-Riß«/»Hauptriß«, »Reissen«/»Reißen«, »Schreib-Messer«/»Schreibmesser«

Abb. Jean-Jacques Lequeu, »Architecture civile« Manuskript 1782 mit Darstellung der Zeicheninstrumente

Zeichenpapier

Gleich den anderen Papieren wurde auch Zeichenpapier aus Hadern hergestellt und in einzelnen Bogen mit der Hand geschöpft [9]. Es mußte für den besonderen Zweck bestimmte Qualitätsmerkmale aufweisen, so vor allem eine gleichmäßig geglättete, dichte Oberfläche ohne Knoten oder dünne Stellen. Es sollte Tusche und Farbe annehmen, ohne sie allzu rasch aufzusaugen oder sie verlaufen zu lassen. Zeichenpapier wurde wie alle guten Papiersorten zu diesem Zweck zuerst mit Leim-, dann mit Alaunwasser getränkt und nach der Trocknung entweder mit der wassergetriebenen Schlagstampfe oder in Handarbeit auf dem Glättstein verdichtet und geglättet.

Als besonders qualitätvoll, weil sehr dicht, gleichmäßig weiß und frei von Verunreinigungen, galten im 18. Jahrhundert französische und holländische Zeichenpapiere; der Verkauf erfolgte in Frankreich in Formaten zwischen 43 x 32 und 95 x 65 Zentimeter [10]. Doch gab es allenthalben auch lokale Produktionen: In München lieferte seit dem 17. Jahrhundert die Pötschnersche Papiermühle in Neudeck ob der Au dem kurfürstlichen Hofbauamt *Papier zum reissen* [11]. Und aus der Fischer-Werkstatt sind neben den ›namenlosen‹, unbestimmbaren, gelegentlich sogar minderwertigen Papieren sowohl Pläne mit dem Wasserzeichen großer holländischer Häuser [12] als auch mit den Marken regionaler Papiermühlen [13] überliefert.

Zur Vorbereitung der Arbeit mußte das Papier auf der Zeichenunterlage befestigt werden. Es wurde mit einem Schwamm gleichmäßig angefeuchtet und, noch im feuchten Zustand, mit den vier Rändern auf das Reißbrett geleimt, so daß es sich beim Trocknen spannte und gleichmäßig glatt wurde. Die Befestigung erfolgte in der Regel mit dem sogenannten Mundleim, der nicht wie gewöhnlicher Haut- oder Knochenleim über dem Feuer flüssig gemacht und mit dem Pinsel aufgetragen wurde. Vielmehr nahm der Zeichner ein passend zugeschnittenes Stück des Leims für einige Minuten zur Hälfte in den Mund, bis es durch die Wärme und durch die Feuchtigkeit des Speichels angelöst war. Für diese Anwendung mußte der Leim, ein Hautleim, aus besonders reinem Ausgangsmaterial, meist Pergamentabschnitte oder Fischblase, bereitet werden. Außerdem wurde die Leimmasse zur Verbesserung des Geschmacks mit Zucker und aromatischen Zusätzen, mit Zitronensaft, Orangenblüte oder Orangenschale, versetzt[14]. Das trockene Ende des im Mund angelösten Leims wurde in die Hand genommen und die angelöste Hälfte wie ein heutiger Klebestift benutzt: Die Ränder des Bogens wurden eingestrichen und auf das Reißbrett aufgerieben. Um das Blatt wieder zu lösen, mußte die fertige Zeichnung mit dem Federmesser aus dem aufgeleimten Rand geschnitten werden, daher sind an Plänen jener Zeit kaum je Befestigungsspuren zu beobachten [15].

Die umständliche Prozedur des Aufleimens ließ sich mit einem Reißbrett vermeiden, das einen straff sitzenden, abnehmbaren Rahmen hatte, der durch Knebel unter dem Brett verriegelt werden konnte. Der Rahmen wurde über das angefeuchtete Papier gestülpt und der Bogen auf diese Weise festgeklemmt [16]. Nachteil war, daß für diese Methode ein breites Randstück geopfert werden mußte.

Reißbrett, Zeichenkarton, Zeichentisch

Abgesehen von der eben erwähnten Sonderanfertigung unterschied sich das damals genutzte Reißbrett kaum von einfachen modernen Zeichenbrettern: eine winkelrecht zugeschnittene, querrechteckige Platte mit geglätteter Oberfläche, vorzugsweise aus gut abgelagertem Ahorn-, Linden- oder jedem anderen Holz mit gleichmäßiger Struktur. Die aus mehreren Brettern gefügte Platte war durch eingenutete Querleisten an den Hirnholzkanten und/oder an der Unterseite, gelegentlich auch durch einen umlaufenden Rahmen stabilisiert [17].

9 Zum Folgenden: Buchotte, 16 ff.; Jombert, 55; Stettner, 5; Jacobsson Bd.3, 1783, 192 ff.; Johann Beckmann, Papiermacherey, in: ders., Anleitung zur Technologie, ²Göttingen 1780, 107 ff.; Voch, 118

10 Nach Buchotte, 16 ff.

11 BayHStA, Abt.IV Kriegsarchiv, C 130, Jahresband 1645, fol.60, Nr.5

12 S. die Angaben im »Katalog der Entwürfe«, in Band I S.110-144

13 S. Kat.-Nr.40-44

14 Pictorius, 20 und 22; Zedler Bd.16, 1737, Sp.1587 f.; Buchotte, 13 ff.; Stettner, 3 und 5 f.; Duhamel du Monceau, L'Art de faire differentes Sortes de Colles, 1771 in: Descriptions des Arts et Métiers, Bd.XV, Nachdruck Genf 1984, 15 ff.; Lequeu 1782 (= *Jean Jacques Le Queu, Architecture civile donné par lui-même à l'honneur de la Bibliotheque Royale, Tome 1er, Taf. 4: On voi [!] sur ce dessin des Instrumens à l'usage de celui que dessine au trait, qui ombre* ..., signiert und datiert: *Jn. Jque. Le Queu delin 1782.* (Ms.), Paris, Bibliothèque Nationale, Estampes Ha 80, 1re partie, fol. 4. Publiziert: Philippe Duboy, Jean Jacques Lequeu, Paris 1987, 17 und 122); Jacobsson Bd. 3, 1783, 101; Jacobsson/Rosenthal Bd. 6, 1793, 601 ff.(nahezu wörtlich nach Duhamel du Monceau); Voch, 109 f.; L-e, 29 f.; Perrot, 226 f.

15 Finden sich dennoch Nadelpunkte an den Ecken, liegt die Vermutung späterer Zufügung nahe.

16 Zedler Bd.31, 1742, Sp.394 f.; Jacobsson/Rosenthal Bd.7, 1794, 59 f.

17 Zedler Bd.31, 1742, Sp.394; Buchotte, 30 f. und Taf.23; Stettner, 3 f.; Jacobsson Bd.3, 1783, 394; Jacobsson/Rosenthal Bd.7, 1794, 60; Voch, Taf.VII; Perrot, 180

Anstelle des Reißbretts ließ sich auch starker Karton gleichen Zuschnitts als Zeichenunterlage verwenden. Zwar war Karton längst nicht so strapazierfähig und dauerhaft, doch war, besonders für Reisen, sein geringes Gewicht von Vorteil [18].

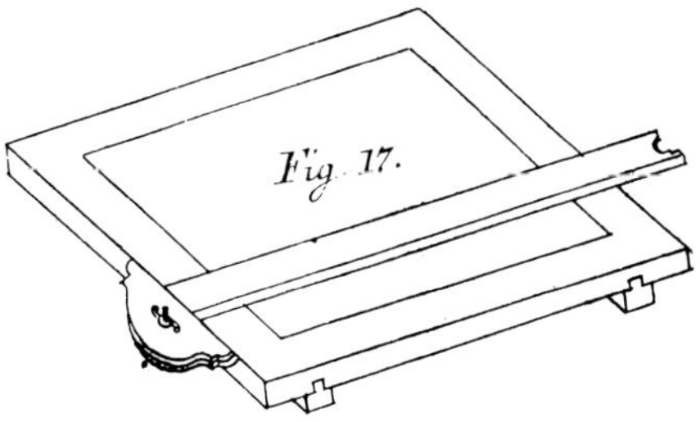

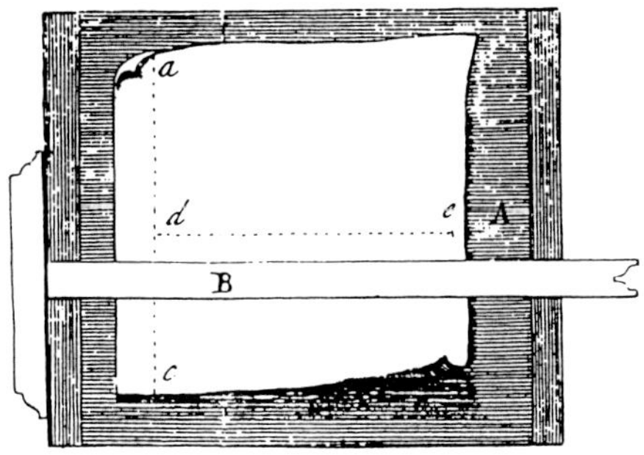

Für die Anfertigung großer, die Maße eines Reißbretts überschreitender Pläne, die oft aus mehreren Bogen zusammengesetzt waren, wurde ein Zeichentisch mit ausladender Platte auf vier geraden Beinen benutzt [19]. Von einem gewöhnlichen Tisch unterschied er sich durch Schlitze mit gerundeten Kanten, die nahe den beiden Langseiten in die Platte eingearbeitet waren. Überhängende Teile des Planmaterials wurden durch die Schlitze geführt, so daß der Zeichner sich bei der Arbeit am Tisch abstützen konnte, ohne das Papier zu beschädigen oder zu beschmutzen [20].

Abb. Reißbrett mit Reißschiene
von links nach rechts:
nach Voch, Salmon, Buchotte

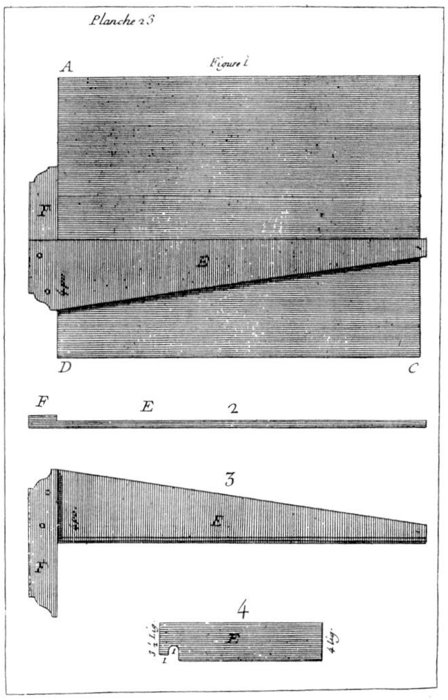

Reißschiene, Lineal, Zeichendreieck

Die Reißschiene diente der Arbeit am Reißbrett. Das flache Lineal, vorzugsweise aus Obstbaumholz, ist etwas länger als die Breite der Zeichenunterlage; ein im rechten Winkel befestigtes stärkeres Querholz bildet einen Anschlag für die Führung des Geräts an der Reißbrettkante. Bewegliche Anschlagköpfe konnten durch eine Flügelschraube in jedem beliebigen Winkel eingestellt werden; zeitgenössische Autoren rieten jedoch von dieser Konstruktion ab, da die genaue winkelgerechte Einstellung von 90 Grad dabei nicht immer gewährt war [21].

Das Lineal wurde wie die Reißschiene vorzugsweise aus gut getrocknetem und wenig zum Arbeiten neigenden Obstbaumholz gefertigt. Kostbare Instrumente waren aus Ebenholz oder Elfenbein, andere aus Messing, Kupfer, Silber oder aus einem anderen Metall. Allerdings galten Metallschienen für den professionellen Zeichner als unzweckmäßiger Luxus, da sie das Papier durch ihren Abrieb verschmutzen konnten [22].

Für die Arbeit mit dem Zeichenstift war eine Kante des Lineals von oben her angeschärft; bei guten Instrumenten war die Zeichenkante aus Ebenholz ange-

18 Stettner, 4; Perrot, 180
19 Nach Buchotte (27 und 31) ist die Platte des Zeichentischs etwa 160 x 80, ein Reißbrett etwa 55 x 40 cm groß.
20 Buchotte, 26 ff. und Taf.3; Perrot, 178 ff. und Taf.V
21 Zedler Bd.31, 1742, Sp.394 f.; Buchotte, 31 f. und Taf.23; Stettner, 4; Jacobsson Bd.3, 1783, 396; Voch, 110 f. und Taf.VII
22 Zedler Bd.17, 1738, Sp.1430 f.

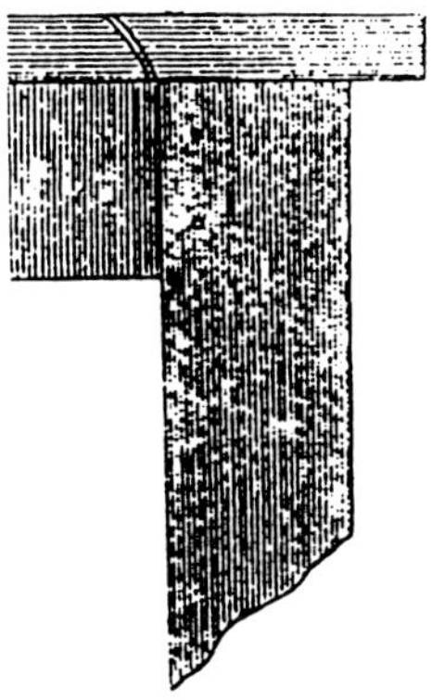

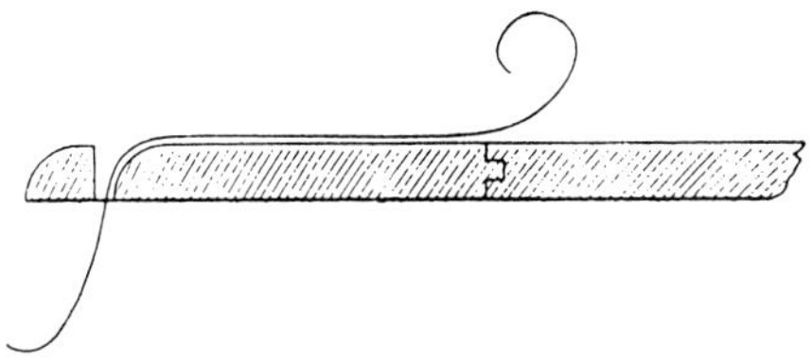

Abb. Zeichentisch
links: nach Buchotte (2),
rechts: nach Perrot

stückt. Für die Arbeit mit der Tusch- oder Tintenfeder hatte die andere Kante an der Unterseite einen Falz oder eine Hohlkehle, um auslaufende Zeichenflüssigkeit aufzufangen. Je nach Bedarf benutzte der Zeichner Lineale unterschiedlicher Länge und Breite. Buchotte empfahl als Mindestausstattung vier verschiedene Längen von etwa 15 bis 80 Zentimeter [23]. Viele Zeichenschienen hatten eingravierte Maßstabsskalen, manchmal auch mehrere mit den verschiedenen vom Zeichner häufig benutzten Reduktionsmaßstäben, die hier mit dem Zirkel abgegriffen und auf den Plan übertragen werden konnten [24].

Das Zeichendreieck war entweder ein flacher, aus drei Schenkeln in Dreiecksform verleimter Rahmen, oder es bestand aus einem einzigen Stück mit einem Griff oder Griffloch [25]. Es hatte die gleiche Stärke wie das Lineal und wurde aus dem gleichen Material, vorzugsweise Obstbaumholz, hergestellt, bessere Instrumente mit angestückten Zeichenkanten aus Ebenholz, kostbare Geräte waren aus Elfenbein oder Metall. Die am häufigsten verwendeten Formen waren das gleichschenklige Dreieck mit Winkeln von einmal 90 und zweimal 45 Grad und eine spitzwinklige Figur mit Winkeln von 30, 60 und 90 Grad.

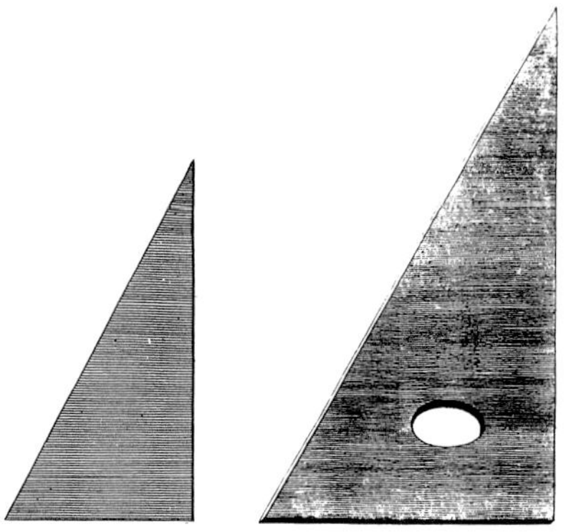

Abb. Zeichendreieck
links: nach Buchotte
rechts: nach Penther

Zirkel

Der Zirkel als das »allervornehmste Instrumente« des Architekten [26] hatte außer seinen vielfältigen praktischen Funktionen auch symbolische Bedeutung als Baumeisterzeichen. Auf zahlreichen Architektenporträts, in historischen oder allegorischen Darstellungen der Baukunst, in Wappen und Siegeln erscheint er neben Winkel und Setzwaage als Hauptwerkzeug dieses Gewerbes [27].
Andere Berufe bedienten sich ebenfalls des Zirkels; dementsprechend gab es dies Instrument für ihren Bedarf in vielfältigen Ausführungen; das Grundprinzip der Konstruktion aber war immer gleich: Zwei Schenkel, oben durch ein Gelenk beweglich verbunden [28], mit unterschiedlichen, oft austauschbaren Endungen. Hier interessieren nur die für den Architekturzeichner bestimmten Instrumente.

Auch Architektenzirkel waren in vielfältigen Spezialanfertigungen im Gebrauch, die unter verschiedenen Bezeichnungen von zeitgenössischen Autoren beschrieben wurden: Handzirkel, Haarzirkel, Bogen- oder Stellzirkel, Federzirkel und so fort. Sie waren aus Metall, meist aus Messing; für die Herstellung kleiner, oft kostbar ziselierter Handzirkel fanden auch Edelmetalle Verwendung. Die Spitzen bestanden stets aus Stahl, der sich allein zu dauerhaft nadelfeinen Endungen verarbeiten ließ.

Neben der Größe unterschieden sich die Spezialanfertigungen für Architekten vor allem in den Mechanismen zur Feineinstellung und Arretierung der Zirkelöffnung. Alle aber waren Ableitungen der beiden Standardinstrumente, des Stechzirkels und des Zeichenzirkels [29].

Der Stechzirkel diente zum Abgreifen und Übertragen von Maßen, sei es bei der Konstruktion des Gebäudeplans von der Maßstabsskala zur Zeichnung, sei es beim Kopieren von Plan zu Plan. Er hatte als Spezialinstrument an beiden Endungen nadelfeine, nicht austauschbare Spitzen, doch gab es zur Verminderung des auf Reisen mitgeführten Instrumentariums Stechzirkel mit austauschbaren Endungen, die auch für andere Arbeiten verwendet werden konnten.

Das Funktionsprinzip des zum Zeichnen von Kreisbögen benutzten Reißzirkels beruhte wesentlich auf der Möglichkeit zum Austausch unterschiedlicher Einsätze für die verschiedenen Arbeiten: »Eines der nützlichsten Instrumente, so vornemlich zu geometrischen Handgriffen dienlich ist, immassen dieser Zirckel bey verschiedenen Fällen zu gebrauchen, und deshalber also zubereitet ist, daß die eine Spitze verändert, und an deren Stelle insgemein eine Reiß-Feder, eine Hülse zum Bleystifft, und ein Punktir- Rädlein eingestecket und befestiget werden kan« [30]. Über die Bauweise ist damit das Wesentliche gesagt. Zu den oben angeführten Einsätzen, Graphitstift, Tuschfeder und Punktierrad,

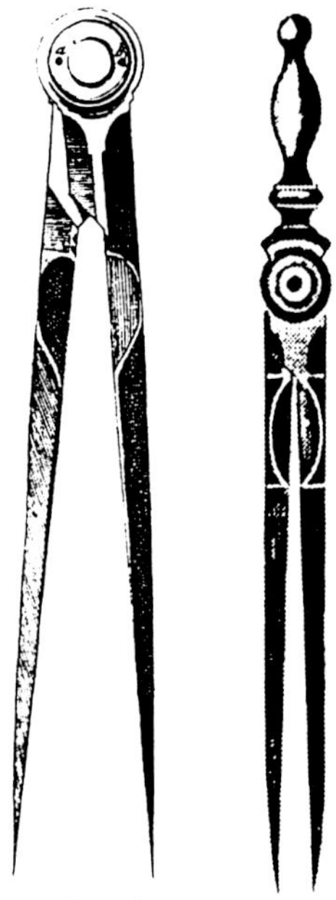

Abb. Stechzirkel
links: nach Penther
rechts: nach Barrow

23 Buchotte, 23
24 Zedler Bd.17, 1738, Sp.1430 f.; Leupold, 135 f.; Buchotte, 22 f.; Stettner, 4; Jacobsson Bd.2, 1782, 616 f.
25 Leupold, 138 und Taf.XXI; Stettner, 4; Lequeu 1782 (Anm.14)
26 So Leupold, 122
27 Auch Fischer führte den Zirkel in seinem Siegel; s. Anm.5. Vgl. auch W. Kirk MacNulty, Freemasonry, London 1991, zur Instrumentensymbolik der Freimaurer (mit zahlreichen Abb.)
28 Spezialzirkel mit drei und mehr Schenkeln dienten zum Abgreifen von Drei- und Mehreck-Konstruktionen u.a. bei der Kopie von Plänen; Leupold, 128, Taf.XXa, Fig.XII; Zedler Bd.6, 1733, Sp.94 f.; Jacobsson/Rosenthal Bd.6, 1793, 316; Adams, 46, Abb.8

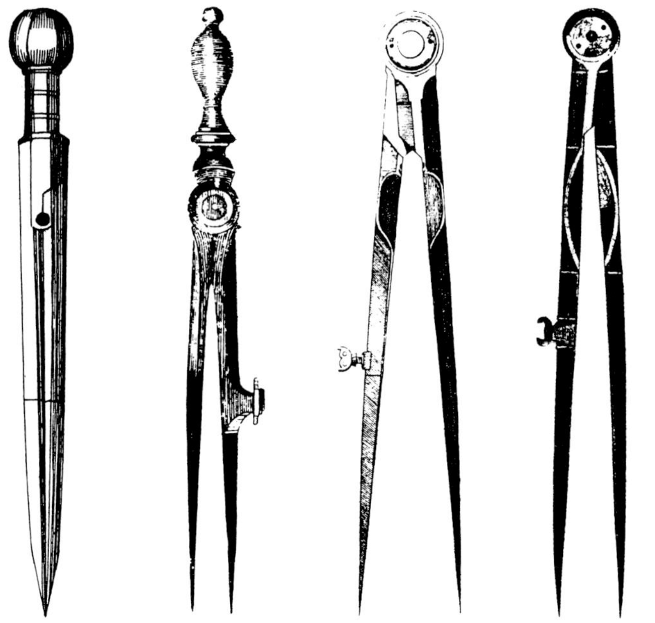

Abb. Reißzirkel
von links nach rechts:
nach Leupold, Adams,
Penther, Adams

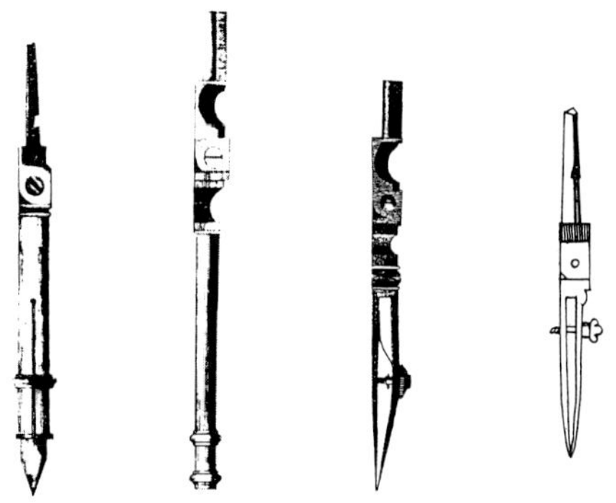

Abb. Einsätze für Reißzirkel
von links nach rechts:
nach Penther, Barrow,
Adams, Leupold

gehörte auch die Stahlnadel mit abgestumpfter Spitze, mit der Blindlinien gezogen wurden. Nur sehr reiche, aufwendige Zirkelsätze hatten anstelle austausbarer Einsätze für die verschiedenen Arbeiten Instrumente mit festmontierten Endungen.

Graphitstift

Auch für das 18. Jahrhundert sollte statt der seit jeher eingeführten Bezeichnung Bleistift besser die genauere Benennung Graphitstift gewählt werden, denn längst schon diente damals als Zeichenmittel nicht mehr der Griffel aus Bleimetall, sondern die Mine aus Graphit. Als der Bleigriffel, mit dem sich, ähnlich wie mit dem Silberstift, Linien auf Pergament oder Papier ziehen lassen, seit dem 16. Jahrhundert zunehmend durch den Graphitstift abgelöst wurde, ging, so könnte es scheinen, mit der Funktion auch der Name auf das neue Zeichenmittel über[31]. Tatsächlich aber stellt sich der Sachverhalt weit komplizierter dar: Seit das Mineral Graphit gewonnen wurde, galt es als eine Abart des Bleierzes, obgleich die völlig unterschiedlichen Eigenarten der beiden Stoffe durchaus bekannt waren. »Wasserbley«, »Bleischweif«, »Bleistein« oder ähnlich lauteten die Bezeichnungen, mit denen in der zeitgenössischen Literatur meist der Graphit, gelegentlich aber auch das Bleierz benannt ist. Häufig wird erst durch die Angabe des Verwendungszwecks deutlich, welche Substanz gemeint ist: »Reißblei«, »Bleifeder«[32], »Schreibblei«, »Bleistift« bezeichnen im 18. Jahrhundert eindeutig den Zeichenstift aus Graphit[33].

Ähnliche Namenskonfusion galt auch für das Bleiweiß, nach heutigem Verständnis allein die aus der Oxydation von Blei gewonnene weiße Farbe, die unter anderem als Kremser Weiß, Berliner Weiß und so fort verwendet wurde. Ebenso jedoch wurde zuweilen auch der Graphit bezeichnet[34]; zur besseren Unterscheidung von dem erstgenannten Produkt nannte man ihn auch »schwarzes«[35] oder, nach dem damals wichtigsten Herkunftsland, »englisches Bleiweiß«[36]. Bleistiftmacher hießen dementsprechend »Bleiweißmacher«[37] oder »Bleiweißschneider«[38]; die Hersteller der hölzernen Fassungen für die Graphitmine wurden »Bleiweißhölzleinmacher« genannt[39].

Graphitstifte wurden in drei Härten angeboten; Planzeichner bevorzugten die mittlere Härte: Die Spitzen weicher Stifte nutzten sich zu schnell ab, außerdem waren die Linien leicht zu verwischen; harte Stifte aber verletzten das Papier und waren schwer zu radieren. Das Ausgangsmaterial wurde bis gegen Ende des 18. Jahrhunderts vorzugsweise in der natürlich vorkommenden minerali-

29 Als Auswahl aus der umfangreichen Literatur zu Spezialzirkeln: Leupold, 122 ff. und Taf.XXa und XXb; Zedler Bd.6, 1733, Sp.92 ff.; Jacobsson Bd.4, 1784, 715 (Artikel »Zirkel« mit Verweisen zu weiteren Artikeln)

30 Zedler Bd.31, 1742, Sp.398; s. auch Leupold, 125 f. und Taf.XXa; Jacobsson Bd.3, 1783, 396; Stettner, 1 f. (»Stücklein-Zirkel«)

31 Zur Entwicklung der »Dünn [= grau] zeichnende[n] Stifte«: Walter Koschatzky, Die Kunst der Zeichnung, Köln 1993, 55 ff. (mit Literatur)

32 Jacobsson Bd.1, 1781, 235: »Bleyfeder, s. Bleistift.« Wörtlich auch Adelung Bd.1, 1793, Sp.1068, sinngemäß Grimm Bd.2, 1860, Sp.102

33 Zedler Bd.4, 1733, Sp.140 ff.; Jacobsson Bd.4, 1784, 599; Adelung Bd.1, 1793, Sp.1071; ders. Bd.3, 1798, Sp.1066; ders. Bd.4, 1801, Sp.1403; L-e, 51 f. S. auch: Gautier, 18 f.; Buchotte, 18 f.; Stettner, 3

34 Leupold, 125 f. und 154; Zedler Bd.4, 1735, Sp.151; Grimm Bd.2, 1860, Sp.103

35 Adelung Bd.1, 1793, Sp.1072

36 Zedler Bd.4, 1733, 154 und ders. Bd.21, 1739, Sp.968

37 Jacobsson/Rosenthal Bd.5, 1793, 259

38 Jacobsson Bd.1, 1781, 239 f.; Adelung Bd.1, 1793, Sp.1072

39 Jacobsson/Rosenthal Bd.5, 1793, 259

schen Form verwendet. Hauptquelle waren englische Bergwerke, wo der reinste, daher als Zeichenmittel besonders gesuchte Graphit gewonnen wurde. Er wurde entweder zu feinen Minen gespalten und in Holz gefaßt oder mit größerem Durchmesser ungefaßt in das »Bleirohr«, eine Hülse aus Messing, eingesetzt, wo er mit einer Führung herausgeschoben oder versenkt werden konnte [40].

Abb. Bleirohr, nach Bion

Gleichwertiges Material war auf dem Festland nicht zu finden, daher ging man dort dazu über, weniger reinen Graphit zu vermahlen und mit einem Bindemittel zu Schreibminen zu formen. Daraus entstand, in Frankreich 1795 patentiert [41], der Bleistift, wie er ähnlich heute noch hergestellt wird: Eine Mischung von Graphitpulver und Tonerde wird zur Mine geformt und je nach Mischungsverhältnis und Brenndauer in verschiedenen Härten gebrannt.

Metallgriffel

Für die Vorzeichnung von Bauplänen wurde neben dem Graphitstift auch der Metallgriffel viel benutzt. Er bestand aus Stahl und hatte eine feine, jedoch durch Rundung abgestumpfte Spitze. Mit ihr wurden Blindlinien, das heißt Linien ohne Farbspur, in das Zeichenpapier leicht eingetieft; »Lignes blanches« oder »occultes« nannte man sie in Frankreich[42], weil sie weiß und unsichtbar, ›geheim‹ blieben. Der Zeichenstift ist freier zu führen als der Metallgriffel, Blindlinien aber haben den Vorteil, daß sie nur im Streiflicht wahrnehmbar sind, falsche oder überschießende Linien also nicht gelöscht werden mußten. Zudem wurde durch die Eintiefung in das Papier bei der Reinzeichnung mit der Tuschfeder auch der Tintenfluß kanalisiert.

Abb. Metallgriffel oder Tracer mit Zubringer nach Adams

Wie auch an Zeichnungen Fischers zu beobachten, wurde der Metallgriffel neben dem Graphitstift als gleichwertiges Instrument für die Vorzeichnung eingesetzt [43]; er fehlte daher in keinem Reißzeug. Es gab ihn als Einsatz für den Zeichenzirkel und als Handinstrument für die Arbeit am Lineal mit einem etwa bleistiftstarken Stiel aus Holz oder Metall, für kostbare Instrumente auch aus Elfenbein, manchmal sogar aus Halbedelstein gedrechselt. Erstaunlich ist, daß für dieses Gerät im Deutschen eine adaequate zeitgenössische Bezeichnung kaum zu finden ist. Die Namen »Griffel« [44] oder »Spitze« (für den Zirkeleinsatz) tauchen gelegentlich auf. So umschreibt ihn Leupold 1727 als »eine stählerne Spitze blinde Linien damit zu ziehen« [45]. In der modernen Literatur wird er Blindrillenstift oder Blindliniengriffel genannt [46].

Kielfeder

Nur in Ausnahmen wurde ein Bauriß mit dem leicht zu löschenden Zeichenstift vollendet. War die Vorzeichnung des Gebäudeplans mit Graphit- und/oder Blindrillenstift entworfen, wurde sie in der Regel mit Tusche oder Tinte nachgezogen [47]. Als Instrument diente entweder die Kielfeder aus der Vogelschwinge oder die Reißfeder aus Metall, die zum Linienziehen besonders geeignet war. Für die Darstellung unterbrochener Linien wurde als mechanische Hilfe das Punktierrad benutzt.

40 Jacobsson Bd.1, 1781, 238; Adelung Bd.1, 1793, Sp.1070

41 Franz Maria Feldhaus, Die Technik der Vorzeit, der geschichtlichen Zeit und der Naturvölker, Leipzig-Berlin 1914, Sp.107

42 Lequeu 1782 (Anm.14). Die Bezeichnungen »Blindlinie« oder »blinde Linie« wurden nicht einheitlich benutzt. Stettner (29) spricht von den »punctirten oder so genannten blinden Linien«, die bei Anlage der Vorzeichnung mit dem »Reiß-Bley« lediglich angedeutet werden. Ähnlich Penther, 15, § 254 sowie Zedler Bd.29, 1741, Sp.1614 (»Punctir-Rad«) und, wörtlich folgend, Jacobsson Bd.3, 1783, 321 (»Punktirrad«). S. auch Christoph Gerlach, Vorzeichnungen auf gotischen Planrissen, Köln/Wien 1986, 26 ff.

43 S. Hans Lehmbruch/Gabriele Dischinger, in Band II S.37

44 Christian Ludolph Reinhold (System der zeichnenden Künste ..., Münster-Osnabrück 1794, 3 f.) erwähnt unter den Zeicheninstrumenten den »Griffel« ohne nähere Erläuterung.

45 Leupold, 155

46 Gerlach (Anm.42), 27 f.; Elisabeth Kieven, Römische Architekturzeichnungen des Barock, in: Ausst.-kat. »Von Bernini bis Piranesi«, Stuttgart 1993, 18

47 Buchotte, 78 ff.; Stettner, 30 f.

Namengebend für alle Zeichen- und Schreibfedern war die Kielfeder aus den Flügeln verschiedener Vogelarten [48]; für kräftige, breite Striche waren Gänse- oder Schwanenfedern, für sehr feine, dünne Linien, zumal in der Planzeichnung, waren Rabenfedern besonders geeignet [49]. Die besten Federn mit kräftigen und dennoch elastischem Kiel kamen vom ›Ellbogen‹ der Vogelschwinge, vorzugsweise vom rechten Flügel, weil sie am besten in der Hand lagen [50]. Bevor sie zum Zeichnen und Schreiben verwendet werden konnten, mußten die Federn gereinigt und entfettet, schließlich eine Zeitlang gelagert werden [51].

Der Zeichner schnitt sich den Kiel für seine Arbeit meist selber zu. Er wurde mit einem schrägen Schnitt unten zugespitzt und für den gleichmäßigen Tintenfluß gespalten [52]. Die Spitze verbrauchte sich schnell, mußte daher immer wieder erneuert werden. Deshalb sollte ein Architekt stets einen größeren Vorrat abgelagerter Federn zur Hand haben [53]. Die ersten Anschnitte ergaben die feinsten Linien, dann wurde die Feder für dickere Striche verwendet. Auch Schreibdruck und Handhabung des Kiels wirkten sich auf den Tintenfluß und damit auf die Stärke der Linien aus.

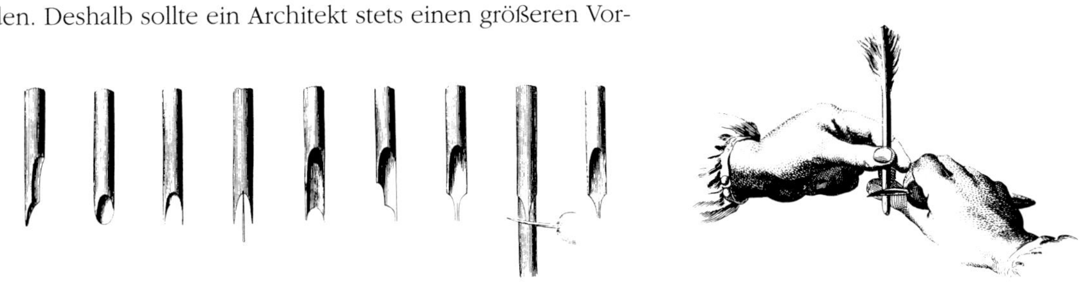

Abb. Zuschnitt der Kielfeder, nach Paillasson

Federmesser, Schreibmesser

Für den Zuschnitt der Kielfeder gab es ein besonders geformtes Federmesser. Es hatte einen kräftigen runden Griff aus Holz, der mit der ganzen Hand umspannt wurde. An einem Ende saß eine schmale, leicht gekrümmte, kurze Klinge aus gutem, möglichst englischem Stahl, das andere Ende lief spitz zu [54]. Der kräftige Griff erleichterte die Handhabung; auf Reisen jedoch ließ sich ein platzsparendes Klappmesser mit flachem Griff besser mitführen. Andere Reisemesser waren als Mehrfachinstrumente konzipiert. Sie waren aus Metall, ähnlich geformt wie ein Skalpell. An einem Ende saß die Klinge, das andere war meist als Schraubendreher zum Einstellen von Zirkeln geformt. Der flache Griff war an

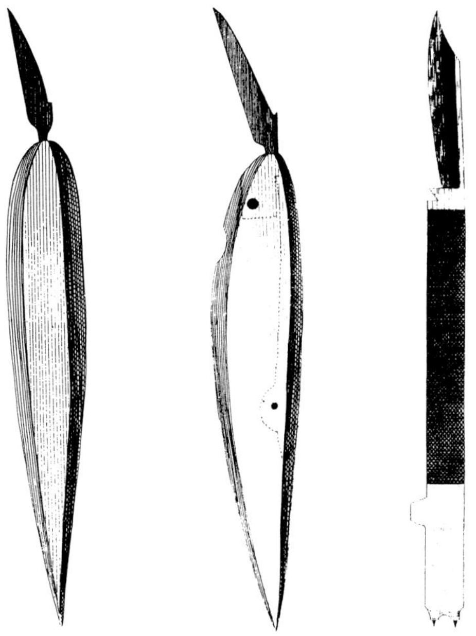

Federmesser
von links nach rechts: nach Perret (2, in der Mitte Klappfedermesser) und Barrow

48 Zedler Bd.9, 1735, Sp.403 f.; Buchotte, 15 f.; Jombert, 74 f.; Stettner, 2 f.; Jacobsson Bd.1, 1781, 684; Jacobsson/Rosenthal Bd.7, 1794, 253
49 Zedler Bd.9, 1735, Sp.403 f.; Buchotte, 16; Stettner, 3; Jacobsson Bd.1, 1781, 684; L-e, 35
50 Zedler; Buchotte; Jombert (alle Anm.48) Die Meinung, daß Federn der linken Schwinge besser in der Hand liegen, vertreten Jacobsson/Rosenthal Bd.5, 1793, 523.
51 Zur Präparation: Zedler Bd.35, 1743, Sp.1162; Jacobsson/Rosenthal Bd.5, 1793, 523 f.; L-e, 35 f.
52 Buchotte, 78 f. und 81; Paillasson, Taf.II, III und IV; Jacobsson Bd.4, 49
53 Buchotte (16) empfahl einen Vorrat von bis zu 300 Federn.
54 Stettner, 3; Lequeu 1782 (Anm.14); Perret, 118 ff., 126 ff., 148 ff., Taf.XXI, XXVI, XXVII; Jacobsson Bd.1, 1781, 683; Paillasson (Anm.52)

den Seiten durch Feilschläge aufgerauht, so hatte die Hand besseren Halt, außerdem konnten an den Feilschlägen weiche Zeichenstifte geschärft werden[55]. Messer dieser Art wurden auch für den Zuschnitt von Zeichenpapier, als Schaber zum Radieren von Tusche und Tinte und für vielfältige andere Verrichtungen verwendet, so daß zuletzt das vielseitig nutzbare Schneidgerät unter dem Namen »Schreibmesser« für alle Zwecke des Zeichners benutzt wurde[56].

Metallfeder

Die Kielfeder blieb bis in das 19. Jahrhundert das am häufigsten verwendete Gerät zum Zeichnen und Schreiben mit Tusche und Tinte. Doch längst schon gab es damals auch Federn aus Metall, und zwar in zwei verschiedenen Grundformen. Eine war der »Geißfuß«, ein etwa herzförmiges, unten zugespitztes Metallblatt am Stiel, das in der Mitte gleichsam zu zwei leicht geöffneten Flügeln gefaltet war[57]; die Schreibflüssigkeit hielt sich zwischen den ›Flügeln‹. Ein vergleichsweise starres Instrument, zwar zum Linienziehen, doch kaum für die freie Handhabung brauchbar. Besser eignete sich ein der Kielfeder nachgebildetes Instrument, eine halbierte, spitz zugefeilte Hohlform mit gespaltener Spitze, die sich im Prinzip kaum von der heutigen Schreibfeder unterschied[58].

Die Metallfeder, besonders aus Edelmetall, war kostspieliger als die Vogelfeder, nutzte sich jedoch weit weniger ab. Daß ihr die Vogelfeder dennoch meist vorgezogen wurde, lag wohl nicht zuletzt daran, daß sie sich nicht wie der Federkiel für jede Hand und für jeden Zweck passend zuschneiden ließ[59].

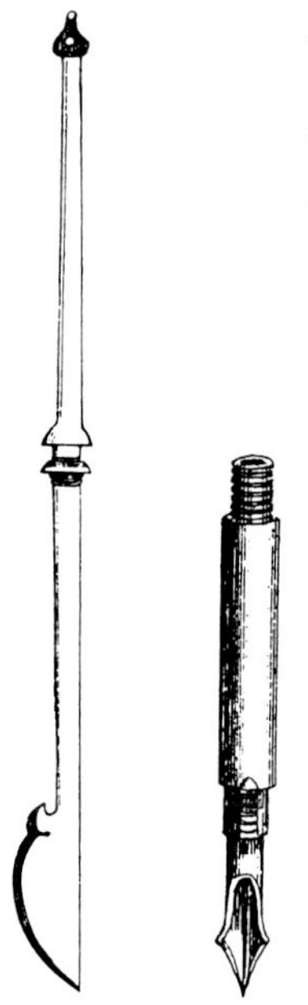

Abb. Metallfeder
links: nach Leupold
(Geißfuß)
rechts: nach Bion

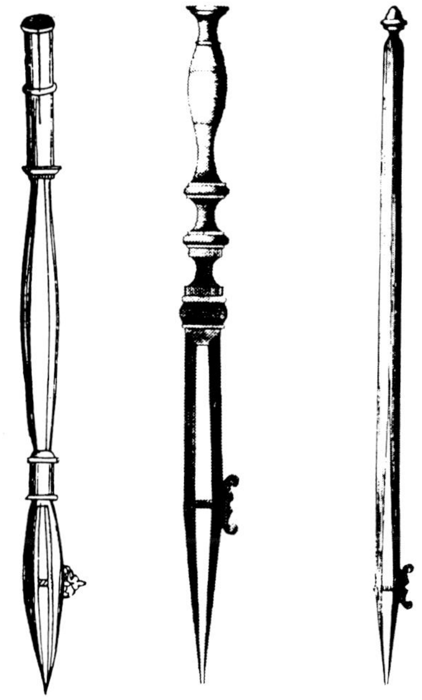

Abb. Ziehfeder
von links nach rechts:
nach Leupold und
Barrow (2)

Reiß-, auch Ziehfeder

Die Kielfeder und ihr Pendant aus Metall dienten sowohl zum Zeichnen als auch zum Schreiben. Eine völlig anders geformte Metallfeder wurde dagegen meist nur zum Linienziehen mit der Zeichentusche genutzt, die Reißfeder, auch Ziehfeder genannt. Ihr Konstruktionsprinzip gilt noch heute: Zwei schmale, spitz zulaufende und leicht gekrümmte Stahlblätter sind paarweise an einem Stiel aus Holz, Elfenbein oder Metall oder an einem Einsatzzapfen für den Zirkel befestigt und werden durch ein Stellschräubchen zusammengehalten. Die Tusche hält sich zwischen den beiden Blättern und fließt bei Papierberührung an der Spitze aus. Durch die Stellschraube läßt sich der Abstand der Blätter und damit die Stärke des Strichs regulieren[60]. Zur Einbringung der Tusche zwischen die Blätter wurde ein dünner, spatelförmige Zubringer aus Metall genutzt. Er

55 Adams, 45, Abb.7. Auch das gewöhnliche Federmesser diente zum Anspitzen von Zeichenstiften.

56 Zedler Bd.35, 1743, Sp.1163 und, nahezu wörtlich, Jacobsson/Rosenthal Bd.7, 1794, 274

57 Leupold, Taf.XXIV, Fig.II

58 Feldhaus (Anm.41), Sp.998 ff.

59 Vgl. die entsprechenden zeitgenössischen Zitate bei Udo Zöller, Mit der Feder zu Papier, München 1982, 40, 74, 112 und 114

60 Leupold, 154 f. und Taf.XXIV; Zedler Bd.9, 1735, Sp.403; Stettner, 1 f.; Jacobsson Bd.3, 1783, 395; Adams, 45, Abb.7; Perrot, 183

wurde in die Zeichenflüssigkeit getaucht und an der Feder abgestrichen[61]; auch ein Pinsel ließ sich für diesen Zweck verwenden.

Daniel Stettner schlug 1764 zum Linienziehen anstelle der Ziehfeder die Verwendung mehrerer Nägel mit unterschiedlich zugeschliffenen Spitzen vor: »Dieses Instrument ist wohlfeil, man kann es leicht reinigen, und recht schön damit zeichnen, zumahl wenn man sich deren etliche machet, stärkere und schwächere Linien damit zu ziehen«[62].

Reißfeder, auch Feder zum Reißblei

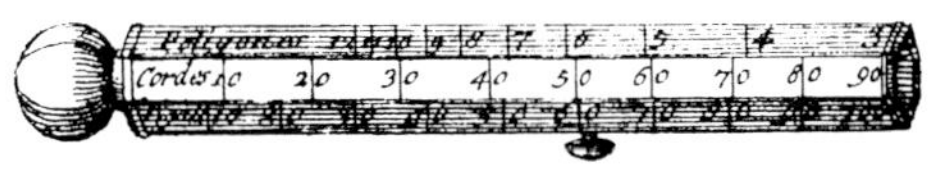

Abb. Feder zum Reißblei, nach Bion

Unter der Bezeichnung »Reißfeder«, gelegentlich auch »Feder zum Reißbley« oder »Federreiß«, wurde von zeitgenössischen Autoren auch ein völlig anders geartetes Zeichengerät oft genannt und beschrieben[63]. Es handelte sich um ein Vielzweckgerät für die Reise: Eine Metallhülse als Handgriff und Behälter für austauschbare Einsätze. Die Auswahl der Einsätze richtete sich nach dem Bedarf des Zeichners: Graphitstift, Blindliniengriffel, Kopiernadel oder auch die namengebende Reißfeder, selbst kleine Zirkel waren in der Hülse unterzubringen. Die Einsätze wurden entweder eingeschraubt oder durch einen Klemmring fixiert und konnten für den Transport umgekehrt in der Hülse verwahrt werden. Die Hülse selbst war aus Metall und meist sechs- oder achtseitig gebrochen. Sie diente zugleich als Maßinstrument: Auf den Seiten waren Skalen mit den meistgebrauchten Reduktionsmaßstäben eingraviert. Der Zeichner konnte sie mit dem Zirkel abgreifen und ohne umständliche Berechnung auf den Plan übertragen.

Punktierrad

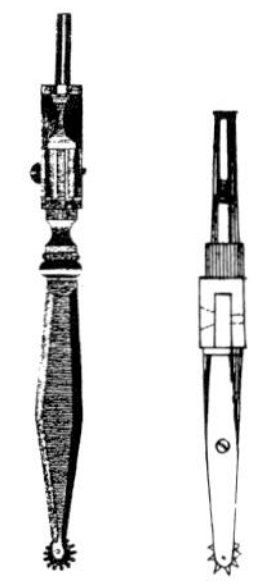

Abb. Punktierrad, links: nach Adams rechts: nach Leupold

Das Punktierrad fehlte im 18. Jahrhundert in keinem Reißzeug. Es besteht aus einem gezähnten Rädchen von etwa einem Zentimeter Durchmesser, drehbar an der Spitze zwischen den Blättern einer Reißfeder (Ziehfeder) befestigt. Die Zähne sind unten gerundet und zur Aufnahme der Tusche entweder mit einer kleinen Vertiefung oder mit einem Spalt versehen, aus dem bei Papierberührung die Zeichenflüssigkeit abgegeben wird; als Tuschreservoir dienen die Blätter der Reißfeder. Die Tusche wurde nicht durch Eintauchen des Instruments in die Zeichenflüssigkeit, sondern entweder mit dem spatelförmigen Zubringer aus Metall oder mit einem Pinsel zwischen die Blätter eingebracht[64].

Das Punktierrad war zum Zeichnen von ›punktierten‹, das heißt unterbrochenen Tuschlinien bestimmt. Für die Arbeit am Lineal gab es ein Handinstrument am Stiel, für Kreislinien einen Zirkeleinsatz. Obwohl sich mit ihm rasch und in stets gleichem Abstand der Punkte unterbrochene Linien ziehen lassen, ist an vielen zeitgenössischen Zeichnungen, so auch an den Plänen aus der Fischer-Werkstatt, zu beobachten, daß die gestrichelten Linien nicht mit dem Punktierrad, sondern mit der Feder freihändig gesetzt sind[65].

Schwarze Tusche

Für die Reinzeichnung eines Plans war die schwarze Tusche[66] das wichtigste Zeichenmittel. Sie diente zum Linienziehen mit der Feder; daneben wurde sie in ähnlicher Weise wie die Wasserfarben auch für die flächige Abtönung des Gebäudeplans mit dem Pinsel aufgetragen. Von dieser Verwendung wird weiter unten die Rede sein.

Von bester und in Europa damals nicht erreichter Qualität war die chinesische Tusche. Sie war besonders rein, garantierte daher bei Benutzung der Ziehfeder einen gleichmäßigen Tintenfluß, und blieb auch in der Verdünnung farbkräftig und glänzend. Chinesische Tusche trocknete schnell und war dann wasserfest, wurde also bei der Kolorierung der Zeichnung mit Wasserfarben

61 Leupold, Taf.XXIV, Fig.VI D

62 Stettner, 2 (Anm.»a«)

63 Leupold, 154 und Taf.XXIV, Fig.I; Zedler Bd.31, 1742, Sp.395; Prange Bd.1, 1778, 13; Jacobsson Bd.1, 1781, 685 (»Federreiß, Reißfeder«); ders. Bd.3, 1783, 395 (»Reißfeder 2«); Jacobsson/Rosenthal Bd.7, 1794, 59 (nahezu wörtlich nach Zedler)

64 Leupold, 125 f. und Taf.XXa, Fig.V; Stettner, 2; Adams, 42, Abb.5

65 Vgl. Zedler Bd.29, 1741, Sp.1614 und, nahezu wörtlich, Jacobsson Bd.3, 1783, 321 mit dem Rat, für punktierte Linien besser die Reißfeder zu verwenden.

66 Als »Tusche« wurden im 18. Jahrhundert alle Wasserfarben bezeichnet, daher muß hier zwischen diesem Allgemeinbegriff und der schwarzen Tusche unterschieden werden.

nicht verwischt. Grundmaterial für ihre Herstellung war Ruß aus der Verbrennung aromatischer Öle unter Zusatz wasserlöslicher Bindemittel.

In Europa gab es zahlreiche Versuche, die chinesische Tusche zu imitieren. Grundsubstanz der meisten Rezepte war der Ruß verschiedener Hölzer, auch von Kirsch- und Pfirsichkernen, der mit Zucker- oder Gummiwasser versetzt wurde. Andere Hersteller verwendeten schwarze Mineralfarben, pulverisierte Kohle, Kreiden, selbst Schiefer, ohne je die Schwärze, Reinheit und Haltbarkeit der chinesischen Ware zu erreichen [67]. In München bot ein gewisser Johann Jakob Morscher seit 1751 eine aus Steinkohle gewonnene *gute Schwärtz zum ... Tuschen der Grund-Riß und anderen Zeichnungen, wie allenfalls zum Bücherdrucken* an. Obwohl durch kurfürstliches Privileg vor einheimischer Konkurrenz und durch Einfuhrverbot vor auswärtigen Produkten geschützt, ging er schon 1753 in Konkurs, da seine *Schwärtz* wegen mangelnder Qualität keine Abnehmer fand [68].

Tinte

Meist nur für die Beschriftung von Plänen, seltener für den Gebäudeplan selbst, wurde vom Architekturzeichner auch die braune Tinte verwendet. Zur Zeit Fischers gab es für ihre Herstellung zwei Grundrezepte. Die aus der Gerbsäure von Eichengalläpfeln unter Zusatz von Eisen- oder Kupfervitriol gewonnene Eichengallustinte wurde zum Linienzeihen und für die Beschriftung von Plänen benutzt. Sie hat einen schwerwiegenden Nachteil: Sie zerstört nach einiger Zeit das Papier, so daß Linien oder Schrift in den Plänen häufig nur noch als schadhafte Stellen mit braungefärbtem Rand zu erkennen sind. Unschädlich dagegen ist der Bister, eine braune Zeichen- und Schreibflüssigkeit, die aus dem Ruß holzbefeuerter Kamine unter Zusatz von Leim-, Gummi- oder Zuckerwasser hergestellt wurde. Anders als Eichengallustinte wurde der Bister auch für flächige Abtönungen von Zeichnungen verwendet, war allerdings wenig farbkräftig und beständig [69].

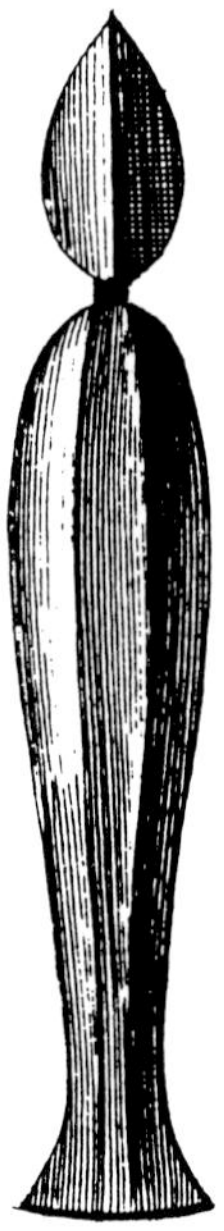

Abb. Radiermesser, nach Paillasson

Radiermittel

Zur Tilgung fehlerhafter Stellen in der Zeichnung wurden mehrere Mittel benutzt. Graphitspuren oder auch oberflächliche Verschmutzungen des Papiers ließen sich mit der Krume von Weißbrot beseitigen. Der Radiergummi war zur Zeit Fischers noch unbekannt. Zwar war das »Gummi elasticum«, der Naturkautschuk als Grundsubstanz, seit etwa 1760 in Frankreich eingeführt, kam aber als Radiermittel für Zeichner erst seit etwa 1770 in den Handel [70].

Zeichenfehler in Tusche und Tinte mußten vom Papier geschabt werden. Jedes scharfe Messer konnte dazu dienen, doch gab es das speziell für diesen Zweck konzipierte Radiermesser. Es hat eine gestreckt herzförmige, also am Ansatz breite, unten spitz zulaufende Klinge von leicht gerundetem Umriß aus besonders feinem englischem Stahl und einen flachen Griff aus Holz oder Bein. Die Klinge war beidseitig rasiermesserscharf zugeschliffen, ihre Mitte verdickt, damit sie dem Arbeitsdruck standhielt [71].

Schließlich konnte als Universalmittel zum Reinigen und Radieren einer Zeichnung auch Bimsstein oder Bimssteinpulver verwendet werden [72], doch ließ sich damit weniger präzise arbeiten, und es bestand die Gefahr, daß durch das Mittel selbst das Papier neuerlich verschmutzt wurde.

Durch das Schaben mit dem Radiermittel wurde das Papier aufgerauht und saugfähig wie Löschpapier. Um die Fehlstellen neuerlich mit einem flüssigen Zeichenmittel zu übergehen, mußte es wieder verdichtet und geglättet werden. Dafür wurde ein Radierpulver aufgetragen und verrieben, das aus gemahlenem Kolophonium oder Sandarak unter Zusatz von Os Sepia, dem gemahlenen Rückenschild des Tintenfischs, oder aus einer ähnlichen Mischung bestand [73].

67 Gautier, 37 ff.; Zedler Bd.45, 1745, Sp.2038 f.; Buchotte, 1 f.; Stettner, 10 f.; Prange Bd.1, 1778, 277; Jacobsson Bd.3, 1783, 472 und 587; ders. Bd.4, 1784, 463; Jacobsson/Rosenthal Bd.5, 1793, 445 (»Eisenmohr«: Schwarze Tusche, gewonnen aus Eisenfeilspänen); ders. Bd.8, 1795, 38 f.

68 StA München, Ämternachlaß Törring, Karton 68, Nr.24

69 Sepia kam erst seit etwa 1780 in Gebrauch; Koschatzky (Anm.31), 177 f.

70 *Gomme élastique de l'amerique. ... Elle sert à ôter les traits au crayon du dessin après la mie de pin [!] rassis, ou pour la remplacer;* Lequeu 1782 (Anm.14). S. auch Perrot, 200; Feldhaus (Anm.41), Sp.487 f. und 853

71 Perret (Anm.54); Paillasson (Anm.52); Jacobsson Bd.3, 1783, 345 f.; Stettner, 3; Adelung Bd.3, 1798, Sp.915; Perrot, 182

72 Prange Bd.1, 1778, 19

73 Jacobsson Bd.3, 1783, 346; L-e, 49 f.

Kolorierung, Lavierung, Schraffur

Das Liniengerüst der Reinzeichnung erhielt, dort, wo in Horizontal- und Vertikalschnitten die Stärke des Mauerkörpers oder in Aufrissen Schattenkanten, zurückliegende Wand- und Dachflächen sowie Portal- und Fensteröffnungen dargestellt werden sollten, durch die Ausgestaltung mit Farbe, Tusche oder Schraffur Körperhaftigkeit und Substanz [74].

Zur Vorbereitung wurden alle Arbeitsspuren beseitigt, Konstruktionshilfen und sonst überflüssige Linien sowie Verschmutzungen des Papiers getilgt, denn »auf die Reinlichkeit des Risses ist als ein wesentliches Stück hauptsächlich zu sehen, den[n] so angenehm ein reinlicher, eben so unangenehm oder wohl gar eckelhaft ist ein schmutziger Riß« [75]. Anschließend wurde das Blatt mit Alaunwasser getränkt, obwohl dies bei der Papierherstellung bereits geschehen war. Durch die neuerliche Tränkung wurde einerseits die Federzeichnung fixiert, so daß sie bei der Kolorierung mit Wasserfarben nicht so leicht verwischte, gleichzeitig wurde bewirkt, daß die Farben vom Papier langsamer aufgenommen wurden. Es blieb mehr Zeit, sie gleichmäßig auszubreiten oder sie mit Wasser lavierend zu vertreiben.

Für die Ausarbeitung der Reinzeichnung boten sich mehrere Verfahren an: Die Kolorierung mit Wasserfarben, ferner die monochrome Lavierung mit schwarzer oder zu Grau verdünnter Tusche und schließlich die Schraffur. Jedes dieser Verfahren kam in Baurissen aus der Fischer-Werkstatt zur Anwendung, so weit erkennbar, ohne jedes System, allein abhängig von Schulung und persönlicher Vorliebe der Zeichner.

Jenseits der Absicht, den Plan durch schönende Gestaltung als Präsentationsriß aufzuwerten, stellte die Ausarbeitung einer Bauzeichnung mit Farbe, Tusche oder Schraffur auch ein Zeichensystem dar, aus dem sich Informationen zur Gebäudekonstruktion ablesen lassen. Das gelang am deutlichsten und sehr differenziert durch das Farbsystem kolorierter Pläne: »Man bedient sich der Farben bey einem Risse, um die verschiedenen Theile desselben kenntlich zu machen, und um zu unterscheiden, was Holz oder Mauer, oder Kupfer, Eisen, Schiefer seyn soll« [76]. Für die Darstellung verschiedener Baumaterialien entsprachen die Farbangaben einem, man könnte sagen, stilisierten Naturalismus: »Soll ein Riß mit Farben illuminiert werden, so muß jeder Theil durch die ihm ähnliche oder durch die Gewohnheit festgesetzte Farbe bezeichnet werden« [77]. Ziegelwerk wurde durch rote Farbtönung dargestellt, Holz durch braune und gelbe, Glasfenster durch grüne, Schieferdächer, aber auch Eisenteile, durch blaugraue und so fort. Sollten alte gegen neue Bauteile abgesetzt werden, so wurde allein das Neugeplante durch Farbe ausgezeichnet, der Altbau wurde häufig nur schwarz oder grau ausgetuscht.

Die Farben ließen sich für technische Angaben in feinen Abstufungen einsetzen, etwa um verschiedene Konstruktionsglieder und Baumaterialien zu kennzeichnen: »Wird aber der Riß [hier zu einem Dachstuhl] mit Farben ausgearbeitet, so legt man die Balken etwas dunkelgelb mit Gummigutti [78] an, das Kehlgebälk etwas blasser von eben dieser Farbe, und der Hahnenbalken bleibt wieder weis. Die Schwellen und Pfetten werden mit starken Gelb ... ausgearbeitet, insofern sie von Fichtenholz sind. Wenn sie aber von Eichenholz sind, so werden sie bräunlicht angelegt« [79].

In ähnlicher Weise wie die Wasserfarben wurde auch die schwarze Tusche oder ihre Verdünnung zu Grau für flächige Abtönungen lavierend mit dem Pinsel aufgetragen. Schwarze und/oder graue Tusche allein wurde häufig zur Darstellung von Mauerstärken in Schnittplänen oder in Aufrissen zur Ausarbeitung des Fassadenreliefs durch Schattenkanten und zur Abtönung verschatteter Flächen verwendet. Doch ließen sich schwarze Tusche und ihre aus der Verdünnung gewonnenen Graustufen ähnlich wie Farben zur Darstellung bautechnischer Angaben nutzen: »Mit Tusche werden die Balken oder Tramen dunk-

74 Stettner, 31 f.; Gautier, passim.; Voch, 112 f. und 125 ff.

75 Voch, 112. S. auch: Gautier, 80; Buchotte, 39 und 61; Stettner, 31; Prange Bd.1, 1778, 19 f.; Perrot, 308

76 Stieglitz Bd.2, 1794, 82 f.

77 Voch, 112; im selben Sinn auch Gautier, 2

78 S. weiter unten im Abschnitt ›Farben‹

79 Voch, 126

ler als die Kehlbalken [eines Dachstuhls] angelegt, die Hahnen und Katzenbalken aber werden ganz weis belassen. Die Schwellen und Fetten oder Spangen werden herunterwärts mit einem etwas starken Tuschstreifen belegt und auch so verwaschen; wenn dieses trocken ist, so werden sie mit bloßer Tusche ganz überlegt«[80].

Farben und Tusche ließen sich für die Ausgestaltung der Pläne beliebig kombinieren. Das galt auch für die Schraffur mit der Zeichenfeder, die zwar häufig als einziges Gestaltungsmittel, nicht selten aber auch in Verbindung mit farbiger oder monochromer Lavierung eingesetzt wurde[81]. Auf diese Weise konnten auch über die bloße Flächenfüllung hinaus konstruktive Details dargestellt und unterschieden werden.

Durch variierte Strichlagen, gerissene und punktierte Linien, durch senkrechte und horizontale oder schräge Schraffen, auch in Überkreuzung, waren mit diesem Verfahren zumal im Wechsel mit Farbe oder Tusche verschiedene Bauzustände, unterschiedliche Wandstrukturen und Oberflächen, Materialbestimmungen etwa von Gesteinsarten[82], schließlich auch das Relief einer Fassade durch Kreuzschraffuren zur Flächenfüllung bei Tür- und Fensteröffnungen oder durch parallele Schraffen für Schlagschatten und Schattenkanten darzustellen. Abstufungen der Schattenfarbe ließen sich durch die unterschiedliche Dichte des Liniennetztes erreichen.

Zur Ausführung der vertikal oder horizontal gerichteten Parallel- und Kreuzschraffur benutzte der Zeichner das Anschlagslineal, das sich im rechten Winkel zur Reißbrettkante verschieben ließ. Für schräge Strichlagen trat das Zeichendreieck hinzu; es wurde an der Reißschiene geführt. Sollte der Zwischenraum zwischen den Schraffen besonders sorgfältig eingehalten werden, wurde der Abstand zuvor mit dem Zirkel abgestochen. Zwar gab es als Spezialinstrument für die Schraffur von Plänen das sogenannte Parallellineal; es bestand meist aus zwei durch bewegliche Beschläge gekoppelte Holzleisten, die in stets gleichem Absstand gegeneinander verschoben werden konnten[83]. Doch anders als bei dem an der Reißbrettkante sicher zu führenden Anschlagslineal blieb bei dem Parallellineal die Fixierung der Grundleiste in der gewünschten Position immer schwierig; selbst geringe Verschiebungen bei der Arbeit wirkten sich negativ auf den Gleichlauf der Parallelen aus[84].

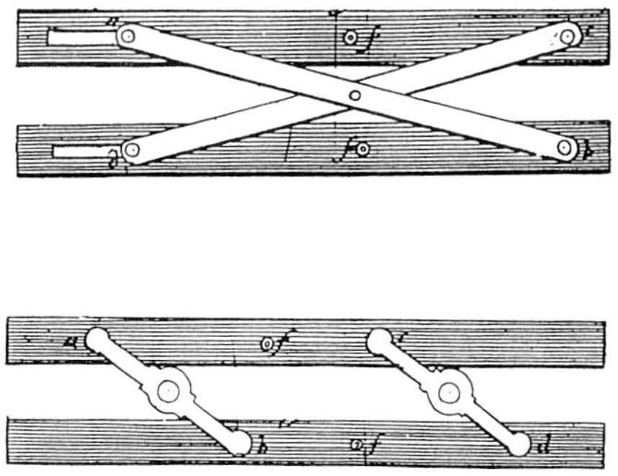

Abb. Parallellineal, nach Leupold

Farben

Für die Kolorierung der Baurisse wurden Wasserfarben meist aus natürlichen Grundstoffen verwendet. Henri Gautier zählte 1687 in seinem Lehrbuch 27 verschiedene Farbstoffe und außerdem vier unterschiedliche Tinten und Tuschen für die farbige Ausgestaltung von Plänen auf[85], unmöglich, sie in diesem Rahmen auch nur anzuführen. Ohnehin kam der Architekturzeichner in der Regel mit bedeutend weniger Farben aus, die Pläne aus der Werkstatt Fischers sind dafür ein Beispiel[86]. 1782, knapp hundert Jahre nach Gautier, begnügte sich Jean Jacques Lequeu in der bildlichen Darstellung der wichtigsten Arbeitsmittel des Architekturzeichners mit der Nennung von lediglich vier Hauptfarben: das aus der Cochenille-Laus gewonnene Karminrot, dann das safrangelbe Gummigutt – ein aus Ostindien und China importiertes wasserlösliches Baumharz, das auch als Grundsubstanz für Firnis verwendet wurde –, ferner das Berliner- oder Preußischblau – eine der ältesten künstlichen Farben, gewonnen aus dem Niederschlag von Eisen- und Blutlaugensalzen –, dazu die schwarze Tusche[87], von der bereits die Rede war[88].

Die Farbpigmente kamen in Pulverform in den Handel, häufig auch in fester Form als kleine Kuchen oder Platten. Der Zeichner löste die für den Tagesbedarf benötigte Menge in der gewünschten Stärke in Wasser. Um Glanz und Haftung der Farben zu erhöhen, wurde das Wasser mit Leim, Zucker oder Gummi arabicum versetzt.

80 Voch, 126

81 S. Kat.-Nr.24, 33 bis 38, 40, 43, 44

82 S. Kat.-Nr.34

83 Adams, 52, Abb.12. Andere Modelle ließen sich mit Hilfe walzenförmiger Räder gleichmäßig über den Plan bewegen; ebd., 53, Abb.13

84 Vgl. dazu das über die (Nicht-)Verwendung des Punktierrads Gesagte in Anm.64.

85 Gautier, 31 ff.

86 Vgl. die Farbangaben im »Katalog der Entwürfe«, in Band I S.110-144

87 Lequeu 1782 (Anm.14). Zu den Lavierfarben: Buchotte, 1 ff.; Stettner, 8 ff.; Prange Bd.1, 1778, 267 f.; Jacobsson/Rosenthal Bd.8, 1795, 39; Stieglitz Bd.2, 1794, 82 ff.; Voch, 112 f.; L-e, 69 ff. und 107 ff.

88 S. den Abschnitt ›Schwarze Tusche‹

Pinsel

Für die Arbeit mit Farbe und Tusche stand dem Zeichner eine vielfältige Auswahl von Pinseln in unterschiedlicher Länge, Stärke und Qalität zur Verfügung. Bevorzugtes Material waren Haare vom sibirischen Eichhörnchen und von der Fischotter, daneben vom Dachs und Iltis; auch Menschenhaar wurde zu Tuschpinseln verarbeitet.

Die Haare wurden an einem Ende in der gewünschten Stärke und Länge zu Büscheln gebunden und in kurze, durch Erhitzung weich gemachte Stücke von Federkielen gefaßt; sehr feine Pinsel in Lerchenfedern, die größten in Schwan- und Gänsekiele oder auch in Hülsen aus Weißblech. Die Stiele waren aus Holz, seltener aus Elfenbein, etwas dicker in der Mitte, schlanker an den Enden; manchmal wurden auch Stachelschweinborsten für diesen Zweck verwendet. Die kurzen Hülsen mit den Pinselhaaren ließen sich beidseitig aufstecken, blieben also austauschbar[89].

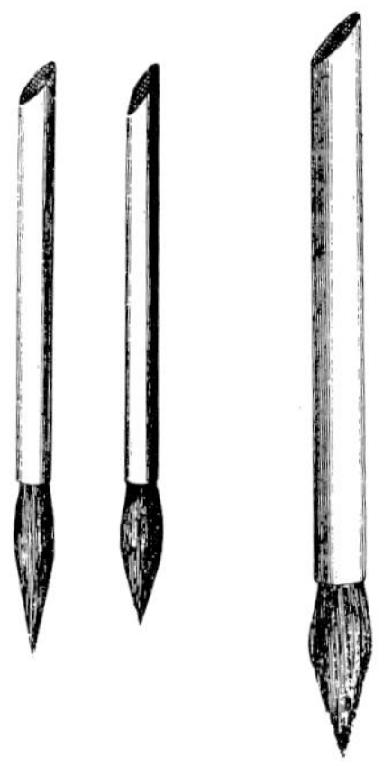

Abb. Pinsel, nach Buchotte

Farb- und Wasserbehälter

Die richtige Beschaffenheit der Näpfe und Schalen für Wasserfarben war, wie zeitgenössische Lehrbücher zeigen, nicht gleichgültig. Es gab sie in mancherlei Form und aus verschiedenen Materialien. Meist waren sie aus einer keramischen Substanz, daneben diente auch Glas, seltener Elfenbein zu ihrer Herstellung. Der Architekturzeichner nutzte vorzugsweise runde oder rechteckige Näpfe aus Keramik mit breitem standfesten Boden und dünnem oberen Rand, an dem der Pinsel sauber abgestreift und seine Spitze geschärft werden konnte. Als Wasserbehälter zum Verdünnen der Farben und Reinigen der Pinsel während der Arbeit dienten meist Zwillingsgefäße, das eine Behältnis für klares Wasser, das andere für die Säuberung des Pinsels. Bevorzugtes Material war Weißblech, das besser als Keramik Trübungen des Wassers erkennen läßt[90].

Abb. Tuschnäpfe
von oben nach unten:
nach Blanchard, Perrot, Blanchard

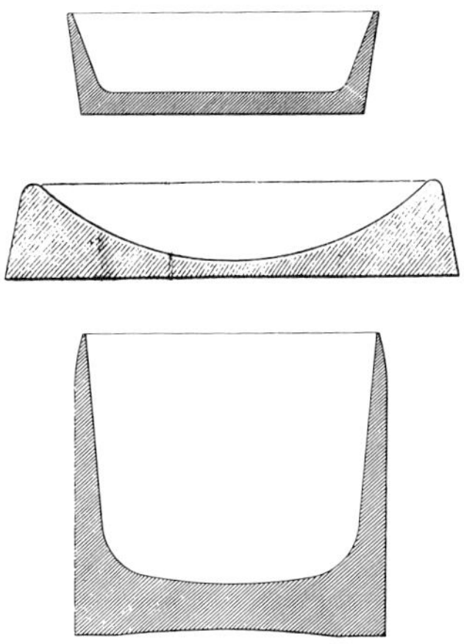

Maßstab

Bevor der Zeichner das vollendete Blatt vom Reißbrett löste, versah er es an gut sichtbarer Stelle mit einer Darstellung des »verjüngten«, das heißt reduzierten Maßstabs, nach dem der Bauriss entworfen war. Für die Herstellung des Plans benutzte er in vielen Fällen eine gesonderte Maßstabsskala, die am Rand der Zeichnung aufgetragen war und nach ihrer Vollendung mit dem auf dem Reißbrett aufgeleimten Randstück weggeschnitten wurde. Nur in seltenen Fällen blieb der Arbeitsmaßstab mit den Spuren des Stechzirkels vom Abgreifen der Maße erhalten[91].

Die »Verjüngung« von Baurissen war zur Zeit Fischers meist keiner festen Regel unterworfen: »Der Maaßstab muß sich seiner Größe nach allezeit nach der Figur richten, welche zu Papier gebracht werden soll, daß nemlich alles aufs Papier gehe und nicht zu viel leerer Platz bleibe«[92]. Anders in Frankreich, wo für die staatlichen Baubüros bereits im späten 17. Jahrhundert durch den Festungsbaumeister Vauban verbindliche Regeln für den Maßstab von Planzeichnungen festgelegt wurden[93]. Auch in deutschen Publikationen ist gelegentlich vergleichbare ›Normierung‹ angeregt: »Man verjüngt oder verkleinert ... die Füße in Zolle und die Zolle in Linien. So daß ... die Zeichnung soviel Zoll und Linien an Länge, Breite und Höhe erhält, als das Gebäude Füße und Zolle beträgt«[94].

Das Reduktionsverhältnis ist im 18. Jahrhundert nie in Ziffern ausgedrückt, vielmehr sind die Abmessungen des Geplanten mit Hilfe der gezeichneten Maßstabsskala abzulesen. War ein Plan für die Benutzung durch den Maurer auf der Baustelle bestimmt, fügte der Architekt die wichtigsten Abmessungen des Gebäudes in Ziffern hinzu: »Damit er [der Architekt] nicht alle Augenblicke bey

89 Gautier, 60 ff.; Pictorius, 205 f.; Buchotte, 23 f.; Stettner, 11 ff.; Halle (Anm.3), 296 f.; Prange Bd.1, 1778, 277 f.; Lequeu 1782 (Anm.14); Jacobsson Bd.3, 1783, 254 f.; Jacobsson/Rosenthal Bd.6, 1793, 3f.; L-e, 55 ff.; Feldhaus (Anm.41), Sp.679
90 Gautier, 66 f.; Buchotte, 24 f.; Lequeu 1782 (Anm.14); Jacobsson Bd.3, 1783, 128 und 255
91 S. Kat.-Nr.16, 28, 31, 52
92 Voch, 132
93 S. dazu Buchotte, 48 ff. und Taf.4
94 Jacobsson Bd.3, 1783, 3

den Maurern seyn dörffte, kan er ihnen einen deutlichen Vorriß machen, und es nicht dabey bewenden lassen, daß er den verjüngten Maastab darzu gesetzt, sondern er muß auf dem Grundriß alle Special-Maassen notiren z. E. zum Grundtriß setzt er mit Zahlen die Dicke der Mauer, die Breite des Vorschlags der Thüren und Fenster in Lichten, die Breite, wie weit eine Scheide-Mauer von der andern komt und dergleichen nach Fußen und Zollen. Zum Auffriß sezt er, die Höhe der Brust-Mauer Höhe der Thüren und Fenster in Lichten etc. Weil aber der Riß bald zu Grunde gehen möchte, klebt man solchen auf ein Bret, und besser noch auf eine Pappe, wodurch er eher conservirt wird« [95].

Die damals häufigste Darstellung der Maßstabsskala bei Architekturzeichnungen bestand, abgesehen von allen Ausschmückungen, aus einer horizontalen Linie, die durch kurze Querstriche in einzelne Maßeinheiten, meist von fünf und/oder zehn Schuh (Fuß) unterteilt ist, bei großräumigen Darstellungen, zum Beispiel Situationsplänen, auch in größere Einheiten. Die erste, seltener die letzte Maßeinheit der Leiste ist in der Regel in Untereinheiten von zweimal fünf einzelne Fuß unterteilt, entsprechend größer bei größerer Haupteilung. Seltener ist bei Baurissen die Unterteilung in die nächstkleinere Einheit, in einzelne Zoll. Dabei muß zwischen dem mathematischen oder geometrischen und dem Werkschuh unterschieden werden. Beide waren zwar in der Natur gleich lang, doch wurde der geometrische Fuß nach dem Dezimalsystem in zehn, der Werkschuh nach dem Duodezimalsystem in 12 Zoll geteilt. Die meist benutzte Zehnerteilung des Maßstabs läßt daher auch bei unbezeichneter Skala darauf schließen, daß ihr der geometrische Fuß zugrunde lag, bei der selteneren Zwölferteilung war der Werkschuh gemeint [96].

Maßstäbe der Zeichnungen aus der Fischer-Werkstatt sind in einzelne Fuß oder einem Mehrfachen davon unterteilt. Bei keiner aber ist vermerkt, welches örtliche oder regionale Maß der Skala zugrunde liegt. Das Fuß-Maß schwankte mit zum Teil bedeutsamen Abweichungen um 30 Zentimeter Länge [97]. Zwar war durch kurfürstliche Verordnung in Bayern seit 1732 »zur allgemainen Mässerey und Gebrauch, auch in Architectura Civili« der Landschuh mit einer Länge von 292 Millimetern amtlich eingeführt und publiziert [98]. Dennoch wurden die abweichenden lokalen Maße weiterhin benutzt, so zum Beispiel der Münchner Werkschuh, dessen Länge in demselben Jahr 1732 mit 287 Millimeter angegeben ist [99].

Umrandungen

Unter dem schmückenden Beiwerk, das einer Architekturzeichnung zur repräsentativen Gestaltung zugefügt wurde, Inschriftenkartuschen, Wappenschilde, bildliche Darstellungen und andere Zierelemente mehr [100], soll an dieser Stelle allein auf die Umrandung eingegangen werden, weil ihr auch eine praktische Funktion zukam. Meist besteht sie aus einem breiteren Strich, der in knappem Abstand auf einer oder auf beiden Seiten von einer feinen Linie begleitet wird. Die Umrandung ist Schmuck- und Ordnungselement, indem sie das Zeichenfeld begrenzt und dem Gebäudeplan auf dem Blatt einen definierten Ort zuweist. In praktischer Hinsicht faßt sie den Teil des Bogens ein, der bei der Handhabung des Plans nicht berührt werden sollte, um ihn vor Verunreinigung zu bewahren. »Respekt« heißt daher in der zeitgenössischen Terminologie der Papierrand außerhalb der Rahmung: »Wenn nun [der Riß] auf vorbeschriebene Art verfertiget, ausgearbeitet und vollendet ... ist, so ziehe man rings um die Zeichnung eine ziemlich starke schwarze breite Linie und wenn diese trocken ist, nicht weit davon eine zarte Linie, welche beide Linien die Einfassung oder der Rand genannt wird. Von diesem Rand auf allen vier Seiten sticht man [mit dem Zirkel] einen Raum fingersbreit oder noch mehr ab, welches man den Respekt nennet, und sowohl zur Zierde dienet, als auch besonders nöthig ist, damit man nicht gleich mit den Fingern in den Riß hinein greife und denselben beschmutze.

95 Penther, 32, § 317. Derartige Pläne sind kaum je überliefert, weil sie auf der Baustelle verbraucht wurden.

96 Leupold, 150 f.; Zedler Bd.7, 1734, Sp.906; ders. Bd.9, 1735, Sp.2634 f.; ders. Bd.16, 1737, Sp.195 f.; ders. Bd.35, 1743, Sp.1341; Stieglitz Bd.2, 1796, 246

97 S. die Zusammenstellung bei Dischinger (Anm.4), 15 und in: Gerhard Hellwig, Lexikon der Maße und Gewichte, München 1988, 94 f.

98 Publiziert am 8. 3. 1732; Georg Karl Mayr (Hg.), Sammlung der Kurpfalz-Baierischen allgemeinen und besonderen Landes Verordnungen, Bd.4, München 1788, 604 f., Nr.LXI; Darstellung in natürlicher Größe in BayHStA, GR 1183/26

99 Darstellung in natürlicher Größe in: BayHStA, GR 1183/26; der Landshuter Schuh ist ebenda mit 310 Millimeter angegeben.

100 S. dazu Stettner, 18 f., 21, 24 f., 28. Auch die Maßstabsdarstellung kann »etwas zur Zierde des Rißes beytragen«; ebenda. 19.

Wo diese abgestochene Punkte sind, daselbst lege man das Anschlag- oder Kopflineal an, und schneidet das Papier oder den Riß vom Reißbrett ab«[101], auf dem es – wie erinnerlich – mit Mundleim aufgeklebt war.

Kopierverfahren

Mit der Ablösung vom Reißbrett war die Zeichnung vollendet. Mußte sie vervielfältigt werden, konnte das nur in Handarbeit geschehen. Zur genauen und zugleich möglichst raschen Ausführung gab es eine Vielfalt unterschiedlicher Verfahren und Geräte, von denen hier nur die für Baurisse damals geläufigsten beschriebenen werden sollen.

Die aufwendigste Methode, einen Plan zu kopieren, war zweifellos die Übertragung aller Linien und Maße mit Zirkel und Lineal, also die Ausführung einer Zweitfertigung nach demselben Verfahren wie das Original[102]. Zwar ergab diese Arbeit, mit entsprechender Sorgfalt durchgeführt, ein sehr genaues Resultat, war aber vergleichsweise langwierig und wurde, wo immer möglich, durch einfachere Methoden ersetzt.

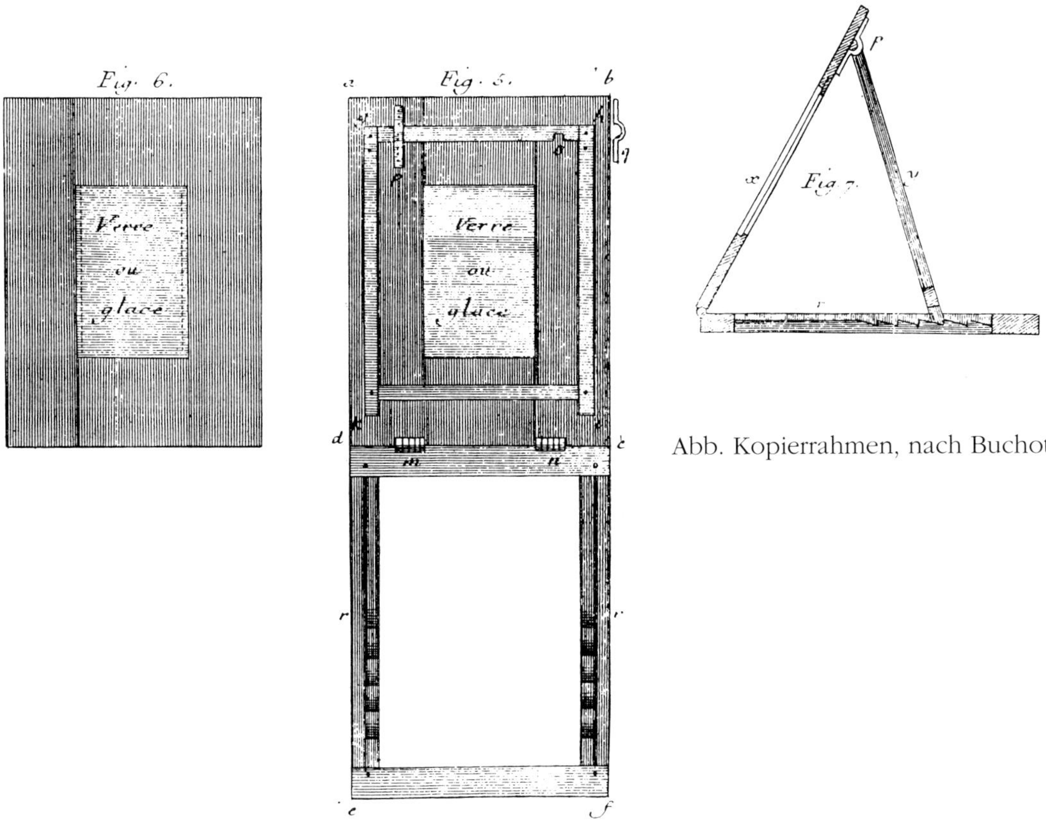

Abb. Kopierrahmen, nach Buchotte

Kleinere Pläne konnten mit Hilfe eines Kopierrahmens nachgezeichnet werden[103]. Bei diesem Verfahren wurde das Original auf eine hinterleuchtete Scheibe gelegt, darüber ein leeres Blatt, auf dem die durchscheinenden Linien des Originals nachgezogen wurden. Das Gerät bestand aus einem breiten Holzrahmen, in den eine Glasscheibe auf der Vorderseite bündig eingesetzt war. Durch einen Klapprahmen wurde das Zeichenpapier vor der Scheibe festgehalten. Ein beweglicher Ständer auf der Rückseite ließ sich in Zahnleisten einklinken, so daß der Rahmen vor einem Fenster oder vor einer anderen Lichtquelle auf einem Tisch pultförmig aufgestellt werden konnte. Das Verfahren gab gute Resultate und schonte das Original, setzte allerdings voraus, daß beide Bögen dünn genug waren, um die Zeichnung durchscheinen zu lassen[104]. Baurisse, an denen keinerlei Arbeitsspuren zu entdecken sind, waren vermutlich Zweitfertigungen, die auf dem Kopierrahmen entstanden sind[105].

101 Voch, 129; s. auch Stettner, 7 und 20
102 Buchotte, 56 f. und Taf.5
103 Außenmaße des Kopierrahmens nach Buchotte, 29 f.: ca. 65 x 50 cm; die Glasscheibe ist um den erstaunlich breiten Rahmen kleiner: 27 x 22 cm.
104 Buchotte, 28 ff., 54 f. und Taf.1; Jombert, 125 ff.; Perrot, 181 und 212 f.
105 Diese Beobachtung trifft auf den eigenhändigen Fischer-Plan Kat.-Nr.11 zu, der vielleicht aus diesem Grund etwas starr und leblos wirkt.

War der Plan für das Gerät zu groß oder für die Durchleuchtung zu dick, bot sich die Nachzeichnung auf durchscheinendem Papier an. Es gab für diesen Zweck das feine, doch feste Schlangen-, Schlängl- oder Serpente-Papier [106], vergleichbar dem modernen Seidenpapier, das die Linien des darunter liegenden Originals durchscheinen ließ. Transparentpapier konnte aber auch aus gewöhnlichem Zeichenpapier in der Werkstatt selbst hergestellt werden. Dazu wurde ein nicht zu starker Bogen mit Oliven-, Mandel- oder Terpentinöl getränkt, der Überschuß mit Kleie abgerieben und das Blatt getrocknet. Die Öltränkung machte das Papier beinahe durchsichtig, so daß die Anfertigung von exakten Pausen ohne weiteres möglich war [107]. Nachteilig war, daß das Ölpapier mit der Zeit stark verbräunte und brüchig wurde.

Andere Verfahren beanspruchten in unterschiedlichem Maß das Original. Vergleichsweise schonend war die häufig geübte Übertragung mit der Kopiernadel, die nur winzige Löcher hinterließ. Das Instrument ließ sich aus einer feinen Nadel selbst herstellen, die man mit einem Griff, notfalls nur mit einem Kopf aus Wachs oder Siegellack versah. Besser zu handhaben waren jedoch die vom Instrumentenmacher gefertigten Geräte. Sie bestanden aus feinem englischen Stahl und hatten einen Stiel aus Holz, Metall, Elfenbein oder aus einem anderen Material. Für die Mitnahme auf Reisen wurde ein Instrument angeboten, das sich auf eine Metallhülse aufschrauben und für den Transport in ihr verwahren ließ [108].

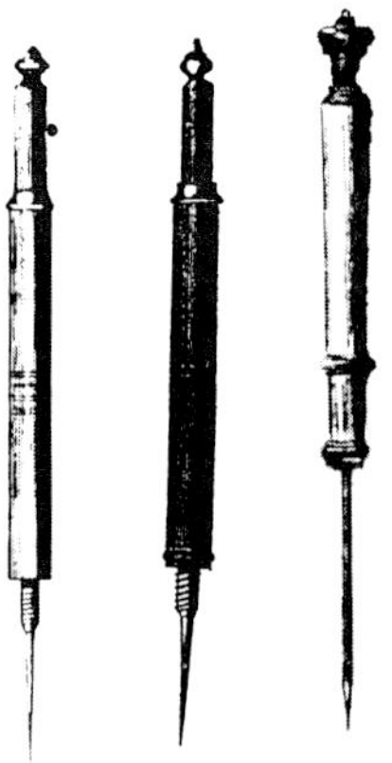

Abb. Kopiernadel
von links nach rechts:
nach Barrow, Adams, Penther

Für die Kopie mit der Nadel wurde das Original durch Holz- oder Metallklammern über einem leeren Blatt befestigt. Dann wurden alle die Punkte des Plans, die das Liniengerüst bestimmen, durchstochen, so daß sich die Abmessungen auf dem untergelegten Bogen als Nadelpunkte widerspiegeln. Durch ihre Verbindung mit dem Linieal war das Grundgerüst der Zeichnung ohne aufwendige Messungen nachzubilden [109]. Die Anwendung dieses Kopierverfahrens läßt sich an den Nadelspuren bei vielen Plänen der Zeit zeigen. Sie unterscheiden sich von Zirkeleinstichen, da sie feiner und durch die Drehbewegung des Instruments nicht ausgeweitet sind.

Die Mehrzahl der zahlreichen anderen Kopierverfahren, wie sie in Lehrbüchern des 18. Jahrhunderts geschildert werden, auch die zu diesem Zweck entwickelten mechanischen Hilfen, sind eher für die Übertragung freier künstlerischer Arbeiten als für die exakte Wiedergabe technischer Zeichnungen geeignet. Sie können daher an dieser Stelle übergangen werden.

Schlußbemerkung

Die Arbeitsmittel und Arbeitsweisen des Planzeichners zur Zeit Fischers sind mit der hier gebotenen Darstellung bei weitem nicht erschöpft. Auch innerhalb der Grenzen, die das Handwerkszeug des Baumeisters von den verwandten Instrumentarien des Landmessers auf der einen, des Wissenschaftlers auf der anderen Seite trennten, umfaßte das Reißzeug des Architekten eine Vielfalt von Arbeitshilfen, die in diesem Rahmen unberücksichtigt bleiben mußten. Vom technischen Aufwand, auch vom künstlerischen Luxus des Instrumentenbaus im 18. Jahrhundert geben noch heute die Instrumentenkoffer einen Eindruck, die aus dem Nachlaß der Architektenkollegen Fischers bis auf unsere Tage gekommen sind [110].

Von Fischer selbst ist nichts Vergleichbares überliefert. Die Untersuchung stützt sich daher allein auf die erhaltenen Zeichnungen aus seiner Werkstatt. Für ihre kritische Betrachtung, wie sie an anderer Stelle in diesem Band versucht wird [111], will sie eine Hilfe sein.

106 Französisch: »papier à la serpente« (Buchotte, 17 f. und 60 f.); vgl. auch: BayHStA, Abt.IV Kriegsarchiv, C 130, Jahresband 1703/05, fol.144, Nr.984: Ausgaben 1703 für Schreibmaterial u.a. für *1 Riß Schlängl.*

107 Pictorius, 204 f.; Jombert, 133 f.; Halle (Anm.3), Bd.1, 1761, 204 f.; Jacobsson Bd.2, 1782, 60 und 453

108 S. die Beschreibung des Geräts im Abschnitt ›Reißfeder‹.

109 Gautier, 76 ff.; Buchotte, 22, 24, 55 f., 58 ff. und Taf.I, Fig.1; Jacobsson Bd.2, 1782, 454; Stieglitz Bd.4, 1797, 1 f.; Adams, 45, Abb.7; Perrot, 182 und 211 f.

110 Als Beispiel s. Frauke van der Wall, Der Meßbesteck- und Reißzeugkoffer des Architekten Maximilian von Welsch, in: Ausst.-Kat. »Aus Balthasar Neumanns Baubüro«, Würzburg 1987, 100 ff. (mit weiterführender Literatur)

111 S. Hans Lehmbruch/Gabriele Dischinger, in Band II S.31-39

Gekürzt zitierte Literatur

Adams = George Adams, Geometrische und graphische Versuche, oder Beschreibung der mathematischen Instrumente. Aus dem Englischen übersetzt und mit einigen Anmerkungen begleitet von J. G. Geißler, Leipzig 1795 – Ausgewählt, bearbeitet und erläutert von Peter Damerow und Wolfgang Lefèvre, Darmstadt 1985; Adelung = Johann Christoph Adelung, Grammatisch-kritisches Wörterbuch der hochdeutschen Sprache, Zweite vermehrte und verbesserte Ausgabe, 4 Bde., Leipzig 1791-1801; Barrow = John Barrow, Description of Pocket and Magazine Cases of Technical Drawing Instruments, London 1792; Bion = (Nicolas Bion), Traité de la Construction et principaux usages des Instrumens de Mathématiques, La Haye 1723; Blanchard = Em. Theoph. Blanchard/Aristide Michel Perrot/L. J. S. Thillaye, Nouveau manuel complet du Coloriste, Paris 1841; Buchotte = Buchotte, Les Règles du Dessin et du Lavis. Nouvelle Édition, revûe, corrigée & augmentée, Paris 1754; Du Breuil = (Jean Du Breuil), Perspectiva practica oder vollständige Anleitung zu der Perspectiv-Reiß-Kunst, deutsch von Johann Christoph Rembold, Augsburg 1710; Gautier = H(enri) Gautier, L'Art de laver ou nouvelle Maniere de peindre sur le Papier, suivant le Coloris des Dessins qu'on envoye à la Cour, Lyon 1687; Grimm = Jacob und Wilhelm Grimm, Deutsches Wörterbuch, 16 Bde., Leipzig 1851-1954; Jacobsson = Johann Karl Jacobssons technologisches Wörterbuch, Teil 4-4, Berlin-Stettin 1781-1784; Jacobsson/Rosenthal = Johann Karl Jacobssons technologisches Wörterbuch, fortgesetzt von Gottfried Erich Rosenthal, Teil 8-8, Berlin-Stettin 1791-1795; Jombert = Charles-Antoine Jombert, Methode pour apprendre le Dessin, Paris 1755; L-e = Der deutsche Kunstfreund durch Mittheilungen aus dem Gebiethe des Kunstwissens, Herausgegeben von R. von L-e, Pest 1825; Leupold = Jacob Leupold, Theatrum Arithmetico-Geometricum, Das ist Schau-Platz der Rechen- und Meß-Kunst, Leipzig 1727; Paillasson = Paillasson, L'Art de l'Ecriture, in: L'Encyclopédie; D'Alembert et Diderot, Recueil de Planches, Nachdruck o.O. o.J.; Penther = Johann Friedrich Penthers Collegium Architectonicum, Göttingen o.J. (1738); Perret = Jean-Jacques Perret, L'Art du Coutelier, in: Descriptions des Arts et Métiers, 1771, Nachdruck Genf 1984; Perrot = Aristide Michel Perrot, Manuel du Dessinateur ou Traité complet de cet Art, Paris 1827; Pictorius = Johann Baptist Pictorius, Die mit vielen raren und curiosen Geheimnüssen angefüllte Illuminir-Kunst, Nürnberg 1713; Prange = Christian Friedrich Prangens Entwurf einer Akademie der bildenden Künste, 2 Bde., Halle 1778; Salmon = William Salmon jun., Palladio Londinensis, London 1734; Stettner = Daniel Stettner, Der zur Verfertigung schöner Risse getreulich anweisende Ingenieur, zweyte vermehrte Auflage, Nürnberg o.J. (1764); Stieglitz = Christian Ludwig Stieglitz, Encyklopädie der bürgerlichen Baukunst, 5 Bde., Leipzig 1791-1798; Voch = Luckas Vochs deutliche Anweisung zur Verfertigung der Baurisse. Vierte ... ganz umgearbeitete Ausgabe von Kristian Mayer, Leipzig o.J. (1806); Zedler = Johann Heinrich Zedler, Universal-Lexicon aller Wissenschafften und Künste, 64 Bde. und 4 Supplementbände, Halle-Leipzig 1731-1754

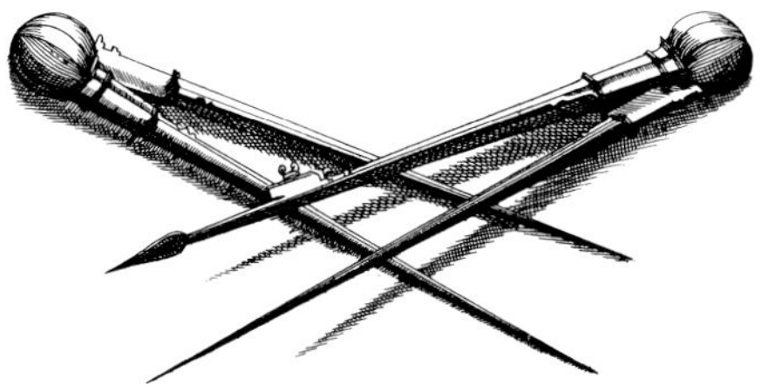

Abb. Stech- und Reißzirkel, nach Du Breuil

Stammlinie Johann Michael Fischers
sowie seines Onkels Johann Kaspar und Bruders Andreas Fischer

Georg FISCHER
Bürger und Rotgerber
in Nabburg
um 1580/85 - vor 1656
∞ um 1605/10

Georg FISCHER
Binder in Nabburg
Trauzeuge 1656
bei Hans Ulrich (Bruder)

Johann (Hans) FISCHER
Bürger und Rotgerber
in Nabburg
um 1610/12-1674
I ∞ kurz vor 1638
Margarethe N.
um 1613/14-1656
(Ehe kinderlos)
II ∞ 1656
Kunigunde Fränkl
vor 1638 - nach 1674
9 Kinder, darunter

Hans Ulrich FISCHER
Binder in Nabburg
∞ 1656
Maria Paulus
von Rottendorf bei Nabburg

(Johann) Michael FISCHER
Bürger und Maurermeister
in Burglengenfeld
1661 Nabburg - 1742 Burglengenfeld
I ∞ 1688
Elisabeth Grassenhiller
1670-1712
10 Kinder (vgl. Familienliste 2)
(II ∞ 1716 Witwe Barbara Burckhard)
(III ∞ 1722 Witwe Elisabeth Zierl)
aus 1. Ehe unter anderen:

Johann Kaspar FISCHER
Hofpfistermeister in München
1668 Nabburg - 1736 München
∞ um 1709/10 (Compiègne?)
Maria Katharina Roo
um 1685 Compiègne - 1737 München
9 Kinder (vgl. Familienliste 4)

JOHANN MICHAEL FISCHER
Bürger und Maurermeister
in München
1692 Burglengenfeld - 1766 München
∞ 1725 München
Maria Regina Mayr
1702-1782
18 Kinder (vgl. S. 60)

Andreas FISCHER
Herzogs-Maurermeister in Ingolstadt
1704 Burglengenfeld - 1763 Ingolstadt
I ∞ 1732 Ingolstadt
Anna Maria Barbara Sälzl
† 1744 Ingolstadt
9 Kinder
II ∞ 1745 Ingolstadt
Maria Ursula Brandstetter
8 Kinder
(sie: II ∞ 1766 München
Johann Baptist STROMAIR
† 1790 München)
sie: † 1790 München
(vgl. Familienliste 5)

Genealogische Zeichen:

- * geboren,
- ~ getauft,
- ∞ verheiratet,
- † gestorben,
- ▭ begraben

Josef H. Biller

Fischer & Consorten

Genealogische Beziehungen und soziales Umfeld

Intensive genealogische Untersuchungen sind in der künstlergeschichtlichen Literatur eben die Regel nicht. Auf Johann Michael Fischer trifft diese Feststellung jedoch nicht zu. Der hohe Rang des Münchner Architekten hat seit rund sechzig Jahren die Forscher immer wieder bewogen, sich mit Abkunft und Familie Fischers eingehender als meist üblich zu beschäftigen.

Dennoch hat es verhältnismäßig lang gedauert, bis Fischers exakter Geburtstag ermittelt werden konnte. 1928 erstmals richtig veröffentlicht [1], wurde er dennoch erst 1938 in der Fachliteratur rezipiert. Damals erschien die erste Untersuchung Norbert Liebs über ›Fischer und seine Familie‹ [2]. Ein Jahr darauf stellte derselbe Autor das ›Leben‹ Fischers in einem Aufsatz vor [3], wobei er sich wieder auf reiches archivalisches Material stützen konnte, das sein Vater Adolf N. Lieb seit 1934 gesammelt hatte [4]. Vor diesem Hintergrund wird erklärlich – wenn auch nicht gerade verständlich –, daß Fischer in Liebs Buch über die ›Münchener Barockbaumeister‹ nur mit eineinhalb Seiten äußerst kursorisch abgehandelt wird, nicht zuletzt wohl auch im Hinblick auf die ebendort [5] angekündigte große Monographie, auf welche die Fachwelt allerdings mehr als vierzig Jahre warten sollte.

Die 1938 und 1939 vorgelegten Ausführungen zur Künstlersoziographie haben bis heute Gültigkeit. Trotz dieses – verglichen mit anderen namhaften Künstlern – idealen Forschungsstandes ergeben sich bei neuerlicher Beschäftigung mit diesem Thema dennoch manche Lücken und Fragen, Irrtümer und Ungereimtheiten, die es angezeigt erscheinen lassen, sich dieses Komplexes noch einmal anzunehmen [6].

Abstammung

Die Urheimat unserer Fischer ist Nabburg in der Oberpfalz, wo allerdings die Kirchenbücher nicht über 1638 zurückreichen [7]. Der bislang früheste Ahnherr kann nur indirekt namhaft gemacht werden: Rotgerber Georg Fischer, dessen Sohn Hans Ulrich am 27. November 1656 [8] heiratete und dazu zwei Brüder als Zeugen gebeten hatte, den Binder Georg Fischer und den Rotgerber Johann Fischer, den Großvater des Baumeisters [9]. Der Vater des Bräutigams war dazumal wohl bereits verstorben.

Johann Fischer dürfte wohl kurz vor dem Einsetzen der Heiratsmatrikel 1638 geheiratet haben. Von seiner Frau kennen wir nur den Vornamen Margarethe. Sie wurde am 5. April 1656 in Nabburg bestattet. Nach der – meist allerdings mit Vorsicht zu behandelnden – Altersangabe von 42 Jahren müßte sie etwa 1613/14 geboren sein. Daraus läßt sich ein mutmaßliches Geburtsjahr für ihren meist Hans genannten Mann zwischen etwa 1605 und 1612 ableiten. Kinder dieser Ehe finden sich keine eingetragen. Am 26. September 1656 schritt der Witwer zur zweiten Hochzeit mit Jungfer Kunigunde Fränkl, Tochter des Äußeren Ratsherrn und Weißgerbers Johann Fränkl [10]. Dieser Ehe entsprangen zwischen 1657 und 1673 neun Kinder, darunter Michael Fischer, der Vater des Baumeisters. Er wurde als viertes Kind geboren und am 25. März 1661 von seinem Paten Michael Meyer, Äußerem Rat und Tuchscherer, zur Taufe gehoben. Sieben Jahre später folgte sein Bruder Johann Kaspar, der am 4. April 1668 getauft wurde [11]. Er wird uns später in München wieder begegnen, wo er kurfürstlicher Hofpfistermeister war und seinem Neffen Johann Michael gewiß die Wege ebnete [12].

1 S. in Band I S.16
2 Lieb 1938
3 Lieb 1938/39
4 Lieb 1941, 7 (Vorwort)
5 Lieb 1941, 254, Anm.1305
6 Dazu wurden in München neben ausgewählten Beständen des Stadtarchivs vor allem im AEM die Kirchenbücher der Pfarreien Unserer Lieben Frau (ULF) und St. Peter (StP) einer erneuten Durchsicht unterworfen sowie gezielte Anfragen an auswärtige Pfarrämter gerichtet und ergänzende Recherchen in oberbayerischen und oberpfälzischen Matrikeln vorgenommen. Freilich sind damit die Möglichkeiten, zum weiteren Umfeld Fischers neue Erkenntnisse zu gewinnen, immer noch nicht ausgeschöpft. Um die Forschung in vertretbaren Grenzen zu halten, mußten auch bei diesem neuerlichen Anlauf Prioritäten gesetzt werden, so daß für künftige Ergänzungen in Randgebieten – etwa beim späteren Schicksal verschiedener Kinder Fischers und deren Familien – durchaus noch Möglichkeiten bestehen. Zudem konnte in Anbetracht des hier gesteckten Rahmens das reichlich zutage geförderte ›Rohmaterial‹ nur teilweise verwertet werden, so daß auf manch aufschlußreiche, aber letztlich periphere Details verzichtet werden mußte. Aus demselben Grunde sind auch die bei Lieb erscheinenden Daten und Fakten nicht mehr eigens nachgewiesen, sondern nur davon abweichende Erkenntnisse und neue Funde belegt.
7 Es muß künftiger Forschung überlassen bleiben, aus dem relativ gut überlieferten Nabburger Stadtarchiv – mit bereits 1474 einsetzenden, allerdings anfangs lückenhaften Ratsprotokollen! – eventuell weitere Aufschlüsse zu gewinnen. Für freundliche Auskünfte sei dem Nabburger Stadtarchivar Bertram Sandner bestens gedankt.
8 Diese und folgende Angaben aus den Kirchenbüchern der katholischen Pfarrei St. Johann Baptist Nabburg (BZA Regensburg).
9 Da in der fraglichen Zeit kein weiterer Johann Fischer als Rotgerber aufscheint, darf diese Filiation mit an Sicherheit grenzender Wahrscheinlichkeit angenommen werden. Johann Fischer war nach dem Bestattungseintrag seiner ersten Frau von 1656 *allhier uffm Berg,*

Familie

Die für den äußeren Lebensablauf Johann Michael Fischers erreichbaren Quellen sind in der »Chronologie«[13] verwertet und eingeordnet, so daß wir uns hier für den genealogischen Überblick auf ein reines Datengerüst beschränken können.

Familienliste Johann Michael Fischers und seiner Schwiegerkinder[14]

Johann Michael Fischer, Bürger und Maurermeister in München; ~ 18.2.1692 Burglengenfeld, † 6.5.1766 München, ▭ 9.5.1766 im Friedhof an der Frauenkirche; ∞ 30.1.1725 München/StP mit Maria Regina Mayr, Tochter des Stadtmaurermeisters Johann Mayr und seiner Frau Maria Wörner, ~ 16.3.1702 München/StP, † 24./ ▭ 26.5.1782 in München im Friedhof an der Liebfrauenkirche neben ihrem Mann.

Kinder: 1 Johann Ferdinand * 16.10.1725, ~ 18.10.1725 (Pate: Johann Georg Lindauer), † 1.11.1788 als P.Maurus im Benediktinerkloster Freising-Weihenstephan: 1744 Abitur am Jesuitengymnasium München[15], 29.10.1746 Profeß und 31.3.1750 Primiz in Weihenstephan; tätig als Bibliothekar, Geschichtsautor, Prior 1772-78 und Subprior 1782-85

2 N.N. (Zwilling zu 1) * 16.10.1725, ▭ 19.10.1725 als notgetauftes Kind

3 Anna Maria Viktoria */~ 22.12.1726 (Patin: Anna Maria Lindauer), ∞ 18.6.1753 München/StP mit Johann Georg Dänzl, Stadtrechnungsjustifikant[16], 1780 Rechnungskommissär sowie Lehendeputations- und Mühlrichteramts-Aktuar, 1801 Städt. Kirchen und Milder Stiftungen Rechnungsjustifikant[17] * wohl Furth im Wald, (8 Kinder zwischen 1754 und 1765)

4 Maria Franziska */~ 5.3.1728 (Patin: Anna Maria Lindauer), ▭ 22.2.1733[18]

5 Maria Johanna * 23.5.1729, ~ 24.5.1729 (Patin: Anna Maria Lindauer), ▭ 18.2.1733

6 Joseph Anton */~ 12.6.1730 (Pate: Johann Georg Lindauer), ▭ 21.8.1730

7 Maria Elisabeth Josepha */~ 28.6.1731 (Patin: Anna Maria Lindauer), ▭ 4.7.1731

8 Johann Benno */~ 17.6.1732 (Pate: Johann Georg Lindauer, wegen Lebensgefahr im Elternhaus *sub conditione* getauft), ▭ 19.6.1732[19]

9 Georg Joseph * 11.9.1733, ~ 12.9.1733 (Pate: Johann Georg Lindauer), † nach 1763 und vor 1782, Ort unbekannt[20]

10 Maria Theresia Justina * 26./~ 27.9.1734 (Patin: Anna Maria Lindauer), ∞ 26.2.1764 (in der Kapelle des Oratoriums des Hl. Philipp Neri zu München, Traupriester der Bruder P.Maurus von Weihenstephan) mit Johann Anton Schmaus, Haimhausenschem und Stromairschem Verwalter, 1782 Stadt- und Landschafts-Aufschlagsgegenschreiber in Pfaffenhofen, † nach 1782 wohl in Pfaffenhofen. Weitere Daten und Anzahl der Kinder bisher unbekannt.

11 Franz Xaver Johann Nepomuk * 7.5.1736, ~ 8.5.1736 (Pate: Johann Georg Lindauer), † spätestens vor 1782[21]

12 Johann Paul */~ 30.6.1737 (Pate: Johann Georg Lindauer), ▭ 1.12.1737

13 Maria Franziska Walburga * 28./~ 29.9.1738 (Patin: Maria Theresia Lindauer, Tochter von Johann Georg und Anna Maria Lindauer), † 1./ ▭ 2.11.1742.

14 Maria Cäzilie Katharina */~ 23.11.1739 (Patin: Maria Theresia Lindauer), ▭ 6.12.1739

15 Maria Monika Juliana */~ 17.2.1741 (Patin: Maria Monika Lindauer, Hofkammersekretärsgattin, 2. Frau), ∞ 26.7.1763 Winhöring mit Georg Michael Schmidt, Törringischer Schloßverwalter in Winhöring, bereits zweifacher Witwer, † 31.8.1765 Winhöring. Nach dem Tod von Maria Monika Juliana zum 4. Mal verehelicht; Geburt und Tod nach 1782[22] unbekannt (nicht in Winhöring). Kinder: 1 Maria Rosalia Salome * 4.9.1764 Winhöring; 2 Augustin * 21.8.1765 Winhöring, 1785 als Badersgeselle in Bozen erwähnt[23]

16 Johann Georg Ignaz * 31.7./ ~ 1.8.1742 (Pate: Johann Georg Lindauer), † 6.9.1744

17 Johann Georg Damian * 21.10.1743, ~ 22.10.1743 (Pate: Johann Georg Lindauer), ▭ 4.3.1747

18 Johann Ignaz Ludwig * 25.8.1745, ~ 26.8.1745 (Pate: Ignaz Anton Gunetzrhainer), ▭ 16.4.1746.

Wie die Analyse der Übersicht ergibt, hatte das Ehepaar Fischer trotz der hohen Zahl von insgesamt 18 Kindern meist nur vier bis fünf Kinder zu versorgen. Die Höchstzahl von sieben Kindern wurde nur in der kurzen Zeit vom 15. August 1745 bis 16. April 1746 erreicht (Kinder 1, 3, 9, 10, 15, 17, 18), wobei freilich der älteste Sohn schon nicht mehr zum Haushalt gehörte und sich im Noviziat von Weihenstephan befunden haben dürfte. Sechs Kinder scharten die Eltern nur verhältnismäßig kurze Zeit um sich: zwei Tage im Jahr 1742 (31.7./1.8.), knapp zwei Jahre vom 21.10.1743 bis 15.8.1745 und nicht ganz ein Jahr vom 16.4.1746

also in der Oberstadt von Nabburg wohnhaft; s. Familienliste 1 auf S.74.

10 Bestattet am 7.7.1684 mit 84 Jahren, woraus sich ein Geburtsjahr von etwa 1599/1600 ergibt. Seine auch mit Vornamen nicht genannte Frau ist bereits am 12.12.1645 als bestattet eingetragen. Die Familie war *unter den Leder[er]n* ansässig, also im Viertel bei der Ledermühle an der Naab, am südwestlichen Fuß des Stadtbergs.

11 Im Taufeintrag wird seine Mutter irrtümlich *Martha* genannt, woraus Lieb (1938, 98) eine zweite Ehe ableitete (und jene mit Kunigunde als erste Ehe deklarierte). Ein Beweis mehr, daß zur eindeutigen genealogischen Zuordnung nicht nur die Kasualien der zu erforschenden Person allein verfolgt werden dürfen, sondern die gesamte Kinderliste erarbeitet werden muß.

12 S. Familienliste 4 im Anhang

13 In Band II S.109-136

14 Soweit nicht anders angegeben, sämtliche Daten aus AEM, Pfarrmatrikel München/ULF.

15 Max Leitschuh, Die Matrikeln der Oberklassen des Wilhelmsgymnasiums in München, III (1740/41-1830), München 1973, 16, Nr.31

16 Statt Dänzl auch Däzl, z.B. in den Rechnungen von St. Georg in München-Bogenhausen; PfarrA München Hl. Blut/St. Georg (s. WVZ 25). Dänzl legte am 14.5.1753 den Amtseid ab (StadtA München, Stadtgericht 181/111, fol.66) bzw. am 26.5.1753 (ebenda, 179/32, fol.272). Er war seit mindestens 1741 Oberschreiber am Stadtunterrichteramt und als solcher Protokollant auch der Lernbrieferteilungen in Anwesenheit der Vierer. Fischer und Dänzl kannten sich also seit jener Zeit.

17 Weitere Details bei Lieb 1938, 104

18 Im Kirchenbuch zwar *Marianna Johanna* genannt; doch kann an der Zuordnung des Bestattungsdatums an Maria Franziska kein Zweifel bestehen, da die Altersangabe stimmt und die Schwester Maria Johanna kurz zuvor am 18.2. beerdigt wurde. Die beiden fast gleichzeitigen Daten lassen an eine ansteckende Krankheit unter der Kinderschar denken.

19 Im Kirchenbuch irrtümlich als *Franz Benno Fischer, Zimmermannskind, 1 Tag alt* bezeichnet; an der Identität dürfte jedoch kein Zweifel bestehen.

20 Er fungierte als Trauzeuge bei der Hochzeit seiner Schwester am 26.7.1763 in Winhöring. Der Eintrag vermerkt keine Berufsangabe.

21 Er scheint die Kinderkrankheiten überstanden zu haben und auswärts gestorben zu sein, da er weder in den Kinder- noch Erwachsenentotenbüchern ge-

Abb. München
Wohnhaus Johann Michael Fischers
Frauenplatz 9 (Zustand 1909)

bis 4.3.1747. Neun Kinder starben bereits im Säuglingsalter (2, 6, 7, 8, 12-14, 16, 18) und drei erlebten das sechste Lebensjahr nicht (4, 5, 17). Nur fünf Kinder erreichten das heiratsfähige Alter, wobei ein Sohn (1) Geistlicher und ein weiterer (9) zwar mindestens 30 Jahre alt wurde, aber nach 1763 nicht mehr faßbar ist und wahrscheinlich nicht geheiratet hat, zumindest keine Kinder besaß, die bei der Erbschaftsauseinandersetzung 1782 beteiligt gewesen wären. Von den überlebenden drei Töchtern schieden eine (3) 1753, die andere (15) 1763 und das Nesthäkchen Maria Theresia Justina (10) erst 1764 aus dem Elternhause. Die letzten beiden Jahre bis zu Fischers Tod lebte das Ehepaar wieder allein, wenngleich mindestens vier Enkel, die Kinder seines Schwiegersohnes Johann Georg Däzl, hin und wieder das still gewordene Haus am Frauenplatz mit Leben und Lachen erfüllt haben werden.

Zusammenfassend muß man bekennen, daß Fischers Familie vom Glück nicht verwöhnt worden ist: Mindestens 14 seiner 18 Kinder mußte er ins Grab nachschauen – noch im letzten Lebensjahr starb seine Tochter Maria Monika Juliana nach nur zweijähriger Ehe im blühenden Alter von 24½ Jahren; keiner seiner beiden überlebenden Söhne gab den Familiennamen weiter oder folgte dem Vater im Baugeschäft nach; keine der drei Töchter ehelichte einen Berufsgenossen, obwohl Fischer vorsorglich zwei Maurergerechtigkeiten erworben und für künftige Schwiegersöhne aus dem Baufach ›gehortet‹ hatte [24].

nannt ist. Gestorben aber zumindest vor der Verlassenschaftsverhandlung 1782, bei der er nicht aufgeführt ist.

22 Nach Lieb (1938/39, 149) tritt Schmidt am 29.7.1782 als Miterbe des Fischerschen Hauses für seinen unmündigen Sohn Augustin auf (Quelle nach Lieb: Registratur des Grundbuchamts beim Amtsgericht München, Grundbuch Kreuzviertel, 2. Teil, 1761). Diese Angabe wird durch das Häuserbuch der Stadt München (II, München 1960, 16 f.) nicht bestätigt.

23 Vgl. Lieb 1938, 106; dort ist allerdings für die Ehe Schmidt-Fischer fälschlich eine Zeit nach 1766 angegeben. Der ebenda genannte und in München/ULF getaufte Sohn Josef Maria (19.11.1766) muß aus der vierten Ehe Schmidts mit einer Rosina N. stammen. – Alle Daten aus Winhöring nach freundlicher Auskunft des dortigen Pfarramts.
In einer ebenso waghalsigen wie abwegigen Hypothese konstruiert Robert Stalla (St. Michael in Berg am Laim, Weißenhorn 1989, 28) aus Augustin Schmidt einen Enkel jenes Münchner Maurermeisters Johann Schmidt, dem Fischer 1755 sein Meisterrecht abkaufte, und vermengt den 1765 geborenen Badergesellen dann mit einem 1770 in Schussenried geborenen Architekturstudenten gleichen Namens, der später die sogenannte Luzerner Plansammlung zusammengetragen hat. Motiv für diesen genealogischen Salto mortale war die Not, zu beweisen, was nicht zu beweisen ist: nämlich die postulierte Herkunft einiger Luzerner Pläne, vor allem eines angeblichen Entwurfs für München-Berg am Laim, aus Fischers Besitz.

24 S. die »Chronologie«, in Band II S.122 und 131 (16.7.1738 und 12.4.1755)

Die Familie Fischer hatte im Laufe der Zeit drei Wohnungen inne. Das frisch vermählte Paar gründete 1725 seinen Hausstand im Anwesen des Schwiegervaters Johann Mayr an der Mühlgasse, heute Unterer Anger 29, das links neben dem Ignaz-Günther-Haus stand und im letzten Krieg zerstört worden ist[25]. Die Nähe zu den Schwiegereltern behagte Fischer wohl nicht lange, und sobald sich im Oktober 1725 der erste Nachwuchs eingestellt hatte, sah er sich nach einer neuen Bleibe um. Er fand sie in dem eben fertiggestellten Augustinerstock[26] an der Engen Gasse (heute Augustinerstraße)/Ecke Löwengrube, wo er mit seiner jungen Familie 1726 eine der damals seltenen Neubauwohnungen bezog. Hier wurden bis Mai 1736 neun weitere Kinder geboren. Wenn auch wegen des grassierenden Kindertodes der Hausstand samt Eltern ›nur‹ auf sechs Personen angewachsen war, so wurde es doch allmählich eng. Im Juni 1736 siedelte man schließlich um in ein eigenes Haus ganz in der Nähe, Frauen-/Ecke Stiftsgasse (heute Frauenplatz 9)[27], das Fischer am 31. Mai bzw. 2. Juni um 6000 fl erworben hatte[28]. Es sollte für die Familie die endgültige Heimstatt werden, wo noch sieben Kinder auf die Welt kamen, von denen allerdings sechs wieder starben.

Das viergeschossige Haus blickte mit seiner längeren Ostseite in die schmale finstere Stiftsgasse (heute Thiereckstraße), mit seiner kürzeren vierachsigen und freier liegenden Nordfassade auf den hochaufragenden Backsteinchor der Frauenkirche. Sonnig war es also in diesem Winkel Altmünchens nicht gerade, und im Blickfeld zur Kirche lag als ständiges Memento mori der Frauenfreithof. Wenn sich der ebenso erfolgreiche wie leidgeprüfte Familienvater etwas aus dem Fenster beugte, konnte er sogar auf jene Stelle neben dem Südwestportal der Kirche blicken, die ihm und seiner Frau dereinst zur letzten Ruhestätte dienen sollte.

Fischers Haus war so geräumig, daß es nicht nur seiner eigenen – bis zu neunköpfigen – Familie, Dienstboten nicht mitgerechnet, sowie seinem ›Baubüro‹ Raum bot, sondern auch noch Vermietung ermöglichte: zeitweise wohnten bis zu drei Parteien darin[29]. Fischers wachsender Wohlstand schlägt sich sowohl in seinem steigenden Steueraufkommen nieder als auch in der Höhe der Aussteuer, die er seinen Töchtern mitgeben konnte: So erhielt beispielsweise Maria Monika (Juliana) Fischer 1763 zu ihrer Hochzeit mit Georg Michael Schmidt sage und schreibe 1000 Gulden Heiratsgut, eine für damalige bürgerliche Verhältnisse erstaunlich hohe Summe[30]. Nach dem Tod ihres Mannes 1766 brauchte die Witwe Fischer nicht zu darben. Sie verfügte über erhebliches Kapital, das in Privatdarlehen und Hypotheken zu 4 bis 5 Prozent Zins ausgeliehen war; in den Jahren 1766/67 beispielsweise 3400 Gulden[31].

Verwandtschaft

Bei der Ankunft in München 1717/18 war für Johann Michael Fischer die erste Anlaufstelle sein Onkel Johann Kaspar Fischer. Er war Mundkoch Kurfürst Max Emanuels und seinem Herrn nach Frankreich gefolgt, als dieser nach der Katastrophe von Höchstädt 1704 Hals über Kopf fliehen und sich in den Schutz seines Vorbildes und Verbündeten Ludwig XIV. begeben mußte. Die hervorragende Stellung in der Nähe des Fürsten hat Fischer sicher gute Verbindungen eingebracht, die ihm und seiner Verwandtschaft auch und gerade nach seiner Rückkehr in die Heimat 1715 zum Vorteil gereicht haben. Dazu zählten vermutlich auch Kontakte zu Architekten und Künstlern, etwa zu Joseph Effner, der seinem Landesherrn 1706 in Mons begegnet ist, oder zu dem kleinen Wallonen François Cuvilliés, der im selben Jahr am Exulantenhof Max Emanuels Aufnahme gefunden hat[32]. Vom Bildhauer Willem de Groff, den der Kurfürst in Saint-Cloud 1714/15 beschäftigte, wissen wir es bestimmt, denn er fungierte am 18. Dezember 1717 als Taufpate bei Johann Kaspar Fischers Tochter Maria Magdalena[33].

25 Häuserbuch der Stadt München, IV, München 1966, 538. Das Haus hatte Stadtmaurermeister Martin Gunetzrhainer 1678 um 1500 fl gekauft und seiner Frau Anna Maria hinterlassen, die es dann in ihre zweite Ehe mit Johann Mayr einbrachte. 1760 bis 1765 im Besitz von Stadtmaurermeister Ignaz Anton Gunetzrhainer. Das *zweigädige* Anwesen bildete mit seinem Hinterhaus am damaligen Roßmarkt, heute Oberer Anger 3, eine Einheit und beherbergte im Vorderteil vier und im Rückgebäude drei Parteien (StadtA München, Steueramt 475: Steuerbuch 1725, fol.13, 14, 15).

26 Häuserbuch II (Anm.22), 99. Der in der Amtszeit des Augustinerprovinzials Johann Baptist Inninger (1724-1727) errichtete »Augustiner-Mietstock« umfaßte neun Häuser: Löwengrube 1-6 und Augustinerstraße 2-4. Damit wird die Aussage von Lieb (1938/39, 151) korrigiert, wonach der Mietstock sieben Einheiten umfaßt habe und 1699 errichtet worden sei. Es besteht die Vermutung, daß Johann Mayr den Mietstock errichtet und seinem Schwiegersohn eine Wohnung darin vermittelt hat.

27 Das bekannte »Nürnberger Bratwurst-Glöckl«, am 7.1.1945 völlig zerstört und 1949 nur zweigeschossig wiederaufgebaut.

28 Häuserbuch II (Anm.22), 16. Das Haus ging nach Fischers Tod 1766 an dessen Witwe und nach deren Tod 1782 an die überlebenden Töchter Maria Viktoria Däzl und Maria Theresia Schmaus über.

29 Genauere Angaben dazu bei Lieb 1938/39, 152, allerdings ohne exakten Quellennachweis. Die Daten wurden anhand der Steuerbücher nochmals überprüft.

30 StadtA München, Kammerratsprotokolle 1759-1776, fol.79

31 Lieb (1938/39, 152) nennt für 1765 nur eine Summe von 2500 fl.

32 Wolfgang Braunfels, François Cuvilliés, München 1986, 20-22. Zu Joseph Effner gibt es nachweisbar eine indirekte Verbindung dadurch, daß bei J.K. Fischers Tochter Marianna Theresia am 1.8.1716 (München/ULF) die Frau Maria Magdalena des kurfürstlichen Kammerdieners und Wundarztes Claude Jacques Prière als Taufpatin fungierte, der dann seinerseits Effners Sohn Joseph Emanuel am 15.10.1725 zur Taufe hob.

33 Pfarrmatrikel München/ULF

34 Lieb 1938, 99-101

35 S. die »Chronologie«, in Band II S.121 (20.12.1736)

36 Lieb 1938, 99-101; Lieb 38/39, 145 und Familienliste 4 auf S.75

Aber noch in anderer Hinsicht wurde das französisch-niederländische Exil des Blauen Kurfürsten Johann Kaspar Fischer zum Schicksal: Er kehrte mit einer französischen Frau und einer Schar von vier Kindern nach München zurück [34]. Mit der Münchner Zeit des kurfürstlichen Mundkochs und späteren Hofpfistermeisters sowie seiner Kinder, für die der Neffe Johann Michael Fischer nach dem Tod des Vaters 1736 die Vormundschaft mit übernahm [35], hat sich Lieb bereits eingehend beschäftigt, so daß wir uns hier auf die Familienliste beschränken können [36].

Die verwandtschaftliche Förderung, die Johann Michael Fischer bei seiner Ankunft in München durch seinen Onkel erfahren durfte, hat er selbst dann auch seinem Bruder angedeihen lassen, der ebenfalls die Maurerlaufbahn eingeschlagen hatte. Der 1704 geborene Andreas Fischer kam zwischen Oktober 1725 und Juli 1726 nach München [37]. Vielleicht nahm ihn sein Bruder die erste Zeit sogar auf, nachdem er durch den Umzug 1726 in den Augustinerstock die entsprechende räumliche Voraussetzung gewonnen hatte. Rund sechs Jahre später heiratete Andreas Fischer nach Ingolstadt und reichte dort seine Meisterstückrisse ein; nachdem der Rat der Stadt die Pläne am 17. Oktober 1732 *ohne Bedenkhen guetgehaissen* hatte, trat er die Nachfolge seines Schwiegervaters als Herzogs- und Stadtmaurermeister in Ingolstadt an [38].

37 Andreas Fischer war am 19.9.1725 noch als Taufpate in Burglengenfeld; Lieb 1938, 99. Am 5.8.1726 vertrat er seinen Bruder bei der Taufe des Sohnes Ignaz von Maurer Thomas Rauscher in der Pfarrkirche Mariahilf in München-Au.

38 Vgl. Volker Liedke, Das Bürgerhaus in Altbaiern, Tübingen 1984, 44. Das Meisterstück bestand aus einem Grundriß und einem Aufriß nach dem Vorbild des sog. Kaisheimer Hofes in Ingolstadt; beide Pläne liegen unter den Baumeisterplänen im StadtA Ingolstadt. Auf der Rückseite des Aufrisses ist vermerkt: *Andreas Fischer churfrtl. Pauambts Maurmaister übergibt ... disen Ris als sein Maisterstukh, so auch ohne Bedenkhen guetgehaissen wordten. Con[clusio] in Statrhat Ingolstatt den 17. oct. a[nn]o 1732.* Zu Andreas Fischer s. auch Familienliste 5 auf S.75.

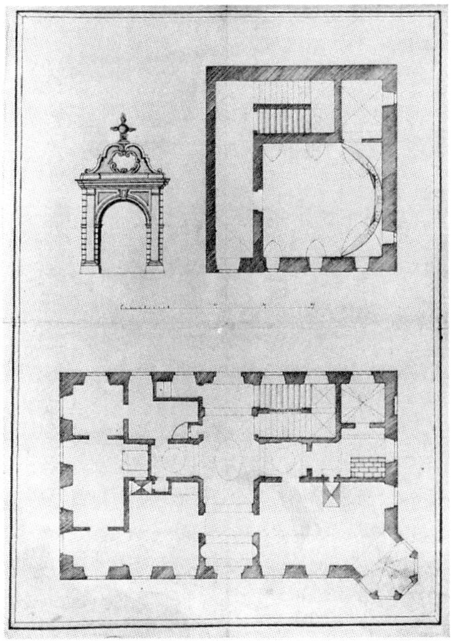

Abb. Meisterstückrisse von Fischers Bruder Andreas 1732 in Ingolstadt eingereicht

Auch die verwandtschaftliche Verflechtung Johann Michael Fischers mit den Gunetzrhainer und den ›Hausstättern‹ ist zwar wiederholt – bei Lieb (1938, 1938/39, 1941) sogar recht ausführlich – dargestellt, ohne freilich ganz befriedigen zu können. Insbesondere bei der Hausstätter Gruppe werden immer noch alte Fehlurteile, Irrtümer und personengeschichtliche Lücken weitergetragen [39]. Das betrifft vor allem auch die grundlegenden Aussagen über Ursprünge, Wirkungsdauer und Ende. So wird Johann II Mayr (1643-1718) immer als Begründer der Werkstatt angesehen, während schon sein Vater Johann I Mayr (ca. 1615 bis 1663) das Unternehmen in der Hausstatt – dem äußersten westlichen Hof in Altofing, südöstlich von Bad Feilnbach, wozu es heute eingemeindet ist – betrieben, vielleicht sogar dort eingeheiratet hat. Das Ende wird herkömmlich mit Johann Thaller (1719-1796) in Zusammenhang gebracht, während die Maurertradition erst drei Generationen später mit Georg Thaller (1829-ca.1890) endgültig zum Abschluß kam. Da die Ergebnisse dieser neuen Forschungsinitiati-

39 Das hat seinen Grund natürlich darin, daß sich angesichts der letztlich untergeordneten, regional begrenzten Rolle dieser ›Bauschule‹, bisher kein Forscher bemüßigt fühlte, eine erschöpfende Untersuchung dieses Phänomens vorzunehmen. Auch die bisherige Literatur, die den Namen der Hausstatt sogar im Titel trägt, enttäuscht. So entpuppt sich die von Heinrich Gerhard Franz (Dientzenhofer und ›Hausstätter‹, München-Zürich 1985, 124, Anm.1) unverständlicherweise als »zusammenfassend« eingestufte Veröffentlichung von Hans Zimmer – Die Hausstätter, Bad Aibling o.J. (um 1984) – als durchaus unbefriedigendes schmales Opusculum eines geistlichen Heimatforschers. Und auch Franz beschäftigt sich praktisch nur mit dem Hauptvertreter Abraham Millauer.

ve einer späteren Veröffentlichung vorbehalten bleiben sollen, sei hier der genealogische Zusammenhang der ›Hausstätter‹ mit Johann Michael Fischer nur in einem schematischen Überblick aufgezeigt.

Bei den Gunetzrhainer, der wichtigsten und folgenreichsten verwandtschaftlichen Verbindung Johann Michael Fischers in München, soll ebenfalls eine listenmäßige Übersicht das bisher unbekannte, nochmals überprüfte und mit Ergänzungen versehene Datengerüst aufzeigen sowie mit dem genealogischen Bindeglied der – oben schon knapp umrissenen, hier nun ausführlicher behandelten Familie Mayr verknüpfen (Familienlisten 6 bis 8).

Die Verschwägerung mit den Baumeister-Brüdern Johann Baptist und Ignaz Anton Gunetzrhainer optimierte sich also für Fischer zur Berufskollegenschaft und eröffnete damit ideale Kontakte zum Hofbauamt und damit im weiteren Einflußbereich, auch zu potenter adeliger und geistlicher Bauherrenschicht. Mit zu den wertvollsten Fäden, die sicher auf diese Weise gesponnen wurden, zählte jener zu Propst Herculan Karg von Diessen, der Klassenkamerad von Johann Baptist Gunetzrhainer im Jesuitengymnasium München war und 1709 mit ihm maturiert wurde [40]. Im selben Kurs saßen übrigens noch weitere angehende Konventualen, die für Fischers spätere Aufträge wegbereitend sein konnten: Max Pfleger (1693-1761), der als P. Genesius im Ingolstädter Franziskanerkloster wirkte; Johann Albert Trautsch († 1750) und Philipp Benno Heiß († 1758), später Benediktiner in Benediktbeuern; Joseph Martin Locher († 1764) alias D. Johann Evangelist als Augustiner in Polling; oder Georg Müller († 1757), der unter dem Klosternamen P. Paul als Birgittiner in Altomünster lebte [41].

Die Schwägerin Anna Katharina Gunetzrhainer aber, die Frau Johann Baptists [42], vermittelte Johann Michael Fischer wohl die vornehme elterliche Weinwirtschaft am Promenadeplatz [43] für sein Hochzeitsmahl, zu dem der Onkel, Hofpfistermeister Johann Kaspar Fischer, einen erheblichen Beitrag leistete [44]. Obendrein brachte diese Stürzersche Verwandtschaft auch wertvolle Verbindungen zum Stadtrat ein. Sowohl Vater Franz wie später Sohn Joseph Heinrich Stürzer gehörten dem Äußeren Rat an [45]. Nicht zu unterschätzen waren aber auch die Drähte, die dadurch zu verschiedenen Klöstern ausgelegt wurden, denn zwei von Anna Katharina Stürzers Stiefbrüdern waren Konventualen: Georg Joseph in Polling [46] und Franz Anton in Schäftlarn [47], und ihr Neffe Franz sollte Augustiner-Chorherr in Weyarn werden [48].

Welches Ausmaß eine solche familiäre Vernetzung annehmen konnte, zeigt dann in exemplarischer Weise die Patenwahl Johann Baptist Gunetzrhainers. Hier finden wir zunächst die einflußreiche und weitverzweigte Familie Unertl in einem ihrer Hauptvertreter, dem Hofkammerrat und nachmaligen Geheimen Ratskanzler, Konferenzminister und Obersten Lehenspropst Franz Xaver Joseph von Unertl [49]. Er schuf die Verbindung zu seinem Sekretär Georg Joseph Anton Dos [50]. Dieser spätere kurbayrisch-kurkölnische Hofkammerrat und Bräuverwalter löste zusammen mit seiner Frau Anna Katharina Eva dann Unertl in seiner Funktion als gunetzrhainerscher Pate ab und verpflichtete sich im Gegenzug das Ehepaar Gunetzrhainer als Paten der eigenen Kinder [51]. Eine Rückkoppelung zu Fischer ergibt sich gleich durch dessen Bruder, den Hofrat und Landschaftskassier Georg Thomas Leonhard Dos, der jenes Haus am Frauenplatz 9 von 1727 bis 1733 besaß, das Fischer dann 1736 erworben hat [52].

Von großer familiärer und vielleicht noch größerer beruflicher Bedeutung für Johann Michael Fischer muß Johann Georg Lindauer [53] gewesen sein. Er hob bis 1743 alle Söhne des Baumeisters aus der Taufe, während bei den Töchtern seine beiden Ehefrauen und einmal eine 26jährige Tochter einsprangen [54]. Auffallend ist nun nicht so sehr, daß die einmal gewählte Patenfamilie ständig beibehalten wurde – das war im alten München geradezu üblich –, nein, auffallend ist, daß im umgekehrten Fall die ›Fischerschen‹ von den ›Lindauers‹ nie zu Paten gebeten worden sind. Man möchte daraus schließen, daß hier eine besondere persönliche Dankbarkeit und einseitige Verpflichtung Lindauer ge-

40 Max Leitschuh, Die Matrikeln der Oberklassen des Wilhelmsgymnasiums in München, II (1680/81-1739/40), München 1971, 150 ff; bürgerlicher Name Josef Jakob Karg, * 2.8.1691 Innsbruck, seit 1728 Propst in Diessen, † 16.3.1755.

41 Vgl. Leitschuh II (Anm.40)

42 S. Familienliste 8 im Anhang

43 Das spätere Palais Maffei am Promenadeplatz 8; bei Lieb (1938/39, 148) irrtümlich Nr.18. Das Anwesen hatte Weinwirt Franz Stürzer 1685 erworben – vgl. Häuserbuch II (Anm.22), 222 – und dann vermutlich durch Stadtmaurermeister Martin Gunetzrhainer, vielleicht nach einem Plan von Zuccalli, zu einem Gasthaus mit Fremdenzimmern umbauen lassen; vgl. Karl Erdmannsdorfer, Das Bürgerhaus in München, Tübingen 1972, 54 f., Abb.54/55, Taf. 30. Mit seinen drei Geschossen, elf Achsen und zwei breiten Wageneinfahrten war es damals wohl das größte, vornehmste und modernste ›Hotel‹ Münchens. Nach dem Tode Franz Stürzers (Ende 1717 ?) führte die Witwe Anna Katharina Stürzer das Haus bis zum Verkauf 1726 weiter.

44 Gesuch Fischers an den Münchner Rat, sein Hochzeitsmahl *bei der Frau Stirzerin* halten zu dürfen, wurde am 26.1.1725 genehmigt; StadtA München, Ratsprotokoll 1725, Band 1, fol.35.

45 Wohl mit dem Erlös aus dem Verkauf des elterlichen Gasthofs Promenadeplatz 8 erwarb der Sohn Joseph Heinrich Stürzer 1728 die Wirtschaft ›Zum Goldenen Hirschen‹ an der Schwabinger Gasse (Theatinerstraße 18); vgl. Häuserbuch II (Anm.22), 337. Das Haus befand sich in vornehmster Lage inmitten von Adelspalais; vgl. Erdmannsdorfer (Anm.43), Taf. 53 b, 153. – Stürzer machte 1716 das Abitur am Jesuitengymnasium.

46 Als Augustiner-Chorherr D. Alipius, * 6.4.1677, Abitur 1694, † 13.1.1758; Leitschuh II (Anm.40), 72, Nr.129.

47 Als Prämonstratenser P.Franz, * 6.4.1683, Abitur 1701, † 13.6.1751; Leitschuh II (Anm.40), 115, Nr.109.

48 Als D.Alipius, * 3.5.1731, Abitur 1748, † 25.10.1804; Leitschuh III (Anm.15), 33, Nr.96. Die offensichtliche Verwechslung Leitschuhs (III, 37, Nr.71) mit einem gleichnamigen und am selben Tag geborenen Abiturienten von 1749, der dann als D.Patritius Augustiner in Au gewesen und am 1.2.1774 gestorben sein soll, müßte noch verifiziert werden.

49 Bei der Taufe des Erstgeborenen 1723; vgl. Familienliste 8 im Anhang. Zu Franz (Xaver) Joseph von Unertl vgl. Georg Ferchl, Bayerische Behörden und Beamte 1550-1804, I, München 1908/10 und II, München 1911/12 an vielen Stellen. Sein Neffe Max Fortunat von Unertl (1727-1768) war Mitabiturient von

Die Verwandtschaft Johann Michael Fischers mit den Gunetzhainer und Hausstättern

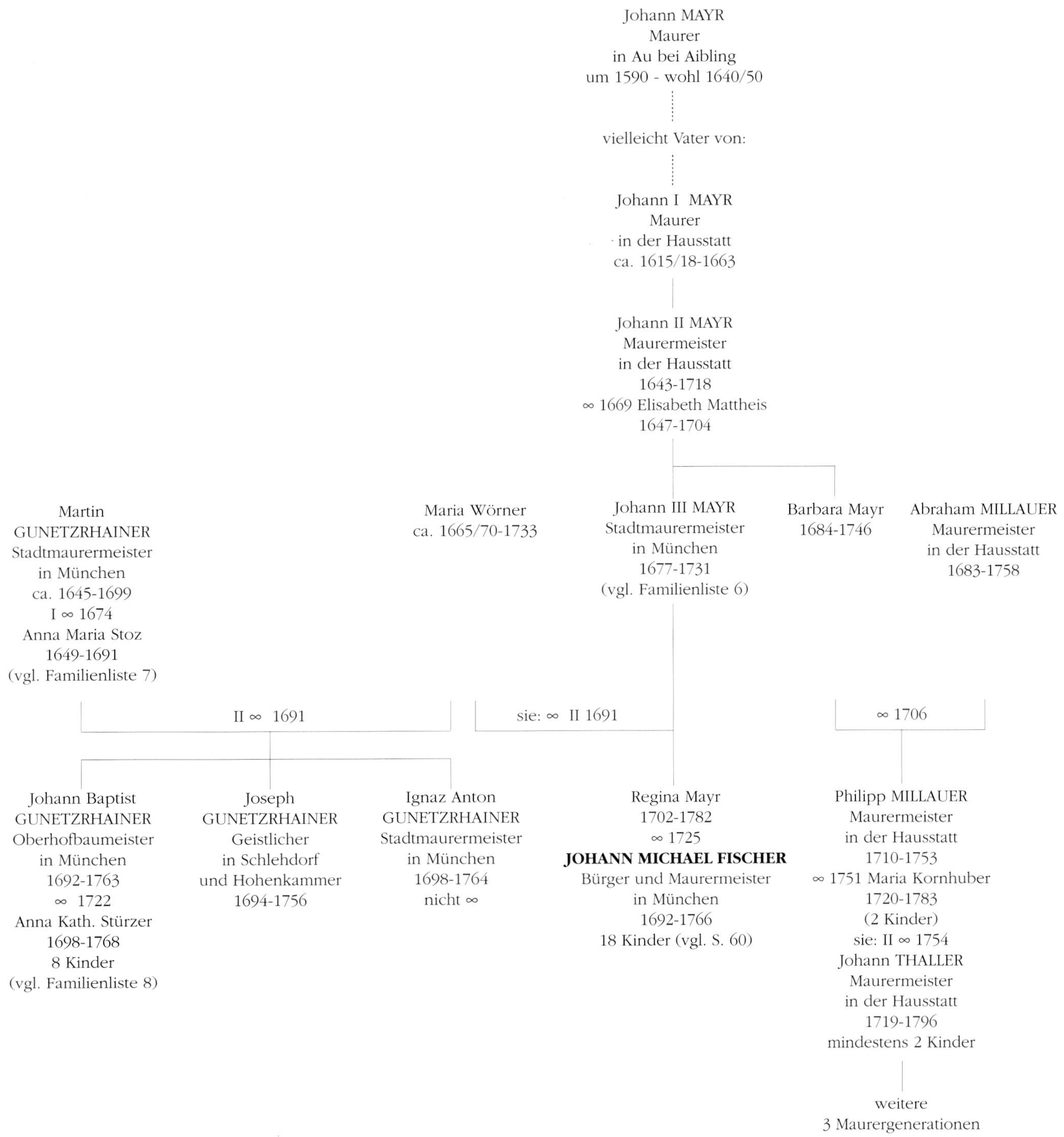

Fischers Sohn Ferdinand; Leitschuh III (Anm.15), 16 ff.

50 Bei Taufe des zweiten Sohnes 1725; vgl. Familienliste 8 auf S.76

51 Bei den Taufen Dos in München/ULF: 8.4.1729; 6.3.1730; 18.11.1731; 4.12.1732: Johann Nepomuk Franz, Abitur 1749, als P. Josef Benediktiner in Seeon, † 6.3. 1797; Leitschuh III (Anm.15), 35, Nr.19; und 3.2.1734: Johann Georg Blasius, Abitur 1750, später als P. Georg Theatiner in München (hier Johann Baptist anstelle seines Bruders Ignaz Anton Gunetzrhainer).

52 Häuserbuch II (Anm.22), 16. Der zusammen mit seinen beiden Brüdern 1740 geadelte Dos stammt aus Waldsassen und war Sohn der Rats- und Tuchmachereheleute Georg und Anna Katharina Dos; † 2.8.1757 München/ULF. Sein Epitaph ist an der Frauenkirche angebracht; vgl. Cornelia Baumann, Die Epitaphien, in: Die Epitaphien an der Frauenkirche zu München, München 1986, 158 (mit biographischen Notizen).

53 S. Familienliste 9 im Anhang

54 Vgl. die Familienliste auf S.60

genüber das Motiv war. Vielleicht dürfen wir in ihm, der mindestens seit 1709 *Toerring-Seefeldischer Hausmeister*[55], d.h. gräflicher Verwalter war, den Vermittler z.B. des Bauauftrages in Schloß Seefeld erblicken[56]. 1716 wird er als *Tafeldecker bei der Hofkammer*[57], 1729 als Hofkammersekretär bezeichnet[58]. Auffallenderweise hatte er – nach dem Münchner Häuserbuch – keinen Hausbesitz in München.

Eine ebenso einseitige Patenwahl begegnet uns bei der Familie des Urban Honifstingl (auch Hanifstingl oder Hanfstingl), des Wirts auf der Glashütte im Lehel[59]. Er und seine Verwandtschaft standen mit Fischer in verschiedener Hinsicht in Verbindung, so daß sich eine ausführlichere Beschäftigung mit diesem Bekanntenkreis aufdrängt. Urban Honifstingl war ein Bauernsohn aus Dettenhausen bei Wolfratshausen[60]. Dem Beispiel anderer Verwandter folgend, ist er zu Beginn des 18. Jahrhunderts in die nahe Residenzstadt gewandert, um dort sein Glück zu suchen. 1708 findet er sich erstmals in München erwähnt[61]. Er ist Wachsbleichergeselle und wird sicher in der Hofwachsbleiche im Lehel beschäftigt gewesen sein[62]. Dort war auch ein naher Verwandter – Vetter oder Onkel – tätig, der spätere Hofwachsbleicher Balthasar Honifstingl[63], der sicher als Protektor gewirkt hat. Als dann in der nahen »Wirtschaft auf der Glashütten« nach dem Tod der Wirtsleute Melchior und Agathe Lindtmayr die Bierzäpflerei vakant wurde, griff Urban Honifstingl zu, heiratete die Wirtswaise Maria Agatha und machte sich als »Glaserwirt« und Bierschenk selbständig. Am 2. Juni 1728 erfolgte Honifstingls Bürgeraufnahme[64], wobei er für ein Vermögen von 400 fl – wir erinnern uns: Johann Michael Fischer brachte nur 300 fl mit in die Ehe – und seine Braut für 133 fl Taxe zahlte[65]. Am 14. Juni 1728 war dann die Trauung in der Frauenkirche, wozu das Lehel eingepfarrt war. Unter den Hochzeitsgästen, die der Bräutigam in seine Wirtschaft eingeladen hat, können wir auch Johann Michael Fischer vermuten. Er war ja häufig im Lehel zu treffen, seit er 1726 den Bau der St. Anna-Kirche samt Hieronymitanerkloster übernommen hatte. Ab März 1727 war die Baustelle im Gange, und am 19. März 1727 hatte die Kurfürstin den Grundstein gelegt[66] – sicher ein Anlaß, um die höfische Feier mit einem fröhlichen Umtrunk beim Glaserwirt ausklingen zu lassen.

Wenn wir auch den eigentlichen Grund nicht kennen, der die Glaserwirtsleute vom Lehel so speziell mit dem Baumeister aus der Stadt werden ließ – es wird sicher auch Balthasar Honifstingl mit seiner Kirchenstiftung mit im Spiel gewesen sein –, so gab es doch in der Folge für die Familie Fischer Anlässe genug, die Glashüttenwirtschaft vor den Toren der Stadt zu frequentieren; dann nämlich, wenn es galt, die Ankunft neuer Honifstingl zu feiern und ihre Taufe zu begießen[67].

Der wiederholt schon erwähnte nahe Verwandte Balthasar Honifstingl aber wurde für Johann Michael Fischer insofern von Bedeutung, als er 1724 zu jenen acht Petenten gehörte, die die Berufung der Hieronymitaner ins Lehel beantragten[68] und damit Anstoß zum ersten Kirchenbau Fischers in München gaben. Er stammte, wie wir schon wissen, aus Egling und muß dort um 1672/75 geboren sein. 1700 heiratete er als lediger Hofwachsbleicher Maria Paur, Tochter des Stadtwassermeisters Melchior Paur, nach deren frühem Tod 1704 Maria Mayr, Tochter des verstorbenen Mesners und Webers zu Münsing Lorenz Mayr[69]. Honifstingl muß rasch zu Wohlstand gekommen sein, da er 1710 ein Haus in der Sendlinger Straße auf offener Gant um gut 2500 fl und 1717 die Wachsbleicherei samt Garten im Lehel um 3500 fl erstehen konnte[70]. Er verschaffte einigen Verwandten wie Urban und Lukas Honifstingl Arbeit auf der Bleiche und vermachte seinen Betrieb dem 1710 geborenen Sohn Georg Melchior[71]. Dieser hat sichtlich keine Erben gehabt und entschloß sich deshalb, sein für damalige Verhältnisse riesiges Vermögen ad pias causas zu verwenden; er übernahm die auf 40 000 fl angewachsene Schuldenlast des Augustiner-Chorherren-Stiftes Schlehdorf und ließ zudem ab 1773 die – schon 1726 oder 1727 begonnene, dann 1757-1763 fortgeführte, aber immer noch nicht fertige – Klosterkirche nach neuen

55 So erstmals 1709 genannt bei der Hochzeit; dazu *angehender Tafeldecker bei Hof*, wohl in Nachfolge seines Schwiegervaters.

56 S. WVZ 58

57 Bei der Taufe seines vierten Kindes erstmals so genannt.

58 Auch bei seinem Tod 1750 in derselben Position erwähnt.

59 Die zwischen dem heutigen Franziskanerkloster St. Anna und der Christophstraße gelegene Glashütte erhielt 1674 das Schankrecht für Weißbier; vgl. Ludwig Wagner, Das Lehel, München 1960, 297.

60 So bezeichnet bei der Einbürgerung am 2.6.1718; StadtA München, Einwohneramt 122/11, fol.112. Das Dorf gehörte zur Pfarrei Deining, in deren Sprengel der Name Honifstingl weit verbreitet war, allerdings sind die Pfarrbücher von Deining sehr nachlässig geführt und weisen oft über Jahre hin Lücken auf, so daß eine eindeutige Filiation oft nicht möglich ist. (Die Kirchenbücher im AEM beginnen zwar 1647, weisen aber Lücken von 1652-67 auf, bei den Trauungen in Deining 1675-93, in Egling 1701-04, ähnlich bei den Bestattungen). Unser Urban Honifstingl könnte mit jenem Urban identisch sein, den die Bauersleute Sebald und Maria Honifstingl am 21. Mai 1687 taufen ließen.

61 Lieb 1938/39, 149

62 Die Hofwachsbleiche befand sich auf dem heute von Prinzregenten-, Wagmüller-, Galerie- und Bruderstraße begrenzten Areal; vgl. Wagner (Anm.59), 280 f. und Plan, 351.

63 Nach dem Einbürgerungsvermerk von 1709 (Quelle wie Anm.60) stammte er aus Egling. Dort ist in der fraglichen Zeit seiner Geburt 1672-1675 kein Täufling Balthasar eingetragen, so daß sich sein – sicher nahes – Verwandtschaftsverhältnis zu Urban Honifstingl nicht genau angeben läßt.

64 Quelle wie Anm.60

65 Bürgerrecht bezahlt am 14.8.1728; StadtA München, Einwohneramt 122/11, fol. 112.

66 S. WVZ 24

67 Zwischen 1729 und 1744 waren Johann Michael Fischer, seine Frau Maria Regina oder seine Tochter Anna Maria Viktoria insgesamt neunmal Taufpaten bei den Kindern des Ehepaares Urban und Maria Agathe Honifstingl; AEM, Pfarrmatrikel München/ULF.

68 Joseph Martin Forster, Das gottselige München, München 1895, 770

69 Beide Eheschließungen sind in den Pfarrmatrikeln München/ULF verzeichnet.

70 Am 24.10.1710 Sendlinger Straße 67, Kaufpreis 2511 fl 6 kr, verkauft am

Plänen vollenden[72], wozu er seine offensichtlich gutgehende Wachsbleicherei im Lehel um 20 000 fl im selben Jahr 1773 an den Hof verkaufte[73]. 1780 zog er sich als Siebziger unter dem Namen D. Melchior schließlich ganz in ›sein‹ Kloster zurück, das ihm für seinen Lebensabend einen eigenen Anbau am Kirchenchor errichten ließ[74]. Ein Epitaph in der Klosterkirche erinnert heute noch an den 1787 gestorbenen hochherzigen Stifter. Die Anregung, sich gerade hier zu engagieren, wird sicher von seinem älteren Bruder Georg Ignaz ausgegangen sein, der seit 1727 als P. Tertullin dem Konvent angehörte[75].

Erstaunlicherweise fehlen bei den Patenbeziehungen und Gevatterschaften Fischers gerade jene Namen, die wir hier am ehesten erwarten würden: die Maler und Freskanten, Bildhauer und Stukkateure, vor allem jene, die bei der Ausstattung seiner Kirchenbauten mitgewirkt haben. Die höchst seltenen Ausnahmen, die uns dazu überliefert sind, bestätigen deshalb umso mehr die Regel. So läßt sich die gewiß enge Beziehung Fischers zu Johann Baptist Straub, der rund ein Dutzend seiner Kirchen mit seinen Altären und Skulpturen bereichert hat, nur bei einem einzigen Anlaß archivalisch belegen. Am 27. Oktober 1737 war der Baumeister zusammen mit dem Stiftsmesner Stefan Bernhard – wohl nur eine Verlegenheitswahl – Trauzeuge bei Straubs Heirat in der Frauenkirche[76]; Straubs Braut war Maria Theresia Elisabeth Späth[77]. Ob über diesen einzig belegbaren Freundschaftsdienst hinaus Fischer für den Bau und vor allem die Fassadengestaltung von Straubs 1741 erworbenem Haus an der Hackenstraße tätig geworden ist, wird neuerdings verneint[78].

Noch marginaler erscheint der Nachweis der Beziehungen Fischers zu den Brüdern Asam, mit denen allein schon durch die – wie auch immer geartete – Zusammenarbeit z.B. in München, St. Anna im Lehel, und in Osterhofen ein enger Konnex bestanden haben muß. So begleitete der Baumeister am 7. Februar 1729 Egid Quirin Asam zu den letzten Kaufverhandlungen mit den Gebrüdern Joseph Anton und Rudolf Kray auf Erwerb des Hauses Sendlinger Straße 61 B und unterzeichnete den Vertrag als Zeuge[79]. Nach Zukauf des Nebenhauses 61 A 1734 war der Weg frei für das Entstehen des Asamhauses. Und als 1733/34 die Asamsche Privatkirche und Hauskapelle St. Johann Nepomuk emporwuchs, war Fischer höchstwahrscheinlich der für die technische Bauausführung verantwortliche Architekt[80].

Zunftgenossen, Kollegen und Mitarbeiter

Trotz der so geringen archivalischen Belege darf man bei Fischer ohne Bedenken gute Kontakte und intensive Beziehungen zu allen seinen Kollegen und Künstlerzeitgenossen – ausgenommen freilich Philipp Jakob Köglsperger d.J. – unterstellen. In einer relativ überschaubaren Stadt von knapp 30 000 Einwohnern, die München um 1740 zählte, kannte praktisch jeder jeden, zumindest in derselben gesellschaftlichen und beruflichen Standesschicht, die auch in der Barockzeit längst nicht so undurchlässig war, wie sie meist dargestellt wird. Zudem hatte auch die Berufsgenossenschaft, in der sich Fischers Tätigkeit als Bau- und Maurermeister sowie – nennen wir es beim Namen – Bauunternehmer vollzog, ihre verschiedenen Ebenen: die gehobene und höhere Etage der städtischen und höfischen Bauverwaltung, die mittlere Schicht der Zunft und der mit dem Bauwesen verbundenen Künstlerschaft, und schließlich die Basis der Arbeiter – Taglöhner, Lehrlinge, Gesellen und Paliere.

Als Johann Michael Fischer 1717/18 in Mayrs Baugeschäft eintrat, fiel dies in die Zeit des Aufschwungs, den die Rückkehr Kurfürst Max Emanuels aus dem Exil 1715 und die damit wieder einsetzende höfische Bautätigkeit auslöste. Als Kollegen bei Mayr sind uns 1721 Simon Hofmayr und 1724 die Gesellen Michael Kern, Jakob Sedlmayr, Franz Stadler und der mit dem Meister zwar namensgleiche, aber nicht verwandte Johann Mayr, ein Schwabe aus Deggingen, überliefert. Dazu kamen noch mindestens vier Lehrlinge[81].

9.4.1726 um 3400 fl; vgl. Häuserbuch der Stadt München, III, München 1962, 419. Bei dem am 12.4.1717 erworbenen Areal samt 1 Steften Wasser (!) im Lehel – vgl. Wagner (Anm.59), 280 – dürfte es sich um die Wachsbleicherei selber gehandelt haben, obwohl dies aus der zitierten Sekundärquelle nicht eindeutig hervorgeht.

71 AEM, Pfarrmatrikel München/ULF (2./3.1.1710). Georg Melchior Honifstingl ∞ 14.2.1747 München/ULF Anna Barbara Leithner, Tochter des Meisterjägers und Pflegers im Jägerhaus im Lehel, Johann Leithner und seiner Frau Maria Barbara Honifstingl ▭ 25.6.1766 auf dem Franziskanerfriedhof; Pfarrmatrikel München/ULF.

72 Gabriele Dischinger, Zur Baumeisterfrage des Klosters Schlehdorf, in: Beiträge zur Heimatforschung, (Arbeitshefte des Bayer. Landesamtes für Denkmalpflege, 54), München 1991, 28 f., 36, Anm.68, 37, Anm.69; s. auch WVZ 57.

73 Wagner (Anm.59), 280 f.

74 Dischinger (Anm.72), 36, Anm.68 und 73. Nach Leitschuh II (Anm.40), 251, Nr.52, soll er selber Chorherr gewesen sein. 1729 ist er als Abiturient am Jesuitengymnasium nachgewiesen.

75 Dischinger (Anm.72), 36, Anm.68.

76 AEM, Pfarrmatrikel München/ULF. Vgl. auch Peter Volk, Johann Baptist Straub 1704-1784, München 1984, 8.

77 Tochter des Hofkupferstechers Franz Xaver Späth (1683-1735) und seiner Frau Maria Katharina (1682-1755), * 26./~27.3.1714 München/ULF.

78 S. unter Abschreibungen, in Band II S.331

79 AEM, Priesterhaus St. Johann Nepomuk, München, Nr. 680

80 S. WVZ 75

81 Lieb 1941, 76

Verzeichnis der Maurerlehrlinge Johann Michael Fischers, deren Aufdingung, Freisprechung und Lernbriefferteilung

Lfd Nr.	Tag der Aufdingung	Datum der Freisagung	Name der Maurerlehrlinge	Herkunft
1	12.05 1725	ebda.1728	Bernhard Ordtmann	Dachau
2	30.05.1725	ebda.1728	Georg Schmidthauser	Postmünster/Ndb.
3	23.05.1728	23.05.1731	Sebastian Perkhanitter*	Reichenberg bei St. Oswald/Ndb.
4	27.12.1728	27.12.1731	Wofgang Hollnsteiner	Mühltal/Leutstetten
5	22.05.1734	22.05.1737	Christoph Pirmayr	Niederalteich
6	18.05.1749	18.05.1753	Leonhard Spöcker	Waakirchen bei Tölz
7	10.05.1750	10.05.1753	Mathias Engelbrecht	Landshut
8	03.09.1752	03.09.1755	Sebastian Strobl	Deggendorf
9	26.05.1754	26.05.1757	Andreas Pauli	Pfarrkirchen/Ndb.
10	20.05 1759	02.06.1762	Michael Beywalt	Vötting/Freising
11	29.12.1759	ebda. 1762	Martin Kottmiller	Unterhaching bei München
12	10.06.1762	10.06.1765	Martin Frey	Sendling bei München

1 Quelle: StadtA München, Stadtunterrichtersamts-Protokolle, Stadtgericht 179; die Einzelbände sind in der letzten Rubrik spezifiziert.

Berufliches Fortkommen und Aufstieg hingen nicht allein vom eigenen Können ab, sondern vom Wohlwollen der Zunft und der peinlichen Einhaltung ihrer Regeln. Wie schwer es dieses althergebrachte Establishment einem aufstrebenden Berufsgenossen machen konnte, mußte Fischer in seinem zweijährigen zähen Ringen mit dem ehrenwerten Handwerk am eigenen Leib erfahren. Und dies, obwohl der Schwiegervater in spe, Johann Mayr, selbst als einer der beiden Vierer der Zunft vorstand[82]. Dieses Gremium setzte sich aus sechs Stadtmaurermeistern, neun Stadtgesellen und rund dreißig Beisitzern[83] zusammen, gegenüber denen auch die Vierer manchmal einen schweren Stand haben konnten. Doch muß das Ansehen Mayrs in der Zunft so groß gewesen sein, daß er dieses Amt bis in sein Todesjahr 1731 innehatte, und der Ruf seines Schwiegersohnes Fischer inzwischen so gefestigt, daß er am 2. März 1731 an dessen Stelle berufen wurde. 1731-1733 versah er neben Johann Michael Pröbstl (1678-1741) das Amt des Untervierers[84] und rückte 1734 in die Position des Obervierers, wobei er mit jenem Johann Schmidt (1692-nach 1755) amtieren mußte, dem er 1738 erst das Meisterrecht seines Schwiegervaters Johann Georg Ettenhofer[85] und 1755 gar dessen eigenes abkaufte[86], und der daraufhin auf Nimmerwiedersehen aus München verschwand. Nach längerer Pause, in der große Baustellen Fischer auswärts festhielten, übernahm er 1748 wieder die Funktion des Untervierers und behielt diese – neben Leonhard Matthäus Gießl (um 1707-1785) als Obervierer – bis 1761 bei. 1762 tauschten beide, und der inzwischen siebzigjährige und von Altersbeschwerden geplagte Fischer ist bis 1764 nochmals Obervierer, in welchem Amt er neben den schon genannten Kollegen nur 1745 seinen Schwager Ignaz Anton Gunetzrhainer erlebt hatte.

Als Vierer der Zunft hatte Fischer unter anderem die Pflicht, der Freisprechung der Lehrlinge nach ihrer dreijährigen Lehrzeit beizuwohnen[87] und vor dem Stadtunterrichter im Beisein der zwei bei der Aufdingung bestellten Bürgen zu bezeugen. Neben seinen eigenen Lehrlingen, die wir später noch kennenlernen werden, waren dies zwölf Lehrbuben.

Als Lehrherr ist Johann Michael Fischer zwölfmal bezeugt. Erstaunlich ist dabei, daß er entgegen den – damals in diesem Punkt vielleicht nicht mehr so

82 Zusammen mit Johann Georg Ettenhofer; vgl. Lieb 1941, 94. Die beiden Vorstände der Zunft, manchmal auch Vorgeher genannt, heißen in München Führer oder Vierer; vgl. Anm.84.

83 Lieb 1938/39, 147

84 Für die Nachweise dieser und folgender Amtsjahre vgl. u.a. Lieb 1941 bei den jeweiligen Meisternamen. Norbert Lieb macht allerdings keinen Unterschied zwischen Ober- und Unterführer. Für die Jahre 1748 und 1761 vgl. Heinrich Krefft, Kurze Geschichte der Innung der Bau-, Maurer-, Steinmetz- und Zimmermeister in München, München 1901, 32.

85 Für Fischers damals dreizehnjährigen Sohn Johann Ferdinand; StadtA München, Gewerbeamt 2558.

86 Für Fischers Tochter Maria Theresia Justina; StadtA München, Gewerbeamt 2556/3.

87 Vgl. Krefft (Anm.84), 29

Bürgen bei Aufdingung Zeugen bei Freisprechung[1]	Tag der Lern- briefausstellung	Bezeugende Vierer der Zunft	Fundstelle Stadtgericht
Michael Windhammer Jakob Schwabe	12.05.1730	Johann Mayr Michael Pröbstl	179/27, fol.70
Thomas Pröbstl Jakob Schwabe	27.10.1751	Johann Mayr Michael Pröbstl	179727, fol.39
Johann Mayr Jacob Schwabe	29.03.1751	Leonhard Matthäus Gießl **Johann Michael Fischer**	179/32, fol.109
Kaspar Wibler Thomas Pröbstl	14.01.1738	Johann Schmidt Michael Pröbstl	179/30, fol.2
Johann Mayr Korbinian Rashofer	14.01.1738	Johann Schmidt Michael Pröbstl	179/30, fol.2
Johann Windhammer Korbinian Rashofer	14.04.1757	**Johann Michael Fischer** Leonhard Matthäus Gießl	179/33, fol.190
Joseph Reiter Korbinian Rashofer	19.06.1756	Leonhard Matthäus Gießl **Johann Michael Fischer**	179/35, fol.134
Korbinian Rashofer Johann Mayr	10.06.1762	**Johann Michael Fischer** Leonhard Matthäus Gießl	179/35, fol.50
Joseph Reiter Dominikus Sanktjohanser	21.06.1759	Leonhard Matthäus Gießl **Johann Michael Fischer**	179/34, fol.32
Johann Mayr Michael Windhammer	08.08.1764	**Johann Michael Fischer** Leonhard Matthäus Gießl	179/35, fol.270 und 271
Johann Mayr Johann Windhammer	23.02.1772	Leonhard Matthäus Gießl Franz Kirchgrabner	179/38, fol.13
Johann Windhammer Franz Puechmüller	06.03.1772	Leonhard Matthäus Gießl Franz Kirchgrabner	179/38, fol.9 und 10

Bemerkung

Es ist anzunehmen, daß Johann Michael Fischer bei Aufdingung und Freisprechung der Lehrlinge - die ja wie auch heute ›Festtage‹ des betreffenden Handwerksbetriebs waren: wohl mit Umtrunk und Freihaltung der Kollegen - persönlich anwesend war; fraglich ist allerdings, ob diese Vorgänge immer in München stattgefunden haben oder auch auf Baustellen außerhalb der Stadt. Bei den Beurkundungen für die Ausstellung des Lernbriefs vor dem Stadtunterrichteramt war die Anwesenheit der beiden bezeugenden Vierer der Zunft jedenfalls obligatorisch.

* Lieb las diesen Namen früher Perckmiller (1938/39, 150), dann Perckhamber (1982, 91).

streng gehandhabten – Zunftvorschriften, die jedem Meister nur jeweils die Aufnahme eines einzigen Lehrbuben gestatteten[88], wiederholt zwei Lehrlinge nebeneinander ausbildete. Die Lehrzeit, die früher vier Jahre umfaßt hatte, war schon seit 1510 auf drei Jahre ermäßigt worden[89]. Zweimal hat Fischer Lehrlinge sichtlich auf einer auswärtigen Baustelle angenommen; so am 30. Mai 1725, als er sich in Deggendorf aufhielt und wo ihm der Tagwerker Andreas Schmidthauser aus Postmünster bei Pfarrkirchen seinen Sprößling zuführte. Und als der Bauer Georg Perkhanitter aus Reichenberg bei St. Oswald im Bayerischen Wald seinen Filius am 23. Mai 1728 zu Fischer in die Lehre gab, wird dies wohl in Rinchnach geschehen sein, wo die Arbeiten an der Propsteikirche eben zu Ende gingen.

Besonders hervorgetan hat sich, soweit bekannt, keiner dieser zwölf Lehrlinge in späteren Jahren. Auch nicht Martin Frey, der 1749 geborene Sohn seines Paliers Simon Frey, der ja sein Patenkind war[90] und dem er sicher seine besondere Aufmerksamkeit zugewandt hat.

Einige Lehrlinge dürften nach Abschluß ihrer Lehrzeit noch als Gesellen weiter bei Fischer tätig gewesen sein, da sie sich erst einige Zeit nach Freisprechung ihren Lernbrief ausstellen ließen[91]. So blieben Pirmayr noch ein halbes Jahr, Schmidthauser anderthalb und Ordtmann zwei Jahre, Hollnsteiner gar sechs Jahre noch in Fischers Unternehmen, ähnlich Martin Frey, den dann sichtlich der Firmennachfolger Franz Anton Kirchgrabner übernommen hat, ebenso Martin Kottmiller, der gleich zehn Jahre in seiner Lehrfirma aushielt.

Maurergesellen

Im Gegensatz zu den Palieren werden die von Fischer beschäftigten Gesellen in den Baurechnungen meist nicht namentlich erwähnt, da üblicherweise der Meister den Lohn für die Gesellen in Empfang nahm und ihn nach Abzug seines Unternehmeranteils an die Gesellen auszahlte. Ein Nachweis für die Gesellentätigkeit ist bisher nur bei einem Maurer zu führen, nämlich bei Thomas Mayr. Mit den übrigen fünf in der folgenden Aufstellung erwähnten Gesellen

88 Krefft (Anm.84), 26
89 Krefft (Anm.84), 29
90 S. weiter unten S.71
91 Lieb (1982, 92) nennt als Grund für die teilweise sehr späte Ausstellung des Lernbriefs die endgültige »Seßhaftwerdung der Maurer«. Für die Niederlassung und Bürgeraufnahme aber war – neben Vermögensnachweis – üblicherweise der Geburtsbrief der Heimatpfarrei notwendig. Der Lernbrief dagegen diente hauptsächlich als Berufsausbildungszeugnis und Gesellennachweis bei Übertritt in eine andere Meisterfirma.

war Fischer wegen Übernahme von Patenschaften – sei es durch ihn selbst, sei es durch Familienmitglieder – besonders verbunden. Es ist deshalb anzunehmen, daß sie in seinem Dienst standen[92].

JAUD, Christoph, Maurer in München-Au[93]
* um 1690 angeblich in Tölz (nach freundlicher Mitteilung des Pfarramts Bad Tölz trotz häufigen Vorkommens des Namens in der Stadt Christoph Jaud im Taufbuch nicht zu finden; evtl. aus Gaißach oder Lenggries stammend, wo damals ebenfalls Jaud ansässig waren), † nach 1766 wo ?, I ∞ 20.2.1713 Au Maria Kriegbauer, ▭ 20.3.1736 Au, Kinder ~ 3.12.1730 Maria Barbara und ~ 20.1.1733 Maria Agnes, bei denen Fischers Frau Maria Regina als Patin fungiert; II ∞ 23.4.1736 Au Ursula Forster von Warngau, ▭ 23.12.1765, 1 Kind ~ 12.3.1737; III ∞ 8.1.1766 Au Maria Anderl, Schusterswitwe von Garching, ▭ 30.5.1775 Au als Witwe.

KISTLER, Matthias, Maurer in München[94]
* um 1700, † nach 1738 wo ?, I ∞ ca. 1728/30 Maria Frey, Kind Julian Anton * 15./~ 16.2.1731 München/ULF, Pate: Johann Michael Fischer; Kind ▭ 30.12.1731; II ∞ 20.3.1734 München/ULF Eva Schlössler (auch: Gschlössl) von Haslach, Kind Maria Franziska */~ 28.2.1738, Patin: Fischers Frau Maria Regina.

KRILLENEDER (Killender, Kibler, Killeiner, Killreiner und Killinger), Albert[95], Maurer in München-Au (1728) und in München-Lohe (1736)
* um 1700, † nach 1739; I ∞ 9.2.1728 Au Ursula Schmid, ▭ 2.5.1735 Au, 2 Kinder: ~ 29.5.1732 Maria Viktoria, Patin: Fischers sechsjährige Tochter Anna Maria Viktoria; ~ 27.3.1735 Franz de Paula, Pate: Fischers zehnjähriger Sohn Johann Ferdinand; II ∞ 1.10.1736 Au Maria Schober von Pang, 2 Kinder: ~ 10.4.1738 Anastasia, Patin: Fischers Tochter Anna Maria Viktoria; ~ 13.3.1739 Maria Anna, Patin: Fischers Frau Maria Regina.

MAYR, Thomas[96], Maurermeistersohn von Weyarn, 1724-1727 für Fischer tätig,der ihm ein Zeugnis für gut vierjährige Dienste ausstellt[97]. In diese Zeit fällt der Bau von München, St. Anna im Lehel.

RAUSCHER, Thomas, Maurer in München-Au[98]
~ 25.12.1690 Au als illegitimes Kind des Maurers Michael Rauscher, ▭ 14.7.1763 Au; ∞ 5.2.1720 Au Maria Ursula Rech (Reg, Regl, Reich), ▭ 19.4.1756 Au; 10 Kinder: ~ 21.8.1723 Johann Michael, Pate: Maurer Andreas Wurz (s. dort) in Vertretung von Maria Regina Mayr, Fischers künftiger Frau; ~ 23.10.1724 Franz Thomas, Pate: Johann Michael Fischer, vertreten durch Andreas Wurz; ~ 5.8.1726 Johann Ignaz, Pate: Johann Michael Fischer, vertreten durch seinen Bruder Andreas; ~ 26.9.1728 Maria Ursula, Patin: Fischers Frau Maria Regina; ~ 8.6.1730 Joseph Anton, Pate: Johann Michael Fischer; ~ 1.5.1732 Philipp Jakob, Pate: Fischers Sohn Johann Ferdinand; ~ 28.3.1734 Franz de Paula und Maria Franziska; Paten: Johann Michael Fischer und seine Frau Maria Regina; ~ 17.10.1735 Maria Anna Viktoria, Patin: Fischers Frau Maria Regina (vielleicht vertreten durch die hier nicht eingetragene Tochter Maria Anna Viktoria, worauf der Name des Täuflings hinweist); ~ 25.9.1738 Maria Theresia Justina, Patin: Fischers gleichnamige Tochter.

REDL, Johann, Maurer in München-Au[99], wahrscheinlich Fischers Kollege in Johann Mayrs Baugeschäft
* um 1700 in *Seillburg* (Seidlberg bei Freyung oder Seilerberg bei Seeon ?), † vor 1768 wo ?, ∞ 25.6.1724 Au Klara Holzer (Hölzl) aus der Au, † 1734/35; 5 Kinder: ~ 8.1.1726 Johann Sebastian, Pate: Johann Michael Fischer; ~ 2.9.1727 Johann Egid, Pate: Johann Michael Fischer; ~ 20.2.1729 Maria Regina, Patin: Fischers Frau Maria Regina; ~ 8.7.1731 Kilian Franz, Pate: Johann Michael Fischer; ~ 24.12.1733 Johann Adam, Pate: Johann Michael Fischer. II ∞ 23.1.1736 Au Elisabeth Weinl, ▭ 27.12.1768; keine Kinder aus dieser Ehe in der Au nachweisbar.

WURZ (Wurtz, Wintz u.ä.), Andreas[100], Maurer in München-Au, wahrscheinlich Kollege Fischers in Johann Mayrs Baugeschäft
* wohl um 1695 *ex palatinatu*, † nach 1738, I ∞ 25.1.1718 Au Paulina Mutzenrieder von *Traubingen* (Traubing bei Feldafing ?), ▭ 2.7.1731 Au; 6 Kinder: ~ 4.9.1719 Katharina; ~ 3.1.1722 Anna Regina, Patin: Maria Regina Mayr, Fischers spätere Frau, in Vertretung ihrer Mutter Maria Mayr; ~ 8.10.1724 Franz Borgia Dionys, Pate: Thomas Rauscher (s. dort) anstelle von Johann Mayr; ~ 2.11.1726 Johann Karl, Pate: Johann Michael Fischer; ~ 20.6.1728 Johann Silverius,

92 Bei Lieb sind noch zwei weitere Maurer als Gesellen Fischers bezeichnet, die nach den neuesten Forschungen jedoch nicht bestätigt werden können: Matthias Bader (Lieb 1982, 91), der wegen Abschreibung des betreffenden Bauwerks (Polling) ausscheidet, sowie Martin Göbl (Lieb 1941, 127).

93 Lieb 1938/39, 149, ohne nähere Angaben

94 Lieb 1938/39, 149, ohne nähere Angaben

95 Lieb 1938/39, 149

96 Lieb 1982, 90

97 S. Dokument Nr.3, in Band II S.344

98 Lieb 1938/39, 149, ohne nähere Angaben. Thomas Rauscher ist nicht verwandt mit den aus Murnau stammenden und später in Aicha vorm Wald ansässigen Freskanten Josef und Franz Anton Rauscher.

99 Lieb 1938/39, 149, ohne nähere Angaben

100 Lieb 1938/39, 149, ohne nähere Angaben

101 BayHStA, KL Fürstenzell 243/14, p.28; freundliche Mitteilung von Christl Karnehm, München. Trotz dieser Informationen konnten Herkunft und Familienname nicht festgestellt werden. Auch die Recherchen, die Věra Naňková, Prag, freundlicherweise anstellte, blieben erfolglos.

102 S. Hans Lehmbruch/Gabriele Dischinger, in Band II S.36

103 Lieb 1982, 90. Vielleicht identisch mit jenem Giovanni Ceregetti, der 1722/23 als Palier Jakob Pawagners beim Turmbau der Pfarrkirche St. Georgen im Attergau tätig war; vgl. Rudolf Walter Litschel, Der Barockbaumeister Jakob Pawagner. Hinweise für eine Biographie, in: (Barockland) Oberösterreich, 18 (1968) Heft 1, 47. – Weiterführende Hinweise verdanke ich Věra Naňková, Prag: Danach kommt die Künstlerfamilie Cereghetti (Ceregheto, Seregetti) im 17. und 18. Jahrhundert in Böhmen vor; wahrscheinlich stammt sie aus

Pate: Johann Michael Fischer; ~ 10.6.1731 Maria Anna, Patin: Fischers Frau Maria Regina. II ∞ 1731/32 Ursula Ditz (Pitz ?), 3 Kinder: ~ 26.12.1732 Johann Stephan, Pate: Fischers Sohn Johann Ferdinand; bei den folgenden Kindern 1736 und 1738 Pate: Taglöhner Peter Widmann aus der Au.

Paliere

Bei den zahlreichen Baustellen, die Fischer oft gleichzeitig in Bayern und Schwaben unterhielt, war es unabdingbar, sich auf fähige und vertrauenswürdige Paliere stützen zu können. Wir wissen von insgesamt 15 Palieren; lediglich einer von ihnen ist quasi unbekannt, weil nur seine beiden Vornamen überliefert sind. Fischer setzte seinen Palier *Hans Georg* 1744 in Fürstenzell ein. Nach Aussagen des dortigen Chronisten war dieser *ein Hoff Baliers Sohn von München, ser guetter Zaichner, in der Arbeith aber nachlässig. Sonst ein decretierter Fecht-Maister in Prag* [101]. Wegen ungenügender Leistung wurde Hans Georg (N.N.) 1744 vorzeitig in Fürstenzell entlassen und ist danach auf keiner anderen Baustelle Fischers in Erscheinung getreten. In Anbetracht seiner gepriesenen Fähigkeiten wurde er wohl vorrangig als Zeichner eingesetzt [102]. Die anderen 14 Paliere kennen wir mit vollem Namen:

CEREG(H)ETTI, Johann [103]; für Fischer tätig 1726-27 in Deggendorf.

FREY, Simon [104], in München-Pullach ansässig, 1762 vorübergehend in Sendling [105]; für Fischer tätig 1739 in München, St. Margaret, 1750 Ulm-Wiblingen, 1761 Benediktbeuern, Pfarrkirche, 1765/66 Neumarkt-St. Veit und eigenständig 1766-1770 Suben (Oberösterreich) [106].

* um 1715 vielleicht Pullach, † um 1771 wo ?; I ∞ um 1742/43 Maria Kammeder, † wohl Ende 1769/Anfang 1770, mindestens 4 Kinder: * ca. 1744 Maria, ∞ 12.7.1762 München/ULF Joseph Rieg; ~ 28.1.1746 Pullach Joseph, † um 1772 Wien; ~ 3.9.1747 Simon; ~ 12.11.1749 Simon Martin Joseph, Pate: Johann Michael Fischer, 10.6.1762 als Maurerlehrling bei Fischer aufgedungen und 10.6.1765 freigesprochen. II ∞ 31.7.1770 München-Sendling Katharina Hofer, Holzforstnerswitwe Hesselohe.

JÄNISCH (Jäntsch, Joanisch), (Georg) Joseph [107], 1752/53 in München-Au, 1754/55 in München-Stadt nachweisbar. Laut Fischers Zeugnis vom 2. Januar 1759 [108] sieben Jahre in dessen Diensten, allerdings ohne Nachweis an einer bestimmten Baustelle.

~ 23.4.1721 Starnberg, Vater: Wundarzt Franz Joseph Jänisch, Mutter: Katharina; ∞ 30.10.1752 München-Au Katharina Forstner aus der Falkenau, München-Giesing. Mindestens 3 Kinder: ~ 1.9.1753 Au Nikolaus, ▭ 17.7.1793 München-Sendling als Maurerpalier mit 39 Jahren; ~ 24.9.1754 München/ULF Maria Theresia; */~ 14.12.1755 München/ULF Joseph (freundliche Auskunft des Pfarramts Starnberg vom 9.8.1993).

KIRCHGRABNER, Franz Anton, ab ca. 1759/60 in München und für Fischer tätig, übernimmt Ende 1766 dessen Werkstatt und zugleich Fischers Aufgaben bei Herzog Clemens Franz in Bayern [109].

* um 1740 St. Pölten (Niederösterreich), Eltern: Hammerschmiedmeister Joseph und Elisabeth K. [110], † 14.10.1800 München/ULF, ∞ 15.6.1767 ebenda Maria Katharina Däzl [111], * um 1743 Furth im Wald, † wohl nach 1800. Einer der Söhne, Franz Ignaz K. (1770-nach 1821), folgte dem Vater im Handwerk und wurde in München Stadtmaurermeister [112].

KIRNBERGER, Joseph [113], in München ansässig, für Fischer tätig 1765-1766 in Söllhuben.

* um 1740, † nach 1790, ∞ 1770 Elisabeth Hirschstetter, 1 Kind */~ 24.5.1773 München/ULF Joseph nachweisbar.

LANG, Joseph, von Laingruben [114], d.h. aus dem Pfarrsprengel Benediktbeuern; für Fischer tätig 1751-1752 in Bichl.

Muggio/Tessin. Ein Maurergeselle Johann Ceregetti bittet am 5.2.1708 um Aufnahme in die Maurerzunft in Kutná Hora (Kuttenberg, Böhmen); BezirksA Kutná Hora, Kniha čechu zednického, KH 1654-1759, C 7, fol.51a. Ferner erwähnt Giuseppe Martinola (Lettere dai paesi transalpini degli artisti di Meride e dei villaggi vicini, o.O. 1963, 175) »Giovanni Ceregetti di Muggio: Germania 1733«.

104 Lieb 1941, 179 ff. Die Kirchenbücher der zuständigen Pfarrei St. Margaret in München-Sendling sind sehr nachlässig geführt; die für Frey relevanten Daten fallen ausgerechnet in vorhandene Lücken.

105 Bei Taufeintrag 1762 so bezeichnet.

106 S. unter Abschreibungen, in Band II S.334. Unter der Orgelempore der ehemaligen Augustiner-Chorherren-Stiftskirche in Suben steht die Signatur: *Simon Frey Baumeister in Puellach nechst München.*

107 Lieb 1982, 91

108 S. Dokument Nr.12, in Band II S.348

109 S. WVZ 33. Kirchgrabner begann zu Fischers Lebzeiten, 1765-68, die Pfarrkirche in Eschenlohe, was die Zuschreibung des Entwurfs an Fischer zur Folge hatte; vgl. Lieb 1982, 205 f., 235. S. auch Lieb 1941, 182 f. und Norbert Lieb, Franz Anton Kirchgrabner, der Baumeister der Pfarrkirche in Eschenlohe, in: Der Familienforscher in Bayern 1 (1954) 62-64. Die Zuweisung ist jedoch falsch; s. unter Abschreibungen, in Band II S. 326 f.

110 Nennung der Eltern beim Heiratseintrag in München. Schon Norbert Lieb hatte 1937 erfolglos versucht, das Geburtsdatum in St. Pölten zu eruieren; eine neuerliche Anfrage des Verfassers 1993 blieb unbeantwortet.

111 Eine ›Base‹ der Witwe Maria Regina Fischer, angeblich Stadtrichterstochter aus Furth im Wald; im dortigen Taufbuch nicht eindeutig feststellbar. Wohl mit Johann Georg Dänzl (auch Däzl) verwandt, seit 1753 verheiratet mit Fischers Tochter Anna Maria Viktoria; s. weiter oben S.60 und Anm.16.

112 Lieb 1941, 182 f.

113 Lieb 1941, 170 und 205. 1767 reichte Kirnberger einen Entwurf für den Turm in Aschau ein; s. WVZ 3.

114 BayHStA, KL Benediktbeuern 225, fol.11. Vielleicht identisch mit jenem allerdings nur als Tagwerker bezeichneten Joseph Lang, der zusammen mit seiner Frau Magdalena Vogl 1749 in München-Au eine Tochter taufen läßt, sonst aber dort nicht weiter faßbar ist. Lieb (1941, 62) kennt nur einen Josef Lang (Hagn), der 1691 Geselle bei Martin Gunetzrhainer war.

RABERGER, Stephan, für Fischer tätig 1723-1724 in Deggendorf[115].

SACHER, Daniel (Martin)[116], für Fischer tätig 1759-1760 in Babenhausen; ab 8.6.1764 in der Nachfolge von Fischers Bruder Andreas Stadtmaurermeister in Ingolstadt, ab 27.6.1764 dort Bürger[117].
* um 1730 Wien?[118], † nach 1766 wo ?[119] ~ 25.3.1764 München-Au illegitimes Kind von der Kramerstochter Margarethe Justina Rieger; eine vom Rat der Stadt Ingolstadt vorgesehene Heirat 1763/64 mit der Witwe des Stadtmaurermeisters Andreas Fischer kann Sacher durch Gerichtsurteil umgehen; Bürgeraufnahme seiner mit Namen nicht genannten Frau in Ingolstadt 2.4.1765.

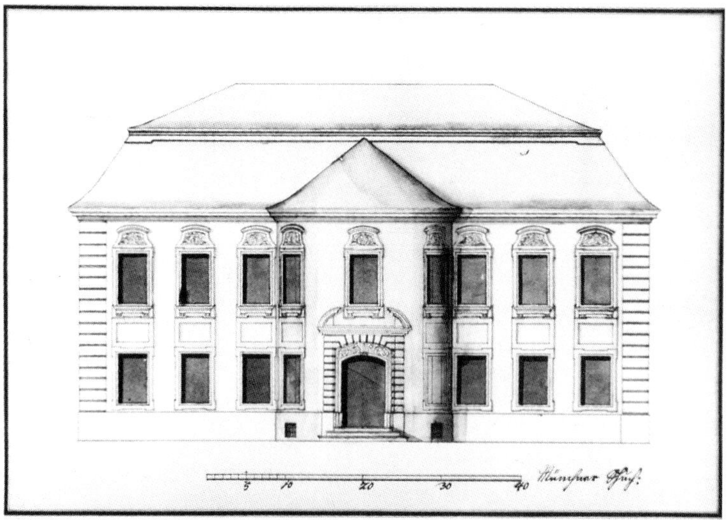

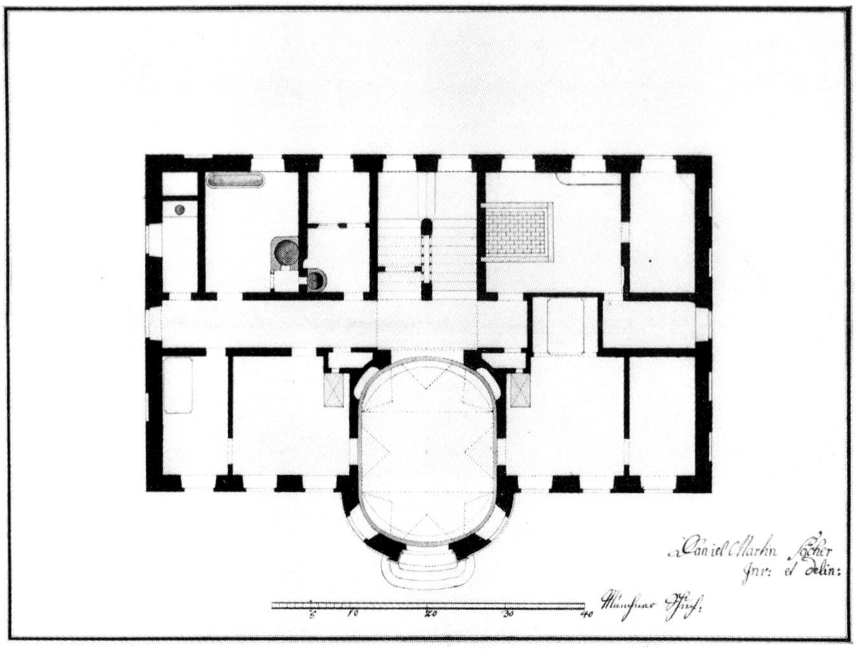

Abb. Meisterstückrisse von Fischers Palier Daniel Sacher 1764 in Ingolstadt vorgelegt

SCHMIDT, Thomas, in München nicht feststellbar; für Fischer tätig 1764 in Altomünster.

SCHÖNAUER, Johann Georg, in München-Au ansässig, erhielt angeblich 1761 von Fischer die Zusage beständiger Arbeit[120].
* um 1730 wo ?, ∞ 23.11.1761 München-Au Maria Anna Hoiß aus der Au; ~ 7.3.1763 Taufe eines Kindes in der Au nachweisbar.

115 Lieb 1941, 117 (Naberger), nur kurze Erwähnung. Zur Problematik des Namens s. WVZ 11, Anm.17.
116 Lieb 1941, 117; Lieb 1982, 91, 147 f.
117 Sacher reichte 1764 seinen Meisterstückriß ein, vier im StadtA Ingolstadt erhaltene Pläne für ein herrschaftliches Haus; vgl. Siegfried Hofmann, Schicksale zweier Professorenhäuser während des 18. Jahrhunderts, in: Ingolstädter Heimatblätter 37 (1974) 31 f. sowie die nebenstehende Abb.
118 Angabe der ledigen Mutter bei der Taufe seines Kindes 1764.
119 Nach 1766 archivalisch nicht mehr faßbar; freundliche Auskunft des Stadtarchives Ingolstadt. Scheint auch nicht in Ingolstadt gestorben zu sein.
120 Lieb 1982, 91, ohne Angabe der Quelle. 1732 ist der Maurerpalier Nikolaus Schönauer in Unering tätig; StA München, Hofmarken Karton 1220

STREICHER, Melchior [121], in München-Au ansässig, für Fischer tätig 1731 in Bergkirchen, 1748 (-1749?) in Zwiefalten, 1750 in Benediktbeuern, 1751-1754 in Kloster Schäftlarn, 1755/56 in Endlhausen, 1759-1763 in Rott am Inn; 1768 unter Franz Anton Kirchgrabner Palier in Egling [122]

~ 5.4.1700 München-Au, Eltern: Absolvius Streicher und Katharina, geb. Keifl [123], ▭ ebenda 7.11.1772, ∞ 16.11.1722 ebenda Elisabeth Schupfnagl aus der Au, ▭ 15.3.1766 ebenda; 9 Kinder, darunter die Söhne: ~ 25.6.1724 Franz Thomas, ~ 20.1.1729 Johann Thomas Sebastian, ~ 29.10.1733 Johann Michael (s.u.), ~ 30.7.1735 Joseph Ignaz; 1725, 1727, 1730, 1732 und 1740 Töchter

STREICHER, Johann Michael, *Vice Pallier* Fischers 1756 in Endlhausen.

~ 29.10.1733 München-Au als Sohn von Palier Melchior Streicher (s. oben)

WÖGER, Martin [124], in München-Au, nach 1748 in Ottobeuren ansässig, für Fischer tätig 1729-1731 in Seefeld, 1732 in Unering, 1732 oder/und 1733 in Niederviehbach, 1740-1741 in Fürstenzell, 1742-1747 in Zwiefalten, 1748-1759 in Ottobeuren.

~ 12.11.1700 Bernried, Eltern: Johann und Magdalena Weger, ▭ 13.1.1761 Ottobeuren, ∞ 19.10.1722 (Zeugen die Maurer Mathias Kogl und Kaspar Sonnerer, Au) München-Au Barbara Schmuck, ~ 22.1.1702 ebenda, Eltern: Johann Schmuck und Anna, geb. Bock, ▭ 22.10.1760 Ottobeuren; 11 Kinder, darunter 6 Söhne: ~ 3.6.1723 München-Au Johann Anton, ~ 27.1.1728 Anton, 17.4.1729 Johann Georg [125], ~ 2.10.1731 Joachim, ~ 20.5.1736 Martin, ~ 12.12.1745 Peter; die Töchter 1724, 1725, 1733, 1738 und 1741 geboren; Paten immer Wirtsehepaar Johann Anton und Elisabeth bzw. Maria Anna Neumayr.

Erstaunlicherweise trat von den Palieren nur ein einziger durch Patenwahl mit Fischer in vertrautere Beziehung: Simon Frey. Ähnlich ergab sich nur zu Franz Anton Kirchgrabner ein engeres Verhältnis, das in eine verwandtschaftliche Beziehung mündete, allerdings erst nach Fischers Tod.

Vom ehrerbietig-vertrauten Umgang zwischen Palier und Baumeister kündet ein eigenhändiger Brief, den Joseph Kirnberger 1766 aus Söllhuben an Fischer schrieb [126]. Er stellt den bislang einzigen Beleg für Fischers Korrespondenz mit seinen Mitarbeitern dar und ist über die menschlichen, religiös fundierten Beziehungen hinaus durch seine ungeschminkte Schilderung des Alltags auf einer ländlichen Baustelle mit seinen unerfreulichen Lebensumständen, unsicheren Arbeitsbedingungen, organisatorischen Schwierigkeiten und sozialen Problemen ein aufschlußreiches Dokument über die Verhältnisse des Bauwesens im barocken Bayern. Höchstwahrscheinlich aber hat der vom 4. Mai 1766 datierte und vielleicht erst am folgenden Tage expedierte Brief seinen Adressaten, der ja bereits am 6. Mai gestorben ist, gar nicht mehr erreicht.

Zur Stamm-Mannschaft gehörten Martin Wöger (seit 1729), Melchior Streicher (seit 1731) und Simon Frey (seit 1739). Mit diesen zuverlässigen und vertrauenswürdigen Spitzenkräften arbeitete Fischer bis zuletzt zusammen. Dabei hatte er für die verschiedenen Bauaufgaben erfahrene Spezialisten, die er gezielt einsetzen konnte: So etwa Daniel Sacher für Umbauten, was auf dessen Anpassungsvermögen, trickreiche Phantasie und große Praxis in der Statik schließen läßt. Oder Martin Wöger für Kirchen und Bräuhäuser, eine zunächst kurios erscheinende Kombination, die aber als verbindendes Element eine hohe Begabung für die Wölbtechnik erfordert.

Mit zunehmendem Alter war Fischer offenbar in seiner Beweglichkeit eingeschränkt. So erfahren wir Anfang 1759 von ihm selbst, er habe schon seit sechs oder sieben Jahren kein Reitpferd mehr bestiegen [127]. Dies deutet darauf hin, daß Fischer seit 1752/53, also mit Erreichen der ›Sechziger‹, von Rückenbeschwerden, möglicherweise Ischias, geplagt wurde. Er mußte mehr und mehr die örtliche Bauleitung seinen Palieren überlassen. In Neumarkt-St. Veit beispielsweise tritt Fischer (1765) nur mehr unterstützend neben seinem zum Baumeister avancierten vormaligen Palier Simon Frey auf. Und das Baubüro in Ottobeuren leitete sein Palier Wöger die letzten Jahre ganz allein. So entsteht ein

121 Lieb 1982, 90

122 Lieb 1941, 190

123 Nach Lieb (1941, 117) angeblich aus Rott am Inn stammend.

124 Lieb 1941, 117 und Lieb 1982, 90 jeweils nur kurze Erwähnung. Ein Bruder Martin Wögers war Bartholomäus Wöger, Maurer (1743 Palier) und ebenfalls in der Au ansässig, der 1730 unter diesem in Seefeld arbeitete; s. WVZ 58. ~ 23.8.1708 Bernried, † vor 1772 wo ?, ∞ 5.2.1731 München-Au Maria Magdalena Graz aus der Au, ▭ 21.5.1772 ebenda; 1730-1750 6 Kinder, darunter die Söhne ~ 11.4.1736 Franz, ~ 22.1.1743 Joseph Maria, ~ 9.8.1747 Laurentius; freundliche Auskunft des Pfarramtes Bernried vom 28.7.1993. – Bei dem 1761 erwähnten Lehrling Fischers namens Joseph Wöger (s. WVZ 33) dürfte der 1743 geborene Sohn des Bartholomäus Wöger gemeint sein.

125 Vermutlich identisch mit dem Sohn Martin Wögers, der ab 1744 erst in Zwiefalten und dann in Ottobeuren als Mitarbeiter seines Vaters auftritt; s. WVZ 50 und 67. Später ebenfalls Maurermeister (in Braunau ansässig), reicht 1770 Voranschlag für neue Stiftskirche in Asbach (Niederbayern) ein; vgl. Franz Martin, Die Kunstdenkmäler des politischen Bezirks Braunau (ÖKT, Bd.30), Wien 1947, 388.
Der Braunauer Maurermeister Georg Wöger bewirbt sich 1777 um die Nachfolge als Stadtmaurermeister in Burghausen; vgl. Fritz Demmel, Die Burghauser Stadtmaurermeister Franz Anton und Joseph Glonner, in: Burghauser Geschichtsblätter 48 (1995) 52.

126 Den Brief, der auf S.77 f. wiedergegeben ist, stellte mir dankenswerterweise Anna Bauer, München, zur Verfügung; s. auch WVZ 60.

127 S. Dokument Nr.13c, in Band II S.349 f.; dort auch die Aussage über den Einsatz des Paliers Wöger.

sympathisches Bild von dem alten Fischer. Gegen Ende seines Lebens hat er sich wohl langsam aus seinem Unternehmen zurückgezogen, neue Aufträge an verdiente Weggenossen weitergegeben und sie in die Selbständigkeit entlassen [128].

Martin Wöger, Fischers dienstältester Mitarbeiter, erhält nicht nur durch sein riesiges Arbeitspensum ein besonderes Profil, sondern bekommt auch durch zeitgenössische Schilderungen greifbare Kontur: Der rothaarige Choleriker [129] war sichtlich Fischers Hauptstütze, praktisch seine rechte Hand. Nicht von ungefähr nennt ihn die Bauinschrift von 1733 in Niederviehbach neben der Äbtissin und dem Baumeister an dritter Stelle, eine Auszeichnung, die nur selten einem Palier – zumindest im barocken Bauwesen – widerfahren sein dürfte [130]. Zeitweise verdiente er sogar mehr als sein Chef. In Ottobeuren beispielsweise, wo er 1748-1756 mit 2902 fl runde 15 Prozent über Fischer lag, der nur 2530 fl quittieren konnte [131]. Ottobeuren war seine größte Baustelle, die ihn zugleich am längsten beschäftigte. Sie wurde ihm denn auch zum Schicksal. Mehr als zwölf Jahre wohnte er mit seiner Frau am Ort, wurde zuletzt krank und starb just in jenem Jahr, da der gewaltige Bau vollendet wurde.

So ergibt sich die verblüffende Erkenntnis, daß wir über die äußere Erscheinung und mancherlei Eigenschaften des Paliers mehr wissen als über dessen Meister Johann Michael Fischer.

ANHANG

1 Familienliste Johann Fischer, Nabburg [132]

Johann (Hans) Fischer, Bürger und Rotgerber in Nabburg, ansässig in der Oberstadt; * zwischen 1605 und 1612, wahrscheinlich als Sohn des Rotgerbers Georg Fischer [133], ▭ 13.12.1674 Nabburg. ∞ (I) wohl kurz vor 1638 mit Margarethe (N.), * um 1613/14 Nabburg?, ▭ 5.4.1656 Nabburg (42 Jahre alt). Keine Kinder dieser Ehe in den Taufbüchern. ∞ (II) 26.9.1656 Nabburg mit Kunigunde Fränkl, Tochter des Äußeren Ratsherrn und Weißgerbers Johann Fränkl in Nabburg, * vor 1638 wohl Nabburg, † nach 1674 (nicht in Nabburg) [134].

Kinder (aus 2. Ehe): 1 ~ 30.7.1657 Anna Martha; 2 ~ 22.8.1658 Barbara; 3 ~ 30.9.1659 Martha; 4 ~ 25.3.1661 (Hans) Michael [135] (s. Familienliste 2), 5 ~ 27.3.1664 Katharina; 6 ~ 30.1.1665 Konrad; 7 ~ 4.4.1668 Johann Kaspar (s. Familienliste 4); 8 ~ 1.3.1671 Hans Georg; 9 ~ 15.1.1673 Georg, † 21.1.1673

2 Familienliste (Hans) Michael Fischer, Burglengenfeld [136]

(Hans) Michael Fischer, Bürger, Stadtmaurermeister [137] und Innerer Rat zu Burglengenfeld, ~ 25.3.1661 Nabburg, † zwischen Ende 1742 und 17.11.1743 Burglengenfeld [138]. ∞ (I) 5.10.1688 Burglengenfeld mit Elisabeth Grassenhiller, Tochter von Schneider und Äußerem Rat Friedrich († vor 1688) und Katharina († 1690) Grassenhiller; ~ 19.10.1670 Burglengenfeld, † 1712 Burglengenfeld [139]. ∞ (II) 30.5.1716 Burglengenfeld Witwe Barbara Burckhard, † wohl 1721 oder Anfang 1722 Burglengenfeld; keine Kinder. ∞ (III) 10.11.1722 Burglengenfeld mit Elisabeth Zierl, Witwe des Johann Zierl.

Kinder (aus 1. Ehe): 1 ~ 25.9.1689 Maria Ursula [140]; 2 ~ 18.2.1692 Johann Michael (vgl. Familienliste auf S.60); 3 ~ 27.8.1694 Barbara; 4 ~ 13.10.1695 Maria Susanna; 5 ~ 7.11.1697 Katharina Barbara, † 27.1.1716 an der Pest; 6 ~ 16.2.1700 Johann Georg; 7 ~ 1.5.1703 Johann Michael Anton; 8 ~ 29.10.1704 Andreas, † 18.3.1763 (vgl. Familienliste 5); 9 ~ 3.11.1705 Anna Maria, ∞ 1.7.1727 Witwer Johann Leonhard Gnauer, Mesner in Pottenstetten; 10 ~ 12.2.1709 Maria Rosina.

3 Familienliste Johann Michael Fischer (s. S.60)

128 Unter den Fischer abzuschreibenden Werken stehen zwei Kirchenbauten – Eschenlohe und Suben –, die von ehemaligen Fischer-Palieren errichtet wurden, der eine noch zu Lebzeiten (1765), der andere im Jahr nach dem Tod des Meisters (1767) begonnen.

129 S. WVZ 17 sowie Dischinger/Götz/Karnehm, in Band I S.221

130 S. WVZ 47; ungewöhnlicher Ort, seltsame Anordnung und dialektbetonte Diktion dieser dreiteiligen Inschrift lassen freilich den Verdacht aufkommen, sie sei einem spontanen Einfall oder einer übermütigen Laune entsprungen, was auf ein besonders herzliches Einvernehmen zwischen Bauherrin, Baumeister und Bauleiter schließen ließe. Vergleichbare Bauinschrift in Deggendorf; s. WVZ 11.

131 S. WVZ 50

132 Alle Daten aus den 1638 einsetzenden Kirchenbüchern der Pfarrei St. Johann Baptist in Nabburg, im BZA Regensburg.

133 Georg Fischer * wohl um 1580/1585, † vor 1656, ∞ 1605-1610

134 In Nabburg weder mit einer zweiten Ehe noch bis 1710 mit einer Bestattung nachzuweisen. Wohl auswärts – bei einem ihrer Kinder? – verstorben.

135 Im Nabburger Taufbuch nur Michael genannt, in den Burglengenfelder Quellen aber wiederholt Hans Michael bezeichnet.

136 Alle Daten, soweit nicht anders vermerkt, aus den 1606 einsetzenden Kirchenbüchern der Pfarrei St. Vitus in Burglengenfeld, verwahrt im BZA Regensburg. Zusammenstellung nach Margit Berwing, in Band I S. 322-330.

137 In den Burglengenfelder Kirchenbüchern meist Maurer genannt, nur einmal 1722 als Maurermeister bezeichnet; vgl. Lieb 1938/39, 143.

138 Nach den Burglengenfelder Ratsprotokollen noch Ende 1742 lebend, aber am 17.11.1743 bereits als verstorben erwähnt; vgl. Lieb 1938/39, 143. Begräbnisbuch in der fraglichen Zeit lückenhaft.

139 Tod wahrscheinlich bei Pestepidemie, aus diesem Grund nachlässige Führung des Begräbnisbuches erklärlich.

140 Nach Lieb 1938, 98 und Lieb 1938/39, 142 für Johann Michael Fischer 1692 ausdrücklich das Taufdatum genannt, deshalb für alle Kinder hier die überlieferten Daten vorsichtshalber als Tauftage angenommen.

4 Familienliste Johann Kaspar Fischer

Johann Kaspar Fischer, kurfürstlicher Mundbäck (1710: am Hof in Namur)[141], 1719 Hofpfistermeister. ~ 4.4.1668 Nabburg, ▭ 11.12.1736 München, ∞ ca. 1709/10 wohl Compiègne[142] Maria Katharina Roo (Rho), Tochter von Johann Rho[143]; * um 1680 wohl Compiègne, ▭ 10.10.1737 München.

Kinder: (1)[144] * um 1710/11 Compiègne Johann Kaspar, 1731 Abitur im Jesuitengymnasium München[145], 1737 Hofpfistermeister in München, ▭ 11.11.1758 München, Franziskanerfriedhof. ∞ 10.6.1737 München Maria Josepha Euphrosina Endres, Bäckerstochter von Schrobenhausen, ▭ 5.1.1763 München, Franziskanerfriedhof. Mindestens 1 Kind. (2) * um 1711/12 wo? Maria Katharina, † vor 1767[146], ∞ 22.11.1735 München Johann Baptist le Duc, Weingastgeb, † 1754/55, 5 Kinder. (3) * um 1712/13 wo? Balthasar Sigmund, Lebzelter München, ▭ 30.12.1747 München. ∞ 8.1.1741 München Maria Katharina Scheyrl, Witwe (3. Frau) des Lebzelters Johann Jakob Scheyrl; geb. Rieger (Vater: Anton Rieger), † wohl 1766[147], 4 Kinder. (4) * um 1713/14 Maria Cäzilie, † vor 1738[148]. 5 */~ 1.8.1716 München/ULF Marianna Theresia (Patinnen: Marianna Schmid, Hofkochsfrau und Maria Magdalena Prière, Hofarztensfrau). ∞ 7.2.1736 Johann Franz Roux, Handelsmann aus Salangue (Savoyen). 7 Kinder. 6 *17./~18.12.1717 München Maria Magdalena (Pate: Willem de Groff), † vor 1738[149]. 7 */~ 4.11.1720 München Maria Charlotte (Patin: Charlotte Roo, Bäckerin, Compiègne, an deren Stelle Maria Anna Keferl, Arztfrau). ∞ 25.8.1739 München Franz Millian (Million), Handelsmann aus Combleaux. 3 Kinder. 8 */~ 2.5.1722 München Maria Josepha (Patin: Maria Josepha Frascard, Lakaiensfrau). ∞ 16.8.1741 München Johann Anton Gusseti, Spezereiwarenhändler. 9 */~ 10.10.1725 Maria Elisabeth (Paten: Maria Elisabeth Heinrich, Bräugegenschreibersfrau und Johann Erhard Härtl, Futtermeister), † nach 1738.

5 Familienliste Andreas Fischer[150]

Andreas Fischer, Herzogs- und Stadtmaurermeister in Ingolstadt, 1732 Bürger. ~ 29.10.1704 Burglengenfeld, † 18.3.1763 Ingolstadt. ∞ (I) 28.7.1732 Ingolstadt Anna Maria Barbara Sälzl, Tochter des Herzogsmaurermeisters Gregor Sälzl und seiner Frau Magdalena; * wohl um 1705-10, † 21.11.1744 Ingolstadt (wahrscheinlich im Wochenbett). ∞ (II) 11.1.1745 Ingolstadt Maria Ursula Brandstetter, Tochter des Stadtbauhofverwalters Vitus Brandstetter und seiner Frau Anna; * ca. 1720/21 wohl Ingolstadt, † 11.11.1790 München/StP.

Kinder (aus 1. Ehe): 1 * 7.1.1734 Franziska, † vor 1763; 2 * 16.5.1735 Anna, † vor 1763; 3 * 27.7.1736 Eva, † 1763; 4 * 6.11.1737 Katharina, † vor 1763; 5 * 15.2.1739 Anna Walburga, † vor 1763; 6 * 30.10.1740 Franz Xaver Sebastian, † 10.2.1757 als *artis typographicae candidatus*; 7 * 7.4.1742 Johann Baptist[151]; 8 * 11.8.1743 Lorenz Eusebius, † 27.8.1743; 9 */† 15.11.1744 N.N. Kinder (aus 2. Ehe): 10 * 27.11.1745 Josepha Margaretha[152], † nach 1763; 11 * 6.12.1746 Ursula, † nach 1763; 12 * 16.4.1748 Joseph Georg, † vor 1763; 13 * 20.3.1749 Josepha, † 7.8.1749; 14 * 17.1.1751 Agnes, † 28.5.1751; 15 * 28.12.1751 Johanna Margaretha Viktoria, † 24.1.1752; 16 * 7.8.1753 Anna, † vor 1763; 17 * 4.10.1754 Franz Anton Nikolaus, † 6.10.1754

Abb. Unterschrift und Siegel des Ingolstädter Stadtmaurermeisters Andreas Fischer, 1745 (aus BayHStA, GL 1419/23)

141 Diese Angabe, wie die meisten dieser Aufstellung, nach Lieb 1938, 99-101: sie müßte überprüft werden, da sich der Hof erst 1711/12 in Namur befand; vgl. Peter Claus Hartmann, Max Emanuel im Exil, in: Ausst.-kat. »Max Emanuel«, Bd.1, München 1976, 109.

142 Es bliebe noch zu prüfen, ob Johann Kaspar Fischer Kurfürst Max Emanuel bereits in dessen Statthalterschaft 1692 bis 1701 in den Niederlanden begleitet hat oder ob er ihm erst nach der Schlacht von Höchstädt 1704 dorthin gefolgt ist. Da bei den wallonischen Verwandten wiederholt Compiègne als Herkunftsort genannt ist, dürfte Fischers Frau wohl von dort stammen, wo wahrscheinlich auch die Heirat stattgefunden hat. Da der Hof Max Emanuels erst nach der Schlacht bei Malplaquet am 11.9.1709 nach Compiègne übersiedelte und bis ins Jahr 1710 dort verblieb – Hartmann (Anm.141), 109 – könnte die Eheschließung in dieser Zeit erfolgt sein. Ein weiterer kurzer Aufenthalt des Hofes in Compiègne war Ende 1712; Hartmann (Anm.141), 110.

143 Johann Rho ist mit der Familie seines Schwiegersohnes nach München übersiedelt und 1717 als kurfürstlicher Mundbäck nachgewiesen.

144 Die Reihenfolge der ersten vier Kinder steht nicht fest, deshalb wurde die Bezifferung in Klammern gesetzt. Indiz für den frühen Ansatz von Johann Kaspar und Maria Katharina waren deren Vornamen, die mit jenen der Eltern identisch sind und die man deshalb gern den männlichen bzw. weiblichen Erstgeborenen zugelegt hat. Bei Lieb 1938, 101 wird noch versuchsweise ein Hofkoch Franz Fischer, der am 28.11.1726 bei der Taufe eines unehelichen Kindes in München-Au genannt wird, in die Kinderreihe eingefügt, was aus Gründen der Chronologie nicht gerechtfertigt erscheint. Er wurde deshalb hier ausgelassen.

145 Leitschuh II (Anm.40), 263, Nr.40; dort das Alter mit 20 Jahren und als Geburtsort Compiègne angegeben.

146 Das Ehepaar erwarb 1737 das Haus Theatinerstraße 13, das 1755 an die Witwe übergeht und 1767 vergantet wird; vgl. Häuserbuch II (Anm.22), 329.

147 Balthasar Sigmund kam 1744 in den Besitz des Hauses Weinstraße 12 B, das 1750 an dessen Witwe und Anfang 1767 an dessen Sohn Anton Benno überging; vgl. Häuserbuch II (Anm.22), 367. – Das Epitaph Johann Jacob Scheyrls am Chor der Frauenkirche; vgl. Epitaphien (Anm.52), 142 mit falschen Daten zu

6 Familienliste Johann Mayr

Johann (III) Mayr, Stadtmaurermeister in München, * Hausstatt, ~ 21.3.1677 [153] Litzldorf, † 23.11.1731 München/StP. ∞ 3.8.1699 München/StP Witwe Maria Gunetzrhainer, geb. Wörner (vgl. Familienliste 7); * ca. 1665/70 wohl Umgebung von Murnau [154], ▭ 1.9.1733 München/StP.

Kinder: 1 * 13./~14.4.1700 Franz Thomas, † nach 1728 [155]; 2 */~ 16.3.1702 Maria Regina, ∞ 30.1.1725 Johann Michael Fischer (s. Familienliste S.60); 3 */~ 19.1.1704 Maria Elisabeth, † vor 1728; 4 */~ 7.11.1705 Andreas Engelbert, † vor 1728; 5 * 28./~29.12.1708 Maria Anna, † vor 1728 [156]

7 Familienliste Martin Gunetzrhainer

Martin Gunetzrhainer, 1674 Bürger und Maurermeister in München, 1678 Stadtmaurermeister; * Grafschaft Miesbach ca. 1645 (Kirchenbuch erst ab 1672), † 27.3.1699 *in altera parochia subito in platea apoplexia tactus*, ▭ 28.3.1699 München/StP. ∞ (I) 20.8.1674 [157] München/StP Anna Maria Stoz, Tochter der Bäckerseheleute Nikolaus und Ursula Stoz, Zeugen: Kaspar Hagn, Maurermeister und Jakob Zöpf, Schlosser; */~ 15.4.1649 München/StP, ▭ 17.3.1691 München/StP. ∞ (II) 20.8.1691 München/StP Maria Wörner, *Drechslerstochter aus Murnau* (aber im Kirchenbuch Seehausen, Pfarrei für Murnau, nicht eingetragen), Zeugen: Maurermeister Marx Geiger und Zimmermann Hans Stadtberger. * ca. 1665/70 wohl Umgebung von Murnau, ▭ 1.9.1733 München/StP (als Maria Mayr, s. Familienliste 6).

Kinder (aus 1. Ehe): 1 */~25.7.1675 Anna Christina, † vor 27.4.1699; 2 */~ 26.8.1676 Anna Maria, † vor 27.4.1699 [158]; 3 */~3.10.1677 Martin (1704: Lebzelter in Wasserburg am Inn)[159]; 4 */~ 3.10.1677 Balthasar (Zwilling zu 3), ▭ 2.7.1679; 5 * 12./~13.1.1680 Balthasar, ▭ 29.6.1680; 6 */~ 19.1.1681 Sebastian, ▭ 19.7.1681; 7 */~ 7.3.1682 Rosina, ▭ 17.6.1682; 8 * 20./~ 21.9.1683 Maria Theresia, ▭ 4.10.1683; 9 */~ 15.10.1685 Theresia, ▭ 27.11.1685 (als *Anna Maria Theresia*); 10 */~ 7.2.1689 Thomas, ▭ 13.5.1689; 11 * 28./29.3.1690 Maria Regina, ▭ 24.4.1690
Kinder (aus 2. Ehe): 12 * 3./~4.5.1692 Johann Baptist, später Oberhofbaumeister (s. Familienliste 8); 13 * 18./~19.3.1694 Joseph, später Geistlicher: 6.6.1716 Akolythenweihe, 22.9.1718 Subdiakon, 23.9.1719 Diakon, 23.12.1719 Priester Freising [160], † 24.4.1756 Hohenkammer; 14 */~ 13.5.1696 Franz Thomas, ▭ 23.12.1699 ; 15 * 30./~31.7.1698 Ignaz Anton, später (1733) Stadtmaurermeister in München, nicht ∞, ▭ 15.11.1764 München/StP

8 Familienliste Johann Baptist Gunetzrhainer

Johann Baptist Gunetzrhainer, 1715 Ingenieur im Hofbauamt, 1721 Unterhofbaumeister, 1745 Oberhofbaumeister. * 3./~ 4.5.1692 München/StP, ▭ 26.11.1763 München/ULF. ∞ 13.9.1722 München/ULF Anna Katharina Stürzer, Tochter des Ratsmitglieds und Weingastgebers Franz Stürzer † und seiner zweiten Frau Anna Katharina, */~ 28.3.1698 München/ULF, ▭ 19.7.1768 München/ULF [161].

Kinder: 1 */~ 19.7.1723 Johann Franz Ignaz (Pate: Geheimrat F. X. Joseph von Unertl); 2 */~ 3.10.1725 Johann Joseph Franz (Pate: Georg Joseph Anton Dos, Sekretär bei Baron Unertl), 1743 Abitur am Jesuitengymnasium als Primus [162], Jesuit bis 1772, dann Hofkurat, Dr.theol. [163]; † 23.5.1815 München; 3 */~ 17.2.1727 Anna Katharina Theresia (Patin: Anna Katharina Jovi, spätere Ehefrau von Dos), ∞ vor 1765 Georg Joachim Edler von Paur, Hofkammerrat, Salz- und Bräukommissär, 1760-65 sowie 1772-73 Salzmeyer in Reichenhall [164]; 4 *29./~ 30.9.1728 Maria Theresia Josepha (Patin: Anna Katharina Dos, Hofkammerratsfrau), ▭ 30.12.1733 München/ULF. 5 */~ 26.2.1730 Johann Benno Franz de Paula (Pate: Georg Joseph Dos, kurkölnischer und kurbayerischer Hofkammerrat), ▭ 13.10.1730 München/ULF; 6 */~ 24.11.1731 Franz Xaver Chrysogonus (Pate: G. J. Dos), ▭ 11.5.1733; 7 */~ 27.2.1735 Joseph Benedikt Leander (Pate: G. J. Dos), ▭ 6.5.1737 München/ULF (als *Johann Anton, 2 Jahre alt*); 8 */~ 10.2.1738 Maria Elisabeth Euphrosina (Patin: Anna Katharina Dos, Bräuverwalterin)

Balthasar Sigmund Fischer, der aber in der Inschrift nicht erwähnt wird.

148 Die Familie Johann Kaspar Fischers besaß seit 1725 das Haus Max-Josef-Platz 3, dessen Areal heute vom Königsbau der Residenz eingenommen wird. Bei der Erbverhandlung 1738 erscheinen alle Kinder mit Ausnahme von Maria Cäzilie und Maria Magdalena, die also vorher verstorben sein müssen. Neben den 7 Kindern wird auch Johann Michael Fischer als Miterbe genannt; vgl. Häuserbuch der Stadt München, I, München 1958, 213.

149 S. Anm.148

150 Alle Daten, soweit nicht anders angegeben, aus den Kirchenbüchern der Pfarrei St. Moritz in Ingolstadt.

151 Von den 9 Kindern überlebte schließlich nur Johann Baptist, der am 26.4.1763 bei der Erbschaftsverhandlung anwesend war (StadtA Ingolstadt, BP 1763, fol. 336 ff.) und bald darauf die Universität bezog, wo er im Studienjahr 1763/64 als Logicus, im Jahr darauf als Physicus und schließlich 1766-69 als Jura-Student immatrikuliert war; Götz von Pölnitz (Hg.), Die Matrikel der Ludwig-Maximilians-Universität Ingolstadt – Landshut – München, III/2 (1751-1800), München 1979, 107, Nr. 2184.

152 Beim Erbschaftsvertrag 1763 waren neben dem Sohn Johann Baptist aus erster Ehe nur die beiden ältesten Töchter aus zweiter Ehe noch am Leben.

153 Taufbuch der Pfarrei Au bei Aibling. Die Taufe fand aber in der Filialkirche Litzldorf statt. Die Angabe bei Lieb 1941, 243, Anm.956, daher nicht vollständig.

154 Im Taufbuch der zuständigen Pfarrei Seehausen kein Eintrag – gemäß freundlicher Recherche von Alfred Ziegler, Uffing.

155 Nach Häuserbuch IV (Anm.25), 538, lebte er 1728 noch, beim Übergang des Elternhauses an Ignaz Anton Gunetzrhainer um 1760 jedoch nicht mehr. Das Häuserbuch führt ihn übrigens irrtümlich als »Gunetsrainer« statt Mayr.

156 Maria Elisabeth, Andreas Engelbert und Maria Anna erscheinen 1728 nicht mehr als Miterben des Hauses Oberer Anger 3 bzw. Unterer Anger 29 genannt; vgl. Häuserbuch IV (Anm.25), 538.

157 Bei Lieb 1941, 61 irrtümlich 20.7.1674 angegeben.

158 Nach dem Ratssitzungsprotokoll vom 27.4.1699 (StadtA München, 314/1) hinterließ Martin Gunetzrhainer neben der Witwe Maria aus erster Ehe nur den Sohn Martin, aus zweiter Ehe die Söhne Johann, Josef, Franz Thomas und Ignaz, für die der Weinschreiber Thomas Wörner (Bruder der Witwe ?) und Stadtzimmerpalier Kaspar Gunetzrhainer als Vormünder bestellt werden.

9 Familienliste Johann Georg Lindauer

Johann Georg Lindauer, Törring-Seefeldischer Hausmeister in München (1709), Tafeldecker bei der Hofkammer (1716) und kurfürstlicher Hofkammersekretär (1729). * Steigrain bei Bad Kohlgrub 23.3.1679 (Taufbuch Bad Kohlgrub) als Sohn von Ulrich und Maria Lindauer[165]. † 28.11./▭ 1.12.1750 München/ULF. ∞ (I) 8.8.1709 München/ULF Anna Maria Süßinger (Witwe und 2. Ehefrau des Frauenzimmer-Tafeldeckers Georg Joseph Locher), * wann/wo ? (nicht in München), ▭ 16.5.1738 München/ULF[166]. ∞ (II) 27.4.1740 München/ULF Maria Monika Wunder (Tochter des Bürgers und Hofglasers in Landshut Wolfgang Wunder und seiner Frau Maria Anna), * um 1715 wohl Landshut, † nach 1750 nicht in München (auch keine weitere Ehe in München bis 1754).

Kinder (aus 1. Ehe): 1 * 21.4.1710 Georg Joseph (Pate: Eisenfaktor Martin Abl) 167; 2 *12.6.1712 Franz Anton Benno (Pate: Eisenfaktor Martin Abl); 3 * 1.7.1713 Maria Theresia (Patin: Jakobe Abl, Eisenfaktorsfrau); 4 * 21.7.1716 Franz Ignaz (Pate: Marin Benisch, Tattenbachischer Hofmeister); keine weiteren Kinder in München eingetragen; eventuell außerhalb?

Kinder (aus 2. Ehe): 1 * 23.1.1744 Georg Joseph Maria Ignaz (Pate: Johann Georg Dannler, Herrschaftsverwalter in Seefeld), l 26.12.1762 München/StP, als sacerdos votivista; 2 * 2.1.1745 Franz Xaver Makarius (Pate: Johann Georg Dannler)

4. Mai 1766: Schreiben des Paliers Joseph Kirnberger an Fischer[168]

Dem Wohledlen, vor achtbarn, und kunsterfahrenen Herrn, Herrn Johan Michael Fischer, S[eine]r Churf[ü]r[s]tl[ichen] D[u]r[chlauch]t zu Cöln dan Sr. Durchl. Hertzog in Bayrn wirckl. Baumeister, wonhafft in eigner Behausung an Sporergassl (Pfarrgassl) als mein sonders gebiethenter Herr in München.

Mein hochgeehrtister Herr Baumeister. Das Fundament (verstehe ohne Chor) wirdet disser Wochen völlig heraus gemauert, kümpfttige aber zu Anleg[ung] und Aufmaurung des Sockls bestimet. Und gedencket mich nachgehentz schleinig in die Höche zu komen; wenn, das nit an Leuthen so sehr mangirte. Zumall habe ich nur 8 Maurer, die ich all selbsten angestellet, wiewohl ich 16 (ja auch mehr) genuegsam auslogiren könde, aber in Anhörung des beständigen Rueffs von umligenden Gegent, daß die Maurer und Zimmerleuth überall 22 x. zu Lohn haben, und in München 24 haben solden, wirde ich nit nur nicht mehrers Leuth überkommen, wen man hier nit auch merer gibt, sondern auch disse allgemach widerum verliehren. Erstens in Ansehen der schwär, gross und rauch abscheulichen Stainen das man villes Gewanth abreissen, ohne deren merern Müehe zu gedencken. Zweytens um weillen den gantzen Sommer, fast nichts anders zu hoffen, als ein beständige Wötter Arbeith, wo man nit nur immer den heissen Sonnenstrallen ausgesetzt, sonders auch wegen öffter anhaltenden Regen, ville Täg zu verfeyern, besorget ist. Dritens, und weillen hier alles zum Aufenthalt bedürfftiges, rahr. Wür haben einen eintzigen Pöcken [= Bäcker], welcher vor die Leuthe Brod wie Schwamm lüfferte, und bey deme es gleichwohl der Würth nemen müsse, aus Befelch seyner Obrigkeit. Und der ist auch alleinig, so denen Arbeithern ein Schant-Pier aufsetzet, und der heut vor 4 x., das Mörtzenpier aber vor 4½, wo es nit gar, wie der Rueff schon da ist, auf 5 x. komme. Fleisch alhier, und absonderlich in Compendium, kan man widerum nit haben. Die Leuth müssen sich auf Heu, und Stroh zu liegen, behelffen, ein welches halt auch nicht allen conform ist. Und weillen von Gericht Aschau, gewissen Absehen halber, zu ein besondern Gegenstant, ausgestreut würde, daß wir zwar das Gotteshaus zu bauen angefangen, Gott weiß wer es vollentet, um weillen, geht die Rede, de facto kein Kreutzer Geld mehr da seyn soll, ein welches noch am allermeisten die Leuth abschröcket. Die erste und besten sind uns so schon durchgegangen, um weillen man hier zu spatt angefangen hat. Die Zweyten wohlen sich hier einer Ungewißheit nit aussetzen, so daß, in Anstehen bemelder Beschwärlichkeiten, kein Tag, des Feyrabents versichert wären, und etwan in der Erndezeit um Arbeit sich selbst sorgen kenten. Und die zwey Maurmeister von Aschau kön-

159 StadtA München, Einwohneramt 224/4 (Geburtsbriefregister 1690-1735): 1704 Martin Gunetzrhainer, Lebzelter und angehender Bürger in Wasserburg.

160 AEM, Weihebuch 1696-1737, B 830, FS 126. Das Geburtsdatum dort entgegen der Aussage des Taufbuches mit 19.3.1694 angegeben, ebenso bei Leitschuh III (Anm.15), 165/51.

161 Franz Stürzer, * um 1650, † wohl Ende 1717; ∞ (I) 8.10.1674 Ursula Müller, † wohl kurz vor 1697; ∞ (II) 6.5.1697 Anna Katharina Trittenpreis, Tochter des kurfürstlichen Mundkochs Franz Trittenpreis und Frau Katharina; daraus neben Anna Katharina der Sohn und Nachfolger Josef Heinrich, */~ 15.2.1699, ▭ 28.10.1768; ∞ Anna Barbara Thaler, zwischen 1737 und 1748 acht Kinder, deren Paten meist das Ehepaar Georg Thomas Leonhard und Elisabeth Euphrosyne Dos ist.

162 Leitschuh III (Anm.15), 12/28

163 Pölnitz (Anm.151), 150, Nr.3567: 1772 imm. Ingolstadt, 1773 Mag.Phil. sowie Bacc., Lic. und Dr.theol.

164 Ferchl I (Anm.49), 859-861

165 Die Daten aus Kohlgrub werden Kreisheimatpfleger Hans Greinwald in Bad Kohlgrub verdankt (Brief vom 3.9.1993). Das Dorf Steigrain liegt gut 1 km westlich des Zentrums von Bad Kohlgrub. Aus der näheren Umgebung stammt übrigens auch der Gründer der bekannten J. Lindauerschen Universitätsbuchhandlung in München: Josef Lindauer. Er ist am 10.3.1755 im Weiler Vorderkehr, ebenfalls etwa 1 km nördlich von Kohlgrub, als Sohn des Bauern Josef Lindauer in Kohlgrub geboren; † München 20.9.1821; vgl. Ludwig Hollweck, 350 Jahre Buchhandel in München, Festschrift zum 350jährigen Bestehen der J. Lindauerschen Universitätsbuchhandlung München, München 1975, 61.

166 *Als Hauspflegerin bei Ihro Exzell. Grafen von Seefeld etc.* bezeichnet.

167 Alle Taufen in München/ULF

168 StA München, Hohenaschauer Archiv, A 1915

den mir nicht 4 eigene Gesellen herausgeben. Zumall sie weder Arbeith, noch eigene Leuth (außer was bey den Herrschafftl. Eisenhammer zu stehen) haben.

Bitten demnach (wenn das die Arbeith, wie ohn Zweiffl darvor halte, einen schleinigen Fortgang haben solde) Herrn Baumeister, Sie möchten vor uns die Gewogenheit haben, so danne Gegenstänt Sr. Excellenz in eigner Personn mit noch mehrer Eintruck vorstellig zu machen. Wo wir es widrigenfals, in Abgang der Leuthe, und weillen ich selbst noch nicht berichtet, was ich zum Lohn hab, auch bey disser Verpflegung wochentl. hinder 4 f. nichts zu providiren fand; ohne disser, hinder 6 f. nicht bestehen, sondern (in Gottes Nammen) halt alles musten in Stich lassen. Aber zu bessern Endschlüß- und Vertröstung auch an deren Hulden und Gnaden mit Küssung des Rockes mich diemietigst gehorsambst empfehle ... bey dem Kirchenbau Sölhueben den 4 May 1766 underthänig gehorsam.

Jos. Kürnberger Maur[e]r Ballir.

NB. Beyligente 2 Presentstöckln sind beriehrt an den Gnadenkindl zu Saltzburg, so ich von hochen Händen als eine sondere Gnadengab verehrt.

Abb. Entwurf für die Doppelturmfassade einer unbekannten Kirche von Fischers Palier Joseph Kirnberger, um 1770

Nachgetragen sei ein signierter Entwurf Kirnbergers, der 1992 im Berliner Kunsthandel auftauchte [169]. Sein Grundriß und Aufriß einer Kirchenfassade mit übereckgestellten Türmen (wohl um 1770 anzusetzen), in der sich hochbarocke Italianismen und spätbarocke Austriazismen paaren, weist Fischers Palier als routinierten Bauzeichner aus, der nach offensichtlichem Brauch der ausgehenden Rokokozeit solche Architekturphantasien nicht mehr allein als Vorlageblätter für potentielle Auftraggeber, sondern als Studien zu eigenem *Ergözen* ausarbeitete. Sie ähneln in frappanter Weise jenen kalligraphisch überhöhten Übungsblättern, die der Burghauser Stadtmaurermeister Franz Anton Glonner (1750-1834) um 1777 geschaffen hat [170]. Die gereimten Inschriften werfen ein bezeichnendes Licht auf die soziale Lage und wirtschaftliche Situation eines Architekten in der auftragsarmen Aufklärungszeit, der resigniert vorführt, wie er eigentlich *bauen möcht*, dessen *ungespahrte Mühe* aber *wird zahlet nie*.

169 Susanne Gropp K.G., Kunsthandel Ernst von Loesch, Berlin, Katalog ›Deutsche Architekturzeichnungen des 18.-19. Jahrhunderts‹, Berlin 1992, D20: 380 x 240 mm/Feder: schwarz; Lavierung: mehrfarbig/Maßstab: (integriert in die Umrandung) unbezifferte Skala (Feder: schwarz), 60 (Schuh) ≙ 125 mm/recto: *Mein Gott, der höchstens zu verehren, sezt ich die Gedancken aus, um mit allen Fleiss zu lehren, wie ich bauen möcht ein Hauss, welches ihme auf der Erden, annoch könt gewidmet werden.* (oben) *Was man in dem aufzusezen, macht mir das mehriste Ergözen: Zeig auch mein ungespahrte Mühe, obschon dieselb wird zahlet nie: Mein Gott der mir Talenten geben, hilft mir doch allzeut durch zum Leben.* (unten) *Inv[entio] v[on] Jos[eph] Kirnberg[er]* (Feder: schwarz auf Linien in Stift: grau; Handschrift Kirnbergers); *No.27* (Feder: braun) – Abbildung des Plans nach dem Katalog mit freundlicher Genehmigung von Herrn Ernst von Loesch, Berlin.

170 Vgl. Demmel (Anm. 125), Abb.27 und 28

Hans-Joachim Hecker

Die rechtliche Stellung Fischers

Bürger und Maurermeister in München

Rechtsfragen sind im Zusammenhang mit kunsthistorischen Forschungen bislang zurückhaltend erörtert worden. Eher wurden wirtschafts- und sozialgeschichtliche Ereignisse herangezogen [1]. Freilich lassen die Ergebnisse rechtshistorischer Forschungen auch Rückschlüsse auf die rechtliche und soziale Stellung eines Baumeisters wie Fischer zu, da die ständische Gesellschaft der frühen Neuzeit keine strenge Trennung zwischen sozialem und rechtlichem Status kannte.

Das von Fischer ausgeübte Maurerhandwerk war von einem dichten Normengefüge unterschiedlichster Art überzogen. Die Interessen der Vertragsparteien Bauherr und Baumeister, das öffentliche Interesse an Fragen der Sicherheit und die staatliche Reglementierung im Bereich der Löhne und Taxen überlagerten einander. Unabhängig davon waren städtische Satzungen zu beachten, die innerhalb des städtischen Rechtsbezirkes als Ortsrecht – wenn auch in Bayern unter starkem landesherrlichem Einfluß – Regelungen trafen. Zu unterscheiden sind dabei das Landrecht und die Polizeiordnungen sowie die Mandate [2]. Das Landrecht traf in juristisch-dogmatisch abgestimmten Normen generelle Regelungen. Dagegen waren die Polizeiordnungen und Mandate mehr an konkreten und aktuellen Problemen orientierte Gebote. Materiellrechtlich bestanden ansonsten keine Unterschiede.

Der Vorteil der Polizeigesetzgebung bestand darin, daß der Landesherr schnell und effizient auf Mißstände, vor allem im wirtschaftlichen und sozialen Bereich, reagieren konnte. Auch bedurfte er bei diesen an Einzelfällen orientierten Geboten nicht der Mitwirkung der Landstände. So boten die Polizeiordnungen und Mandate dem Landesherrn ein geeignetes Instrumentarium vor allem zur Wirtschaftslenkung und Sozialdisziplinierung. Entsprechend vielfältig sind auch die Regelungsmaterialien, die uns bei diesen Rechtsquellen begegnen.

Wucherverbote, Kleiderordnungen, Luxusverbote, alle Bereiche der öffentlichen Sicherheit und Ordnung, Regelungen über religiöses und sittliches Verhalten und auch das Handwerk betreffende Gebote finden wir in Fülle. Schon den Zeitgenossen war es kaum mehr möglich, einen Überblick über die Vielfalt zu bekommen. Der kurbayerische Kanzler und Jurist Kreittmayr (1706-1790) stellte dazu 1756 resignierend fest, daß diese Verordnungen schon längst eine Sammlung und Veröffentlichung verdient hätten, da weder Gerichte noch Behörden, geschweige denn Privatleute sich schmeicheln könnten, eine vollständige Sammlung zu besitzen [3]. Eine Trennung von öffentlichem Recht und Privatrecht, wie sie heute gilt, war damals unbekannt.

Die Grundlagen der Rechtsbeziehungen zwischen Handwerkern und Auftraggebern lagen in dem geltenden römischen Recht. Diese Rechtsbeziehungen zwischen dem Handwerker und seinem Auftraggeber waren dort in der ›locatio conductio‹ geregelt [4]. Ein solches Vertragsverhältnis umfaßt alles, was heute in den Vertragstypen Miete, Pacht, Dienst- und Werkvertrag selbständig nebeneinander steht. Als ›locator‹ wird derjenige bezeichnet, der etwas ›wohinstellt‹, d.h. der jemandem eine Verfügungsmacht über etwas einräumt. Beim Dienstvertrag stellt der ›locator‹ seine Person und seine Arbeitskraft zur Verfügung (opera suas locare). Beim Werkvertrag, der hier besonders interessiert, überläßt der ›locator‹ einem anderen, dem ›conductor‹, Gegenstände, die dieser zu bearbeiten hat (opus faciendum locare). Man spricht für den Dienstvertrag von der ›locatio conductio operarum‹ und für den Werkvertrag von der ›locatio conductio operis‹. Beim Dienstvertrag muß der ›conductor‹ das Entgelt bezahlen, wo-

1 Vgl. Bernd Roeck, Kollektiv und Individuum beim Entstehungsprozeß der Augsburger Architektur im ersten Drittel des 17. Jahrhunderts, in: Wolfram Baer/Hanno-Walter Kruft/Bernd Roeck (Hg.), Ausst.-kat. »Elias Holl und das Augsburger Rathaus«, Regensburg 1985, 37 ff.; Andreas Grote, ›Der vollkommen Architectus‹, 2München 1966; Ausst.-kat. »Architekt und Ingenieur«, Wolfenbüttel 1984

2 S. dazu Hans Schlosser, Gesetzgebung und Rechtswirklichkeit im Territorialstaat der frühen Neuzeit, in: Diritto e Potere nella Storia Europaea, Firenze 1982, 525 ff.; Reinhard Heydenreuter, Vom Dingplatz zum Justizpalast, Augsburg 1993, 29 ff.

3 Anmerkungen zum ›Codex Maximilianeus Bavaricus Civilis‹, Teil 1, Cap. 2, § 13, Nr.7 g; zu Kreittmayr s. Richard Bauer/Hans Schlosser (Hg.), W. X. A. Freiherr von Kreittmayr 1705-1790, München 1991

4 Max Kaser, Römisches Privatrecht, 16München 1992, 200 ff.

gegen beim Werkvertrag der ›conductor‹ das Entgelt erhält. Bei der ›locatio conductio‹ als Werkvertrag schuldet der Unternehmer (conductor) durch seine Tätigkeit einen bestimmten Arbeitserfolg, nicht die Arbeitsleistung schlechthin wie beim Dienstvertrag. Der Unternehmer haftet für die Sorgfalt der Ausführung und dafür, daß er tatsächlich die erforderlichen Fähigkeiten besitzt.

In der weiteren Entwicklung des römischen Rechts, das als ›ius commune‹ galt, läßt sich für die Zeit des 16. Jahrhunderts bis zu den großen Kodifikationen des Naturrechts, also etwa bis zum Ende des 18. Jahrhunderts feststellen, daß die ›locatio conductio‹ ihr breites Anwendungsfeld beibehalten hat[5]. Allerdings werden vom ›usus modernus‹, wie diese Epoche der Privatrechtsgeschichte genannt wird, andere Einteilungen vorgenommen. Es stehen sich Miete und Pacht (locatio conductio rei) auf der einen Seite und der Werkdienstvertrag (locatio conductio operae), auch Dienstmiete genannt, auf der anderen Seite gegenüber. Werk- und Dienstvertrag sind zu einem Rechtsinstitut zusammengezogen worden. Die Dienstmiete gilt im ›usus modernus‹, wie auch schon im antiken römischen Recht, nur für sogenannte niedere Dienste. Für höhere Dienste, und dies ist für die soziale Eingruppierung eines Berufes wichtig, galten die Regeln des Mandats, also des Auftrages. Beim Mandat war kein Werklohn fällig, sondern ein Honorar, also ein Ehrengeschenk, das aber einklagbar war[6]. Zu den höheren Diensten zählten z.B. die Dienste des Anwalts, des Arztes oder des Lehrers, wobei beim letzteren an den Privatlehrer zu denken ist.

Die ›locatio conductio‹ galt insbesondere auch für die Verträge mit Handwerkern. Allerdings kam sie nur zur Anwendung, wenn der Besteller des Werkes, der ›locator‹, größtenteils auch das erforderliche Material zur Verfügung stellte. Bei Fischers Auftraggebern kam diese Regelung insbesondere den Klöstern entgegen, die Bauholz aus eigenen Wäldern, Steinbrüche und Kalkbrennereien besaßen, wie z.B. Niederalteich, Osterhofen, Fürstenzell und Kloster Schäftlarn. Aber auch eine Stadtgemeinde wie Deggendorf konnte für den Turm der Hl. Grab-Kirche Baumaterial aus eigenem Besitz beisteuern. War der Auftraggeber nicht ›locator‹, galt nicht die ›locatio conductio‹, sondern es war Kaufrecht anzuwenden.

Vor dem Hintergrund des römisch-rechtlichen Systems der ›locatio conductio‹ traf das 1616 erlassene Landrecht für das Fürstentum Ober- und Niederbayern spezielle Bestimmungen zum Werkvertrag des Handwerkers, insbesondere auch zu dem des Bauhandwerkers. Das Landrecht, das Teil eines großen, insgesamt neun Teile umfassenden Gesetzeswerkes war[7], löste die 1518 in Kraft getretene, allerdings nur in Oberbayern geltende Reformation des Bayerischen Landrechts ab. Die bereits in der Reformation von 1518 deutliche Tendenz zur Berücksichtigung des römischen Rechts, verstärkte sich im Landrecht von 1616, das selber erst durch den Zivilkodex Kreittmayrs von 1756 abgelöst wurde.

Einige Abschnitte des Landrechts enthalten für unser spezielles Thema interessante Bestimmungen. XXXII. Titel, Artikel 2 verpflichtet denjenigen, der die Errichtung eines Gebäudes oder eine andere Arbeit durch Vertrag übernimmt, keine andere Arbeit anzunehmen, wenn dadurch die Fertigstellung des Baus über den vereinbarten Termin hinaus verzögert würde[8]. Den dem Auftraggeber entstandenen Schaden durch den Verzug des Werkmannes muß dieser ersetzen. Zur Festsetzung der Schadenshöhe sollen bausachverständige Werkleute herangezogen werden. Die Gesetzgebungsgeschichte gibt wichtige Aufschlüsse gerade zur letzten Bestimmung über die Bausachverständigen, Baumeister und Architekten.

Die von der Reformation des Jahres 1518 übernommene Vorschrift wurde durch die Hofräte und in der Schlußredaktion dahingehend erweitert, daß als Gutachter keine einfachen Werkleute ausreichten, sondern Bausachverständige notwendig seien. Dies geschah unter Berufung auf die gemeinrechtliche Beweisregel »credendum est iudicio peritorum in arte sua«. Erforderlich seien hier »architecti, und nit blosse maurer«. Juristische Gewährsleute für diese Auffas-

Abb. Titelkupfer im bayerischen »Landrecht« von 1616

5 Helmut Coing, Europäisches Privatrecht, Bd.1, München 1985, 456 ff.
6 Coing (Anm.5), 462 f.
7 Das bayerische Landrecht von 1616, Edition und Kommentar von Helmut Günter, München 1969
8 Günter (Anm.7), 75, 226 f. – Fischer unterhielt zwar häufig mehrere Baustellen gleichzeitig, doch nach einem ausgeklügelten System setzte er für spezielle Aufgaben spezialisierte Kräfte ein, die binnen einer Bausaison ihre Aufgabe erledigten und danach anderweitig beschäftigt wurden. Selbstverschuldete Verzögerungen sind wohl deshalb bei Fischer nicht belegt.

sung waren die italienischen Juristen Tiberius Decianus (1508-1581) und Joseph Mascardi (gest. 1588), deren Werke Anfang des 17. Jahrhunderts z.T. in Frankfurt erschienen [9].

In dem Ende des 17. Jahrhunderts entstandenen Kommentar zum Landrecht von 1616 geht der Verfasser, der Jurist Kaspar von Schmid (1622-1699), ausführlich auf diese Bestimmung ein [10]. Er relativiert etwas die strengen Anforderungen der genannten italienischen Juristen, die für die Gesetzgebungskommission des Landrechts maßgebend waren. Ausreichend sind für ihn Zunftmeister, die vom bürgerlichen Wesen, also öffentlich, besoldet werden und ihr Handwerk gut verstehen. Besonderes Gewicht legt er darauf, daß diese Zunftmeister bei Antritt ihres Amtes vereidigt worden sind. Nach Schmids Auffassung ist entscheidend, daß der Sachverständige »ohne Respect die Wahrheit sagen solle«, was für ihn nur dann gewährleistet ist, wenn es sich um einen vereidigten Sachverständigen handelt. Nicht vereidigte Zunftmeister lehnt er ab, weil »nicht zu glauben ist, daß sie ihren Mit-Meistern was widriges thun werden«.

Gleichwohl versucht Schmid, seine Auffassung mit der von den italienischen Juristen vertretenen Meinung in Einklang zu bringen. Den von diesen gebrauchten Gegensatz von »Handwerk treiben« und »Kunst profitiren« sieht er gegeben zwischen dem normalen Zimmermann oder Maurer und dem Baumeister, dessen Treu »offentlich approbirt« und der zudem vereidigt worden ist. Allzu hohe Anforderungen an die Stellung des Sachverständigen habe wohl der Gesetzgeber gestellt, da solche gar nicht überall zu bekommen sind. Außerdem seien die Hofmeister, Stadt-, Markt- und Herrnmeister nach Ansicht von Schmid auch nicht immer die besten, weil diese Titel meistens auf irgendeine Weise erbettelt würden.

In diesen Kommentierungen des Gesetzes lassen sich hierarchische Strukturen des Baugewerbes finden: Der einfache Maurer oder Zimmermann, der Handwerksmeister, der Stadtmeister, der ein städtisches Amt innehat, und schließlich der in höfischen Diensten stehende Meister, kurz Hofmeister genannt. Wir erkennen hier eine soziale Stufenleiter, die sowohl von der Rechtsordnung berücksichtigt wird als auch durch diese wiederum einen normativen Charakter erhält. Die rechtliche Verfestigung ständischen Denkens, d.h. sozialer Rangstufen wird hier exemplarisch vorgeführt.

Der Artikel des Landrechts enthielt auch eine Strafnorm. Der Werkmann konnte im Falle des Gesetzesverstoßes »mit Fängknuß und geringer Atzung gestrafft werden«. So erging es z.B. Jakob Pawagner, nachdem der Chor der von ihm errichteten Pfarrkirche in Schärding eingestürzt war [11].

Bausachverständige Werkleute hat man auch zu Rate gezogen, wenn der Bau vom Meister nicht vollendet wurde. Artikel 3 des XXXII. Titels bestimmte für diesen Fall eine Schadensersatzpflicht des Meisters. Ebenso wie bei Säumnis wird eine Gefängnisstrafe angedroht [12].

Wie schon erwähnt, wurde beim Werkdienstvertrag, der ›locatio conductio‹, das Material vom Auftraggeber gestellt. Vor dem Hintergrund dieser Rechtskonstruktion erscheinen zwei Bestimmungen des Landrechts plausibel. So mußte eine Regelung getroffen werden über die Gefahrtragung hinsichtlich der vom Besteller des Werkes eingebrachten Sachen. Wurden diese zerstört oder beschädigt, war zu klären, wer diesen Schaden zu tragen hatte. Bei dem vom Bauherrn gestellten Baumaterial ging es um erhebliche Beträge, zumal, wenn man zu den reinen Materialkosten noch die Kosten für den zum Teil aufwendigen Transport zur Baustelle hinzurechnet.

Die Verteilung der Gefahrtragung regelte das Landrecht im Artikel 4 des XVIII. Titels [13]. Danach waren die Werkleute dem Besteller nicht zum Schadensersatz verpflichtet, wenn das vom Besteller gelieferte und in ihrer Gewalt befindliche Gut durch Feuer, einfallende Gebäude, ungewöhnlichen Zufall, Wasser oder Feind (also Kriegseinwirkung) entfremdet oder zerstört wurde. Für Zerstörung

9 Günter (Anm.7), 270, 272

10 Kaspar von Schmid, Commentarius oder Auslegung des Churbayerischen Landrechts, Teil 2, Augsburg-Würzburg 1747, 356 f; zu Schmid s. Ludwig Hüttl, Caspar von Schmid (1622-1693), ein kurbayerischer Staatsmann aus dem Zeitalter Ludwigs XIV., München 1971

11 S. WVZ 55

12 Günter (Anm.7), 75, 227

13 Günter (Anm.7), 65, 216

oder Entfremdung in anderen Fällen hafteten die Werkleute, auch wenn kein Verschulden vorlag. Diese Regelung war im Grunde mit dem Verschuldensprinzip nicht vereinbar, wurde aber von den Hofräten aus erzieherischen Gründen gebilligt, »damit die Handtwercksleuth mit den inen zugestelten Wahren desto fleissiger und aufmerckhlicher sein«. Zu Gunsten des Handwerkers begründete für ihn Artikel 1 des XXXII. Titels an dem bei ihm eingebrachten Material, soweit er damit schon gearbeitet hatte, ein gesetzliches Pfandrecht zur Sicherung des ihm bis dahin zustehenden Lohnes [14]. Die Bestimmung verschaffte dem Handwerker eine stärkere Stellung gegenüber den anderen durch Hypotheken abgesicherten Gläubigern.

Dieser Überblick über einige wesentliche Rechtsfragen des Bauhandwerkes in der frühen Neuzeit soll nun dazu dienen, anhand einiger Beispiele die Verträge Johann Michael Fischers zu erläutern.

An dem Beispiel des Vertrages über den Bau der Pfarrkirche in Bergkirchen (10. 7. 1731) zwischen dem Pfarrer Johann Georg Scheffler auf der einen Seite und Fischer sowie Gregor Glonner, Schloßmaurermeister zu Dachau, auf der anderen Seite lassen sich die Rechtsfragen aufzeigen [15].

Als Gesamtsumme hatte der Geistliche Rat den Betrag von 4430 Gulden bewilligt. Diese Summe wurde je zur Hälfte den beiden Vertragsparteien zur Verfügung gestellt. Der Pfarrer als Bauherr sollte mit seinen 2215 Gulden die Taglöhner, die für den Abbruch der alten Kirche gebraucht wurden, bezahlen sowie die Kosten für die Fundamente des Neubaues bestreiten. Außerdem oblag es ihm zu zahlen, *was auf Beyschaff- und Beyführung aller Materialien, als Stain, Kalch, Sandt, Gyps, dan vor Schlosser und Schmidt an Eysen, item vor Zimmerleith, Holz, G[e]ristpretter, sambt all erforderlichen Nöglen, und Geristclampfern, auch vor Kistler und Glaser, und was immer sonst, under die Materiallien gerechnet und erforderlich sein mechte, allerdings und unverwaiglich beyzuschaffen verbundten und gehalten seyn solte.*

Fischer hingegen verpflichtete sich mit seinen 2215 Gulden, das Gotteshaus zu erbauen, *so neben der Kürchen an sich selbst, die Sacristey, St. Job Capellen, nach Anzaig des bereiths verferttigten Rüss (iedoch ohne Thurn, und darbei ausgenommen des Inwendigen, als Canzel, Altär, Mahlerey, und Stockhathor, Kürchen- und Beichtstüell) begreift, die Taglöhner, vor die Maurer, Zimmerleuth, Handtlanger, Schlosser, Kistler und Glaser,* .... Ihm wurde allerdings zugestanden, die Summe um etwa 100 Gulden überschreiten zu können. Außerdem durfte Fischer, weil er nicht immer an der Baustelle sein konnte, den erwähnten Gregor Glonner heranziehen, der aber mithaften mußte und den Vertrag auch mit unterschrieb. Wir finden hier das System der ›locatio conductio‹ bestätigt. Der Pfarrer war für die Beschaffung des Baumaterials zuständig und stellte es Fischer zur Verfügung.

In der Baugeschichte der Prämonstratenserkirche in Osterhofen ergibt sich derselbe Befund. 1726 klagt der Abt gegenüber dem Geistlichen Rat, daß bei einer weiteren Verzögerung des Baubeginns die *beygeschaffte Materialien alle mit einander höchst schmerzlich verderben würden* ... [16]. Im gleichen Jahr (vor 12. 4.) erwähnt Fischer ebenfalls die bereits vorhandenen Baumaterialien [17].

Im Zusammenhang mit der Risikoverteilung bei einem etwaigen Untergang des zur Verfügung gestellten Materials und dem sonstigen Schaden, der durch schlechte oder gar unvollendete Bauausführung entstehen konnte, war es angesichts der doch erheblichen Schadenssummen verständlich, wenn der Bauherr eine Sicherheitsleistung verlangte. Im Fall Bergkirchen verpflichtete sich Fischer nur, bei Überschreiten der bewilligten Bausumme für die Differenz mit seinem Vermögen einzustehen [18]. Wegen dieser Garantie wurden solche Urkunden auch ›Kautionsbriefe‹ genannt, weil in ihnen eine Sicherheitsleistung vereinbart war.

Schwieriger gestalteten sich die Verhandlungen bei anderen Projekten. In Osterhofen heißt es, von Fischer sei eine Personalkaution begehrt worden, das

14 Günter (Anm.7), 74, 226
15 S. Dokument Nr.5, in Band II S.345
16 BayHStA, GL 3163/6, Prod.4; Abt Joseph Mari am 2.2.1726 an den Geistlichen Rat. – Für die Überlassung der Quellen zu Osterhofen danke ich Christl Karnehm, München; s. auch WVZ 49.
17 BayHStA, GL 3163/6, Prod.8; s. auch WVZ 49
18 Wie Anm.15

bedeutet, ein anderer sollte für ihn bürgen [19]. Dagegen wehrte sich Fischer, weil ihm das Risiko zu groß war und weil niemand für ihn bürgen werde; auch sei dies von ihm an anderen Orten nicht verlangt worden. Der Bauherr nahm daher Abstand von dem Ansinnen. Auch in Deggendorf hatte Fischer 1723 eine solche Kaution abgelehnt [20].

Die dargestellte Rechtslage läßt auch zu, bisher im Zusammenhang mit Fischer vertretene Thesen zu modifizieren. So hat in bezug auf den Bau der Klosterkirche in Rott am Inn Matthäus Pest die Frage gestellt, inwieweit Fischer als Bauunternehmer bezeichnet werden kann, obwohl die Baumaterialien und Bauwerkzeuge vom Bauherrn bereitgestellt wurden [21]. Es heißt in dem Vertrag zwischen dem Kloster und Fischer, daß *widerumen und gleichermassen das löbl. Closter alle Paumaterialien mit dem benöthigen Werkzeig, so ohne Ausnahm beyzuschaffen, und bis auf den Pauplaz auf ihrem Unkosten zu liefe- ren haben* [22].

Pest vermutete, daß die Beschaffung von Baumaterial im Sakralbauwesen der Barockzeit von den Klöstern deshalb selber vorgenommen wurde, weil sie über billige Bezugsquellen verfügten [23]. Dies trifft sicher in vielen Fällen zu, verkürzt die Problemstellung aber wegen der Ausblendung der rechtlichen Gegebenheiten. Die Bereitstellung der Baumaterialien durch den Bauherrn erfolgte eben auch deshalb, um die Rechtsfolgen der ›locatio conductio‹ bei der Vertragsgestaltung zu gewährleisten. Für den Bauherrn hatte die ›locatio conductio‹ den rechtlichen Vorteil, daß die Baumaterialien sein Eigentum blieben, auch wenn der Baumeister etwa in Konkurs fiel oder aus anderen Gründen die Arbeiten vorzeitig beendete. Hätte der Bauherr dem Baumeister lediglich das Geld zum Kauf der Baumaterialien vorgestreckt, wäre er ein zu hohes Risiko eingegangen, da dann die auf Rechnung des Baumeisters gekauften Baumaterialien in dessen Eigentum gefallen wären. Bei Konkurs des Baumeisters wäre der Bauherr auf die für alle Gläubiger geltende Quote beschränkt worden. Das Interesse des Baumeisters war durch das dargestellte gesetzliche Pfandrecht an den Baumaterialien ausreichend berücksichtigt. Insofern ist wahrscheinlich schon die Fragestellung bei Pest, ob der Baugeschäftsinhaber der Barockzeit ein Bauunternehmer sei, in dieser Form falsch gestellt und wohl von der wirtschaftswissenschaftlichen Diskussion der 30er Jahre dieses Jahrhunderts zeitbedingt abhängig [24].

Es bleibt die Frage nach den Konsequenzen für eine Einordnung Fischers in die ständisch gebundene Hierarchie des 18. Jahrhunderts. Wir haben gesehen, daß die römisch-rechtliche ›locatio conductio‹ Grundlage für die Verträge war. Sie galt für Handwerker allgemein. Die für die höheren Dienste geltenden Regelungen des Mandats kamen nicht in Betracht. Arzt, Anwalt und Privatlehrer als ›Studierte‹ hatten einen anderen sozialen und rechtlichen Status, der sich auch im Vertragsrecht widerspiegelt. Insofern konnte Fischer den rechtlichen Status des Handwerkers bei aller künstlerischen Leistung nicht verlassen.

Allerdings führte Fischer über seinen Status als Bürger und Maurermeister in München hinaus die Titel eines Kurkölnischen Baumeisters, nannte sich Hofbaumeister des Herzogs Clemens Franz von Bayern wie auch des Herzogs Johann Theodor, der seit 1719 Bischof von Regensburg und seit 1727 Bischof von Freising war [25]. Über diese drei Ehrentitel erhielt er einen Rang, der ihn zumindest über die Gruppe der Werkleute und Baumeister hinaushob und ihn wohl auch zum Bausachverständigen befähigte [26], wie es die Bestimmungen des Landrechts von 1616 verlangten und wie auch die Vorstellungen der Gesetzgebungskommission lauteten. Sein technisches Können ermöglichte zwar den beruflichen Aufstieg, aber trotzdem blieb er eingebunden in die Münchner Maurerzunft und durch das Bürgerrecht in die Bürgergemeinde Münchens.

19 BayHStA, GL 3163/6, Prod.11

20 S. WVZ 11, Nachricht vom 20.9.1723

21 Matthäus Pest, Die Finanzierung des süddeutschen Kirchen- und Klosterbaues in der Barockzeit, München 1937, 34 f.; zum Finanzierungsproblem auch Hartmut Zückert, Die sozialen Grundlagen der Barockkultur in Süddeutschland, Stuttgart 1988; Peter Hersche, Die soziale und materielle Basis des »gewöhnlichen« barocken Sakralbaus, in: Frühneuzeit-Info 6, 1995, 151-171; Bernd Roeck, Konjunktur und Ende des süddeutschen »Klosterbarock«. Umrisse eines wirtschafts- und geistesgeschichtlichen Forschungsproblems, in: Dieter Albrecht/Karl Otmar Freiherr von Aretin/Winfried Schulze (Hg.), Europa im Umbruch 1750-1850, München 1995, 213-227.

22 S. Dokument Nr.14, in Band II S.351 f.

23 Pest (Anm.21), 78

24 Pest berücksichtigt an juristischer Literatur nur Karl Rothenbücher, Geschichte des Werkvertrages nach deutschem Rechte, Breslau 1906, ohne zu bedenken, daß Rothenbücher die Entwicklung bis zur Rezeption des römischen Rechts darstellt und auf die spätere Zeit, die hier interessiert, nur wenig eingeht; s. auch Werner Ogris, Werkvertrag, in: Handwörterbuch zur deutschen Rechtsgeschichte, Lieferung 3 J, Berlin 1994, Sp. 1271 ff.

25 Lieb 1938/39, 150

26 1755 erstellte Fischer ein Gutachten zur statischen Sicherung des ›Kühturmes‹ in Freising; s. WVZ 16.

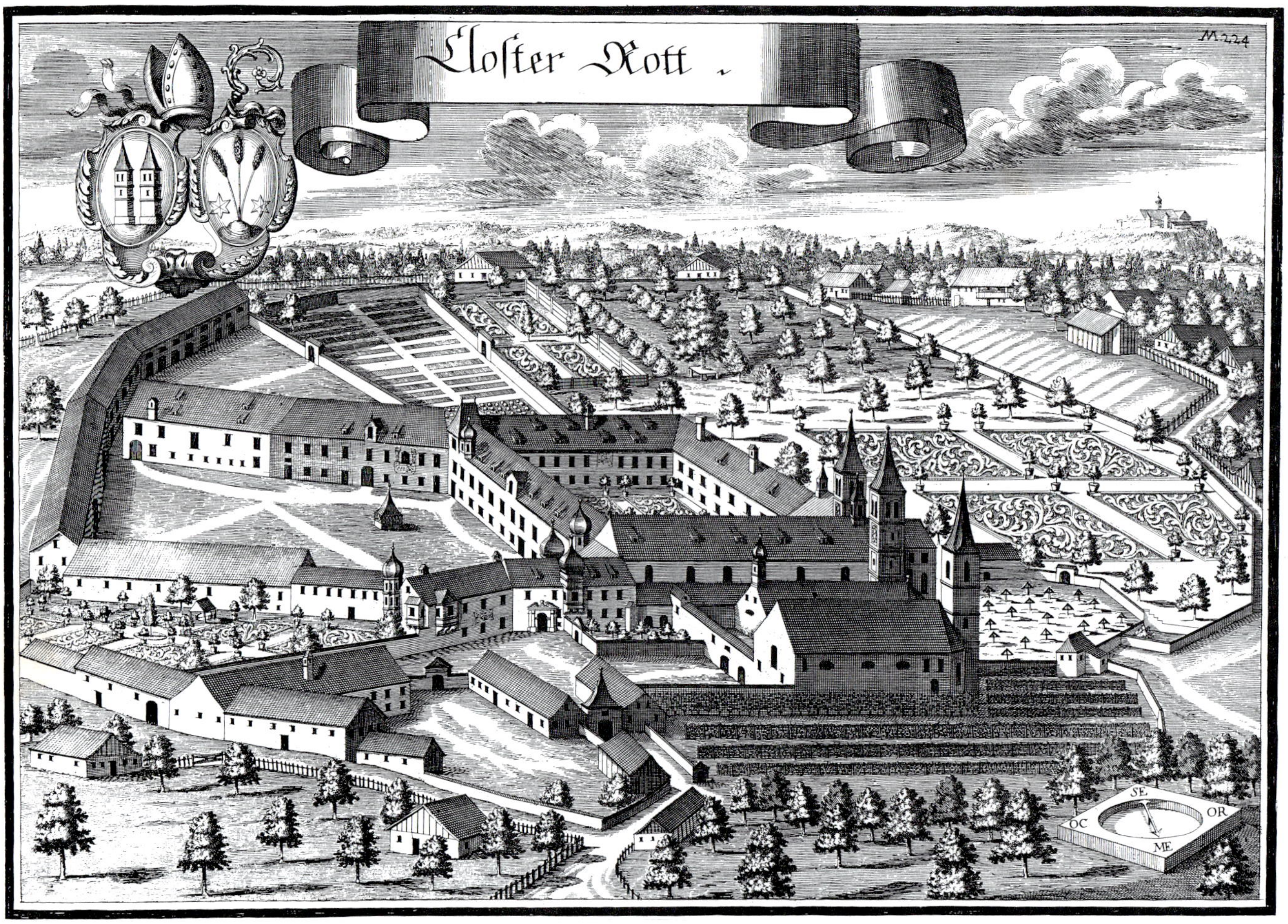

Abb. Rott am Inn, Klosteranlage, Stich von Michael Wening, 1701

Gabriele Dischinger

Geschichte einer Kirchenplanung

Das Beispiel Rott am Inn*

Während seiner nahezu fünfzigjährigen Tätigkeit erhielt Fischer zahlreiche, in ihrer Aufgabenstellung sehr unterschiedliche Aufträge, aber nur in einem Fall lassen sich dank der sehr gut dokumentierten Entstehungsgeschichte die Etappen der Planung in Einzelheiten rekonstruieren: beim Bau der ehemaligen Benediktiner-Klosterkirche in Rott am Inn [1]. Anhand dieses Beispiels sind einzigartige Aufschlüsse sowohl über die Beteiligten als auch das Verfahren zu gewinnen; es offenbart, wie man alle Kräfte mobilisiert, alle Verbindungen aktiviert, alle Ressourcen eingesetzt, alle Register gezogen hat, um mit den erreichbar besten Meistern in äußerst kurzer Zeit ein Kunstwerk zu erstellen.

Am 18. Oktober 1757 geht P.Benedikt Lutz aus der Wahl seiner Mitbrüder als 42. Abt des Klosters Rott hervor [2]. Bald nach seiner Benediktion (21.11.1757) besteht zwischen Abt und Konvent Einigkeit darüber, die Erneuerung der lang schon renovierungsbedürftigen Klosterkirche, einer dreischiffigen Basilika mit Chortürmen [3], in Angriff zu nehmen. Im Hinblick auf dieses Projekt läßt man 1758 im Januar bereits vorsorglich Bauholz schlagen, ab März Tuffsteine brechen und ab Mai Kalk, Gips und Nägel liefern. Gleichzeitig wird über das Vorhaben mit ›gewissen‹ [4] Architekten, unter anderem mit den *Gypsariis simul et Architectis Augustanis* Franz Xaver Feichtmayr (1705-1763) und Jakob Rauch (1718-nach 1785) beraten; beide, so heißt es, hätten ›schon mehrere Kirchen renoviert‹.

Feichtmayr, der aus Wessobrunn stammte, betrieb in Augsburg eine florierende Werkstatt, der seit 1752 auch sein Schwiegersohn Rauch angehörte. Die zwei ›Stukkatoren und zugleich Architekten‹ waren kurz zuvor, 1757/58, unweit von Rott, im benachbarten Benediktinerkloster Seeon beschäftigt [5]. Möglicherweise hatten sie auch Fürsprecher im Kloster; in Betracht kämen P.Plazidus Metsch (1700-1778), Sohn des Wessobrunner Stukkators Anton Metsch (ca.1661-1741) [6], oder Fr.Thomas Gall (1690-1760), vor seinem Ordenseintritt Maler in Augsburg [7].

Zu Beginn des Jahres 1758 werden Feichtmayr und Rauch nach Rott ›berufen‹; sie besichtigen die Kirche und kommen zu dem Schluß, den Bau unter Beibehaltung der wichtigsten Mauern erneuern zu können. Um ihr Renovierungskonzept zu präsentieren und vor Ort zu erläutern, begeben sich die beiden Stukkatoren im Mai 1758 unter erheblichem Aufwand von Augsburg nach Rott. Allein für die Reise rechnen sie 17 Gulden ab; 4 Gulden und 24 Kreuzer beträgt der Fuhrlohn, weitere 38 Kreuzer fallen für den *gebrauchten Weegweiser* an. Und das alles für den Transport zweier Modelle, eines Kirchenmodells sowie eines Altarmodells, die zusätzlich mit 29 und 11 Gulden zu Buche schlugen.

Aus der hier erstmals veröffentlichten Kostenaufstellung geht eindeutig hervor, daß Feichtmayr und Rauch ein Entwurfsmodell eingereicht haben. In drei Quellen, auch in dem bekannten, schon mehrfach zitierten Bericht aus den 90er Jahren des 18. Jahrhunderts, ist ausdrücklich von *Proplasma* die Rede und in Klammern erklärend hinzugefügt: *ein Modell* [8]. Es ist unverständlich, wie diese klare, bereits von früheren Bearbeitern der Rotter Baugeschichte übernommene Aussage [9], in jüngerer Zeit ohne nähere Begründung die Deutung erfahren konnte, bei dem *Modell* habe es sich wohl um »einen bis ins Detail ausgearbeiteten Riß« [10] gehandelt.

Das ›Elaborat‹ der beiden Stukkatoren wird als *affabre*, ›künstlich‹, bezeichnet; es zeigte, welch ›elegantes Antlitz‹ das Innere der alten Kirche bekommen soll-

* An dieser Stelle möchte ich Klaus Schwager, Tübingen, für wertvolle, kritische Anmerkungen und richtungsweisende Anregungen zu diesem Beitrag meinen besonderen Dank aussprechen.

1 Wichtigste Quellen: BayHStA, KL Rott am Inn 61 und 84 sowie KL Fasz. 626/1. Zitate aus den genannten Quellen sind nur dann im einzelnen nachgewiesen, wenn sie nicht dem Werkverzeichnisartikel »Rott am Inn« mit den detaillierten Rückverweisen entnommen wurden; vgl. WVZ 54.

2 1776 resigniert, 1777 gestorben; zur Person: Martin Ruf, Profeßbuch des Benediktinerstiftes Rott am Inn, Studien und Mitt. zur Geschichte des Benediktinerordens, 32. Ergänzungsband, St.Ottilien 1991, 107-111

3 Wiedergegeben auf dem Stifterhochgrab von 1485; s. Willi Birkmaier, Benedikt II. Lutz von Lutzenkirchen – Abt, Bauherr und ›Heiliger Verschwender‹, in: Willi Birkmaier (Hg.), Rott am Inn, Weißenhorn 1983, Abb.5

4 Übersetzungen der lateinischen Texte stehen in einfachen Anführungszeichen.

5 Friedrich Wolf, Der Stukkator Franz Xaver Feichtmayr d.Ä. und sein bedeutender Mitarbeiter Jakob Rauch, in: Zeitschrift des Hist. Vereins für Schwaben 59/60 (1969) 157, 160. Die jüngste Zuweisung der Arbeiten in Seeon an Johann Michael Feichtmayr – bei Walter Brugger, Die Bau- und Kunstgeschichte des Klosters Seeon, in: Hans von Malottki (Hg.), Kloster Seeon, Weißenhorn 1993, 305 – ist schon deshalb abwegig, weil dieser 1757/58 noch in Ottobeuren beschäftigt war. Neben Feichtmayr und Rauch war auch Franz Alois Mayr (1723-1771), Maurermeister aus Trostberg, in Seeon tätig; er könnte einer der ›gewissen‹ Architekten in Rott gewesen sein.

6 Hugo Schnell/Uta Schedler, Lexikon der Wessobrunner, München-Zürich 1988, 177 f.

7 Zu den Personen: Ruf (Anm.2), 263 f. und 272 f. Die 1905 aufgebrachte, von der einschlägigen Literatur übernommene Vermutung, P. Leonhard Feichtmayr (1700-1769) könnte bei der Berufung der Augsburger Künstler vermittelt haben, kann nach den jüngsten Forschungen von Martin Ruf über die Her-

te. Bevor der Konvent aber der Umsetzung des Feichtmayr/Rauch-Modells näher trat, erhielt der Abt den Rat, zu der beabsichtigten ›Reparatur‹ vorsichtshalber noch einen Experten zu hören. P.Roman Weixer (1690-1764), Benediktiner des Klosters Weihenstephan und ehemals Professor für Theologie am ›studium commune‹ der Benediktinerkongregation in Rott, hieß der Ratgeber; er betreute zu der Zeit die unweit von Rott entfernte Pfarrei in Pfaffing. Weixer empfahl, den für seine Kirchenbauten berühmten Architekten Johann Michael Fischer zu konsultieren [11].

Daraufhin sucht Abt Benedikt den Architekten in München auf und schildert ihm das Vorhaben des Klosters. Fischer folgt der Einladung nach Rott, um die Gegebenheiten besser beurteilen zu können. Das Ergebnis seiner sorgfältigen Inspektion der alten Kirche ist negativ, er warnt vor der geplanten Renovierung[12]; in Anbetracht der schlechten Substanz sei es besser und billiger, einen Neubau zu errichten.

Fischers Argumente müssen überzeugend gewesen sein, am 9. November 1758 erhält er nämlich als *Kirchenbau-Uebernahmes Douceur* den ansehnlichen Betrag von 21 Gulden und 24 Kreuzern; diese Gratifikation wurde in der Form von *3 Max d'or* entrichtet. Mit den drei Goldmünzen honorierte Rott des Architekten Vorleistung, die einerseits zur Überlassung, andererseits zur Übernahme des Neubaues geführt hatte. Nach seinem Aufenthalt in Rott wird Fischer einen konkreten Vorschlag ausgearbeitet haben, bestehend aus einem Vor- oder Rohentwurf mit einer darauf basierenden, zumindest groben Berechnung der zu erwartenden Baukosten. Denn erst nach Vorlage von Plan und Überschlag, nach Billigung des Entwurfs und in Kenntnis der voraussichtlichen Kosten ist die Entscheidung für den Neubau und für Fischer vorstellbar.

Überreichen wie auch Annehmen des Geldgeschenks signalisieren, daß sich beide Parteien prinzipiell einig sind. Insofern kommt dieser Akt einem Vorvertrag gleich, der die Beteiligten zu Geschäftspartnern in Sachen Kirchenneubau machte. Das Verfahren wiederholte sich, als Rott zwei Monate nach der Übereinkunft mit Fischer auch einen seiner langjährigen Mitarbeiter verpflichtete; am 10. Januar 1759 wurde Melchior Streicher *die Ober-Palier Stelle* beim Kirchenbau zugesagt und der Bauherr bekräftigte die Absprache mit der Zahlung eines Handgeldes in Höhe von 2 Gulden 30 Kreuzern.

Ebenfalls am 10. Januar 1759 unterschreiben Abt Benedikt und der damalige Prior P.Anselm Pirchinger (1683-1763) [13] das Gesuch, mit dem Rott beim Geistlichen Rat in München um den kurfürstlichen *Consens* zu dem Bauvorhaben bittet [14]. Dessen Inhalt entspricht jedoch ganz und gar nicht dem, was nach dem Stand der Verhandlungen zu erwarten wäre.

Eingangs wird die alte Kirche beschrieben; sie sei inzwischen [15] *Alterthumbs halber ... dermassen ruinos*, daß sich *ainiche Reparation* nicht mehr lohne; weil der Dachstuhl *an villen Ohrten schon verfaullet* ist, könne *die Tachung in einem erforderlichen Standt nit mehr* gehalten werden und das Kloster befürchte *fast täglich ... durch ein so anderen Herabfahl der ledig gemachten Prötter [der Holzdecke] ein considerables Unglückh*. Obwohl die *gegenwerttig ... Zeitt* nicht zulasse, *einen Kürchenpau anzufangen, unnd auszufiehren,* sähe man sich *zu Vorpeigung noch grösserer Schäden* gezwungen, *auf die alte Haubtgemäuer einen neuen Tachstuehl, anstatt des Tabulats [= holzgetäfelte Decke] aber ein Lattengewölb mit dessen Zuegehör verförttigen und herstellen zu lassen.* Allerdings müßten die dafür erforderlichen Gelder *wegen erschöpften Mitlen* aufgenommen und verzinst werden.

Der Kontext dieser auszugsweise bekannten Darlegung blieb bisher verborgen und wurde irrtümlich 1757 angesetzt [16]. Einer der Gründe ist wohl das verstümmelte Datum; es sind nurmehr die Angaben *Jenner* und *17..* lesbar, weil beim Öffnen des Briefes versehentlich auch ein Teil des Datums herausgeschnitten wurde. Notizen auf der Rückseite besagen jedoch, die Anfrage wurde dem Geistlichen Rat am 17. Januar 1759 vorgelegt und noch an demselben Tage

kunft des Rotter Konventualen nicht aufrecht erhalten werden; vgl. Georg Blumentritt, Das ehemalige Benediktinerkloster Rott am Inn und seine Stiftskirche, in: Zeitschrift für Bauwesen 55 (1905) 23 sowie Ruf (Anm.2), 271.

8 BayHStA, KL Rott am Inn 86. Diese Zweitschrift des Bauberichts folgt wörtlich der ersten, etwa zehn Jahre jüngeren Fassung (BayHStA, KL Rott am Inn 61); in den ›Ephemeriden‹ (BayHStA, KL Fasz. 626/1) heißt es: *proplasma (vulgo Modell).* Zu den verschiedenen Quellen vgl. WVZ 54, Anm.2.

9 Vgl. Hagen-Dempf 1954, 98 und Birkmaier (Anm.3), 73

10 Bernhard Schütz, Rott am Inn und die Zentralbauten Johann Michael Fischers, in: Birkmaier (Anm.3), 86; s. auch Anm.23.

11 Fischer hatte 1730 einen Entwurf für den Neubau der Klosterkirche in Freising-Weihenstephan eingereicht; s. WVZ 16. Außerdem war sein ältester Sohn am 29.10.1746 dort eingetreten und feierte am 31.3.1750 als P.Maurus Primiz. Nach Heinrich Gentner (Geschichte des Benedictinerklosters Weihenstephan bey Freising, München 1854, 232) wurde P.Maurus Fischer u.a. als Kooperator in Pfaffing eingesetzt. Möglicherweise hielt er sich gleichzeitig mit P.Roman Weixer dort auf.
Weixers Hinweis erfolgte nicht nach Einsetzen der Bauarbeiten, wie vielfach angegeben – z.B. Birkmaier (Anm.3), 73 –, sondern davor. Dieser Irrtum beruht auf der falschen Interpretation einer Darstellung des Abtes vom Dezember 1771; s. weiter unten S.98.

12 Fischer erinnert dabei an Ottobeuren, wo sich erst während des Abbruchs (am 20.8.1748) gezeigt hat, wie baufällig die alte Klosterkirche war; s. WVZ 50.

13 Zur Person: Ruf (Anm.2), 247 f. Danach (248, Anm.12) war Pirchinger »mindestens vom 14.6.1746 bis nach dem 4.5.1758« Prior. In seinem Nachruf (BayHStA, KL Rott am Inn 61, 21.12.1763) heißt es dagegen, er sei *per 13 annos Prioratui claustrali* gewesen.

14 BayHStA, KL Rott am Inn 84, fol.238 f.

15 Gemeint ist die Zeitspanne seit der Abtswahl am 18.10.1757, als die *anhero abgeordtnete[n] H[erren] Commissarien* den Zustand der Kirche *selbsten beobachtet, und uf den Fahl [des] Bedörfens contestiren kundten.*

16 Birkmaier (Anm.3), 72 f.

beschieden: *Bey vorgeschribener Bewandtnus funde man den Kürchenbau nothig und werde ihme dahero der ... Consens hierzu ertheillet*. In seiner nur indirekt überlieferten Antwort vom 17. Januar 1759 beruft sich der Geistliche Rat auf den *unterm 10ten currentis ... erstatteten Bericht* aus Rott und bestätigt: ... *wollen Wir den zu Erbauung eüer Closterkirch erbethenen Consens umso mehr gnedigist ertheilet haben, als Wir bey vorgeschribner Bewandnüs den Kirchenbau nothwendig finden*. Die Eingabe erfolgte also am 10. Januar 1759.

Sowohl das Baugesuch als auch dessen Genehmigung provozieren Fragen. Warum betont das Kloster, die Zeiten seien nicht dazu angetan, einen Kirchenbau anzufangen und gibt vor, lediglich eine Teilerneuerung vornehmen zu wollen, wie sie Feichtmayr und Rauch geplant hatten, war doch der vollständige Neubau durch Fischer schon beschlossene Sache? Warum genehmigt München keine Renovierung, sondern einen *Kürchenbau*, behandelt den Antrag außergewöhnlich schnell, ohne die üblichen Formalitäten, verzichtet auf die Vorlage von Rissen, Voranschlägen und Finanzierungsplan? Warum wurde sogar das kurfürstliche Mandat vom 5. August 1757 in »p[uncto] der klösterlichen Schulden und Rechnungen« außer acht gelassen?

Ziel dieser Landesverordnung war es, allzu ›kostbarer‹ und kostspieliger, mit zinsbarem Fremdkapital finanzierter Bautätigkeit sowie unzureichender Rechnungsführung der Klöstern entgegenzuwirken. Fortan durfte »ohne groß-andringenden Noth, und Unglücks-Fall von denen Praelaten, und Abbtissinen kein neu, auf 500 fl. sich hinan belauffendes Gebäu ... eigenmächtig, sohin ohne Einverstehen deren Convents, oder Capitels ... angefangen, sondern in tempore mittls Anschlüssung der auf das eingezogniste verfaßten Uberschlägen, und Risen die erforderliche Bewilligung ... schrifftlich bewürcket werden«. Ferner hatte »kein Praelat, oder Abbtissin propria authoritate, sohin nit ohne Einverständnuß seines ... Convents, oder Capitels, ein Capital von 5 oder mehr hundert Gulden aufzunehmen die Befugnuß, sondern solle solche erst alsdann Ihnen ... zugestanden, wann selbe nebst dem P.Prior, oder Decano, und Priorin bey ... Unserm Geistlichen Rath mit kurtzer Anführung der vorhin habenden Activ- und Passiv-Schulden, um den ... Consens werden eingelangt seyn«. Drittens wurde verlangt, über die jährlichen Einnahmen und Ausgaben künftig in einem vorgeschriebenen Formular ordentlich Rechenschaft abzulegen [17].

Mit seinem Schreiben vom 10. Januar 1759 wollte Rott ganz offensichtlich und wohl auch wissentlich das Mandat umgehen. Wenn sich das Bauvorhaben auch vorgeblich auf die Erneuerung von Dach und Gewölbe beschränkte, so hätten deren Kosten doch zweifellos den gesetzlichen Rahmen überschritten. Trotzdem stimmte München ohne weiteres zu. Hatte Rott womöglich Verbündete in den Reihen der Ratsmitglieder? Oder verfügte der vom Kloster gewonnene Architekt über besonders gute Beziehungen zu der genehmigenden Instanz? Denn Fischer dürfte in die Taktik des Klosters eingeweiht gewesen sein, vielleicht sogar dazu geraten haben.

Auffallend rasch, schon vier Wochen nach der Baugenehmigung, setzen am 19. Februar 1759 die Vorbereitungen zum Abbruch der alten Klosterkirche ein; die Altäre werden entweiht und die Pfarrkirche, die südlich der Klosterkirche steht, wird interimistisch, bis zur Fertigstellung des Neubaues, für die Benediktiner eingerichtet. Am 5. März 1759 beginnen Maurer, Zimmerleute und Handlanger unter Aufsicht von Fischers Palier Melchior Streicher mit den Abbrucharbeiten am *vorderen [östlichen] Kirchentheil*; unangetastet blieben nur die beiden Chortürme, die in die neue Kirche integriert wurden.

Rund sieben Wochen später, am 26. April 1759, erscheint Fischer in Rott und bringt aus München *delineationes et ichnographiam novae Ecclesiae, quae plane artificiosa, et venusta omnium oculos rapuit* [18]. Vier Tage darauf, am 30. April 1759, werden dem Architekten *ratione 3fachen Kirchen Riss* 50 Gulden ausgehändigt. Fischer hat sich demnach mindestens vier Tage in Rott aufgehalten. Während dieser Zeit werden die vertraglichen Modalitäten festgelegt: Fischer

17 Mandatstext und Formular sind abgedruckt in: Sammlung der neuest[en] und merkwürdigsten Churbaierischen Generalien und Landesverordnungen, München 1771, 500 f.

18 BayHStA, KL Fasz.626/1: ›Zeichnungen und eine ichnographia der neuen Kirche, die, äußerst kunstvoll und schön, aller Augen hinweggerissen hat‹. Zur Deutung der ›ichnographia‹ s. weiter unten S.92.

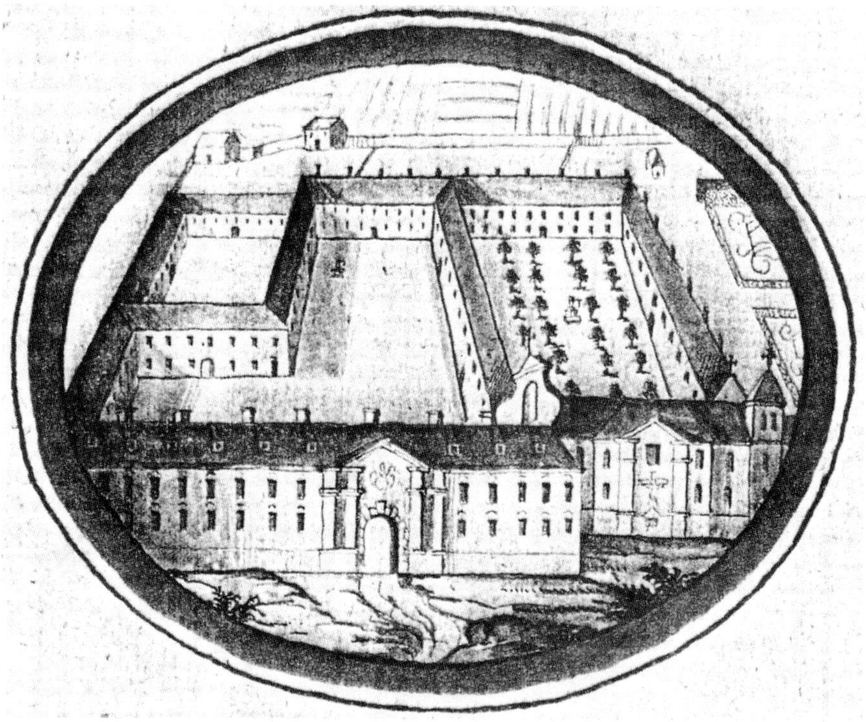

Abb. Rott am Inn, Klosteranlage Titelvignette eines Antiphonars, 1764

›verspricht‹, den Kirchenneubau einschließlich Dach nebst Lohnkosten für die Gesamtsumme von 13000 Gulden und innerhalb von drei Jahren herzustellen. Rott hingegen trägt die Kosten des Baumaterials sowie dessen Transport zum Bauplatz; das Kloster übernimmt auch den Abriß der alten und die Fundamentierung der neuen Chorpartie, jedoch keine darüber hinausgehenden Abbrucharbeiten [19].

Als der Unterbau im Bereich des Chors gelegt ist, kommt Fischer wieder nach Rott, um am 2. Juni 1759 den im April getroffenen *Accord* zu unterzeichnen. Grundlage der Vereinbarung sind vier ›ratifizierte Grund- und aufrechte Kirchenrisse‹, *welche zu erkennen geben die Braite und Höche, auch die innwendige Einrichtung von der Architectur,* das heißt die Innenraumgliederung. Ergänzend ist gesagt, ›alle Gewölbe seien nach dem beiliegenden Riss auszuführen‹ und die Kirche müsse außen *samt der Haubtfaciaten bis an die obriste Gatten [Geschosse] deren zweyen Thurne [Türme]* verputzt *und mit denen dreyen Franten* ›verfertigt‹ werden.

Möglicherweise gehörten die genannten vier Kirchenpläne bereits zu den am 26. April vorgelegten *delineationes* und sind mit dem am 30. April abgerechneten *3fachen Kirchen Riss* identisch. Unter dem *3fachen Kirchen Riss* hat man sich wohl einen Satz von vier Plänen vorzustellen, die die neue Kirche in drei verschiedenen Projektionen wiedergeben. Bezogen auf die knappe Aussage im Vertrag, sind zwei Grundrisse, ein Querschnitt sowie ein Längsschnitt zu erwarten. Im speziellen Fall Rott mit seiner »unteren und oberen Kirche« [20] bedurfte es jeweils eines Grundrisses für das Erd- sowie für das Emporengeschoß [21]. Daß die ›aufrechten Risse‹ mit zwei Schnitten gleichzusetzen sind, hängt ebenfalls mit den Besonderheiten des Rotter Kirchenbaues zusammen; die Raumanlage mit den zum Teil versteckten Umgängen und die Dachkonstruktion mit den komplizierten Anschlüssen im Bereich der seitlichen Giebel lassen sich nur in Längs- und Querrichtung geschnitten erschließen – und bauen.

Hinsichtlich des Außenbaues wird festgelegt, Fischer habe ihn *samt der Haubtfaciaten* bis zur Höhe der oberen Turmgeschosse zu verputzen. Diese Angabe läßt sich mit Hilfe einer kleinformatigen Ansicht von Kirche und Kloster aus dem Jahr 1764 [22] verifizieren. Darauf ist zu erkennen, daß die Turmobergeschosse über einem gemauerten Profil ansetzen, das auf einer Höhe mit

19 Vgl. den völlständig abgedruckten Vertrag vom 2.6.1759, Dokument Nr.14, in Band II S.351 f.

20 Franz Peter, in Band I S.68 f.

21 Grundrißentwürfe für Erd- und Emporengeschoß sind für Fischers vergleichsweise einfachen Kirchenbau in Bichl überliefert, in Ottobeuren haben sich dagegen der kombinierte Grundriß von Unterkirche und Erdgeschoß sowie einer des Erdgeschosses erhalten; s. Kat.-Nr.5-6 sowie Kat.-Nr.34-35, in Band I S.116 und 129. Ähnlich wie in Ottobeuren könnte auch der Rotter Erdgeschoß-Grundriß Angaben zur Gruft enthalten haben.

22 Ovale, gezeichnete Vignette auf dem Titelblatt eines handgeschriebenen Antiphonars (im PfarrA Rott), das der Konvent Abt Benedikt 1764 widmete; s. Kat.-Nr.48, in Band I S.133 und in Band II S.22

dem Kranzgesims der Kirche verläuft. Vergegenwärtigt man sich diese horizontale Linie als Grenze zwischen Mauer- und Dachzone, wird verständlich, warum der Vertrag anschließend gesondert von der ›Verfertigung‹ der *dreyen Franten* spricht. Gemeint sind die drei Frontons, die über die Linie des Kranzgesimses hinausragenden Giebel an der Nord- und Südseite sowie an der Eingangsfassade [22a]; deren Herstellung war offenbar weder mit den vereinbarten Maurer- noch mit den Dacharbeiten abgedeckt und mußte eigens geregelt werden.

Da der Vertrag die beiderseitigen Verpflichtungen sehr präzise formuliert, ist hinter der eigentümlich differenzierten Beschreibung der Arbeiten am Außenbau eine tiefere Bedeutung zu vermuten. Es hat den Anschein, als sei die Frage der Fassaden- und Giebelbildung zu diesem Zeitpunkt noch nicht ausdiskutiert gewesen. Wie zur Bestätigung erhält Fischer denn auch kurz nach Vertragsabschluß, noch im Juni 1759, einmal 22 Gulden *ra[ti]o[n]e der Facciada* und nochmals 20 Gulden *ra[ti]o[n]e des Frontispicii.* Zusammen mit den 50 Gulden für den *3fachen Kirchen Riss* ergeben diese drei Zahlungen eine Summe von 92 Gulden. Derselbe Betrag erscheint – getrennt von den Abschlagszahlungen für die Bauausführung – in der Übersicht aller Bauausgaben unter *Anno 1759* und ist dort folgendermaßen spezifiziert: *8. für verschiedene Modell, und andere vorgängige Arbeit, und Müehwaltung ist demselben [Baumeister] bezahlt worden 92 f.* [23].

Wüßte man nichts von dem Feichtmayr/Rauch-Entwurfsmodell des Jahres 1758, gäbe es keine Veranlassung, die Bezeichnung *verschiedene Modell* für die vier Zeichnungen des ›dreifachen Kirchenrisses‹ sowie die Entwürfe *ra[ti]o[n]e der Facciada* und *des Frontispicii* sonderlich zu reflektieren. So aber ist erst zu klären, ob der Begriff hier als Synonym für Entwurfszeichnungen verwendet oder wirklich von Modellen gesprochen wird.

Auffällig sind die außergewöhnlich hohen Zahlungen. Für seinen *3fachen Kirchen Riss* erhielt Fischer die bemerkenswert runde Summe von 50 Gulden, für einen Entwurf zur ›Fassade‹ 22 und für einen zum ›Frontispiz‹ 20 Gulden. Als Vergleich sei Fischers Projekt für das Landschloß in Donaurieden genannt; die Zeichnungen – ein Übersichtsplan, mehrere Grundrisse, ein Schnitt, ein Fassadenaufriß – und sonstigen Bemühungen des Architekten waren dem dortigen Auftraggeber nicht mehr als 48 Gulden wert [24]. Zum anderen belegen die 29 Gulden, mit denen Rott 1758 Feichtmayr und Rauch für ihren später abgelehnten Renovierungsvorschlag entschädigte, in welcher Größenordnung sich die Kosten für ein Entwurfsmodell bewegten. Daran gemessen könnten die 92 Gulden nicht nur das Entgelt für Planzeichnungen, sondern auch für ›verschiedene Modelle‹ beinhalten.

Aus dem Grund wird die schriftliche Überlieferung wörtlich genommen und die These aufgestellt, daß Fischer 1759 gezeichnete Entwürfe u n d dreidimensionale Modelle einreichte, und zwar für die Kirche, für die ›Fassade‹ und für das ›Frontispiz‹. Ein Kirchenmodell macht auch die überschwängliche Reaktion des Konvents angesichts des geplanten Neubaues besser verständlich, denn wer diese zu Spielzeugen verkleinerten, teilweise raffiniert und farbig dekorierten Gotteshäuser en miniature kennt, weiß um ihren verführerischen Reiz. Auch wenn die am 26. April 1759 vorgelegten *delineationes* für die Rotter Kirche in ihrer Anschaulichkeit an Fischers Ottobeurer Präsentationsrisse herangereicht haben sollten [25], ist die Wirkung eines Modells als suggestiver einzuschätzen. Darüber hinaus wußte Fischer, daß Entwurfszeichnungen die Vorstellungskraft der meisten Laien überforderten. In Aufhausen beispielsweise wurde er 1735 aufgefordert, zu bereits vorhandenen Plänen ein Modell zu liefern – und das bei einem Kirchenbau, dessen Raumsystem zwar mit dem von Rott am Inn verwandt, aber weniger komplex ist [26].

Nach der hier aufgestellten Rechnung fertigte Fischer insgesamt drei Modelle. Daran überrascht vor allem, daß sich vermutlich zwei davon mit der außen-

22a Fischer selbst verwendet den Begriff *Franton* für den Fassadengiebel des geplanten Sommerschlosses in Donaurieden; vgl. sein Schreiben vom 30.1.1746 bei Anton H. Konrad, in Band II S.103

23 BayHStA, KL Rott am Inn 86. – Wie schon im Falle des Feichtmayr-Rauch-Modells setzt Bernhard Schütz (Anm.10, 87) diese ›verschiedenen Modelle‹ wieder gleich mit Rissen und ist der Überzeugung, man könne sich Fischers Pläne »als »gezeichnete Modelle« vorstellen, die ein hölzernes Modell überflüssig machten«. Pläne als Ersatz für ein Modell sind jedoch primär dort zu erwarten, wo bereits ein anderes, vergleichbares Modell existierte, wie z.B. in Ottobeuren; vgl. Gabriele Dischinger, in Band II S.30. Das Feichtmayr/Rauch-Modell für die Barockisierung der alten Rotter Kirche bot sich aber kaum zum Vergleich mit Fischers Neubau-Planung an.

24 S. Anton H. Konrad, in Band II S.101, und WVZ 13. Das Vergüten von Plänen war außerdem eine freiwillige Leistung des Auftraggebers; vgl. Hans-Joachim Hecker, in Band II S.80.

25 Vgl. Kat.-Nr.34-35 und 37-38, in Band I S.129 f.

26 S. WVZ 4 und vgl. die Bauaufnahmen der beiden Kirchen in Band I S.55 und 69

baulichen Gestaltung befaßten. Da auch der am 2. Juni geschlossene Vertrag ausführlich auf diesen Punkt eingeht, scheint die Ausbildung der Fassaden ganz allgemein in der Planung für Rott eine wesentliche Rolle gespielt zu haben, mit der sich Bauherr und Baumeister intensiv beschäftigten. Zur Klärung dessen muß allerdings weiter ausgeholt werden.

Abb. Rott am Inn von Westen

Wertvolle Hinweise liefert die bereits erwähnte perspektivische Ansicht von 1764. Die Rotter Gebäudegruppe ist darauf – wie auch schon in dem Wening-Kupferstich von 1701 [27] – von Süden zu sehen, wo die Hauptzufahrt lag und immer noch liegt. In der Darstellung der Kirche scheint auf den ersten Blick alles zu stimmen; aber weder der Giebel der Eingangsfassade noch die Fensteranordnung entsprechen dem 1763 fertiggestellten Bau. Für den Giebel dürfte ein Mißgeschick des Zeichners verantwortlich sein, bei den Fenstern mag man jedoch nicht einmal an eine Vereinfachung glauben; dafür geht die Ansicht ansonsten viel zu stark ins Detail [28]. Abweichungen zu der ausgeführten Kirche bestehen in den Diagonalkapellen und Chornebenräumen. Wiedergegeben sind in den Kapellen übereinanderliegende Seitenfenster und in den Chornebenräumen einfache Öffnungen, realisiert wurden in den Diagonalkapellen unten seitlich, oben aber axial sitzende Fenster sowie jeweils zwei Fenster in den Chornebenräumen. Zu der schon erwähnten Vorliebe für Einzelheiten paßt auch nicht, daß die Fensterschlitze in die versteckten Räume hinter den Seitenaltären, das Fensterchen in den oberen Verbindungsgang und die Rundbogennische unter dem Mittelfenster auf der Ansicht fehlen.

Die Klosteranlage auf der Darstellung von 1764 zeichnet sich durch nie erreichte Vollständigkeit und Symmetrie aus, insbesondere in ihrem Erscheinungsbild gegen Süden. An der Stelle des 1701 dargestellten, abgewinkelten, turmbewehrten Flügels mit dem Haupteingang in den Klosterhof, der sich bis zum Bau der neuen südwestlich der alten Klosterkirche erhob, zeigt die An-

27 Michael Wening, Historico-Topographica Descriptio ..., 1.Teil, Das Rentamt München, München 1701, Taf.224

28 Selbst die äußere Bemalung ist angedeutet; s. dazu weiter unten S.96 f.

sicht einen regelmäßigen, langgestreckten Flügel. Das Eingangstor ist durch eine hohe Durchfahrt ersetzt, die nun in der Achse des Klosterhofs liegt; ihre reich gegliederte Einfassung – Doppelpilaster tragen einen in das Dach eingreifenden Dreiecksgiebel – wertet den Einfahrtsbereich zu einer Art Torhaus auf. In den Proportionen wie auch in der Gliederung erscheint dieser Flügel als folgerichtige Weiterentwicklung des Kirchenbaues, wobei die Wiederholung des Giebelmotivs gegenseitige Steigerung bedeutet. Die Zusammengehörigkeit beider Bauten ist so groß, daß man von einer Einheit sprechen kann; gemeinsam bilden sie die eindrucksvolle Südflanke der Anlage, hinter der alle anderen Gebäude zurücktreten.

So, wie hier gezeigt, bot Rott sich weder 1764 noch jemals später dar. Die Ansicht zeigt demnach ein Projekt, dessen Ziel es war, zugleich mit der Kirche die gesamte Südflanke des Klosters zu erneuern, um die offizielle Eingangsseite zur einheitlichen und repräsentativen Schauseite auszubauen. Durch die leicht erhöhte Lage des Klosters hätte diese Front an Wirkung noch gewonnen und wäre schon von weitem sichtbar gewesen.

Zu eng sind die Bezüge zwischen Kirche und Klostersüdflügel, um unabhängige Entwürfe in Erwägung zu ziehen. Vielmehr hat Johann Michael Fischer offenbar die Planung für den Kirchenbau zum Ausgang und Maßstab eines übergreifenden Projektes genommen, das auf die Neufassung der Klostersüdflanke

Abb. Rott am Inn von Südosten

hinauslief; eine großartige symmetrische Anlage, eine grundlegend neue Situation sollte im Süden geschaffen werden. Von diesem Plan sprechen die Quellen erstmals am 26. April 1759, als Fischer *delineationes et ichnographiam novae Ecclesiae* in Rott vorlegte. Seit Vitruv – im 18. Jahrhundert ebenso wie auch heute noch – steht ›ichnographia‹ traditionell für ›Grundriß‹, gleichgültig ob es sich um einzelne Bauten, Gebäudeteile oder weitläufige Anlagen handelt[29]. Berücksichtigt man die Nachricht vom April 1759 und die Ansicht von 1764 gleichmaßen, ist an einen Grundriß zu denken, der die neue Kirche im baulichen Gesamtzusammenhang zeigte, das heißt in ihrer Stellung zwischen den Konventbauten im Norden und dem Einfahrtsflügel im Süden; Bestand und Planung situationsbezogen in Übersicht. Mit einem solchen Grundriß erhalten die *delineationes ... novae Ecclesiae* sinnvolle Ergänzung.

Fischer hat das Projekt zum Ausbau der Südflanke vermutlich bald nach Übernahme des Kirchenbaues im November 1758 ausgearbeitet und dann im April 1759 vorgestellt. Die Idealzüge der ambitionierten Planung bekräftigen diesen zeitlichen Ansatz; derartige Maximallösungen entstehen für gewöhnlich im frühen Stadium einer Baugeschichte, wenn die beste aller Möglichkeiten ungeachtet der Finanzierbarkeit angestrebt wird. Von der Ernsthaftigkeit, mit der das Projekt einst betrieben wurde, zeugt dessen Nachklang in dem idealisierten Situationsplan des Klosters von 1801[30]. Auch der 1763 begonnene, unvollendet gebliebene Bau der neuen Abtei beweist die feste Absicht zur Erneuerung der Südflanke; allerdings änderte und reduzierte man die Planung auf einen T-förmigen Anbau südlich der Kirche[31]. Ziemlich sicher zwangen Sparmaßnahmen zu Abstrichen am Gesamtprojekt und zur Konzentration auf den Bau der Kirche.

Dementsprechend behandelt der Vertrag vom 2. Juni 1759 ausschließlich die Abwicklung des Kirchenbaues; zur Errichtung des Südflügels hatte Rott sich noch nicht durchgerungen. Von dieser Entscheidung hing aber die Gestaltung der Kirchensüd- und der Kirchenwestseite gleichermaßen ab. Verzichtete man auf den Flügel, stünde die Kirche gegen Süden frei; das hätte sowohl für die Süd- als auch für Westfassade Folgen gehabt. Neue Entwürfe für beide Fassaden wären erforderlich gewesen. Fischers Einsatz *ra[ti]o[n]e der Facciada* und *ra[ti]o[n]e des Frontispicii* gehört sicher in diesen Zusammenhang. Wahrscheinlich wollte das Kloster vor dem endgültigen Entschluß die Alternativen zur vorhandenen Planung kennenlernen und Fischer arbeitete entsprechende Entwürfe aus, einen für die *Facciada* und einen für das ›Frontispiz‹.

Der *Facciada*-Entwurf kann unschwer auf die im Vertrag erwähnte *Haubtfaciaten* gegen Süden bezogen werden; der ›Frontispiz‹-Entwurf aber muß der Westseite mit dem Kircheneingang gegolten haben, da ›Frontispiz‹ mehrfach in den Rotter Quellen als Begriff für die Westfassade auftaucht[32]. Beide Entwürfe wurden unterschiedlich abgerechnet; die Preisdifferenz bestätigt gewissermaßen die Identifizierung, denn Zeichnungen und Modell der Längsseite erforderten mehr Aufwand als die der schmalen Westseite und kamen deshalb etwas teurer.

Letztlich entschied sich das Kloster aber doch gegen die kleine Version – Kirche ohne Südflügel – und für das große Fischer-Projekt, wobei die Verwirklichung bekanntlich hinter der Planung zurückblieb.

Betrachtet man die Ansicht von 1764 nochmals genauer, wird deutlich, daß Kirche und Südflügel unverhältnismäßig groß vor den alten Klostertrakten stehen und viel detaillierter abgebildet sind. Unterhalb des übergiebelten Mittelfensters ist an der Kirchensüdseite selbst das Kruzifix zu erkennen, das 1762/63 an dieser Stelle – allerdings in der hier fehlenden Rundbogennische – gemalt wurde; und über der Tordurchfahrt des Südflügels sieht man sogar das Klosterwappen. Geplante und bestehende Bauten unterscheiden sich ferner durch den Winkel ihrer Darstellung; das Kloster ist von einem relativ hohen, Kirche und Südflügel sind dagegen von einem tiefergelegenen Standpunkt und anscheinend auch aus größerer Nähe wiedergegeben. Im Gegensatz zu den restlichen Gebäuden hat man bei Kirche und Südflügel außerdem den Eindruck

29 Für die zahlreichen Beispiele aus dem 17. und 18. Jahrhundert im süddeutschen Raum und in der Schweiz vgl. u.a. Gabriele Dischinger, Zeichnungen zu kirchlichen Bauten bis 1803 im Bayerischen Hauptstaatsarchiv, Wiesbaden 1988, 39 (Nr.55), 44 (Nr.71), 55 (Nr.102), 73 (Nr.148), 114 (Nr.268), 136 f. (Nr.320), 220 (Nr.491), 218 f. (Nr.530), 225 (Nr.545), 267 f. (Nr.665)

30 BayHStA, PlSlg 10567; Zeichnung von P.Paulinus Schuster OSB in Rott am Inn, dem damaligen Abt Gregor Mack (1776-1801) gewidmet.

31 BayHStA PlSlg 10569; Grundrißaufnahme von P.Paulinus Schuster OSB, von 1803.

32 BayHStA, KL Fasz. 626/1, p.48 und 54; vgl. WVZ 54, Anm.23. Beim Kirchenbau in Fürstenzell wird die Westfassade ebenso bezeichnet; s. WVZ 17, Nachricht vom 6.4.1739.

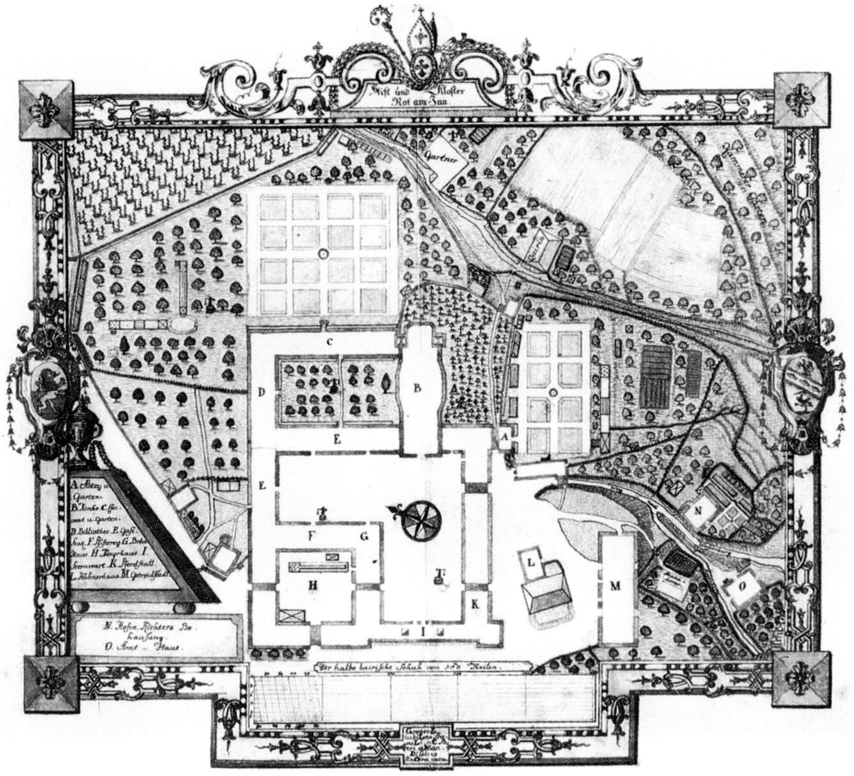

Abb. Rott am Inn
Situationsplan, 1801

von Baukörpern. Die Ansicht besteht also aus zwei Teilen, aus der herkömmlichen Vogelschauperspektive im Hintergrund und dem nur in leichter Aufsicht gezeigten Fischer-Projekt im Vordergrund. Zusammengefaßt legen die Beobachtungen den Schluß nahe: Der unbekannte Zeichner – sicher ein Mitglied des Rotter Konvents – legte seiner Vignette eine perspektivische Ansicht des Klosters zugrunde und ersetzte darauf die alte Kirche und ihre Anbauten im Süden durch die geplanten Neubauten. Als Vorlage diente ihm Fischers Entwurfsmodell von 1758/59, das die Zielvorstellung des Unternehmens zeigte und sich deshalb besser als die noch unvollständige Anlage dazu eignete, in einem dem Abt gewidmeten Antiphonar abgebildet zu werden.

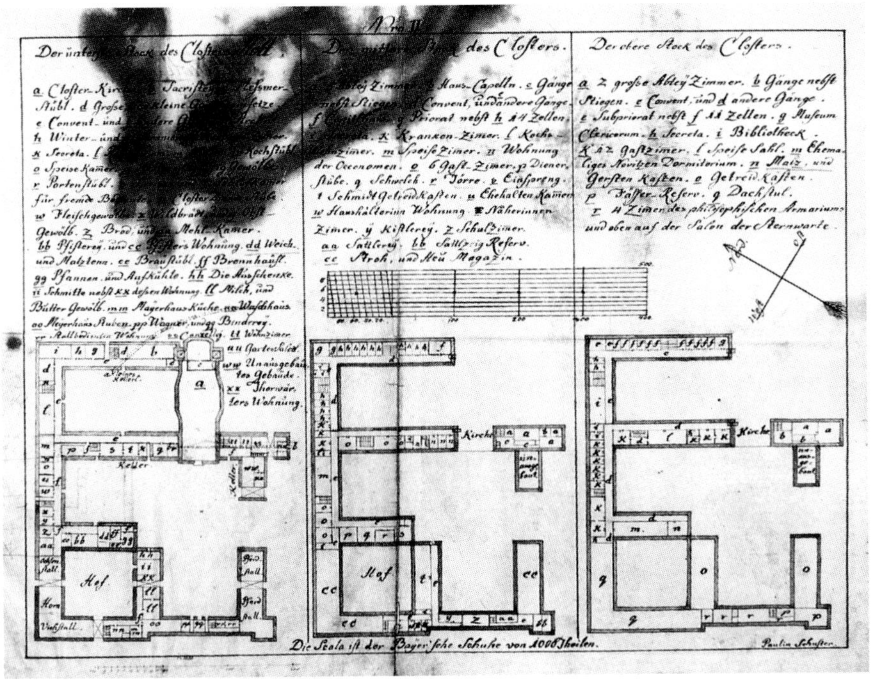

Abb. Rott am Inn
Grundriß der Klostergebäude in allen Geschossen, 1803

Abbilder von Fischer-Entwurfsmodellen sind für Diessen sowie für Zwiefalten überliefert[33]; das Entwurfsmodell für Rott am Inn ist in der Ansicht von 1764 erfaßt. Auf dem Umweg über die kleine Zeichnung erfahren wir, was Fischer 1758/59 dort geplant hatte und was die zitierte Aufstellung der Baukosten unter ›verschiedenen Modellen‹ zusammenfaßt. Mit der Ansicht gewinnt nicht allein das weiter oben postulierte Modell für die Kirche Gestalt, das Abbild offenbart auch dessen Kombination mit dem Südflügel. Ferner ist angesichts dieses Gesamtmodells nachvollziehbar, warum *ra[ti]o[n]e der Facciada* und r*a[ti]o[n]e des Frontispicii* Teilmodelle anfertigt wurden[34].

Jetzt, da Fischers ursprüngliche Planung für Rott bekannt ist, erscheint die bestehende Kirche in neuem Licht. Mit Blick auf das Abbild dieses Projektes wird erst spürbar, daß die reduzierte Ausführung und später der Wegfall des Südflügels die Intentionen des Architekten beinahe unkenntlich gemacht haben. Zur Bauzeit galt die Südseite als Hauptfassade, heute, ihres Pendants beraubt, findet sie kaum Beachtung, weil der Zusammenhang verloren gegangen ist. Am Beispiel der hohen Rundbogennische unter dem Mittelfenster werden die Auswirkungen deutlich. Bisher wird die Nische isoliert gesehen und allenfalls in Verbindung mit dem Fresko von Matthäus Günther erwähnt. Ihr war aber wohl eine übergeordnete Bedeutung im architektonischen Gefüge zugedacht, denn Form und Tiefe sind durch die Ausmalung so nachhaltig hervorgehoben, daß sie in Fernansicht nur schwer von dem Torbogen des geplanten Südflügels zu unterscheiden gewesen wäre[35]. Nische und Tor hätten – ebenso wie die Dreiecksgiebel – als aufeinander berechnete Gegenstücke an der projektierten Südflanke die verbindenden Akzente gesetzt.

Daß man diese Entsprechung auf dem Abbild des Modells vergeblich sucht, widerspricht keineswegs der gerade geäußerten Annahme, sondern unterstreicht den Entwurfscharakter der dargestellten Kirche. Die ausgeführte Nischenlösung

33 S. Kat.-Nr.9 und 54, in Band I S.117 und 136, in Bd. II S.19 und 23

34 Darüber hinaus kann nunmehr, entgegen früherer Vermutung – vgl. Dischinger (Anm.29), 214 (Nr.520) – eine andere Ansicht von Rott aus dem späten 18. Jahrhundert, die mit Fischers Planung in Zusammenhang gebracht wurde, aus der weiteren Diskussion ausgeklammert werden. Darauf sind die Zeltdächer der mittelalterlichen Chortürmen durch neue, aber nie ausgeführte Turmaufsätze ersetzt. Die Form der Turmhelme erinnert an die der Klosterkirche in Ottobeuren; ihre Höhe wie auch die geschwungenen Hauben über aufgebogenem Gesims widersprechen aber geradezu der von Fischer geplanten, streng gegliederten Klostersüdflanke, so daß sie nicht in diesen Kontext passen.

35 Demgegenüber ist die formale Beziehung der unteren Nischen zu den darüberliegenden Fensternischen ausgesprochen schwach; das wird an der Kirchennordseite deutlich, wo die Ausmalung fehlt.

Abb. Rott am Inn
Zeichnung, Ende 18.Jahrhundert

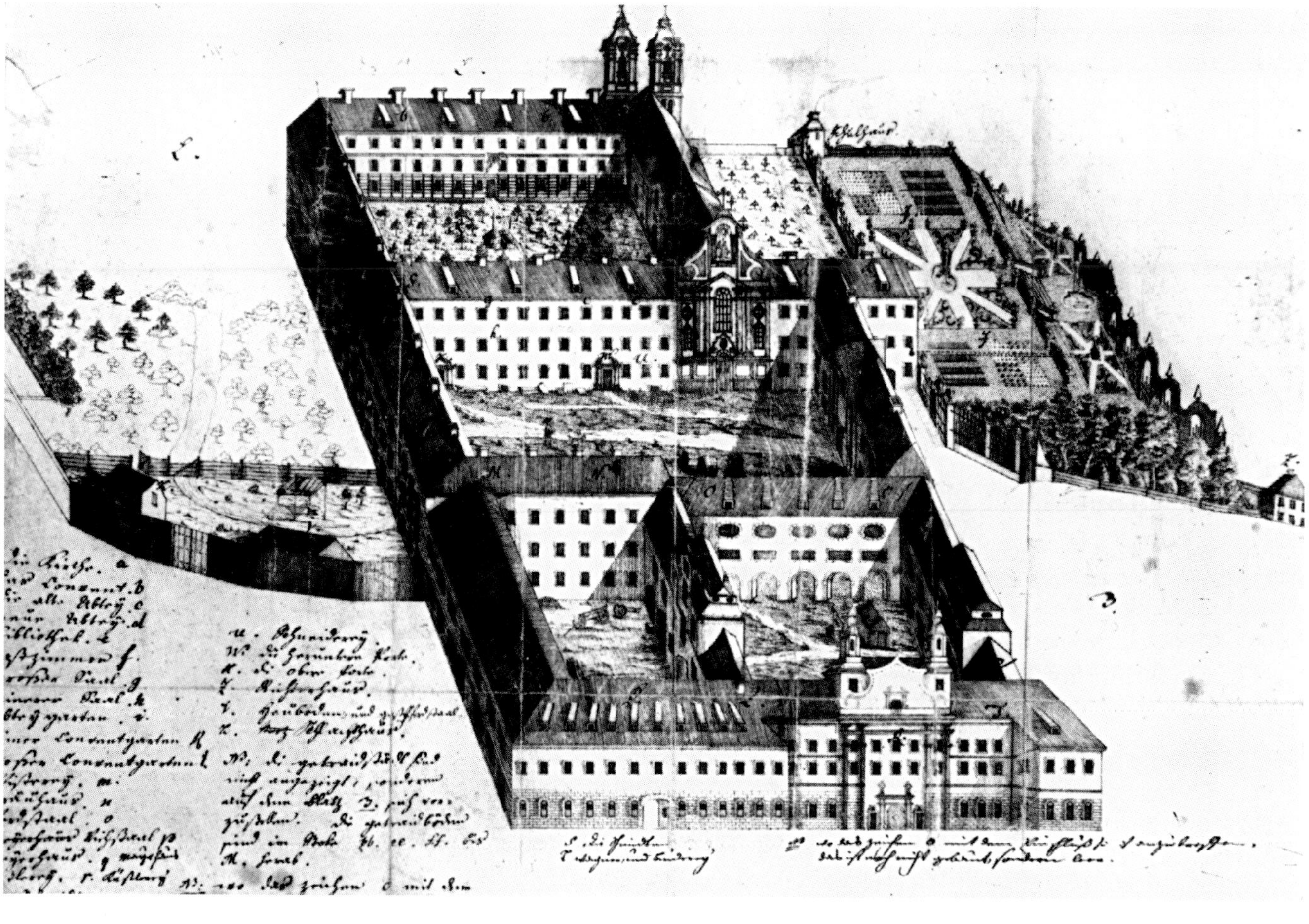

diente zweifellos der Materialersparnis; aus demselben Grund wurden hinter den Seitenaltären die winkelförmigen Hohlräume mit den Fensterschlitzen angelegt. Nischen und Hohlräume füllen in der ›unteren Kirche‹ den Raum zwischen innerer und äußerer Raumschale aus, den in der ›oberen Kirche‹ der Umgang einnimmt, wobei die Einteilung unten Merkmale einer Verlegenheitslösung trägt und deshalb als Reaktion auf die Disposition oben anzusehen ist. Auf das Entwurfsmodell bezogen, erhebt sich die Frage, ob der Umgang überhaupt von Anfang an geplant war; schließlich fehlen auf der Südansicht der Kirche ausgerechnet die Rundbogennische, die Fensterschlitze der Hohlräume und das Fensterchen in Umgangshöhe. Und die seitlich, streng übereinander angeordneten Fenster der Diagonalkapellen? Sie haben ihre Vorbilder in der Kirche in Aufhausen, deren Grundriß Fischer in Rott am Inn wieder aufgegriffen und um das Umgangsmotiv bereichert hat [36].

Beim Vergleich mit Aufhausen bekommt eine bisher unberücksichtigte Einzelheit unversehens Gewicht. Auf der Ansicht ist der dreiachsige Mittelteil nur geringfügig und im Winkel von 90° aus der Längsflucht herausgerückt. Demnach tritt die Grundform des von Kapellen begleiteten, quadratischen Kernraums mit den zum Achteck abgeschrägten Ecken – im Gegensatz zur Ausführung – außen nicht in Erscheinung. Vergleichbares ist in Aufhausen zu finden, wo der Hauptraum so wenig auslädt, daß sich in den Diagonalkapellen nur seitlich, in der Hauptachse aber keine Fenster unterbringen lassen. Zu den schwach ausgeprägten, rechtwinkligen Vorsprüngen paßt auch das Gliederungsprinzip der Seitenfassade, die von der Senkrechten bestimmte Ordnung verträgt sich damit sogar besser als mit der realisierten Form.

Nach dem Abbild des Entwurfsmodells orientierte sich Fischers erste Planung für Rott mehr noch als der ausgeführte Bau an Aufhausen und sah keinen Umgang in der ›oberen Kirche‹ vor; allem Anschein nach entschloß man sich erst nachträglich dafür. Diese Entscheidung mußte zu Veränderungen im Grundriß führen, zu neuen Proportionen, zu größeren Diagonalkapellen, zu gleitenden, abgeschrägten Übergängen dort, wo zuvor flache, rechteckige Vorsprünge vorgesehen waren und zu einer anderen Fensteranordnung. Letzteres wirkte sich für den Innenraum günstig aus, weil die Lichtfülle der oberen Diagonalkapellen nochmals gesteigert und damit denen der Fischer-Kirche in Ingolstadt angenähert wurde [37]. Der Außenbau aber büßte die bestechende Klarheit der vertikalen Einteilung ein; statt dessen betonen nun im Emporengeschoß gereihte Fenster die Längserstreckung der Kirche zu Lasten der Eigenständigkeit, die die fassadenartig gestaltete Mitte der Längsseiten einst auszeichnen sollte.

Was Fischer bewogen hat, für Rott erst einmal eine umgangslose Kirche zu entwerfen, läßt sich einfach beantworten. Ausschlaggebend wird gewesen sein, soweit wie möglich alte Fundamente für den Neubau zu verwenden. Das ist, wie sich aus dem Vergleich zwischen bestehender Kirche und Vorgängerbau ergab, Fischer auch weitgehend gelungen; allein im Bereich des Chores und »in der Mitte der Anlage, wo die Mauern über die alten Fluchten der Basilika nach außen gerückt sind, wurden neue Fundamente erforderlich« [38]. Das Projekt von 1758/59 – ohne Umgang – hielt die vorgegebenen Baulinien ein, der endgültige Entwurf – mit Umgang – überschritt die alten Fluchten jedoch teilweise, so daß zusätzliche Fundamente gelegt werden mußten.

Die Umgangsidee brachte Fischer vermutlich selbst als Alternative in die Planung ein. Vielleicht waren es die damit verbundenen funktionalen Vorteile [39], die Abt und Konvent wiederum die größere Version wählen und Mehrkosten in Kauf nehmen ließen.

*

Unabhängig von Fischer ist die Rotter Kirchenplanung für das 18. Jahrhundert generell exemplarisch. Geradezu rasant entwickelte sich das Unternehmen von der ›Reparatur‹ der romanischen Basilika zum umfassenden Neubau, der sich

Abb. Rott am Inn, Kirchensüdseite Nische mit Kreuzigungsfresko von Matthäus Günther, 1763

36 Vgl. die Grundrisse und Längsschnitts der Aufhausener und der Rotter Kirche in Band I S.55 und S.69. Die Vorbildfunktion Aufhausens für die Rotter Raumanlage betont u.a. schon Bernhard Schütz (Anm.10), 100 und 102.

37 Die Diagonalkapellen der ›oberen Kirche‹ in Ingolstadt besaßen zwei Fenster, an der Seite und in den Kapellenachsen; vgl. die Grundrisse sowie Aufnahmen des Innenraumes vor der Zerstörung, in Band I S.37 und 65 f. sowie im Band II S.189

38 Schütz (Anm.10), 89; s. auch WVZ 54, Nachricht vom -.5. und 24.8.1759.

39 Zur Funktionalität des Umgangssystems s. Franz Peter, in Band I S.68

während der Entwurfsphase zu einem das Kloster einbeziehenden Bauvorhaben ausweitete. Das Projekt bot ästhetisch ein Optimum, sein Volumen entsprach jedoch keineswegs den Erfordernissen und überstieg zudem die finanziellen Möglichkeiten des Auftraggebers. Dennoch betrieben Bauherr und Baumeister – wenn auch aus unterschiedlichen Motiven – nachdrücklich die Realisierung. Die gesetzlichen Schwierigkeiten, die der Genehmigung entgegenstanden, wurden umgangen; Rott verschwieg den Umfang der Baumaßnahme und beantragte nur eine Renovierung, die man notfalls mit dem verworfenen Feichtmayr/Rauch-Vorschlag hätte belegen können.

Sicher hatten die Beteiligten – Fischer, Abt und Konvent [40] – ihr Vorgehen abgesprochen und konnten aus uns unbekannten Gründen auf Zustimmung hoffen. Wer auch immer seine Verbindungen spielen ließ, das Kalkül ging auf. Als der kurfürstliche *Consens* vorlag, schuf das Kloster in merkwürdiger Eile Tatsachen, indem es vier Wochen darauf den Abbruch der alten Kirche in die Wege leitete. Jahre später, im Dezember 1771 – Rott muß sich für seine durch den Kirchenbau verursachte, hohe Verschuldung rechtfertigen – stellt Abt Benedikt den Gang der Dinge im Jahre 1759 ganz anders dar: *... allein da der Pau angefangen, liessen sich Umständte wahrnehmen, die mich, und ville gutgesünte Religiosen ville Nächt schlaflos machten. Die Wercksleute bewisen, daß der angefangene Pau gänzlich von Grund her neu gefiehret werden mueste, und ich konnte anders nicht, als denenselben in disen Puncten mich gänzlich zu überlassen, ...* [41].

Weiter führt der Abt aus, er habe sich damals nur widerstrebend dem Drängen des Konvents, eine neue Kirche zu bauen, gebeugt und darauf hingewiesen, *wie schwer dises in Gebrechung zuelänglicher Paarschaft, entgegen aber wie unanständig es seye, wen[n] der Gottesdienst auch nur einigermassen wegen einer paufälligen Kirchen Schaden leide.* Die angeblichen Skrupel verflüchtigten sich wohl spätestens beim Anblick der Zeichnungen und des Modells der neuen Kirche, mit dem Fischer im April 1759 aufwartete. Nun erhielt jeder auf eindrucksvolle Weise vor Augen geführt, worauf sich das Kloster eingelassen hatte, jetzt konnte sich auch der letzte Zweifler oder Mahner im direkten Vergleich davon überzeugen, worin der Gewinn gegenüber der ›Kirchenreparatur‹ von Feichtmayr und Rauch bestand.

Bei den zwei Augsburger Stukkatoren ist ein nicht zu kleines Gipsmodell des geplanten Innenraumes zu erwarten, das die alte Kirche der Länge nach geschnitten und offen zeigte. Anhand dieses Demonstrationsobjektes in der Art einer Puppenstube oder Krippe konnte sich jedermann eine gute Vorstellung von den geplanten Neuerungen in der Basilika verschaffen, zumal da gleichzeitig das Hochaltarmodell eingereicht wurde; denn Feichtmayr und Rauch werden den Minialtar vermutlich so bemessen haben, daß er in das Gehäuse des Raummodells gestellt werden konnte, um ihre geplante Modernisierung von Architektur und Einrichtung richtig ins Bild zu setzen. Fischers Kirchenmodell dürfte dagegen ein – vom Modellschreiner? – aus Holz gefertigter Hohlkörper gewesen sein, vielleicht mit plastischer Außengliederung und vermutlich ähnlich farbig gefaßt, wie das ebenfalls nur im Abbild überlieferte Kirchenmodell für Diessen [42]. Darüber hinaus zeigt das Rotter Modell sogar figürliche Bemalung, die beweist, daß an der dem Friedhof zugekehrten Kirchensüdseite immer ein Kruzifix dargestellt werden sollte; allerdings hätte es die Wandfläche zwischen Beinhaus und großem Mittelfenster fast in ganzer Höhe eingenommen und wäre somit um einiges größer ausgefallen als das Fresko »Christus am Kreuz«, das Matthäus Günther 1762/63 in die Nische der Südseite malte.

Für das ausgeführte Fresko hat sich eine lavierte Federzeichnung Günthers erhalten, die in die Zeit »um 1759/63« eingeordnet wird [43]. Als Anhaltspunkt für die frühe Datierung dient die schon weiter oben erwähnte Aufstellung aller Baukosten mit der bereits zitierten, aufschlußreichen Ausgabennotiz aus dem Jahr 1759:

40 Nachdem der Kirchenbau Rott in eine ausweglose finanzielle Lage getrieben hatte, rechtfertigt sich Abt Benedikt im Juni 1770, er habe *alle Gebäude auf vorherige Einwilligung desselben [Kapitels] unternommen, ja ... die Bauart selbst nach dem Wohlgefallen des Capitels getroffen*; BayHStA, KL 628/8. Der Konvent war also eingeweiht.

41 BayHStA, KL Fasz. 628/8

42 S. Kat.-Nr.9, in Band II S.18-22

43 Vgl. Ausst.-kat. »Matthäus Günther 1705-1788, Augsburg 1988, Kat. 48 (Norbert Jocher)

8. für verschiedene Modell, und andere vorgängige Arbeit, und Müehwaltung ist demselben [Baumeister] bezahlt worden 92 f.

Daran knüpfen folgende drei Posten an:

9. dem Stockador Feichtmayr in Augsburg wurde eben der Ursache willen bezahlt 11 f.

10. dem Maller [Günther] gleichermassen 43 f. 8 x

11. dem Bildhauer Götsch in Aybling 2 f. 30 x[44].

Somit gilt für den Stukkator Franz Xaver Feichtmayr, den Maler Matthäus Günther und den Bildhauer Joseph Götsch dasselbe wie für Johann Michael Fischer; sie wurden *für verschiedene Modell* entlohnt. Außerdem erhielt der Münchner Bildhauer Ignaz Günther *a[nn]o 1759 für das Modell zum Choraltar* 13 Gulden [45]. Erstaunlich daran ist, daß in dem Jahr, als der Kirchenbau gerade begonnen wurde, nicht nur der Architekt, sondern auch die Ausstattungskünstler Entwurfszeichnungen und -modelle, einreichten.

Keines der Modelle ist überliefert, erhalten haben sich nur einige gezeichnete und gemalte Entwürfe, die mit den genannten Modellen identifiziert werden. So auch die Matthäus Günther-Zeichnung für das Südwandfresko oder dessen Bozzetti für das östliche Kuppelfresko und für die Mittelkuppel der Rotter Kirche; man rechnet sie zu den 1759 bezahlten ›verschiedenen Modellen‹ und datiert sie entsprechend [46]. Daß Zweifel an dieser einseitigen Auslegung begründet sind, hat das Beispiel Fischer gezeigt. Nach Günthers Bezahlung zu urteilen, dürfte es außer zweidimensionalen Entwürfen wenigstens ein Modell gegeben haben, und zwar vorrangig für die Mittelkuppel. Der gemalte Entwurf schließt ein Entwurfsmodell nicht aus, stellte doch gerade die Konzeption eines Kuppelfreskos den Maler vor besondere Probleme. Beispielhaft ist die ausgemalte Gipsschale, mit der sich Matthäus Günther 1733/34 um die Freskierung der Kuppel in Diessen beworben hat [47].

Die 11 Gulden für den Augsburger Stukkator Franz Xaver Feichtmayr galten kaum ›verschiedenen‹ Modellen, sondern, wie schon im Mai 1758 [48], einem einzelnen Hochaltarmodell, dieses Mal allerdings für Fischers Kirche. Das Konkurrenzmodell reichte Ignaz Günther ein; er bekam dafür 13 Gulden und anschließend den Auftrag für den Hochaltar. Ebenso erging es dem Aiblinger Bildhauer Joseph Götsch; sein Entwurfsmodell, das mit 2 Gulden und 30 Kreuzern abgerechnet wurde, trug ihm am 27. Oktober 1759 den Vertrag über die Kanzel ein [49].

Zählt man alle genannten Modelle zusammen, müssen zu den bereits im Mai 1758 von Augsburg nach Rott transportierten zwei Modellen 1759 sieben weitere hinzugekommen sein: von Fischer das Entwurfsmodell des großen Projektes sowie jeweils ein Modell für die südliche und die westliche Kirchenfassade, wahrscheinlich ein Modell für das Fresko der Mittelkuppel, sowie zwei Modelle für den Hochaltar und das Kanzelmodell. Neben einer unbekannten Anzahl von Entwurfszeichnungen und Bozzetti ließ Rott insgesamt neun Modelle für sein – im reinsten Sinne des Wortes – kostbares Unterfangen anfertigen und wandte dafür 201 Gulden und 38 Kreuzer auf – eine gute Investition und ein verschwindend geringer Betrag im Verhältnis zu der Gesamtsumme des Kirchenbaues in Höhe von rund 53.000 Gulden, nicht eingerechnet knapp 11.000 Gulden für die Ausstattung [50]. Von den ermittelten Modellen existierte in den 90er Jahren des 18. Jahrhunderts nurmehr das Feichtmayr/Rauch-Modell [51], bezeichnenderweise der ad acta gelegte Vorschlag. Alle anderen haben vielleicht nicht einmal die Bauzeit überstanden.

Aber warum hätte man auch mehr als das Modell von 1758, das als einziges an die alte Basilika erinnerte, aufbewahren sollen? Ab 1763, als die neue Kirche mitsamt ihrer wandfesten Ausstattung und der wesentlichen Einrichtung stand, waren die Entwurfsmodelle überflüssig, Fischers Kirchenmodell ebenso wie die vermutlich im Maßstab darauf bezogenen Modelle für die Kuppelausmalung, für den Hochaltar und die Kanzel [52]. Die Kirche im Kleinformat war

44 BayHStA, KL Rott am Inn 86; s. auch Anm.21. Diese undatierten Zahlungen werden fälschlich mit dem 30.4.1759, als Fischer 50 Gulden für den *3fachen Kirchen Riss* erhielt, in Verbindung gebracht; vgl. Birkmaier (Anm.3), 73.

45 BayHStA, KL Rott am Inn 61, p.46

46 Vgl. Ausst.-kat. »Günther« (Anm.43), 246-251, Kat.46-47 (Gode Krämer); die Bozzetti werden dort »1759« bzw. »um 1759« angesetzt.

47 S. WVZ 12

48 S. weiter oben S.85

49 Vgl. WVZ 54. Erhaltene Beispiele für die hier aufgeführten, verschiedenen Modelle finden sich im Ausst.-kat. »Bayerische Rokokoplastik. Vom Entwurf zur Ausführung«, München 1985.

50 BayHStA, KL Fasz. 628/8. Den hier genannten Summen liegt eine Liste aus dem Jahr 1771 mit den Ausgaben für Kirchenbau und Kirchenzier von 1759 bis 1765 inclusive zugrunde; s. auch WVZ 54. Daneben gibt es noch andere Verzeichnisse, z.B. die von Willi Birkmaier edierten *Extract der Uncosten* (BayHStA, KL Rott am Inn 61) und *Intra Quinquennium* (BayHStA, KL Rott am Inn 86); s. WVZ 54, Anm.1. Die verschiedenen Aufstellungen kommen zu unterschiedlichen Ergebnissen, so daß keine verläßlichen Zahlen bekannt sind. Ausdruck dessen sind die differierenden Angaben in der Literatur; vgl. u.a. Birkmaier (Anm.3), 75 f. und 76 sowie Matthäus Pest, Die Finanzierung des süddeutschen Kirchen- und Klosterbaues in der Barockzeit, München 1937, 108.

51 BayHStA, KL Rott am Inn 86

52 Zur Maßstäblichkeit von Baumodell und Ausstattungsmodellen vgl. Kat.-Nr.9, in Band II S.21

nur so lange erforderlich, wie sie ihre Funktion als Entscheidungshilfe für den Auftraggeber und als Ausgangsbasis für die am Bau und seiner Ausstattung beteiligten Künstler erfüllte. Ohne sie hätten Matthäus Günther, Ignaz Günther und Joseph Götsch 1759 kaum ausführungsreife Entwürfe ausarbeiten können, weil damals nicht einmal der Chorraum des Kirchenneubaues fertiggestellt war. Orientieren und inspirieren lassen konnten sich der Maler und die zwei Bildhauer nur im projektierten Raum des Fischer-Kirchenmodells; dafür fertigten sie ihre Modelle an.

Außer den vier zur Realisierung bestimmten Entwurfsmodellen kennen wir bisher sieben Entwürfe das Malers Günther – sowohl für seine Fresken als auch für die Altargemälde [53] – sowie acht Zeichnungen des Bildhauers Günther für die Altäre [54] und müssen davon ausgehen, daß einst noch sehr viel mehr vorhanden waren. Durch diesen entwurfsintensiven Planungsprozeß war das Projekt so gut vorbereitet, daß es in wenig mehr als drei Jahren realisiert werden konnte. Die kurze, konzentrierte Planungsphase hat außerdem dazu beigetragen, in der Klosterkirche von Rott am Inn die immer wieder bewunderte Harmonie von Architektur und Ausstattung zu erreichen; bereits in den ersten ›Studien über Barock und Rokoko in Oberbayern‹ wird die Einheitlichkeit des Baues – »so recht ein Kunstwerk aus einem Gusse« [55] – hervorgehoben. Wenn je, dann wäre dieser Bau mit dem strapazierten Begriff ›Gesamtkunstwerk‹ zu belegen.

Während der Abt als Motor des Unternehmens zu betrachten ist, fällt Fischer der Ruhm des von Anfang an planenden, organisierenden, koordinierenden und ausführenden Architekten zu, der in Rott die Summe seiner baumeisterlichen und unternehmerischen Erfahrungen ziehen konnte. Nicht umsonst setzte das Kloster dem Baumeister in der Urkunde, die anläßlich der Grundsteinlegung am 4. Juni 1759 verfaßt wurde, ein Denkmal in schriftlicher Form und brüstete sich zugleich selbst, den ›berühmten und fähigen Herrn Fischer, der mehr als zwanzig Kirchen entweder repariert oder von Grund auf errichtet hat‹ [56], für den eigenen Kirchenbau gewonnen zu haben.

Rott am Inn: eine Kirchenplanung, die durch keinen einzigen Bauplan, aber durch einige Entwürfe zur Ausstattung und selten ergiebige Schriftquellen dokumentiert ist. Welche Ironie, daß wir die reichen Informationen der Verschuldung verdanken, in die der Kirchenbau das Kloster getrieben hat. Auf die wirtschaftliche Notlage aufmerksam geworden, forderte der Geistliche Rat Abt Benedikt im Juni 1770 auf, binnen sechs Wochen alle Rechnungen der letzten 12 Jahre zusammenzustellen und vorzulegen. Zwei Monate später reichte Rott die ersten Jahresrechnungen ein. Mit der Eingangsbestätigung vom 25. August 1770 übersandte der Geistliche Rat ein Duplikat des kurfürstlichen Mandats vom 5. August 1757 und das dazugehörige Rechnungsformular [57]. Beide waren dem Abt bis dahin angeblich unbekannt. Seine Erklärung vom 1. Dezember 1771, er wäre ein Opfer der *Wercksleute* geworden, weil *selbe anfänglich die wahrhafte, und nur ihnen bekannte Unkösten bey ied eraigneten Pau verhillen*, schloß: *Ich kann aber ... versichern, daß widerholt g[nä]d[ig]iste G[ene]ral Verordnung [von 1757] mir alsdann erst zu Gesicht gekomen, wie mir meine abgelegt erste Rechnungen als unbrauchbahr remitiert, und ein Formular comunicieret worden* [58].

Sollte man in Rott wirklich erst 1770 von dem Generalmandat des Jahres 1757 Kenntnis erlangt haben ?

53 Vgl. Ausst.-kat. »Günther« (Anm.43), 246-251 (Kat.46-48) und 290-295 (Kat.82-83, 85-86)

54 Vgl. Gerhard P. Woeckel, Ignaz Günther. Die Handzeichnungen, Weißenhorn 1975, 288-300 (Nr.42-46b), 356-365 (Nr.57-58)

55 Berthold Riehl, Studien über Barock und Rokoko in Oberbayern, in: Zeitschrift des bayer. Kunstgewerbe-Vereins 1893, 25

56 *Porro formam Ecclesiae praesentis aedificii concepit et in lineas fundamentales descripsit Dominus Joannes Michael Fischer Architectus hoc aevo ab Ecclesiis plusquam viginti tum reparatis, tum a fundamento exstructis tam celebris, quam peritus;* BayHStA, KL Rott am Inn 61.

57 S. weiter oben S.87 und Anm.17

58 BayHStA, KL Fasz.628/8; s. auch Birkmaier (Anm.3), 76 f.

Anton H. Konrad

Ein unbekanntes Schloßprojekt in Oberschwaben [1]

Die oberschwäbische Architektur um 1740 prägen einheimische Kräfte, die sich in der vorausgehenden Generation seit 1710/20 durchzusetzen beginnen. Dieses Land wird vom Adel und von den Klöstern in ›zahllosen‹ Herrschaften regiert – eine Voraussetzung für das überaus starke Anwachsen der Bautätigkeit um 1700 und später. Diese Fülle von Bauaufgaben wird von Baumeistern und Architekten gelöst, die sich ihre Stellung erarbeitet haben auf der Grundlage ihres erlernten Maurer- und Gipserberufes. Die Beschäftigung mit der Architekturtheorie anhand der nun laufend erscheinenden Stichwerke und ihre unternehmerische Tüchtigkeit wappnen diese Baumeister für alle an sie herangetragenen Aufgaben, zu denen namentlich die Neuanlage großer Klosterkomplexe zählt, in geringerem Umfang der Neubau oder die Modernisierung der Schlösser des Adels und des Deutschen Ordens.

Unter den Baumeistern, die zwischen 1700 und 1740 die Vorherrschaft der Vorarlberger Barockbaumeister brechen, ist Christian Wiedemann (um 1675-1739) ein Musterbeispiel. Sein Tätigkeitsfeld als Klosterbaumeister in dem Gebiet an Donau und Iller war sehr ausgedehnt: es reichte von der Abtei Wald in Hohenzollern bis Fultenbach und Roggenburg im heutigen Bayerisch-Schwaben. Die Klöster Ochsenhausen, Wiblingen, (Ober-) Elchingen und Buxheim beschäftigten ihn als Stiftsbaumeister; auch das Augustinerkloster in Lauingen und das Chorherrenstift in Wiesensteig übertragen ihm den Umbau ihrer Kirchen. Mit ihm arbeiteten vielfach andere Mitglieder seiner Familie, so in Wald sein Bruder Hans Georg Wiedemann, Baumeister in Ehingen; dort diente beiden eine bisher nicht erkannte jahrelange Tätigkeit als Werkmeister am Schloßbau in Ludwigsburg als Referenz. Johann Wiedemann in Ehingen, ein weiterer Bruder, und dessen Sohn Dominikus sind nach Christian Wiedemanns Tod auch weiterhin Baumeister der Abteien (Ober-) Elchingen, Wiblingen und Ochsenhausen.

Fremde Architekten werden nur für außerordentliche Aufgaben herangezogen, deren Konzeption von den bedeutendsten Architekten der Zeit entwickelt werden sollte. Unter diesem Gesichtspunkt überträgt der Abt von Zwiefalten 1741 die Fortsetzung des stockenden Neubaus der Stiftskirche dem Münchner Johann Michael Fischer, der Abt von Neresheim 1747 die Planung der künftigen Kirche an Balthasar Neumann aus Würzburg; der Abt von Ottobeuren zieht, nachdem mehrere Planungsstadien, u.a. mit Joseph Schmuzer, Kaspar Radmiller und Dominikus Zimmermann überwunden sind und der Bau unter Simpert Kramer bereits in die Höhe wächst, 1744 den Münchner Hofbaumeister Effner und danach, 1748, Johann Michael Fischer hinzu.

Die Situation der Architektur in Oberschwaben in diesen Jahren beleuchtet schlaglichtartig die Geschichte eines an sich unbeträchtlichen Schloßprojekts, das der Forschung bislang entgangen ist, da der ausgeführte Bau 1817 abgetragen wurde [2], alte Ansichten und Bauakten aber unbekannt geblieben sind.

Das Schlößchen in Donaurieden (Alb-Donau-Kreis Ulm, Baden-Württemberg), von dem hier die Rede ist, wurde 1744 als ›Landhaus‹ des Landvogts von Rottenburg, Freiherrn Carl von Ulm-Erbach auf Werenwag, geplant und errichtet. Als Erblandvogt der vorderösterreichischen Grafschaft Hohenberg (mit dem Amtssitz in Rottenburg am Neckar) besaß der Baron die in dieser Grafschaft gelegenen Herrschaften Werenwag, Kallenberg, Poltringen und Oberndorf bei Tübingen als österreichische Mannlehen. Daneben gehörte ihm als Allod der Familie die Herrschaft Donaurieden, die lediglich aus diesem kleinen Dorf bestand.

1 Ursprünglich ein Beitrag zur Festschrift für Herbert Siebenhüner, Würzburg 1968, die aber nicht gedruckt wurde.

2 Julius Baum/Hans Klaiber/Bertold Pfeiffer, Oberamt Ehingen (Kunst- und Altertumsdenkmale in Württemberg, Donaukreis 1), Esslingen 1914, 517 und Alfons Kasper, Kunstwanderungen kreuz und quer der Donau, IV, Schussenried 1965, 113

Freiherr Carl von Ulm hatte die Absicht, mehrmals im Jahr einige Tage in Donaurieden zu verbringen. Für diese kurzen Sommeraufenthalte plante er ein Schlößchen, das ein älteres, schon 1676 genanntes und 1744 abgebrochenes ersetzen sollte.

Das Schloß wurde – nach der einem Adeligen der Zeit durchaus ›anstehenden‹ Sitte – von dem dilettierenden Bauherrn selbst bzw. hauptsächlich von seinem ›Intimus‹ in Donaurieden, Thomas Hacker, Benefiziat in Erbach und Inhaber der Kaplanei Donaurieden, entworfen. Thomas Hacker, bislang nur durch die von ihm begründete Hackersche Stiftung als Wohltäter Erbachs in Erinnerung, erweist sich in den Bauakten als Planentwerfer und freiherrlicher Baudirektor des Donaurieder ›Schloß-Bauwesens‹.

Die Geschichte dieses Landschlößchens vermag – nachdem der Bau selbst leider zugrundegegangen ist – immerhin noch eine Fülle von Fakten für die schwäbische Künstlergeschichte zu liefern und ist als nahezu vollständig dokumentierter Schloßneubau ein bemerkenswerter Baustein für die Kenntnis der Rokokoarchitektur Schwabens. Von der einer späteren Publikation vorbehaltenen Gesamtdarstellung sei hier nur der Anteil des Münchner Architekten Johann Michael Fischer an der Planung des Schlößchens durch Mitteilung der Dokumente veröffentlicht. Die Planungen und die Erbauung sind im Freiherrlich von Ulm-Erbachschen Archiv auf Schloß Erbach belegt[3], in einem Konvolut größtenteils in französischer Sprache geschriebener Briefe Hackers an den Landvogt in Rottenburg[4] und in den Baurechnungen für die Jahre 1744/1760[5].

Die Situation im Winter 1744/45, nach Abbruch des alten Schlößchens, gibt eine Briefstelle Hackers vom 6. Januar 1745 wieder, also während der Monate, in denen das Land noch von Einquartierungen und Truppendurchzügen des erst 1748 beendeten Österreichischen Erbfolgekriegs berührt wird: *Je me suis appliqué long temp à la lecture du livre d'architecture moderne pour mieux apprendre les principes, maximes et proportions, que j'ignorois auparavant, et qui guidèrent mes ouvrages apprèz. Je me suis principalement appliqué au Plan generale, et pour les deux ailes, car pour le Corps de Logie je scais que vous étèz si difficille qu'il vous faut un architecte plus habile que moi pour vous satisfaire*[6].

Weiter unten schreibt der in die Gesetze der Architektur eindringende Geistliche: *Cependant comme je m'entéte nullement de mes propres productions nous pourrions donner ces Plans à l'Examen de quelques architects comme celui de Wiblingen et Oxenhausen, ou si vous voulez à M. Fis[c]her ...*[7].

Für die Revision der selbstgefertigten Pläne werden hier an der Jahreswende 1744/1745 in bezeichnenderweise also die Baumeister der nächstliegenden großen Stifte ins Auge gefaßt, speziell der von Wiblingen und Ochsenhausen. Gemeint ist wohl Johann Wiedemann aus Ehingen[8], oder, sofern es der Baron als Bauherr wünschte, der offensichtlich schon zuvor mündlich ins Gespräch gebrachte Johann Michael Fischer, der seit 1741 für Zwiefalten arbeitete[9].

Die eigene Planung Hackers und die Vorstellungen des Barons scheinen im Frühjahr 1745 so weit gediehen zu sein, daß man sich jetzt an Fischer wenden konnte. In der Baurechnung für 1745 sind folgende Ausgaben festgehalten:
Den 5. Juni einen Brief an H[errn] Baumeister Fischer nacher München Postgeld 6 kr.
Den 15. Juni ist H[err] Baumeister Fischer von München bei mir gewesen. Dessen Pferd hat über Nacht in dem Würthshaus verzehrt 36 kr.

Die Gespräche zwischen Benefiziat Hacker und Fischer im Sommer 1745 führten zur Planung eines Schlosses durch den Münchner Architekten. Den leider nicht mehr bei den Akten liegenden Plänen Fischers lag folgendes Begleitschreiben bei:

Hochwürdiger Woledl und Hochgelehrt, Hochgeehrtester Herr und Batron. Euer Hochwürden übersendte, wie wohl etwas wider mein Versprechen spädter (weilen hierzwischen einige nothwendige Reisen Oberlandts Bayrn vorgefallen)

3 Für die gütige Erlaubnis, die Quellen zu benutzen, sei an dieser Stelle S. H. Eberhard Freiherrn von Ulm-Erbach (†) herzlich gedankt.

4 Frh. v. Ulm-Erbachsches Archiv, Erbach, Abt. Familienarchiv, Fasz. 360

5 Frh. v. Ulm-Erbachsches Archiv, Erbach, Abt. Herrschaftsarchiv, Fasz. 1241

6 Übersetzt von Christl Karnehm, München, die freundlicherweise auch die nachfolgenden französischen Textstellen übertrug: ›Ich habe mich lange mit der Lektüre zeitgenössischer Architekturtraktate beschäftigt, um mir Prinzipien, Maxime (Forderungen) und Proportionen anzueignen, die mir vorher unbekannt waren, die jedoch später meine Werke bestimmten. Ich habe mich hauptsächlich auf den Situationsplan und die beiden Seitenflügel konzentriert, wohl wissend, daß Sie für den Corps de logis sehr anspruchsvoll sind und es eines geschickteren (geübteren) Architekten als ich es bin, bedarf, um Sie zufriedenzustellen‹.

7 Übersetzt: ›Jedoch, da ich mich keineswegs auf meine eigenen Entwürfe versteife, können wir diese Pläne einigen Architekten zur Prüfung vorlegen, wie dem von Wiblingen und Ochsenhausen, oder, wenn Sie es wünschen, Herrn Fischer ...‹

8 Johann Wiedemann ist vermutlich der Baumeister in Wiblingen, dem man schon 1744 mehrmals Risse übersendet. Später findet man ihn auch bei einer gutachtlichen Besichtigung in Schloß Werenwag. Am 2. Juli 1748 schreibt Hacker an den Baron: *Widemann au retour de Wernwag m'a porté d'agrendissement dela maisonnette des faisans. Je lui ai d'abord dit qu'il ne sera rien. Il est bon masron, mais pour faire des projects ce n'est pas son affaire: Son fils pourroit devenir habile, s'il etoit bien mêne, et employé.* Übersetzt: ›Wiedemann hat mir auf dem Rückweg von Werenwag die Erweiterung des Fasanenhäuschens mitgebracht. Ich habe ihm zunächst gesagt, daß es nichts werden wird. Er ist ein guter Baumeister, aber Planungen sind nicht seine Sache. Sein Sohn [Dominikus Wiedemann] könnte geschickt werden, wenn er gut angeleitet und beschäftigt wird‹.
1746-1748 erbaut Johann Wiedemann im Auftrag des Reichsstifts (Ober-) Elchingen die Pfarrkirche in Straß (Kr. Neu-Ulm), 1752-1753 für die Reichsabtei Ochsenhausen die Pfarrkirche in Winterrieden (Babenhausen, Kr. Unterallgäu).

9 S. WVZ 67

die 2 verffertilgte Grundt Riß, sambt dem gantzen Blan, und einen Durchschnidt, alwo sich man genugsamb erkennen wird, wie solches Gebey in seiner Stöllung und Anlegung des Garttens herauskomme, worbey zwar der dritte Grundtriß ermanglet, indeme solcher für unnöttig von darumben erachtet, ob vielleicht dieser nach dem andern Grundt, oder sonst nach Belieben einzurichten sein wird, und weiters, was anbelangt dem Gartten, damit dieses alles Regular anzulegen, solte nothwendig etwas von dem Nachbahren ein Theil genohmen, entgegen aber anderntheil etwas deme beylegen kunte, damit solches in gleiche Verabwexlung eingetheilt würdte. Wehre aber dises erforderliche nit zu haben und zu bekommen, mießte halt eine wenige Irregularitet nit geachtet werden, massen die Anlegung des vorbezeichneten Garttens Riß sowohl ein als in anderweg kan gebraucht werden, wan anderst der Gedanken (welcher gar nit kostbahr ist) anstendig sey, dan weilen die Zierathen des Garttens nur mehren theils im Wasserstuken bestehet, doch in Underscheidt etwas weniges von Puxbaum und auch Dulloplano Flor sich auch befindet.

Concernierent der Faciaten Riß, ist dieser zwar auch nit ferdig, so man aber mehrentheils der Stellung nach des Grundtriß ihnnen ohnedem gar leichtlich einbilden und vorstellen kan; ich werde aber solchen nach meiner auf Zwifalten iner 8 Tagen vorhabenter Reis, also gleich nach meiner Ankonfft zum ersten verferdigen, wie auch in meiner Hinausreiß nacher Zwifalten will ich die Ehre suchen mit Euer Hochwürden auf meiner Zuruckreis derentwillen zu conferieren. Indessen verhoffe Euer Hochwürden in volkommenem Vergniegen anzutreffen, der ich mich wie allzeit mit aller Veneration empfehle als

Euer Hochwürden — *gehorsamber Diener*
München, den 13. Octobris 1745 — *Joh. Michael Fischer*
Chur Cöln. Hofbaumeister mppria.

P.S. Die von Euer Hochwürden noch habente Riß werde ich mit meiner vorhabenter Reis nacher Zwyfalten selbst mitbringen, wegen Unkosten der Bost solche zuruckbehalten.

Der versprochene zweite Besuch Fischers in Erbach fand tatsächlich bei dessen Rückreise von der vorgesehenen Fahrt nach Zwiefalten noch im Oktober 1745 statt: *Den 31. Octobris ist H. Baumeister Fischer v. München zu mir gekommen, wegen seines yberschikhten Haubt- und Grundt Riss sich zu unterreden. Diesem habe auf Befelch des gdg. Herrn für seine Riss und Bemiehung als Discretion gegeben 10 halbe Carlines, so ausmachen 48 fl.* [10].

Bei diesem Besuch, bei dem Fischer – wie der übernächste Brief vom 30. Januar 1746 zeigt – in Erbach noch einige Grundrisse entwickelte, besorgte Hacker im Auftrag des Barons von Ulm sogleich die Honorierung des Baumeisters, was darauf hindeutet, daß man sich schon damals mit den gelieferten Ideen begnügen wollte. Am 4. Dezember treffen – laut Baurechnung – in Erbach weitere Risse Fischers ein, welche zusammen mit dem Begleitschreiben verschollen sind. Am 30. Januar 1746 übersendet Fischer weitere Pläne und eine ausführliche *Explication* dieser Risse [11]. Beide Dokumente können hier im Wortlaut, jedoch ohne die zugehörigen Pläne wiedergegeben werden:

Hochwürdiger Woledl und Hochgelehrt Gnädiger Herr und Batron. Hierbey komme nun mit der versprochenen Schloß Faciata, dann mit iennneren 2 Grundtriß über die bereits in Erabach verfertigte, wovon Euer Hochwürden zwar bis dato nichts wissen, doch aber ich für besser in ein so andern ausgeführter halte, wie alles die mitgehent ausführliche Explication zu erkennen gibet, bis an iennes davon mir annoch die aigentlich g[nä]dige Intention ermanglet, so aber in meiner darausigen Anweesenheit beschehen kan. Und erwarthe ie ehender ie lieber die Benambsung der Zeit zum Anfang des Baus, damit desto leichter einen hierzu tauglicheren Ballier aussuchen dahin könte,

10 Wie Anm.5 (Baurechnung 1745)

11 Die Anschrift lautet: *Dem Hochwürdig Woledl und Hochgelehrten Herrn Thomas Hacker Hochfreyherrl. Ulm Beneficiaten zu Erbach, meinen gdg. Herrn und Batron / franco Erbach Augspurg unweid Ulm* (Petschaftssiegel Fischers)

weillen überigen nit zweiflete, es wirdet auch der Bau selbst mir g[nä]dig anverthraut werden, da ich hirfür kheinen mehrern Verdienst verlange, weder andere in der Refier etwan annehmen könten. Ohnverhalten zur vorläufigen Bericht auch (massen mindlich villeicht deitlichere Erleichterung zu machen) daß fahls etwan der Riß und das Gebäu nach dem französischen Schuech zu groß erachtet werden solte, daß alles Gebäu und angezeigte Gelegenheit durch einen kleineren Werckhschuech enger zusammen gezogen werden kan. Indessen thuet sich mein Wenigkeit zu Euer Hochwürden hochschätzbahrer Gewogenheit iederzeit bestermaßen recommendieren und under erbittenter gr[und]g[ütiger] Antwortt alstettes verbleiben

Euer Hochwürden Woledl	*gehorsambster Diener*
München den 30. Jan.	*Joh. Michael Fischer*
1746	*Chur Cöln. Hofbaumeister mppria.*

Explication
yber bey ligente Schloßbau Riß so nach den Num. zu erkennen.
Verfaßt a[nn]o 1746.

N°. 1 ist der Erste Grundt Riß zu ebener Erden
2 Eingang und Vorhaus des Schlosses.
3 Freyer Zuegang der Hauptstiegen, und alwo sich die Haubtstiegen befinde under welcher Stiegen der Eingang zu allen Kellern zu machen.
4 Zimmer in ersten Riß vor die Herrschaften zu beliebiger Komlichkeit. Und wie auch N°.
5 ein darzu gehöriges Neben Zimmer vor die Herrschaft.
6 Zimmer vor einen Herrn Secretario.
7 Zimmer vor Bediente oder Lagey.
8 Schlaff Kammer vor Bediente.
9 Kuchel Stuben.
10 Kuchel sambt der Zugehör, als nemblichen der Kuchelherdt, Windtöfen, Basteden Öfen, Wasser Khrandt und Anrichtdisch.
11 Speisgewölb nechst bey der Kuchel.
12 Hausgewölb oder Chergadten.
13 S.V. Briveter alwo sich deren Orts zwey befinden.
14 Holtzleg vor die Kuchel und andere Öffen.
15 Nun volget der andere Grundtriß über ein Stiegen.
16 Ausgang und Vorblatz der Haubtstiegen, wordurch der Eingang zu allen Zimmern mit seinen Vorblatz an zeichet.
17 Sallet oder Dafelzimmer.
18 Vor- oder erstes Barade Zimmer.
19 Schlafzimmer hierzu
20 Das Cabinet.
21 Garterober und ist zugleich ein Zimmer, alwo die Camer-Jungfrau zu wohnen Platz findet.
22 Eine Schloß Cappelen.
23 Ist ein Vor Zimmer, so wan die Herrschaft zur Zeidten ordinare comod beysammen wohnen wollen, und N°.
24 das da zue gehörige Schlaf Zimmer, und das Dafel Zimmer zu gleich für ein Vor Zimmer diennen kan.
25 Cabinet zu dem iehnigen Zimmer,
26 und die Garterober darzue, worinnen auch ein Secretarie oder Cammerdiener Blatz find zu wohnen.
27 S.V. Brivet über ein Stiegen.
28 Underschiedliche Holtzlegen.
29 Die auswendige Stiegen und Aufßgang von dem Schloß in dem obern Gardten, wordurch ein Fenster und solcher Stiegen, in dem under Vorplatz der Hauptstiegen kan gemacht werden; und letztlichen N°.

12 Übersetzt: ›Bericht zum Situationsplan, und Detailpläne zum Kernbau, den Seitenflügeln, des Hofes, der Terrassen, Wasser- und Gartenanlagen in Donaurieden‹.

13 Übersetzt: ›Nr. 1 Situationsplan, Nr. 2 Grundriß des Erdgeschosses des *Corps de logis*, Nr. 3 Aufriß des *Corps de logis* und der Hofseite‹.

30 ist die Haubt Faciaten wie solche gegen dem Haubt Gardten, und Sonen Aufgang anzusehen ist.

Was anlangent daß dritte Gaden des Schloßgebey, seind die Grundt- auch andere Riß von dennen Stallungen, Wagenschupfen und dergleichen noch zu machen, weil mir die eigentlich gdige. Intention noch ermanglet, will ich solche alda in Loco verferdigen, damit solche nach rechter Meinung der Herrschaft ausgemacht und eingerichtet werden. Die Haubt Faciaten kan man nach Anzeig des Riß von Quadratur also ausmachen lassen, oder solche auf dergleichen Arth gemahlen werden, was auch anbelangt die Zierath auf dem Franton, wan die sitzeten Figuren oder Statuen nit alda beliebig sein sollen, so kundten anstatt dessen Basi dahin angebracht werden, wie auch wan dergleichen Gebey eines Schloß conform sein solle, also wehre nothwendig ein kleines Thürnlein darauf zusetzen, damit solches Schloßartiger heraus kommete, wie dann in der Faciaten zu ersehen ist.

Nach der *Explication* läßt sich wenigstens ein Vergleich der Raumprogramme der verschiedenen Projekte Fischers und des Benefiziaten Hacker durchführen. Das Programm Hackers lag als Anlage dessen Schreiben an den Baron vom 10. Februar oder 21. April 1746 bei; es beschreibt auf fünf Seiten unter dem Titel *Avertissement sur le Plan générale, et particuliers de la maison, de ses ailes, cour, terrasses, eaux et jardin de Donaurieden* [12] des Benefiziaten eigene drei Risse: *No. 1. Le Plan generale. No. 2 Plan au Rez de Chaussée du Corps de Logie. No. 3. L'Elevation du Corps de Logie du Côtté de la Cour.* [13] Als Unterlage für den ausgeführten Bau sind die Kupferstiche mit Grundrissen und Aufriß des Schlosses und seines Gartens aus Pierre Michel d'Ixnards »Recueil d'Architecture« (Straßburg 1791) heranzuziehen, die das nach dem Jahr 1768 von d'Ixnard (1723-1795) erneuerte Schlößchen als dessen eigene Schöpfung ausgeben [14].

Fischers Raumprogramm deckte sich weitgehend – mit Ausnahme eines von ihm ins Auge gefaßten dritten Geschosses – mit dem Hackers und mit dem durch d'Ixnards Kupferstiche und eine Planfolge für das Schlößchen aus dem Jahr 1756 [15]. Doch nahmen die Risse Fischers ohne Zweifel auf die örtlichen Gegebenheiten eines zu kleinen und dazu noch unregelmäßig rechteckigen und stark abfallenden Grundstücks zu wenig Rücksicht; sie dürften im Detail für ein kaum bewohntes ›Landhaus‹ auch etwas zu aufwendig ausgefallen sein. Dazu scheint Benefiziat Hacker in seine eigenen Pläne schon zu sehr verliebt gewesen zu sein. Jedenfalls redet er seinem Herrn mit Schreiben vom 10. Februar 1746 weitere Kontakte mit Fischer aus [16]:

›Monsieur.

Wenn die Baumaterialien und das Geld hierfür sich täglich so vermehren werden wie die Risse für Ihr Bauvorhaben, so haben wir bald einen vortrefflichen Bau. Denn hier schicke ich Ihnen ein neues Projekt, das mir Herr Fischer aus München sendet. Es gefällt mir so wie sein erstes; er bringt immer seinen Grundriß, auf dem das Haus auf drei Seiten von Garten umgeben ist, was nicht nur das Erdgeschoß sehr feucht, ungesund und schattig macht; das Projekt zieht überdies sehr beträchtliche Mehrkosten nach sich, da es die Einwölbung des ganzen Erdgeschosses vorsieht. Ich gebe zu, dies entspricht den Regeln der Baukunst und ist sehr solide gedacht, doch bin ich sicher, daß Ihr Landhaus keine Bomben auszuhalten braucht. Sein Projekt beinhaltet auch eine Menge Winkelwerk und eine ganze Anzahl unnützer Bequemlichkeiten; die Stiegen sitzen schlecht plaziert und zeugen von wenig Geschmack – es gefällt mir überhaupt nicht. Allerdings ist der Aufriß schön gezeichnet und sauber laviert, jedoch mit überflüssigem Ornament und Flitterwerk. Ich lege Ihnen auch den Brief bei, den er mir geschrieben hat. Ohne Ihren Entschluß abzuwarten, habe ich ihm gemäß beiliegender Kopie geantwortet; bitte, haben Sie die Güte mir

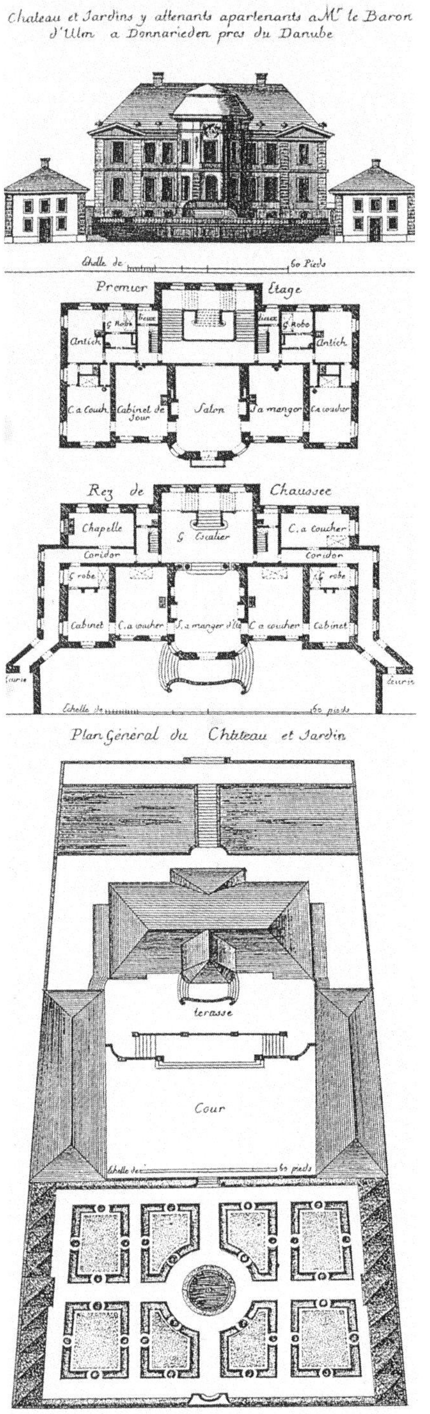

Abb. Donaurieden
Sommerschloß der Freiherrn
von Ulm-Erbach
in Pierre Michel d'Ixnards Stichwerk
»Recueil d'Architecture«, 1791

14 Vgl. Erich Franz, Pierre Michel d'Ixnard 1723-1795, Weißenhorn 1985, 94

15 StA Koblenz, 1 C 2379

16 Anschließend das Schreiben in Übersetzung des Verfassers

mitzuteilen, was ich ihm noch schreiben kann. Auf Ihre baldige Nachricht und auf die – wie ich hoffe – endgültigen Risse bin ich sehr gespannt. Denn wenn ich auch annehme, daß man in diesem Jahr hier noch nichts machen wird, ist es indessen doch sehr notwendig, die Risse lange vor Baubeginn vorliegen zu haben; die Gründe dafür sind Ihnen ja selbst bekannt. ...‹

Der hinhaltende Antwortbrief an den Münchner Baumeister lautet nach dem Briefkonzept wie folgt:

Copia litterae an H. Baumeister Fischer zu München dato Erbach den 10. Februar 1746.
Attestire den Empfang dero wertist vom 30. Januar an mich erlassenen sambt beygelegenen zwayer Grundt- und Aufriss einer proiectirdten herrschaftlichen Behausung. Ich ermangle nicht, all obiges sub dato an die gdige. Herrschaft zu überschikhen, worüber sodann dero gdge. Meinung mich gewärtige. Indessen kann meinem hochgeehrtesten Herrn vorlaifig gantz gewiss melden, daß gegenwärtiges Jahr an diesem Bauwesen nicht das mindeste wirdt vorgenohmen werden, und dises aus seiner erhöblichen Ursachen.

Was ybrigens die Riss und dero Project selbsten anbelanget, so bin ich allerdings der herrschaftlichen Meinung insoweith versichert, daß man nicht gesinnet, das Hauptgebay mit dem oberen Garten anzuhängen und zu verkniefen, wie der Plan meines hochgeehrt. Herrn lautet, sondern es würdt dises Gebay mit einer Terrasse von allen Seithen ganz frey zu stehen kommen müssen. Item würdt man sich glaublich begniegen mit 2 Stockwerkh, indem für ordinaire die Herrschaft allda nicht wohnen wirdt, sondern nur dan und wan nach gdg. Wohlgefallen. Es arbaitet würklich der gdge. Herr selbsten an einem ihme gefälligen Proiect, und wan dises zustandt kombt, so hoffe, man werde es mir zuschikhen. Dises würdt so dan die Richtschnur seyn, von welcher man haubtsächlich nicht würdt abgehen dürfen, sondern man würdt es alleinig revidieren, und in ein so anderen nach der geschikhten Bau praxi einrichten miessen. Was aber meinem hochgeehrt. Herrn anzufiegen beliebt, es möchte nemblich demselben der Bau anvertraut werden, so ist mir noch zur Zeithen die gdge. Intention nicht bekannt, was ich aber meines wenigen ... hierzu beytragen kan, solle nicht ermangelen. Das ganze Wesen ist eben von keiner besonderen Consideration. Ein geiebter und nach den vorgelegten Rissen zu arbaithen gewohnter Balier würdt alles ganz wohl und leicht zustandt bringen.

Indessen wan mir die fernere gdge. herrschaftl. Intention in ein so anderen würd bekant gemacht werden, so solle nicht ermanglen, meinem hochgeehrten Herrn noch in Zeythen hiervon Nachricht zu geben. Der ich ihme mit viller Estimie verharre ...

Fischer erscheint fortan nicht mehr in den Bauakten. Seine Baurisse sind nicht auffindbar. Indessen beschäftigte Hacker von Januar bis März 1747 den jungen Baumeister Dominikus Wiedemann an insgesamt 21 Tagen damit, Hackers Ideen für das Schloß Donaurieden zu Papier zu bringen. Die Risse werden jeweils durch Boten nach Ulm gesandt, von wo sie auf dem Postweg an den Landvogt in Rottenburg gelangen.

Zur Ausführung des Baues sei vorläufig bemerkt: Die Vorarbeiten, wie Errichtung von Ziegelöfen, Brand der Steine, Herbeischaffung des Bau- und Zimmerholzes, der Quadersteine und die Fundamentierung des Baugrundes waren 1746 und 1747 so weit gediehen, auch die Planung zwischen dem Baron, dem Benefiziaten und Dominikus Wiedemann so weit abgesprochen, daß die Maurerarbeiten 1748 beginnen konnten. Seinem Brief vom 17. April 1748 an den Baron fügt Hacker als Nachschrift einen Zettel bei: *P.S. Heyth lasse ich undter göttl. Protection der Donaurieder Bauarbeith den Anfang machen mit 10 Daglöhner darvon einige im Steinbruch, die andern aber an Abtragung dess Bergs arbaithen. Der junge Widemann würdt dises Jahr schwärlich nach Donaurieden kommen. Indem er von dem Praelaten zu Neresheimb berufen worden, welcher allda eine magnifique Kürchen wil erbauen lassen. H. Architect Neymann zu Würtzburg hat den Riss darzu verfertiget. Es lasset sich freylich allda mehrer als in Donaurieden gewinnen. Ich werde also dises Jahr mit einem geringeren Maurer Balier müessen verlieb nehmen, volglich selbst missen Ober Balier sein, welches mich genau zu Donaurieden anhefdten würdt, dahero an Wegraißen nicht gedenkhen dürfe.*

Die Bauarbeiten an dem dreiflügeligen Schlößchen schreiten so zügig voran, daß Ende 1750 im wesentlichen nur noch die Möblierung fehlt. Die Führung und Überwachung des Baues liegt bei Hacker [17]. Noch im Februar 1748 werden die Zimmerarbeiten vergeben, im gleichen Monat und im April wird der Berg hinter dem Bauplatz abgegraben. Schon im Mai 1749 stuckiert Bernhard Rauch (1721-1757) aus Wessobrunn vier Zimmer im *Flügelgebäu* (wohl im Corps de Logis) und fast gleichzeitig fertigt der aus Kloster (Ober-) Elchingen herübergekommene Stukkator (Nikolaus ?) Schütz die Fassadenzier in Stuck. Ein Gipser Frey aus Ehingen stuckiert Garderobe und *Cabinet*. Das eiserne Balkongitter schmiedet der Schlosser (Franz Kollbach) von Attenhofen bei Weißenhorn. Die Vorarbeiten für die Gartengestaltung mit der *Bedeckung des Bergs hinter dem Hauptgebäu* übernehmen 1749 die Gärtner Benedikt und Anton Knoll aus Rißtissen.

Im Jahr 1750 folgt die weitere Innenausstattung des Corps de Logis: Im Januar arbeitet der Stukkator Johann Michael Eitele von Weißenhorn im Benefiziatenhaus zu Erbach drei Wochen lang an den Rissen für die Stuckierung. Im Sommer 1750 stuckieren Johann Michael und Christian Eitele den Hauptbau und Franz Martin Kuen führt die Freskomalerei im Salon und an den französischen Kaminen aus. Der Münchner Hafner Johannes Eigemann liefert fünf Öfen nach *neu inventierter Art*. Martin Pfaffenzeller, Uhrmacher in Erbach, fertigt ein eisernes Geländer für die Hauptstiege, und 1751 besorgt der Schreinergeselle Hans Jörg Birk den eingelegten Fußboden im Salon. Der Bildhauer Franz Anton Hegenauer in Oberdischingen fertigt fünf französische Kamine, das heißt die zugehörige Bildhauerarbeit. Die Jahre 1752 bis 1754/55 verstreichen mit der Vollendung der Ausstattung und der Anlegung des Schloßgartens.

Benefiziat Hacker, der Baudirektor, ist nach Vollendung des Schlosses am 28. März 1755 verstorben. In den Rechnungen bzw. Briefen dieser Jahre heißt es, der *Adam* sei fleißig beim Zeichnen von Rissen, jedoch ist nicht bekannt, für welche Projekte dieser Zeichner arbeitet.

Nach dem Tode des Bauherrn Carl von Ulm-Erbach zu Werenwag (1763 oder 1767) hatte sich dessen Witwe, Maria Theresia von Ulm, geborene Reichsgräfin Truchsessin von Wolfegg-Waldsee, das Schlößchen in Donaurieden als Witwensitz ausbedungen gegen Überlassung der hohen und niederen Jurisdiktion in Donaurieden an den Vetter Ferdinand Carl von Ulm-Erbach auf Schloß Erbach und gegen Wiederherstellung des vernachlässigten, weil wenig benützten Schlößchens in Donaurieden. Für diesen Zweck stellte Ferdinand Carl von Ulm am 23. Juli 1768 einen Revers aus, in dem er sich verpflichtete, die Renovierung durch Pierre Michel d'Ixnard zu bewerkstelligen. Über diese Bauvorfälle sind noch keine Akten bekannt. Jedenfalls reiht d'Ixnard das Schloß Donaurieden selbst in sein in Kupfer gestochenes Lebenswerk ein, und das Staatsarchiv Koblenz bewahrt ein Konvolut von Plänen, die d'Ixnard bei seiner überstürzten Abreise aus Koblenz mit anderem zurückgelassen hat. Liese-Lotte Vossnack konnte die Pläne bereits 1938 für Donaurieden identifizieren [18].

Von den etwas älteren, noch in Rokokoformen gezeichneten, lavierten Rissen für die Innenräume des Schlosses Donaurieden ist einer signiert mit: *J.A.L. 1756*. Aufgrund der in der *Kanzlei* zu Werenwag befindlichen *Wandkarten von 1743 und 1758* darf die Auflösung dieser Initialen versucht werden mit Johann Adam Landenberger, der als Kammerdiener des Landvogts und Schloßherrn sich auch

17 In Hackers Haus entstehen 1748/50 auch mehrere Projekte Dominikus Wiedemanns für Bauvorhaben in den hohenbergischen Herrschaftsorten des Freiherrn von Ulm, u.a. für die Neugestaltung des Schlosses Werenwag an der Donau, für Schloß Poltringen bei Tübingen, für Nusplingen und *das admirable Projekt der Ober[n]heimer Kürchen.*

18 Liese-Lotte Vossnack, Pierre Michel d'Ixnard, Remscheid 1938, 14 f.

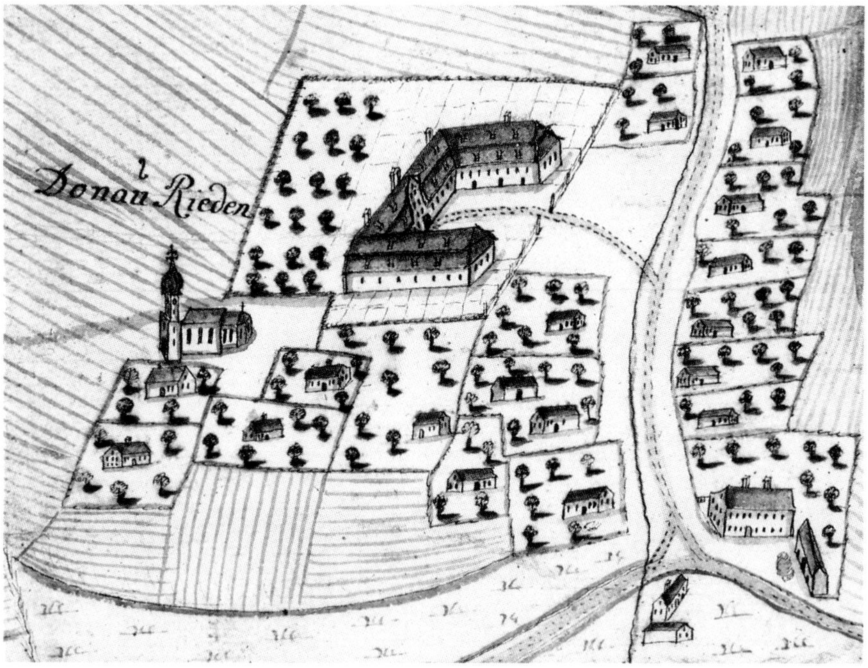

Abb. Donaurieden
Sommerschloß der Freiherrn
von Ulm-Erbach
Ausschnitt aus einer Karte von
Jakob Meinrad Blanck, Geometer
in Wettenhausen, 1772

als Zeichner und Maler betätigte [19]. Unbekannt bleibt noch, ob die mit *J.A.L. 1756* bezeichneten Pläne einer Umdekorierung der Innenräume galt oder ob die Innenausstattung noch unvollendet geblieben war. Das Schlößchen kostete zwischen 1744 und 1760 die Summe von 20000 Gulden.

Bei der in Aussicht genommenen Gesamtdarstellung dieses Themas wird auch eine ausführliche Analyse der Pläne und Ansichten möglich sein.

19 Johann Adam Landenberger, herrschaftlicher Kammerdiener, wirkte am 25. 5.1759 in Donaurieden als Aktuar bei einer Gerichtsverhandlung, die der oben genannte Stukkator Christian Eitele wegen einer zu weit gehenden Bekanntschaft mit der Donaurieder Wirtstochter über sich ergehen lassen mußte; Frh. v. Ulm-Erbachsches Archiv, Erbach, Abt. Herrschaftsarchiv, Fasz.180.

Leben und Werk

Gabriele Dischinger und Christl Karnehm

Chronologie

Daten aus Leben und Werk

Die Idee, eine Art ›Terminkalender‹ Fischers zu rekonstruieren, entstand, als sich abzuzeichnen begann, welche Fülle von gesicherten und erschließbaren Informationen die intensive Quellenforschung sowohl für die Person als auch für das Werk Fischers zu Tage förderten. Zunächst ging es hauptsächlich darum, Daten und Fakten intern strukturieren und klären zu helfen. Mit jedem neuen Artikel zum Werkverzeichnis (WVZ) zeigte sich mehr, welch unerwartet ergiebiges und gleichzeitig enorm hilfreiches Instrumentarium sich allmählich daraus entwickelte. So will diese Leben und Werk übergreifende Zusammenstellung denn auch in erster Linie eine Arbeitshilfe bieten und der schnellen Orientierung dienen.

Sofern innerhalb der »Chronologie« die Herkunft der Nachrichten nicht in Anmerkungen präzisiert sind, findet man sie in den Artikeln des Werkverzeichnisses. Als sinnvolle Ergänzungen erweisen sich auch die überlieferten Daten zur Familie und den engsten Mitarbeiterkreis, für die vor allem der Aufsatz von Josef H. Biller unschätzbare Beiträge liefert; dort sind die entsprechenden Informationen vereint und deren Fundorte verzeichnet [1].

Bei Benutzung der »Chronologie« ist auf folgende Unterscheidung zu achten: **Halbfett** gedruckt sind die in der Regel voranstehenden Orte immer dann, wenn Fischers Aufenthalt dort quellenmäßig belegt ist. Normal gedruckt sind sie, wenn seine Anwesenheit denkbar oder wahrscheinlich ist, bei wichtigen Ereignissen auf den verschiedenen Baustellen [2] oder in der Familie. Kursiv gedruckt sind, wie im Werkverzeichnis, wörtliche Zitate aus den Quellen.

*

Anhand der »Chronologie«, mit dem Gang durch die Jahre, wird deutlich, wie sich Fischers berufliches Leben nach seiner Niederlassung in München entwickelte: Seine ersten großen Aufträge erhält er im Norden und Osten des Kurfürstentums, in Niederbayern. Um 1730 verlagert sich der Schwerpunkt nach Oberbayern, rund ein Jahrzehnt später ist er zum ersten Mal im Westen, in Schwaben greifbar, wo für die nächsten 15 Jahre vorrangig sein Betätigungsfeld liegt. Die häufig weit von München entfernten und oft weit auseinander liegenden Baustellen zwangen Fischer zu einer für die Zeit erstaunlichen Reisetätigkeit. Ständige Ortswechsel sind an der Tagesordnung: 1726 z.B. leitet er fünf Bauten, nämlich in Schärding, Deggendorf, Niederalteich, Osterhofen und München. Das extremste Beispiel liefert das Jahr 1740, als Fischer n o c h im niederbayerischen Fürstenzell und s c h o n im schwäbischen Ochsenhausen arbeitet. Ein solcher Spagat erfordert beste Organisation.

Sowohl beim einzelnen Bau als auch in der Abwicklung der verschiedenen Projekte erweist sich Fischer als perfekter Logistiker, was ihm vor allem bei problematischen Vorhaben zustatten kam. Einer Fieberkurve gleich zeichnet die Anzahl der Mitarbeiter den Bauverlauf nach: Er setzt mit großem Aufgebot ein und treibt die Arbeiten mit Vielen so weit, bis ein Kirchenbau unter Dach und eingewölbt ist. Danach nimmt die Mitarbeiterschaft in dem Maße ab, wie sich das Unternehmen seiner Vollendung nähert. Die Vorteile dieses Vorgehens liegen auf der Hand. Der Bauherr spart Zeit und Kosten, Fischer kann in überschaubaren Abständen Großbau an Großbau reihen.

1 S. Josef H. Biller, in Band II S.58-78

2 Die Ausnahme bilden Nachrichten mit zwei oder mehreren Ortsnennungen. Als Beispiel sei die Eintragung vom 24.6.1736 genannt: »Reise von **MÜNCHEN** nach **DIESSEN**; Fischer beabsichtigt, *morgen* (25.6.) von DIESSEN nach SEEFELD zu reisen, um dort die in der Nacht 22./23.6. durch ein Unwetter entstandenen Schäden an der äußeren Schloßbrücke und am Torhaus zu besichtigen«. Diese Nachricht ist unter Seefeld (WVZ 58) belegt, die übrigen Ortsnennungen sind daraus erschlossen.

Wie überlegt seine Arbeitseinteilung geplant war, zeigt sich unter anderem am Beispiel Zwiefalten – Ottobeuren: Ende 1747 zieht Fischer seinen besten Mann und Gewölbespezialisten, den Palier Martin Wöger, in Zwiefalten ab und ersetzt ihn durch Melchior Streicher; noch im Winter 1747/48 beginnt er zusammen mit Wöger die Klosterkirche von Ottobeuren zu planen. Während Streicher Zwiefalten 1748 zum Abschluß bringt, beginnt Wöger noch im Sommer desselben Jahres in Ottobeuren mit der konkreten Arbeit am Bau.

Hier wird exemplarisch deutlich, wie wichtig für Fischers Baupraxis ein zuverlässiges und eingespieltes Team war. Es gelang ihm, seine Mannschaft über Jahre, z.T. sogar Jahrzehnte zusammenzuhalten, was für ein gutes ›Betriebsklima‹, korrekte und wohl auch großzügige Abrechnungsmodalitäten spricht[3]. An entfernten Bauorten trat Fischer nur in größeren Abständen persönlich auf, vor allem bei Erreichen wichtiger Bauabschnitte. Sein Erscheinen an der Baustelle ist ferner bei Terminen vorauszusetzen, an denen mit der Bauherrschaft abgerechnet wurde, seien es nun vereinbarte Abschlagszahlungen, wie in Rott am Inn, oder am Ende der Bausaison, um das vertraglich festgelegte Jahressalär oder das angefallene Gesellengeld für die eingesetzten Maurer zu quittieren. Diese Beträge sind übrigens in der »Chronologie« ausgewiesen, um Fischers persönliche Einnahmen zu dokumentieren[4], schließlich gibt es vielerlei Anhaltspunkte für seinen materiellen Wohlstand.

Fischer vereinte in seiner Person zwei Funktionen, Architekt und Bauunternehmer. Er verschaffte einer gut ausgebildeten und eingespielten Mannschaft von Palieren und Maurern Jahr für Jahr Arbeit und handelte zugleich mit Baumaterial – vermutlich nicht zum Selbstkostenpreis[5].

Zum andern mußte schon Fischer seinerzeit das pflegen, was man in einem heutigen Architekturbüro als ›Akquisition‹ und ›Marketing‹ bezeichnete, nämlich den Kontakt zu alten und vor allem zu neuen Auftraggebern. Beispielhaft dafür ist die Reise mit dem Diessener Propst Herculan Karg 1731, obwohl gerade an zwei seiner Kirchenbauten andernorts die Dachstühle aufgestellt wurden. Dabei wissen wir, daß Karg nur einer von 23 Klostervorstehern – abgesehen von allen anderen Auftraggebern – war, für die Fischer im Laufe seines über mehr als vier Jahrzehnte zu verfolgenden Berufslebens baute.

Die »Chronologie« zeigt, wie solche Begegnungen im Einzelfall verliefen und bietet darüber hinaus einen tiefen Einblick in die Baupraxis des 18. Jahrhunderts, arbeitete Fischer doch mit fast allen namhaften Künstlern seiner Zeit zusammen.

1692

18. 2. **BURGLENGENFELD**: Taufe von Johann Michael Fischer, Sohn des gleichnamigen Maurermeisters

wohl 1706-1709

BURGLENGENFELD: Fischer lernt bei seinem Vater das Maurerhandwerk

1710

20. 8. **BURGLENGENFELD**: Vater und Sohn Fischer übernehmen die Mälzerei[6]

1711

vor –. 8. **BURGLENGENFELD**: Vater und Sohn Fischer leisten Handwerksdienste beim Bau der Brücke über die Naab[7]

1712

o.Dat. BURGLENGENFELD: Fischers Mutter Elisabeth stirbt; aus dem Erbe erhält der Sohn Johann Michael anteilmäßig Geld (vgl. 27.1.1723)

3 In Ottobeuren z.B. verdiente Fischers Palier Martin Wöger in den entscheidenden acht Jahren des Kirchenbaues mehr als sein Meister; s WVZ 50.

4 Ausnahme ist Rott am Inn; es ist unbekannt, welches Honorar Fischer dort bekam, weil er den Kirchenbau für eine Pauschalsumme übernommen hat.

5 Dies lag schon allein deshalb nahe, weil zwar Holz, Steine, Kalk und dergleichen von den klösterlichen Bauherrn zumeist aus eigenen Besitzungen beigeschafft werden konnten, jedoch Materialien wie Eisen und Kupfer leichter in München gekauft werden konnten; s. WVZ 50.

6 S. Margit Berwing, in Band I S.328

7 S. Margit Berwing, in Band I S.329

wohl 1712-1717

Fischer absolviert seine Gesellenjahre; während dieser Zeit ist er auf Wanderschaft durch Böhmen und Mähren mit Aufenthalt in **BRÜNN**[8]

1717/18

MÜNCHEN: Eintreffen in der kurbayerischen Residenzstadt, wo der Onkel Johann Kaspar Fischer als Hofbäcker tätig ist; Fischer beginnt als Palier bei dem Stadtmaurermeister Johann Mayr[9]

1718

28. 8. SCHLEHDORF: Grundsteinlegung zu dem von Johann Mayr geführten Klosterbau (der Augustiner-Chorherren)

1719

o.Dat. SCHLEHDORF: Johann Mayr ist als Maurermeister beim Klosterbau bezeugt

1720

–. 8. MÜNCHEN: Stadtkammer beklagt sich über die *Saumbsahl* Johann Mayrs; er befasse sich überwiegend mit nichtstädtischen Aufträgen, halte sich *lange Zeit ufm Landt* auf und überlasse seine *schuldige Obsicht yber die arbeitente Maurer allerdings dem Pallier*[10]

29. 9. **SCHLEHDORF**: Fischer, *Pallier* Johann Mayrs beim Klosterbau, erhält zum Namenstag ein Geldgeschenk

1721

10. 3. MÜNCHEN: Johann Mayrs Stiefsohn, *der bishero geweste Pauingenieur* Johann Baptist Gunetzrhainer folgt Johann Trubilli im Amt des kurfürstlichen Unterhofbaumeisters[11]

nach 13. 3. vor 28. 4. **LICHTENBERG**: Voranschlag von *Mauer Ballier* Fischer zum Neubau der Pferdestallung bei dem kurfürstlichen Jagdschloß

o.Dat. **LICHTENBERG**: Ausführung und Fertigstellung des Stallgebäudes auf der Grundlage von Zuccalli-Plänen

1722

vor 20. 2. **MÜNCHEN**: Fischer, *schon bereiths im 5ten Jahr als Pällier* bei Johann Mayr tätig, läßt durch den *Proc[urator]* Balthasar Staimer[12] ein Schreiben aufsetzen, mit dem er beim Magistrat um die Zulassung als Maurermeister anstelle des am 19.12.1721 verstorbenen Marx Geiger einkommt; dieses Gesuch wird in der Ratssitzung vom 20.2. vorgelegt, jedoch nicht diskutiert[13]

2. 3. MÜNCHEN: Gesuch vom 20.2. wird im Magistrat erörtert und zur Stellungnahme an die Maurerzunft weitergeleitet[14]

1.-7. 3. DEGGENDORF: Unterhofbaumeister Johann Baptist Gunetzrhainer überarbeitet den Entwurf des Passauer Dombaumeisters Jakob Pawagner für den Turmbau der Deggendorfer Hl.Grab-Kirche

4. 3. MÜNCHEN: Der Magistrat schickt Fischers Gesuch mit einem Begleitschreiben versehen an die Maurerzunft[15]

zw. 22. 3. und 30. 7. SCHÄRDING/MÜNCHEN: Unterhofbaumeister Johann Baptist Gunetzrhainer verfaßt drei Gutachten zum Wiederaufbau der Pfarrkirche St.Georg in Schärding; bei dem ab 1720 von Jakob Pawagner erneuerten Bau waren im Dezember 1721 drei (Langhaus-) Pfeiler eingestürzt

vor 10. 4. **MÜNCHEN**: *Maur Pällier* Fischer bittet den Magistrat um Beschleunigung seiner Angelegenheit[16]

10. 4. MÜNCHEN: Magistrat fordert die Maurerzunft zur Abgabe der ausstehenden Stellungnahme im Falle Fischer innerhalb von acht Tagen auf[17]

15. 4. MÜNCHEN: Im Magistrat liegt das von Hofgerichtsadvokat Dr. Johann Holzmiller verfaßte Schreiben[18] vor, mit dem die Maurerzunft Fischers Zulassung zum Maurermeister ablehnt[19]

vor 27. 4. **MÜNCHEN**: *Maur Pallier* Fischer richtet über seinen Anwalt Staimer neuerlich ein Gesuch an den Magistrat[20]

29. 5. MÜNCHEN: Magistrat setzt eine dreiköpfige Kommission ein, die sondieren soll, *wie die Sach ... in Giette füreinander gebracht werden möge*[21]

3. 6. **MÜNCHEN**: Im Beisein der Kommission verhandelt *Maurer Pallier* Fischer mit

8 StadtA München, Gewerbeamt 2556/2, fol.213

9 Wie Anm.8

10 StadtA München, Kämmerei 106/5 (23.8.1720) und Kämmerei 106/7 (8.7.1726). Mayr wird mehrere Paliere beschäftigt haben; einer davon dürfte Anton Neumiller gewesen sein, der am 24.9.1725 als städtischer Maurerpalier angestellt wurde; StadtA München, Kämmerei 106/7.

11 BayHStA, HR II, 3215, fol.256

12 Staimer (Stainer, Steiner) war Anwalt, zugelassen beim Stadtoberrichteramt, und Notar; vgl. Lieb 1938/39, 146 und Häuserbuch der Stadt München, Bd.3 (Hacken-Viertel), München 1962, 176. Alle Schreiben, die Fischer im Zusammenhang mit seiner Einbürgerung und Aufnahme als Maurermeister beim Magistrat in München einreichte, sind in der Kanzlei Staimers geschrieben und von diesem abgezeichnet.

13 StadtA München, Gewerbeamt 2556/2, fol.213-214 und Ratsprotokolle 1722, fol.80

14 StadtA München, Ratsprotokolle 1722, fol.98

15 StadtA München, Gewerbeamt 2556/2, fol.215

16 StadtA München, Gewerbeamt 2556/2, fol.217-218

17 StadtA München, Gewerbeamt 2556/2, fol.216 und Ratsprotokolle 1722, fol.165

18 Laut *Conto* Holzmillers für 1722 wurde das Schreiben am 14.4. gefertigt; StadtA München, Gewerbeamt 2558

19 StadtA München Gewerbeamt 2556/2, fol.219-221

20 StadtA München, Gewerbeamt 2556/2, fol.224

21 StadtA München, Ratsprotokolle 1722 Teil 2, fol.3

Maria Anna Geiger, Witwe des Maurermeisters Geiger, über die Abfindung für die Überlassung der Meistergerechtigkeit [22]

vor 5. 6. **MÜNCHEN**: *Maur Pallier* Fischer läßt dem Magistrat durch Prokurator Staimer mitteilen, die Verhandlung sei gescheitert; gleichzeitig wiederholt er seine Bereitschaft, die Geigersche Meistergerechtigkeit mit 100 Gulden abzulösen [23]

14.-16., 19.-21. und
30.-31. 8. DEGGENDORF: Johann Mayr, Fischers Meister, beaufsichtigt die Fundamentierungsarbeiten beim Turm der Hl.Grab-Kirche

1.- 4. 9. DEGGENDORF: Johann Mayr schließt die Fundamentierung ab

2. 9. DEGGENDORF: Grundsteinlegung zum Turm der Hl. Grab-Kirche

o.Dat. ALTOMÜNSTER: Johann Mayr, entwirft *Pau- und Grunndtriss* zum Neubau des Herrenkonventes im Kloster (der Birgitten) [24]

1723

vor 4. 1. **MÜNCHEN**: *Maurer Pallier* Fischer wendet sich erneut an den Magistrat und bittet um die immer noch *vacierente Geigerische Maurermaisters Handwerchs Gerechtigkheit* [25]

vor 18. 1. **MÜNCHEN**: Maria Anna Geiger erklärt sich bereit, dem *Maurer Pällier* Fischer die Meistergerechtigkeit ihres verstorbenen Mannes für 130 Gulden zu überlassen [26]

18. 1. MÜNCHEN: Magistrat billigt die Vereinbarung und verweist Fischer zu *Angebung seines und seiner khünftigen [Frau] Vermögen an das Hochzeitambt* [27]

vor 22. 1. **MÜNCHEN**: *Maurer Pallier* Fischer richtet durch seinen Anwalt Staimer ein Mahnschreiben an den Magistrat, die Zunft über die jüngste Entwicklung zu informieren, damit er *umb die Maisterstukh anhalten khönne* [28]

22. 1. MÜNCHEN: Magistrat fordert Fischer daraufhin auf, *sich in der Stattschreiberey anzumelden* [29]

MÜNCHEN: Fischers Kauf der Geigerschen Meistergerchtigkeit wird verbrieft [30]

27. 1. **MÜNCHEN**: *Maurer Pallier* Fischer erscheint vor dem Magistrat, beziffert *sein Vermögen an mietterlich[em] und erspahrten Gelt* auf 330 Gulden und bittet, ihn auf der *an sich gebrachte[n] Maurermaisterstöll zu denen Maisterstuckhen gelangen z[u] lassen, und ihne alsdann für einen Burger und Maurermaister ... an- und aufzunemmen, mit dem ... Erbiethen, daß er alsdann auch ein ehrlich Heürath vorschlagen woll.* Maurermeister Philipp Jakob Köglsperger d.Ä., der als Vierer der Zunft [31] an der Ratssitzung teilnimmt, hat keine Einwände. Fischer wird danach *zu denen Stuckhen* zugelassen und seine Gebühr für das Bürgerrecht mit 10 Gulden festgelegt [32]

30. 1. MÜNCHEN: Kurfürstlicher Hofrat *ratificiert* Fischers Aufnahme *vor einen Burger und Maurermeister* [33]

vor 5. 2. **SEEFELD**: Im Schloß des Grafen Törring-Seefeld erleidet *Maurer Pälier [Fischer] von München* einen kleinen Unfall

5. 2. MÜNCHEN: Nach der Bestätigung durch den Kurfürstlichen Hofrat schließt der Magistrat den Vorgang über Fischers Aufnahme als Bürger und Maurermeister ab [34]

26.-28. 2. **LICHTENBERG**: Unterhofbaumeister Johann Baptist Gunetzrhainer bringt *mit Zuziehung beeder Maurerpallier Michael Fischer und Ignati Gunezrainer ... das Ch[ur]f[ürstliche] Schloß Lichtenberg in völligen Stand*

18. 5. SCHÄRDING: Johann Mayr, Fischers ehemaliger Meister und Stiefvater von Johann Baptist Gunetzrhainer, hält sich an der Baustelle der Pfarrkirche St. Georg auf

vor 8. 6. **SCHÄRDING**: Gunetzrhainer hat Fischer den Wiederaufbau der Pfarrkirche vermittelt; der *Khürchenpaudirector* von St. Georg empfiehlt *den zu Schärdting stehenten und von ... Gunetsrhainer für capabl vorgeschlagnen Paumaister namens Johann Michael Fischer* nunmehr zum Turmbau in Deggendorf

8. 6. **DEGGENDORF**: Erste Inspektion der Baustelle beim Turm der Hl. Grab-Kirche

15.-17. 6. Aufenthalt in **DEGGENDORF**

18.-22. 7. Aufenthalt in **DEGGENDORF**

vor 26. 9. Aufenthalt in SCHÄRDING

22 StadtA München, Gewerbeamt 2556/2, fol.226

23 StadtA München, Gewerbeamt 2556/2, fol.227

24 KlosterA Altomünster, Ms.E 5, Kap.42; zitiert nach Wilhelm Liebhart, Planzeichnungen des vorbarocken Herrenkonvents im Birgittenkloster Altomünster, in: Ars bavarica 23/24 (1981) 131

25 StadtA München, Gewerbeamt 2556/2, fol.231-232

26 StadtA München, Gewerbeamt 2556/2, fol.233-234

27 StadtA München, Ratsprotokolle 1723, fol.22

28 StadtA München, Gewerbeamt 2556/2, fol.235

29 Wie Anm.28

30 StadtA München, Stadtgericht 179/25, fol.78

31 Nach Johann Andreas Schmeller (Bayerisches Wörterbuch, ²München 1872/77, Bd.1, Sp.843) ist damit »(bey Handwerks-Innungen) einer der gewählten, ursprünglich vier, Vorsteher« gemeint.

32 StadtA München, Ratsprotokolle 1723, fol.37-38

33 StadtA München, Ratsprotokolle 1723, fol.47

34 Wie Anm.33

26. 9. Ankunft in **DEGGENDORF**, zusammen mit Zimmermeister Andreas Höretsberger aus Schärding

27.-30. 9. Aufenthalt in **DEGGENDORF**

vor 11.11. Aufenthalt in SCHÄRDING

11.11. Ankunft in **DEGGENDORF**, zusammen mit Zimmermeister Andreas Höretsberger aus Schärding

12.11. **DEGGENDORF**: Quittung über 1723 erhaltene *Zöhrung*

13.-14.11. Aufenthalt in **DEGGENDORF**, zusammen mit Zimmermeister Andreas Höretsberger; am 14.11. erste Quittung über die jährliche Pauschale (100 fl) für *obgehebte Direction,* weshalb Fischer *von Schärdting 8 ganzer Meillwegs, nottürftigermassen öfters hirher [nach Deggendorf habe] raisen miessen*

vor 15.11. **NIEDERALTEICH**: Fischer inspiziert den von Jakob Pawagner, Maurermeister in Passau, ab 1720 aufgeführten Choranbau der Klosterkirche (der Benediktiner), weil dieser Risse aufweist; er rät zum Abbruch und Neubau auf breiteren Fundamenten

15.11. **NIEDERALTEICH**: Abt Joscio Hamberger entläßt Pawagner und beruft *D[omi]nus Joannes Michael Fischer Architectus Monachii Serenissimi Ducis*[35]. Fischer wird wahrscheinlich von Zimmermeister Andreas Höretsberger begleitet, mit dem er zuvor in Deggendorf war

o.Dat. SEEFELD: Planung für die Anlage des Wirtschaftshofes des Schlosses der Grafen Törring-Seefeld; Auftraggeber Maximilian Cajetan Graf Törring beschließt deren Ausführung. Die Beschaffung des erforderlichen Materials dauert fünf Jahre, so daß Fischer die Bauarbeiten erst Ende 1728 einleiten kann

1724

vor 25. 4. **NIEDERALTEICH**: Fischer, *welcher hernach den Chor ... gebauet,* wird als ›Klosterbaumeister‹ angestellt, mit der Zusicherung, *solang die Arbeith weret* (wohl jährlich) 100 fl zu bekommen[36]

25. 4. **NIEDERALTEICH**: Fischer trifft mit *seinen Leithen* ein; zunächst werden die von Pawagner angefangenen Marien- und Godehard-Kapellen seitlich der Klosterkirche weitergebaut

8.-11. 6. Aufenthalt in **DEGGENDORF**

20.-22. 6. Aufenthalt in **DEGGENDORF**

28. 6. **MÜNCHEN**: Fischer, *bereiths aufgenommener Burger und Maurermaister alhier* (in der Stadt), erscheint vor dem Magistrat, wo Vertreter der Zunft bezeugen, daß er *seine Maisterstuckh Ris verförttiget* und *der Stuckhmaister recht bestandten* hat; daraufhin wird Fischer auch seitens der Maurerzunft *für einen Maister erkhennet*[37]

30. 6. NIEDERALTEICH: Abbruch des einsturzgefährdeten Chores beginnt

7.-8. 7. Aufenthalt in **DEGGENDORF**

8. 7. MÜNCHEN: Stadtkammer verzeichnet Fischers Gebührenzahlung für das Bürgerrecht und die Aufnahme in die Zunft[38]

3.-5. 8. Aufenthalt in **DEGGENDORF**

vor 1. 9. **KIRCHHAM**: Fischer wird zur *Berathschlagung* über die geplante Kirchenerweiterung herangezogen; er reicht *2 Riß* und Voranschlag für einen Neubau ein

18.-20. 9. Aufenthalt in **DEGGENDORF**

28. 9. NIEDERALTEICH: Grundsteinlegung zum neuen Chor

nach 3.10. **MÜNCHEN**: Fischer übernimmt den Bau der Pfarrkirche in KIRCHHAM nur, weil er in der Nähe, *zu Schärding und Niederaltaich,* beschäftigt ist; er lehnt jedoch die Stellung einer (am 3.10.1724 geforderten) Kaution ab[39]

15.-17.10. Aufenthalt in **DEGGENDORF;** am 17.10. Quittung über die jährliche Pauschale (100 fl) für *gefiehrte Direction, und Inspection, westweegen [Fischer] von Schärdting öfters aigens anhero [nach Deggendorf habe] raisen miessen*

23.10. Fischer läßt sich in MÜNCHEN als Taufpate vertreten

17.11. NIEDERALTEICH: Einstellung der Bauarbeiten zum Winter; die Fundamente des Chores sind gelegt

o.Dat. Aufenthalte in **SCHÄRDING**, wo die Pfarrkirche mittlerweile im Rohbau fertiggestellt ist

Abb. Fischers Siegel, verwendet am 14.11.1723 in Deggendorf; vermutlich von seinem Vater übernommen

35 Fischer ist als Baumeister eines dem bayerischen Herrscherhause angehörenden Herzogs bezeichnet. Kurfürstliche Prinzen und Herzöge von Bayern waren damals: Karl Albrecht (1697-1745), Ferdinand Maria Innozenz (1699-1738), Clemens August (1700-1761) und Johann Theodor (1703-1763). Die beiden letztgenannten gehören zu den Fürsten, für die Fischer nachweislich tätig war; vgl. die Inschrift des Epitaphs, in Band I S.11.

36 Fischer blieb in Niederalteich bis 1744 ›Klosterbaumeister‹; s. unten 29.12.1744.

37 StadtA München, Ratsprotokolle 1724, fol.59

38 StadtA München, Kämmerei 106/6 und Einwohneramt 186/4

39 S. auch 17. 1.1725

Abb. Fischers Siegel, verwendet am 17.10.1724 in Deggendorf; wohl erstes eigenes Siegel nach Erlangung der Meistergerechtigkeit 1723

1725

17. 1. **MÜNCHEN**: Die Kautionsforderung vom 3.10.1724 in Verbindung mit dem Bau der Pfarrkirche in KIRCHHAM wird zurückgenommen

22. 1. MÜNCHEN: Stadtkammer verzichtet, daß Maria Regina, Tochter des Stadtmaurermeisters Johann Mayr und künftige Ehefrau Fischers, vor ihrer Hochzeit eine Gebühr für das Bürgerrecht zahlt; ihr Vermögen wird mit 300 fl angegeben [40]

26. 1. MÜNCHEN: Magistrat entspricht Fischers Bitte, sein *Hochzeit- resp[ectiv]e Freundschaft Mahl bey der Fr[au] Stirzerin*, d.h. im Gasthaus Stürzer abhalten zu dürfen [41]

30. 1. **MÜNCHEN**: Heirat mit Maria Regina Mayr, Tochter seines ehemaligen Meisters Johann Mayr; Trauzeugen sind Johann Kaspar Fischer, Onkel des Bräutigams, und der Vater der Braut

9. 4. NIEDERALTEICH: Wiederaufnahme der Bauarbeiten zum Sommer

26.-27. 4. Aufenthalt in **DEGGENDORF**

8. 5. Aufenthalt in **DEGGENDORF**

28.-30. 5. Aufenthalt in **DEGGENDORF**

vor 13. 6. MÜNCHEN: Die Hieronymitaner lassen sich bei der Wahl des Bauplatzes für ihren geplanten Kirchenbau St. Anna im Lehel und das Kloster von *Pauverstendtigen*, zu denen vermutlich auch Fischer gehört, beraten

20.-23. 7. Aufenthalt in **DEGGENDORF**

4. 8. NIEDERALTEICH: Chor steht im Rohbau

10.-13. 9. Aufenthalt in **DEGGENDORF**, am 12. 9. Quittung über die jährliche Pauschale (100 fl) *wegen der gefiehrten Direction und Obsicht yber den neuen Thurnpau*

18.10. MÜNCHEN: Geburt von Zwillingen; Sohn Johann Ferdinand wird getauft, das zweite Kind stirbt nach Nottaufe und wird am 19.10. begraben

26.12. Taufpate in **MÜNCHEN**

o.Dat. Aufenthalte in **SCHÄRDING**
KIRCHHAM: Abriß der alten und Errichtung der neuen Pfarrkirche; wohl Fertigstellung des Rohbaues
MÜNCHEN: Fischer erscheint erstmals als Mitbewohner im Haus seines Schwiegervaters Johann Mayr an der *Millgasse* (heute Unterer Anger 3) [42]

1725/26

MÜNCHEN: Entwurf für die Klosterkirche (der Hieronymitaner) St. Anna in MÜNCHEN-Lehel und das Kloster [43]

1726

8. 1. Taufpate in **MÜNCHEN**

1. 4. NIEDERALTEICH: Wiederaufnahme der Bauarbeiten zum Sommer

5. 4. **MÜNCHEN**: Fischer, der *ohne deme nacher Schärdting unnd ander Orth* reisen will, wird beauftragt, die baufällige Klosterkirche (der Prämonstratenser) in OSTERHOFEN zu begutachten

nach 5. 4. Aufenthalt in SCHÄRDING

vor 12. 4. **OSTERHOFEN**: Besichtigung der Klosterkirche; Fischer trifft alle Vorbereitungen zu deren *behuetsamb- als sicheren Abbrechung*

12. 4. Reise von **OSTERHOFEN** nach **NIEDERALTEICH**

13.-14. 4. Aufenthalt in NIEDERALTEICH [44]

15.-16. 4. Aufenthalt in **DEGGENDORF**

nach 16. 4. **MÜNCHEN**: Gutachten über den Zustand der alten Klosterkirche in OSTERHOFEN [45]; für den Neubau hat Fischer sich bereits ein *dem Closter conform schenes Gottshaus ... ausgedenkht*, d.h. einen Entwurf ausgearbeitet, und einen *zuverlessigen Yberschlag ... gemacht*

29. 4. NIEDERALTEICH: Bauarbeiten am Chor sind abgeschlossen, denn der Maler Wolfgang Andreas Heindl beginnt, ihn zu freskieren

3. 5. **MÜNCHEN**: Fischer gratuliert dem neuen Propst des Augustiner- Chorherren-Stifts SCHLEHDORF, Constantius Schröller, zu seiner Wahl [46]

25.-27. 5. Aufenthalt in **DEGGENDORF**

21.-22. 6. Aufenthalt in **DEGGENDORF**

vor 11. 7. Aufenthalt in SCHÄRDING

40 StadtA München, Einwohneramt 122/11
41 StadtA München, Ratsprotokolle 1725, fol.35; dazu ausführlich Josef H. Biller, in Band II S.64.
42 StadtA München, Steueramt 475 (Steuerbuch 1725), fol.14
43 S. Kat.-Nr.10, in Band I S.118
44 Erschlossen aus den Nachrichten vom 12.4. und 15.-16.4.
45 Dokument Nr.1, in Band II S.341 f.
46 Dokument Nr.1a, in Band II S.342

11. 7. Ankunft in **DEGGENDORF**, zusammen mit Zimmermeister Andreas Höretsberger aus Schärding

12.-13. 7. Aufenthalt in **DEGGENDORF**

5. 8. Fischer läßt sich in MÜNCHEN als Taufpate vertreten

8. 8. **OSTERHOFEN**: Fischer beabsichtigt, den Kirchenbau, an dessen Fundamenten gearbeitet wird, noch in diesem Jahr *über den Grund heraus* zu mauern; *zu Ersezung seiner Bemiehung und öffteren dahin [nach Osterhofen] Raisens und Zuesehens* während der Bauzeit verlangt er jährlich 100 fl, lehnt es jedoch ab, eine *Personal Caution* zu leisten [47]

17.-19. 8. Aufenthalt in **DEGGENDORF**

vor 10. 9. Aufenthalt in SCHÄRDING

10. 9. Ankunft in **DEGGENDORF**, zusammen mit Zimmermeister Andreas Höretsberger aus Schärding

11.-14. 9. Aufenthalt in **DEGGENDORF** *bey Ufsezung des [Turm-] Knopfs*

2. 11. Taufpate in **MÜNCHEN**

18.-19.11. Aufenthalt in **DEGGENDORF**, am 19.11. Quittung über die reduzierte jährliche Pauschale (75 fl) *wegen der gefirthen Direction und Inspection*

4.12. MÜNCHEN: Aufforderung, einen Kosten- und Zeitplan für den Weiterbau der Klosterkirche in OSTERHOFEN zu erstellen

10.-13.12. Aufenthalt in **ASCHAU** (Niederaschau); Fischer besichtigt mit Glockengießer Johann Matthias Langenegger und Zimmermeister Johann Ludwig Krafft, beide aus München, die Pfarrkirche, deren Turm erhöht werden soll

22.12. MÜNCHEN: Tochter Anna Maria Viktoria wird getauft

24.12. **MÜNCHEN**: *Thurnrys* und zwei alternative Voranschläge zur Turmerhöhung in ASCHAU

o.Dat. MÜNCHEN: Bauarbeiten an dem Kirchen- und Klosterbau der Hieronymitaner haben eingesetzt, wahrscheinlich mit dem Aushub der Fundamente für die Kirche St. Anna im Lehel

MÜNCHEN: Fischer zieht mit seiner Familie aus der *Millgasse* in eine ›moderne‹ Wohnung in dem neu errichteten ›Augustiner-Mietstock‹ an der *Engen Gasse* (Löwengrube-Ecke Augustinerstraße) [48]

1727

vor 5. 3. **MÜNCHEN**: Voranschlag und Zeitplan für den Weiterbau der Klosterkirche in OSTERHOFEN, der die Jahre 1727 bis 1729 umfaßt [49]

7.-9. 3. Aufenthalt in **DEGGENDORF**

26. 3. MÜNCHEN: Bauarbeiten an der Klosterkirche der Hieronymitaner St. Anna im Lehel beginnen auf der Grundlage des Entwurfs von 1725/26

15.-17. 4. Aufenthalt in **DEGGENDORF**

16./17. 4. RINCHNACH: Bauarbeiten an der (dem Kloster Niederalteich unterstehenden) Propsteikirche beginnen mit deren Teilabbruch

–. 4. OSTERHOFEN: Nach Fischers Zeitplan beginnen die Bauarbeiten

8. 5. **MÜNCHEN**: Bescheinigung für den Maurergesellen Thomas Mayr [50]

19. 5. MÜNCHEN: Grundsteinlegung zur Klosterkirche St. Anna im Lehel

3.-4. 6. Aufenthalt in **DEGGENDORF**

20. 7. MÜNCHEN: Vertrag mit Zimmermeister Johann Ludwig Krafft über den Dachstuhl bei St. Anna im Lehel, der noch *disen Hörbst* aufgerichtet werden soll

28.-31. 8. Aufenthalt in **DEGGENDORF**

2. 9. Taufpate in **MÜNCHEN**

NIEDERALTEICH: Weihe der (Benediktiner-) Klosterkirche

10.-12. 9. Aufenthalt in **DEGGENDORF**

9.10. **DEGGENDORF**: Letzte Quittung über eine jährliche Pauschale (50 fl) für die *im heurigen Sommer yber die Verwerf- und saubere Verpuzung des neuen Thurns gefiehrten Direction, und obgehebten Inspection*

–.10./11. OSTERHOFEN: Nach Fischers Zeitplan Einstellung der Bauarbeiten zum Winter; die Kirche müßte *bis an das inwendige Haubtgesimps, welches gegen 34 Schuech hoch* ist, aufgemauert sein

47 Vgl. die Einführung zu den Dokumenten, in Band II S.339 f.

48 StadtA München, Steueramt 476 (Steuerbuch 1726), fol.69

49 Dokument Nr.2, in Band II S.343 f.

50 Dokument Nr.3, in Band II S.344

17.11. OSTERHOFEN: Bau der Klosterkirche ist tatsächlich *bis an das inwendtige Haubtgesimbs gekhomen*

22.11. MÜNCHEN: Einstellung der Bauarbeiten an St. Anna im Lehel

o.Dat. RINCHNACH: Bauarbeiten werden abgeschlossen

1728

5. 3. MÜNCHEN: Tochter Maria Franziska wird getauft

–. 4. OSTERHOFEN: Nach Fischers Zeitplan Wiederaufnahme der Bauarbeiten zum Sommer

24. 5. MÜNCHEN: Wiederaufnahme der Bauarbeiten an St. Anna im Lehel

20. 6. Taufpate in **MÜNCHEN**

–.10./11. OSTERHOFEN: Nach Fischers Zeitplan Einstellung der Bauarbeiten zum Winter; die Kirche müßte eingedeckt und gewölbt sein

11.11. **MÜNCHEN**: Fischer mahnt in ASCHAU (Niederaschau) das Entgelt für den 1726 eingereichten *Thurnrys* zur Turmerhöhung der Pfarrkirche und die damals entstandenen Reisekosten an

27.11. MÜNCHEN: Einstellung der Bauarbeiten an St. Anna im Lehel

15.12. MÜNCHEN: Gruft von St. Anna im Lehel kann geweiht werden

–.12. **SEEFELD**: Mit einem Gehilfen steckt Fischer *das Planum* für den ersten Neubau am Wirtschaftshof des Schlosses aus

o.Dat. MÜNCHEN: Entwurf für das Kloster der Hieronymitaner (von 1725/26) wird durch Angehörige des Klosters überarbeitet

1728/29

DIESSEN: Fischer wird die *Vollführung* des 1720 nicht von ihm begonnenen, unvollendeten Kirchenbaues (der Augustiner-Chorherren) angetragen; er entdeckt *einige Fehler daran* und gewinnt den Propst (Herculan Karg) für einen Neubau unter Verwendung der bestehenden Fundamente. Dafür legt Fischer einen Entwurf vor [51]

1729

7. 2. **MÜNCHEN**: Fischer ist einer der Zeugen, die den Vertrag über den Verkauf des Hauses der Brüder Kray an den Bildhauer und Stukkator Egid Quirin Asam siegeln [52]

7. 3. SEEFELD: Bauarbeiten setzen ein

14. 3. MÜNCHEN: Wiederaufnahme der Bauarbeiten an St. Anna im Lehel, die am Kloster beginnen

28. 3. SEEFELD: Palier Martin Wöger tritt seine Arbeit an

9. 4. SEEFELD: Palier Martin Wöger unterbricht seine Arbeit

11. 4. **MÜNCHEN**: Fischer nimmt an einer Besprechung über die geplante Neugestaltung des Hochaltarraumes von St. Peter in MÜNCHEN teil; weil man sich von ihm eine Reduzierung der berechneten Kosten erhofft, wird er aufgefordert, einen Entwurf mit Voranschlag einzureichen

23. 4. SEEFELD: Grundsteinlegung zum Bräuhaus; Palier Martin Wöger nimmt seine Arbeit wieder auf

–. 4. OSTERHOFEN: Nach Fischers Zeitplan Wiederaufnahme der Bauarbeiten zum Sommer

vor 23. 5. **MÜNCHEN**: Abrechnung mit Maximilian Cajetan Graf Törring-Seefeld über die Kosten (6 fl 44 kr) für das Einmauern des Epitaphs seiner verstorbenen Mutter in der Klosterkirche der Salesianerinnen (St. Anna) [53]

23. 5. MÜNCHEN: Tochter Maria Johanna wird getauft

–. 8./10. SEEFELD: Palier Martin Wöger unterbricht seine Arbeit für mehrere Wochen

–. 9./10. **SEEFELD**: Abrechnung über Gesellengeld (5 fl 19 kr) beim Bau des ›Brechhauses‹ zur Flachsbearbeitung

23.10. MÜNCHEN: Einstellung der Bauarbeiten an St. Anna im Lehel und am Kloster

27.10. MÜNCHEN: Die Maurermeister Johann Mayr und Michael Pröbstl bezeugen als Vierer der Zunft den Lernbrief für einen Lehrling Fischers [54]

-.10./11. OSTERHOFEN: Nach Fischers Zeitplan Einstellung der Bauarbeiten zum Winter; der Kirchenbau müßte verputzt und gepflastert sein

51 Kat.-Nr.8, in Band I S.117 und in Band II S.15-18

52 AEM, Priesterhaus St. Johann Nepomuk, München, Nr.680

53 Dokument Nr.4, in Band II S.344

54 StadtA München, Stadtgericht 179/27, fol.39; für Georg Schmidthauser aus Postmünster (Niederbayern), aufgedingt am 30.5.1725

26.11. SEEFELD: Erster Neubau am Wirtschaftshof ist unter Dach

31.12. SEEFELD: Palier Martin Wöger stellt seine Arbeit für dieses Jahr ein

wohl –.12. **SEEFELD**: Abrechnung über das 1729 angefallene Gesellengeld (234 fl)

o.Dat. MÜNCHEN: Bauarbeiten an St. Anna im Lehel sind weitgehend abgeschlossen, denn der Maler Cosmas Damian Asam hat das Gewölbe im Langhaus der Kirche bereits freskiert

1729/30

NIEDERALTEICH: Entwurf zum Ausbau der Westtürme dürfte vorgelegen haben

DIESSEN: Fischer reicht vermutlich ein Entwurfsmodell für den Bau der Stiftskirche, die Erhöhung des Turmes und die Verbindungsbauten zum Kloster ein[55]

1730

2. 1. SEEFELD: Palier Martin Wöger nimmt seine Arbeit wieder auf

25. 2. NIEDERALTEICH: Ausbau der beiden Kirchtürme (durch Fischer) wird beschlossen

10. 3. MÜNCHEN: Wiederaufnahme der Bauarbeiten am Kloster der Hieronymitaner

–. 3./4. SEEFELD: Bauarbeiten beim zweiten Neubau am Wirtschaftshof beginnen

1. 4. SEEFELD: Palier Martin Wöger unterbricht seine Arbeit

–. 4. NIEDERALTEICH: Bauarbeiten am nördlichen Kirchturm beginnen

2. 5. **MÜNCHEN**: Entwurf und Voranschlag für den Bau des Mesnerhauses in MÜNCHEN-Giesing[56]

12. 5. MÜNCHEN: Die Maurermeister Johann Mayr und Michael Pröbstl bezeugen als Vierer der Zunft den Lernbrief für einen Lehrling Fischers[57]

15. 5. SEEFELD: Palier Martin Wöger nimmt seine Arbeit wieder auf

8. 6. Taufpate in **MÜNCHEN**

12. 6. MÜNCHEN: Sohn Joseph Anton wird getauft

22. 7. SEEFELD: Zweiter Neubau am Wirtschaftshof ist eingedeckt

21. 8. MÜNCHEN: Sohn Joseph Anton wird begraben

2. 9. SEEFELD: Palier Martin Wöger erhält bei Vollendung aller gemauerten Gewölbe im ersten Neubau des Wirtschaftshofes Geldgeschenk (3 fl 20 kr)

–. 9. **SEEFELD**: Abrechnung (zusammen mit Zimmermeister Joseph Buchberger) über Gesellengeld für den Bau eines hölzernen Sommerhauses im Schloßgarten

3.11. MÜNCHEN: Einstellung der Bauarbeiten am Kloster der Hieronymitaner

vor 7.12. Aufenthalt in **SEEFELD**

24.12. MÜNCHEN: Klosterkirche der Hieronymitaner St. Anna im Lehel wird benediziert; sie ist freskiert und stuckiert

30.12. SEEFELD: Palier Martin Wöger stellt seine Arbeit ein

wohl –.12. **SEEFELD**: Abrechnung über das 1730 angefallene Gesellengeld (127 fl 22 kr)

nach –.12. NIEDERVIEHBACH: Entwurf für den Klosterneubau (der Augustiner-Eremitinnen)

o.Dat. **FREISING-Weihenstephan**: Entwurf von Fischer in Verbindung mit (dem Stukkator und Bildhauer Egid Quirin) Asam für den Neubau der Klosterkirche (der Benediktiner)

um 1730

UNERING: Entwurf für die (in der gräflich Törringischen Hofmark Seefeld liegende) Filialkirche[58]

1731

1. 1. SEEFELD: Palier Martin Wöger nimmt seine Arbeit wieder auf

vor 2. 2. NIEDERVIEHBACH: Entwurf und Voranschlag für den Klosterneubau

16. 2. Taufpate in **MÜNCHEN**

2. 3. MÜNCHEN: Schwiegervater Johann Mayr, Stadtmaurermeister, wird als Vierer der Maurerzunft entlassen; Fischer übernimmt das Zunftamt[59]

vor 18. 3. (Zuschreibung) MÜNCHEN: Bildhauer und Stukkator Egid Quirin Asam läßt von *Bauverständigen,* zu denen vermutlich auch Fischer gehört, den *Baurіß* für eine Kapelle (in der Sendlingerstraße) *verfertigen;* stattdessen wird ab 1733 die St. Johann Nepomuk-Kirche erbaut

15. 4. MÜNCHEN: Wiederaufnahme der Bauarbeiten am Kloster der Hieronymitaner

55 Kat.-Nr. 9, in Band I S.117 und in Band II S.18-22

56 Kat.-Nr.30, in Band I S.127

57 StadtA München, Stadtgericht 179/27, fol.70; für Bernhard Ordtmann aus Dachau, aufgedingt am 12.5.1725

58 Kat.-Nr.53, in Band I S.135 f.

59 StadtA München, Ratsprotokolle 1731, fol.86

–. 4. BERGKIRCHEN: Entwurf zum Neubau der Pfarrkirche

7. 5. UNERING und BERGKIRCHEN: Bauarbeiten beginnen jeweils mit dem Abbruch der alten Kirche

17. 5. **MÜNCHEN**: Fischer und Maurermeister Michael Pröbstl bezeugen als Vierer der Zunft eine Freisprechung [60]

vor 20. 5. NIEDERVIEHBACH: Bau des Klosternordflügels wird begonnen

21. 5. **DACHAU**: Treffen mit Pfarrer Johann Georg Scheffler aus Bergkirchen, Maurermeister Gregor Glonner und Zimmermeister Joseph Falter, beide aus Dachau; sie *pactieren* über den Bau in BERGKIRCHEN

28. 5. UNERING: Grundsteinlegung zur Kirche

–. 5./ 6. **SEEFELD**: Abrechnung über Gesellengeld (6 fl 57 kr) bei Umbauten im Schloß

13.-14. 6. Aufenthalt in **BERGKIRCHEN**

15. 6. **DACHAU**: Besprechung mit Pfarrer Scheffler aus Bergkirchen und Maurermeister Gregor Glonner über den Kirchenbau in BERGKIRCHEN

25. 6. BERGKIRCHEN: Palier Melchior Streicher tritt seine Arbeit an

26. 6. MÜNCHEN: Tochter Maria Elisabeth wird getauft

28. 6. **MÜNCHEN**: Fischer und seine Frau Maria Regina verleihen 200 fl [61]

4. 7. MÜNCHEN: Tochter Maria Elisabet Josepha wird begraben

8. 7. Taufpate in **MÜNCHEN**

10. 7. Fischer, Pfarrer Scheffler aus Bergkirchen und Maurermeister Glonner unterschreiben *Caution[s]brief* über den Kirchenbau in BERGKIRCHEN [62]

19. 7. Ankunft in **BERGKIRCHEN**

20. 7. **DACHAU**: Besprechung mit Pfarrer Scheffler aus BERGKIRCHEN beim Dachauer Landgericht

21. 7. **BERGKIRCHEN**: Quittung über 40 fl für Reisen zur dortigen Baustelle; anschließend reist Fischer nach **SEEFELD**

29. 8. **DIESSEN**: Fischer bricht mit Propst Herculan Karg und dem Stiftsökonom P.Sebastian Linz auf zu einer Reise durch Bayern, um *diejenigen Kirchengebäude, welche vor anderen den Vorzug*, besonders aber solche, *die ... Fischer selbst gebaut* hat, zu besichtigen

5. 9. BERGKIRCHEN: Richtfest

13. 9. DIESSEN: Propst Herculan Karg kehrt von seiner Reise mit Fischer und P. Sebastian Linz zurück

10.10. **BERGKIRCHEN**: Voranschlag über weitere Kosten für den Kirchenbau, der bereits unter Dach ist

31.10. MÜNCHEN: Einstellung der Bauarbeiten am Kloster der Hieronymitaner

10.11. UNERING: Einstellung der Bauarbeiten zum Winter; Kernraum der Kirche ist schon verputzt

13.11. **BERGKIRCHEN**: Bescheinigung über stellvertretend empfangenes Geld

15.11. **MÜNCHEN**: Fischer und Maurermeister Michael Pröbstl bezeugen als Vierer der Zunft eine Freisprechung [63]

16.11. **MÜNCHEN**: Quittung über 45 fl für Reisen zwischen 21.7. und 13.11.1731 (für insgesamt 15 Tage) nach BERGKIRCHEN [64]

23.11. MÜNCHEN: Schwiegervater Johann Mayr stirbt [65]

4.12. BERGKIRCHEN: Einstellung der Bauarbeiten zum Winter

6.12. BERGKIRCHEN: Palier Melchior Streicher reist ab (nach München)

31.12. SEEFELD: Palier Martin Wöger beendet seine diesjährige Arbeit

–.12. **SEEFELD**: Abrechnung über das 1731 angefallene Gesellengeld (87 fl 59kr) Erster Neubau am Wirtschaftshof ist vollendet; zum Abschluß der Arbeiten erhält Palier Martin Wöger Geldgeschenk (6 fl 40 kr)

o.Dat. NIEDERALTEICH: Bauarbeiten werden wahrscheinlich am nördlichen Kirchturm fortgesetzt

NIEDERVIEHBACH: *Johan Michael Fischer Burger, Maurer und Paumeister in Minchen hatt dissem Kloster Bau gefiertt Anno 1731*

BERGKIRCHEN: Ende des Jahres ist die Kirche verputzt, *Paumeister Fischer ... [erhält] ohne Trunkh und Khost* 100 fl (Jahrespauschale?)

60 StadtA München, Stadtgericht 179/27, fol.131; für Lehrling (von Michael Pröbstl) Philipp Diettl

61 S. unter 23. 1.1734

62 Dokument Nr.5, in Band II S.345

63 StadtA München, Stadtgericht 179/27, fol.162; für Lehrling (von Johann Georg Ettenhofer) Matthias Schmidt

64 Dokument Nr.6, in Band II S.345

65 AEM, Pfarrmatrikel München/St. Peter

1732

28. 1. **MÜNCHEN**: Treffen mit Pfarrer Scheffler wegen des Kirchenbaues in BERGKIRCHEN

29. 1. **MÜNCHEN**: Fischer schreibt an Pfarrer Scheffler in BERGKIRCHEN [66]

8. 2. **SEEFELD**: Quittung über das 1731 angefallene Gesellengeld (46 fl 14 kr) beim Kirchenbau in UNERING

vor 16. 2. UNERING: ›Seefeldischer‹ Palier Martin Wöger, der beim Kirchenbau *sehr vil bemiehet gewesen*, erhält als *Erkandlichkeit* [Erkenntlichkeit] 6 fl 40 kr

3. 3. **MÜNCHEN**: Treffen mit Pfarrer Scheffler wegen des Kirchenbaues in BERGKIRCHEN

13. 3. **BERGKIRCHEN**: Treffen mit Stukkator (Martin Hörmannstorffer?) und zwei Dachauer Kistlern

20. 3. NIEDERALTEICH: Der nördliche Kirchturm ist noch unvollendet

2. 4. UNERING: Wiederaufnahme der Bauarbeiten zum Sommer

6. 4. SEEFELD: *Palier* (Martin Wöger) rechnet *wegen Einzüechung der Schlaider* [Schlaudern] ab (4 fl 12 kr)

9. 4. UNERING: Palier Martin Wöger rechnet über sieben Tage *wegen Einrichtung der Chorpiegen* ab (4 fl 40 kr)

16. 4. MÜNCHEN: Wiederaufnahme der Bauarbeiten am Kloster der Hieronymitaner
DIESSEN: Bauarbeiten beginnen

vor 23. 4. GALGWEIS: Fischer arbeitet *zwey Riß als zu dem Pfarrgottshaus und Pfarrhof* aus

nach 23. 4. vor 4. 5. **LANDAU**: Besprechung wegen der Planung für GALGWEIS

24. 5. **MÜNCHEN**: Treffen mit Pfarrer Scheffler wegen des Kirchenbaues in BERGKIRCHEN

28. 5. **BERGKIRCHEN**: Fischer mißt die *Kirchenstiel ... mit den 2 Khistlern* aus

vor 11. 6. **GALGWEIS**: Neue Voranschläge für die *zwey Riß* (vom April)

11. 6. MÜNCHEN: Sohn Johann Benno wird getauft

vor 18. 6. MÜNCHEN: Fischer hat das Haus des Hammerschmieds Stögmiller errichtet; die Stadtkammer beanstandet, er habe dabei die Baulinie überschritten

19. 6. MÜNCHEN: Sohn Johann Benno wird begraben

27. 7. **MÜNCHEN**: Bestätigung, daß Pfarrer Scheffler in BERGKIRCHEN Lohn für *4 Quadraturer, 2 Handlanger und 1 Mertlkocher* (für Fischer) ausgelegt hat

28.10. Fischer läßt sich in MÜNCHEN als Taufpate vertreten [67]

29.10. UNERING: Gerüst in der Kirche wird abgebaut

11.11. UNERING: Weihe der Kirche

22.11. UNERING: Bauarbeiten sind abgeschlossen, *des Mauermaisters [Fischer] Gsöllengelt* für 1732 beträgt 19 fl 59½ kr

23.11. MÜNCHEN: Einstellung der Bauarbeiten am Kloster der Hieronymitaner

o.Dat. NIEDERALTEICH: Bauarbeiten werden wahrscheinlich am nördlichen Kirchturm fortgesetzt
NIEDERVIEHBACH: Bauarbeiten werden fortgesetzt; Aufsicht führt Palier Martin Wöger
BERGKIRCHEN: Fischer erhält 40 fl für Reisen zur Baustelle

1732/33

AUFHAUSEN: Entwurf für die Oratorianer-Stifts- und Wallfahrtskirche mit Institutsgebäude [68]

1733

22. 1. **DACHAU**: Treffen mit Pfarrer Scheffler aus BERGKIRCHEN beim Dachauer Landgericht; Bestätigung, daß der *Caution[s]brief* vom 10. 7.1731 erfüllt ist

18. 2. MÜNCHEN: Tochter Maria Johanna wird begraben

22. 2. MÜNCHEN: Tochter Maria Franziska wird begraben

26. 2. **MÜNCHEN**: Fischer begleitet Pfarrer Scheffler aus BERGKIRCHEN *zu denen 2 Stuckhethoren [Martin Hörmannstorffer und Alex Pader] ... [, um] wegen der 2 Seitenaltär zu handlen*

66 Dokument Nr.7, in Band II S.346

67 AEM, Pfarrmatrikel München/U.L.Frau; Täufling: Sohn (Simon) von Urban und Maria Agathe Honifstingl, Fischers Vertreter: Zimmermeister Joseph Buchberger

68 Kat.-Nr.1-3, in Band I S.112-115 und in Band II S.12 f.

nach 10. 4. Aufenthalt in **SCHLECHING** zur Besichtigung der angeblich baufälligen Pfarrkirche; für die fünftägige Reise erhält Fischer (15 fl) *Raisdeputat*

22. 4. MÜNCHEN: Schwager Ignaz Anton Gunetzrhainer wird Nachfolger des am 23.11.1731 verstorbenen Stadtmaurermeisters Johann Mayr (Fischers Schwieger- und Gunetzrhainers Stiefvater)[69]

25. 6. MÜNCHEN: Wiederaufnahme der Bauarbeiten am Kloster der Hieronymitaner

Sommer DIESSEN: Dachstuhl wird aufgerichtet

11. 8. DIESSEN: Bau ist wegen Geldmangel ins Stocken geraten

31. 8. **BERGKIRCHEN**: Voranschlag für Erneuerung der Friedhofsmauer

1. 9. MÜNCHEN: Schwiegermutter Maria Mayr wird begraben

11. 9. MÜNCHEN: Sohn Georg Joseph wird geboren

vor 5.10. DIESSEN: Wahrscheinlich Eingriff in Fischers Kirchenplanung durch François Cuvilliés und anschließend veränderter Weiterbau

5.10. MÜNCHEN: Bauarbeiten am Kloster der Hieronymitaner werden beendet

7.10. NIEDERALTEICH: Bauarbeiten am nördlichen Kirchturm sind beendet

vor 29.10. **GANACKER**: Entwurf und Voranschlag für die Erweiterung der Filialkirche

24.12. Taufpate in **MÜNCHEN**

o.Dat. NIEDERVIEHBACH: Bauarbeiten werden abgeschlossen; Aufsicht führte Palier Martin Wöger

1733/34

INGOLSTADT: Entwurf für die Wallfahrts- und Klosterkirche der Augustiner-Eremiten

(Zuschreibung) MÜNCHEN: Beteiligung an der Ausführung der St. Johann Nepomuk-Kirche

1734

vor 19. 1. **AICHA vorm Wald**: Ergänzende Planung und Voranschlag für die Erweiterung der Pfarrkirche

23. 1. **MÜNCHEN**: Fischer bezeugt die Rückzahlung von 200 fl, die er und seine Frau Maria Regina am 28.6.1731 verliehen haben[70]

28. 3. Taufpate in **MÜNCHEN**

2. 4. **MÜNCHEN**: Quittung über das von 1727 bis 1733 angefallene Gesellengeld (255 fl 31 kr) beim Bau von St. Anna im Lehel und dem Hieronymitaner Klosters[71]

vor 12. 5. **PLEINTING**: Übernahme der Bauarbeiten zur Fertigstellung des Pfarrhofes, den der Passauer Maurermeister Jakob Pawagner 1733 begonnen hatte

7. 6. **MÜNCHEN**: Fischer und Maurermeister Johann Schmidt bezeugen als Vierer der Zunft eine Freisprechung[72]

vor 20. 6. GALGWEIS: Fischer verfaßt *andern Riß und Yberschlag*, die genehmigt, aber nicht ausgeführt werden

nach 20. 6. Aufenthalt in OSTERHOFEN[73]

21. 6. NIEDERALTEICH: Eindeckung der nördlichen Turmhaube beginnt

7. 8. **MÜNCHEN**: Fischer und Maurermeister Johann Schmidt bezeugen als Vierer der Zunft eine Freisprechung[74]

6. 9. **MÜNCHEN**: Fischer und Maurermeister Johann Schmidt bezeugen als Vierer der Zunft eine Freisprechung[75]

26. 9. MÜNCHEN: Tochter Maria Theresia Justina wird geboren

o.Dat. DIESSEN: Bauarbeiten werden vermutlich langsam fortgesetzt

INGOLSTADT: Material für den Kirchenbau wird beschafft

AICHA vorm Wald: Erweiterung der Pfarrkirche

1735

27. 3. Fischer läßt sich in MÜNCHEN als Taufpate vertreten

–. 3. NIEDERALTEICH: Bauarbeiten am südlichen Kirchturm beginnen

21. 4. AICHA vorm Wald: Weihe der Pfarrkirche

12. 7. **AUFHAUSEN**: Fischer empfängt 6 fl 40 kr (Reisegeld?)

12. 8. **AUFHAUSEN**: Auftrag, ein Modell der künftigen Kirche mit Institutsgebäude herzustellen; Fischer verspricht, das Modell über den Winter zu bauen

26. 8. Taufpate in **MÜNCHEN**[76]

69 StadtA München, Gewerbeamt 2558a

70 StadtA München, Stadtgericht 179/27, fol.137; Schuldnerin war Ursula Grasberger

71 Dokument Nr.8, in Band II S.346

72 StadtA München, Stadtgericht 179/28, fol.125; für Lehrling (von Johann Georg Ettenhofer) Johann Purck

73 S. WVZ 17a, Nachricht vom 20.6.1734

74 StadtA München, Stadtgericht 179/28, fol.137; für Lehrling (von Johann Georg Ettenhofer) Peter Lambl

75 StadtA München, Stadtgericht 179/28, fol.143; für Lehrling (von Michael Pröbstl) Joseph Püchler

76 AEM, Pfarrmatrikel München/U.L.Frau; Täufling: Sohn (Johann Ludwig August) von Urban und Maria Agathe Honifstingl

28. 8. INGOLSTADT: Baumaterial liegt bereit, Fundament ist ausgesteckt

22.11. Trauzeuge in **MÜNCHEN** bei der Heirat seiner Cousine Maria Katharina Fischer mit Johann Le Duc [77]

o.Dat. DIESSEN: Bauarbeiten werden vermutlich langsam fortgesetzt

1736

7. 2. Trauzeuge in **MÜNCHEN** bei der Hochzeit seiner Cousine Maria Theresia Fischer mit Johann Franz Roux [78]

3. 3. AUFHAUSEN: Modell für Kirche mit Institutsgebäude ist aus München eingetroffen und wird akzeptiert

16. 3. AUFHAUSEN: Fundamente für den Neubau sind schon ausgehoben

11. 4. INGOLSTADT: Grundsteinlegung zur Wallfahrts- und Klosterkirche

15. 4. **AUFHAUSEN**: Weil der Bau des Institutsgebäudes einstweilen zurückgestellt wird, muß Fischer kurzfristig umplanen und verfaßt einen neuen Voranschlag, der sich nur auf die Kirche bezieht; alle *Bauleuth* einschließlich Zimmermeister sind bereits an der Baustelle

7. 5. MÜNCHEN: Sohn Franz Xaver Johann Nepomuk wird geboren

31. 5. **MÜNCHEN**: Fischer und seine Frau erwerben für 6000 fl und zusätzliche 500 fl *Leykhauf*[79] von Joseph Anton Schönberg das Eckhaus Frauengasse-Stiftsgasse (heute Frauenplatz 9)

2. 6. MÜNCHEN: Fischers Hauskauf wird im Grundbuch eingetragen

nach 2. 6. (Zuschreibung) MÜNCHEN: Aus- und Umbau seines Wohnhauses für eigene Zwecke

12. 6. AUFHAUSEN: Grundsteinlegung zur Wallfahrtskirche

24. 6. Reise von **MÜNCHEN** nach **DIESSEN**; Fischer beabsichtigt, morgen (25.6.) von Diessen nach SEEFELD zu reisen, um dort die in der Nacht 22./23.6. durch ein Unwetter entstandenen Schäden an der äußeren Schloßbrücke und am Torhaus zu besichtigen

25. 6. Reise von DIESSEN nach SEEFELD (?)

29. 6. **MÜNCHEN**: Verschiebung der für diesen Tag geplanten Reise nach SEEFELD wegen schlechten Wetters auf den 1.7.

1. 7. Reise von MÜNCHEN nach SEEFELD (?)

–. 7./ 8. MÜNCHEN/SEEFELD: Voranschläge zu *einer gemauerten* oder *einer von Holz gemachten*, äußeren Schloßbrücke in SEEFELD [80]

12.11. AUFHAUSEN: Langhaus des Kirchenbaues ist eingedeckt, der Chor aber noch nicht angelegt

11.12. MÜNCHEN: Onkel, Hofpfistermeister Johann Kaspar Fischer, wird begraben

20.12. **MÜNCHEN**: Fischer wird vor dem städtischen Magistrat zum *Mitvormunder* dreier noch minderjähriger Töchter seines verstorbenen Onkels *verpflichtet*[81]

o.Dat. NIEDERALTEICH: Bauarbeiten werden am südlichen Kirchturm fortgesetzt
DIESSEN: Bauarbeiten an der Stiftskirche sind weitgehend abgeschlossen, denn der Maler Johann Georg Bergmüller hat die Langhausgewölbe bereits freskiert und die Stukkatoren Johann Michael und Franz Xaver Feichtmayr sowie Johann Georg Üblher sind tätig
AUFHAUSEN: Abrechnung über Gesellengeld (90 fl)
MÜNCHEN: Entwurf für den Bau der Erzbruderschaftskirche St. Michael in MÜNCHEN-Berg am Laim; Fischers Voranschlag *ohne inwendtige Ausmach- und nothwendiger Ausziehrung, auch denen erforderlichen Nebengepeuen* lautet auf 11584 fl 49 kr

1737

vor 11. 2. MÜNCHEN: Franz de Paula Würnzl, Schatzmeister und Sekretär der Erzbruderschaft St. Michael, der im Namen von Clemens August, Bruder des bayerischen Kurfürsten, u.a. Erzbischof von Köln und Hofmarksherr von Berg, das Projekt der neuen Bruderschaftskirche in Berg am Laim betreibt, gelingt es, diesen zu *Erbauung der nach dem Riß entworffenen Kürchen* zu bewegen

11. 2. MÜNCHEN: Clemens August erteilt den Konsens zum Bau von St. Michael in Berg am Laim *nach Ausweis des vorgewisenen Rises* (von Fischer)

77 AEM, Pfarrmatrikel München/U.L.Frau

78 Wie Anm. 77

79 Nach Schmeller (Anm.31, Sp.1536) ist damit die Summe bezeichnet, die »bey einem Kaufe außer dem bedungenen Kaufpreis, gleichsam zur Befestigung des abgeschlossenen Handels, vom Käufer noch besonders gegeben und sehr oft gemeinschaftlich vertrunken oder verschmauset wird«.

80 Dokumente 9a-b, in Band II S.346 f.

81 StadtA München, Ratsprotokolle 1736, Teil 2, fol.264. Zweiter Vormund der Kinder war Joseph Anton Mayr, Hofgerichtsadvokat in München. Die beiden ›Fischerischen Vormünder‹ sind zwischen dem 7.12.1737 und 18.3.1741 mehrfach in den Münchener Brief- und Grundbuchprotokollen zu finden; vgl. StadtA München, Stadtgericht 181/97, 183/31 und 183/32

–. 3./ 4. NIEDERALTEICH: Bauarbeiten am südlichen Kirchturm werden abgeschlossen

19. 4. (Zuschreibung) MÜNCHEN: *Maurer Meister Michl* (Fischer) besichtigt zusammen mit dem Bildhauer und Stukkator Egid Quirin Asam die Klosterkirche St. Jakob am Anger; beide raten davon ab, den gotischen Bau zu barockisieren, sondern empfehlen statt dessen, *ein neus Werckh* anzufangen. Ihr Vorschlag wird jedoch abgelehnt, so daß *von dem neuen Gebey ... kein Gedanckhen [Entwurf] zu machen* ist

30. 6. MÜNCHEN: Sohn Johann Paul wird getauft

15. 8. MÜNCHEN: Die Maurerzunft läßt Philipp Jakob Köglsperger d. J., den der Magistrat nur auf Befehl des Kurfürsten als Maurermeister akzeptiert hat, nach starkem Protest zu den Meisterstückrissen zu; er soll sie unter Fischers Aufsicht anfertigen [82]

19. 9. MÜNCHEN: Weihe der Klosterkirche St. Anna im Lehel

27.10. Trauzeuge in **MÜNCHEN** bei der Hochzeit des Bildhauers Johann Baptist Straub mit Maria Theresia Späth [83]

–.10. MÜNCHEN: Würnzl läßt *den ausgezaigten Grund* der St. Michael-Kirche in Berg am Laim graben

1.12. MÜNCHEN: Sohn Johann Paul wird begraben

o.Dat. INGOLSTADT: Bauarbeiten werden wahrscheinlich fortgesetzt

AUFHAUSEN: Finanzielle Schwierigkeiten behindern den Weiterbau, dennoch wird das Langhaus eingewölbt

1738

14. 1. MÜNCHEN: Die Maurermeister Johann Schmidt und Michael Pröbstl bezeugen als Vierer der Zunft die Lernbriefe für zwei Lehrlinge Fischers [84]

4. 2. MÜNCHEN: Würnzl schließt mit Maurermeister Philipp Jakob Köglsperger d.J. einen Vertrag über den Bau von St. Michael in Berg am Laim, von dem es später heißt, er sei *nicht obrigkeitlich mithin unkräftig*

10. 4. AUFHAUSEN: Wiederaufnahme der Bauarbeiten zum Sommer; Aufsicht führt Palier (N.N.)

18. 4. AUFHAUSEN: Stukkatoren unter Leitung von Johann Georg Funk sind tätig

12. 6. Aus BERGKIRCHEN erhält Fischer ausstehende 10 fl *sambt 2 Budelli [Flaschen] Olsasser [Elsässer] Wein*

4. 7. AUFHAUSEN: Maler (Franz Joseph) Zitter freskiert die Langhauskuppel

16. 7. MÜNCHEN: Maurermeister Johann Schmidt bescheinigt, daß die Meistergerechtigkeit seines verstorbenen Schwiegervaters, des Maurermeisters Johann Georg Ettenhofer, für 200 fl an Fischers Sohn Johann Ferdinand übergeht [85]; Käufer wird der Vater gewesen sein

28. 9. MÜNCHEN: Tochter Maria Franziska Walburga wird geboren

7.10. MÜNCHEN: Grundsteinlegung zur Bruderschaftskirche St. Michael in Berg am Laim

11.10. MÜNCHEN: Bildhauer und Stukkator Egid Quirin Asam bescheinigt Fischers Anspruch auf Bezahlung (300 fl) für Maurerarbeiten beim Aufstellen des Hochaltars in St. Anna, MÜNCHEN-Lehel

–.10. AUFHAUSEN: Einstellung der Bauarbeiten zum Winter

13.11. **MÜNCHEN**: Quittung über die Maurerarbeiten beim Aufstellen des Hochaltars in St. Anna, MÜNCHEN-Lehel

17.12. **MÜNCHEN**: Fischer informiert Würnzl über seine Absicht, gegen Köglsperger zu prozessieren, weil dieser ihm den Bau von St. Michael in Berg am Laim *abgevortelt und [ab-]geloffen habe;* er erinnert Würnzl an sein Vorrecht, weil er *der Erste* bei *dem Gebey gewesen* sei und *darzue alle geherige Riß verferdiget* habe [86]

o.Dat. INGOLSTADT: Bauarbeiten sind so weit fortgeschritten, daß der Maler Johann Georg Winter damit beginnen kann, die Klosterkirche *sub directione [Johann Baptist] Zimmermannj* zu freskieren

AUFHAUSEN: Abrechnung über Gesellengeld (43 fl 45 kr)

1738/39

Winter MÜNCHEN: Prozeß zwischen Fischer und Köglsperger wegen der Bauführung bei St. Michael in Berg am Laim

82 StadtA München, Gewerbeamt 2556/3; freundlicher Hinweis von Anna Bauer, München

83 AEM, Pfarrmatrikel München/U.L.Frau

84 StadtA München, Stadtgericht 179/30, fol.2; für Wolfgang Hollnsteiner aus Mühltal bei München, aufgedingt am 27.12.1728, und für Christoph Pirmayr aus Niederalteich, aufgedingt am 22.5.1734

85 StadtA München, Gewerbeamt 2558; s. auch unter 12.4.1755

86 Dokument Nr.10, in Band II S.347

13. 2. MÜNCHEN: Köglspergers Intrigen haben Würnzl bewogen, Fischer den angefangenen Kirchenbau in Berg am Laim zu übergeben, weil er *seines Verstands genugsam beruemt und schon 20 Kirchen gebaut, ... von allen Hoff- und anderen Baumeistern vor capabl* gehalten wird, die von Köglsperger *gemachten Fähler zu verbessern,* und *qualifiziert auch solvendo* genug, *aus eigenen Mittlen einen ... Bauschaden zu ersetzen*

vor 27. 2. MÜNCHEN: Köglsperger will beim städtischen Magistrat einen Beschluß erwirken, Fischer den Weiterbau von St. Michael in Berg am Laim zu untersagen

27. 2. MÜNCHEN: Der Magistrat beschließt, Köglsperger, Fischer und Würnzl zu dem Streit über den Kirchenbau im Rathaus zu vernehmen

15. 3. SEEFELD: Bauarbeiten an der äußeren Schloßbrücke und am Torhaus beginnen

16. 3. MÜNCHEN: *Dem Herrn Fischer Maurermeister* steht Geld *for Riss und ander Bemühung* für St. Michael in Berg am Laim zu

vor 16. 4. MÜNCHEN: Köglsperger wird die Leitung des Kirchenbaues von St. Michael in Berg am Laim offiziell entzogen

vor 5. 5. MÜNCHEN: *Anstellung* Fischers beim Kirchenbau von St. Michael in Berg am Laim

5. 5. MÜNCHEN: Bei St. Michael muß die *beschehene Anstellung des entgegen wohl bemittelt und erfahrenen Maurermeisters Fischer, der schon 20 Kirchen löblich gebauet und dahero in bestem Ruemb stehet,* noch ›konfirmiert‹ werden

30. 5. **MÜNCHEN**: Quittung über Gesellengeld und Materialkosten (21 fl 35 kr) für die Dachreparatur (vom 27. 4.-9. 5.) bei St. Margaret in MÜNCHEN-Sendling

21. 6. **MÜNCHEN**: Erstmals Abrechnung über Gesellengeld bei St. Michael in Berg am Laim

2. 7. MÜNCHEN: Durch den Baumeisterwechsel verunsichert, beauftragt Clemens August den Münchner Hofbaumeister François Cuvilliés mit der *Inspection* des Baues von St. Michael; er habe *nicht nur dasjenige, was bishero verferttigt worden, zu examinieren, sondern allenfalls neue Riss und Ueberschlag zu machen*

7. 7. **MÜNCHEN**: Fischer und Würnzl unterbreiten Cuvilliés die Pläne für St. Michael, die dieser schon vor Baubeginn begutachtet hatte. Cuvilliés kommt zu dem Ergebnis, *dahs die Rihs alle Anzeig zu einem dhauerhaften Gebäu geben*; außerdem baue Fischer in Berg am Laim *die 21igste Kirch*, darunter die *Haubtkirchen als Schärding, ... das Closter Niederalteich samt 2 grossen Thürmen, item Closter Osterhofen, Stadtpfarrkirch zu Deckendorf, Probstey Rinching am Böhmerwald, Pfarrkirch Aichen vorm Wald, Kloster Düessen, ... Gottshaus Aufhausen bei Straubing, die Augustiner Closter Kirch zu Ingolstadt, die Hieronimitaner Closter Kirche zu München* und stehe deswegen im *besten Credit*[87]

87 S. auch in Band I S.9

18. 7. **MÜNCHEN**: Abrechnung über Gesellengeld bei St. Michael in Berg am Laim

22. 8. **MÜNCHEN**: Fischer erhöht die der Erzbruderschaft St. Michael in Berg am Laim geliehene Summe von 400 fl um weitere 100 fl

7. 9. DIESSEN: Weihe der (Augustiner-Chorherren-) Stiftskirche

13. 9. **MÜNCHEN**: Bestätigung, beim Kirchenbau in BERGKIRCHEN zwischen 1732 und 1738 an *Maurer und Taglohn* insgesamt 291 fl 7 kr verdient zu haben

nach 10.10. **MÜNCHEN**: Abt Stephan Mayr aus (der Zisterzienserabtei) Fürstenzell sucht *den von viler Experience berüemten H[errn] Michael Fischer* auf und beauftragt ihn, für den bereits angefangenen Kirchenbau in Fürstenzell *einen neuen Riß* zu verfassen und den Bau nach einem *raisonablen Accord* zu errichten

31.10. SEEFELD: Bau der äußeren Schloßbrücke und des Torhauses ist abgeschlossen

23.11. MÜNCHEN: Tochter Maria Cäzilie Katharina wird geboren

6.12. MÜNCHEN: Tochter Maria Cäzilie Katharina wird begraben

o.Dat. **AUFHAUSEN**: Abrechnung über Gesellengeld (34 fl), vermutlich für den Bau des Chores. Die Wallfahrtskirche ist *theils neu erbaut, theils noch zu pauend;* dennoch werden die Arbeiten infolge fehlender Mittel bis auf weiteres eingestellt

INGOLSTADT: Bauliche Fertigstellung der Kirche

DIESSEN: Östlicher Verbindungsbau zwischen Stiftskirche und Kloster wird nach Fischers Plänen begonnen

1740

vor 7. 4.	MÜNCHEN: Planung für die Abteikirche in Fürstenzell
7. 4.	**FÜRSTENZELL**: Fischer erhält für seinen ausführungsreifen *Riß* 16 fl und trifft alle Anstalten zum Bau; er schickt seinen Palier Martin Wöger, unter dessen Aufsicht die Bauarbeiten mit dem Teilabriß des 1739 von Joseph Matthias Götz angefangenen Kirchenbaues beginnen
vor 9. 6.	**OCHSENHAUSEN**: Abt Benedikt Denzel zieht Fischer zu der seit 1738 laufenden Erneuerung der Konventgebäude (der Benediktiner) hinzu, weil der dafür verantwortliche Baumeister Christian Wiedemann am 21. 9.1739 gestorben ist. Fischer überarbeitet vermutlich Wiedemanns Planung für den Klosterostflügel (Zuschreibung) REINSTETTEN: Planung zum Bau der (dem Kloster Ochsenhausen unterstehenden) Pfarrkirche; Grundsteinlegung erfolgt am 9. 6.1740 (terminus ante auch für Ochsenhausen)
Sommer	**FÜRSTENZELL**: Fischer sucht die Baustelle *nit öffter als 3 mahl* auf
13. 8.	MÜNCHEN: Bei dem *schon sehr merckhlich in die Höche gehenten* Kirchenbau von St. Michael in Berg am Laim sind die Mittel ausgegangen und die Bauarbeiter abgezogen
15. 9.	OSTERHOFEN: Weihe der (Prämonstratenser-) Klosterkirche
27. 9.	INGOLSTADT: Weihe der (Augustiner-Eremiten-) Klosterkirche
29. 9.	MÜNCHEN: St. Michael in Berg am Laim ist unter Dach
26.11.	FÜRSTENZELL: Einstellung der Bauarbeiten zum Winter; die Kirche ist unter Dach und der Chor bereits eingewölbt
o.Dat.	**FÜRSTENZELL**: Abrechnung über Gesellengeld (142 fl 33 kr)
	DIESSEN: Östlicher Verbindungsbau wird fertiggestellt, westlicher Verbindungsbau zwischen Stiftskirche und Kloster sowie die Turmerhöhung werden nach Fischers Plänen begonnen
	(Zuschreibung) THUNDORF: (vom Benediktinerkloster Niederalteich betreute) Wallfahrtskirche wird nach Fischers Plänen ausgebaut und neu gewölbt

1740/45

(Zuschreibungen) MÜNCHEN: Ausbau der Wohnhäuser Dienerstraße 21 und Kaufingerstraße 15

1741

17. 2.	MÜNCHEN: Tochter Maria Monika Juliana wird geboren
13. 3.	FÜRSTENZELL: Wiederaufnahme der Bauarbeiten zum Sommer; unter Aufsicht von Palier Martin Wöger beginnt die *Eingewölbung deren Capellen*
nach13. 3.	**FÜRSTENZELL**: Palier Martin Wöger ruft Fischer, weil sich Risse im Mauerwerk des Chores zeigen, die auf einen Fehler der Zimmerleute zurückzuführen sind; Fischer läßt das Chorgewölbe am Dachstuhl aufhängen
26.10.	FÜRSTENZELL: Einstellung der Bauarbeiten zum Winter; die Kirche ist *aussen herum bis an die Facade verfertiget, der Chor inwendig stukhatoret*
o.Dat.	**FÜRSTENZELL**: Fischer erhält außer dem Gesellengeld (79 fl 32 kr) ein *extra Recompense* (Belohnung, 18 fl) mit der *Clausul, daß er den neuen Tabernacul* bei dem Münchner Bildhauer Johann Baptist Straub in Auftrag geben und *Sorg tragen solle, damit derselbe recht werde*
	DIESSEN: Westlicher Verbindungsbau und die Turmerhöhung werden fertiggestellt
	ZWIEFALTEN: *Herr Fischer von München ... welcher schon zuvor in dem Reichsgotteshaus Ochsenhausen bekannt gewesen, ... [legt] seinen neuen Rieß* zum Bau der Klosterkirche (der Benediktiner) vor und wird daraufhin *als Baumeister ... angenommen*

1741/42

ZWIEFALTEN: Fischer reicht vermutlich ein Entwurfsmodell für den Bau der Klosterkirche ein[88]

88 Kat.-Nr.54, in Band I S.136 und in Band II S.22-28

1742

14. 2.	MÜNCHEN wird von den Österreichern besetzt
wohl –. 3.	ZWIEFALTEN: Bauarbeiten beginnen; Aufsicht führt Palier Martin Wöger

29. 4. MÜNCHEN: Österreicher ziehen wieder ab, weil bayerisch-pfälzische Truppen anrücken

6. 5. MÜNCHEN wird zum zweiten Male von Österreichern besetzt

30. 7. MÜNCHEN: Sohn Johann Georg Ignaz wird geboren

26. 8. Fischer läßt sich in MÜNCHEN als Taufpate vertreten[89]

23. 9. FÜRSTENZELL: Fischers Palier (N.N.) begutachtet angebliche Fehler im Mauerwerk; die Arbeiten ruhen aber wegen der Auswirkungen des Österreichischen Erbfolgekrieges

7.10. MÜNCHEN wird von den Österreichern kampflos geräumt

31.10. ZWIEFALTEN: Einstellung der Bauarbeiten zum Winter

–.10./11. ZWIEFALTEN: Palier Martin Wöger rechnet seine diesjährige Arbeit (33 Wochen) ab

2.11. MÜNCHEN: Tochter Maria Franziska Walburga wird begraben

28.12. FÜRSTENZELL: Fischers Palier (N.N.) begutachtet angebliche Fehler im Mauerwerk; die Arbeiten ruhen aber wegen der Auswirkungen des Österreichischen Erbfolgekrieges

1743

22. 1. **MÜNCHEN**: Fischer stellt *Schuld-Brief* über 100 fl an die Zunft aus[90]

27. 1. **MÜNCHEN**: Die Zunft zahlt Fischer Auslagen (25 fl 34 kr) zurück[91]

–. 1. MÜNCHEN: Bei St. Michael in Berg am Laim sind die Bauarbeiten soweit gediehen, daß Verträge für die Ausstattung abgeschlossen werden, u.a. mit Johann Baptist Zimmermann über Ausmalung und Stuckierung

16. 3. ZWIEFALTEN: Wiederaufnahme der Bauarbeiten zum Sommer; Aufsicht führt Palier Martin Wöger

21. 3. **MÜNCHEN**: Fischer bestätigt gemeinsam mit den drei anderen Vierern der Zunft (Ignaz Anton Gunetzrhainer, Johann Schmidt, Michael Pröbstl) den Empfang einer kaiserlichen Weisung an das Handwerk[92]

16. 5. **ZWIEFALTEN**: Zum ersten Mal wird mit Fischer über sein jährliches *Deservit* (Gebühr, 150 fl) abgerechnet; er nimmt den Anteil von 103 fl 52 kr in Empfang

9. 6. MÜNCHEN wird zum dritten Male von Österreichern besetzt

nach 11. 8. FÜRSTENZELL/MÜNCHEN: Fischer ist empört, als er erfährt, daß die *Ausschlagung des Gewölbs* ohne fachmännische Aufsicht vorgenommen wurde

21.10. MÜNCHEN: Sohn Johann Georg Damian wird geboren

31.10. ZWIEFALTEN: Palier Martin Wöger rechnet seine diesjährige Arbeit (33 Wochen) ab

vor 17.11. BURGLENGENFELD: Fischers Vater wird begraben

o.Dat. **FÜRSTENZELL**: Abrechnung über Gesellengeld (4 fl 52 kr)

1744

–. 2./3. ZWIEFALTEN: Wiederaufnahme der Bauarbeiten zum Sommer; Aufsicht führt Palier Martin Wöger

8. 4. FÜRSTENZELL: Bauarbeiten werden wieder aufgenommen; Aufsicht führt Palier *Hans Georg [N.N.] ..., ein Hoff Baliers Sohn von München*

1. 5. MÜNCHEN: Benediktion der Bruderschaftskirche St. Michael in Berg am Laim; zu diesem Zeitpunkt war die Kirche freskiert und stuckiert

1. 6. ZWIEFALTEN: Der am 21. April 1744 gewählte, neue Abt Benedikt Mauz holt die Zeremonie der Grundsteinlegung nach, *als die [Kloster-] Kirch schon ziemlich hochgekommen*, und legt den ›ersten Stein‹ hinter dem späteren Hochaltar

Sommer **FÜRSTENZELL**: Fischer erscheint zweimal auf der Baustelle; bei einer der beiden Reisen, die erstmals gesondert abgerechnet werden, weil er in diesem *Revir kein andere Arbeith nebenbey, wie sonst gehabt*, steigt er in **LANDSHUT** um

–. 7. MÜNCHEN: Sohn Johann Ferdinand legt am Gymnasium der Jesuiten das Abitur ab[93]

6. 9. MÜNCHEN: Sohn Johann Georg Ignaz wird begraben

14. 9. MÜNCHEN: Die Mitglieder der Zunft werden zu einer Kriegssteuer veranlagt, die Maurermeister Fischer und Ignaz Anton Gunetzrhainer mit jeweils 12 fl, Leonhard Matthäus Gießl und Lorenz Sappl mit jeweils 4 fl[94]

89 AEM, Pfarrmatrikel München/U.L.Frau; Täufling: Sohn (Johann Michael) von Urban und Maria Agathe Honifstingl, Fischers Vertreter: phil.stud. Bartholomäus Seiz

90 StadtA München, Gewerbeamt 2558a, Prod.43

91 StadtA München, Gewerbeamt 2558a, Prod.42

92 Wie Anm.90

93 Max Leitschuh, Die Matrikeln der Oberklassen des Wilhelmsgymnasiums in München, III, München 1973, 16, Nr.31

94 StadtA München, Gewerbeamt 2558

29. 9. FÜRSTENZELL: Palier *Hans Georg [N. N.]* und sechs Münchner Maurer werden vorzeitig entlassen, weil man mit ihrer Arbeit unzufrieden ist

15.10. MÜNCHEN wird nach 16 Monaten Besetzung von den Österreichern verlassen

1.11. FÜRSTENZELL: Kirchenfassade ist einschließlich Verputz vollendet

–.11./12. ZWIEFALTEN: Palier Martin Wöger und sein Sohn (Johann Georg) rechnen ihre diesjährige Arbeit ab

29.12. NIEDERALTEICH: Fischer wird als ›Klosterbaumeister‹ von Fr.Albert Schöttl OSB aus Metten abgelöst

o.Dat. **FÜRSTENZELL**: Abrechnung über Gesellengeld (63 fl 30 kr)

ZWIEFALTEN: Fischer erhält sein jährliches *Deservit* (150 fl)

1744/45

Winter POLLING: Planung für den Märzenbierkeller (des Augustiner-Chorherren-Stifts) dürfte bereits laufen

1745

nach 28. 3. **PASSAU** und **VILSHOFEN**: *H[err] Fischer* untersucht die kurfürstlichen Bräuhäuser auf *Krüegs Schäden und Bau Reparationes.* Obwohl in der Nähe, besucht Fischer bei der Gelegenheit nicht auch FÜRSTENZELL, weil er diese Baustelle aufgegeben hat

29. 3. ZWIEFALTEN: Wiederaufnahme der Bauarbeiten zum Sommer; Aufsicht führt Palier Martin Wöger

vor 18. 5. **POLLING**: Propst Franz Töpsl läßt sich bei der Wahl des Bauplatzes für den Märzenbierkeller von Fischer beraten

UNTERAPFELDORF: Fischer bestimmt den Platz für den neuen (dem Stift Polling unterstehenden) Pfarrhof und liefert *einen anständigen und commoden Pfarrhofriss*

18. 5. POLLING: Bauarbeiten am Märzenbierkeller beginnen mit Aushub der Fundamente

1. 6. POLLING: Grundsteinlegung zum Bierkeller

5. 6. ERBACH: Der Vertreter des Rottenburger Landvogts Carl Freiherrn von Ulm-Erbach wendet sich an Fischer, um den Neubau eines Sommerschlosses in DONAURIEDEN zu besprechen

14.-15. 6. Aufenthalt in **ERBACH**

nach 15. 6. vor 13.10. **OBERBAYERN**: Fischer unternimmt *einige nothwendige Reisen [in] Oberlandts Bayrn,* d.h. in Oberbayern[95]

21. 8. ZWIEFALTEN: Die Maurer haben begonnen, die Gewölbe einzuziehen, die Zimmerleute fangen an, den Dachstuhl aufzurichten

25. 8. MÜNCHEN: Sohn Johann Ignaz Ludwig wird geboren

21. 9. ZWIEFALTEN: Richtfest

13.10. **MÜNCHEN**: Fischer sendet Entwürfe für das Sommerschloß in DONAURIEDEN nach Erbach; er will *auf Zwifalten iner 8 Tagen* reisen

15.10. ZWIEFALTEN: Langhaus und Chor sind gewölbt

vor 31.10. Aufenthalt in **ZWIEFALTEN**

31.10. Station in **ERBACH** auf der Rückreise von ZWIEFALTEN (nach München?); Besprechung über die am 13.10. übersandten Pläne für DONAURIEDEN. Fischer arbeitet neue Grundrisse aus und erhält für seine *Riss und Bemiehung* als *Discretion* 48 fl

6 .11. ZWIEFALTEN: Einstellung der Bauarbeiten zum Winter; wohl gleichzeitig rechnet Palier Martin Wöger seine diesjährige Arbeit (32 Wochen) ab

4.12. ERBACH: Weitere Entwürfe für das Sommerschloß in DONAURIEDEN treffen (aus München?) ein

o.Dat. **ZWIEFALTEN**: Fischer erhält sein jährliches *Deservit* (150 fl) sowie für einen *Riß zu dem Portal* 30 fl 40 kr

POLLING: Fischer erhält seine jährliche Pauschale (100 fl)

(Zuschreibung) GRASLEITEN: Bau des (zum Stift Polling gehörigen) Schwaighofes nach Fischers Plänen

1746

30. 1. **MÜNCHEN**: Fischer sendet neue Entwürfe für das Sommerschloß in DONAURIEDEN nach Erbach

95 Nachricht aus den Quellen zu Donaurieden (WVZ 13). Diese Reisen könnten mit der Ausführung des Auftrages in Polling (WVZ 52) zusammenhängen.

10. 2. ERBACH: Auf seine Sendung vom 30.1.1746 erhält Fischer eine hinhaltende Antwort; damit endet der Kontakt

28. 3. ZWIEFALTEN: Wiederaufnahme der Bauarbeiten zum Sommer; Aufsicht führt Palier Martin Wöger

16. 4. MÜNCHEN: Sohn Johann Ignaz Ludwig wird begraben

8. 6. **MÜNCHEN**: Fischer tritt in seiner Funktion als *Fiebrer* der Zunft auf[96]

vor 30. 7. **MÜNCHEN**: Die Erzbruderschaft St. Michael zieht die *2 Baumeister* (Fischer und Sappl) für den vorgesehenen Ausbau einer Paramentenkammer im Franziskanerkloster zu Rate

1. 8. **MÜNCHEN**: Fischer und Maurermeister Lorenz Sappl besichtigen neuerlich den Raum im Franziskanerkloster und verfassen darüber ein Gutachten mit Umbauvorschlag

15.10. ZWIEFALTEN: Einstellung der Bauarbeiten zum Winter; wohl gleichzeitig rechnet Palier Martin Wöger seine diesjährige Arbeit (29 Wochen) ab

29.10. FREISING-Weihenstephan: Sohn Johann Ferdinand legt im Benediktinerkloster Profess ab

vor 20.12. POLLING: Bau des Märzenbierkellers wird vollendet

o.Dat. **POLLING**: *D[ominus] Michael Fischer architectus Monacensis eiusdem [des Märzenbierkellers Bau-] director* erhält seine jährliche Pauschale (100 fl)
ZWIEFALTEN: Fischer erhält sein jährliches *Deservit* (150 fl)
Reise von **ZWIEFALTEN** nach **OCHSENHAUSEN**; dort wird mit der repräsentativen *Convent Stieg[e]* das Kernstück des Klosterostflügels vollendet

1747

4. 3. MÜNCHEN: Sohn Johann Georg Damian wird begraben

vor –. 4. **AUFKIRCHEN**: Entwurf zum Wiederaufbau des Turmes der (den Münchner Augustiner-Eremiten unterstehenden) Wallfahrtskirche

5. 4. ZWIEFALTEN: Wiederaufnahme der Bauarbeiten zum Sommer; Aufsicht führt Palier Martin Wöger

–. 4. **AUFKIRCHEN**: Fischer hat den Bau des Kirchturmes *angeordnet*

–. 5. ZWIEFALTEN: Bauarbeiten sind soweit gediehen, daß der Stukkator Johann Michael Feichtmayr und der Freskant Franz Joseph Spiegler bereits am Werk sind

7. 6. ZWIEFALTEN: Kuppel der Klosterkirche wird in feierlichem Akt geschlossen

vor –.10. **AUFKIRCHEN**: Fischer hat beim Bau des Kirchturmes *nachgesehen;* für Entwurf, ›Anordnen‹ im April und ›Nachsehen‹ werden ihm *2 Ducaten mit 8 fl 30 x* verehrt

27.10. ZWIEFALTEN: Einstellung der Bauarbeiten zum Winter; wohl gleichzeitig rechnet Palier Martin Wöger seine diesjährige Arbeit (30 Wochen) ab

o.Dat. **ZWIEFALTEN**: Fischer erhält sein jährliches *Deservit* (150 fl); der Sohn (Johann Georg) des Paliers Martin Wöger erhält zweimal Geldgeschenk

1747/48

Winter MÜNCHEN/OTTOBEUREN: Planung für die Klosterkirche (der Benediktiner) in OTTOBEUREN setzt ein[97]

1748

27. 3. ZWIEFALTEN: Wiederaufnahme der Bauarbeiten zum Sommer; Aufsicht führt Palier Melchior Streicher

nach 17. 7. vor 22. 8. **MÜNCHEN**: Fischer nimmt das Lazarett für den geplanten Einbau einer neuen Kapelle in *Augenschein,* kann den gewünschten Entwurf wegen einer *unaufschibliche[n] Rais* (nach Ottobeuren) aber erst am 22.8. kalkulieren

vor 28. 7. **OTTOBEUREN**: Abt Anselm Erb überträgt den Weiterbau der 1737 begonnenen, neuen Klosterkirche dem »fürtreflichen Churfürstlich Bayerischen Bau-Meistern Herrn Johann Michael Fischer«

28. 7. OTTOBEUREN: Letzte Meßfeier in der alten Klosterkirche

19. 8. OTTOBEUREN: Bauarbeiten beginnen mit dem Abbruch der alten Klosterkirche[98]

22. 8. **MÜNCHEN**: Entwurf und Voranschlag für eine neue Kapelle im Lazarett in MÜNCHEN[99]

25. 8. **MÜNCHEN**: Fischer übergibt seinem Auftraggeber Pläne und Voranschlag für die Lazarettkapelle

96 Wie Anm.94
97 Kat.-Nr.31-47, in Band I S.128-133
98 Am 20.8.1748 stürzt bei den Abbrucharbeiten ein Gewölbe des Psallierchors ein und erschlägt zwei Maurer; s. dazu auch Anm.126.
99 Kat.-Nr.12-13, in Band I S.121

11.11. ZWIEFALTEN: Einstellung der Bauarbeiten zum Winter; wohl gleichzeitig rechnet Palier Melchior Streicher seine diesjährige Arbeit (31 Wochen) ab

o.Dat. **ZWIEFALTEN**: Fischer erhält zum letzten Mal sein jährliches *Deservit* (150 fl) und schließt damit die Baustelle ab [100]

STARNBERG: Besichtigung der angeblich baufälligen Pfarrkirche; Fischer erhält dafür 4 fl 15 kr

MÜNCHEN: Fischer ist »Unterführer« und Maurermeister Leonhard Matthäus Gießl ist »Oberführer« (oder auch Vierer) der Zunft [101]

1748/49

MÜNCHEN/OTTOBEUREN: Planung für die Klosterkirche in OTTOBEUREN wird fortgesetzt [102]

1749

–. 2. MÜNCHEN: Abschluß der Arbeiten am ersten Turm von St. Michael in Berg am Laim

vor 6. 9. (Zuschreibung) GOSSENZUGEN: Planung zum Bau der (dem Kloster Zwiefalten unterstehenden) Kapelle; Grundsteinlegung erfolgt am 6.9.1749

12.11. Taufpate in **MÜNCHEN**

20.12. OTTOBEUREN: Sohn (Johann Georg) des *Baliers* (Martin Wöger) erhält Geldgeschenk *wegen Riss*

o.Dat. **ZWIEFALTEN**: Bauarbeiten werden am südlichen Turm fortgesetzt. Plötzliche Entscheidung des Klosters, den 1748 bis auf die Türme abgeschlossenen Kirchenbau nach Westen zu verlängern; gleichzeitig setzen (vermutlich unter Leitung des Bildhauers Joseph Christian) Vorbereitungen zum Bau von Vorhaus und Fassade ein.

Weder Fischer noch einer seiner Paliere sind in Zwiefalten

OTTOBEUREN: *Baumeister H[err] Joan Michl Fischer* erhält zum ersten Mal seine jährliche Pauschale (300 fl); Bauarbeiten werden unter Aufsicht des Paliers Martin Wöger fortgesetzt

1749/50

MÜNCHEN/OTTOBEUREN: Planung für die Klosterkirche in OTTOBEUREN wird fortgesetzt [103]

ULM-Wiblingen: Abt Meinrad Hamberger überträgt Fischer die Fortsetzung des Klosterbaues (der Benediktiner), den der Baumeister Christian Wiedemann geplant und bis 1739 geleitet hat

BENEDIKTBEUERN: Abt Leonhard Hochenauer überträgt Fischer die Planung für die neue Anastasia-Kapelle an der Stelle der alten im nordöstlichen Chorwinkel der Klosterkirche (der Benediktiner) [104]

1750

vor 28. 3. ULM-Wiblingen: Bauarbeiten am Ostflügel der Klosteranlage beginnen; Grundlage bilden von Fischer überarbeitete Wiedemann-Pläne, Aufsicht führt Palier Simon (Frey)

31. 3. FREISING-Weihenstephan: Sohn Johann Ferdinand feiert als Pater Maurus Primiz bei den Benediktinern

1. 4. BENEDIKTBEUERN: Bauarbeiten beginnen mit dem Abbruch der alten Anastasia-Kapelle

vor 4. 4. ZWIEFALTEN: Neuerliche Kontaktaufnahme mit Fischer, der jetzt erst in die (vermutlich von Joseph Christian weit vorangetriebene) Planung von Vorhaus und Fassade einbezogen wird

4. 4. ZWIEFALTEN: (Fischers) Palier (N.N.) tritt seine Arbeit an; er beaufsichtigt wahrscheinlich die Fundamentierung von Vorhaus und Fassade

6. 5. BENEDIKTBEUERN: Grundsteinlegung zur Anastasia-Kapelle; Aufsicht bei den Bauarbeiten führt Palier Melchior Streicher

15. 6. **OTTOBEUREN**: Zusammentreffen mit Abt Aurelius Braisch aus (dem Benediktinerkloster) NERESHEIM, der Fischer den zur Ausführung bestimmten Entwurf Balthasar Neumanns für den Bau der dortigen Klosterkirche vorlegt. Nach *Besechung des Rises* verfaßt Fischer ein Gutachten.

100 Außer WVZ 67 s. zu Zwiefalten auch Gabriele Dischinger, in Band II S.25

101 Heinrich Krefft, Kurze Geschichte der Innung der Bau-, Maurer-, Steinmetz-, und Zimmermeister in München, München 1901, 32

102 Kat.-Nr.34-38, in Band I S.129 f.

103 S. Kat.-Nr.39-44, in Band I S.130-132

104 Kat.-Nr.4, in Band I S.115 und in Band II S.13-15

–. 7. MÜNCHEN: Abschluß der Arbeiten am zweiten Turm von St. Michael in Berg am Laim

5. 8. **MÜNCHEN**: Fischer und Maurermeister Leonhard Matthäus Gießl bezeugen als Vierer der Zunft eine Freisprechung [105]

31.10. ZWIEFALTEN: (Fischers) Palier (N.N.) beendet seine Arbeit

wohl nach 31.10. **ZWIEFALTEN**: Fischer erhält *wegen Fürdergeldt* (Gesellengeld) und *per aversum* (als Abfindung) 300 fl; die Bauarbeiten an Vorhaus und Fassade dauern noch bis 1753, werden aber ohne Fischer fortgesetzt

8.11 . OTTOBEUREN: Palier Martin Wöger erhält Zehrgeld (für die Heimreise nach München)

10.11. ULM-Wiblingen: Einstellung der Bauarbeiten zum Winter

11.11. ULM-Wiblingen: Palier (Simon Frey) erhält Geld *auf die Abreis* (nach München)

vor 18.11. BENEDIKTBEUERN: Entwurf für die (dem Benediktinerkloster unterstehenden) Pfarrkirche in BICHL [106]

18.11. **BENEDIKTBEUERN**: Abt Leonhard Hochenauer beschließt *in Beysein des Herrn Vischers ... und des Melchioris Streichers, welcher nach Herrn Vischer yber die Erpauung der neuen St.Anastasiae [Kapelle] die Obsorg gehabt*, den Neubau der Pfarrkirche in BICHL. Bauarbeiten an der Anastasia-Kapelle sind abgeschlossen.

o.Dat. **OTTOBEUREN**: Fischer erhält seine jährliche Pauschale (300 fl); Bauarbeiten werden unter Aufsicht des Paliers Martin Wöger fortgesetzt

ULM-Wiblingen: Fischer erhält *sein accordiertes Annuum* (150 fl)

(Zuschreibung) DIESSEN-SANKT GEORGEN: (dem Augustiner- Chorherren-Stift unterstehende) Pfarrkirche wird nach Fischers Plänen verlängert und umgestaltet

1750/51

STALLAU: Entwürfe für die (dem Kloster Benediktbeuern unterstehende) Kapelle [107]

1751

25. 2. **MÜNCHEN**: Fischer und Maurermeister Leonhard Matthäus Gießl bezeugen als Vierer der Zunft eine Freisprechung [108]

8. 3. KLOSTER SCHÄFTLARN: Fischers Maurer beginnen auf der Grundlage von Plänen Johann Baptist Gunetzrhainers mit den Bauarbeiten an der Klosterkirche (der Prämonstratenser); Aufsicht führt Palier Melchior Streicher

29. 3. **MÜNCHEN**: Fischer und Maurermeister Leonhard Matthäus Gießl bezeugen als Vierer der Zunft einen Lernbrief [109]

14. 4. BICHL: Bauarbeiten beginnen mit Abbruch der alten Kirche

12. 5. **OTTOBEUREN**: *H[errn] Bau M[eiste]r [Fischer] von München* wird der Kaufpreis erstattet für 14 Gemälde, die er für das vom Kloster zu Ferienaufenthalten genutzte Schloß in STEIN beschafft hat

15. 5. BICHL: Grundsteinlegung zur Pfarrkirche

23. 5. AUFHAUSEN: Weihe der Wallfahrtskirche

28. 5. **MÜNCHEN**: Fischer und Maurermeister Leonhard Matthäus Gießl bezeugen als Vierer der Zunft eine Freisprechung [110]

26. 8. MÜNCHEN: Bauarbeiten am Franziskanerhospiz bei St. Michael in Berg am Laim beginnen

19. 9. MÜNCHEN: Weihe der Hof-, Ritter- und Erzbruderschaftskirche St. Michael in Berg am Laim

21. 9. BICHL: Richtfest

6.11. BICHL: Einstellung der Bauarbeiten zum Winter

13.11. KLOSTER SCHÄFTLARN: Einstellung der Bauarbeiten zum Winter

15.11. **KLOSTER SCHÄFTLARN**: Abrechnung über Gesellengeld (116 fl 21 kr)

o.Dat. **OTTOBEUREN**: Fischer erhält seine jährliche Pauschale (300 fl); Bauarbeiten werden unter Aufsicht des Paliers Martin Wöger fortgesetzt

ULM-Wiblingen: Bauarbeiten dürften (unter Aufsicht des Paliers Simon Frey?) fortgesetzt worden sein

1752

25. 1. BICHL: Fischer wird ein Rehbock *verehrt*

105 StadtA München, Stadtgericht 179/32, fol.58 f.; für Gießls Lehrling Urban Schmidt

106 Kat.-Nr.5-7, in Band I S.116-117

107 Kat.-Nr.51-52, in Band I S.134-136

108 StadtA München, Stadtgericht 179/32, fol.101; für Lehrling (von Lorenz Sappl) Kaspar Reisberger

109 StadtA München, Stadtgericht 179/32, fol.109; für Fischers Lehrling Sebastian Perkhanitter aus Reichenberg bei St. Oswald (Niederbayern), aufgedingt am 23.5.1728

110 StadtA München, Stadtgericht 179/32, fol.124; für Lehrling (von Ignaz Anton Gunetzrhainer) Johann Georg Haggn

28. 3. **BICHL**: Fischer nimmt eine für den Bildhauer Johann Baptist Straub bestimmte Abschlagszahlung in Empfang

5. 4. BICHL: Wiederaufnahme der Bauarbeiten zum Sommer

vor 3. 5. OTTOBEUREN/STEIN: Bauarbeiten in dem (Kloster Ottobeuren gehörenden) Schloß in STEIN; Palier Martin Wöger wird eingesetzt

zw. 1. 6. und 7. 6. Aus BICHL wird Fischer ein Rehbock als Geschenk zugeschickt

31. 8. MÜNCHEN: Bauarbeiten am Franziskanerhospiz bei St. Michael in Berg am Laim werden abgeschlossen

15. 9. BICHL: Bauarbeiten sind so weit gediehen, daß der Maler Johann Jakob Zeiller beginnt, das Chorgewölbe zu freskieren

vor 16. 9. OTTOBEUREN/STEIN: Bauarbeiten in dem (Kloster Ottobeuren gehörenden) Schloß in STEIN; Palier Martin Wöger wird eingesetzt

14.10. **MÜNCHEN**: Bestätigung der Reparaturarbeiten an der Kirche in MÜNCHEN-Daglfing

18.10. ZWIEFALTEN: Weihe der Klosterkirche

27.10. BICHL: Einstellung der Bauarbeiten zum Winter

o.Dat. **OTTOBEUREN**: Fischer erhält seine jährliche Pauschale (300 fl); Bauarbeiten werden unter Aufsicht des Paliers Martin Wöger fortgesetzt

ULM-Wiblingen: Bauarbeiten dürften (unter Aufsicht des Paliers Simon Frey?) fortgesetzt worden sein

KLOSTER SCHÄFTLARN: Bauarbeiten dürften (unter Aufsicht des Paliers Melchior Streicher?) fortgesetzt worden sein

STALLAU: Bau der (dem Kloster Benediktbeuern unterstehenden) Kapelle

MÜNCHEN: Reparaturarbeiten an den Kirchen in MÜNCHEN-Englschalking und MÜNCHEN-Oberföhring

1752/53

(Zuschreibung) GRAFRATH: (dem Augustiner-Chorherren-Stift Diessen unterstehende) Wallfahrtskirche wird nach Fischers Plänen (von 1751) umgestaltet und erhält einen neuen Giebelreiter

1753

24. 1. **MÜNCHEN**: Fischer und Maurermeister Leonhard Matthäus Gießl bezeugen, daß der Schuldschein für ein der Landschaft geliehenes Kapital (150 fl) bei der Zunft verlorengegangen ist [111]

7. 5. BICHL: Abschließende Maurerarbeiten beginnen

18. 6. MÜNCHEN: Tochter Anna Maria Viktoria heiratet Johann Georg Dänzl (auch Däzl); die Trauung vollzieht Fischers Sohn P.Maurus von Freising-Weihenstephan, einer der Trauzeugen ist der Onkel der Braut, der Münchener Stadtmaurermeister Ignaz Anton Gunetzrhainer

nach 20. 7. MÜNCHEN: Entwurf für den Ausbau der Fassade der Klosterkirche St. Anna in MÜNCHEN-Lehel [112]

1. 9. **MÜNCHEN**: Fischer bewirbt sich nach dem Tode Balthasar Neumanns (am 19. 8.1753 in Würzburg) um dessen Nachfolge in NERESHEIM. Unter Berufung auf ihre Begegnung in Ottobeuren (am 15.6.1750) und sein damaliges Gutachten über Neumanns Entwurf empfiehlt er sich Abt Aurelius Braisch für den Weiterbau der Neresheimer Klosterkirche und möchte, wenn er in *14 Tägen nacher Wiblingen wegen aldort habenten Gottshaus Bau reist*, seine Aufwartung machen [113]

12. 9. NERESHEIM: Fischers Bewerbung wird abgelehnt

–. 9. Aufenthalt in ULM-Wiblingen (?)

15.10. OTTOBEUREN: Die Mauern der Klosterkirche sind hochgezogen und Zimmermeister Michael Klein aus Ottobeuren hat den Dachstuhl aufgerichtet

–.11./12. OTTOBEUREN: Man beginnt, das Dach nach *einem ... Münchnerplan* (von Fischer) zu decken

21.12. **OTTOBEUREN**: *H[errn]* Fischer werden Auslagen für den Transport einer Ladung Kupfer erstattet

o.Dat. **OTTOBEUREN:** Fischer erhält seine jährliche Pauschale (300 fl); Bauarbeiten werden unter Aufsicht des Paliers Martin Wöger fortgesetzt

111 StadtA München, Stadtgericht 179/32, fol.254 f.

112 Kat.-Nr.11, in Band I S.118-120

113 Dokument Nr.11, in Band II S.347 f.

ULM-Wiblingen: Bauarbeiten dürften (unter Aufsicht des Paliers Simon Frey?) fortgesetzt worden sein

KLOSTER SCHÄFTLARN: Bauarbeiten dürften (unter Aufsicht des Paliers Melchior Streicher?) fortgesetzt worden sein

FREISING-Weihenstephan: Wahrscheinlich Barockisierung der Klosterkirche (der Benediktiner) nach Fischers Plänen

1753/54

OTTOBEUREN: Entwürfe für das Plattenmuster der Vierung [114]

1754

16. 1. OTTOBEUREN: Sohn (Johann Georg) des Paliers (Martin Wöger) erhält Geschenk *bey seinem vermaintl[ichen] Abschid*

vor 3./ 4. MÜNCHEN: Entwurf für den Ausbau der Fassade von St. Anna in MÜNCHEN-Lehel [115]

1. 4. KLOSTER SCHÄFTLARN: Wiederaufnahme der Bauarbeiten zum Sommer; Aufsicht führt Palier Melchior Streicher

27. 4. **OTTOBEUREN**: *H[errn]* Fischer werden Auslagen erstattet [116]

–. 6./ 7. OTTOBEUREN: Kirchendach ist gedeckt

9.11. KLOSTER SCHÄFTLARN: Einstellung der Bauarbeiten zum Winter

o.Dat. **OTTOBEUREN**: Fischer erhält seine jährliche Pauschale (300 fl); Bauarbeiten werden unter Aufsicht des Paliers Martin Wöger fortgesetzt

ULM-Wiblingen: Bauarbeiten haben die südliche Hälfte des Klosterostflügels erreicht, denn der Maler Franz Martin Kuen freskiert den Kapitelsaal im zweiten Obergeschoß des Mittelrisalits

MÜNCHEN: Entwurf für das Sommerhaus Knöbl in MÜNCHEN [117]

SIGMERTSHAUSEN: Bau der Filialkirche auf der Grundlage von Plänen Johann Baptist Gunetzrhainers

(Zuschreibung) MÜNCHEN: Bei St. Michael in Berg am Laim wird eine *Wasser-Reserva* errichtet

1754/55

MÜNCHEN: Entwürfe (drei Projekte) mit grober Kostenschätzung für den Neubau eines Militärlazaretts [118]

1755

19. 3. OTTOBEUREN: Wohl in Fischers Auftrag erhält ein Bildhauer *für das Modell zu denen Capitäl bey denen Thürnen ... 2 fl*

2. 4. KLOSTER SCHÄFTLARN: Wiederaufnahme der abschließenden Bauarbeiten zum Sommer; sie stehen aber nur bis 5.4. unter Aufsicht von Palier Melchior Streicher

12. 4. MÜNCHEN: Meistergerechtigkeit des Maurermeisters Johann Schmidt geht für 300 fl an Fischers Tochter Maria Theresia Justina [119]; Käufer wird der Vater gewesen sein

3. 5. **MÜNCHEN**: Fischer und Maurermeister Leonhard Matthäus Gießl bezeugen als Vierer der Zunft eine Freisprechung [120]

–. 5. OTTOBEUREN: *Ballier* (Martin Wöger) erhält Geldgeschenk *bey Schliessung der Haupt-Kuppel*

vor –. 6. BAD AIBLING: Fischer ist die Leitung der Bauarbeiten an der Pfarrkirche übertragen worden; die Kirche wird unter Aufsicht eines ungenannten Paliers verlängert und erhält ein neues Gewölbe

1. 8. **FREISING-Dombezirk**: Besichtigung des sog. Kuhturms an der Fürstbischöflichen Residenz und Gutachten zur statischen Sicherung

–. 8. **MÜNCHEN**: Voranschlag für grundlegende Reparaturen im Vorderhaus des Pötschnerschen Benefiziatenhauses in MÜNCHEN

20.11. OTTOBEUREN: Ein *Modell [Fischers] von München* kommt an; es bezieht sich wahrscheinlich auf die Turmobergeschosse

o.Dat. **OTTOBEUREN**: Fischer erhält seine jährliche Pauschale (300 fl); Bauarbeiten werden unter Aufsicht des Paliers Martin Wöger fortgesetzt

STRASSLACH: Abrechnung über Gesellengeld (3 fl 42 kr) für die Turmerneuerung bei der (Kloster Schäftlarn unterstehenden) Pfarrkirche

114 Kat.-Nr.45-47, in Band I S.132 f.
115 S. weiter oben nach 20. 7.1753
116 Diese Auslagen betreffen *Schleissheimer Käs*, den Fischer schon 1753 in der kurfürstlichen Schwaige München Schleißheim besorgt hatte, sowie die Gesetzessammlung ›Das Bayerische Landrecht‹.
117 Kat.-Nr.23-24, in Band I S.124
118 Kat.-Nr.14-22, in Band I S.121-123
119 StadtA München, Gewerbeamt 2556/3; s. auch unter 16.7.1738
120 StadtA München, Stadtgericht 179/33, fol.58 f.; für Lehrling (von Lorenz Sappl) Erasmus Schmidt

ENDLHAUSEN: Entwurf für die Langhauserweiterung und Turmerneuerung der (Kloster Schäftlarn unterstehenden) Pfarrkirche

MÜNCHEN: Entwurf für das Sommerhaus des Hofwaisenhauses in MÜNCHEN [121]

1755/56

DIESSEN: Wahrscheinlich Bau der neuen Prälatur nach Fischers Plänen; der sog. Taubenturm erhält vermutlich gleichzeitig ein drittes Stockwerk und eine moderne Bedachung

um 1756

(Zuschreibung) ROMENTHAL: Kapelle bei der Schwaige wird durch das Augustiner-Chorherren-Stift Diessen nach Fischers Plänen errichtet

(Zuschreibung) MISCHENRIED: (heute profanierte) Kapelle der Schwaige des Augustiner-Chorherren-Stifts Diessen wird nach Fischers Plänen errichtet

1756

3. 1. BAD AIBLING: Bauarbeiten stehen weiter unter Fischers Leitung; die Aufsicht vor Ort führt aber künftig der Maurermeister Abraham Millauer

nach 24. 1. MÜNCHEN: Wahrscheinlich weitgehender Vorderhaus-Neubau des Pötschnerschen Benefiziatenhauses

24. 5. **MÜNCHEN**: Fischer und Maurermeister Leonhard Matthäus Gießl bezeugen als Vierer der Zunft eine Freisprechung [122]

18. 6. **MÜNCHEN**: Voranschlag zum Wiederaufbau des abgebrannten Pfarrhof-Stadels in MÜNCHEN-Sendling

nach 18. 6. MÜNCHEN: Wahrscheinlich Bau des Pfarrhof-Stadels in MÜNCHEN-Sendling, zusammen mit Zimmermeister Joseph Mahl

Sommer BAD AIBLING: Bauarbeiten sind weitgehend abgeschlossen, denn die Stukkatoren und Freskanten sind bereits am Werke

19. 6. **MÜNCHEN**: Fischer und Maurermeister Leonhard Matthäus Gießl bezeugen als Vierer der Zunft einen Lernbrief [123]

2. 8. **MÜNCHEN**: Voranschlag für den Ausbau eines Studiensaals im Münchner Jesuitenkollegium, des sog. *Sallet Gebey ... für mathematische Instrumenta*

12. 8. **MÜNCHEN**: Quittung über Abschlagszahlung für das *Sallet Gebey*

5.10. **MÜNCHEN**: Quittung über Abschlagszahlung für das *Sallet Gebey*

13.11. **MÜNCHEN**: Quittung über Abschlagszahlung für das *Sallet Gebey*

22.11. **MÜNCHEN**: Quittung über Restzahlung für das *Sallet Gebey*

o.Dat. **OTTOBEUREN**: Fischer erhält zum letzten Mal seine jährliche Pauschale (300 fl). Die Bauarbeiten an der Klosterkirche unter Aufsicht des Paliers Martin Wöger werden im wesentlichen abgeschlossen, denn die Maler Johann Jakob und Franz Anton Zeiller sowie der Stukkator Johann Michael Feichtmayr arbeiten bereits an der Innenausstattung

ENDLHAUSEN: Abrechnung über Gesellengeld (50 fl 42 kr) für Bauarbeiten an der (Kloster Schäftlarn unterstehenden) Pfarrkirche

MÜNCHEN: Entwurf für das Sommerhaus Solaty in MÜNCHEN [124]

1757

14. 4. **MÜNCHEN**: Fischer und Maurermeister Leonhard Matthäus Gießl bezeugen als Vierer der Zunft einen Lernbrief [125]

22.12. MÜNCHEN: Die St. Michaels-Bruderschaft beschließt, Fischer den Außenputz *des Gotteshauss, und der beeden Kürchen Thurn* von St. Michael in Berg am Laim zu übertragen

o.Dat. **OTTOBEUREN**: Fischer bittet um seine *Entlassung*, weil ihm die Reisen zur Baustelle zu beschwerlich sind und überläßt die Aufsicht über die abschließenden Arbeiten an dem weitgehend fertiggestellten Bau der Klosterkirche *dem Ballier* (Martin Wöger)

ENDLHAUSEN: Abrechnung über Gesellengeld *inclus[ive] zwayer Raisen* (49 fl 40 kr) für den Bau der (Kloster Schäftlarn unterstehenden) Pfarrkirche

1757/58

MÜNCHEN: Voranschlag für den Ausbau des Gartenschlosses des Herzogs Clemens Franz von Paula in Bayern

121 S. Kat.-Nr.25-26, in Band I S.124

122 StadtA München, Stadtgericht 179/33, fol.126; für Lehrling (von Ignaz Anton Gunetzrhainer) Balthasar Weißberger

123 StadtA München, Stadtgericht 179/33, fol.134; für Fischers Lehrling Matthias Engelbrecht aus Landshut, aufgedingt am 10.5.1750

124 S. Kat.-Nr.27, in Band I S.124 f.

125 StadtA München, Stadtgericht 179/33, fol.190; für Fischers Lehrling Leonhard Spöcker aus Waakirchen bei Bad Tölz, aufgedingt am 18.5.1749

1758

31. 1. **MÜNCHEN**: Vertrag, den Außenbau von St. Michael in Berg am Laim (für 4745 fl) zu verputzen

26. 4. OTTOBEUREN: Palier (Martin Wöger) erhält zum letzten Mal Arbeitsmaterial

19. 6. BENEDIKTBEUERN: Weihe der Anastasia-Kapelle

20. 6. BICHL: Weihe der Pfarrkirche

8. 7. **MÜNCHEN**: Voranschlag zum Außenverputz und zum Ausbau des Kirchturmes der Filial- und Wallfahrtskirche St. Anna in MÜNCHEN-Harlaching

nach –. 5. vor 9.11. **MÜNCHEN**: Abt Benedikt Lutz des Benediktinerklosters ROTT am Inn sucht Fischer auf und schildert ihm, in welcher Form die Rotter Klosterkirche barockisiert werden soll. Um das Vorhaben besser beurteilen zu können, lädt er Fischer ein.

ROTT am Inn: Besichtigung der alten Klosterkirche; Fischer rät von der geplanten Barockisierung ab [126]; er empfielt, statt dessen einen Neubau zu errichten

MÜNCHEN/ROTT am Inn: Entwurf für den Neubau der Klosterkirche wird ausgearbeitet

9.11. **ROTT am Inn**: Fischer erhält als *Douceur* (Gratifikation) wegen Übernahme des Kirchenbaues *3 Max d'or* (21 fl 24 kr)

1759

2. 1. **MÜNCHEN**: Bescheinigung für den Maurerpalier Joseph Jänisch [127]

10. 1. ROTT am Inn: Palier Melchior Streicher werden 2 fl 30 kr ›verehrt‹, als er die *Ober-Palier Stelle* bei dem bevorstehenden Kirchenbau übernimmt

25. 1. OTTOBEUREN: Palier Martin Wöger ist krank [128]

2. 2. **MÜNCHEN**: Fischer lehnt altershalber die Aufforderung (vom 28.1.) des Grafen Fugger-Boos ab, den Rechbergbau des Schlosses in BABENHAUSEN für die beabsichtigte innere Umgestaltung zu besichtigen und bietet an, dafür einen *wohlverständigen Maurer Ballier* aus München zu entsenden [129]

12. 2. **MÜNCHEN**: Nach Zustimmung (vom 10.2.) aus Boos schickt Fischer seinen Palier (Daniel Sacher) *zu Ausmessung* des Rechbergbaues nach BABENHAUSEN [130]

19. 2. BABENHAUSEN: *Ballier [Daniel Sacher] arbaithet fleißig*

24. 2. BABENHAUSEN: Palier (Daniel Sacher) *ist eben [nach München] abmarchieret*

5. 3. ROTT am Inn: Bauarbeiten beginnen mit dem Abbruch der alten Klosterkirche; Aufsicht führt Palier Melchior Streicher

–. 2./3. **MÜNCHEN**: Planung für die Umgestaltung des Rechbergbaues in BABENHAUSEN anhand des Aufmaßes, das Palier (Daniel Sacher) vor Ort gezeichnet und Fischer gebracht hat

21. 4. BABENHAUSEN: Palier (Daniel Sacher) trifft mit Fischers *Riß* ein

25. 4. **MÜNCHEN**: Voranschlag für die Erhöhung und Neueinwölbung der Pfarrkirche St. Georg in MÜNCHEN-Bogenhausen

26. 4. **ROTT am Inn**: Fischer bringt aus München *delineationes et ichnographiam novae Ecclesiae* und trifft die Vereinbarungen für die Bauausführung

27.-29. 4. Aufenthalt in ROTT am Inn

30. 4. **ROTT am Inn**: Fischer erhält für *3fachen Kirchen Riss* 50 fl

1. 5. BABENHAUSEN: Umgestaltung des Rechbergbaues beginnt; Aufsicht führt Palier Daniel Sacher

2. 6. **ROTT am Inn**: Der *Accord*, dessen Inhalt bereits im April fixiert wurde, wird unterschrieben; Fischer übernimmt die Ausführung des Kirchenbaues für die Gesamtsumme von 13.000 fl, die in zehn Abschlagszahlungen beglichen wird [131]

3. 6. Aufenthalt in ROTT am Inn

4. 6. **ROTT am Inn**: Grundsteinlegung zur Klosterkirche; Fischer nimmt an der Feierlichkeit teil

21. 6. **MÜNCHEN**: Fischer und Maurermeister Leonhard Matthäus Gießl bezeugen als Vierer der Zunft den Lernbrief und eine Freisprechung [132]

30. 6. **ROTT am Inn**: Erste Abschlagszahlung für den Kirchenbau

–. 6. **ROTT am Inn**: Fischer erhält für (das Entwurfsmodell zur Kirchensüd-) Fassade 22 fl und für (das Entwurfsmodell zum) ›Frontispiz‹ (Kirchenwestfassade) 20 fl

Abb. Fischers Siegel verwendet am 2.1.1759 in München, schon in den 40er Jahren nachweisbar

126 In dem Zusammenhang erinnert Fischer an Ottobeuren und dürfte dabei an den Gewölbeeinsturz bei Beginn der Abbrucharbeiten (20.8.1748) gedacht haben, der den gefährlichen Zustand der alten Kirche offenbarte; vgl. Anm.98.

127 S. Dokument Nr.12, in Band II S.348

128 S. WVZ 6, Nachricht vom 28.1.1759

129 S. Dokument Nr. 13c, in Band II S. 349 f.

130 S. Dokument Nr. 13e, in Band II S.350

131 S. Dokument Nr. 14, in Band II S.351 f.

132 StadtA München, Stadtgericht 179/34, fol.31 f.; für Fischers Lehrling Andreas Pauli aus Pfarrkirchen (Niederbayern), aufgedingt am 26.5.1754. Am gleichen Tag Freisprechung des Lehrlings (von Ignaz Anton Gunetzrhainer) Georg Adlwarth

25. 8. **ROTT am Inn**: Zweite Abschlagszahlung

zw. 1. und 4.10. Aufenthalt in **MÜNCHEN-Baumkirchen**; zwei Tage prüft Fischer den Zustand des dortigen Pfarrhofs und seiner Nebengebäude

10.10. **MÜNCHEN**: Voranschlag für Reparaturen an Pfarrhof und Nebengebäuden in MÜNCHEN-Baumkirchen, mit Situationsplan [133]

13.10. **ROTT am Inn**: Dritte Abschlagszahlung

17.11. ROTT am Inn: Einstellung der Bauarbeiten zum Winter

1760

–. 2. BABENHAUSEN: Umgestaltung des Rechbergbaues ist weitgehend abgeschlossen

3. 3. ROTT am Inn: Wiederaufnahme der Bauarbeiten zum Sommer; Aufsicht führt Palier Melchior Streicher

17. 4. **MÜNCHEN**: Quittung über 6 fl für zweitägigen Aufenthalt in MÜNCHEN-Baumkirchen (zwischen 1. und 4.10.1759)

14. 5. **ROTT am Inn**: Vierte Abschlagszahlung

5. 7. **ROTT am Inn**: Fünfte Abschlagszahlung

4. 8. ROTT am Inn: Zimmerleute beginnen, den Dachstuhl über dem mittleren Teil der Kirche aufzurichten

20. 8. ROTT am Inn: Der am 4. 8. begonnene Dachstuhl ist vollendet

4. 9. **ROTT am Inn**: Sechste Abschlagszahlung

20. 9. ROTT am Inn: Mittelkuppel ist gemauert [134]

4.11. ROTT am Inn: Einstellung der Bauarbeiten zum Winter; Palier Streicher erhält *bey Schliessung der Kirchenkuppel Douceur* (Gratifikation, 7 fl)

19.11. KLOSTER SCHÄFTLARN: Weihe der Klosterkirche

o.Dat. **MÜNCHEN**: Entwurf zum Bau eines Verbindungsgangs zwischen dem Institutsgebäude der Englischen Fräulein und dem ›Arme-Kinder-Haus‹ in MÜNCHEN [135]

1761

13. 1. OTTOBEUREN: Palier Martin Wöger wird begraben

2. 3. ROTT am Inn: Wiederaufnahme der Bauarbeiten zum Sommer; Aufsicht führt Palier Melchior Streicher

8. 4. ROTT am Inn: Fundamente für den westlichen Teil der Kirche werden gelegt

3. 5. **MÜNCHEN**: Quittung für das Einstellungsgeld bei Annahme eines Lehrlings [136]

5. 7. ROTT am Inn: Palier Melchior Streicher erhält ›Vorschuß‹

15. 8. **ROTT am Inn**: Siebente Abschlagszahlung

31. 8. ROTT am Inn: Dach der Kirche ist vollendet

7.11. ROTT am Inn: Einstellung der Bauarbeiten zum Winter

11.11. ROTT am Inn: Palier Melchior Streicher erhält zum Abschluß der Bausaison *Douceur* (Gratifikation, 7 fl 30 kr)

–.11. **ROTT am Inn**: Fischer erhält *bey Schlusse des Kirchen Gebäudes gleichfalls Douceur* (Gratifikation, 23 fl)

o.Dat. MÜNCHEN: Maurermeister Leonhard Matthäus Gießl ist »Oberführer«, Fischer »Unterführer« (oder auch Vierer) der Zunft [137]
(Zuschreibung) BENEDIKTBEUERN: Einbau der Orgelempore in die Pfarrkirche; Palier Simon Frey wird eingesetzt

1762

20. 2. **ROTT am Inn**: Achte Abschlagszahlung

10. 6. **MÜNCHEN**: Fischer und Maurermeister Leonhard Matthäus Gießl bezeugen als Vierer der Zunft einen Lernbrief [138]

16.10. **ROTT am Inn**: Neunte Abschlagszahlung

23.12. **ROTT am Inn**: Fischer erhält die letzte Abschlagszahlung

o.Dat. ROTT am Inn: Palier (Melchior) Streicher leitet die Quadraturarbeiten in der Kirche sowie deren *Abbutzung* und rechnet darüber eigenverantwortlich ab

1763

7. 3. ROTT am Inn: Wiederaufnahme der (restlichen) Bauarbeiten zum Sommer; Aufsicht führt Palier (Melchior) Streicher

18. 3. INGOLSTADT: Fischers Bruder, Stadtmaurermeister Andreas Fischer, wird begraben

133 S. Kat.-Nr.29, in Band I S.126 f.
134 Die letzten vier Steine werden erst am 4.11.1760, bei Abschluß der Bausaison, eingesetzt; s. WVZ 54.
135 S. Kat.-Nr.28, in Band I S.125 f.
136 Lehrling: Joseph Wöger; dazu ausführlich WVZ 33
137 Krefft (Anm.101), 32
138 StadtA München, Stadtgericht 179/35, fol.50; für Fischers Lehrling Sebastian Strobl aus Deggendorf, aufgedingt am 3.9.1752

6. 4. **ALTOMÜNSTER**: Nach *vorgenommenen Augenschein* bei der alten Klosterkirche (der Birgitten) verfaßt Fischer auf der Basis ausgearbeiteter ›Risse‹ den Voranschlag für den Neubau [139]

7. 4. ROTT am Inn: Die Kirche ist *zu völligen Stand gebracht*, einschließlich Fresken- und Stuckausstattung; unter Aufsicht des Paliers (Melchior) Streicher beginnen die Maurer, die alte Pfarrkirche, die *nachgehends in die Klosterkirche transferiert worden*, abzureißen

7. 5. ALTOMÜNSTER: Bauarbeiten beginnen mit dem Abriß der alten Kirche

18. 5. INGOLSTADT: Palier Daniel Sacher legt seine Bewerbung um die Stelle des am 18.3.1763 verstorbenen Stadtmaurermeisters Andreas Fischer vor; der Stadtrat gibt seine Zustimmung unter der Auflage, Sacher müsse die Witwe (Johann Michael Fischers Schwägerin) heiraten. Sachers Weigerung verzögerte die Übernahme der Stelle bis zum 8.6.1764 [140]

7. 6. **ALTOMÜNSTER**: Grundsteinlegung zur Klosterkirche; Fischer erhält *zur Verehrung* 22 fl

–. 6. ROTT am Inn: Die alte Pfarrkirche ist abgerissen; unter Aufsicht des Paliers (Melchior) Streicher beginnen die Maurer, am Platz der Pfarrkirche das Fundament für die neue Abtei zu graben und dann mit deren Bau

26. 7. WINHÖRING: Tochter Maria Monika Juliana heiratet Georg Michael Schmidt, Verwalter des Grafen Törring-Jettenbach; Trauzeuge ist der Bruder der Braut, Georg Joseph Fischer

23.10. **ALTOMÜNSTER**: Fischer erhält die jährliche Pauschale (100 fl)
ROTT am Inn: Weihe der (Benediktiner-) Klosterkirche

4.11. ALTOMÜNSTER: Neubau ist soweit gediehen, daß er an den alten Chor stößt

vor 20.11. AUFHAUSEN: Auf die Nachricht, die Wallfahrtskirche sei angeblich einsturzgefährdet, schickt Fischer seinen Palier N.N. nach Aufhausen; die Inspektion des Baues ergibt jedoch keinerlei Schäden

26.11. MÜNCHEN: Schwager, Oberhofbaumeister Johann Baptist Gunetzrhainer, wird begraben

3.12. ALTOMÜNSTER: Einstellung der Bauarbeiten zum Winter

9.12. ALTOMÜNSTER: Auch der romanische Turm muß *wegen seiner erst erkhennten Paufähligkeit ... abgetragen* und somit ebenfalls erneuert werden

1764

26. 2. **MÜNCHEN**: Tochter Maria Theresia Justina heiratet Johann Anton Schmaus; Trauzeugen sind Fischer und sein Schwager, Stadtmaurermeister Ignaz Anton Gunetzrhainer, die Trauung vollzieht Fischers Sohn, P.Maurus Fischer von Freising-Weihenstephan

31. 3. ALTOMÜNSTER: Wiederaufnahme der Bauarbeiten zum Sommer; Palier ist Thomas Schmidt

21. 5. **ALTOMÜNSTER**: Abrechnung über Gesellengeld (13 fl 40 kr); Vereinbarung mit *Herrn Paumaister* (Fischer), daß *kein Gsöllengelt mehr bezalt* wird

8. 6. INGOLSTADT: Palier Daniel Sacher erhält die Stelle des Stadtmaurermeisters und wird damit Nachfolger von Fischers Bruder Andreas (vgl. 18.3.1763)

8. 8. **MÜNCHEN**: Fischer und Maurermeister Leonhard Matthäus Gießl bezeugen als Vierer der Zunft einen Lernbrief [141]

27.10. **ALTOMÜNSTER**: Fischer erhält die jährliche Pauschale (100 fl)

10.11. ALTOMÜNSTER: Einstellung der Bauarbeiten zum Winter

15.11. MÜNCHEN: Schwager, Stadtmaurermeister Ignaz Anton Gunetzrhainer wird begraben

1765

30. 3. ALTOMÜNSTER: Wiederaufnahme der Bauarbeiten zum Sommer

3. 5. ALTOMÜNSTER: Richtfest; Zimmermeister Joseph Mahl erhält *zur Verehrung* 5 fl

vor 29. 8. NEUMARKT-ST. VEIT: Möglicherweise Entwurf zur Turmhaube der Benediktiner-Klosterkirche; Ausführung durch (den ehemaligen Palier) Simon Frey

31. 8. WINHÖRING: Tochter Maria Monika Juliana Schmidt stirbt zehn Tage nach der Geburt ihres Sohnes Augustin

139 S. Dokument Nr.15, in Band II S.352 f.
140 Vgl. Josef H. Biller, in Band II S.72
141 StadtA München, Stadtgericht 179/35, fol.270 f.; für Fischers Lehrling Michael Beywalt aus Pötting bei Freising, aufgedingt am 20.5.1759

vor 10. 9. **MÜNCHEN**: Graf Max V. Preysing-Hohenaschau bespricht mit Fischer den Neubau der Pfarrkirche SÖLLHUBEN; die Aufnahme der baulichen Gegebenheiten soll einem Palier überlassen werden

17. 9. Palier Joseph Kirnberger trifft in Hohenaschau ein

18.-21. 9. SÖLLHUBEN: Palier Joseph Kirnberger nimmt die alte Kirche auf

13.10. **ALTOMÜNSTER**: Fischer erhält die jährliche Pauschale (100 fl)

9.11. ALTOMÜNSTER: Einstellung der Bauarbeiten zum Winter

um 25.11. **MÜNCHEN**: Entwürfe für SÖLLHUBEN [142] werden abgeholt

1766

4. 1. **MÜNCHEN**: Besichtigung der Pfarrkirche St. Georg in MÜNCHEN- Bogenhausen, zusammen mit Zimmermeister Franz Joseph Krafft; Fischers Vorschlag von 1759 wird wieder aufgegriffen

22. 3. ALTOMÜNSTER: Wiederaufnahme der Bauarbeiten zum Sommer

7. 4. SÖLLHUBEN: Bauarbeiten beginnen mit Abbruch des Langhauses der alten Kirche; Aufsicht führt Palier Joseph Kirnberger

4. 5. SÖLLHUBEN: Fundament ist beinahe fertig gemauert

6. 5. **MÜNCHEN**: Johann Michael Fischer stirbt

Nach dem Tode Fischers

9. 5. MÜNCHEN: Begräbnis (am Tag nach Christi Himmelfahrt, einem Freitag) auf dem Friedhof der Frauenkirche; die vorausgehenden feierlichen Exequien mit Prozession zeugen von einer aufwendigen Beerdigung [143]

9. 6. ALTOMÜNSTER: Hauptkuppel der Klosterkirche wird geschlossen

19.10. SÖLLHUBEN: Bauarbeiten werden vorerst eingestellt; die Kirche (ausgenommen der Chor) ist gedeckt, aber noch nicht gewölbt

vor 17.11. MÜNCHEN: Die *verwittibte Maurermaisterin* Maria Regina Fischer und Franz Anton Kirchgrabner wenden sich an den Magistrat; sie ist gewillt, die Maurergerechtigkeit ihres verstorbenen Mannes ›ihrem‹ *Ballier Franz Antoni Kirchgraber von St. Bolten gebürtigen Hammerschmidmeister Sohn gegen Anheurathung meiner Baasen Maria Katrina Däzlin ... von Furth zu ybergeben.* Bitte, das gemeinsame *Anlangen* der Zunft zu unterbreiten und *Kürchgraber zu denen [Meister-] Stukhen admittieren zu lassen.* Die Eingabe liegt in der Ratssitzung vom 17.11.1766 vor [144]

24.11. MÜNCHEN: Die Zunft ist einverstanden, daß die Witwe *ihre anhabente Maurermaistergerechtigkeit* Kirchgrabner überläßt [145]

20.12. MÜNCHEN: Fischers Witwe tritt die Meistergerechtigkeit ihres verstorbenen Mannes an Kirchgrabner ab [146]

o.Dat. ALTOMÜNSTER: Weil *H[err] Paumaister Fischer ... gestorben* ist, erhält die Witwe *anstatt bactierte[r] 100 f. nur 50 f.* der jährlichen Pauschale

1767

15. 6. MÜNCHEN: Kirchgrabner heiratet Maria Katharina Däzl, eine ›Base‹ der Witwe Fischer [147]

o.Dat. ALTOMÜNSTER: Maurermeister Balthasar Trischberger aus München übernimmt die Bauleitung

1768

20. 6. SÖLLHUBEN: Bauarbeiten werden wieder aufgenommen; Aufsicht führt ein regionaler Maurermeister

1769

o.Dat. SÖLLHUBEN: Bauliche Fertigstellung der Kirche

1772

6. 3. MÜNCHEN: Die Maurermeister Leonhard Matthäus Gießl und Franz Anton Kirchgrabner bezeugen als Vierer der Zunft den Lernbrief für einen Lehrling Fischers [148]

23. 3. MÜNCHEN: Die Maurermeister Leonhard Matthäus Gießl und Franz Anton Kirchgrabner bezeugen als Vierer der Zunft den Lernbrief für einen Lehrling Fischers [149]

142 S. Kat.-Nr.49-50, in Band I S.133 f.
143 AEM, Pfarrmatrikel München/U.L.Frau
144 StadtA München, Gewerbeamt 2556/3, fol.428
145 StadtA München, Gewerbeamt 2556/3, fol.430
146 StadtA München, Stadtgericht 179/36, fol.225
147 AEM, Pfarrmatrikel München/U.L.Frau. Diese ›Base‹ war wohl verwandt mit Fischers Schwiegersohn Johann Georg Dänzl; s. unter 18.6.1753.
148 StadtA München, Stadtgericht 179/38, fol.9 f.; für Martin Frey aus München-Sendling, aufgedingt am 10.6.1762
149 StadtA München, Stadtgericht 179/38, fol.13; für Martin Kottmiller aus Unterhaching bei München, aufgedingt am 29.12.1759

Gabriele Dischinger

Das Lebenswerk

Überlegungen zur Inschrift des Epitaphs

Fischers Epitaph ging im Zweiten Weltkrieg bis auf die Rotmarmorplatte mit der Inschrift zugrunde. Seine frühere Größe betrug 2,65 Meter in der Höhe und 2,00 Meter in der Breite, im Zentrum die Schrifttafel, »von einem Totenkopf bekrönt, von reichen Draperien und Urnen geziert« [1]. Aufnahmen aus der Zeit vor seiner Zerstörung zeigen in der Sockelzone des Grabmals außerdem einen Sarg, dessen Längsseite die Inschrift für Fischers 1782 verstorbene Ehefrau Maria Regina trug; sie wurde auf den Monat genau 16 Jahre nach dem Tode ihres Mannes neben diesem bestattet [2].

Das Fragment des Fischer-Epitaphs wurde nach seiner Restaurierung wieder am ursprünglichen Platz, an der südlichen Außenwand der Münchener Frauen-

1 August Alckens, München in Erz und Stein. Die Epitaphien der Altstadt-Kirchen, Mainburg 1974, 88. – Nach Lieb (1982, 208) war das Epitaph »vielleicht ein Werk des Münchner bürgerlichen Steinmetzmeisters Johann Michael Matthaeo«.

2 S. in Band I S.11 und Anm.18

Abb. München
Epitaph Johann Michael Fischers vor der Zerstörung im Zweiten Weltkrieg, Inschriftplatte seit 1995 wieder an der Südseite der Frauenkirche

kirche angebracht. Dort hängt es – eines von ehemals mindestens 160 Epitaphien [3] – zwischen den Grabmälern anderer namhafter Münchener, mehrheitlich Angehörige des einstigen Patriziats und Beamtentums, aber auch der Geistlichkeit. Daraus wird zu Recht geschlossen, daß die Grabplatten überwiegend Namen einflußreicher und wohlhabender Persönlichkeiten nennen [4]. Dementsprechend sind die vereinzelt darunter vertretenen Künstler einzustufen, neben Johann Michael Fischer z.B. auch der Maler Cosmas Damian Asam (1686-1739), mit dem der Architekt vielfach zusammenarbeitete.

Im Falle Fischers interessiert jedoch weniger der Wohlstand oder das Ansehen, von dem sein Epitaph Zeugnis ablegt, als vielmehr die Inschrift mit der zentralen Aussage: ... *Johann Michael Fischer /... Welcher niemahlen Geruhet, / indem Er / durch sein Kunsterfahrne und Unermüdte Hand / 32. Gottshäuser, 23. Clöster / nebst sehr Vielen anderen Palästen / Gemüther aber viele hundert / durch sein Alt-Teutsche und Redliche Aufrichtigkeit / erbauete, /...*

Diese Zeilen übten eine beinahe hypnotische Wirkung aus, enthielten sie doch die Herausforderung, das darin quantifizierte Lebenswerk zu erschließen; so bildeten die Zahlen von Beginn an Ausgang und Ziel der Forschung, wurde immer aufs neue danach gesucht, was sich hinter den festgeschriebenen Summen verbarg [5]. Schließlich galt es, 32 Kirchen- und angeblich auch 23 Klosterbauten namhaft zu machen, ganz zu schweigen von den *Vielen anderen Palästen*.

Bisher geht die Interpretation der zitierten Textstelle übereinstimmend dahin, Fischer habe »der am Grabmal überlieferten Werkzahl zufolge ... 32 Kirchen und 23 Klöster« erbaut [6]. Hinsichtlich der Kirchen fällt es inzwischen leicht, die Zahl 32 mit Objekten zu belegen. Anders bei den 23 Klöstern; nicht einmal die Hälfte kann benannt werden. Beim jetzigen Kenntnisstand über das Gesamtwerk ist es jedoch höchst unwahrscheinlich, anzunehmen, mehr als ein Dutzend von Fischer ganz oder teilweise errichtete, umgebaute, erweiterte oder geplante Klöster seien noch unentdeckt. Also stellt sich neuerlich die Frage nach der Textauslegung.

Bei genauem Lesen fällt auf, daß sich das Verbum ›erbauen‹ sowohl auf *Gottshäuser, Clöster* und *Paläste* als auch auf *Gemüther* bezieht. Seine doppeldeutige Verwendung rührt sicher aus dem Zwang, auf dem knapp bemessenen Raum der Grabplatte eine möglichst umfassende Information über den Verstorbenen zu geben. Folglich könnte auch der Begriff ›Kloster‹ in zweifacher Bedeutung angewandt und nicht allein der Bau, sondern vielmehr die Institution als Auftraggeber gemeint sein.

In der Doppeldeutigkeit der beiden Begriffe ›erbauen‹ und ›Klöster‹ dürfte der Schlüssel zum Verständnis der Inschrift liegen. Bezogen auf die *Gottshäuser* steht ›erbauen‹ zweifellos als Synonym für ›errichten‹, denn St. Michael in München-Berg am Laim eingerechnet, konnte Fischer 1739 schon 21 Kirchenbauten vorweisen [7]; die restlichen 11 lassen sich zwischen 1739 und 1766 unschwer im gesicherten Werk nachweisen [8]. Auf die *Clöster* angewandt, ist ›erbauen‹ dagegen vermutlich nicht ausschließlich im Sinne von ›errichten‹, sondern auch von ›erfreuen‹ aufzufassen, denn als *Clöster* sind wohl all jene Ordensgemeinschaften angesprochen, die Fischer ebenso wie viele *Gemüther* er-baut hat, indem er für sie ge-baut hat.

Die Bestätigung dieser Deutung liefert Fischers Auftraggeberschaft: Zählt man nämlich die Ordensniederlassungen oder ordensähnlichen Kommunitäten zusammen, in deren Diensten er stand, ergibt sich erstaunlich genau die Summe 23 [9]. Außerdem läßt sich die These anhand von Quellen erhärten: Im sogenannten Bestallungsbuch der Benediktiner von Niederalteich, das alle Angestellten des Klosters mit ihrer Besoldung auflistet, findet sich unter der Rubrik *Paumaister* der aufschlußreiche Eintrag: *1724 ... haben S[eine] Hochwürden und Gn[a]den Abbt Joscio ... H[errn] Johann Michael Fischer, Paumaister von München, ... aufgenommen* [10]. Demnach wurde Fischer 1724 mit einem festen

3 Von den 160 Steinen, die 1868 noch das Äußere der Kirche schmückten, lassen sich heute nur mehr 117 nachweisen. Vgl. Anton Mayer, Die Domkirche zu U.L.Frau in München, München 1868, 407 ff. und Cornelia Baumann, Die Epitaphien, in: Die Epitaphien an der Frauenkirche zu München, München 1986, 36-257; dort sind 115 eingehend behandelt, mit den Nummern 81A (194) und 92A (214) der Organist Paumann bzw. Fischer aber nur kurz erwähnt.

4 Vgl. Cornelia Baumann, Die steinerne Chronik, in: Die Epitaphien ... (Anm.3), 28 f. Die Kosten eines steinernen Epitaphs sind mit etwa 2000 Gulden anzusetzen; vgl. Baumann, 29.

5 Wie Anm.2, S.14 ff.

6 Lieb 1982, 89

7 Wie Anm.2, S.9 und Anm.4

8 S. Werkverzeichnis (WVZ)

9 In alphabetischer Reihenfolge: 1. Altomünster, 2. Aufhausen, 3. Benediktbeuern, 4. Diessen, 5. Freising-Weihenstephan, 6. Fürstenzell, 7. Ingolstadt, Augustiner-Eremiten, 8. Kloster Schäftlarn, 9. München, Augustiner-Eremiten (s. WVZ 5), 10. München, Franziskaner, 11. München, Hieronymitaner, 12. München, Jesuiten, 13. Neumarkt-St.Veit, 14. Niederalteich, 15. Niederviehbach, 16. Ochsenhausen, 17. Osterhofen, 18. Ottobeuren, 19. Polling, 20. Rott am Inn, 21. Schlehdorf, 22. Ulm-Wiblingen, 23. Zwiefalten.

10 BayHStA, Landshuter Abgabe 1982, Niederalteich B 3, p.27. Fischer werden, solang er tätig ist, 100 Gulden jährlich versprochen; s. auch WVZ 46.

Jahressalär eingestellt und betreute fortan, bis 1744, als ›bestallter Klosterbaumeister‹ das umfassende Bauwesen: Er errichtete den Chor der Klosterkirche in Niederalteich, erhöhte deren Türme, erneuerte die Propsteikirche Rinchnach – und war für jede andere, noch so kleine Baumaßnahme zuständig. Hier wird exemplarisch deutlich, wie die Grabinschrift zu verstehen ist. Und da Fischer sicher nicht allein in Niederalteich ›bestallt‹ war, ist nun eher nachzuvollziehen, wie sein nicht unbeträchtliches Vermögen zustande kam.

Von den 23 Klöstern, die Fischer beschäftigten, beriefen ihn die meisten zum Bau von Kirchen oder Kapellen, so daß sich die Zahlen 32 und 23 zu einem gewissen Teil überschneiden dürften; Niederalteich beispielsweise steht bei der oben dargelegten Interpretation sowohl für ein Kloster als auch für zwei, vielleicht sogar drei Kirchen [11]. Andererseits schafft der neue Deutungsvorschlag innerhalb des überlieferten Œuvres sehr viel mehr Klarheit, weil periphere Baumaßnahmen an Kirchen entsprechend ihrer Bedeutung nunmehr bei der Zusammenstellung der *32 Gottshäuser* unberücksichtigt bleiben können. Für eine genaue Rechnung aber wäre wichtig, zu wissen, welche Kirchenbauten für Fischer letztlich zählten; wie eng oder wie weit er den Begriff ›Kirchenbau‹ faßte; ob er zwischen selbstentworfenen sowie eigenverantwortlich ausgeführten Kirchen und nach fremden Entwürfen errichteten Bauten unterschied. Auf diese Fragen gibt selbst die 1739 aufgestellte Liste keine eindeutigen Antworten [12].

Dem Verfasser des Epitaphtextes – vielleicht der Sohn P.Maurus Fischer, Benediktiner in Freising-Weihenstephan [13] – haben sicher authentische Aufzeichnungen zur Verfügung gestanden, denn Fischer verstand sich zeitlebens vornehmlich als Kirchen-Baumeister; er warb mit der eindrucksvollen Summe der von ihm errichteten Kirchen [14] und ließ keinen Zweifel daran, daß er den prestigeträchtigen Sakralbau als Schwerpunkt seines Schaffens ansah.

Auch die Grabinschrift ist in diesem Tenor gehalten: Zuvorderst stehen die exakt bezifferten *Gottshäuser* bzw. *Clöster*, danach erst sind die Profanbauten genannt. Aus der pauschalen Erwähnung von *sehr Vielen anderen Palästen* sollte jedoch keine Geringschätzung dieser Kategorie abgeleitet werden. Wenngleich man echte ›Paläste‹ in Fischers Werk vergeblich sucht, sind darunter wahrscheinlich die Aufträge subsumiert, die Fischer für Kurfürst und Adel ausführte: z.B. die Modernisierung des Graf-Fugger-Schlosses in Babenhausen, die Pferdestallung des kurfürstlichen Jagdschlosses in Lichtenberg, der Ausbau des Herzog-Clemens-Gartenschlosses in München und die Vorhofanlage des Graf-Törring-Schlosses in Seefeld [15]. Nach Art und Anzahl dieser Aufgaben ist allerdings damit zu rechnen, daß noch einige solcher Bauten für adelige Auftraggeber auf ihre Entdeckung warten; erst danach können Fischers Fähigkeiten als Baumeister von *sehr Vielen ... Palästen* wirklich beurteilt werden.

Die ganze Bandbreite Fischer'scher Tätigkeit, die sich von der einfachen Gelegenheitsarbeit – wie Einmauern eines Epitaphs [16] – bis zur komplizierten Planung und Ausführung eines hochbedeutenden Kirchenbaues – wie Ottobeuren – erstreckte, ist in der Inschrift seines Epitaphs geradezu formelhaft in wenige Worte gefaßt. Insofern sind die vorangegangenen Ausführungen als ein neuer Ansatz zu verstehen, diese Formel mit ihren Unbekannten und Variablen aufzulösen.

Abschließend sei bemerkt, daß die Inschrift auf Fischers Grabplatte mit der Auskunft über das Lebenswerk des Architekten zwar ungewöhnlich aber nicht einzigartig ist. Man denke beispielsweise an das Epitaph des Baumeisters Hanns von Burghausen (um 1355-1432) an der Landshuter St. Martinskirche; darauf stehen genaue Angaben über die Orte seiner Kirchenbauten, aus denen sich die Anzahl – sechs – ergibt [17]. Möglicherweise dachte Max Hauttmann an dieses Beispiel als er schrieb: »... die wichtigste Urkunde über sein [Fischers] Leben ist wie bei einem mittelalterlichen Baumeister der Grabstein, der die Zahl seiner Bauten nennt« [18].

11 S. neben WVZ 46 und 53 auch 82

12 Wie Anm.7

13 Wie Anm.2

14 Wie Anm.2

15 S. WVZ 6, 22, 33 und 58. In diesen Zusammenhang gehören auch Fischers Pläne für ein Sommerschloß in Donaurieden; vgl. Anton H. Konrad, in Band II S.99-106

16 S. WVZ 43a

17 S. dazu Theo Herzog, Meister Hanns von Burghausen genannt Stethaimer, sein Leben und Wirken, in: Verhandlungen des Hist. Vereins für Niederbayern 84 (1958) 5-71 und Friedrich Kobler, Hanns von Burghausen, Steinmetz – Über den gegenwärtigen Forschungsstand zu Leben und Werk des Baumeisters, in: Alte und moderne Kunst 30 (1985) 7-16. – Heinz Jürgen Sauermost, München, wies freundlicherweise nicht nur auf das Epitaph in Landshut hin, sondern auch auf die Grabinschrift des größten osmanischen Baumeisters, Sinan (1490/91-1588), wonach dieser »an achtzig Moscheen« errichtete; vgl. Ernst Egli, Sinan. Der Baumeister osmanischer Glanzzeit, Erlenbach-Zürich-Stuttgart 1976, 43

18 Hauttmann 1921, 47; dort heißt es weiter: »Wie seine [Fischers] Kunst über das Typisch-Deutsche, so ist sein Lebenswerk mit der gewaltigen Zahl von 32 Gotteshäusern und 23 Klöstern weit über das Maß der typischen Fruchtbarkeit hinausgewachsen. Durch seine Menge und Art hat es etwas Unüberschaubares bekommen; über seiner Fülle und seinen Grenzen, seinen Qualitäten und seinen Nieten, seiner Einheit und seinen Widersprüchen ersteht nicht mehr eine Erscheinung von allgemeinen Zügen sondern jenes Einmalige, nicht mehr Abtastbare, dem unmittelbaren Griff sich Entziehende, eine Persönlichkeit«.

Werkverzeichnis (WVZ)

Das Verzeichnis aller Fischer-Werke wurde durchnumeriert, um die immer wiederkehrenden Querverweise sowohl in den Textbeiträgen, im »Katalog der Entwürfe«, als auch innerhalb des Werkverzeichnisses abzukürzen und zu vereinfachen. Nach Abschluß des Manuskriptes entdeckte Werke mußten als a-Nummern eingeschoben werden. Die Zählung umfaßt die Kategorien ›gesichert‹ sowie ›zugeschrieben‹ und beinhaltet Werke und Entwürfe gleichermaßen; letzteres gilt auch für Abzuschreibendes, das selbstverständlich nicht mitgezählt wurde. Zur schnellen Orientierung sind sowohl die numerierten als auch die nicht numerierten Werke alphabetisch aufgelistet. Mit diesem Ordnungsprinzip wurde bewußt abgewichen von Norbert Liebs schon verschiedentlich zusammengestellter, chronologischen »Werkliste« [1].

Hinweise zur Benutzung: Über jedem Artikel steht zuerst der Ort, anschließend das Objekt und darunter Fischers jeweilige Tätigkeit. Der Text beginnt mit einer knappen historischen Einführung. Es folgt die detaillierte Bauchronologie, soweit die Quellen diese überliefert. Die Nachrichten konzentrieren sich in der Regel auf jene Zeit, die für Fischers Auftreten am Ort relevant ist. Unter Umständen mußte auch weiter ausgeholt werden, da Fischer häufig schon begonnene Bauten übernommen hat. Ebenso geht die Information oft über den Zeitpunkt seines Weggangs hinaus, weil die Ausstattung, die Fischers Kirchenbauten durchaus mitgeprägt hat, selten dann auch abgeschlossen war. Bei Kirchen bildet die Weihe das jeweilige Schlußdatum. Den Quellennachrichten folgt ein Kommentar zur Baugeschichte, gelegentlich auch zum einzelnen Objekt. Selbständige Texte sind gegenüber quellengebundenen durch unterschiedliche Schriftgrößen gekennzeichnet.

Für jedes hier genannte Werk oder jeden Entwurf wurden die erreichbaren Quellen durchweg neu gelesen. Die Transkription erfolgte wort- und buchstabengetreu, wobei Groß- und Kleinschreibung dem heutigen Gebrauch angepaßt wurden. Vor allem unverständliche Abkürzungen wurden aufgelöst und stehen, wie Ergänzungen überhaupt, in eckigen Klammern. Dazu gehören auch die Ersatzbegriffe für mundartliche Ausdrücke [2]. Quellenzitate unterscheiden sich vom fortlaufenden Text durch Kursivdruck, Literaturzitate hingegen sind in Anführungszeichen gesetzt.

Alle Daten, die neben Fischers eigentlicher Tätigkeit als Architekt für ihn von Bedeutung gewesen sein dürften – z. B. Grundsteinlegung, Richtfest und Weihe einer Kirche – wurden dem Werkverzeichnis entnommen und in der »Chronologie« vereinigt [3].

Die Bilddokumentation der Werke fällt unterschiedlich aus, weil die Bauten, die schon in Band I ausführlich berücksichtigt wurden, hier zurückstehen mußten; in diesen Fällen erleichtern Hinweise auf »Abb. in Band I« mit Seitenangaben das Auffinden der zugehörigen Bauaufnahmen und/oder Fotos [4]. Bei den abgeschriebenen Werken wurden nur dann Abbildungen hinzugefügt, wenn solche für die Argumentation unverzichtbar sind.

1 Lieb 1953, 147-149; Lieb 1969, 153-155; Lieb 1982, 221-235

2 Für die Bestimmung wurden herangezogen: Johann Andreas Schmeller, Bayerisches Wörterbuch, 2 Bde., ²München 1872/77 und Hermann Fischer, Schwäbisches Wörterbuch, 6 Bde., Tübingen 1904-1936

3 S. in Band II S.109-136

4 Neuerlich wiedergegeben werden die Grundrisse von Diessen (WVZ 12), Osterhofen (WVZ 49) und Zwiefalten (WVZ 67), weil die in Band I abgebildeten Grundrisse dieser drei Kirchen, die das Büro Franz Peter, München, nach Vorlagen des Architekten Max Gruber, Bergkirchen, in eigener Verantwortung umzeichnete, leider fehlerhaft sind. Offenkundig ist das Umzeichnungsverfahren dafür verantwortlich. Grubers Grundrisse, in denen zwei Ebenen kombiniert sind, wurden, um reine Erd- und Emporengeschoßpläne zu erhalten, geschoßweise getrennt und dann in der Längsachse gespiegelt. Dabei blieb unberücksichtigt, daß keiner dieser Bauten achsensymmetrisch ist. Aus dem Grund zeigen die genannten Grundrisse falsche Anschlüsse und nicht existierende Ein- bzw. Ausgänge. Und zum Grundriß von Aufhausen (in Band I S.38 und 55) ist anzumerken, daß der Kanzelzugang im Süden und nicht im Norden liegt. Abweichend von Band I sind den Bauaufnahmen in Band II jeweils Maßstabsleisten beigegeben.

Gesicherte Werke

Zuschreibungen

Abschreibungen

AIBLING – siehe unter 7 BAD AIBLING

1 AICHA vorm Wald (Kr. Passau, Niederbayern)
Pfarrkirche St. Peter und Paul [1]
Ergänzende Planung und Ausführung der Erweiterung

Seit spätestens 1120 verfügte der Ort über eine eigene Pfarrei. Der ab 1723 amtierende Pfarrer Rudolph Sigmund Roman Hormayr (von Hortenburg) betrieb die Erneuerung von Pfarrhof und Kirche, wobei letzterer der Vorrang gegeben wurde. 1726 reichte der Ingolstädter Festungs-Maurermeister Gregor Sälzl, nach dessen Plänen 1724 die Pfarrkirche im benachbarten Neukirchen vorm Wald erbaut wurde [2], einen Voranschlag ein. Danach sollten in Aicha der Kirchen boden »aufgeschüttet, die Mauern erhöht und ein neuer Chor gebaut« [3] werden. Diese Arbeiten hat man offenbar erst mit großer Verzögerung ausgeführt, denn 1733 war der Bau gerade einmal *unter das Tach gebracht, und auswendtig verbuzet* [4].

1734

19. 1. Pfarrer Hormayr erklärt dem zuständigen Fürstbischof in Passau, die Kirche sei *abgewichnes Jahr ... yber die Helffte von Grundt aus neu erpauet, auch alles ybrige zur guetten Proportion erhechet, zeitlich zwar unter das Tach gebracht, und auswendtig verbuzet worden, so hat iedoch die inwendige Verbuzung, sonderlich des Gewelbs, und Wändten nit zur Helffte khönen gebracht werden, also das alle Gerister annoch haben stehen bleiben miessen.* Er ist überzeugt, die Baukosten werden *den von hieher geschickhten Münichnerischen Paumayster Michael Füscher proiectierten Yberschlag, sohin auch unser Paarschafft an Geldt ... nit ybersteigen.* In Anbetracht der noch auszuführenden Arbeiten befürchtet Hormayr allerdings, mit dem zur Verfügung stehenden Geld nicht auszukommen, *zumahlen haubtsächlich die Gerister verfaulen und verderben miesten,* wenn der Innenraum unvollendet stehen bliebe. Zur *Auszühung dises Gottshaus[es]* möchte Pfarrer Hormayr *5 bis 600 fl auf Mahlerey oder Stuccator anwendten.* Außerdem sollen *aine Predig Canzl und Choraltar (massen die alte Canzl ganz verfaulet und unbrauchbahr worden, khein Chor Altar aber in der alten Kürchen niehemahlen gestandten, noch stehen hat khönen) ... von Stucator Arbeith von 7 gegen 800 fl* hergestellt werden. (Qu.1, Prod.6)

21. 1. Passau stellt die Entscheidung zurück: *Weill verlauthen will, als solte das obere Gewelb nit recht dauerhafft gemacht sein, anbey die Stockhodor und Mahler Arbeith also zu prächtig scheinet, ist dem Stüfftsdechant zu Vilshoven Comm[issi]on zu geben, daß er sich ad locum verfüegen, den Augenschein einnehmen und guettsachtl[ich]en B[eri]cht erstatten solle.* (Qu.1, Prod.6)

1735

18. 3. Hormayr versucht, in Passau einen Termin für die Weihe des Kirchenbaues zu erhalten. In diesem Zusammenhang berichtet er, *abgewichnes Jahr [ist] das Pfarr Gottshaus zu Aicha vorm Waldt gänzlich repariert, und ausgepauet worden. Alldieweillen aber in solcher Reparation eine ergübige Erweitterung, und Erhechung nöthig gewesen, also seindt nebst den Chor- auch die respective Seithen Capelln und -Altär von Grundt aus neu erpauet, und auf das alte Gemäuer yber 2 Clafftern hoch neue Mauer gesezet worden, durch welch alles neues Gepäu, da es die Helffte des alt geblibnen Gemäuer weit ybertrüffet, ist nothwendig, secundum sententias Authorum die Pfarrkürchen execriert wordten.* (Qu.1, Prod.7)

21. 4. Weihe durch den Passauer Fürstbischof Joseph Dominikus Reichsgraf von Lamberg [5]

1739

7. 7. Die *Pfarrkirch Aichen vorm Wald* wird als Bau Fischers erwähnt. (Qu.2)

1 Quellen: Qu.1 = ABP, Ordinariatsarchiv, Pfarrakten Aicha vorm Wald I, 34; Qu.2 = PfarrA München-Berg am Laim, Schreiben Franz de Paula Würnzls, 1944 verbrannt, zitiert nach Hagen-Dempf 1954, 97 – Für Unterstützung danke ich Dr. Herbert W. Wurster, Leiter des Archivs des Bistums Passau.
Literatur: Felix Mader, Bezirksamt Passau (KDB, Niederbayern Bd.4), München 1920, 10-17; Hagen-Dempf 1954, 65 f.; Lieb 1982, 226; Möhring 1992, 188-194
2 Mader (Anm.1), 204
3 Mader (Anm.1), 10
4 Qu.1, Prod.6 (Schreiben vom 19.1.1734)
5 Inschriftstein neben dem Hochaltar der Kirche
6 Möglicherweise spielte bei Fischers Berufung sein Bruder Andreas eine Vermittlerrolle, da dieser seit 28.7.1732 Schwiegersohn des Ingolstädter Festungs-Maurermeisters Gregor Sälzl war und dessen Amt im gleichen Jahr übernahm; s. Josef H. Biller, in Band II S. 75.

Höchstwahrscheinlich hat man nach 1726 begonnen, die Planung Sälzls in die Tat umzusetzen, denn die Schilderung der ausgeführten Arbeiten am 19. Januar 1734 läßt sich mit den Angaben seines Voranschlags von 1726 – Aufschüttung, Mauererhöhung und Chorneubau – weitgehend in Einklang bringen. Allerdings scheint die Ausführung *nit recht dauerhafft* gewesen zu sein, weil Passau zögerte, die Ausstattung zu finanzieren. Vermutlich waren es diese baulichen Mängel, weshalb man Fischer schon vor dem 19. Januar 1734 nach Aicha 'schickte' [6]. Seinem erwähnten Überschlag wird ein Entwurf zugrunde gelegen haben, der die unmittelbar zuvor ausgeführte Teilerneuerung entscheidend ergänzte, berichtet doch der Pfarrer 1735, die Kirche habe im Jahr zuvor *eine ergübige Erweitterung und Erhebung* erfahren. Dabei wurden neben dem Chor die Seitenkapellen und Altäre *von Grundt aus neu erpauet und auf das alte Gemäuer yber 2 Claftern hoch neue Mauern gesezet.*

Diese Beschreibung läßt sich auf den bestehenden Kirchenbau anwenden, der insbesondere im Bereich des Chores und der Seitenkapellen mit den abgeschrägten, innen ausgenischten Ecken Fischers Handschrift trägt. Vermutlich fand er eine Saalkirche mit eingezogenem Chor vor [7] und hat mit dem Ausbau der Seitenkapellen zugleich den Chor auf die heutige Breite erweitert. Felicitas Hagen-Dempf spricht von einem »in den Längsablauf des Schiffes eingesetzten zentralisierten Raum« und sieht in dieser Lösung – wohl etwas überzogen – erste Anklänge an Zwiefalten [8]. Die ›Baßgeigenfenster‹ und die flachen, stichbogig schließenden Blendnischen, die die Schrägen der Seitenkapellen am Außenbau gliedern, erinnern an Fischers Kirche in Unering (1731/32) [9]. Solche Übereinstimmungen in Feinheiten deuten – neben der Erwähnung von 1739 – darauf hin, daß die Erweiterung 1734 auch unter Fischers Leitung ausgeführt wurde.

Nach Baugeschichte und Baubefund hat Fischer offensichtlich in eine unvollendete Barockisierung der Kirche von Aicha eingegriffen. Dabei behinderten ihn Vorgaben aber so sehr an einer freien Entfaltung, daß »stilistische Bedenken«, wie sie bei der Zuweisung schon geäußert wurden [10], nahe liegen. Man dachte sogar schon an eine Beteiligung des Passauer Domkapitel-Maurermeisters Jakob Pawagner, der 1729 zum Bau des Pfarrhofes nach Aicha kam [11].

Christl Karnehm

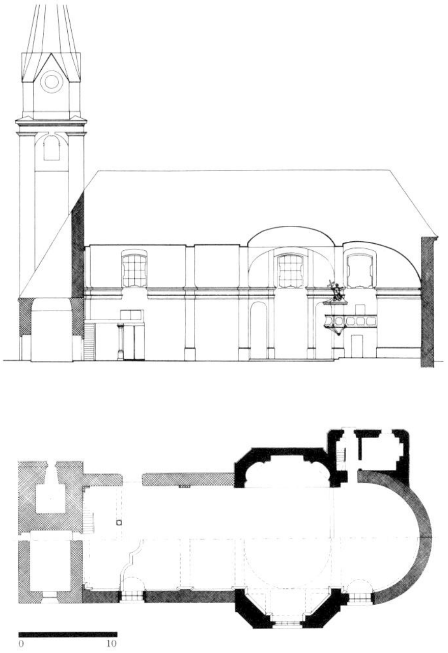

Abb. Aicha vorm Wald
Grundriß in zwei Ebenen und Längsschnitt

7 Vgl. die Form der von Sälzl ab 1724 ›aufgeschütteten und erhöhten‹ Kirche in Neukirchen vorm Wald; Mader (Anm.1), 204 f.
8 Hagen-Dempf 1954 (Anm.1)
9 S. WVZ 65
10 Wie Anm.3
11 Mader (Anm.1), 21

2 ALTOMÜNSTER (Kr. Dachau, Oberbayern)

Birgitten-Klosterkirche und Pfarrkirche St. Alto [1]
Planung und Ausführung

Abb. in Band I S.44, 71-76

Auf eine Einsiedelei des irisch-schottischen Mönches Alto zurückgehend, bestand in Altomünster seit dem 10. Jahrhundert ein Benediktiner-, seit dem 11. Jahrhundert ein Benediktinerinnenkloster. Dieses wurde 1485 aufgelöst und durch eine Niederlassung der Birgitten – als Doppelkloster mit Mönchen und Nonnen – ersetzt. 1504 inkorporierte man die Pfarrei.

Die Besonderheit des Doppelklosters trat nach außen deutlich in Erscheinung. Im Norden der spätromanischen Klosterkirche schloß sich das Frauenkloster unmittelbar an, im Süden die drei Trakte des sog. Herrenkonvents. Letzterer wurde unter dem Vorsteher der Mönche, Prior P. Karl Schmidhammer (1701-1724), von Fischers Schwiegervater Johann Mayr zwischen 1723 und 1729 durch einen Neubau ersetzt [2].

Angeblich war es das Verdienst von Prior P. Simon Böck (1760-1796), den Neubau der Kirche vor 1763 eingeleitet und die Vorverhandlungen mit den später berufenen Meistern geführt zu haben [3]. Es war jedoch die Äbtissin Maria Victoria Huber (1758-1790), die den Bauantrag stellte und die Baumanuale durch Angehörige des Frauenkonventes führen ließ.

1 Quellen: Qu.1 = AEM, Klosterakten A 4, 1; Qu.2 = KlosterA Altomünster, Baumanuale I-III (1763-1769); Qu.3 = KlosterA Altomünster, MS G 8 (Baumanual 1763-1770). Beide Baumanuale wurden vom Frauenkloster geführt.- Wir danken Priorin Antonia Holzapfl O.Ss.S. für die Bereitstellung der Unterlagen im Klosterarchiv.
Literatur: Heinrich Dürscherl, 1200 Jahre Altomünster, München 1930; Hagen-Dempf 1954, 52-59, 99; Ausst.-kat. »Altomünster«, München 1973; Norbert Lieb, Altomünsters Bau- und Raumkunst und ihr birgittinisches Wesen, in: Toni Grad (Hg.), Festschrift Altomünster 1973, Aichach 1973, 271-300; Lieb 1982, 194 ff., 222, 234 f.; Michael Hartig/Hugo Schnell, Altomünster (KKF Nr.589),

1763

6. 4. Fischer, *Chur Cöllnisch und Herzog Clement. Hofpaumaister* hat bei der Klosterkirche nach *iungsthin vorgenommenen Augenschein ... periculum in mora erkhennet, wan nicht allernächst zu Abtragung des völligen Gepeus die Handt angelegt werden solle.* Darauf erstellt er einen *Yberschlag* samt *beyligenden Ris* für einen Neubau. Die voraussichtlichen Kosten einschließlich Dachstuhl gibt Fischer mit 18623 fl 10 kr an [4].
Die Äbtissin reicht diese Unterlagen in Kopie beim Fürstbischof in Freising ein [5]. (Qu.1)
13. 4. Freising genehmigt den Neubau. (Qu.1)
7. 5. Bauarbeiten beginnen mit dem Abriß der alten Kirche [6]. (Qu.2)
7. 6. *Ist der erste Stain gelegt worden, und Herrn Paumaister Fischer von München zur Verehrung geben 3 Maxdor, jede zu 7 f. 20 x zusamen 22 fl* (Qu.2 und 3)
Bei der Grundsteinlegung *ist denen Maurern ein Taglohn zum besten geben worden, jedem 20 x auch jeden 1 Mas Pier.* (Qu.2)
23.10. *Herrn Paumaister für das erste Jahr pactierter massen bezalt 100 fl* (Qu.2 und 3)
4.11. Mit dem Kirchenbau ist man *schon bis an denselben Ohrt [= der Patrum Chor] gekommen;* nun sollen *das neye mit dem alten Gebey* verbunden und beide *in gleicher Höche* aufgeführt werden. (Qu.1 [7])
12.11. Der Geheime Rat in München bewilligt eine Sammlung für den Kirchenbau im Kurfürstentum Bayern. (Qu.1)
3.12. Bauarbeiten werden zum Winter eingestellt. (Qu.2)
9.12. Die Äbtissin begrüßt die Sammlungserlaubnis mit Blick auf die hohen Kosten, *sonderlich da auch der zimlich grosse Thurn wegen seiner erst erkennten Paufähligkeit mues abgetragen werden.* (Qu.1)
o.Dat. Kosten für den Kirchenbau 1763: 4406 fl 24 ½ kr, davon Taglohn für Maurer 631 fl 38 kr 2 hl (Qu.3)

1764

31. 3. Bauarbeiten werden zum Sommer wieder aufgenommen, Palier ist Thomas Schmidt (Qu.2)
21. 5. Man hat sich *mit Herrn Paumeister verstandten,* daß *kein Gsöllengelt mehr bezalt* wird. Fischer rechnet zum letzten Mal über Gesellengeld (13 fl 40 x) ab. (Qu.2)
21. 7. Zahlungen an *Zimer Pälir und 10 Zimergesöllen* setzen ein. (Qu.2)
13.-18. 8. *Zimmer Maister zu München* (Joseph Mahl) hält sich auf der Baustelle auf. (Qu.2)
13.-15. 9. *Zimermaister zu München* (Joseph Mahl) ist am Ort. (Qu.2)
27.10. *Herrn Paumaister für das andere Jahr pactierter massen bezalt 100 fl* (Qu.2)
8.11. *Herrn Zimermaister Joseph Mahl von München Gsöllengelt und Rais Deputat bezalt* 36 fl 34 kr (Qu.2)
10.11. Bauarbeiten werden zum Winter eingestellt. (Qu.2)
o.Dat. Kosten für den Kirchenbau 1764: 5893 fl 41 ½ kr, davon Taglohn für Maurer 1213 fl 59 kr 1 hl (Qu.3)

1765

3. 3. Steinmetz Johann Sebastian *Heindle* (Hänle) von Mörnsheim (bei Solnhofen) *liefert 680 weiß geschliffne Pflaster Stein* [8] (Qu.2)
30. 3. Maurer und Zimmerleute nehmen die Bauarbeiten zum Sommer wieder auf. (Qu.2)
3. 5. Richtfest. *Vor das Aufheben* (des Dachstuhls) erhält *Zimmermeister [Joseph Mahl] von München ... zur Verehrung 5 fl 30 x* (Qu.2)
13.10. *Herrn Paumeister [Fischer] yber Jahr bezalt 100 fl* (Qu.2)
9. 11. Maurer und Zimmerleute stellen die Bauarbeiten zum Winter ein. (Qu.2)
20.11. Erste Abschlagszahlung (300 fl) für die Altäre an *Herrn Straub, Bilthauer von München* (Qu.2)
o.Dat. Kosten für den Kirchenbau 1765: 6627 fl 19 kr ½ hl, davon Taglohn für Maurer 1032 fl 24 kr (Qu.3)

1766

26. 1. Mit weiteren Pflastersteinen werden auch *4 Antritt Stapfl* abgerechnet. (Qu.2)

München-Zürich 1991; Möhring 1992, 328-347
2 Dazu ausführlich Wilhelm Liebhart, Planzeichnungen des vorbarocken Herrenkonvents im Birgittenkloster Altomünster, in: Ars bavarica 23/24 (1981) 123-134. Dort auch Abb. der Klosteranlage von 1653 und 1701, die die Situation der Gebäude zeigen.
3 Dürscherl (Anm.1), 46 f. Im Birgittenkloster Altomünster hängt ein Porträt, das Prior P. Simon Böck mit einer Ansicht der Kirche zeigt und der Beischrift: *Ecclesiam aedificavit anno 1763.*; Abb. bei Dürscherl (Anm.1), 47. Vermutlich war es dieses Bild, das 1895 den Pfarrer in Altomünster zu der Aussage veranlaßte, die Kirche sei »nach den Plänen und unter Leitung des Paters Simon Beck« erbaut worden; vgl. Gustav von Bezold/ Berthold Riehl, Regierungsbezirk Oberbayern (KDB, Oberbayern, Teil 1), München 1895, 190
4 S. Dokument Nr.15, in Band II S.352 f.
5 In ihrem Schreiben weist die Äbtissin darauf hin, daß der Voranschlag im *Original bey dem Churfrt. Gehaimben Rhat ybergeben worden sei und sie ihn nur copialiter beyschliessen* könne. Die Kopie des Überschlags trägt dasselbe Datum wie das Schreiben der Äbtissin vom 6.4.1763.
6 Nach nicht belegter Aussage bei Dürscherl (Anm.1, 48) war Baubeginn am 2.5.1763.
7 Schreiben der Äbtissin nach Freising
8 Beiliegend gesiegelte Quittung Hänles (Siegel: *S H* mit Abbildung eines Hahns), ausgestellt in Altomünster.

Abb. Altomünster von Nordwesten

22. 3. Bauarbeiten werden zum Sommer wieder aufgenommen. (Qu.2)
9. 6. Schlußstein wird in das Gewölbe eingesetzt[9].
2. 7. Maler Joseph Mages aus Augsburg erhält erste Abschlagszahlung (100 fl) für die Fresken (Qu.2 und 3)
9. 8. Erste Zahlung an den *Stukkatorbub* (Qu.2)
15.10. *Herr Stuckherthorer [Jakob] Rauch von Augspurg*, der die ganze Kirche für 1150 fl ausstuckieren soll, erhält als erste Abschlagszahlung 300 fl (Qu.2 und 3)
14.11. Maler Joseph Mages erhält 600 fl Abschlagszahlung (Qu.2 und 3)
15.11. Bauarbeiten werden zum Winter eingestellt. (Qu.2)
o.Dat. *Weillen Herr Paumaister Fischer an den Frue Jahr gestorben [6.5.1766], hat man seiner Frauen anstatt bactierte 100 f nur 50 f bezalt*
Erstmals Ausgaben (300 fl 20 kr) für *Taffl Glösser*
Kosten für den Kirchenbau 1766: 7391 fl 4 kr ½ hl, davon Taglohn für Maurer 1203 fl 7 kr (Qu.3)

9 Dürscherl (Anm.1), 50

1767
29. 3. Bauarbeiten werden zum Sommer wiederaufgenommen (Qu.2)
4. 4. Kupferblech für Kirchturm wird aus Augsburg geliefert (Qu.2)

30. 4., 24. 6., 22. 7. Abschlagszahlungen (50, 100, 100 fl) an Stukkator Jakob Rauch (Qu.2)
19. 8. Abschlagszahlung (25 fl) an den *Bilthauer zu Dachau (Paulus Arnoldt) vor S. Alto Biltnus auf den Thurn* (Qu.2)
20. 8. Zahlung (200 fl 24 kr) für Tuffsteine zum Kirchturm (Qu.2)
23. 9. Abschlagszahlung (500 fl) für Stuckator Jakob Rauch (Qu.2)
27. 9. Abschlagszahlung (800 fl) für Maler Joseph Mages [10] (Qu.2)
17.10. Stukkatorgesellen erhalten bei ihrer Abreise 5 fl 34 kr Trinkgeld. (Qu.2)
31.10. Restzahlung (100 fl) an Paul Arnold für die St. Alto-Figur am Turm (Qu.2)
5. 11. Paul Arnold *vor die Schlosserarbeith zu S. Alto-Figur 3 fl 40 x* (Qu.2)
11.11. Erneute Zahlung (218 fl 40 kr) für Tuffsteine zum Turm
H. Maurer Maister zu Münichen Balthasar Trischperger rechnet über Gesellengeld (83 fl 9 kr) ab.
Zimmermeister Joseph Mahl rechnet Gesellengeld und Reisekosten (57 fl 50 x) ab.
Stukkator Jakob Rauch erhält 115 fl; bleibt Rest von 20 fl [11]. (Qu.2)
28.11. Bauarbeiten werden zum Winter eingestellt (Qu.2)
o.Dat. *Vor Kupfer zum Kirchendurn 2743 fl 4 x*
Kupferschmied Johann Georg Sepp erhält 57 fl 50 kr zum Kirchturmknopf
Kosten für den Kirchenbau 1767: 11451 fl 46 kr 1 hl, davon Taglohn für Maurer 1289 fl 38 kr 3 hl (Qu.3)

1768
16. 4. Bauarbeiten werden zum Sommer wieder aufgenommen. (Qu.2)
26.11. Bauarbeiten werden zum Winter eingestellt. (Qu.2)
o.Dat. *Herrn Maurermeister von Minichen* (Balthasar Trischberger) rechnet über Gesellengeld (53 fl 34 kr) ab.
Zahlung (300 fl) an den Maler *H. Magges* und (134 fl 16 kr) *für Uhrblätter*
Kosten für den Kirchenbau 1768: 6300 fl 48 kr, davon Taglohn für Maurer 702 fl 50 kr (Qu.3)

1771
o.Dat. Aufstellung der Gesamtkosten 1763-1771: 43386 fl 6 kr 3 hl [12]

1773
29. 8. Weihe der Klosterkirche durch den Freisinger Fürstbischof Ludwig Joseph von Welden, unterstützt von Weihbischof Ernest von Herberstein [13]

In der ersten Beschreibung des Erzbistums Freising heißt es zu der von Fischer errichteten Klosterkirche: »Der alte Grundplan mit zwei Emporen, mit Choraltar übereinander für die 2 Convente und mit der Unterkirche für das Volk wurde im Wesentlichen beibehalten« [14]. Diese Aussage kann sich nicht auf den Grundriß, sondern nur auf die Anordnung des Hauptraumes beziehen, der in der Tat eine Unterteilung in drei Geschosse zeigt; die ›untere Kirche‹ für die Gemeinde, die beiden ›oberen Kirchen‹ für Mönche und Nonnen [15].

Für den Neubau übernahm Fischer den erhöht liegenden, langgestreckten Herrenchor von 1617 im Osten, sowie den romanischen Turm im Westen. Dessen Erneuerungsbedürftigkeit stellte sich erst beim Abbruch der alten Kirche als notwendig heraus, d.h. er gehörte nicht zu Fischers Planung von 1763. Ferner berücksichtigte Fischer im Westen sowie im Osten der Kirche den Verlauf der seitlichen Außenmauern des Vorgängerbaues und trat nur mit dem Kernstück seiner Kirche, das den überkuppelten Gemeinderaum enthält, im Norden und Süden aus der alten Bauflucht heraus [16]. Unter Ausnützung des stark ansteigenden Terrains schaffen Emporen und Umgänge die notwendigen, aber strikt getrennten Verbindungen zu den längsseitig der Kirche bestehenden Klostertrakten.

Sowohl die Quellen- als auch die Planüberlieferung wirft Fragen auf. Unklarheit hinterläßt die Nachricht vom 21. Mai 1764, wonach das Kloster mit Fischer übereinkam, daß kein Gesellengeld mehr bezahlt wird. Beaufsichtigte der

Abb. Altomünster Turmentwurf eines unbekannten Baumeisters

10 Qu.3: Ausgaben 1767 für *H. Joseph Magges Mahler von Augspurg 1100 fl.*
11 Qu.3: Ausgaben 1767 für *H. Jacob Rauch Stuckhertorer von Augspurg 1000 fl.*
12 Dieser Schlußrechnung sei die Einführung in Qu.3 gegenübergestellt: *Gleichwie die Nothwendtigkheit dises Pauwerckhs lang vorgesehen, also ist auch dahin nach und nach hinderlegt, und anno 1763 befundten worden 11068 fl 45 kr. Von meine liebe Mitt Chor und Kuchel Schwestern haben von deme, was sie hin und wider vor und wehrenden Kirchenpau geschenckhter bekommen, dahin frey und aus Andacht gegeben 1500 fl.* Fortsetzung dieser Aufzählung bei Dürscherl (Anm.1), 46.
13 Hartig/Schnell (Anm.1), 6
14 Anton Mayer/Georg Westermayer, Statistische Beschreibung des Erzbistums München-Freising, Bd.3, Regensburg 1884, 143
15 Vgl. Peter (Anm.1)
16 Vgl. den Grundriß der heutigen Kirche mit dem Grundriß der alten, wie ihn ein Plan aus dem dritten Jahrzehnt des 18. Jahrhunderts wiedergibt; Abb. bei Liebhart (Anm.2), 128.

damals 72-jährige Fischer die Baustelle vielleicht nicht mehr persönlich? Bekam er die jährlichen 100 Gulden möglicherweise nur noch für beratende Funktion?

Ebensowenig läßt sich eine Zeichnung einordnen, die die beiden Turmobergeschosse einschließlich Helm zeigt [17]. Bei aller grundsätzlichen Übereinstimmung mit dem ausgeführten Turm zeigt der Plan das Uhrengeschoß sehr viel zierlicher und stärker gegliedert. Gerade hier fehlen jegliche Parallelen zu bekannten Fischer-Türmen. Zudem unterscheidet sich die Zeichnung durch ihren manierierten Stil von gesicherten Fischer-Entwürfen und den bisher aus seinem Baubüro bekannten Plänen. Eine Zuschreibung an Balthasar Trischberger, der ab 1767, als der Turm vollendet wurde, die Bauleitung in Altomünster innehatte, ist ebenfalls auszuschließen [18].

Gabriele Dischinger/Christl Karnehm

17 AEM, Plan Altomünster: 655 x 339 mm, auf Leinen aufgezogen. – Prälat Dr. Sigmund Benker, Leiter des AEM, danken wir für den Hinweis auf diese Zeichnung.

18 Vgl. Gabriele Dischinger, Zeichnungen zu kirchlichen Bauten bis 1803 im Bayerischen Hauptstaatsarchiv, Wiesbaden 1988, 166 (Nr.400).

3 ASCHAU im Chiemgau (Kr. Rosenheim, Oberbayern)

Pfarrkirche Mariä Lichtmeß [1]

Entwürfe und Voranschläge für die Turmerhöhung

Die zweischiffige Hallenkirche aus dem späten 15. Jahrhundert, ursprünglich mit einem Turm im südlichen Chorwinkel, war seit 1680 Pfarrkirche der den Grafen Preysing unterstehenden Gerichtsherrschaft Hohenaschau und wurde bis zur Säkularisation von Augustiner-Chorherren aus Herrenchiemsee betreut. Die Lage der Kirche in einer schmalen Talsenke ließ 1726 den Wunsch nach einem weithin hörbaren Geläute entstehen.

1726

2. 9. Die Münchner Glockengießer Johann Matthias Langenegger und Anton Benedikt Ernst verfassen einen Kostenvoranschlag (1590 fl) über Umgießung älterer Glocken. (Qu.1)

10.12. Für die neuen Glocken soll der Turm erhöht werden. Langenegger, befreundet mit dem Hohenaschauer Gerichtsverwalter Johann Georg Parucker, reist mit Fischer und Hofzimmermeister Johann Ludwig Krafft von München nach Aschau, um den Turm zu besichtigen und aufzumessen. (Qu.1)

23.12. Krafft listet das Material für den *neyen Glokhenstuel, sambt einer Khubty [= Kuppel]* auf. (Qu.1)

24.12. Fischer verfaßt einen hohen (1384 fl 40 kr) und einen niedrigen (1147 fl) Voranschlag, wonach die Maurer *den Thurn 9 Schuech hoch haben abzutragen und hingegen 30 Schuech hoch widterumben nach Anzeig des beyligenten Rüs haben aufzumauren*.

Daraufhin schickt Langenegger *sowohl 2 Yberschläg von Zimmermaister als auch 2 von Maurmaister mit 2 Visirn, von dem Kuplthurn* nach Aschau und betont, daß *alles auf die neuen Gloggen abgemessen wordten* sei. (Qu.1)

1727

26. 3. Krafft, der den zur Ausführung bestimmten Plan erbeten hatte, um das erforderliche Holz fällen zu lassen, erhält diesen mit Verzögerung, so daß es zum Schlagen der Bäume für diese Bausaison zu spät ist. (Qu.1)

1728

vor –. 3. Risse an der westseitigen Musikempore werden festgestellt, die Reparaturarbeiten nötig machen. (Qu.2)

31. 3. In den Voranschlägen zu den Reparaturen, die die einheimischen Maurermeister Joseph Guethainz und Zimmermeister Georg Präsperger vorlegen, wird neben Abbruch und Neubau der Musikempore auch eine Verlängerung der Kirche um 32 Schuh in Betracht gezogen. (Qu.1 u.2)

7. 4. Langenegger erinnert Parucker daran, *daß der Maurermaister Fischer weegen dess ge-*

1 Die damals Preysingsche Gerichtsherrschaft bestand aus der Burg Hohenaschau und dem Dorf Niederaschau mit der Pfarrkirche.
Quellen (im StA München, mit den Signaturen): Qu.1 = Hohenaschauer Archiv, A 1854; Qu.2 = Hohenaschauer Archiv, R 2856 (Kirchenrechnung 1728)
Literatur: Peter von Bomhard, Die Kunstdenkmäler der Stadt und des Landkreises Rosenheim, II/2, Rosenheim 1957, 313-319; ders., Pfarrkirche Aschau im Chiemgau (KKF Nr. 39), [5]München 1981; Lieb 1982, 222

2 S. WVZ 60

3 StA München, PlSlg 3149 und Hohenaschauer Archiv, A 1865/1

machten Thurn Riss ... zum öfftern umb einen gebürlichen Recompens anfraget. (Qu.1)

11.11. Fischer erkundigt sich in Aschau, ob die Turmerweiterung *seithero mit Umbgehung meiner, durch andere vollfiehrt worden* und bittet, falls dies geschehen sei, um ein Honorar; für *den Thurnrys nur 2 Species Dugaten, vor meine Reis Gebir aber ... wenigst 12 fl, volglich vor alles wenigst 20 fl.* (Qu.1)

o.Dat. Langenegger, Krafft und Fischer erhalten 38 fl, nach Abzug von 12 fl Spesen für den Aschauer Aufenthalt im Dezember 1726. (Qu.2)

Für die geplante Turmerhöhung arbeitete Fischer im Dezember 1726 einen *Thurn Riss* in zwei Alternativen (›2 Visiere‹) und mit zwei Voranschlägen aus. Als jedoch 1728 die baufällige Musikempore erneuert werden mußte, wurde die Turmerhöhung einstweilen zurückgestellt.

Erst 1744 gab es neue Baupläne. Fischers Schwager, der Münchener Hofbaumeister Johann Baptist Gunetzrhainer lieferte im Auftrag des Gerichtsherrn, Max IV. von Preysing-Hohenaschau, den Entwurf zur Verlängerung der Kirche um ein Joch nach Westen, den Ausbau zur dreischiffigen Halle durch Anfügung eines nördlichen Seitenschiffs, ferner eine den Chor umspannende Sakristeierweiterung. Kirchliche und weltliche Herrschaft konnten sich erst 1752 auf eine gemeinsame Lösung einigen, die bis 1757 nach Gunetzrhainers Vorschlägen realisiert wurde. 1764 dann wurde die Turmerhöhung neuerlich in Angriff genommen und an den Kufsteiner Ingenieur und Zimmermeister Franz Zaiser vergeben. Um diesen Auftrag bewarb sich 1767 auch Joseph Kirnberger aus München, der bis 1766 als Palier Fischers tätig war [2]; seine Alternativentwürfe [3] haben aber kaum Ähnlichkeit mit Turmlösungen wie man sie von Fischer kennt.

Der Bau des zweiten Turms im nördlichen Chorwinkel erfolgte erst im Jahr 1904.

Christl Karnehm

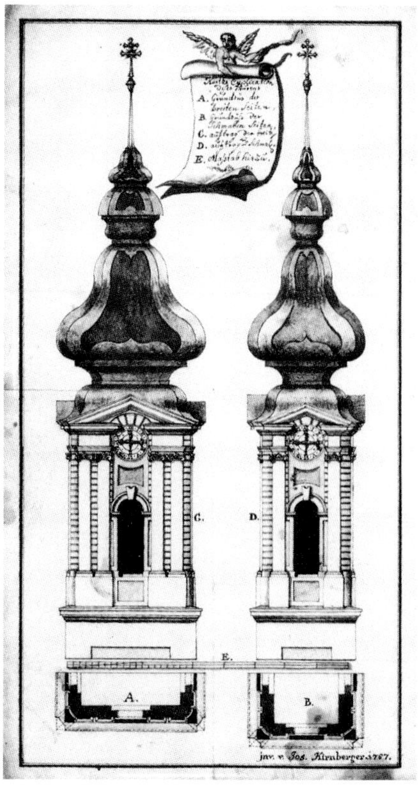

Abb. Aschau
Turmentwürfe von Fischers
Palier Joseph Kirnberger, 1767

4 AUFHAUSEN (Kr. Regensburg, Oberpfalz)

Ehem. Oratorianer-Stifts-und Wallfahrtskirche Maria Schnee [1]
Planung und Ausführung

Abb. in Band I S.32, 38-39, 55, 57, 67, 115, 156-160, 209

Aufhausen ist im Jahre 769 als Agilolfingergut erstmals erwähnt. Seit 1267 war die Pfarrei dem Reichsstift St. Emmeram in Regensburg inkorporiert, das 1667 den Priester Johann Georg Seidenbusch (1641-1729) dort einsetzte. Im Pfarrhofstadel richtete er eine Privatkapelle ein und stellte dort 1668 eine Marienstatue auf, die Gegenstand großer Verehrung wurde. Daraus erwuchs die Wallfahrt, für die 1670 bis 1672 eine eigene Kirche errichtet wurde. Um den Zulauf personell bewältigen zu können, gründete Seidenbusch 1692 das Oratorium, »die bedeutendste deutsche Niederlassung« [2] des von dem Hl.Philipp Neri ins Leben gerufenen Weltpriesterinstitutes, dem er als Propst vorstand. Am 17. Januar 1730 wählten die Nerianer – es waren sechs – Joseph Magg (1684-1758) zum Nachfolger. Er leitete sogleich die Erneuerung der angeblich baufälligen Wallfahrtskirche wie auch der sich daran anschließenden Priesterwohnungen ein.

1730

o.Dat. Die Nerianer kaufen den östlich der Wallfahrtskirche stehenden Mühlhauser-Hof mit großem Garten, um »dorthin ausweichen zu können« [3].

1732

26. 5. Eingabe bei der bischöflichen Verwaltung in Regensburg, *die ruinose Kürchen, Pristerwohnung, und Hauswürtschaft abzubrechen, und selbige wenigist successive von neuen wider aufzubauen*. (Qu.1)

1 Quellen (im Archiv des Nerianerinstituts im Pfarrhaus Aufhausen, mit den Signaturen): Qu.1 = C VIII; Qu.2 = C I; Qu.3 = A 2; Qu.4 = C XI (Rechnungsbuch 1738); Qu.5 = A 4; Qu.6 = A 19
Wir danken für die Unterstützung der Pfarrei Aufhausen.
Literatur: Hagen-Dempf 1954, 13-20, 95; Freckmann 1965, 130-132; Scharioth 1975; Johann Gruber, Das Oratorium der Nerianer in Aufhausen, in: Beiträge zur Geschichte des Bistums Regensburg 14 (1980) 89-136; Lieb 1982, 77-80, 226; Hans-Josef Bösl, Aufhausen – Wallfahrtskirche Maria Schnee, Aufhausen 1989; Möhring 1992, 140-153 – S. auch Franz Peter, in Band I S.156-160

2 Gruber (Anm.1), 90

3 Gruber (Anm.1), 110

1732/33 entwirft Fischer die Pläne für den Neubau einer Vierflügelanlage, bestehend aus der genordeten Kirche und drei ostseits angeschlossenen Trakten für das Institutsgebäude [4].

1733

27. 3. Beratung über ihr ›neues Gebäude‹; für den Bau soll der Konsens eingeholt werden 1. der bischöflichen Verwaltung, 2. des Reichsstifts St.Emmeram und 3. des Regensburger Domkapitels als Hofmarksherrn. Von den beiden zuletzt genannten bedarf es der Zustimmung, weil die Nerianer für den Neubau fremden Grund benötigen. (Qu.2, p.86)

12. 5. Im Kapitel wird über die Notwendigkeit, mit dem Bau ihres ›neuen Gebäudes‹ bald zu beginnen, sowie über dessen Finanzierung aus Spenden gesprochen.
Man beschließt, dem für das Oratorium tätigen Gärtner, der *ad nostrum aedificium den Grund Ris perfecit*, dafür 3 fl zu geben [5]. (Qu.2, p.86)

20. 7. Für ›das Gebäude‹ soll Baumaterial beschafft werden. (Qu.2, p.88)

1734

10. 2. Die Nerianer entsenden ihren *Minister* P. Michael Schöffberger, der für die Vermögensverwaltung zuständig ist, nach Freising [6] und München mit einer Bittschrift. Darin wird *umb Holz zur Kirchen, Thurn und Geistl[ichen] Wohnung nach Überschlag des Baumaister* gebeten; *höchst nöthig [sind] an Aichreis [= Eichenholz] bis 80 Stam, an Dachtraum [= Dachbalken], Stuellsaulen, und Durchzig [für den Dachstuhl] bis 1500, an Sächbäum [= Gesägtem] bis 500, und zu Kellbalckhen, Pfedten, Riglsporn und Gristhölzer bis 1500 [Stämme]*. (Qu.1; Qu.2, p.91)

5. 4. Freising lehnt das Gesuch um Bauholz ab. (Qu.1)

17. 6. St.Emmeram ist dagegen, den Nerianern, die *zu dem vorhabenden Pau sowohl den pfärrlichen, als des Gottshaus Grundt* brauchen, Pfarreigrund zu überlassen. (Qu.3)

13. 7. Kurfürst Karl Albrecht bewilligt, bei dem Rentamt Straubing *auf 6 Iahr iedesmahl 500 f., dan weiters von denen in ... beeden Rentambtern Straubing und München eingehende Ehebruch Strafen successive 3000 f. zu erheben ..., umb die ruinose Kirchen, und Wohnung aufzubauen, item man ist genaigt einiges Bauholz ... verabfolgen z[u] lassen*. (Qu.1 und 3)

1. 9. Von München ergeht ein *attestatum ... an alle Regierungen ... wegen ... Erlaubnus einer Samlung* [7]. (Qu.1)

1735

30. 1. *Der Ris wird ... ad approbandum* an die bischöfliche Verwaltung und an das Domkapitel geschickt; danach ist *die Priesterwohnung auf 12 Zimer sambt ein und anderen Gastzimer [bemessen], die Kirch wird umb die Helfte grösser als die alte*.
Beim Domkapitel wird darum angehalten, *zu bauen, weil die neue Kirch etwas weniges auf dero Grund, und die ganze Hauswürthschaft mit Stadl und Stallungen, wie zuvor, auf dero Grund komen wird; man habe den Mühlhauser Hof vor wenigen Iahr gekauft, alldahin bauen zu könen*. (Qu.1)

3. 2. Das Domkapitel stimmt generell der Überbauung seines Grundes zu, will aber, *daß alle alte[n] grundherrl[ichen] und vogteyl[ichen] onera von denen in dem spatio begriffenen Grundstuckhen, wie vor, geraicht werden und vor Anfang des Baus der Grundris eingeschickht werde*. (Qu.1)

7. 2. Vertrag über Lieferung von Steinen (Qu.2, p.95)

12. 5. Zwischenbilanz der bisherigen Sammlung: 1262 fl 8 kr (Qu.2, p.96)

12. 7. Fischer empfängt eine Zahlung (Reisekosten ?) von 6 fl 40 kr [8].

12. 8. Die Nerianer beraten über ihr ›Gebäude‹ und beauftragen *D[omi]num Fischer Electoralis Monacensis aedificiorum Magistrum* aus ›verschiedenen und gewichtigen Gründen‹, ein Modell des künftigen Gebäudes zu bauen; Fischer verspricht, das Modell über den Winter herzustellen. (Qu.2, p.97)

1736

9. 1. Zwischenbilanz der bisherigen Sammlung: 4229 fl 47 kr (Qu.2, p.100)

3. 3. Die Nerianer ›akzeptieren‹ das von Fischer aus München übersandte Modell *de nostro aedificio et templo Mariano*. (Qu.2, p.102)

4 S. Kat.-Nr.1-3, in Band I S.112-115 und in Band II S.12 f.

5 Wohl identisch mit Kat.-Nr.2; s. in Band I S.112 f.

6 Der seit 1719 amtierende Regensburger Fürstbischof Johann Theodor (1703-1763) stand seit 1727 auch dem Bistum Freising vor und weilte zu der Zeit offenbar dort.

7 Über die Sammlungsbeträge heißt es, sie fänden *sich in der Baurechnung* der betreffenden Jahre (Qu.1), die jedoch nicht erhalten sind.

8 Zitiert nach Hagen-Dempf (Anm.1), 95; das dort erwähnte Rechnungsbuch von 1735 war im PfarrA Aufhausen nicht zu finden.

10. 3. *Der Ris* wird *ad revidendum* an das Domkapitel geschickt, mit der Bitte, *daß man es bey dem gegebenen Consens möchte bewenden lassen.* (Qu.1)
16. 3. ... *da der Grund schon gegraben worden ad aedificium,* will das Domkapitel genaue Informationen über *das spatium des ienigen Grunds, wo in die Thumbcapitl. Iurisdiction mit dem Bau wolle hinausgefahren werden.* (Qu.1)
22. 3. Bitte an das Domkapitel um Zustimmung, *nur die Kirchen zu bauen, weil für die Pristerwohnung und Oeconomie auf [dessen] Seiten ... sich einige Beschwerden ... hervorthun.* (Qu.1)
12. 4. Dennoch gestattet das Domkapitel, *die Kirch, Wohnung und Oeconomie auf Dombcapitl. Grund bauen zu derffen,* knüpft aber einige Bedingungen daran. (Qu.1)
15. 4. *Es hat auch H[err] Michael Fischer, Mau[r]ermaister von München, einen Überschlag über das ganze Kirchengebäu [!] gemacht, sambt allen Materialien, Holz, Steine, Zimmerleuth und Maurer à 5962 fl 19 xr, verfaßt ist solcher worden 15. April 1736.* (Qu.1)
Propst Magg informiert Generalvikar Franz Joachim Schmid von Altenstadt über die Kosten des Kirchenbaues; weil *alle Materialien und Bauleuth* [9] *beysammen [sind], wird der Consens, die alte Kirchen abzubrechen, und zu der neuen den Grund zu legen,* auch von der bischöflichen Verwaltung erbeten. (Qu.1)
16. 4. Bischöfliche Verwaltung erteilt die Erlaubnis, *die Oratorij Kirchen zu erbauen, und darzu ... den ersten Stein zu legen; das Gebeu solle aber mit einem Bestand und eingezogenen Uncösten vorgenohmen werden.* (Qu.1 und 3)
Das für Kirche, Priesterwohnung und Oekonomie erforderliche Holz wird auf 2306 Stämme geschätzt. (Qu.2, p.103)
12. 6. Im Namen des Fürstbischofs Johann Theodor legt Schmid den ersten Stein *auf der Seiten gegen orient unter dem Pfeiler, so zwischen der Capell S. Philippi Nerij und dem Hochaltar stehet.* (Qu.1)
12.11. Bericht an den Regensburger Bischof, daß *die von dem Baumaister in Überschlag gebrachte[n] 6000 fl schon würckhlich aufgegangen [sind], ohne daß der Chor angelegt [ist].* (Qu.1)
–.11. Das Langhaus ist eingedeckt [10].
18.12. Die Nerianer bitten in München um zinslose Zuschüsse in Höhe von 12000 bis 15000 fl, *da indessen nur das blosse Gemäuer ohne Anwurff [= Putz], ohne Gewelb, ohne Chor ist aufgefürt worden und schon bei 6000 f gekost hat.* (Qu.1)
o. Dat. *H[err] Fischer Baumeister hat Gesellengelt empfangen 90 fl* [11]

1737 belegen zahllose Bittschriften (in Qu.1), daß die Weiterfinanzierung des Baues auf größte Schwierigkeiten stieß. Dennoch muß die Einwölbung des Langhauses erfolgt sein, da im kommenden Jahr Maler und Stukkatoren in der Kirche arbeiten.

1738
21. 3. Ausgaben für *Stainbrecher* (Qu.4)
3. 4. 30 Faß Gips werden bezahlt. (Qu.4)
10. 4. Bausaison beginnt mit *dem Ballier samt 9 Maurern.* (Qu.4)
18. 4. ... *hat denen Stuckhatorern müssen ein anderer besserer Gibs [an]geschafft werden von Straubing, weilen sie mit dem Münchnerischen nit zufriden waren ...* (Qu.4)
12. 5. *Eisen zu Fenstergattern* wird abgerechnet. (Qu.4)
4. 7. Kostgeld für den Maler (Joseph) Zitter (16 fl) (Qu.4)
14. 7. Bischöfliche Verwaltung bestätigt Stiftung von 70 Jahrmessen (= 700 fl) nach Aufhausen durch Johann Adam Konrad Paur, Hofkammersekretär in München [12].
2. 8. Ausgaben für *800 Maurstain und 61 Stuckh Gesimbserstein* (Qu.4)
–.10. Letzte Zahlungen an die Maurer und damit Ende der Bausaison. Der Palier erhält 1 fl 33 x Reisegeld. (Qu.4)
o. Dat. *H[err] Michael Fischer, Bau und Maurmeister hat sein Gesellengeld empfangen lauth Schein mit 43 fl 45 xr*
Maler *H[err Joseph] Zitter hat zu verschidene Mahl empfangen, wie vorhinein mit ihme pactirt worden, lauth Schein 350 fl*

9 Die Rede ist von *D[omi]nus Fischer aedificarum Magister cum magistro fabriorum lignariorum;* Qu.2, p.102
10 Gruber (Anm.1), 118
11 Zitiert nach Hagen-Dempf 1954, 95; das dort erwähnte Rechnungsbuch von 1736 war im Pfarrhaus Aufhausen nicht zu finden.
12 Archiv des Nerianerinstituts im Pfarrhaus Aufhausen, Urkunde 48; s. auch Gruber (Anm.1), 119

Stuckator *Hans Georg Funkh hat mit seinen Gesellen wegen verrichter Stuckhator Arbeith lauth Schein ... empfangen 325 fl*
Das Kostgelt für die Stukhatoren hat ausgemacht 75 fl
Dem Hans Georg Funkh als er abgereist, Reisgelt 2 fl (Qu.4)

1739
25. 2. Man will die Reliquien der Hl. Desiderius, Johannes und Viktor vom alten, zum Abbruch bestimmten Hochaltar in die neue Kirche transferieren und auf drei Altären einsetzen [13]. (Qu.5)
27. 4. *20 Aichreis ... 30 Stuckh [thanene] Sägbaumb ... 40 [feichtenes] Bauholz* werden (für den Dachstuhl des Chores ?) gekauft. (Qu.1)
o.Dat. Fischer erhält Gesellengeld in Höhe von 34 fl (Qu.4)
Die Kirche ist *theils neu erbaut, theils noch zu pauend* [14].

1740
13. 9. Rechnung 1738/39 über Ausgaben zum Bau wird abgeschlossen mit einer Gesamtsumme von 2698 fl. 33 kr 4 hl. (Qu.4)

1741
28. 1. Kurfürstliche Bewilligung, *nach anheur bevorstehender Endtigung [des] ... Kürchenpaus, ... an dem frontispitio oder Portal des Gottshauses ... unseren Namen als fundatoris, et protectoris vorzusezen.* (Qu.6)
5. 7. Beschluß, den früheren Generalvikar, inzwischen Weihbischof Schmid um die Konsekration der Kirche zu bitten [15].

Abb. Aufhausen
Abbild eines fragwürdigen Planes auf dem Porträt des Propstes Joseph Magg, 1755

Die Auswirkungen des 1742 über Bayern hereinbrechenden Österreichischen Erbfolgekriegs verhinderten offenbar die Weihe und verzögerten die Fortsetzung der Einrichtung.

1751
23. 5. Weihbischof Schmid konsekriert Wallfahrtskirche und Hochaltar. Zu diesem Zeitpunkt fehlte noch ein großer Teil der Innenausstattung und der Turm war nicht fertiggestellt [16].

1755 – vermutlich aus Anlaß seines Wahljubiläums – läßt sich Propst Joseph Magg mit einem Plan der Wallfahrtskirche porträtieren. Darauf ist die (genordete) Kirche von Osten mit dem erst sieben Jahre später vollendeten Turm abgebildet [17].

1762
o.Dat. Vollendung des Turmes [18].

1763
20.11. Der 1758 gewählte, neue Propst Johann Peckh hat dem *magistro aedificii nostri* in München, d.h. Johann Michael Fischer, geschrieben, man hätte ihm zugetragen, das ›Gebäude‹ wäre einsturzgefährdet. Daraufhin wird aus München ein Palier entsandt; nach der Bauinspektion kommt dieser zu dem Ergebnis, das ›Gebäude‹, nämlich die Kirche, »halte noch 300 Jahre« [19].

Aus der Eingabe vom 26. Mai 1732 geht hervor, daß die Nerianer mit der Erneuerung aller Bauten – Kirche, Institutsgebäude und Ökonomie – rechneten. Damals dürfte also eine entsprechende Planung zumindest in Vorbereitung gewesen sein, vielleicht sogar vorgelegen haben. Diese Planung wird mit Fischers Entwurf einer Vierflügelanlage mit Kirche und Institutsgebäude, in Verbindung gebracht [20].

Demzufolge war das Projekt, als Fischer im Juli 1735 erstmals namentlich in den Quellen erscheint, bereits zwei bis drei Jahre alt. Sein Auftreten dürfte mit

13 Demnach stand der Chor der alten Kirche noch und mußte jetzt erst dem Bau des neuen Chores weichen.
14 Zitiert nach Gruber (Anm.1), 119
15 Gruber (Anm.1), 119
16 Wie Anm.15
17 Gemälde im Pfarrhaus Aufhausen; Abb. bei Bösl (Anm.1), 17. Auf der Bildrückseite: *Josephus Magg Suevus Congreg. Orat. Aufhus. Praepositus et Parochus loci 1755.* Die Wiedergabe ist sehr grob, z.T. sogar falsch (Fensteranordnung, unterschiedliche Traufhöhe an Langhaus und Chor, Pilastergliederung). Es handelt sich demnach kaum um die Abbildung einer Architektenzeichnung; wahrscheinlich dient der Plan hier generell zur Kennzeichnung des Bauherrn.
18 Gruber (Anm.1), 120
19 Zitiert nach Gruber (Anm.1), 120
20 Wie Anm.4

den ersten Erfolgen der Spendensammlung zusammenhängen, die es erlaubten, die Ausführung endlich ins Auge zu fassen und folglich wieder mit dem Architekten Kontakt aufzunehmen. Anschließend, im August 1735, erhielt Fischer den Auftrag, ein Modell des ›Gebäudes‹ herzustellen. Anläßlich der Lieferung des Modells (3.3.1736) erfahren wir, daß es Kirche und das Institutsgebäude umfaßte. Weil in Regensburg ›Beschwerden‹ gegen das Vorhaben laut wurden, reduzierte Aufhausen den Neubau kurzfristig (am 22.3.) auf die Kirche. Vor diese Situation gestellt, mußte Fischer am 15. April 1736, als er mit seinen Leuten die Bauarbeiten beginnen wollte, einen neuen Überschlag nur für die Kirche erstellen, der auf 5962 Gulden und 19 Kreuzer lautete.

Obwohl letztlich die ursprüngliche Planung dann doch bewilligt und seitens der Nerianer auch weiterverfolgt wurde, bedeutete der einstweilige Verzicht auf die Anbauten des Institutsgebäudes für die Kirche eine sofortige Umplanung, die sich aus dem Vergleich der Entwürfe Kat.-Nr.1-3 mit dem bestehenden Bau im einzelnen ergibt [21].

Eingeschränkte Mittel zwangen vermutlich dazu, 1736 nur die Außenmauern des Langhauses zu errichten und diesen Teil eindecken zu lassen. 1737 muß auf die Vollendung der Gewölbe geschlossen werden, da 1738 Stukkator und Freskant in den Bau einzogen. 1739 erhielt Fischer letztmalig Gesellengeld, wahrscheinlich für die Errichtung des Chores mit Teilen des Turmes. Ende 1739 war die Kirche *theils noch zu pauend*, was sich vermutlich auf den Turm bezieht. Die Abschlußrechnung von 1740 verweist aber darauf, daß die Bauaktivitäten auf absehbare Zeit eingestellt wurden.

Nach mühsam vollendetem Bau konnten die Nerianer keinen Aufwand mit der Ausstattung treiben. Dadurch dokumentiert Aufhausen in seltener Reinheit Fischers Architektur. Die genaue Sichtung der Quellen erbrachte die bislang unbekannten Namen der Künstler, die die Kirche 1738 ausstatteten: Der sparsame Stuck stammt von Johann Georg Funk (um 1700-1772), die auf die Hauptkuppel beschränkte Ausmalung von (Franz) Joseph Zitter (1712-1777), beide aus München und überwiegend in Zusammenarbeit mit Johann Baptist Zimmermann (1680-1758). Ebenfalls 1738 freskierte Johann Georg Winter (1707-1768) *sub directione Zimmermannj* die von Fischer errichtete Kirche der Augustiner-Eremiten in Ingolstadt [22].

Gabriele Dischinger/Christl Karnehm

21 Wie Anm.4

22 S. WVZ 19 sowie Hermann und Anna Bauer, Johann Baptist und Dominikus Zimmermann, Regensburg 1985, 318

5 AUFKIRCHEN (Kr. Starnberg, Oberbayern)

Pfarr- und Wallfahrtskirche Mariä Himmelfahrt [1]

Entwurf des Kirchturms

Die Wallfahrt in dem erstmals gegen Ende des 10. Jahrhunderts genannten Ort ist seit dem Mittelalter nachgewiesen. 1688 übergab Kurfürst Max Emanuel die Pfarrei den Münchner Augustiner-Eremiten; sie richteten dort ein Priorat ein, mit einem Superior als Vorsteher der nur wenige Patres zählenden Niederlassung. Die damals von den Augustinern übernommene, 1500 geweihte Kirche hat sich bis heute nur wenig verändert – ganz im Gegensatz zu dem Kirchturm, der mehrfach erneuert wurde. 1747 beschädigte ein Sturm den erst 1734 von dem Palier Kaspar Schmidhammer errichtete Turm so stark, daß das Obergeschoß wieder aufgebaut werden mußte. Daraufhin wandte sich der damalige Superior P. Johannes a S. Facundo Hinterlohner an Fischer.

1747

o.Dat. *H[errn] Fischer Maurermeister in München, umb selbes einen neuen Thurm Ris gemacht, unnd 2 mahl nacher Aufkürchen geraist, den Pau angeordnet unnd nachgesehen, Verehrung 2 Ducaten mit 8 fl 30 kr.* (Qu.1, fol.750)

1 Quellen: Qu.1 = StA München, Pfleggericht Starnberg, R 268
Literatur: Sigfrid Hofmann, Neue Forschungsergebnisse über alte Kirchen, in: Land- und Seebote (Heimatzeitung für den Landkreis Starnberg) 80 (1955), o.S.; Lieb 1982, 229; Lothar Altmann/Wilhelm Füßl, Mariä Himmelfahrt Aufkirchen (KKF Nr.1711), München-Zürich 1988; Wilhelm Füßl, Archivalische Beiträge zur Baugeschichte der Kirche Mariä Himmelfahrt in Aufkirchen, (Ms.) 1990 – Wilhelm Füßl, München, sei herzlich gedankt für die Bereitstellung seiner unveröffentlichten Forschungsergebnisse.

Nach Fischers Entwurf wurde der neue Turm zwischen April und Oktober 1747 errichtet; Ausführende waren Georg Lettner, Maurermeister in Wolfratshausen, und Johann Koch, Zimmermeister in Weidach. Während der Bauzeit reiste Fischer *2 mahl nacher Aufkürchen*, einmal zur ›Anordnung‹ der Arbeiten und ein weiteres Mal zum ›Nachsehen‹, um sich von der Güte der Ausführung zu überzeugen.

»1783 stürzte auch dieser Turm ein«[2]. Und zu allem Unglück: 1891 verbrannte in Aufkirchen das Gedenkblatt, »auf dem die verschiedenen Turmlösungen des 18. Jahrhunderts abgebildet und beschrieben waren«[3]. Damit ging auch die einzige Darstellung des Fischer-Turmes zugrunde.

Gabriele Dischinger

2 Altmann/Füßl (Anm.1), 6
3 Füßl Ms. (Anm.1), 26

6 BABENHAUSEN (Kr. Unterallgäu, Schwaben)

Rechbergbau im Schloß der Grafen Fugger[1]
Planung und Ausführung des Umbaus

Das Schloß geht zurück auf eine Burg der Pfalzgrafen von Tübingen; sie wird 1237 zum ersten Mal genannt, gelangte aber 1378 in den Besitz der Herren von Rechberg, die wohl im 15. Jahrhundert den sog. Rechbergbau errichten ließen. Dieser Bau ist in der Grundform noch erhalten und nimmt die Südecke der bestehenden Schloßanlage ein; er steht an drei Seiten frei und ist nur mit dem westlichen Quertrakt des Schlosses verbunden.

Mit dem Grafen Franz Karl Fugger (1712-1758), kinderlos verheiratet mit Maria Josepha, Tochter des Grafen Paul Niclas Reich von Reichenstein, starb der in Babenhausen ansässige Zweig der Familie aus. Nach dessen Tod am 5. Dezember 1758 ging die Herrschaft Babenhausen an Graf Johann Jakob Alexander Sigismund Fugger-Boos (1691-1759) über. Dieser traf bereits am 23. Dezember 1758 eine Vereinbarung mit der Witwe, wonach Gräfin Maria Josepha (1717-1771) fortan *freye Wohnung in dem Rechberger Schloß haben sollte; zu dero convenablen Unterkomen, und Wohnung [sei der Bau] annoch zu adaptieren, und vorziglich an Böden und Fenstern zu renovieren*[2].

1759

25. 1. Der gräfliche Kanzleidirektor Johann Evangelist Ober schreibt im Namen des Grafen Fugger-Boos an Fischer; der Graf wolle *ihn wegen Einthailung eines Gebey des ehisten sprechen*. Ein Bote bringt den Brief nach Ottobeuren. (Qu.1)

28. 1. Da der Bote in Ottobeuren am 25.1. Fischers Palier Martin Wöger *kranckh ligend* und den Baumeister selbst gar nicht angetroffen hat, wendet sich Ober nach München. Wegen der *vorhabenden Baureparation, und Enderung im Schloß möge Fischer baldmöglichst kommen, damit der Graf desselben Riss und Guetachten in Bälde haben könte*. (Qu.1)

2. 2. Aus Altersgründen will Fischer an seiner Stelle *ein[en] wohlverständigen Maurer Ballier abschickhen ..., welcher die Wohnung und das Ort, [das] vor die verwittibte Gnädige Frau Gräfin zu bewohnen sein wird*, vermessen soll; *dise Ausmessung auf dem Babier* könne der Palier nach München bringen, wo er, Fischer, dann den gewünschten *Riss vor iehne Wohnung nach der g[n]ädigen Anschaffung und Willensmeinung ... verferdigen* werde. Was ... *von Baumateriallien nedtig sein werde, wüste auch schon der überschickte Ballier anzugeben*; und *wan auch diser Ballier zu Fortsetzung dem Gebey zur hochg[nä]digen Belieben anständig sein wird, kan auch diser dahin überlassen werden*. (Qu.1)

10. 2. Graf Fugger-Boos ist einverstanden; Fischer solle *den in Vorschlag gebrachten ... Maurer Ballier so bald es nur immer sein kan*, schicken. (Qu.1)

12. 2. Fischer hat den *Ballier zu[r] Ausmesung [nach Boos] ... abgeschickt*. (Qu.1[3])

19. 2. Der Palier ist in Babenhausen; er *arbaithet fleißig und zaichnet das ganze alte Schloß von unden bis oben, ...* (Qu.1)

1 Quellen (im Fugger-Archiv Dillingen, mit den Signaturen): Qu.1 = 1, 2, 159; Qu.2 = 67, 4, 3b (Kassarechnungen 1.5.1759-1.5.1760); Qu.3 = 67, 4, 3; Für die Möglichkeit, das Schloß zu besichtigen, danke ich Markus Graf Fugger-Babenhausen.
Literatur: Norbert Lieb, Die Fugger und die Kunst im Zeitalter der hohen Renaissance, München 1958, 248-255; Heinrich Habel, Landkreis Illertissen (Kurzinventar 27), München 1967, 38-52; Lieb 1982, 234; Markus Graf Fugger, Fugger-Museum Schloß Babenhausen (KKF Nr.1831), München-Zürich 1990
2 Qu.1
3 Die fünf zitierten Schreiben sind als Dokumente Nr.13a-e im Wortlaut abgedruckt in Band II S.348-351.

21. 2. Gräfin Maria Josepha berichtet, *daß der Maurballier schon wircklich hier ganzer 8 Tagen sich aufhalt und dann den Grundtriß von dem ganzen Schloß gemacht, und erst heuth ihme die intentions von meiner Bewohnung ihme angezeigt habe, mithin dann alles mein Verlangen in dem Riß ist angezeigt wordten*; morgen gehe der Palier wieder nach Boos. (Qu.1)
24. 2. *Der Palier ist eben [aus Babenhausen] abmarchieret.* (Qu.1)
25. 2. Gräfin Maria Josepha berichtet über den Aufenhalt des Paliers; er habe *auch miessen ein Riß machen eines Breyhaus, das alte zu vergrößern, oder noch ein anders darneben zu setzen.* Sie hofft, daß ihr Bauanliegen trotzdem Vorrang hat. (Qu.1)
3. 3. Das Baumaterial soll *beygefüehret werden, weilen aller Ernst zur Schloßreparation und Preühausbau* besteht. (Qu.1)
15. 3. Vereinbarung mit der verwitweten Gräfin Maria Josepha, *das alte, oder sogenante Rechberger Schloss zu commoder Wohnung nach dem Riss und Austailung des Churcöllnischen Hofbaumaisters Herr Fischers in München herzustöllen.* (Qu.2)
18. 3. *Der Pallier wird wohl auch bald eintrefen, ...* (Qu.1)
21. 4. *Disen Augenblick kommet der Ballier über Augspurg anhero [nach Babenhausen] mit dem Riß ...* (Qu.1)
1. 5. Beginn der Umbauarbeiten *durch den von München anhero [nach Babenhausen] gesanden Fischer[ischen] Pollier Daniel Sacher* und deren Fortsetzung *bis in Feb[ruar] 1760* (Qu.2)

1760
–. 2. Zwischenrechnung der Umbauarbeiten; die bisherigen Ausgaben für *Maurer, Zimmerleut, Schreiner, Schlosser, Handlanger, dann auf Materi[a]lien an Stein, Kalch, Bretter* betragen 8008 fl 20 kr 6 hl. (Qu.2)
1. 5. *Mit Reparierung des ... Rechberger Schlosses* wird fortgefahren. (Qu.3)

1761
1. 5. Endabrechnung der *Reparation*, die insgesamt *ohne Zurechnung des Holzes* 10676 fl 31 6 hl gekostet hat. (Qu.3)

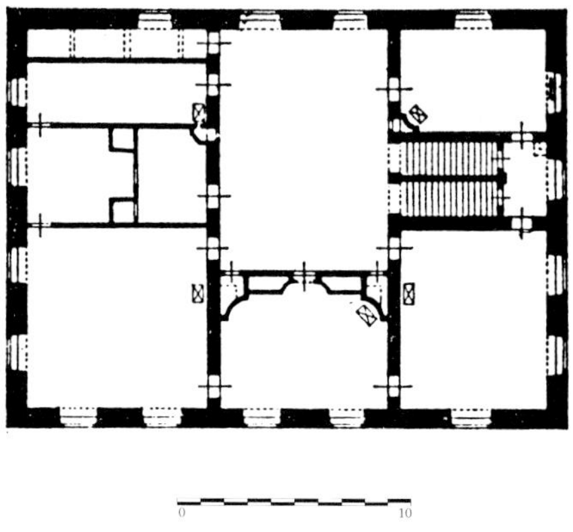

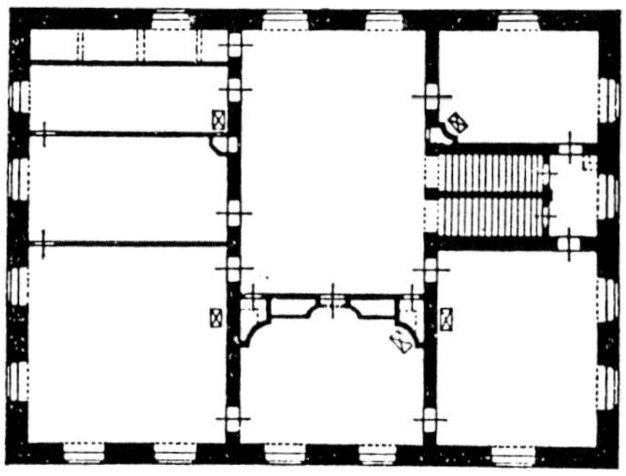

Abb. Babenhausen
Rechbergbau des Fugger-Schlosses
Grundriß des
1. und 2. Obergeschosses
(nach Habel, Kurzinventar, 1967)

Als Graf Fugger-Boos sich an Fischer wandte, galt der Ruf dem verdienten Architekten der Ottobeurer Klosterkirche. Sein Schreiben vom 25. Januar 1759 ist an *Johann Michel [!] Weger [Wöger] Maurer Maister und Balier bey Herrn Baumaister Fischer von Minchen* und nach Ottobeuren gerichtet; demnach kannte der Graf die für den Bau Verantwortlichen in Ottobeuren, wußte aber noch nicht, daß Fischer altershalber schon 1757 dort seinen Abschied genommen hatte. Aus diesem Grund lehnte Fischer auch ab, selbst nach Babenhausen zu reisen; den zum Witwensitz neu zu gestaltenden Rechbergbau könnte ein ›wohlverständiger Maurerpalier‹ ebenso aufmessen. Wenn der Graf mit demjenigen zufrieden wäre, würde er, Fischer, diesem Palier auch die Ausführung des Umbaus überlassen.

Fischers Mitarbeiter war in Babenhausen acht Tage damit beschäftigt, den Rechbergbau gründlich – *von unden bis oben* – zu vermessen und die Wünsche der künftigen Bewohnerin zu notieren. Außerdem wurde ihm noch der ›Riss eines Bräuhauses‹ angetragen, über den es keine weiteren Informationen gibt.

Auf der Basis der Vermessungspläne und der Notizen des Paliers arbeitete Fischer Ende Februar/Anfang März 1759 in München seinen Vorschlag für den Umbau aus, der auch gleich angenommen wurde. Schon einen Monat später traf der Palier alle Vorbereitungen für den Baubeginn am 1. Mai 1759. Erst in diesem Zusammenhang nennen die Quellen den Namen des ›fischerlichen Paliers‹ Daniel Sacher [4]. Derselbe Sacher hatte vermutlich schon im Februar 1759 die Vermessungspläne erstellt und leitete nun den Umbau.

Zwischen Mai 1759 und Februar 1760 wurden vor allem das erste und zweite Obergeschoß des Rechbergbaus nach Fischers *Austailung* umgestaltet. Wie der überlieferte Bestand zu erkennen gibt, hat man die Raumfolge damals in

4 S. Josef H. Biller, in Band II S.72

beiden Etagen vereinheitlicht und die jeweils um ein aus dem Bau des 15. Jahrhunderts übernommenes großes, rechteckiges Fletz angeordneten Zimmer durch Enfiladen miteinander verbunden [5]. Die Änderungen lassen sich jedoch nicht im einzelnen benennen, weil weder die Bauaufnahme durch Sacher noch andere Pläne aus der Zeit vor dem Umbau erhalten sind. Bemerkenswert ist allerdings, daß die Kassettendecken aus dem 16. Jahrhundert beim Umbau geschont wurden und weitgehend erhalten blieben; so wurde 1950 über einer 1759/60 eingezogenen Spiegeldecke eine dieser Kassettendecken beinahe unversehrt wiederentdeckt [6]. Fischer – ein Denkmalpfleger? Die Anzeichen sprechen dafür. Erstaunlich um so mehr, als Fischer nie persönlich in Babenhausen war.

Gabriele Dischinger

5 Vgl. bei Habel (Anm.1), 43 mit Abb. der Grundrisse beider Geschosse

6 Heinz Friedrich Deininger, Kunstgeschichtliche Entdeckungen in Babenhausen, in: Zeitschrift des Hist. Vereins für Schwaben 58 (1951) 179-181

7 BAD AIBLING (Kr. Rosenheim, Oberbayern)

Pfarrkirche Mariä Himmelfahrt [1]

Planung der Verlängerung und Neuwölbung

Anstelle eines romanischen Vorgängerbaus wurde 1431 auf dem Hofberg in Aibling die neue Pfarrkirche erbaut. Von dieser spätgotischen Kirche ist der Chor zu zwei Fensterachsen mit dreiseitigem Schluß erhalten. Das Langhaus hatte wahrscheinlich vier Gewölbejoche [2]. Um die Mitte des 18.Jahrhunderts zeigte sich das Langhausgewölbe baufällig, auch war die Kirche zu klein geworden, nicht zuletzt wegen der anwachsenden Wallfahrt zu dem Marien-Gnadenbild in der Pfarrkirche.

Im Winter 1754/55 beantragte Pfarrer Joseph Eisenreich (in Aibling 1738-1755) beim Geistlichen Rat in München die Erlaubnis zur Neuwölbung des Langhauses mit dem Argument, das Langhausgewölbe sei also *paufehlig, das solches der eusseristen Gefahr deß Einfahlens exponiert; und dises linksherseiths würckhl[ich] gesessen ist* [3].

1755

15. 1. Pfarrer Joseph Eisenreich stirbt; er hat *das Gotteshaus als Universal Erbin eingesözet* [4]. (Qu.1 [5])

6. 4. Konsens vom Geistlichen Rat zur Neuwölbung des Langhauses *zaig sonderheitlich abzufassen kommender Paurechnung* (Qu.1, A II/29)

–. 6. Der Bau ist bereits im Gang. (Qu.1 [6])

o.Dat. ... *dem Chur Cöllnischen Hofpaumaister Fischer in München [ist] die Fiehrung des Gepeus ybertragen worden.* (Qu.1 [7])

1756

3. 1. Der Magistrat schreibt an Fischer: *Demnach wir uns nun allgemach wiederum regulieren müssen, wie künftiges Frühjahr bei guter Zeit in den Kirchengebäu gesetzt werden möge, vor allem aber auf einen verständigen Pallier bedacht zu sein, ist uns der Abraham Millauer Maurermeister ab der Hausstatt, welcher für sich selbst viele Gotteshäuser in Tirol, und kurz in der Kloster Scheierischen Hofmark Berbling erbaut, dergestalten in Vorschlag gebracht worden, daß selber unter unseren hochgeehrten Herrn [Fischer] als Pallier stehen und den Kirchenbau nach den verfaßten Riß führen, auch all denjenigen nachkommen wollte, was ihm unser hochgeehrter Herr [Fischer] immer anordnen würde* ... (Qu.3)

22. 4. Kontrakt mit den Stukkatoren Johann Georg Funk und Martin Pichler über die Stuckierung des Langhauses; am 26.4. Arbeitsbeginn. An dem Stuck des Chors arbeitete damals bereits der Aiblinger Thomas Schwarzenberger. (Qu.4)

–. 6./7. Frühester Beginn der Freskierung durch Johann Martin Heigl, der die Ausmalung noch im gleichen Jahr fertigstellt [8].

1 Quellen: Qu.1 = StadtA Bad Aibling, 331-3 (Schriftstücke zur Finanzierung; die gesonderte Kirchenbaurechnung verbrannte 1765 mit den Magistratsakten. A II/29: Stephan Stürzer (Marktschreiber ab 1822), Grundzüge zur Geschichte des uralten Marktes Aybling in Oberbayern, Ms. o.J.; Qu.2 = AEM, Pfarrakten Aibling, 103 3002 01; Qu.3 = StA München, Grundbuch der Stadt München, Angerviertel 1628, Beilagen vor p.411; heute ist das (oder die) Schreiben nicht mehr auffindbar, jedoch in der Abschrift von Max Gruber erhalten. Qu.4 = PfarrA Bad Aibling, 5/50-1,2; Qu.5 = BayHStA, GL 100/82
Literatur: Franz Sebastian Meidinger, Historische Beschreibung verschiedener Städte und Märkte ..., Landshut 1790, 282; Joseph Grassinger, Geschichte der Pfarrei und des Marktes Aibling, in: Oberbayer. Archiv 18 (1857) 16-112, 163-298, 72-82; Lieb 1941, 73 und Anm.948; Jakob Albrecht, Bad Aibling in der Geschichte und seinen Kirchen, Erolzheim 1958, 16-19; Jakob Albrecht, Bad Aibling in Geschichte und Gegenwart, Stuttgart 1963, 13-16; Lieb 1982, 92, 172 f., 232 f.; Hans Zimmer, Die

1757

9.11. Brief des Freisinger Hofmalers Joseph Anton Wunderer aus Aibling nach Freising:
... *Alhier werde ich mit aller arbeith inerhalb 4 Wochen ferttig*[9].

Bei dem Renovationsbau der Pfarrkirche Aibling handelte es sich um die Verlängerung des Langhauses um 18 Schuh (ca. 5,40 m) nach Westen[10] und dessen Neuwölbung. Der spätgotische Chor wurde beibehalten. In Langhaus und Chor wurden die Wandpfeiler umgestaltet, neue Gesimse gezogen und Fenster ausgebrochen bzw. verändert, daß die Kirche gleichmäßig belichtet war. Der Dachstuhl von 1738[11] wurde nur angestückelt.

Die wenigen Quellen lassen den Gang der Arbeiten folgendermaßen rekonstruieren: Baubeginn war wohl noch im April 1755. Da im April 1756 schon die Stukkatoren ihre Arbeit begannen, ist sicher, daß die Gewölbe noch im Jahr 1755 aufgeführt worden waren. Im Januar 1756 wurde Abraham Millauer als Palier berufen. 1755 muß also ein anderer Palier am Werk gewesen sein, einer, dem Fischer die relativ weite Wölbung anvertrauen konnte; in Betracht käme z.B. Melchior Streicher[12]. Die eigentliche Bauausführung hatte offenbar der Aiblinger Maurermeister Johann Seydl[13]. Hauptarbeit des Jahres 1756 dürfte – neben der Dekoration – die Umgestaltung der Wandpfeiler, das Ziehen der Gesimse und der Verputz gewesen sein. Noch im Spätherbst 1756 wurden die eigentlichen Bauarbeiten beendet.

Der Chor wurde 1756 von Thomas Schwarzenberger, das erneuerte Langhaus von den Zimmermann-Mitarbeitern Johann Georg Funk und Martin Pichler stuckiert[14] und von Johann Martin Heigl und Joseph Anton Wunderer freskiert[15]. Die Raumschale mit den Stukkaturen verblieb zunächst ohne Anstrich und wurde erst 1785 farbig gefaßt[16]. Die Kircheneinrichtung war 1760 noch nicht vollendet. Die Schulden zurückzuzahlen zeigte sich die Kirche jahrelang unfähig und schleppte die Last bis zum Jahrhundertende.

Anna Bauer

Hausstätter, Bad Aibling o.J., 42 f.; Möhring 1992, 296-299

2 Vgl. Michael Wening, Historico-Topographica Descriptio ... 1.Teil, Das Rentamt München, München 1701, Taf.32

3 Qu.1

4 Qu.2: Die Erbschaft bestand in Möbeln und Büchern im Wert von ca. 3000 fl. Sein Vetter Paul Eisenreich trat am 4.2.1755 die Nachfolge an (Pfarrer in Aibling 1755-1766); er übernahm den Nachlaß und sollte nach einem Vertrag vom 8.10.1755 dafür jährlich 100 fl an die Kirche zahlen.

5 Schreiben vom 13.1.1756

6 Schreiben vom 12.6.1756, in dem *das bereiths vor ainen Jahr angefangene Gottshausgepeu* erwähnt wird

7 Schreiben vom 13.1.1756

8 Signatur im Fresko über der Westempore: *M Heigle inv: et pinxit Ao 1756.* Heigl arbeitete in der ersten Jahreshälfte 1756 am großen Fresko im Steinernen Saal von Nymphenburg unter der Direktion von Johann Baptist Zimmermann, der im Juni für das fertig gemalte Fresko bezahlt wurde. Erst nach Vollendung des Nymphenburger Hauptfreskos kann Heigl in Aibling begonnen haben. Mitarbeiter dürfte der Freisinger Hofmaler Joseph Anton Wunderer gewesen sein, der noch im Herbst 1757 in Aibling ist; s. unten.

9 AEM, St. Andreas in Freising, Nr. 469; freundliche Mitteilung von Peter Volk, München

10 Qu.1: Schreiben des Magistrats an den Geistlichen Rat, *man habe mit dem Gottshaus Pau, alwo 18 ganze werchschuech von Grund auf daran gepauet, genueg zu thun gehabt, wie wür dan nebst dem betthrachtl: Choraltar, auch die erforderlichen Beuchtstüell gleichfahls zu weegen gebracht ...*

11 Überschlag vom Dezember 1731 (PfarrA Aibling, 5/12-5), Ausführung erst 1738

12 Fischers Wölbungsspezialist, sein Palier Martin Wöger, war 1755 in Ottobeuren beschäftigt (s. WVZ 50), Streicher dagegen, 1755 wahrscheinlich in Endlhausen eingesetzt (s. WVZ 14), hätte von dort aus den Bau in Aibling mitbetreuen können.

13 Qu.4: Abrechnung eines Maurers vom 30.4-26.8.1756, unterschrieben von Millauer und Seydl

14 Qu.4: *Contract so mit Herrn Johann Georg Funkh, und Martin Pichler beede Stocatorn wegen Außstocatorung deß Langhaus in Pfarrgottshaus zu Aybling errichtet worden den 22. April 1756. Erstl. Verobligirn sich sie beede Herrn Stocator ersagtes Langhaus nach Arth und Weiß wie der Chor angefangen, durchgehents herzustöhlen, also und dergestalten, das es demselben gleichförmbig seye, wie sye dan auch kompfftigen Montag den 26. diss hiermit den Anfang machen, und die Arbeith nach hinach specificirten wochentl. Sallariums prosequieren, keine ganze Täg verabsaumben, sohin dem Gottshaus andurch keinen Schaden zuefiegen ...* Signatur *I.F.* an der Südseite der Empore

15 Meidinger (Anm.1), 282: »Die alldasige Fresco Mahlerey ist vom Wunderer und Heigl aus Freysing«. Das Chronogramm über dem Altar (1754) ist falsch rekonstruiert.

16 Qu.4: Eine Stiftung ermöglichte die Fassung des Stucks und der Raumschale 1783 durch Kaspar Weidinger, Maler in Vagen. Auch die Kartuschenbilder wurden von Weidinger gemalt.

8 BENEDIKTBEUERN (Kr. Bad Tölz-Wolfratshausen, Oberbayern)

Abb. in Band I S.254, 256-265

Anastasia-Kapelle an der ehem. Klosterkirche, heute Pfarrkirche St.Benedikt [1] Planung und Ausführung

Im Jahre 1053 wurden Reliquien der Märtyrerin Anastasia von Verona nach Benediktbeuern übertragen und dort zunächst im Benediktusaltar der Klosterkirche bestattet. Im Laufe der Jahrhunderte nahm ihre Verehrung zu [2], was 1606 zum Bau der ersten Anastasia-Kapelle nordöstlich der Klosterkirche führte. Ab 1710 sind verschiedene Ansätze zur Erweiterung oder Erneuerung der Wallfahrtskapelle nachweisbar. Unter Abt Leonhard Hochenauer (1742-1758) konkretisierte sich endlich das Vorhaben.

1749

21. 3. Auf Einladung von Abt Leonhard hält der Propst des Augustiner-Chorherren-Stifts Polling, Franz Töpsl (1744-1796), in Benediktbeuern den Festgottesdienst zu St. Benedikt. (Qu.1, fol.39)

28. 8. Abt Leonhard hält in Polling das Hochamt am Fest des Heiligen Augustinus. (Qu.1, fol.40)

1749, spätestens Anfang 1750 steigt Fischer in die Planung der Anastasia-Kapelle ein; diese Phase dokumentiert ein indirekt, das heißt im Abbild überlieferter Vorentwurf [3].

1750

1. 4. Anfang, *die alte S. Anastasiae Capellen niderzureissen.* (Qu.2)

6. 5. Abt Leonhard legt den Grundstein zum Neubau [4].

18.11. Im *Beysein des Herrn Vischers Churcölnischen Hofbaumaisters, und des Melchioris Streichers, welcher nach Herrn Vischer yber die Erpauung der neuen St. Anastasiae [Kapelle] die Obsorg gehabt,* beschließt Abt Leonhard den Bau der Benediktbeuern unterstehenden Pfarrkirche in Bichl durch Fischer [5]. (Qu.3, fol.104)

1751

–. 2. Tuffsteine, *welche von Erbauung der St. Anastasiae Capell übrig verbliben,* werden nach Bichl transportiert. (Qu.3, fol.106)

1752

o.Dat. Jahreszahl im Deckenfresko von Johann Jakob Zeiller (1708-1783) aus Reutte in Tirol [6]

Jahreszahl mit den Initialen *I F* im toten Raum hinter dem Südwestfenster der Kapelle [7]

1753 jährte sich die Translation der Anastasia-Reliquien zum 700. Male [8].

1758

19. 6. Weihe der Kapelle [9]

Die gegenseitigen Einladungen 1749 lassen auf ein gutes persönliches Verhältnis zwischen Abt Leonhard und Propst Franz Töpsl schließen. Naheliegend, anzunehmen, Töpsl habe Abt Leonhard bei einer dieser Begegnungen ›seinen‹ Architekten für das schon langgehegte Bauvorhaben der Anastasia-Kapelle empfohlen, war Fischer doch seit 1745 erfolgreich für Polling tätig [10]. Auffällige, formale Bezüge zwischen einem ›Pollinger‹ Fischer-Bau – dem 1749 vollendeten Pfarrhof in Unterapfeldorf – und der Kapelle in Benediktbeuern [11], machen eine Vermittlerrolle Töpsls sogar wahrscheinlich. Aus diesen Überlegungen wird Fischers Auftreten in Benediktbeuern nicht vor 1749 angesetzt. Überdies weist sein Vorentwurf für die Kapelle (Kat.-Nr.4) zeichnungsspezifische Merkmale

1 Quellen: Qu.1 = BSB, Clm 26461 (Tagebuch Töpsl); Qu.2 = BayHStA, KL Benediktbeuern 209; Qu.3 = BayHStA, KL Benediktbeuern 225
Literatur: Pirmin Lindner, Fünf Profeßbücher süddeutscher Benediktinerabteien, 4. Benediktbeuern, Kempten-München 1910, 177; Karl Mindera, Benediktbeuern, München 1939, 48 f., 50; Lieb 1982, 162-170, 230 f.; Leo Weber, Kloster Benediktbeuern (KKF Nr.34), [8]München-Zürich 1989, 20-22; Gabriele Dischinger, Die Klosteranlage Benediktbeuern, in: Ausst.-kat. »Glanz und Ende der alten Klöster«, München 1991, 200-202 (Kat.Nr.71-73); Möhring 1992, 276-282 – S. auch Uta Schedler, in Band I S.254-265

2 Den aufbewahrten Schädelfragmenten wurde besondere Heilkraft bei Kopfleiden zugeschrieben. Als prominenteste Verehrer sind Kurfürst Max Emanuel und seine Gemahlin in die Wallfahrtsgeschichte eingegangen; auf ihren Wunsch hin wurde die Reliquie 1676 nach München gesandt, wo sie der kranken Kurfürstin Henriette Adelaide letzte Rettung bringen sollten; aber vergeblich.

3 S. Kat.-Nr.4, in Band I S.115 und in Band II S.13-15

4 Lindner (Anm.1), 177

5 S. WVZ 10

6 Signatur: *Jo. Jacob Zeiller inv. & fecit 1752*; zitiert nach Franz Matsche, Der Freskomaler Johann Jakob Zeiller (1708-1783), Diss. Marburg 1970, 627. Für die Ausmalung der Kapelle erhielt Zeiller 150 Gulden; Qu.3, fol.125. S. auch WVZ 10, Nachricht vom 7.11.1753 und Matsche (wie oben), 599 (Dokument XXIII)

7 Dazu ausführlich Uta Schedler, in Band I S.265

8 Ob das Jubiläum besonders begangen wurde, ist unbekannt, aber wahrscheinlich bildete es Anlaß und Ziel des Kapellenneubaues. Vielleicht besteht ein Zusammenhang zwischen dem Anastasia-Jubiläum und dem Erscheinen des »Chronicon Benedicto-Buranum«, Teil 1, 1753, einschließlich einer aktualisierten Stichansicht des Klosters von 1753; vgl. Dischinger (Anm.1), 201 f. (Kat.Nr.73)

9 Bei Lindner (Anm.1) das Datum 19.7.1758, ohne Quellennachweis; dort wohl ein Druckfehler. Es muß eher 19. Juni heißen, weil die Weihe der Anastasia-Kapelle wahrscheinlich mit der der Pfarrkirche im benachbarten Bichl (20.6.) abgestimmt war; s.WVZ 10.

auf, wie sie für zwei andere Fischer-Grundrisse aus den Jahren 1748/49 typisch sind [12]. Zusammen mit dem Arbeitsbeginn in Benediktbeuern – Frühjahr 1750 – ergibt sich daraus als Planungszeit 1749/50.

Ab Mai 1750 wurde der Kapellenbau unter Aufsicht des Paliers Melchior Streicher aufgeführt; der Abschluß ist gleichzusetzen mit dem 18.11.1750, als Abt Leonhard in Gegenwart von Fischer und Streicher den Neubau der Pfarrkirche in Bichl beschloß. Daß Streicher an dieser Entscheidung mitwirkte, offenbart seine wichtige Rolle sowohl beim Bau der Anastasia-Kapelle als auch bei der Planung für Bichl [13]. Die Ausstattung der Kapelle erstreckte sich noch über das Datum ihrer Weihe hinaus; 1759 erst lieferte Ignaz Günther die Seitenaltäre [14].

Benediktbeuern gehört zu einer Serie kurz nacheinander geplanter oder errichteter Fischer-Kapellen. Am Anfang steht der Entwurf für die Lazarettkapelle in München (1748), darauf folgen Gossenzugen (1749, zugeschrieben), Stallau (Entwurf 1750/51), Mischenried (um 1756, zugeschrieben) und Romenthal (um 1756, zugeschrieben) [15]. Durchweg handelt es sich um Zentralbauten, jedoch mit wechselnden Grundrißfiguren; das Längsoval der Anastasia-Kapelle ist singulär. Die ovale Grundform der Kapelle wird auch als Anspielung auf die verehrten Reliquien – Schädelfragmente der Anastasia – verstanden [16]. Urheber einer solchen Anspielung dürfte weniger der Architekt – Fischer – als vielmehr der Bauherr – Abt Leonhard – gewesen sein.

Gabriele Dischinger

Da die Augsburger Weiheregister zu den Kriegsverlusten von 1944 zählen, ist die Frage nicht zu klären; freundliche Mitteilung von Dr. Stefan Miedaner, Leiter des Archivs des Bistums Augsburg.

10 S. WVZ 52, 66 und 72

11 Wie Anm.3

12 Wie Anm.3

13 S. Kat.-Nr.5-7, in Band I S.116-117

14 Peter Volk, Ignaz Günther (Aufnahmen von Wolf-Christian von der Mülbe), Regensburg 1991, 254

15 S. Kat.-Nr.12, in Band I S.121; WVZ 70; Kat.-Nr.51, in Band I S.134; WVZ 73 und WVZ 80

16 Vgl. Lieb (Anm.1), 170. – Der Kapellenraum mißt ca. 15,5 x 11 Meter, mit Vorraum beträgt die Länge rund 20 Meter; dahingehend sind die irrtümlichen Angaben in Band I S.258, Anm.15 zu korrigieren.

9 BERGKIRCHEN (Kr. Dachau, Oberbayern)

Pfarrkirche St. Johann Baptist [1]

Planung und Ausführung

Abb. in Band I S.108

Die Geschichte der Kirche, die bis in das 9. Jahrhundert zurückreicht [2], trat 1726 in eine neue, entscheidende Phase. Damals verursachte ein Sturm irreparable Schäden an der westlichen Giebelmauer. Noch in demselben Jahr wurden, wohl auf Veranlassung des damals amtierenden Pfarrers Johann Georg Scheffler, Voranschläge für Abbruch und Neubau der Kirche ausgearbeitet, und zwar von Schloßmaurermeister Gregor Glonner (um 1675-1745) und Zimmermeister Joseph Falter aus Dachau [3]. Vorgesehen war ein Neubau *ohne Thurn* [4]. Die Ablehnung durch das zuständige Landgericht Dachau verzögerte jedoch die Umsetzung des Vorhabens. Als man sich dann im Frühjahr 1731 notgedrungen – weil am Ostersonntag (25.3.) während der Messe Gewölbesteine heruntergefallen waren [5] – entschließen mußte, wurde der seit 1726 vorgesehene *Neupau ... nach dem Model des Gregori Gloners ... verworffen* [6] und kurzfristig Fischer berufen.

1731

7. 5. Die Bauarbeiten beginnen mit dem Abbruch der alten Kirche; Maurermeister Glonner und Palier Johann Lettner beaufsichtigen die Arbeiten. (Qu.1 und 2)

21. 5. Pfarrer Scheffler ist mit *H. Fischer, Maister Gloner Maurmaister und Falter Zimmermaister zu Dachau ..., um yberhaubts dises Paus wegen auf g[nä]d[ig]ste Ratification zu pactieren* [7]. (Qu.1)

13. 6. Fischer kommt nach Bergkirchen. (Qu.1)

15. 6. Scheffler reist mit *H[errn] Fischer und Maurmeister Glonner abermahl nach Dachau ... zu Herrn Landrichter des Gottshaus wegen.* (Qu.1)

25. 6. Fischers Palier Melchior Streicher tritt an die Stelle von Johann Lettner [8]. (Qu.1 und 2)

10. 7. Vertrag über die Abwicklung des Kirchenbaues wird vom Pfarrer, Fischer und Glonner als Stellvertreter Fischers unterzeichnet; die Bausumme lautet auf 4430 fl [9]. (Qu.1)

19. 7. Ausgabennotiz von Scheffler: *H. Fischer [ist] auf die Nacht khommen und den 21. Julij*

1 Quellen: Qu.1 = AEM, Pfarrakten Bergkirchen, Nachlaß Pfarrer J.G. Scheffler, Kirchenbau; Qu.2 = AEM, Pfarrakten Bergkirchen, Nachlaß J.G. Scheffler, Bausachen, Maurer; Qu.3 = BayHStA, GL 606/200
Literatur: Heilbronner 1933, 29 f.; Hagen-Dempf 1954, 61 f. Max Gruber, Zwei Kirchen Johann Michael Fischers im Kreis Dachau, in: Amperland 1 (1965) 38-40; Lieb 1982, 157-159, 225; Max Gruber, St. Johann Baptist in Bergkirchen (KKF Nr.1547), München-Zürich 1985; Möhring 1992, 59-65

2 Gruber 1985 (Anm.1), 3

3 Qu.1. Zusammen mit Glonner und Falter reichten der Schlosser Georg Spizer und der Glaser Georg Eybl (auch Älbl), beide aus Dachau, Überschläge ein. Von allen vier Meistern wurden alternative Berechnungen vorgelegt, die sich in der Höhe aber nur geringfügig vom ersten Satz unterscheiden.

4 Qu.1

5 Gruber 1985 (Anm.1), 3

6 Qu.1. Nach Gruber (Anm.1, 3 f.) hat Johann Georg Glött 1726 »einen Bauplan geliefert«. Eine undatierte, vor 1729 anzusetzende Notiz besagt, daß *H[errn] Hörmann ... fir den Grundriß ersteren vorgehabten Gebeues* 4 fl 30 kr bezahlt wurden; Qu.1.

in der Frue verraist auf Seefeldt, Khost ihme geben, hab auch ihme bezahlt Raiskhosten bisher 40 fl. (Qu.1)
20. 7. Scheffler hat *in Beysein Herrn Fischers* in Dachau (700 fl) *Paugelder erhebt* [= erhalten]. (Qu.1)
21. 7. Fischer quittiert Abschlagszahlung von 40 fl *Raißdeputat.* (Qu.1)
5. 9. Richtfest [10]
10.10. Nachdem die Kirche *unter die Tachung gefiert, verfaßt Fischer einen Voranschlag, was noch in Abgang der Paumateriallien, auch Tagloh[n] der Maurer und Handlanger* ist; er führt u.a. die Kosten für 2000 Pflastersteine (100 fl), *vor aldie Fenstergadter, Kirchen und Sacristei Porten* (210 fl), für Gips *zur Ausmachung der Kirchen* (100 fl) sowie für den Stukkator (100 fl) auf und kommt auf die Summe von 1676 fl. (Qu.1)
13.11. Fischer empfängt von Scheffler 60 fl für Schlosser und Kistler. (Qu.1)
16.11. Fischer bescheinigt in München, Scheffler habe ihm *wegen des ... Kirchenbaus halber von 21. Jullij bis 13 9ber [= November] mit Von- und Zuereisen verwendeten 15 Tag das behörige Deputat des Tags 3 f. zusamen mit fünf und vierzig Gulden* bezahlt [11]. (Qu.1)
4.12. Bauarbeiten werden eingestellt. (Qu.2)
6.12. Palier Streicher verläßt die Baustelle [12]. (Qu.1)
o.Dat. Scheffler notiert: Der Kirchenbau ist *nit nur allein unter die Tachung gebracht, sondern auch nach gemainer Maurerarth zum Verwurf [= Verputz] khommen ... Zumallen aber dises Gottshaus von inwendtig mit 20 schönen Pfälleren, Gesimpsen und Capitellen versehen, so ware dennoch auch nöthig, hierzue eine saubere Stuckhethor-Arbeith und Maurerarbeith. Paumeister Fischer* erhält *ohne Trunkh und Khost 100 f.* (als Jahreshonorar?) (Qu.1)

1732
28. 1. Scheffler besucht Fischer in München; es geht um Baugelder. (Qu.1)
29. 1. Fischer schreibt Pfarrer Scheffler [13]. (Qu.1)
3. 3. Der Pfarrer ist *bey H. Fischer zu München ..., umb ain so anderes zu veranstalten wegen disen Pau.* (Qu.1)
13. 3. Fischer, *Herr Hörman [Hörmannstorffer?] Stuckhethorer und 2 Kistler von Dachau* sind in Bergkirchen. (Qu.1)
24. 5. Scheffler sucht Fischer in München auf. (Qu.1)
27. 5. Der Pfarrer bekommt in Dachau 542 fl *Paugelder.* (Qu.1)
28. 5. Fischer mißt die *Kirchenstiel ... mit den 2 Khistlern aus* [14]. (Qu.1)
25. 7. Zwischenbilanz der Baukosten: 4239 fl 25 kr 2 hl [15]. (Qu.1)
27. 7. Fischer bescheinigt, daß, nachdem die Kirche *völlig accordmässig hergestölt, dan inund auswendig ergenzet worden, über dises eine neue ziehrliche Quadratur Arbeith vorgenommen und verfertiget wurde; für 4 Quadraturer, 2 Handlanger und 1 Mertlkocher* seien Kosten von 194 fl 54 kr angefallen. (Qu.1)
o.Dat. Scheffler notiert, daß *man mit Stuckhethorarbeith vorgemelter Gesimbs und Capitellen förtig worden anno 1732.*
Fischer erhält 40 fl Reisegeld.(Qu.1)

1733
22. 1. ... *ist eine Commission bey dem ... Landgericht Dachau* mit Scheffler und *Herrn Fischer gehalten worden*; der Baumeister wird aus den am 10.7.1731 eingegangenen vertraglichen Verpflichtung entlassen. (Qu.1)
24. 2. Scheffler ist in München und *den 26. darauf zu denen zwei Stuckhethoren [Martin Hörmannstorffer und Alex Pader] gangen wegen der 2 Seithenaltär zu handlen mit Rhat H[errn] Fischers.* (Qu.1)
31. 8. Voranschlag Fischers für die Friedhofmauer, *die gegen 3 Seitten starckh auszubessern, und die 4 te Seiten gegen Norden bey 122 Schuech in der Lenge, auch der ausseren Höche nach 15 Schuech* zu errichten ist; die Kosten werden mit 335 fl angegeben. (Qu.1)
o.Dat. Voranschlag (584 fl) Glonners für die Anbauten seitlich des Turmes
Scheffler notiert: ... *ist sodan die Freythofmaur nit allein ... abgebrochen worden, sondern auch der Freythof ... erweittert an 2 Seithen ... Wie nit weniger der hintere Anpau außer des Gottshaus an dem Kirchenthurn gegen occident ... angemaurt ... worden* [16]. (Qu.1)

Abb. Bergkirchen von Südwesten

7 In Qu.1 liegt ein Rapular, wonach außerdem der Münchener Maler Johann Friedrich Scheffler (verwandt mit dem Pfarrer?) anwesend war; dort auch die Information, daß mit dem Maurermeister über 800 fl, mit dem Zimmermeister über 250 fl *pactiert* wurde.
8 Glonner und Streicher beziehen jeweils wöchentlich für sechs Tage 3 fl; Qu.2.
9 S. Dokument Nr.5, in Band II S.345
10 Datum nach Gruber 1985 (Anm.1), 5
11 S. Dokument Nr.6, in Band II S.345
12 1731: *Dem Melchior Streicher vom 25. Junij bis auf S. Niclas zu Mittag Khost geben und iedes Mahl ain Storzen Bier per 8 x alle Teg, so in allen seind 129 Täg t[u]t 17 f. 32 x;* Qu.1.
13 S. Dokument Nr.7, in Band II S.346
14 In demselben Jahr (o.Dat.) erhalten die Dachauer Kistler Niklas und Simon Prugger *auf pactiertes Kirchenstielgelt per Abschlag 20 f.*; Qu.1.
15 1732 ist Joseph Huber Maurerpalier mit 30 kr wöchentlich; Qu.2.
16 Notiz unter 1732; in Anbetracht des Fischer-Überschlages vom 31.8.1733 und des Glonner-Voranschlages für die westlichen Anbauten, muß sich Schefflers Aussage aber auf 1733 beziehen.

1734

o.Dat. Scheffler notiert: *Pau der Freithofmaur ist aus Mangl der Maurstain ausgesezt und aniezt wider continuiert worden ... Khleinere Maurerarbeith ...: als vor des Vorheisl der Kirchen, so nit in Riß ausgezaiget, item für dopplete Stiegen ... zu der Porkirchen hinauf, mehrmallen den Eingang in das Glogghaus des Kirchenthurn verenderet (welliches alles nit in dem Pauriß)* [17]. (Qu.1)

1735

30. 4. Scheffler notiert: *Joseph [!] Zick, Maler zu München, ansonsten ein Rheinlender, wegen Mahlung des Gottshaus anhero [nach Bergkirchen] khommen ist, mit mir zu tractiren, hab ihne Sontags hernach mit mir nacher München gefierth.* (Qu.1)

13.11. ... *ist H[err] Niclas Stuber Maller zu Minchen mit einer Lechengutschen nach Bergkirchen khommen, hat 3 Kr[a]tl [= Körbe] Haaber, auch die Khost fir ihme und den Gutscher bekhommen* ... (Qu.1)

1736

4. 4. Maler Johann Zick beginnt die Wandgemälde im Chor [18].

2. 6. Scheffler notiert: *Hab ich Herrn Zickh Mahler und H. Alex [Pader] Stukhetorer ... nacher München fiehren lassen, eine Zeichnung in der Closterkirchen auf dem Creuz zu machen* [19]. (Qu.1)

25. 6. Vereinbarung mit Maler Zick über die Ausmalung des Langhauses [20]

o.Dat. Scheffler notiert: *Freithofmaursarbeith ... welliche aus Mangl der Stein ausgesezt, wider forthgefiert ... Auch der 2te Anpau ... bey dem Thurn gegen der Nordter Seithen angefangen ... wie nit weniger mit einer dopplet gemaurten Stiegen zu dem ... Eingang verfertigt worden. Anpau ... bey der Vordterseithen gar ausgebauet und die Freythofmaur.* (Qu.1)

1738

27. 3. Schätzung der in der Pfarrei Bergkirchen erforderlichen Bauarbeiten im Hinblick auf die Resignation des Pfarrers Scheffler, durchgeführt von Glonner und Andreas Vischer, *Schlossprun- und Zimmermaister* in Dachau. Dabei wird festgestellt, daß die Friedhofsmauer *angefangen, aber nit ausgefiehrt* ist und Reparaturen am Kirchendach notwendig sind [21]. (Qu.3)

12. 6. Scheffler schickt Fischer ausstehende 10 fl *sambt 2 Budelli [= Flaschen] Olsasser [= Elsässer] Wein.* (Qu.1)

1739

13. 9. Fischer bestätigt Schefflers Angaben: Ihm seien *von anno 1732 bis 1738 inclusive* nicht nur beim Kirchenbau, sondern auch bei *ein so ander An- und Nebenpau ... auf Maurer und Taglohn* insgesamt 291 fl 7 kr bezahlt worden. (Qu.1)

Die Quellen zum Bau in Bergkirchen sind verhältnismäßig reichhaltig, jedoch äußerst unübersichtlich, weil Pfarrer Scheffler eine nur schwer durchschaubare Sammlung von Belegen hinterlassen hat [22]. Er war offensichtlich mit der Abwicklung des Kirchenbaues überfordert. Unzulängliche Rechnungsführung und zu hohe Ausgaben gipfelten in der Klage des Freskanten Zick wegen unerfüllter Forderungen [23]. Nach der Resignation 1738 versuchte Scheffler, die Baurechnungen aufzuarbeiten, hatte aber die Abfolge der Arbeiten wohl nicht mehr genau in Erinnerung [24]. Dennoch sind wir recht gut über den Kirchenbau informiert.

Als Fischer März/April 1731 hinzugezogen wurde, lag bereits seit fünf Jahren eine nicht erhaltene Planung Glonners vor. Ebenso wie Glonner mußte auch Fischer den Turm aus der Zeit vor 1560 beim Neubau berücksichtigen. Fischers *Rüss sah die Errichtung der Kürchen an sich selbst ... (iedoch ohne Thurn ...)* vor, sowie der *Sacristey* und der *St. Job Capellen* [25]. Die Kirche sollte also mit ihrem achteckigen, gelängten Kernbau an die Ostseite des Turmes anschließen und seitlich des Chores im Norden den Sakristei- und im Süden den Kapellenanbau erhalten. 1733 jedoch veranlaßte der Pfarrer abweichend vom ge-

17 Wohl irrtümlich unter 1733 notiert; vgl. auch Anm.16

18 AEM, Pfarrakten Bergkirchen, Nachlaß Pfarrer J.G. Scheffler, Kirchenbau, Maler J. Zick 1736-1738; als Dokument 14 abgedruckt bei Barbara Strieder, Johann Zick (1702-1762), Worms 1990, 263.

19 Gemeint ist die ehemalige Klosterkirche der Salesianerinnen St. Anna (Damenstiftskirche), deren Neubau am 9.10.1735 geweiht wurde. Wahrscheinlich sollten Zick und Pader *eine Zeichnung* von den Asam-Fresken in der Salesianerinnen-Klosterkirche anfertigen. Dazu s. Kristin Sinkel/Anna Bauer, St. Anna Damenstift, in: Hermann Bauer/Bernhard Rupprecht, Corpus der barocken Deckenmalerei in Deutschland, Bd.3, München 1987, 185-190

20 Wie Anm.14. Der Vertrag mit Zick wurde aber erst am 30.9.1736 geschlossen; vgl. Strieder (Anm.14), 266 f.

21 Die Schäden schildert das Landgericht Dachau dem Geistlichen Rat in München am 14.4.1738 ausführlich: Der neue Kirchenbau sei *vermitls des mit Johann Michael Fischer Pau Maistern in München bey dero hochlobl. Geistlichen Rhat getroffenen Contracts zwar in Standt gebracht; wurde dabei observirt, daß man albereits ... zu Reparierung des Kürchentachs, darumben alschon 167 f. unentpöhrlich vonnöthen, weillen dieses Tach gar zu flach ausgefihrt, und durch die Abthaillung von underschidtlichen clainen Tächlen mit eingedeckhten Rinlen zusammengefiegt, mithin dan dardurch verursachet worden, daß weeder der Schnee, noch das Regenwasser der Notturfft nach abschießen, sondern in denen mehristen Orthen bey disen ohnedas uf einen Perg der Witterung exponirten Gottshaus nolens volens durchsitzen müesse, worzu noch kommet, daß bey einer uf waiches Wetter erfolgent starkhen Gefrihr, oder in anderweeg die Preis [= Dachziegel zur Einfassung] und Häckhen [= hakenförmige Dachziegel] zerspringen, welches dise kurze Zeit hinyber dermahlen die Experienz gibet, und künfftigh zu nit geringen Schaden des Gottshaus annoch geben würdet, zu geschweigen des hindern Chors, und anders, welches zu dato noch nit ausgemacht, und die beede Seithenmäurn gegen denen vier Eckhen nur mit einer Staindickhe aufgefihrt, also zwar, daß wan man nur eine Glokhen leithet, ..., das ganze Kirchengepeu zimblich wackhlet*, ...; Qu.3.

22 Er benutzte z. B. Fischers Brief vom 29.1.1732 für Ausgabennotizen.

23 S. Strieder (Anm.18), 19 f. und 270 ff.

24 S. Anm.16 und 17

25 Vertrag vom 10. 7.1731

Abb. Bergkirchen
Grundriß in Eingangs-
und Fensterebene
sowie Längsschnitt

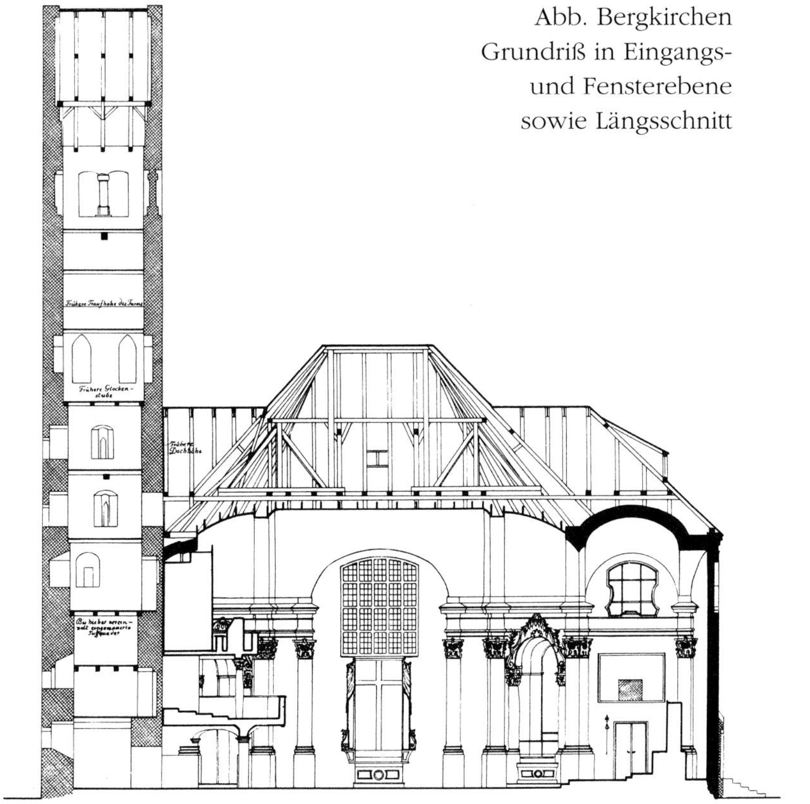

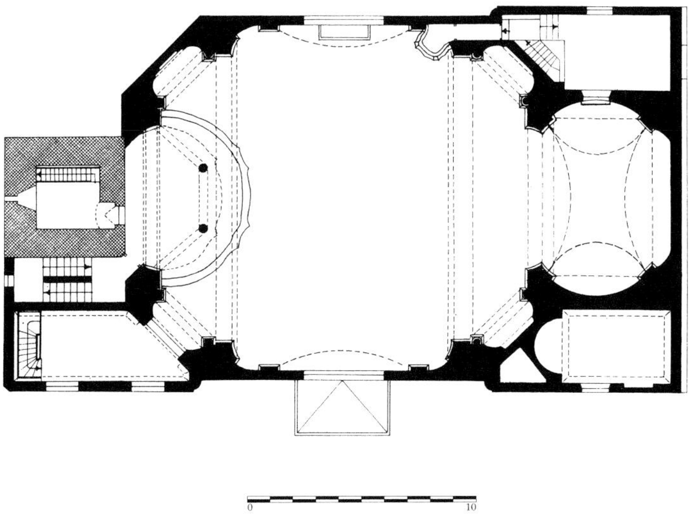

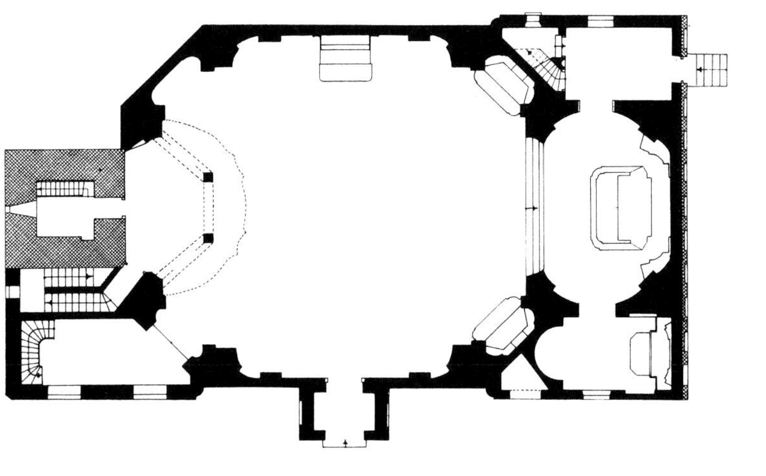

nehmigten *Paurifß* beiderseits des Turmes Anbauten und an der Kirchensüdseite ein *Vorheisl.* Die Kosten für diese Anbauten berechnete *Glonner*, Fischers Stellvertreter bei der Bauausführung [26].

Daß die Anbauten im Westen von Fischer nicht geplant waren, ergibt sich aus ihren nachteiligen Auswirkungen. Zu Recht wird am bestehenden Bau bemängelt, daß beim Eingang in die Kirche »kein sofort wirksamer Gesamtprospekt des Raums zustande« kommt und die westlichen Nischen durch die »Verbindung mit einem Anbau in ihrem Eigengehalt entwertet« sind [27]. Die Ursache dafür liegt in den nachträglichen Anbauten. Wahrscheinlich haben sie den Eingang (oder die Eingänge), der (die) ursprünglich wohl in einer der (oder in den) rückwärtigen Nischen vorgesehen war (waren) [28], verbaut. Als das Portal (oder die Portale) in einer der (oder in den) westlichen Schrägen entfiel (entfielen), wurde der Eingang auf die Südseite verlegt und dort das *Vorheisl* errichtet.

Vergegenwärtigt man sich Fischers *Rüss*, nach dem der Neubau 1731 begonnen wurde, wird besonders deutlich, daß Bergkirchen vor allem mit Unering

Abb. Bergkirchen, Zentralraum mit Orgelempore

vergleichbar ist. An beiden Orten haben die Arbeiten am 7. Mai 1731 eingesetzt, die Planung für Unering erfolgte jedoch schon um 1730 [29], rund ein Jahr früher als für Bergkirchen, das somit in unmittelbarer Nachfolge steht; für die Pfarrkirche Bergkirchen mußte Fischer den Bautypus der kleineren Uneringer Filialkirche nur anders dimensionieren. Dafür gelangte hier das anfänglich auch für Unering geplante, abgewalmte Dach über dem Chor zur Ausführung.

Da Fischer nach dem offiziellen Ende seines Vertrages am 22. Januar 1733 für Pfarrer Scheffler weiter tätig war, kannte er dessen eigenmächtige Anbauten, die den Kirchenbau – noch heute spürbar – beeinträchtigten. Sie haben das Verhältnis zwischen Baumeister und Bauherrn aber wohl nicht ernsthaft belastet, denn der Kontakt dauerte bis 1738 an. Im 19. und 20. Jahrhundert erfuhr der Raum dann weitere Veränderungen; 1884 hat man das Zick-Fresko im Kernraum abgeschlagen, 1921 die Orgelempore zweigeschossig ausgebaut. Bergkirchen gehört also auch zu den Fischer-Bauten, deren Eindruck durch spätere Eingriffe nachhaltig verfälscht wurde.

Gabriele Dischinger

26 Möglicherweise wurde in Bergkirchen ein stellvertretender Meister eingesetzt, um Fischer, der den Auftrag wohl auf Vorschlag des Geistlichen Rates in München (vgl. die Schilderung von 1738 in Anm.21) 1731 kurzfristig übernehmen mußte, zu einer Zeit, als er mit sieben anderen Bauten beschäftigt war (s. in der »Chronologie«, in Band II S.117 f.), zu entlasten. Außerdem erhielt Glonner damit ein Äquivalent für seine ›verworfene Planung‹. Mit Glonner wurde auch Zimmermeister Falter übernommen.

27 Lieb 1982 (Anm.1), 52. Norbert Lieb bezieht diese Aussage allerdings nur auf die südliche Nische, weil die nördliche heute, nach Abbruch des nördlichen Anbaues, wieder geschlossen ist.

28 Vgl. die seitlichen Eingänge in Fischers Entwurf der Münchener Lazarettkapelle; Kat.-Nr.12, in Band I S.121.

29 S. WVZ 65

10 BICHL (Kr. Bad Tölz-Wolfratshausen, Oberbayern) Abb. in Band I S.142-143, 170-173

Pfarrkirche St. Georg [1]

Planung und Ausführung

Die Pfarrei war dem Benediktinerkloster Benediktbeuern inkorporiert; von dem *Gottes Haus S. Georgij zu Pichl ... [ist angeblich] schon anno 1147 Meldung geschehe[n]* [2]. Einzelheiten über diese Kirche werden jedoch erst im 17. Jahrhundert berichtet [3]; unter anderem erhielt sie 1672 unter Abt Placidus Mayr (1671-1689) einen neuen Turm, der beim Bau der heutigen Kirche übernommen wurde. Diesen Bau übertrug Abt Leonhard Hochenauer (1742-1758) Fischer, nachdem der Architekt 1750 die Anastasia-Kapelle in Benediktbeuern errichtet hatte [4].

1750

vor 18.11. Entwurf Fischers für den Kirchenbau [5]

18.11. ... *18. Novembris ist der Kirchenbau... von Reverendissimo D.D. Leonardo Abbate in Beysein des Herrn Vischers Churcölnischen Hofbaumaisters, und des Melchioris Streichers, welcher nach Herrn Vischer yber die Erpauung der neuen St. Anastasiae [-Kapelle] die Obsorg gehabt, item den zweyen Kirchen Probsten Georgii Mirnseer von Pichl, und Georgij Jochers von Hoffstatt, und in meiner, P.Godefridi Gegenwarth darumben beschlossen worden, weillen das alte Gottshaus schier alle Tag den Umbsturz trohete.*

Also gleich ... wurde von ... Abbate ausgesprochen, daß die Pichler Bauern und Söldner, die Ober- und Unterstainbacher auch ... dahin solten antragen, daß sie nach Bericht und Verlangen des Herrn Vischers, als darzu verordneten Bauherrn und Baumeisters 80 Stäm, unter welchen 20 Schnidbeum wern, ohne Verzug hackheten und bey sich ergebenten Schlittenbann an Stell und Orth liferten. Welcher Verordnung so vill es das Umbhackhen betrafe schon in Monath Decembri in das Werckh gesezt worden. (Qu.1, fol.104)

1751

25. 1. ... *ist schon der Anfang zu Fiehrung des Bauholzes ... gemacht worden;* ... (Qu.1, fol.104)

-. 2. ... *die geschenckhte Dufftstain, welche von Erbauung der St. Anastasiae Capell übrig verbliben,* werden in Benediktbeuern abgeholt. (Qu.1, fol.106)

14. 4. Abbruch der alten Kirche beginnt [6]. (Qu.1, fol.9)

15. 5. Abt Leonhard legt den Grundstein. (Qu.1, fol.9)

27. 8. Das Gerüst am Bau ist *etwan 24 Schuch hoch.* (Qu.1, fol.110)

21. 9. ... *am Festtag des Heylligen Aposte[l]s Matthaei ist unsern Arbeithern mit Einschluß der 2 Kirchen Pröbsten, und des Mesners, der Hebwein bezalt worden,* das heißt, Richtfest wird gefeiert. (Qu.1, fol.60)

- .10./11. Vier Maurer arbeiten an den Gewölbegurten. (Qu.1, fol.51)

6. 11. Ende der Bausaison (Qu.1, fol.55)

1752

25. 1. Als Wertschätzung seiner Arbeit wird Fischer ein Rehbock *verehrt.* (Qu.1, fol.101)

28. 3. *Herrn Vischer werden für H. Straub per Abschlag mitgegeben 100 fl* [7] (Qu.1, fol.94)

5. 4. Die Bauarbeiten werden wieder aufgenommen. (Qu.1, fol.64)

zwischen 1. und 7. 6. *Dem Herrn Vischer nacher München einen Rechpockh geschickht.* (Qu.1, fol.96)

12. 9. Für *3 Fuhren, so den [Hoch-] Altar von München gebracht,* werden 10 fl 55 kr bezahlt. *Herrn Straub* werden *in Beysein des H. Zeilers und Georgij Mirnsers ... die abgengige 200 fl* (für den Hochaltar) entrichtet. (Qu.1, fol.97)

15. 9. Maler Johann Jakob Zeiller beginnt das Fresko im Chor, *den 30. 7bris [=September] endigte er solchen* [8]. (Qu.2, fol.43)

2. 10. *H[err] Zeiller, da er den Chor gemallen, zu einer Erkhantlichkheit 4 ganze doppelte Thaller* (17 fl 4 kr) (Qu.1, fol.99)

8.10. *Von München für den Heyl. Georgio, welcher auf die Spiz der Dachung khommet, brin-*

1 Quellen (im BayHStA, mit den Signaturen): Qu.1 = KL Benediktbeuern 225; Qu.2 = KL Benediktbeuern 224; diese beiden Rechnungsbücher des Kirchenbaus hat der Benediktbeurer P.Gottfried Luidl (1705-1767), Pfarrvikar in Laingruben, geführt.
Literatur: Heilbronner 1933, 51 f.; Karl Mindera, Benediktbeuern. Das Handwerk im Dienst der Kunst, München 1939, 51-53; ders., Benediktbeuern (GKF Nr.23), ³München-Zürich 1970, 40 f.; Lieb 1982, 157-159, 231; Gabriele Dischinger, Zeichnungen zu kirchlichen Bauten bis 1803 im Bayerischen Hauptstaatsarchiv, Wiesbaden 1988, 41 f. (Nr.60-62); Leo Weber, Bichl und seine Kirche St. Georg, Benediktbeuern o.J.; Möhring 1992, 300-304 – S. auch Franz Peter, in Band I S.168-173

2 Qu.1, fol.3

3 S. Mindera 1939 (Anm.1)

4 Siehe WVZ 8

5 S. Kat.-Nr.5-7, in Band I S.116 f.

6 Gleichzeitig setzt die Tageslohnliste ein; sie nennt an erster Stelle *Joseph Hainz den Pallir,* Qu.1, fol.9. Neben Hainz, dessen Vater schon in Benediktbeurer Diensten stand, wurden nur örtliche Maurer beschäftigt; zur Maurer- und Stukkatorenfamilie Hainz s. Mindera 1939 (Anm.1). Ab 19.4.1751 arbeitete der Maurer *Josephus Lang von Laingruben* (bei Benediktbeuern) mit. Von ihm heißt es 1752, er sei *von Herrn Vischer spötter [später] geschickht worden;* Qu.1, fol.64.

7 Die Abschlagszahlung galt dem Hochaltar, den der Münchner Bildhauer Johann Baptist Straub herstellte; dazu ausführlich Peter Volk, Johann Baptist Straub (1704-1784), München 1984, 26, 36, 185 f. und Abb.122-123.

8 Zu Zeiller in Bichl s. Franz Matsche, Der Freskomaler Johann Jakob Zeiller (1708-1783), Diss. Marburg 1970, 598 f. und 628 f.

gen lassen, und bezalt für 2 Bichlen feinen Goldt 34 kr (Qu.1, fol.99)
9.10. Zeiller beginnt das Fresko *in dem Vorhaus*, am 18.10. vollendet er es, *den 25. octobris gienge er nacher Ettall mit Sackh und Backh*. (Qu.2, fol.43)
27.10. Ende der Bausaison (Qu.1, fol.85)
o.Dat. Bauausgaben für 1751/52: 3176 fl 45 kr 3 hl (Qu.1, fol.101)

1753
7. 5. Maurer beginnen die abschließenden Arbeiten. (Qu.1, fol.117)
31.10. Maurerarbeiten sind beendet. (Qu.1, fol.119)
7.11. Abt Leonhard zahlt an Zeiller, *so in Pichl alles ausgemalt 250 fl, sowie Antonio, seinen Angehörigen 10 fl. In allen sowoll die Capell St. Anastasiae als die Kirch zu Pichl hat H. Zeiller 400 fl, Antoni aber, sein Angehöriger Gsell oder Lehrner empfangen 20 fl* [9]. (Qu.1, fol.125)

1758
20. 6. Weihe der Kirche durch den Augsburger Weihbischof Franz Xaver Adelmann von Adelmannsfelden (Qu.1, fol.130)

Bei der Entscheidung zum Neubau der Pfarrkirche im November 1750 wird Fischer zum ›Bauherrn und Baumeister‹ bestimmt und hat diese Aufgabe bis 1752

Abb. Bichl
die gewestete Kirche von Osten

Abb. Bichl
Kirchenraum mit Orgelempore

9 S. auch WVZ 8

wahrgenommen; danach ist sein persönliches Erscheinen nicht mehr belegt. Vor Ort hatte er allerdings keinen seiner namentlich bekannten Paliere eingesetzt, vielmehr leitete mit Joseph Hainz ein Klosteruntertan, der für Benediktbeuern mehrfach tätig war, den Bau [10]. Palier Streicher, bei der Bauvorbereitung 1750 noch beteiligt, arbeitete hingegen schon ab 1751 für Fischer in Kloster Schäftlarn [11]. Darin könnten die von Franz Peter beobachteten Abweichungen, die zwischen den erhaltenen Plänen von 1750 und dem ab 1751 ausgeführten Bau festzustellen sind [12], begründet sein.

Welche Wertschätzung der Auftraggeber dem Baumeister entgegenbrachte zeigt die zweimalige 'Verehrung' eines Rehbocks, was in einer Zeit, da Wildpret ausschließlich an Herrschaftstafeln gereicht wurde, eine Auszeichnung besonderer Art bedeutete [13]. In welchem Maße das Kloster Fischer vertraute, äußert sich auch in der Wahl der Ausstattungskünstler; wie schon in Fürstenzell (WVZ 17) bekamen auch in Bichl der Bildhauer Johann Baptist Straub den Hochaltar und der Maler Johann Jakob Zeiller die Fresken übertragen. Beider Namen erscheinen erneut in Verbindung mit Ottobeuren [14].

Christl Karnehm

10 Dementsprechend wurden auch sonst ausschließlich lokale Maurer beschäftigt.
11 S. WVZ 21
12 S. Peter (Anm. 1)
13 Aus Bergkirchen schickte man Fischer 1738 eine Flasche Wein; s. WVZ 9.
14 S. WVZ 50

11 DEGGENDORF (Niederbayern)

Ehem. Wallfahrtskirche zum Hl.Grab Christi [1]
Ausführung des Turmes
auf der Grundlage von Gunetzrhainer-Plänen

Die gotische Inschrift in der Kirche nennt Hostienschändung durch ortsansässige Juden und deren nachfolgende 'mirakulöse' Bergung 1337 als Anlaß für den Bau [2]. 1360 wurde das Gotteshaus geweiht, 1401 gewährte Papst Bonifaz IX. einen jährlichen großen Ablaß zwischen 29. September und 4. Oktober, die sog. Deggendorfer Gnad; der damit verbundene Besuch durch Wallfahrer war für die Stadt ein bedeutender Wirtschaftsfaktor [3].

Da die Hl. Grab-Kirche nur eine kleine Glocke in dem bescheidenen Dachreiter über dem Musikchor besaß, entstand mit steigender Bedeutung der Wallfahrt auch der Wunsch nach einem angemessenen Geläute. Dafür wiederum bedurfte es eines neuen Turmes. Dessen Bau erhielt mit Stadtpfarrer Franz Tobias Wischlburger [4] seinen erfolgreichsten Befürworter; er gewann den Magistrat für seine Idee und wagte 1721 den ersten Vorstoß bei der übergeordneten Instanz, dem kurfürstlichen Rentmeister in Straubing [5].

Nachdem Pfarrer Wischlburger und der Deggendorfer Kämmerer, *Weingastgeb* und Kirchenverwalter Ferdinand Rohrböck in Straubing den von dem Passauer Domkapitel-Maurermeister Jakob Pawagner (1680-1743) verfaßten *Riß des neuen Thurn* [6] samt Voranschlag (8931 fl 20 kr) vorgelegt hatten, reichte Rentmeister von Verger am 19. März 1721 beide beim Geistlichen Rat in München ein, mit der Bitte um Genehmigung des Turmneubaues [7]; diese wurde am 24. September 1721 gewährt [8].

Im gleichen Jahre mußte Pawagner folgenschwere Ereignisse hinnehmen: Zwei seiner Neubauten, die Pfarrkirche St.Georg in Schärding und der Chor der Benediktiner-Klosterkirche in Niederalteich, fielen teilweise ein bzw. wiesen Schäden auf [9]. Diese Vorfälle scheinen das Vertrauen in Pawagner so stark erschüttert zu haben, daß Deggendorf anderweitig Rat suchte.

1722

1.- 7. 3. Unterhofbaumeister Johann Baptist Gunetzrhainer aus München, hält sich *wegen eingenomben Augenscheins yber Erpauung eines neyen Kürchenthurn* in Deggendorf auf. (Qu.1, fol.146; Qu.3, fol.1)

1 Quellen: Qu.1 = PfarrA Maria Himmelfahrt Deggendorf, Nr. 212 (Turmbaurechnung von 1732); Qu.2 = BayHStA, GL 671/2; Qu.3 = StadtA Deggendorf, VI, 10; Qu.4 = StadtA Deggendorf, VI, 20 – Für freundliches Entgegenkommen danke ich Stadtpfarrer Ludwig Rösler und Archivoberinspektor Erich Kandler in Deggendorf.
Literatur: Karl Gröber, Stadt und Bezirksamt Deggendorf (KDB, Niederbayern Bd.17), München 1927, 27-49; Herbert Schindler, Der Turm der Heilig-Grabkirche in Deggendorf, in: Der Zwiebelturm 5 (1950) 233-235; ders., Der Deggendorfer Barockturm, in: Barockreisen in Schwaben und Altbayern, [4]München 1977, 293-308; Jakob 1982, 31-34; Lieb 1982, 16-25; Waltraud Eibl, Zur Geschichte des Grabkirchenturms in Deggendorf, in: Deggendorfer Geschichtsblätter 3 (1983) 43-48; Möhring 1992, 11-14. 1992 wurde die Wallfahrt eingestellt; vgl. u.a. »Die Gnad«, Deggendorfer Museumshefte 1, Deggendorf 1993
2 1338 ist ein Judenpogrom historisch nachweisbar.
3 Im Vorwort zur Turmbaurechnung heißt es, daß sich oft *40000 bestehente Wallfahrter inner ainzigen 5 Tagen einfünden;* Qu.1, fol.1
4 Amtierte von 1703 bis 1736; PfarrA Deggendorf, Nr.143/1. Wischlburgers Vorname wird oft falsch mit Franz Lothar angegeben.

6. 5. Bei seinem nächsten Aufenthalt in Deggendorf lehnt Gunetzrhainer die bisher in Betracht gezogenen Standorte des Turmes – an der hinteren *Schies- oder Giblmauer* oder anstelle der alten Orgel, in den Kirchenraum hineinragend – ab, und schlägt stattdessen eine städtebaulich sehr geschickte Variante vor: *... negst dem hindern Eingang uf linkher Seiten, wo d[er]mahlen ain claine Capeln stehet, welche hinweckh gerissen und dessen cleiner Altar in den neu erpauthen Thurn ybersezt werden khänte, wo alsdan bemelter Thurn der Khürchen umbsoweniger einer Deformitet, sondern villmehr zu einer Decoration, da selber von aussen gegen dem Haubtplaz volglich allenthalben in Angesicht stehet, gereichen würdt.* Pawagners Riß lobt Gunetzrhainer als *schönne Architectur*, doch seien der obere Teil und die Kuppel verbesserungsfähig. Er verspricht, einen neuen Plan mit Kostenvoranschlägen vorzulegen. Die Arbeit an den Fundamenten überläßt er dem Deggendorfer Stadtmaurermeister Ulrich Stöckl, für den *Turmaufbau selbst* empfiehlt er, einen erfahrenen Architekten zu beschäftigen und hält Pawagner hierzu ausdrücklich für *capabl*. (Qu.1, fol.94; Qu.2, fol.165 ff.)

29. 5. Stadtmaurermeister Johann Baptist Canta aus Burghausen hat sich vergeblich um den Turmbau beworben. (Qu.2, fol.163)

–. 5. Die alte Kapelle an der Stelle des geplanten Turmes wird abgebrochen. (Qu.1, fol.11 f.)

4. 6. Gunetzrhainer hat bereits die Fundamente ausgesteckt, kann den Bau aber aufgrund anderweitiger Vorhaben nicht selbst leiten; er verspricht jedoch die Sendung *eines besterfahrnen Paliers*. (Qu.2, fol.161 f.)

17. 6. Der Geistliche Rat genehmigt das Turmbauprojekt in der vorgelegten Form. (Qu.2, fol.153)

25. 6. *Die Grundtvest [ist] sowoll in der Dieffe, als Weithe ausgegraben*. (Qu.2, fol.149)

14.-16., 19.-21. und 30.-31. 8. Gunetzrhainers Stiefvater und Fischers Meister, der Münchener Stadtmaurermeister Johann Mayr, beaufsichtigt die Fundamentierungsarbeiten. (Qu.3, fol.3)

1.- 4. 9. Johann Mayr schließt die Fundamentierung ab [10]. (Qu.1, fol.146; Qu.3, fol.3)

2. 9. Grundsteinlegung zum Turm durch Rentmeister von Verger *im Nammen und anstatt ... des ... Herrn Franz Josef Freyherrn von Unertl uf Schönprun* (Qu.1, fol.2 f. [11])

6. 9. Der Deggendorfer Stadtmaurermeister Stöckl und seine Mitarbeiter erhalten die erste Zahlung für Aufmauerungsarbeiten. (Qu.1, fol.12 f.)

1723

18. 5. Da die Baustelle offenbar brach liegt, bittet Deggendorf in München *zu schleiniger Fortsezung solchen Thurnpaus aintweeders den Gunetsrhainer (auf deme wür vor allem das besste Verttrauen hetten) oder aber ainen andern verstendtigen Paumaister, als ichtwan des Gunnetsrhainers Stiefvattern [= Mayr], welcher sich ohnne dem zu Schärdting dem Vernehmmen nach befindten solle, solchergestalten ... anhero zu beordnen* [12]. (Qu.2, fol.136)

8. 6. Fischer inspiziert erstmals die Baustelle. (Qu.3, fol.5)

15.-17. 6. Fischer hält sich in Deggendorf auf. (Qu.3, fol.5)

18.-22. 7. ebenso (Qu.3, fol.5)

20. 9. Deggendorf berichtet Straubing, daß Fischer, der auch (mit dem Bau der Pfarrkirche St.Georg) in Schärding beschäftigt sei, sowohl von Gunetzrhainer *für capabl vorgeschlagen*, als auch vom Schärdinger Bürgermeister und *Khürchenpaudirector* Vischer empfohlen worden sei. Fischer führe nun seit Juli den Bau weiter und meine, den Turm in drei Sommern fertigzustellen. Man habe zugesagt, ihm *für die Direction, Raiscossten und weillen er ... öffters zuesehen mueß, ieden Somer 100 fl, indeme er uf khein minders zu bringen gewesen, zu geben, auch ieder Zeit, solang er sich alda aufhaltet, ... sambt dem Pferdt dis Ohrts Zöhrung freyzuhalten; zu der anbegehrten Caution aber ist er sowenig als der Gunetsrhainer, oder ain and[er]er zu bringen gewesen, vorgebent, daß es bei ihnen als im Landt angesessnen Maistern nit gebreichig und Herkhomens seye.*

Für die Konstruktion der Kuppel empfehle Fischer den Schärdinger Stadtzimmermeister Andreas Höretsberger [13], der *schon etliche Thurn Kupeln ... nach Contento verferttiget* habe, *weill es unserm [= Deggendorfer] Zimmermaister nit anzuverthrauen*. Nach Fischers und Höretsbergers Berechnungen sei über die bereits verbauten 4000 fl mit weiteren Kosten in Höhe von 7555 fl 26 kr zu rechnen. (Qu.2, fol.131 ff.)

26.-30. 9. Fischer ist zusammen mit Höretsberger in Deggendorf. (Qu.3, fol.5)

11.-14.11. ebenso (Qu.3, fol.5). Am 12.11. bestätigt Fischer die Aufstellung der 1723 entstan-

Abb. Deggendorf, Hl. Grab
Aufriß des Turmes

denen Kosten während seiner Aufenthalte, am 14. quittiert er *für Inspection und ... Direction* bei dem Turmbau, der *von der Grundvest nunmehr zwai Gaden [= Stockwerke] oder 55 französische Schuech* [14] *hoch gefiehrth worden, ... ainhundert Gulden.* (Qu.3, fol.7)
o.Dat. Maurerpalier ist Stephan Raberger. (Qu.1, fol.18)

1724
8.-11. 6. Fischer hält sich in Deggendorf auf. (Qu.3, fol.9)
20.-22. 6. ebenso (Qu.3, fol.9)
7.- 8. 7. ebenso (Qu.3, fol.9)
3.- 5. 8. ebenso (Qu.3, fol.9)
18.-20. 9. ebenso (Qu.3, fol.9)
15.-17.10. Fischer hält sich in Deggendorf auf. (Qu.3, fol.9). Am 17.10. quittiert er für *gefiehrte Direction und Inspection, westweegen [er] von Schärdting öfters aigens anhero raisen miessen, die veraccordierte ainhundert Gulden.* (Qu.3, fol.11)
o.Dat. Maurerpalier ist Stephan Raberger. (Qu.1, fol.19)

1725
26.-27. 4. Fischer hält sich in Deggendorf auf. (Qu.3, fol.15 f.)
8. 5. ebenso (Qu.3, fol.15 f.)
28.-30. 5. ebenso (Qu.3, fol.15 f.)
20.-23. 7. ebenso (Qu.3, fol.15 f.)
4. 8. Der Turm ist jetzt *100- etlich und 40ig Schuech* hoch, man arbeitet am Kranzgesims. Der *Glockhenstuell ... [soll] anheur noch als schon würckhlich abgepundtner zur Stöhl gelifert* werden. (Qu.2, fol.111)
10.-13. 9. Fischer hält sich in Deggendorf auf. (Qu.3, fol.15 f.) Am 12. 9. quittiert er 100 fl *wegen der gefiehrten Direction und Obsicht yber den neuen Thurnpau.* (Qu.3, fol.13)
12. 9. Der Geistliche Rat genehmigt für das Kupferdach 3000 fl aus den Mitteln benachbarter Kirchen, unter der Bedingung, daß über sechs Jahre je 500 fl zurückgezahlt werden. (Qu.2, fol.104)
o.Dat. *Der neu angestandtene Maurerpalier* ist Andreas Gottsmaul. (Qu.1, fol.22)

1726
15.-16. 4. Fischer hält sich in Deggendorf auf. (Qu.3, fol.18 f.)
25.-27. 5. ebenso (Qu.3, fol.18 f.)
21.-22. 6. ebenso (Qu.3, fol.18 f.)
11.-13. 7. Fischer ist zusammen mit Höretsberger in Deggendorf. (Qu.3, fol.18 ff.)
17.-19. 8. Fischer hält sich in Deggendorf auf. (Qu.3, fol.18 f.)
10.-14. 9. Fischer ist zusammen mit Höretsberger *bey Ufsezung des [Turm-] Knopfs* in Deggendorf. (Qu.3, fol.18 ff.)
3.10. *Aufstekhung der Monstranzen oberhalb des Thurn Knopfs* [15]. (Qu.1, fol.160)
14.10. Für Bildhauer- und *Zierarbeit bey denen Fenstern, Gsimbsern, Saulen, und ober dennen Uhrschildten* erhält der Deggendorfer Bildhauer Thomas Rieger 500 fl. (Qu.1, fol.131)
18.-19.11. Fischer hält sich in Deggendorf auf. (Qu.3, fol.18 f.) Am 19.11. quittiert er für dieses Jahr, *wo nur die Verpuzung geschehen,* lediglich 75 fl. (Qu.1, fol.148 f.; Qu.3, fol.17)
o.Dat. Maurerpalier *den ganzen Sommer hindurch* ist Johann Ceregetti, der *von Schärdting hiehero [nach Deggendorf] geraist,* Zimmerpalier Andreas Höretsberger jun. (Qu.1, fol.25, 28, 58, 60)
Die Turmbaurechnung führt Kosten für Marmorpflaster und über 20 Holzfuhren zur Kuppel auf dem Wasserwege an [16]. (Qu.1, fol.117 f.)

1727
7.- 9. 3. Fischer hält sich in Deggendorf auf. (Qu.3, fol.34 f.)
15.-17. 3. Höretsberger hält sich in Deggendorf auf. (Qu.3, fol.22 f.)
15.-17. 4. Fischer hält sich in Deggendorf auf. (Qu.3, fol.34 f.)
14. 5. Alle Gesimse und ein großer Teil der Kuppel sind mit Kupfer gedeckt. Um jedoch *die grosse als claine Lathern Kuppel gar völlig mit Kupfer* einzudecken, den Glockenstuhl aufzu-

5 Johann Conrad von Verger, amtierte 1719-1740; vgl. Georg Ferchl, Bayer. Behörden und Beamte 1550-1804, Teil 2, in: Obb. Archiv 53/2 (1911/12) 1053
6 Qu.1, fol.152. Der Entwurf zeigte an dem *obersten Thaill* ein *dem Ansechen nach khleine[s] ... Thürnl*; Qu.2, fol.187. Pawagner plante also einen laternenartigen Aufsatz, wie er dann auch ausgeführt wurde. Seine Planung ist spätestens Anfang 1720 anzusetzen, weil *in der Gnadenzeit 1720* schon ein neben dem Opferstock aufgestelltes *Modell des Thurns* zu Spenden für den vorgesehenen Bau aufforderte; Qu.1, fol.5.
7 Qu.2, fol.192 ff. Ein finanzieller Grundstock war durch eine Stiftung (2172 fl) des Bürgers Paulus Zwickl vorhanden; Qu.1, fol.1
8 Qu.2, fol.176; der Geistliche Rat fordert noch Voranschläge für das geplante Kupferdach an.
9 S. WVZ 46 und 55
10 Während der Abwesenheit Mayrs ist Augustin Lindtner *anstatt des Münchner Paumaisters bey der Grundtvesst als Balier gestanden*; Qu.1, fol.13
11 Danach erfolgte der Akt bereits am 1. September; vgl. auch weiter unten (1727) die Inschrift an der Turmnordseite.
12 Von einer in der Literatur genannten angeblichen Krankheit Mayrs ist nirgends die Rede.
13 Von Höretsberger heißt es später, daß er *ebenfalls die Direction bey disen Thurn [hat], haubtsächlichen aber [den] Khupelpau geführt* habe; Qu.1, fol.148
14 1 Pariser Schuh ≙ 32,4 cm
15 Die aus Kupferblech gefertigte, vergoldete Monstranz war 6,25 m hoch und signalisierte dem Pilger von weitem das Ziel seiner Wallfahrt. Durch Wind und Wetter wurde sie mehrfach herabgeworfen, jedoch immer wieder neu aufgesetzt; vgl. Wilhelm Fink, Zur Geschichte des Grabkirchen-Turmabschlusses, in: Durch Gäu und Wald (1939) 73-74
16 Vgl. dagegen StadtA Deggendorf, Schreinersche Chronik, p. 179. Dort heißt es, daß *der Dachstuhl zur Kuppel in Ortenburg abgebunden und auf dem Wasser nach Deggendorf gebracht* wurde.

setzen und die Stiegen einzubauen, das alte Geläute zu transferieren und die Verputzung fertigzustellen, sind weitere 3000 fl erforderlich. Damit soll *auch die under disem Thurn sich befindtente Capellen ... in vollkhomnen Standt hergestelt* werden. (Qu.2, fol.88)
15.-16. 5. Höretsberger hält sich in Deggendorf auf. (Qu.3, fol.22 f.)
26.-31. 5. Maurerpalier Ceregetti hat das *Haubtgesimbs völlig verferttiget.* (Qu.1, fol.29)
3.- 4. 6. Fischer hält sich in Deggendorf auf. (Qu.3, fol.34 f.)
26.-29. 6. Höretsberger hält sich in Deggendorf auf. (Qu.3, fol.22 f.)
1. 7. Maurerpalier Ceregetti erhält, *weillen er sich bey dem Gepew ganz vleissig und eyffrig erzaigt, und sonderbahr dahin getrachtet, daß die Arbeithen beschleiniget worden,* bei seinem Abschied *Recompens* (3 fl 30 x). (Qu.1, fol.31)
28.-31. 8. Fischer hält sich in Deggendorf auf. (Qu.3, fol.34 f.)
10.-12. 9. ebenso (Qu.3, fol.34 f.)
15.-18. 9. Höretsberger hält sich in Deggendorf auf. (Qu.3, fol.22 f.)
9.10. Fischer quittiert *weegen der im heurigen Sommer yber die Verwerf- und saubere Verpuzung des neuen Thurns gefiehrte Direction* zum letzten Mal 50 fl. (Qu.1, fol.149; Qu.3, fol.36 f.)
o.Dat. Zimmerpalier ist Andreas Höretsberger jun. (Qu.1, fol.67)
Im Untergeschoß des Turmes werden zwei Tafeln mit folgenden Inschriften angebracht: (an der Nordseite) *Esto DoMIne CIVItatIs hVIVs tVrrIs sanCta et fortIs [= 1727] Deo Eucharistico Auspice / Eiusdem maioris gloriae Fine / Infrangibili Constantia / Impossibili Possibilitate / Licet invidia Ringente / Surrexi / VsqVe In saeCVLVM non / DeLebItVr [= 1727] Eccl. 39.V.12 / MDCCXXVII – MDCCXXII SECVNDA SEPTEMBRIS NOMINE JLLVSTRISS. ET EXCELLMI. DNI. DNI. FRANC. JOSEP L.B. DE VNERTL DNI IN SCHOENPRUNN SIMMERTSHAUSEN MOCHING & REHRMOSEN SERENIIMI ELECT. BOIARIAE & INTIMI CONSILII CANCELLARII SUPREMI FEVDORVM PRAEPOSITI PRIMVM FVNDAMENTALEM LAPITEM IECIT PRAENOBIL. AC GRATIOS. DNUS. DNS. JOANN. CONRAD DE VERGER DNUS. IN MOOSDORF SERENMI ELECT. BOIARIAE INCLYTI REGIMINIS STRAUBING. CONSILIARIUS ET QUAESTOR.*
(an der Ostseite) *Mit Anfang Fortwehrent Ainhölliger besorgung / Lob: Franc. Wischlbürger ss.Thliae Lict.Prot.Pontif.der Churfrl.Durchl. / In Bayern Dann des Hochfrstl.Consist.in Regenspurg geistl. / Rhat Canon.zu Vilshoven Dechant und Stadtparrers Allhier / Ferdinand Rorbeckh debs. Inr.Rhats Stadt Cammerers und Khirchen / verwalters Alhier. / Ambrosyi Wühr Stadtschreibers alda / Den Bau hat gefiehrt Johann Michael Fischer Bürger / und Statt Maurermaister in Minche[n]. Maurer Pallier Waren Stephan / Naberger*[17]*, dann Johann Ceregetti. Zimmermaister Andre Höretsberger / Burger Stattzimmer und Prunnmaister Zu Schärding. Pallier dessen / Sohn Andreas Höretsberger. / Anno 1727.*

1732
15. 1. Abschließende Turmbau-Rechnung über die Gesamtsumme von 22888 fl 26 kr[18] (Qu.1, fol.176; Qu.3, fol.81)

1733
20. 4. Pfarrer Wischlburger sowie der Deggendorfer Stadtkämmerer und Kirchenverwalter Andreas Veith geben die Fertigstellung des Turmes bekannt. (Qu.2, fol.93)

Unter Einbeziehung des Entwurfes von Pawagner arbeitete der Münchner Unterhofbaumeister Johann Baptist Gunetzrhainer (1692-1763) einen zweiten Plan aus, der der Ausführung zugrunde gelegt wurde. Die Standortfrage löste er anders als Pawagner, indem er den Turm nicht an die Westseite, sondern gut sichtbar an der freien Kirchen-Nordseite plazierte und dadurch im Süden des Deggendorfer Hauptplatzes ein gleichwertiges Gegenüber zum Rathaus an der Platznordseite schaffte. In seiner Dominanz der Stadtsilhouette ist der Hl.Grab-Turm dem von St. Martin in Landshut vergleichbar.

Gunetzrhainers Stiefvater und Fischers damaliger Meister, der Münchner Stadtmaurermeisters Johann Mayr (1677-1731) beaufsichtigte 1722 die Fundamentierung. Die Aufmauerung der Geschosse übertrug man schließlich 1723 auf Emp-

17 Richtig: Raberger (s. die Namensnennung 1723 und 1724); vermutlich Irrtum des Steinmetzen.

18 Qu.1, fol.176 und Qu.3, fol.81 (dort aufgerundet auf 23.000 fl). Pawagners Voranschlag wurde um das Zweieinhalbfache überschritten.

Abb. Deggendorf, Hl. Grab
Turm im städtebaulichen Kontext

fehlung Gunetzrhainers dem mittlerweile zum Maurermeister avancierten Johann Michael Fischer, der am 8.Juni 1723 zum ersten Mal und von da ab regelmäßig nach Deggendorf reiste. Andreas Höretsberger d.Ä. (gest. 1731) Stadtzimmermeister von Schärding, zeichnete für die Turmkuppel verantwortlich.

Fischer wird keine substantiellen Änderungen an der von Gunetzrhainer überarbeiteten Planung Pawagners vorgenommen haben, unterscheidet sich der Deggendorfer Turm doch von Fischers späteren Turmbauten [19]. Seine Leistung bestand in einer gut organisierten Bauleitung, die während seiner Abwesenheit von den Palieren Stephan Raberger und Johann Ceregetti [20] wahrgenommen wurde. Da Fischer diese beiden Palieren nur in Deggendorf einsetzte, scheinen sie nicht zu seinem engen Mitarbeiterkreis gehört zu haben.

Daneben brachte Fischer mit Höretsberger, der ihm zuvor in Schärding, anschließend in Niederalteich und vermutlich in Osterhofen und Niederviehbach, zur Seite stand, einen bewährten Zimmermeister nach Deggendorf. Welche Einschätzung Turm und ausführende Meister bereits unmittelbar nach Bauabschluß

19 Vgl. z.B. den wohl schon 1729 entworfenen Turm in Diessen (1740/41) und das Turmpaar in Niederalteich (1730-1737)

20 S. Josef H.Biller, in Band II S.71 f.

21 Dem entspricht folgende Notiz in der Turmbaurechnung: *Die beede Paumai-*

zuteil wurde, bezeugt das abschließende Schreiben (20.4.1733) der Deggendorfer Auftraggeber an den Kurfürsten: ... *diser Paw, so uf ain ganz neue Manier gefihrt worden, wegen seiner Schönnheit und Zierlichkheit an Gsimbsen, Laubwerch und Figurn von iedem meniglich hoch[en] und nidern Standts, sonderbar aber [von] denen Pauverstendtigen uf alle Weiß gelobt und geprissen wirdtet, wie sich dann die beed gebrauchten Pau[meister]* [21] *als der Stattmaurermaister zue München namens Johann Michael Vischer und der Zimmermaister zur Schördting Ander Hörzberger hiebey dergestalten renomiert gemacht haben, dass ihnen aniezt nit allein bey thails umbligenten und auch entfehrnten Clösstern und andern Orthen alle Haubtgepeu anvertraut werden* ... [22].

Da die Mittel durch den Turmbau gänzlich erschöpft waren, kam eine 1736 geplante Chorumgestaltung durch Egid Quirin Asam (1692-1750) nicht zur Ausführung [23]. Bereits während des Österreichischen Erbfolgekrieges, im Jahre 1743, brannte der Turmhelm völlig aus; auch die Glocken gingen dabei verloren. Erst in den Jahren von 1774 bis 1777 wurde die Erneuerung des Helms vorgenommen, wobei man ihn um fünf Werkschuhe (ca. 1,50 m) erhöhte [24].

Christl Karnehm

ster als Herr Johann Michael Vischer, und Herr Andreas Hürzberger seindt in anno 1723 zu verschidene mahlen, denn Pau gebührents nachzusehen, anhero khommen ...; Qu.1, fol.147

22 Qu.2, fol.93

23 Vgl. Gabriele Dischinger, Eine ›Glanzleistung‹ Egid Quirin Asams. Der Entwurf für die Hl.Grab-Kirche in Deggendorf, in: Stefan Kummer/Georg Satzinger (Hg.), Studien zur Künstlerzeichnung, Festschrift für Klaus Schwager, Stuttgart 1990, 236-257

24 Qu.4, Prod.7; s. auch Anm.15. Vgl. Wilhelm Fink, Erneuerungsarbeiten am Turm der Deggendorfer Grabkirche in den Jahren 1774-1777, in: Durch Gäu und Wald (1940) 1-2; neu abgedruckt in: Deggendorfer Geschichtsblätter 3 (1983) 40-42

12 DIESSEN am Ammersee (Kr. Landsberg am Lech, Oberbayern)

Ehem. Augustiner-Chorherren-Stiftskirche,
heute Pfarrkirche Mariae Himmelfahrt, mit Kloster [1]
Planung und Ausführung der Kirche, Erhöhung des Turms, Verbinden von Kirche und Kloster; wahrscheinlich auch Bau der neuen Prälatur und Modernisierung des sog. Taubenturms

Abb. in Band I S.18, 26, 89, 182, 189, 190, 192-193, 196-198, 200, 202, 204, 207-208, 210

Nach der Gründungslegende verlegte Graf Bertold II. von Diessen das in St. Georgen bei Diessen angeblich seit 815 bestehende Augustiner-Chorherren-Stift wohl um 1132 an den heutigen Standort. Papst Innozenz II. bestätigte die Transferierung am 6. Februar 1132 und bestimmte St. Georgen gleichzeitig zur künftigen Pfarrkirche.

Die im 14./15. Jahrhundert errichtete (zweite) Stiftskirche war beim Amtsantritt des Propstes Ivo Bader (1719-1728) *dem Umsturz und Einfall* [2] nahe, so daß dieser 1720 den schon lang vorgesehenen Neubau [3] beginnen ließ. Bis zu seinem Tode gedieh das Werk, das nördlich der alten Kirche, parallel dazu, entstand, unter Leitung eines ungenannten Bau- oder Maurermeisters [4] *beynache bis zur Bedachung* [5].

1728

14. 3. Propst Ivo stirbt; bald danach Wahl des neuen Propstes Herculan Karg (1728-1755)

zwischen 1728 und 1731

Das erste, was er [Propst Herculan] vornamme, ware, daß er von München aus den berümbten Stadtmaurermaister ... Johan Michael Fischer, welcher in verschiedenen wichtigen, sonderlich Kirchengebäuden seine große Erfahrenheit in der Baukunst schon anderwerts am Tage geleget, anhero berufte, um zu beratschlagen, was mit dem ... bereits angefangen[en] Kirchenbau ferner zu machen wäre. (Q.2, p.7)

Der eigentlich *zur Vollführung desselben [= Kirchenbaues] beruffene Baumeister bemerkte einige Feler daran, welche dem ganzen Wesen eben keine gute Gestalt verschaffet haben würden, wen man nach diesem angefangen[en] Plan weiter zu bauen fortgefahren wäre.* (Qu.1, fol.84)

Um sein Gutachten gebeten, kommt Fischer zu dem Ergebnis, *daß, da der bereits gelegte Grund an sich selbst ihme gut zu seyn gedünkte, er sich mit der Hülf Gottes, auf selbem dennoch ein solches Gebäude aufzurichten getraue, welches ihme Ehre, und dem Stift Diessen Vergnigen und Zufriedenheit erwerben würde; nur daß das bereits auf dem Grund schon etlich Schuche hoch aufgerichtes Gemäuer abgetragen werden müste.* (Qu.2, p.7)

1 Quellen: Qu.1 = ABA, Hs 127 (Joseph Dall'Abaco, Chronik von Diessen, 1./2. Teil); Qu.2 = ABA, Hs 128 (Joseph Dall'Abaco, Chronik von Diessen, 3./4. Teil); Qu.3 = BayHStA, KL Diessen 4; Qu.4 = KlosterA Ottobeuren, L.Litg.10; Qu.5 = Schriftstück aus dem ausgehenden 18. Jh. (ehem. PfarrA Diessen, heute nach Auskunft von Thomas Raff, München, im ABA); Qu.6 = ABA, Pf 103, I/15
Literatur: Augustin Fastl, Der neue Himmel zu Diessen / Das ist: Kirchweyh-, Lob- und Jubelpredigt ... (zur Einweihung der Diessener Stiftskirche, gehalten am 8. September 1739), München 1740; Otto Aufleger/Karl Trautmann, Die königliche Hofkirche zu Fürstenfeld – Die Klosterkirche zu Diessen, München 1894; Joseph Anton Hugo, Chronik des Marktes und der Pfarrei Diessen, Diessen 1901; Wilhelm Neu, Die Baugeschichte des Dießener Kirchturms, in: Lech-Isar-Land 1970, 46-65; Lieb 1982, 54-63, 223, 225; Thomas Raff, Diessen am Ammersee in alten Darstellungen und Schilderungen, München 1985; Dagmar Dietrich, Ehem. Augustiner-Chorherren-Stift Diessen am Ammersee (GKF Nr.128), [2]München-Zürich 1986; dies., Die Sakristei der ehem. Klosterkirche Diessen am Ammersee, in: Jb. des Vereins für Christliche Kunst 16 (1987) 204-214; Norbert Lieb, Diessen am Ammersee (KKF Nr.30), [13]München-Zürich

1728/29 etwa arbeitet Fischer den Entwurf zur Stiftskirche aus und läßt auf dessen Basis 1729/30 vermutlich ein Modell bauen[6]. Bestimmt erst nach Billigung dieser Planung hat man in Diessen den *Grund, den er [= Fischer] gut und daurhaft befunden, gelassen, wie er ware, was aber von Gemäur ausserhalb demselben aufrecht stunde, ... abgetragen*[7].

1731

29. 8. Propst Herculan tritt in Begleitung des *Baumeisters [Fischer] und [des] damahligen P.Procuratoren Sebastian Linz*[8] eine Reise an, um sich, bevor er das Werk des Kirchenbaues angeht, *anderwertig im Land Bairn um diejenige Kirchengebäude, welche vor anderen den Vorzug, sonderlich aber jener, die erstbelobter Fischer selbst gebauet, umzusehen*. (Qu.2, p.8)

13. 9. Rückkehr des Propstes nach Diessen (Qu.2, p.8)

1731 oder 1732 läßt sich Propst Herculan als ›zweiter Gründer‹ Diessens mit einem Grundriß des Kirchenneubaues porträtieren[9].

1732

16. 4. Mit dem Kirchenbau wird *in Gottes Namen der Anfang gemacht*[10]. (Qu.1, fol.84)

Wahrscheinlich 1733 Aufrichten des Dachstuhls durch den Zimmermeister Johann Pföderl (1667-1758) aus Bernried[11].

1733

11. 8. Geldmangel hat den *kostbahren Pau ... ins Stöckhen gerathen* lassen. Damit sich *diser so pretiose als hechst nottwendige Kirchenpau* aber nicht weiter verschiebt und keine zusätzlichen Kosten für das mittlerweile verfaulende, alte (von dem Vorgängerbau übernommene) Baugerüst entstehen, bittet Propst Herculan in München um *Beysteür* aus den *Ehebruchs-Geldtstraffen;* die Hilfe sei erforderlich, weil nicht nur der Kirchenbau bestritten werden müsse, *sondern der zwischen vier Mäuren einzuschrenkhende Kürchenthurn weegen des höcheren Kürchenpaus anfangs halb abgetragen, sodan umb ein nahmhafftes nach Proportion der Kürchen, und damit das Glockengläut a Populo ad officia sacra vocando genuegsamb vernommen werden möge, auch höcher erhöbt, und noch darzue zway Anpau weegen der clösterlichen Clausur unumbgänglich gefiehrt werden miessen*. (Qu.3, fol.171)

18. 9. Obwohl vom kurfürstlichen Geistlichen Rat am 7. 9. befürwortet, lehnt der Geheime Rat die Anfrage ab, mit der Begründung, Diessen sei nicht bedürftig und habe *den Closterkürchenpau nach ... [seinen] Mittlen zu messigen*. (Qu.3, fol.172)

Vor dem 5. Oktober 1733 erfährt Fischers ursprüngliche Planung offenbar eine entscheidende Änderung, die auf Vorschläge des Hofbaumeisters François Cuvilliés zurückgeführt werden[12].

5.10. Propst Herculan unternimmt in Begleitung von P.Sebastian Linz, dem Diessener Hofmarktrichter und dem *Münchnerischen Hauspfleger* eine Reise *in das Tyroll bis Pozen, um zu seinem Nutzen einige Kirchen Gemälde, Stukator, und andere Zierde zu besichtigen*. (Qu.2, p.8)

Wohl Ende 1733 oder 1734 reicht Matthäus Günther (1705-1788) aus Augsburg einen Entwurf für die Ausmalung der Kuppel über der ›Chorvierung‹ in Form eines Gipsmodells ein[13].

1734-1735 wahrscheinlich schleppender Fortgang des Baus[14].

1736

24. 6. Fischer reist von München nach Diessen[15].

o.Dat. Jahreszahl und Chronogramm in den Gewölbefresken des Langhauses, von Johann Georg Bergmüller (1688-1762) aus Augsburg[16]

1991; Möhring 1992, 66-84 – S. auch Dagmar Dietrich und Kathrein Blättler, in Band I S. 182-211

2 Qu.1, fol.81

3 Unter Propst Renatus Sonntag (1673-1690) Planung für die Erneuerung der Stiftsanlage, wahrscheinlich von Michael Thumb (um 1640-1690), dem die Barockisierung des Kirchturms (vor 1678) und der 1681-1688 realisierte Klosterneubau zugeschrieben werden; vgl. Norbert Lieb/Franz Dieth, Die Vorarlberger Barockbaumeister, ³München-Zürich 1976, 119 sowie Dietrich 1987 (Anm.1), 213

4 Norbert Lieb hat erst (Lieb 1953, 149) Magnus Feichtmayr aus Weilheim und später (Lieb 1984, 158) Michael Natter bzw. dessen Sohn Rasso in Erwägung gezogen. Unser Vorschlag: Maurermeister Johann Schmidt (1692-?) aus Diessen, der 1722-1723 in Seefeld nachgewiesen und dort vermutlich Fischer begegnet ist; s. WVZ Nr.58. Schmidt erhielt vor dem 3.7.1730 in München Bürgerrecht; s. Lieb 1941, 110 und Anm.1260. Seine Abwanderung aus Diessen ist eventuell die Reaktion auf Fischers Berufung dorthin. Weitere Kontakte zwischen Schmidt und Fischer sind bis 1755 belegt; s. die »Chronologie«, in Band II S. 120, 122, 125 und 131

5 Qu.1, fol.81; in Qu.2 (p.6) heißt es, die angefangene Kirche sei *bereits ausser dem Grund zustehen gekommen.*

6 S. Kat.-Nr.8-9, in Band I S.117 und in Band II S. 15-22

7 Qu.1, fol.84

8 Linz (1695-1748) stammte aus München und war *per 18 annos ... Procurator [= Oekonom] exactissimus*; ABA, Pf.103, I/20. Er betätigte sich auch als Kartenzeichner. 1741 hat er den *Grundris über das zu Merching ... ligend ... Winter-, oder Korn Velds ... ganz neu abgezeichnet;* BayHStA, PlSlg 8992.

9 Das Gemälde könnte im Auftrag des Kapitels zum 40. Geburtstag des Propsts (1731) oder mit Blick auf das Gründungsjubiläum (1732) entstanden sein; s. auch Dagmar Dietrich, in Band I S.184

10 Verwirrende Korrekturen in der handschriftlichen Chronik (Qu.2, p.8) haben zu dem falschen Schluß geführt, der Bau sei erst 1733 begonnen worden; so Aufleger/Trautmann (Anm.1), 11. – Der Baubeginn 1732 fällt in ein Jubiläumsjahr: 600 Jahre Augustiner-Chorherren-Stift in Diessen.

11 S. weiter unten, 1740/41. Pföderl vollendete am 22.10.1732 (Richtfest) den Dachstuhl der Pfarrkirche in Garmisch; vgl. Gabriele Dischinger, Johann und Joseph Schmuzer, Sigmaringen 1977, 142. Er kann also erst danach, wohl im Frühjahr 1733, die Arbeit in Diessen aufgenommen haben. – Aus der dendro-

1736-1737 wird die Stuckausstattung durch Johann Michael Feichtmayr (1696-1772), Franz Xaver Feichtmayr (1698-1763) und Johann Georg Üblher (1703-1763) angesetzt [17].

1737
13. 5. Wallfahrer aus Ottobeuren auf dem Wege nach Andechs können *wegen dem annoch stehenden Gerist [für Stukkatoren und Freskant ?] in der neü-erbauten Closter-Kirchen nicht einziechen, jedoch ... in der alten Kirchen*, die noch steht. (Qu.4)

1738
o.Dat. Jahreszahl auf dem Hochaltar-Gemälde, von Hofmaler Balthasar Augustin Albrecht (1687-1765) aus München [18]

1739
5. und 6. 7. Die Gebeine der Seligen Mechthild, Kunissa und Euphemia werden von der alten in die neue Stiftskirche transferiert [19].
vor 7. 9. Orgel von Kaspar König (1675-1757) aus Ingolstadt, acht Seitenaltäre, Kanzel (von Johann Baptist Straub) und Beichtstühle werden aufgestellt [20].
7. 9. Weihe der Stiftskirche durch den Augsburger Weihbischof Johann Jakob von Mayr [21] (Qu.2, p.45)
-. 9. Das alte »Kirchen-Gebäu [wird] allgemach entweyhet, und abgetragen« [22].
26.10. Stukkator Johann Georg Üblher ist in Diessen [23].
o.Dat. Jahreszahl im Abschlußgitter unter der Orgelempore, von Kunstschmied Marx Krinner aus München [24]

1739, möglicherweise auch schon früher, haben offenbar Steinmetze aus Mörnsheim die Stiftskirche gepflastert [25].

1739/40 wird wahrscheinlich der schon (am 11.8.) 1733 erwähnte erste *Anpau weegen der clösterlichen Clausur*, d.h die östliche Verbindung zwischen Kirche und Kloster, mit der Sakristei im Erdgeschoß, errichtet.

1740
o.Dat. Chronogramm an der Orgelempore, nennt das Ende der Arbeiten im Eingangsbereich

1740/41 entsteht wohl der westliche *Anpau* zwischen Kirche und Kloster, mit der Prälatur im ersten Obergeschoß. Sicher gleichzeitig wird die andere, ebenfalls 1733 angekündigte Baumaßnahme durchgeführt: Nach Abtragen des oberen Teiles, stockt Fischer den alten Turm zu *einer diesem [neuen] Gottshaus angemessenen Höhe* [26] auf; *Thurm und Kuppel* sind für Fischer, *Glokenstuhl und Kirchen [-dach]* für Johann Pföderl bezeugt [27].

1744
20. 8. Ein Blitz schlägt in den Turmhelm ein und setzt einige Balken in Brand; das Feuer kann aber gelöscht werden. (Qu.1, fol.94)

1747 erhält die Kirche ihre letzten Ausstattungsstücke [28] und ist damit vollendet.

1755
10. 4. Wahl des Propstes Berthold Wolf (1755-1797) zum Nachfolger des am 16. 3.1755 verstorbenen Propstes Herculan Karg. (Qu.6)

1755/56
Gleich nach dem Antritt seiner [= Berthold Wolfs] probsteylichen Würde ... [läßt] er eine neue Prälatur, welche nicht so sehr, wie die alte, der Sonnenhitze ausgesetzt war, erbauen. (Qu.6)

chronologischen Untersuchung des Diessener Dachwerks durch Hans Tisje, Neu-Isenburg ergaben sich als mögliche Fälldaten für das verbaute Nadelholz mehrfach die Jahre 1727 und 1731. Zwischen Beschaffung des Bauholzes und dessen Abzimmerung hat man in der Regel nur einen kurzen Zeitraum und möglichst nicht mehr als einen Winter verstreichen lassen.

12 S. Dagmar Dietrich, in Band I S.188 ff.

13 S. Heinrich Habel, Die Glorie des Hauses Diessen-Andechs. Zum Bildprogramm des Ellwanger Kuppelmodells von Matthäus Günther, in: Ars bavarica 59/60 (1989) 111-124. Das Modell wird bisher »um 1735« eingeordnet; vgl. Ausst.-kat. »Matthäus Günther 1705-1788«, Augsburg 1988, 332 f., Kat. 117 (Gode Krämer). Im Kontext der Diessener Baugeschichte betrachtet, dürfte Günthers Entwurfsmodell jedoch schon 1733 oder 1734 entstanden sein. Grund für diese Annahme bietet die Reise im Oktober 1733, die ihn bis nach Bozen führte – sehr wahrscheinlich über Garmisch, wo Günther im Spätherbst 1732 das Kuppelfresko im Chor der Pfarrkirche beendet hatte; vgl. Dischinger (Anm.11), 73. – Zu Günthers Kuppelmodell s. auch Gabriele Dischinger, in Band II S.21

14 Wie Anm.12

15 StA München, Törring-Seefeld, Lit. HH 5, Nr.23. Fischers Reise könnte mit dem Unwetter vom 22./23.6. zusammenhängen, das in Seefeld und wohl auch in Diessen große Schäden angerichtet hatte; s. WVZ 58.

16 Signaturen über der Orgelempore *(J G B flecit] 1736)* und im Mittelbild *(Ioannes GeorgIVs BergMILLer AVgVstanVs/sIC/De/pInXIt)*. Das Kuppelfresko über der ›Chorvierung‹ ist unbeschriftet, wird aber ebenfalls Bergmüller zugeschrieben.

17 Dietrich 1986 (Anm.1), 17 und die entsprechenden Artikel bei Hugo Schnell/Uta Schedler, Lexikon der Wessobrunner, München-Zürich 1988

18 Signatur: *B.A.Albrecht Pinxit 1738*

19 Fastl (Anm.1), 12

20 Fastl (Anm.1), 31 f. und Hugo (Anm.1), 97

21 Propst Albert Oswald von Polling hält das Hochamt; Fastl (Anm.1), 4

22 Fastl (Anm.1), 10

23 StA München, Törring-Seefeld, Lit. HH 5, Nr.23; s. WVZ 58

24 Signatur: *Marx Kriner Pirger Schlosser in Minichen 1739*

25 Steinmetz Joseph Margraf aus Mörnsheim (1722 in Ottobeuren nachgewiesen) heiratet (40 Jahre alt) am 11.1.1740 in Diessen; ABA, Pf. Diessen 7, p.422

26 Qu.2, p.46. S. auch Dagmar Dietrich, in Band I S.199 ff.

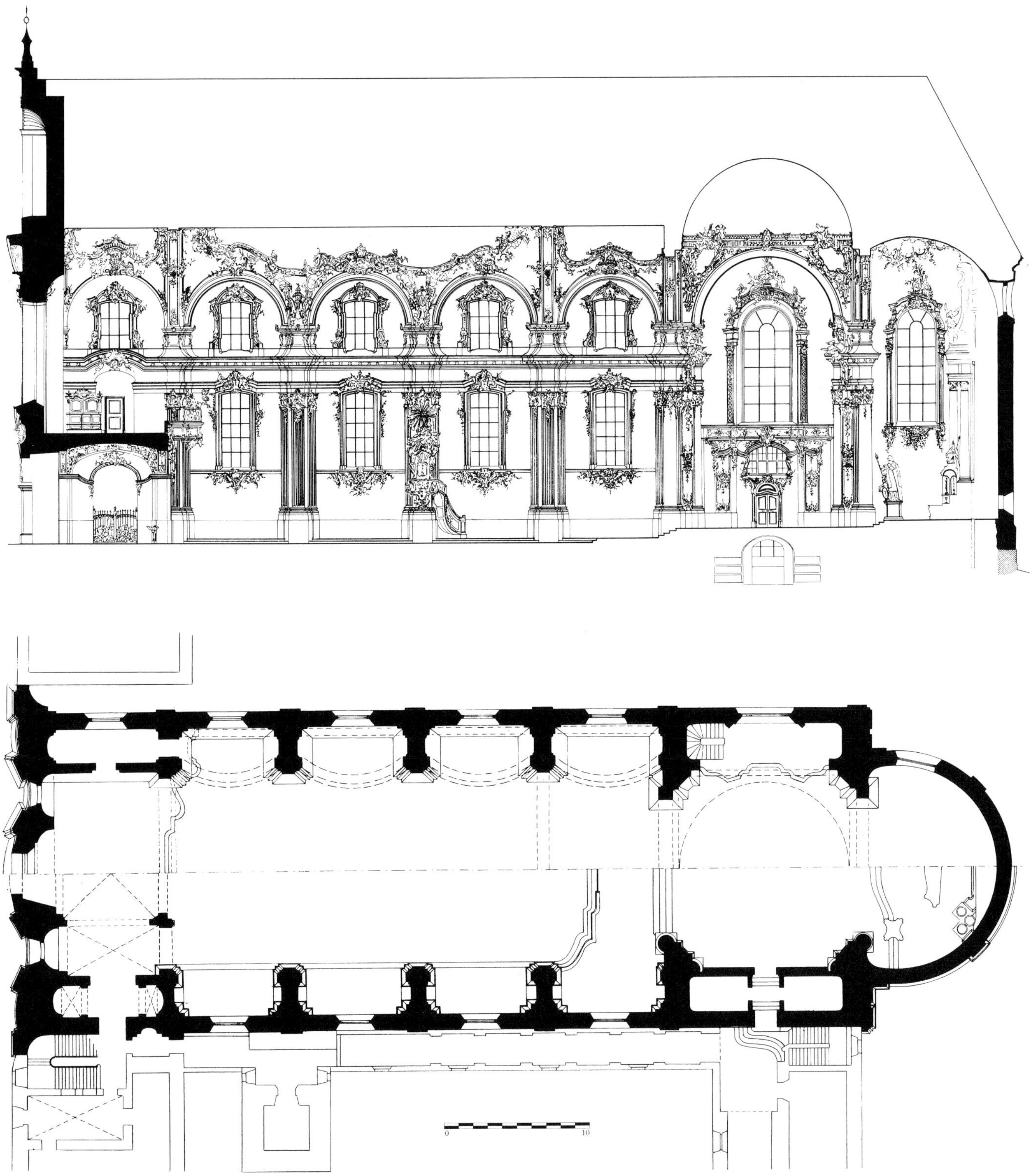

Abb. Diessen
Grundriß (noch mit dem Turmneubau des 19. Jahrhunderts) in zwei Ebenen sowie Längsschnitt

Zeitgleich mit dem Bau der neuen Prälatur dürfte der sogenannte Taubenturm über dem nördlichen Zugang in den Klosterhof nach Vorschlägen Fischers modernisiert worden sein.

*

Aufgrund der mageren und unpräzisen Quellen läßt sich die Baugeschichte phasenweise nur auf Umwegen und z.T. mit Vorbehalten rekonstruieren. Wir kennen nicht einmal den genauen Zeitpunkt, wann Fischer nach Diessen kam, sondern nur den Zeitraum: zwischen 1728 und 1731. Die Analyse seines Entwurfs[29] macht allerdings die Eingrenzung auf die Jahre 1728-1730 wahrscheinlich.

Vorausgesetzt, Fischers Berufung war wirklich *das erste, was* Propst Herculan nach seiner Amtsübernahme tat, könnte die Kirchenplanung schon in die zweite Hälfte 1728 fallen. Diese These gewinnt an Wahrscheinlichkeit durch die

27 Qu.5
28 Dietrich 1986 (Anm.1), 17
29 Wie Anm.6

Nachricht, die Kirche sei *unter der Obsicht H[errn] Fischers innerhalb 11 Jahren zur Vollkommenheit gelanget*[30]. Danach wäre die 1739 geweihte Stiftskirche 1728 wenigstens auf dem Papier angefangen worden.

Eine frühe Entscheidung für Fischers Plan erklärt vielleicht auch, warum sich sein Palier Martin Wöger 1729 und 1730 wiederholt von der Baustelle in Seefeld entfernte[31]; während dieser Zeiten könnte Wöger im nahen Diessen die Abbrucharbeiten an der 1720 begonnenen, aber nicht vollendeten Kirche beaufsichtigt und den Neubau in die Wege geleitet haben.

Nach Baubeginn 1732 ist mit zügigem Aufmauern zu rechnen, um die Kirche noch vor dem Winter einzudecken. Durch anderweitige Verpflichtungen konnte Zimmermeister Pföderl jedoch erst 1733 die Arbeiten am Dachstuhl aufnehmen. Vermutlich stand der Rohbau, als Diessen am 11. August 1733 in München finanzielle Hilfe erbittet; in seinem Schreiben spricht Propst Herculan nämlich bereits von den nächsten Bauabschnitten, von der Turmerhöhung *nach Proportion der Kürchen* und von zwei Anbauten.

Da der Kirchenbau 1733 erst einmal ins Stocken geriet[32], läßt sich nicht genau sagen, wann der Innenausbau stattfand; jedenfalls müssen die Gewölbe spätestens Anfang 1736, bevor Freskant und Stukkatoren anfingen, eingezogen gewesen sein.

1739, als die Einrichtung der neuen Stiftskirche in vollem Gange war, wurde das alte Gotteshaus schon nach und nach abgetragen. Damit begann man am Chor, wo der östliche Verbindungsbau zwischen Kirche und Kloster, der *Anpau* mit der von Fischer entworfenen Sakristei[33], geplant war. Das ergibt sich aus dem zeitlichen Ansatz von Stuck und Bildausstattung der neuen Sakristei, die beide spätestens im Winter 1739/40 entstanden sind[34]. Etwa gleichzeitig, 1740, muß der Klosterostflügel vollendet worden sein.

Mittlerweile dürften die alte Kirche ganz und der Turm teilweise abgebrochen gewesen sein, so daß der westliche *Anpau* und die Turmerhöhung 1740 in Angriff genommen werden konnten. Bei der Verlängerung des Westflügels gegen Norden orientierte Fischer sich an dem 1681-1688 errichteten Kloster; er wiederholte sogar den polygonalen Erker, dessen Pendant an der südlichen Gebäudehälfte vermutlich zu dem sog. Fürstenzimmer gehörte.

Klostererweiterung und Turmerhöhung sind nicht zu trennen von Fischers Kirchenplanung, wobei erstere unerläßlich, letztere dagegen eher ästhetisch begründet war. Bei der Turmerhöhung wurden lediglich die achteckigen Obergeschosse des alten Turmes in den neuen, durchgehend viereckigen Aufbau eingebunden und das Glockengeschoß aufgesetzt. Grundsätzliche Gestalt wie auch Detailformen des Diessener Turmes[35] erinnern sowohl an den 1727 vollendeten Turm der Hl.Grab-Kirche in Deggendorf[36], als auch an die 1729/30 entworfenen Turmobergeschosse in Niederalteich. Stilistisch genau dazwischen stehend, bietet sich für die Planung des Diessener Turmes der Zeitraum 1728/29 an, was wiederum die Einordnung des Entwurfs (Kat.-Nr.8-9) stützt.

Es ist davon auszugehen, daß der Nachfolger von Propst Herculan, Propst Berthold Wolf (1755-1797), Fischer gleichermaßen schätzte[37]. Deshalb wird hier erstmals auch die unter Propst Berthold entstandene neue Prälatur mit Fischer in Verbindung gebracht. Sie löste die 1740/41 eingerichtete Prälatur im Klosterwestflügel ab und nahm in dem 13 Achsen zählenden Bau, der in westlicher Fortsetzung des Klostersüdflügels stand, das zweite Obergeschoß ein[38]. Gegenüber der alten hatte die neue Prälatur den Vorteil, *nicht so sehr ... der Sonnenhitze ausgesetzt* zu sein; ihre Räume lagen also auf der Nordseite mit Sicht in den Klosterhof. Unter der Prälatur, im ersten Obergeschoß, befanden sich die vermutlich schon unter Propst Herculan ausgebauten Gastzimmer[39] und zu ebener Erde, neben der Bäckerei, die breite Durchfahrt vom Klosterhof in den Garten[40]. Somit beschränkte sich die Baumaßnahme wohl auf die Aufstockung eines bestehenden Traktes und den Anschluß an das Konventgeviert.

30 Zitiert aus einer »Chronik von Diessen« (1790) in Privatbesitz, nach freundlicher Mitteilung von Thomas Raff, München. Franz Sebastian Meidinger (Historische Beschreibung der kurfürstlichen Haupt- und Regierungsstädte ... Landshut und Straubing, Landshut 1787, 324) schreibt irrtümlich, der »Kirchthurm ... [sei] in 11 Jahren hergestellet und vom Grunde erbauet« worden.

31 S. die »Chronologie«, in Band II S.116 f.

32 Daß Propst Herculan sich gleich nach dem abschlägigen Bescheid auf seine Bitte um Mittel für den Weiterbau auf die Reise begab, hatte wohl weniger mit Sondierungen für die Ausstattung zu tun als vielmehr mit der Beschaffung von Geld. Bezeichnenderweise hieß das Reiseziel Bozen; in Südtirol besaß auch Diessen Weingüter, die einen beachtlichen Verkaufswert darstellten.

33 Dietrich 1987 (Anm.1)

34 Dietrich 1987 (Anm.1), 207 f.; Üblhers Aufenthalt in Diessen am 26.10.1739 hängt vermutlich mit der Sakristei-Stuckierung zusammen.

35 Ausführlich Dagmar Dietrich, in Band I S.199-203

36 Darauf weist schon Wilhelm Neu (Anm.1, 49) hin.

37 S. WVZ 73 und 80

38 Vgl. die gestochenen Vogelschauansichten von Joseph Anton Zimmermann (1766) und Franz Xaver Jungwirth (1767); Abb. bei Raff (Anm.1), 80 und 85.

39 Qu.1, fol.86

40 Vgl. Bestandswiedergabe von 1803, bei Gabriele Dischinger, Zeichnungen zu kirchlichen Bauten bis 1803 im Bayerischen Hauptstaatsarchiv, Wiesbaden 1988, 29 (Nr.100)

Höchstwahrscheinlich besteht zwischen dem Bau der Prälatur und der Modernisierung des sog. Taubenturmes ein Zusammenhang. Ansichten der Stiftsanlage belegen, daß dieser Turm zwischen 1745 und 1766 [41] um ein Geschoß erhöht wurde und sein heutiges, gestuftes Pyramidendach erhielt. Vermutlich veranlaßte Propst Berthold diese Änderung, offenbarte doch der Blick aus der neuen Prälatur erst richtig den Unterschied zwischen Tauben- und Kirchturm: neben dem schlanken, hohen Kirchturm mit der kunstvollen Haube hat der alte, breite, niedrige Taubenturm mit dem laternenbekrönten Helm sicher plump gewirkt. Dieses Mißverhältnis wurde durch die geschilderten Umbauten wenigstens gemildert.

Daß Fischer am Bau der neuen Prälaturräume wie auch am Umbau des Taubenturmes beteiligt war, liegt nahe; denn seine Verbindung nach Diessen währte zumindest bis gegen 1756, als Propst Berthold die Kapellen in Romenthal und wohl auch in Mischenried nach seinen Plänen bauen ließ [42]. In diesem Jahr werden auch die Arbeiten an Prälatur und Taubenturm abgeschlossen worden sein. Darüber hinaus erinnert die Dachform des Taubenturmes an das gestufte Dach des Fischer zugeschriebenen Schwaighofes in Grasleiten [43].

Die aufgezeigten Bezüge innerhalb der ehemaligen Anlage lassen sich heute nur schwer nachvollziehen, weil der Diessener Gebäudekomplex nachhaltige Eingriffe hinnehmen mußte: Nach 1803 wurden der Trakt mit der neuen Prälatur, die Mitte des Klosterwestflügels und der größte Teil der Ökonomiegebäude um den Klosterhof abgebrochen. 1827 brannte der Kirchturm aus und wurde in der Folge (1836) abgetragen – ein Schaden, der auch nach zweimaligem Neubau des Turmes (1846-1848 und 1986-1988) immer noch spürbar ist. Aus diesen Gründen bedarf es einiger Phantasie, um eine Vorstellung von der einstigen Einheit und Ausgewogenheit zu erhalten.

Abb. Diessen
sog. Taubenturm mit Einfahrt
zum ehem. Klosterinnenhof
Zustand 1958

Exkurs

Fischers Stellung in Diessen entsprach wohl der in Niederalteich, wo er Jahrzehnte als Klosterbaumeister für das gesamte klösterliche Bauwesen zuständig war. Insofern wird man fast alle Baumaßnahmen der Diessener Pröpste Herculan und Berthold mit Fischer in Verbindung bringen dürfen. Bei einem Teil der in Betracht kommenden Bauten läßt sich Fischers Beteiligung auch stilistisch noch fassen [44]. Andere wurden dagegen inzwischen verändert oder nach der Säkularisation abgerissen, so daß sich die Frage der Zuschreibung gar nicht erst stellt. Zur zweiten Gruppe gehören neben der erwähnten Prälatur die Friedhofskirche St. Johann in Diessen [45] und St. Martin in Häder [46], die beide 1740 bauliche Veränderungen erfuhren – möglicherweise unter Fischers Beteiligung.

Gabriele Dischinger/Dagmar Dietrich

41 Vgl. Votivbild (1745) und den bereits erwähnten Kupferstich; Abb. bei Raff (Anm.1), 62 und 80

42 Wie Anm.37

43 S. WVZ 72

44 S. die Zuschreibungen WVZ 69, 71, 73 und 80

45 1740 *merklich* erweitert; Qu.2, p.52

46 1740 erneuert und erweitert; Qu.2, p.61

13 DONAURIEDEN (Alb-Donau-Kreis Ulm, Baden-Württemberg)

Einstiges Landschloß der Freiherren von Ulm-Erbach [1]

Entwürfe für einen Neubau

Abb. in Band II S.103, 106

Der Rottenburger Landvogt, Carl Freiherr von Ulm-Erbach, ließ 1744 das alte Schlößchen in Donaurieden abreißen, um ein neues zu bauen. Im Winter 1744/1745 versuchten sich der Bauherr, vor allem aber dessen ›Intimus‹ Thomas Hacker, Kaplan von Donaurieden und Benefiziat in Erbach, als Entwerfer des geplanten Neubaus.

1745

6. 1. Hacker schlägt dem Bauherrn vor, seine Pläne zur Prüfung einigen Architekten vorzulegen, *comme celui de Wiblingen et Oxenhausen, ou, si vous voulez à M. Fischer...* [2]. Er räumt

1 Quellen (im Frh. von Ulm-Erbachschen Archiv, Erbach, mit den Signaturen): Qu.1 = Abt. Familienarchiv, Fasz. 360; Qu.2 = Abt. Herrschaftsarchiv, Fasz. 1241 (Baurechnungen 1744/1760) Literatur: Alfons Kasper, Kunstwanderungen kreuz und quer der Donau, IV, Schussenried 1965, 113; Erich Franz, Pierre Michel d'Ixnard 1723-1795, Weißenhorn 1985, 94 – S. auch Anton H. Konrad, in Band II S. 99-106

ein: *Je me suis principalement appliqué au Plan generale, et pour les deux ailes, car pour le Corps de Logie je scais que vous étez si difficille qu'il vous faut un architecte plus habile que moi pour vous satisfaire...*[3]. (Qu.1)

5. 6. Hacker sendet *einen Brief an H[errn] Baumeister Fischer nacher München*. (Qu.2)

15. 6. Fischer ist bei Hacker gewesen – sein *Pferd hat über Nacht in dem Würthshaus verzehrt 36 x* (Qu.2)

13.10. Fischer schickt aus München (heute verschollene) Pläne und entschuldigt sich für die verspätete Ablieferung, *weilen hierzwischen einige nothwendige Reisen Oberlandts Bayrn vorgefallen*. Er übersendet *2 verf[erti]gte Grundt Riß, sambt dem gantzen Blan und einen Durchschnidt, alwo sich man genugsamb erkennen wird, wie solches Gebey in seiner Stöllung und Anlegung des Garttens herauskomme*. Den fehlenden *Faciaten Riß* will er verfertigen, wenn er *auf Zwifalten iner 8 Tagen* reisen wird. (Qu.1)

31.10. Auf der Rückreise von Zwiefalten (nach München?) macht Fischer in Erbach halt, um die *yberschikhten Haubt- und Grundt Riss* zu besprechen[4]. Während seines Aufenthaltes arbeitet er noch einige Grundrisse aus und erhält am Ende für *seine Riss und Bemiehung als Discretion ... 10 halbe Carlines, so ausmachen 48 fl.* (Qu.2)

4.12. Weitere (ebenfalls verschollene) Pläne Fischers treffen in Erbach ein. (Qu.2)

1746

30. 1. Fischer schickt aus München erneut zwei Grundrisse, einen Aufriß der *Schloß Faciata* (heute verschollen) und eine (erhaltene) Legende hierzu. Er erkundigt sich nach dem Baubeginn, damit er *desto leichter einen hierzu tauglicheren Ballier aussuchen ... könte, weillen übrigen nit zweiflete, es wirdet auch der Bau selbst mir g[nä]dig anverthraut werden, ...* (Qu.1)

10. 2. Hacker kritisiert gegenüber dem Bauherrn Fischers Risse als zu aufwendig, auch unpraktisch, wenngleich solide und den Regeln der Baukunst entsprechend. Am gleichen Tag teilt er Fischer mit, daß sein Herr selbst noch an einer Planrevision arbeite und daß man sich beizeiten wieder an ihn wenden werde, was jedoch nicht mehr geschieht. (Qu.1)

Nachdem man sich von Fischer abgewandt hatte, wurde 1747 der Ehinger Baumeister Dominikus Wiedemann eingeschaltet; er brachte Hackers Vorstellungen zu Papier, die dann der Bauherrn zur Begutachtung erhielt. Wessen Ideen jedoch letztlich den Entwurf für den 1748 begonnenen Bau bestimmten, ist nicht auszumachen. Es kommt erschwerend hinzu, daß der französische Architekt Pierre Michel d'Ixnard 1768 zur Renovierung des 1750 fertiggestellten Schlößchens berufen wurde.

In seinem 1791 erschienen Stichwerk »Recueil d'Architecture« hat d'Ixnard den 1817 abgetragenen Bau festgehalten. Die darin abgebildeten Grundrisse und der Fassadenaufriß[5] lassen sich in Teilen mit einem gesicherten Fischer-Werk, dem Pfarrhof in Unterapfeldorf[6] – wie Donaurieden 1745 geplant – in Verbindung bringen. Insofern liegt die Vermutung nahe, daß auch Gedankengut aus Fischers Planungen in die Ausführungspläne für das Schlößchen eingeflossen sind.

Christl Karnehm

2 Übersetzt: ›... wie dem von Wiblingen und Ochsenhausen, oder, wenn Sie es wünschen, Herrn Fischer ...‹

3 Übersetzt: ›Ich habe mich hauptsächlich auf den Situationsplan und die beiden Seitenflügel konzentriert, wohl wissend, daß Sie für den Corps de logis sehr anspruchsvoll sind und es eines geschickteren (geübteren) Architekten als ich es bin, bedarf, um Sie zufriedenzustellen‹.

4 Vermutlich lieferte er auch, wie am 13.10. angekündigt, die *noch habente Riß* von Hacker ab.

5 S. Franz (Anm.1), 94 und 301

6 S. WVZ 66

14 ENDLHAUSEN

(Gem. Egling, Kr. Bad Tölz-Wolfratshausen, Oberbayern)
Pfarrkirche St. Valentin[1]
Planung und Ausführung der Langhauserweiterung und Turmerneuerung

Seit dem 12. Jahrhundert ist eine Pfarrkirche in Endlhausen nachweisbar, ab 1702 war sie dem Prämonstratenser-Kloster Schäftlarn inkorporiert. 1751 beschrieb der dortige Abt Hermann Joseph Frey (1719-1751) dem Geistlichen Rat in München die Pfarrkirche St. Valentin als einsturzgefährdet, *Thurn, Tachstuell und anders befänden sich in einem ... ruinosen Zustandt*[2].

1 Quellen (im BayHStA, mit den Signaturen): Qu.1 = KL Fasz. 851/82; Qu.2 = KL Fasz. 851/106; Qu.3 = KL Schäftlarn 170 (Kirchenrechnungen Endlhausen)
Literatur: Lieb 1982, 232; Möhring 1992, 294-296

Das Kloster hatte für seine eigenen Neubauten mehrmals Kirchengelder von den ihm unterstehenden Hofmarkskirchen beansprucht und war nun willens, parallel zum eigenen Kirchenbau, diese Schulden in Form von Baumaterial und Handwerkerentgelt zurückzuerstatten[3]. Da die in Endlhausen erforderlichen Baumaßnahmen den Abbruch von Turm und Dachstuhl ohnehin voraussetzten, bat der Abt gleichzeitig um Erlaubnis, daß die Kirche *in etwas erweittert, zugleich eine weisse Dekhen hierinnen verferttigt,* ferner dem Gotteshaus *dise dermallige unformbliche Gestalt benommen werde.* Angesichts der veranschlagten Gesamtkosten von 897 Gulden und 22 Kreuzern bat man um wenigstens 600 Gulden *Pauhülfsgelter*[4].

1755
o.Dat. *A[nn]o 1755 wurden zum Kürchenpau abgegeben 36.504 Maurstain und zwar als Guettmachung* von Kloster Schäftlarn. (Qu.2)
Mangels eigener Finanzmittel hat Endlhausen von Gotteshäusern aus der näheren Umgebung 296 fl 15 kr *uf konftige Widererstattung anticipiert*. (Qu.3)

1756
o.Dat. ... *hat man anheur an den Pau würkhlichen Handt anlegen, folglichen den Tachstuell uf dem Langhaus abtragen, dises bis an die hintere Schiesmaur [= westliche Giebelmauer] zusammenbrechen und sambt dem Thurn von neuen, nach dem verfasten Riss aufführen, einen neuen Tachstuell aufsezen, und alles behörig eindekhen lassen, mit welcher Arbeith der hiebey gebrauchte Vice Pallier, Johann Michael Streicher*[5] *141 ¼ Teg hinterlegt* ... (Qu.3)
H[err] Fischer, Maurmaistern in München kassiert Gesellengelt ab [für] 1521 Teg à 2 x ... 50 fl 42 x. (Qu.2[6])
Schlossermeister Matthias Klocker aus Wolfratshausen fertigt fünf neue Fenstergitter, der dort ansässige Glaser Melchior Rottwinkler *hat obige 5 Fenster mit durchsichtigen Scheiben gefast.* (Qu.3)
Jahreszahl *1756* an der Nordwand des Chores[7]

1757
o.Dat. Den *anferten [= voriges Jahr] angefangenen Kürchen- und Thurnpau ... hat man anheur weitters fortsezen lassen,* wofür Maurer und Zimmerleute 581 fl 23 kr 2 hl erhalten.
Fischer bekommt als Gesellengeld *inclus[ive] zweyer Raisen ... 49 fl 40 kr.*
Glaser und Schlosser rechnen jeweils über ein neues Chor- sowie ein Sakristeifenster ab, *Melchior [!] Streicher, Schmied zu Endlhausen... vor allerhandt Schmidtarbeith ... 4 fl 40 kr.* (Qu.3)

1758
o.Dat. Das Pflaster wird gelegt, die Zimmerleute fertigen eine Empore und beginnen mit der Turmkuppel. (Qu.3)

1759
o.Dat. Weitere Bauausgaben, um den *a[nn]o 1756 et 1757 neu erpauten Thurn ... behörig zu versechen, den Thurn herabzubuzen und die Kürchen auszupflastern.* (Qu.3)

1760
o.Dat. Neben Restarbeiten wird die *bevorstehente Einweyhung* erwähnt. (Qu.3)

1751, zur gleichen Zeit als Fischers Bautrupp an der Kirche in Kloster Schäftlarn mit den Arbeiten begann, bemühte sich der dortige Abt um den Erweiterungsbau in Endlhausen und reichte in München Voranschläge von Wolfratshauser Werkleuten ein, die, da sie später nicht mehr erwähnt wurden, vermutlich unbefriedigend waren. In welchem Jahr nach 1751 und vor 1756 Fischer seinerseits eine Planung ausarbeitete, ist unklar. Jedenfalls lieferte Schäftlarn 1755 die wohl im klostereigenen Ziegelstadel gefertigten Mauersteine und entlohnte

2 Qu.1
3 S. auch WVZ 63. Die entliehene Summe betrug 2413 fl 32 kr und wurde laut Vermerk (in Qu.2) vor dem 3.1.1755 abgezahlt.
4 Qu.2; alle dort erwähnten Überschläge sind undatiert. Maurermeister Georg Lettner aus Wolfratshausen berechnete für *Erbraiterung des lobl. Gottshaus und Pfarrkichen Endlhausen an Maurern, Taglohn, dan Stain, Kalch und andere Bau Materialien ... 532 fl 1 kr,* Zimmermeister Simon Hämmerl aus Schäftlarn *zu einem neyen Dachstuell und Sacristey sambt einem Kupl-Thurn ... 256 fl 18 kr,* Glaser Melchior Rottwinkler aus Wolfratshausen 45 fl.
5 Sohn des für Fischer in Kloster Schäftlarn tätigen Paliers Melchior Streicher; s. WVZ 21 sowie Josef H. Biller, in Band II S. 73
6 Eine Dublette dieser Aufstellung in Qu.3 nennt den Maurermeister nicht namentlich, doch sind die aufgeführten Summen identisch.
7 Diese Jahreszahl ist kaum als Vollendungsdatum zu betrachten (vgl. Michael Kühlenthal in: Dehio, München und Oberbayern, München 1990, 248), wie die nachfolgenden Quellen beweisen; die Anbringung an der Chornordwand – ein höchst unüblicher Ort für solch eine Information – deutet eher darauf hin, daß sie markiert, wie weit man den alten Bau in diesem Bereich abgetragen hat und wo mit der Erneuerung 1756 begonnen wurde. Vergleichbare Markierungen bietet der Klosterbau in Benediktbeuern; vgl. Gabriele Dischinger, Die Klosteranlage Benediktbeuern, in: Ausst.-kat. »Glanz und Ende der alten Klöster«, München 1991, 188

in den beiden kommenden Jahren – 1756 und 1757 – Fischer und *Vice Pallier* Johann Michael Streicher, Sohn eines seiner wichtigsten Paliere [8]. In diese Zeit fallen die Arbeiten am Langhaus (Vergrößerung gegen Süden und Westen); die Erneuerung des Turmes zog sich bis 1759 hin.

Da allerdings 1866 der Chorbogen einstürzte, anschließend der Chor vergrößert und ein neues Langhausgewölbe eingezogen, auch der Turm mit einem Spitzhelm versehen wurde [9], entspricht das Erscheinungsbild der heutigen Kirche nicht mehr der Bauzeit. Durch die gestauchte Chor- und Deckenwölbung lassen sich Fischers ursprüngliche Konzeption für diesen Bereich und deren Anschlüsse ans seitliche Mauerwerk nicht mehr bestimmen. Allenfalls in den ausgerundeten Ecken mit den schräggestellten Seitenaltären ist noch eine bei Fischer häufig zu findende Lösung zu erkennen.

Christl Karnehm

8 Als *Vice Pallier* könnte der Sohn den Vater vertreten haben. – Die Streicher scheinen ursprünglich in oder um Endlhausen beheimatet gewesen zu sein, da die erhaltenen Kirchenrechnungen (Qu.3) alljährlich Ausgaben für einen Streicherschen Jahrtag verzeichnen.

9 Georg Paula/Angelika Wegener-Hüssen, Landkreis Bad Tölz-Wolfratshausen, Denkmäler in Bayern, Bd. I.5, München 1994, 218

15 FREISING-Dombezirk (Oberbayern)

Sog. Kuh- oder Kueturm an der Residenz [1]
Besichtigung und Gutachten zur statischen Sicherung

Dieser Turm wurde um 1480 im Zuge der Dombergbefestigung an der Nordwestecke der fürstbischöflichen Residenz errichtet und diente als Gefängnis [2]. Mitte des 18. Jahrhunderts traten statische Mängel auf.

1755

1. 8. Obwohl die *Haupt-Mauer des Khuethurns neben der Residenz von dem Münchner[ischen] Baumaister Fischer untern 1. Aug. ... widerholter besichtiget und haltbahr gnueg noch erfunden, ...* , muß laut Schreiben des Freisinger Hofbauamts [3] an Fürstbischof Johann Theodor der bestehende Anbau und dessen Verbindung zur Hauptmauer verstärkt werden. (Qu.1)

10. 8. Der Freisinger Stadtmaurermeister Ignaz Reiser legt einen Kostenvoranschlag von 152 fl *über den Khue Thurn ufn Residenzberg ... mit Schleider- und Ausbesserung desselben, dan Veränderung eines Canal* vor. Darin werden 7 Zentner Eisen, 500 Mauersteine und um 40 fl Maurerkosten veranschlagt. (Qu.1)

6. 9. Fürstbischof Johann Theodor gibt Anweisung, die bereits begonnene Arbeit *mit eingezochenen Uncösten ... fortzusezen und die beforderlichen Schleidern mitls Abgebung des benöthigten Eisens durch albiesigen Hofschmidt verfertigen zlassen ...* (Qu.1)

Fischer, der möglicherweise schon früher für den Freisinger Fürstbischof tätig war [4], wurde im Falle des Kueturms als Gutachter hinzugezogen. Wie aus der Quelle hervorgeht, stand der Turm *neben der Residenz*; der *mit einem halben Stain hieran gemachte* Anbau schloß an den Bau von St. Andreas an. Fischer hatte anläßlich seiner Untersuchung empfohlen, den Turm innen, entlang der Hauptmauer, *guet zu verzapfen und zu verkheylen* und mit Schlaudern zu sichern.

Im Überschlag von Stadtmaurermeister Reiser (um 1693-1758) ist zunächst eine damit in Verbindung stehende Änderung eines Kanals erwähnt, von der es jedoch dann am 2. September 1755 heißt, daß dieser *nit abgeändert werden darf*, so daß die Kosten sich entsprechend verringern würden.

Wie der Turm zu Fischers Zeiten ausgesehen hat, überliefert die von Jungwirth/Söckler um 1775 gestochene Ansicht Freisings [5]. 1790 erhielt er einen neuen Dachstuhl, wobei man eine unter Fürstbischof Joseph Clemens (1685-1694) aufgerichtete *große Statua des Heil. Erzengels Michael von Holz, nebst grossen Vasen an denen 4 Ecken dieses Thurns* wegen Witterungsschäden entfernen mußte [6]. Im 19. Jahrhundert wurde er schließlich ganz abgetragen [7].

Christl Karnehm

1 Quellen: Qu.1 = BayHStA, HL 3 Freising Fasz. 85/56
Literatur: Lieb 1982, 232

2 »Die Kue, Kuh« bedeutet nach Johann Andreas Schmeller, Bayerisches Wörterbuch, [2] München 1872/77, Bd.1, Sp.1215 »bischöfliches Gefängnis für delinquierende Geistliche«.

3 J.B.Mangstel im Schreiben vom 2.9.1755

4 KlosterA Niederalteich, Chronik von P. Marian Pusch, Bd.1 (1716-1728), p.132: ... *susceptus est D[omi]nus Joannes Michael Fischer, Architectus Monachii Serenissimi Ducis* ... (Eintrag vom 15.11.1723). Fürstbischof Johann Theodor gehört – neben Karl Albrecht und Clemens August – zu den in Frage kommenden Fürsten.

5 Joseph Maß/Sigmund Benker, Freising in alten Ansichten vom späten Mittelalter bis zum Ende des Hochstifts, Freising 1976, 84 f.

6 BayHStA, HL 3 Freising Fasz. 85/ohne Nr. (nach 16). Abb. bei Maß/Benker (Anm.5), 101 f.

7 Lieb (Anm.1)

16 FREISING-Weihenstephan (Oberbayern)

Ehem. Benediktiner-Klosterkirche St. Stephan [1]
Entwurf für einen Neubau (1730, nicht ausgeführt)
(Zuschreibung) Barockisierung (1753)

Das 1810 bis auf wenige Reste abgebrochene Kloster lag auf einer Anhöhe, gegenüber vom Domberg mit den bischöflichen Gebäuden. Die gotische, eintürmige Klosterkirche St.Stephan bildete die Nordflanke der Vierflügelanlage [2].

1730

o.Dat. *Quum punctum de struenda nova Ecclesia ad instantiam V. Conventus duobus successive Recessibus Visitationis ordinariae de annis 1727 et 1729 insertum continuo urgeretur, R.R.D.D. Abbas, votis suorum Conventualium satisfacere paratus videbatur, quam geminam Ichnographiam, unam a D[omino] Asamio* [3], *alteram a D[omino] Fischero, (utraque in Abbatia aestiva adservatur) perfici curasset; verum gravioribus expensis in aedificia prius constructa factis, aliisque nobis quidem incognitis, id prohibentibus obstaculis, in aliud tempus negotium hoc denuo fuerat dilatum.* [4] (Qu.1, p.190)

Mit den Ausgaben für frühere Baumaßnahmen wird auf die Korbinians-Kapelle Bezug genommen, die die Gebrüder Asam 1719/20 für über 15000 Gulden errichtet und ausgestattet hatten. Aufgrund dessen wurde der geplante Kirchenneubau 1730 wieder verschoben.

In demselben Jahr, vor der erneuten Absage an den Neubau, reichten ›Herr Asam‹ und ›Herr Fischer‹ dafür einen ›Zwillingsentwurf‹ ein, das heißt einen zweifachen Entwurf – nicht zwei Entwürfe [5] –, der noch 1792 in der Sommerabtei – nicht im Archiv! – aufbewahrt wurde [6]. Die Überlieferung spricht von ›ichnographia‹, was strenggenommen Grundriß bedeutet, aber auch für den ersten Entwurf ganz allgemein benutzt wurde. Eingedenk der damaligen engen Zusammenarbeit zwischen Fischer und den Gebrüdern Asam [7] dürfte es sich um einen Fischer-Entwurf für die Architektur und einen darauf zugeschnittenen Asam-Entwurf für die Ausstattung handeln. Für Freising-Weihenstephan sind demnach weniger konkurrierende, als vielmehr einander ergänzende Entwürfe für ein gemeinsames Neubauprojekt anzunehmen, ähnlich wie in Diessen [8]. Unter dieser Voraussetzung ist ›Herr Asam‹ eher mit dem Bildhauer und Stukkator Egid Quirin Asam als mit dem Maler Cosmas Damian Asam zu identifizieren.

Anschauliches Beispiel einer derartigen Entwurfszusammenarbeit von Architekt und Ausstattungskünstler bietet die frühe Planung für Ottobeuren; dort hat sich ein Längsschnitt für die Klosterkirche erhalten, in den der Bildhauer Johann Baptist Straub die denkbare Stukkatur eingezeichnet hat [9].

1753

o.Dat. Abt Michael Renz (1749-1761), *qui Ecclesia nostra fornicibus restauravit*, läßt die hölzerne Vertäfelung der flachgedeckten Basilika entfernen, ein Gewölbe einziehen und stuckieren sowie die Fenster *alla moderna* vergrößern, was die Kirche »heller und prachtvoller gemacht habe« [10]. (Qu.2, p.87)

Diese Maßnahmen sind als späte, eingeschränkte Realisierung der 1730 ventilierten Erneuerung zu sehen. Da Fischers ältester Sohn seit 1746 Professe des Klosters war, ist eine Übertragung der Barockisierung an seinen Vater schon aufgrund dieser Referenz wahrscheinlich. Daß die Benediktiner von Weihenstephan Fischer überdies 1758 an die Ordensbrüder in Rott am Inn empfahlen, wo zunächst ebenfalls nur an eine Modernisierung der alten Kirche gedacht war [11], scheint überhaupt erst nach einer tatsächlich erfolgten Bauerfahrung mit dem Architekten gerechtfertigt und dürfte daher außer Zweifel stehen.

1 Quellen: Qu.1 = BSB, Clm 27154 (Chronik von P.Benedikt Lickleder, 1792); Qu.2 = AEM, KB 124 (Synopsis historica monasteria von P. Maurus Fischer) Literatur: Heinrich Gentner, Geschichte des Benedictinerklosters Weihenstephan bey Freising, München 1854; Gustav von Bezold/Berthold Riehl, Regierungsbezirk Oberbayern (KDB, Oberbayern, Teil 1), München 1895, 386; Lieb 1982, 151 f., 224, 232

2 Vgl. Situationsplan der Anlage von 1803, BayHStA, PlSlg 6397; abgebildet in Ausst.-kat. »Freising – 1250 Jahre Geistliche Stadt«, Freising 1989, 215. Nach Pirmin Lindner (Die Klöster im Bistum Freising vor der Säkularisation, München 1901, 29) war die Kirche 66 m lang, 21,5 m breit und 16 m hoch.

3 Norbert Lieb (1982, 224) liest irrtümlich *a D[omino] Mario* und erwägt einen Schreibfehler für ›Asam‹ oder den Münchener Stadtmaurermeister und Fischers Schwiegervater Johann Mayr. Es heißt jedoch eindeutig *a D[omino] Asamio.*

4 Übersetzt: ›Weil der Punkt bezüglich eines neuen Kirchenbaues, der auf inständiges Bitten des ... Konvents bei zwei aufeinander folgenden Genehmigungen der ordentlichen Visitation der Jahre 1727 und 1729 der Tagesordnung beigegeben wurde, ständig moniert wurde, scheint der ... Abt bereit gewesen zu sein, die Wünsche seiner Konventmitglieder zu erfüllen, denn er kümmerte sich darum, daß ein zweifacher Entwurf, einer von Herrn Asam, der andere von Herrn Fischer (beide werden in der Sommerabtei aufbewahrt), hergestellt wurde; aber es sind schwerere Ausgaben für die zuvor ausgeführten Baumaßnahmen angefallen, und auch andere, uns unbekannte, die neue Baumaßnahmen verbieten, weshalb diese Aufgabe neuerlich auf eine andere Zeit verschoben werden mußte.‹

5 So u.a Gentner (Anm.1), 163 und Lieb 1982, 224

6 Vgl. das Entstehungsjahr von Qu.1

7 Vgl. München, St.Anna im Lehel (WVZ 24) und Osterhofen (WVZ 49)

8 S. Gabriele Dischinger, in Band II S.18

9 S. Kat.-Nr.37, in Band I S.130

10 Gentner (Anm.1), 167; die dort zitierte Quelle (Series abbatum) war nicht nicht zu finden.

11 S. WVZ 54 sowie Gabriele Dischinger in Band II S.85-86

Eine ganz ähnliche Aufgabe wie in Weihenstephan hatte Fischer kurz zuvor, 1750, in der Pfarrkirche Diessen-St. Georgen zu einer vollendeten Lösung geführt [12].

Da Kirche und Kloster Weihenstephan 1810 abgebrochen wurden, kann die Zuschreibung der Arbeiten von 1753 an Fischer nicht mehr überprüft werden.

Christl Karnehm

12 S. WVZ 69

17 FÜRSTENZELL (Kr. Passau, Niederbayern)

Ehem. Zisterzienser-Abteikirche, heute Pfarrkirche Mariä Himmelfahrt [1]
Planung und Ausführung

Abb. in Band I S.27-28, 212, 215, 217-221

Der Passauer Domherr Hartwig von Ruprechting gründete 1274 mit Unterstützung der Zisterze Aldersbach die Niederlassung in Fürstenzell, wo bereits ein älterer Hof des Klosters St. Nikola bestand [2]. Zu Beginn des 18. Jahrhunderts setzte die barocke Bautätigkeit unter Abt Abundus von Pugnetti (1707-1727) ein, der den in Vilshofen ansässigen Baumeister Antonio Rizzi (1671-1725) zwischen 1717 und 1719 beschäftigte [3].

Unter Abt Stephan Mayr (1727-1761) legte Maurermeister Joseph Wolf aus Stadtamhof nach Besichtigung (25.7.1738) einen Riß zum Kirchenneubau vor. Im Januar 1739 wählte man jedoch den Passauer Bildhauer Joseph Matthias Götz (1696-1760) zum Baumeister, dessen Entwurf vom 16. März 1739 sich aber nur durch sparsameren Materialverbrauch von Wolfs Riß unterschieden haben soll [4].

Am 6. April 1739 begannen die Arbeiten: Knapp vor der alten Kirche wurden die Fundamente *zum Frontispicium*, also zur Fassade sowie zur Langhaussüdseite *von Thurn hinauf* und zum Chor ausgehoben. Im Laufe des Sommers errichtete man *um die ganze Kürch herum* das erste Hauptgerüst. Da der Abt mit der Bauführung von Götz und seinem Maurermeister Thomas Gärtler unzufrieden war, wurden sie zum Ende der Bausaison entlassen.

1739

nach 10.10. Abt Stephan reist nach München, wo er *Gelegenheit bekam, mit den von viler Experience berüemten H[errn] Michael Fischer ... anzubinden*. Fischer, der schon von dem Kirchenbau in Fürstenzell gehört hat, trägt *einen ganz raisonablen Accord an, nichts anders als 2 Kreuzer Gsöln Geldt begehrendt*. Zugleich wird vereinbart, *daß H[err] Fischer einen neuen Riß verfertigen* muß. (Qu.2, p.12)

1740

7. 4. Fischer legt den *neuen Riß* vor und erhält 8 Taler (16 fl.). Sogleich macht er *alle Anstalt zum Anfangen* und schickt seinen Palier Martin Wöger; der *risse in der neuen Kürch solcher gestalten um, daß inwendig nit [ein] einziger Stain von fertiger Architectur des Gözens gebliben*. (Qu.2, p.12 f.)

Pfingsten: Ende der Abrißarbeiten (Qu.2, p.13)

Sommer-Herbst: Die Mauern der Kirche werden unter Aufsicht Wögers, *auf welchen sich H[err] Fischer verlassendt nit öffter als 3 mahl den ganzen Sommer hier nachgesechen*, bis *undter das Tach* hochgezogen. (Qu.2, p.13)

20.11. Das provisorisch aufgesetzte Dach wird durch Sturm stark beschädigt und zieht dabei auch Teile der Klosterdächer in Mitleidenschaft. (Qu.2, p.16)

vor 26.11. Zimmermeister Andreas Höretsberger d.J. aus Schärding deckt den Kirchenbau ein. Da es anschließend zu früh war, um die Bausaison zu beenden, wird der Chor noch eingewölbt. Im Verlauf dieser Arbeit entdeckt Palier Wöger, daß der Dachstuhl die frisch gemauerten Chorwände auseinanderschiebt; der Zimmerpalier hatte *wegen Mangl der Erfahrenheit ... die Sporn nacheinander aufgehebt, ohne selbe mit ihren Bändtern herundt zusam zu machen*.

1 Quellen: Qu.1 = BSB, Clm 1853; Qu.2 = BayHStA, KL Fasz.243/14 (Baubericht der Jahre 1738-1756, verfaßt vom Klosterarchivar und Prior P. Benedikt Waldaderer (1678-nach 1761); auszugsweise bei Rudolf Guby und Herbert Schindler (s. Literatur)
Literatur: Franz Sebastian Meidinger, Historische Beschreibung der kurfürstlichen Haupt- und Regierungsstädte ... Landshut und Straubing, Landshut 1787, 340; Feulner 1914/15, 55-65; Valentin Semmet, Fürstenzell, in: Niederbayer. Monatsschrift 6 (1917) 19-25; Felix Mader, Bezirksamt Passau (KDB, Niederbayern, Bd.4), München 1920, 51-93; Rudolf Guby, Der Bau der Klosterkirche zu Fürstenzell, in: Niederbayer. Heimatglocken, Beilage der Donau-Zeitung, Passau 1928, Nr.31, 89-92, Nr.32, 93-94; Michael Hartig, Die niederbayerischen Stifte, München 1939, 160-168; Herbert Schindler, Barockreisen in Schwaben und Altbayern, [3]München 1970, 337-353; Lieb 1982, 98-102, 227; Norbert Lieb, Fürstenzell (KKF Nr.690), [3]München 1989; Möhring 1992, 167-187 – S. auch Dischinger/Götz/Karnehm, in Band I S.212-221

2 Qu.1, fol.24 ff.

3 Zu Rizzi vgl. Max Pfister, Baumeister aus Graubünden – Wegbereiter des Barock, München-Zürich 1993, 271; s. auch Osterhofen (WVZ 49). Nach dem Tod von Abt Abundus 1727 wird protokolliert, daß bislang der *Kirchenthurn von innen ... noch gar auszumachen ... verbliben*. Es handelt sich hierbei um den Südturm; vgl. Dischinger/Götz/Karnem (Anm. 1), 214. Bei Michael Wening (Historico-Topographica Descriptio ..., 3.Teil, Das Rentamt Landshut, München 1723, Taf.65) erkennt man den Osteventuell auch den Südflügel des Klosters mit dem Erker an der Südostecke als neu.

4 Qu.2, p.10

Wöger konnte den Schaden beheben. (Qu.2, p.13 f. u. 136 f.)
26.11. Ende der Bausaison (Qu.2, p.13)
o.Dat. Fischer erhält 142 fl 33 x Gesellengeld. (Qu.2, p.13)
Ein Steinmetz aus Hengersberg liefert u.a. *66 Sch[uh] Schaffgsimser und 72 Sch[uh] Capitell blat* für die Fassade nach Angaben von *Fischers Riß.* (Qu.2, p.118)

1741
13. 3. Palier Wöger nimmt die Arbeiten wieder auf; die Einwölbung der Kapellen beginnt. (Qu.2, p.16)
nach 13. 3. Beim Ausschlagen der Bögen unter dem Chorgewölbe zeigen sich erneut Risse im Mauerwerk. Palier Wöger ruft Fischer zur Baustelle; dieser läßt *ein Gespreng Werkh* unter dem ›eingehängten‹ Dachstuhl einziehen und das *Gwölb an Tachstuehl* aufhängen. (Qu.2, p.14 ff.)
26.10. Ende der Bausaison; *die Kürch [ist] von aussen herum bis an die Facade verfertiget, der Chor inwendig stukhatoret*[5]. (Qu.2, p.16 f.)
o.Dat. Fischer erhält 79 fl 32 x Gesellengeld und ein *extra Recompense* (= Belohnung) von 18 fl *mit diser Clausul,* daß er den Tabernakel bei dem Bildhauer Johann Baptist Straub in München bestellen und *Sorg tragen solle, damit derselbe recht werde.* (Qu.2, p.17)
Zimmermeister Höretsberger beendet seine Arbeit. (Qu.2, p.136)
Die Gruft wird gebaut; zu deren Trockenlegung läßt Palier Wöger einen Drainagekanal bis zum außen vorbeiführenden Bach legen. (Qu.2, p.73)

1742
Aufgrund des Österreichischen Erbfolgekriegs ist *a[nn]o 1742 gar nichts ... geschechen.* Dafür werden an den sich setzenden Mauern *Fähler* sichtbar und Fischer gemeldet. (Qu.2, p.18)
23. 9. und 28.12. Fischer sendet einen ungenannten Palier zur Begutachtung der Schäden und erhält dafür als *Recompense 25 fl 30 x.* (Qu.2, p.18 f.)

1743
11. 8. Die Abtei läßt durch zwei Fürstenzeller Maurer *das Gewölb ausschlagen, und den Sprizwurff machen,* was zu einem nachhaltigen Zerwürfnis mit Fischer führt; er ist empört, daß *an Ausschlagung des Gewölbs Hand angelegt ohne Beyseyn eines Maisters,* weil sie vom *Maister selbst kaum mit genuegsamer Behuetsamkheit geschechen kan.* (Qu.2, p.19)
o.Dat. Fischer erhält 4 fl 52 x Gesellengeld. (Qu.2, p.19)
Das *Gewölb [ist] zum Mahlen hergerichtet, vile Stukhator Arbeith bereits schon fertig*[6]. (Qu.2, p.20)

1744
8. 4. Die Bauarbeiten werden wieder aufgenommen, Aufsicht führt Fischers Palier Hans Georg (N.N.)[7]. (Qu.2, p.20 u. 27 f.)
27. 4. Maler Johann Jakob Zeiller trifft ein, *mit der Intention und Obligation, selben Sommer noch beede Felder fertig zu machen.* (Qu.2, p.86)
10. 5. Zeiller legt die *Schizen [= Skizzen] zum Chor-Feld, die er hier erst gemacht,* vor und erhält dafür 24 fl als *Recompense.* (Qu.2, p.87)
15. 5. Zeiller beginnt, den Chor auszumalen. (Qu.2, p.88)
-. 6. Ende Juni ist der Chor freskiert; anschließend entstehen *die Schizen zum Langhaus ... Recompense 25 fl 30 x.* (Qu.2, p.88)
Sommer: Fischer erscheint zweimal auf der Baustelle; bei einer der beiden Reisen, die erstmals gesondert abgerechnet werden, weil er in diesem *Revir kein andere Arbeith nebenbey, wie sonst gehabt*[8], steigt er in Landshut um. (Qu.2, p.22 f.)
10. 8. Der Glaser beginnt seine Arbeit und setzt u.a. 10 gleichgroße Fenster – *in der Höche 16 französische Schuech, 2 Zoll weniger als 8 Schuech in der Braitte* – in der Kirche ein. (Qu.2, p.64 u. 68)
29. 9. Palier Hans Georg (N.N.) und sechs Münchner Maurer erhalten den vorzeitigen Abschied, ohne die Bauarbeiten abgeschlossen zu haben. *Selbst die Maurer bekenten, das niemahl ein so schlechter Balier auf solcher Arbeith gestanden.* (Qu.2, p.21 f.)

5 Stukkator ist Johann Baptist Modler aus Kösslarn (Kr. Passau). Palier Wöger gerät mit diesem u.a. *wegen der Quadratur* in Streit. Auch die Bauherrschaft sagte (Qu.2, p.126) über Modler: *... ein guetter und ungemein fleissiger Arbeither, aber niemahl Maister von einen grossen Werkh, als ein Kürch ist, absonderlich nach dermahligen Gusto. Er ist ein Künstler in Zimmer-Arth, wie es aber Grosheit erfordert, bedarff er gar wohl eine Correction.*

6 Daran beteiligt war Johann Georg Funk (um 1700-1772) aus München; er hat *den grossen Haupt Schild, unter H[errn] Modlers Namm gemacht, welcher zuvor schon 2 mahl, doch so unarthig von H[errn] Modler selbst gemacht gewesen, das H[err] Fischer nit erdulten können, in einer solchen Kürch dergleichen sechen zu lassen. Betrachte man nur die Arbeith des Chors- und Bogen ober der Orgl, gegen der Arbeith in Langhauß*; Qu.2, p.127. Funk war 1738 auch in Aufhausen tätig.

7 Der Familienname dieses Paliers ist bisher unbekannt; im Baubericht (Qu.2, p.28) heißt es, er sei *ein Hoff Baliers Sohn von München, ser guetter Zaichner, in der Arbeith aber nachläßig. Sonst ein decretirter Fecht-Maister in Prag.* S. Josef H. Biller, in Band II S.71

8 Dies könnte damit zusammenhängen, daß Fischer 1744 als Klosterbaumeister in Niederalteich abgelöst wurde; s. WVZ 46.

Abb. Fürstenzell
Kirchenraum mit Chor

-. 9./10. Im Herbst wird die Kirche *simplici Benedictione geweychet, [und] bezochen.* (Qu.2, p.28)
Davon kündet das Chronostichon an der Brüstung der Orgelempore: *LaVDetVr ReX SaeCVLorVM In tVbIs, & organIs benesonantIbVs* [= 1744]
1.11. Nachdem zunächst die *Auszührung des Frontispicy ... vile Hindernus verursachet*[9], wird die Arbeit am Fassadenputz nunmehr vollendet[10]. (Qu.2, p.21 f.)
4.11. Zeiller reist ab, *nachdem das Langhaus halb fertig gewesen.* (Qu.2, p.87)
o.Dat. Fischer erhält 63 fl 30 x Gesellengeld. (Qu.2, p.22 f.)
Für das Kreuz auf dem Frontispiz hat er *ein Muster von Holz gemacht, welches einem Schlosser in Schärding ... ist übergeben worden.* (Qu.2, p.48)

1745
–. 5. Ende Mai setzt Zeiller zusammen mit einem Lehrling die Arbeit fort. (Qu.2, p.87)
20. 8. Zeiller beendet das Fresko im Langhaus. *Nach vollendter Fresco Mahlerey hat er das Hoch Altarblat gemacht. Mitler Zeit aber* malt Zeiller noch *das klaine Feld undter der Paarkürch* (= Orgelempore) und die *Nitschn in Frontispicio* (= Fassadennische) (Qu.2, p.87)
Weder der Architekt noch einer seiner Palliere erscheinen 1745 in Fürstenzell[11], wenngleich Fischer nach dem 28. März *auf Passau und Vilshoven gekomen, die Krüegs Schäden und Bau Reparationes deren Churfrtl. Bräuhäusern in Augenschein zu nemmen.* (Qu.2, p.23 f.)

9 *Zu Versezung deren Vasen in der Facade* und deren Bleiabdeckung wurden 1744 140 Pfund Blei, 1745 nochmals 7 Pfund verbraucht; Qu.2, p.41 und 113 ff..

10 Nach dem Entwurf von Götz hätte der Fassadensockel aus Natursteinen bestehen sollen (Qu.2, p.118); Fischer empfiehlt *zur Auszührung des Frontispicy Steine von Käpflberg, 4 Stund ober Regensburg* (Qu.2, p.119), will für *die kleine 2 Bases* (= Figurensockel) auch ein *Model* schicken, was aber unterbleibt (Qu.2, p.122).

11 Das Kloster paktierte zum Zweck der Bauvollendung, *weill die Maurer ohne Maister länger arbeithen weder wolten, weder durfften,* zunächst mit dem *Maurermaister von Sierting,* und stellt im Jahr darauf den *von Pergham* mit drei Maurern ein (Qu.2, p.24 f.).

1748

29.10. Der Passauer Fürstbischof Joseph Dominikus Reichsgraf von Lamberg weiht die Abteikirche. (Qu.2, p.29 ff.)

Entsprechendes Chronostichon unter der Musikempore: *PVrpVratVs PassaV. PraesVL a LaMberg &c &c beneDIXIt, atqVe saCraVIt* [= 1748] [12].

Als Abt Stephan Mayr im Spätherbst 1739 in München erstmals Kontakt mit Fischer aufnahm, um ihn für den Weiterbau ›seiner‹ Klosterkirche zu gewinnen, wurde sofort Einigkeit erzielt: Fischer sollte einen *neuen Riß verfertigen* und erbot sich, den Bau nach Gesellengeld abzurechnen [13]. Diese Vereinbarung setzt die Kenntnis der ›alten‹ Pläne von Götz voraus. Demnach wird der Abt Unterlagen des bereits begonnenen Kirchenbaus mitgebracht haben. Denn nur so konnte Fischer den ›neuen‹ Entwurf ausarbeiten, der schon bei seinem ersten Besuch in Fürstenzell am 7. April 1740 ausführungsreif war. Diese Schlußfolgerung stützt sich darauf, daß in der Reisekostenaufstellung des Bauberichts kein früherer Besuch nachzuweisen ist und Fischer am 7. April 1740 umgehend Anstalten zum Bauanfang bzw. zur Fortsetzung traf.

Obwohl Fischer in der Regel ökonomisch mit vorgefundenem Mauerwerk verfuhr, ›riß‹ sein Palier 1740 angeblich *in der neuen Kürch solcher gestalten um, daß inwendig nit [ein] einziger Stain von fertiger Architectur des Gözens gebliben*. Soweit sich diese Nachricht verifizieren läßt, hielten sich die Eingriffe in Grenzen [14]. Deshalb konnte Wöger auch im gleichen Sommer den Bau bis unters Dach führen und ihn 1741 im wesentlichen vollenden. Nach der Unterbrechung durch den Österreichischen Erbfolgekrieg ließ das Kloster 1743 die *Ausschlagung des Gewölbs* in Abwesenheit eines von Fischer beauftragten Paliers vornehmen, worüber er sich sehr erboste.

Der Fürstenzeller Baubericht, der neben Material- und Personalabrechnungen viel vom täglichen Verlauf der Bauarbeiten mit einschließt, dokumentiert auch menschliches Versagen (z.B. beim Aufsetzen des Dachstuhls), Eitelkeiten und Kompetenzgerangel (z.B. die Konflikte der Bauherrschaft mit manchen der Künstler und Handwerker, auch dieser untereinander), das Ringen um die Qualität technischer Lösungen und ästhetischer Ansprüche. Unterschiedliche Vorstellungen wurden zum unüberwindlichen Hindernis und führten letztlich, ohne daß der Kirchenbau fertiggestellt war, zu Fischers Rückzug Ende 1744.

Baumaßnahmen, die in den 70er Jahren des 18. Jahrhunderts mit Blick auf die 1775 anstehende 500-Jahrfeier des Klosters durchgeführt wurden, haben die Fischer-Kirche z.T. verfremdet; weitere Veränderungen erfuhr sie im 19. Jahrhundert durch die Aufgabe der zweigeschossigen Choreinteilung hinter dem Hochaltar, der heute, höchst unbefriedigend, vor der glatten, unstrukturierten Ostwand steht [15].

Christl Karnehm

12 Vermutlich im Rahmen der *Änderung der Parkürch* entstanden, für die Stukkator Modler 1748 entlohnt wurde; Qu.2, p.129. Vgl. Dischinger/Götz/Karnehm (Anm.1), 219 f.

13 Vgl. den Abrechnungsmodus z.B. in Niederalteich (WVZ 46) und Seefeld (WVZ 58)

14 Vgl. Dischinger/Götz/Karnehm (Anm.1), 216 ff.

15 Wie Anm.14

17a GALGWEIS (Stadt Osterhofen-Altenmarkt, Kr. Deggendorf, Niederbayern)
Pfarrkirche St. Peter und Paul, mit dem Pfarrhof [1]
Entwürfe und Voranschläge für Neubauten

Schon 1714 beabsichtigte Pfarrer Albert Sigmund von Paumgarten die Erneuerung von Pfarrhof und vermutlich gotischer Kirche in Galgweis. Zehn Jahre später unternahm er einen neuen Vorstoß und reichte am 4. April 1724 bei der bischöflichen Verwaltung in Passau Entwurf und Überschlag eines ungenannten Baumeisters für den Kirchenneubau ein, die auch genehmigt wurden; fehlende Mittel verhinderten allerdings die Realisierung [2]. 1731 forderte Passau

1 Quellen: Qu.1 = ABP, Ordinariatsarchiv, Pfarrakten Galgweis I, 40
Literatur: Wolfgang Fronhöfer, Zur Baugeschichte der Pfarrkirche Galgweis 1710-1760, in: Deggendorfer Geschichtsblätter (in Vorbereitung) – Dem Autor sei herzlich gedankt, daß er nahezu ›in

Paumgarten auf, sich nicht nur für die Kirche sondern auch für den baufälligen Pfarrhof beim zuständigen Pfleggericht Landau *umb benöthigte Paubilffgelter* zu bemühen[3].

1732

23. 4. Der Landauer Gerichtsschreiber, Anton Plank, meldet Pfarrer Paumgarten, daß *zwey Riß als zu dem Pfarrgottshaus und Pfarrhof Galgweiß ... mit ainem Schreiben von Maurmaister von München* eingetroffen seien, die Überschläge hingegen fehlten. (Qu.1, Prod.4)

4. 5. Plank berichtet von einem Besuch des *Maurermaister[s] von München* in Landau; dieser habe *die Riß wider zu sich genomben und versprochen, neue Yberschlög zu verfassen.* (Qu.1, ad Prod.4)

11. 6. Pfarrer Paumgarten beklagt, noch kein Darlehen aus Landau erhalten zu haben, obgleich an der Kirche doch *die Haubt Maurern durch Schwere der Tachung und desselben genzlich verfaulten Tachstuells sich voneinander gelassen.* Das Pfleggericht habe angeordnet, *daß gemelte Tachung abgetragen, das Gewölb eingeworffen und das Gottshaus zue Verhiettung des völlig einfallendten Regens indessen mit gemainen Läden [= Brettern] bedekhet worden.* Fischer habe die Kirche besichtigt und neue Überschläge verfaßt. (Qu.1, ad Prod.4)

1734

20. 6. Der Geistliche Rat in München schickt *von dem Münchner Maurmaister Johann Michael Fischer einen andern Riß unnd Yberschlag ..., welch lessterer sich auf 2446 fl 5 x belauffet,* nach Landau. Man hat Fischers Riß approbiert, *und weillen dersselbe ohne deme nach*

letzter Minute seine Quellenfunde den Herausgebern meldete, so daß dieser Beitrag noch in das Werkverzeichnis eingeschoben werden konnte.

2 Fronhöfer (Anm.1), o.S.

3 Qu.1, Prod.3 (Schreiben vom 12.3.1731)

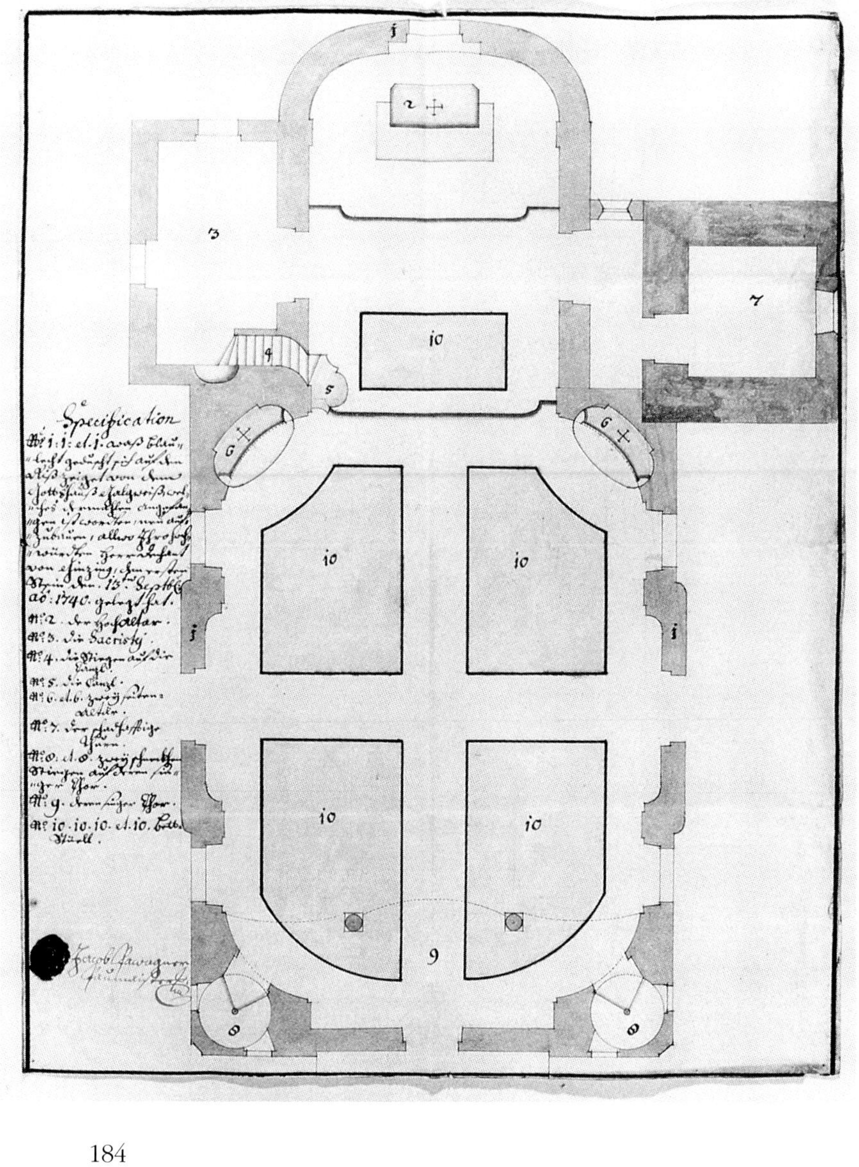

Abb. Galgweis
Entwurf von Jakob Pawagner, 1740

Ossterhoven wider abgebet, von allda aus Galgweis nit weith entlegen ist, soll deme diser Pau yberlassen werden. Die Kosten seien so niedrig wie möglich zu halten und von dem Pfleggericht Landau *die beguettachte 2500 fl gegen Wiedererstattung*, aber ohne Zins, herzunehmen. (Qu.1, Prod.6)

Warum dennoch der Bau nicht in Gang kam, erhellt ein Schreiben vom 17. September 1737 [4]. Darin beklagt Pfarrer Paumgarten, daß die bewilligten Gelder für eine Kapelle, nicht für eine neue Kirche ausgereicht hätten; das gelte auch für den Pfarrhof. Er unterstellt Fischer, seine Voranschläge vorsätzlich zu niedrig angesetzt zu haben, was sich jedoch relativiert, wenn man hört, daß Paumgarten Mauern von fünf Schuh (ca. 1,5 m) Stärke für ein *important und bestendiges Gepeu* voraussetzte, vier Fenster als zu wenig beklagt und sich überdies unzufrieden zeigte, daß Fischer – sicher aus Kostengründen – *aine weisse Dekhen ohne Gewölb* vorsah, von der er befürchtete, daß sie dem Wetter nicht standhalten würde. In diesem Zusammenhang monierte er auch *dises Paumeisters Schlauderey anderer Orthen*, z.B. beim Pfarrhofbau in Pleinting [5].

Offenbar verhinderte die Opposition des Pfarrers Fischers Einsatz in Galgweis. An seiner Stelle wurde pikanterweise ausgerechnet der Passauer Maurermeister Jakob Pawagner berufen, der nach seinen Mißgeschicken in Schärding und Niederalteich dort von Fischer abgelöst worden war [6].

Von Pawagner liegt im hier zitierten Akt ein signierter und gesiegelter Plan, der zeigt, daß er sich in wichtigen Teilen möglicherweise an Fischers Entwurf orientierte [7]. Es handelt sich dabei um ein in den Ecken akzentuiert gerundetes Langhaus, dessen Proportionen einem Zentralraum angenähert sind. Das außen leicht vortretende Mitteljoch des Langhauses ist durch Seiteneingänge betont; sie sitzen in auffallend breiten Kehlungen, die eher zur Aufnahme von Altären nicht aber von Portalen angelegt erscheinen. Die schräggestellten Seitenaltäre am Chorbogen und die rückwärts eingebauten Emporenstiegen erinnern an Osterhofen. An Fischer gemahnt auch die leicht einspringende Abschrägung der beiden äußeren Ostecken, bei der sich Assoziationen z.B. an Unering einstellen.

1757 bis 1759 wurde durch den Landshuter Maurermeister Georg Felix Hirschstetter (um 1720-1790) schließlich die Kirche errichtet [8], die aber kaum mehr an Fischer erinnert [9].

Christl Karnehm

4 Qu.1, ad Prod.6
5 S. WVZ 51a
6 S. WVZ 47 und 55
7 Qu.1, ad Prod.13
8 Nach Fronhöfer (Anm.1) beliefen sich deren Kosten auf 5090 fl 19 kr – doppelt so hoch wie Fischers Voranschlag.
9 Immerhin vermerkt Michael Brix im Dehio Niederbayern (München 1988, 155): »Diese Disposition [der Pfarrkirche Galgweis] folgt dem Vorbild der Fischerschen Klosterkirche Osterhofen-Altenmarkt.«

18 GANACKER (Kr. Dingolfing-Landau, Niederbayern)

Filialkirche St. Leonhard [1]

Entwurf und Voranschlag für eine Erweiterung

Die relativ vermögende Filialkirche der Pfarrei Pilsting lag im Gericht Landau des Rentamts Landshut. Es handelte sich um ein spätgotisches dreischiffiges Langhaus zu vier Jochen und zweijochigem Chor mit dreiseitigem Schluß. 1733 sollte die Kirche zum Teil abgebrochen und neu und größer wieder aufgebaut werden.

Einzige Quelle für diese beabsichtigte Baumaßnahme ist ein von Anton Eckardt entdeckter [2], inzwischen allerdings verschollener Briefwechsel, der zumindest aus einer Anfrage des zuständigen Gerichts Landau an den Geistlichen Rat in München, dessen Antwort und einem Überschlag Fischers samt Plänen bestanden haben muß. Wenigstens lassen die bisher veröffentlichten Quellen dementsprechende Rückschlüsse zu. Darüber hinaus bietet die mittelbare Überlieferung [3] recht ausführliche Zitate, auf die zur Darstellung der Vorgänge zurückgegriffen werden kann.

1 Nach Anton Eckardt (s. Literatur) im BayHStA, GL 1959 (= Gericht Landau); nach Bestätigung von Archivdirektor Dr. Joachim Wild jedoch weder dort noch im weiteren Umfeld der angegebenen Signatur auffindbar.
Literatur: Anton Eckardt, Bezirksamt Landau a. d. Isar (KDB, Niederbayern Bd.13), München 1926, 42 ff.; Josef Blatner, Zur bayerischen Kunstgeschichte des 18.Jahrhunderts, in: Münchener Jb. der bild. Kunst, N.F. 4 (1927) 84 f. und Anm.2; Lieb 1982, 225
2 S. Anm. 1
3 Bei Josef Blatner (Anm. 1) sowie bei

1733

29.10. Das Gericht Landau schildert dem Geistlichen Rat in München, die Kirche sei *wegen großen Andrang an St.Leonhard und folgendem Sonntag* zu klein und müsse deshalb *zum Thaill abgebrochen und erweitterdt werdte[n], wessentwillen man nun durch den Münchnerisch[en] Maurermaister Johan Michael Fischer den in duplo underthenigst beyschlissigen Grundt Riß und Yberschlag [ver-]fassen lassen, crafft welchen hieryber der Unkosten sich auf 4160 fl 20 kr yber all* belaufen [4].

10.12. Abschlägiger Bescheid aus München; der Geistliche Rat hält die *importanten Unkösten dermalen nit aufzuwendten erforderlich*, schickt die Visiere und den Überschlag zurück und meint, daß *das Gottshaus mit einem weith leichtern herzustöhlen* sei [5].

Danach ließ man die Absicht wohl fallen, denn die Kirche St. Leonhard in Ganacker wurde nie umgebaut und zeigt im wesentlichen heute noch den spätgotischen Bestand.

Anna Bauer

Max Gruber, der die Unterlagen in den 50er Jahren vergeblich suchte, aber eine Abschrift des Gesuchs an den Geistlichen Rat hinterließ, die über Eckhardt und Blatner hinausgeht.

4 Zitiert nach Abschrift Gruber (Anm.3)

5 Zitiert nach Blatner (Anm.1)

19 INGOLSTADT (Oberbayern)

Abb. in Band I S.36-37, 65-66, 154-155

Ehem. Augustiner-Eremiten-Kloster- und Wallfahrtskirche St. Maria [1]
Planung und Ausführung

Abb. Ingolstadt
die gewestete Kirche von Südosten

1 Quellen: Qu.1 = BayHStA, GL 1454/8; Qu.2 = BSB, Oefeleana 5, V, fol.385; Qu.3 = BayHStA, GL 1454/9
Literatur: Marianischer Gnaden-Fluß, das ist Eigentliche Beschreibung von dem Ursprung, Gnaden-, und Wunderthaten der uralten, und weitberühmten Gnaden-Bildnuß ... Mariae ob der Schutter genannt bey denen P.P. Augustinern in Ingolstadt, Ingolstadt 1740; Franz Sebastian Meidinger, Historische Beschreibung der kurfürstlichen Haupt- und Regierungsstädte ... Landshut und Straubing, Landshut 1787, 253 f.; Bernardin Lins, Geschichte des ehemaligen Augustiner- und jetzigen (unteren) Franziskaner-Klosters in Ingolstadt, in: Sammelblatt des Hist. Vereins Ingolstadt 39 (1919) 12-21; Michael Hartig, Franziskanerkirche Ingolstadt (KKF Nr.505/06), München 1940; Hagen-Dempf 1954, 21-28, 95 f.; Siegfried Hofmann, Wie man mit nichts baut. Zur Baugeschichte der im Krieg zerstörten Ingolstädter Augustinerkirche, in: Ingolstädter Heimatblätter 28 (1965) 9-11, 13-15; Scharioth 1975; Lieb 1982, 85-88, 226 f.; Franz Peter, J.M. Fischer als Architekt am Beispiel der Augustinerkirche in Ingolstadt, Vortrag am 18.2.1992 in Burglengenfeld; Möhring 1992, 154-166; Marianne Stößl, Maria Schutter – »Schuttermutter«. Zur Genese eines Ingolstädter Kults, Diss. München 1995 (erweiterte Fassung in Vorbereitung) – S. auch Franz Peter, in Band I S. 153-155

Vorgängerin der Kloster- und Wallfahrtskirche des 18. Jahrhunderts war eine kleine, 1397 (nicht 1384) gestiftete Marienkapelle, genannt *U. L. F. auf der Schutter*[2]. 1584 erfolgte die erste auf das als Schuttermutter bekannte Marienbild bezogene Stiftung; um diese Zeit dürfte die kultmäßige Verehrung der 1410/20 entstandenen Madonnenfigur[3] eingesetzt haben. 1606 wurde die Kapelle den Augustiner-Eremiten – zunächst ohne Seelsorgebefugnis – übergeben; sie versuchten bald, die Marienfrömmigkeit zu heben und den Kult Ende der 30er Jahre des 17. Jahrhunderts zu einer Wallfahrt auszuweiten, was allerdings erst später gelang. Parallel dazu bemühte sich der Orden um die Erhebung seiner Ingolstädter Seminarniederlassung zum Konvent. 1683 war es endlich soweit; 18 Jahre zuvor, 1665, hatte man bereits einen klösterlichen Vierflügelbau westlich der Kapelle errichtet. 1691-1694 wurde die Kapelle durchgreifend renoviert, die Durchfensterung systematisiert und der kleine Turm erneuert[4].

Aus dem Jahr 1727 »datieren die ersten gedruckten, der Schuttermutter verdankten Wunderaufzeichnungen«[5]. Davor muß der Zulauf von Gläubigen bereits groß gewesen sein, denn schon zu Zeiten des Kurfürsten Max Emanuel (1680-1726) dachte man daran, die Kapelle durch einen Kirchenneubau zu ersetzen. In einem späteren Schreiben an dessen Sohn Karl Albrecht wird nämlich daran erinnert, daß *Eur ... D[urchlauch]t höchst mildseligsten Angedenkhens, Herr Vatter die gnädigiste Intention gefiehrt, einen Blaz zu Erpauung eines anderen und grösseren Gottshaus zu assigniren, und der nechste Vorschlag der Salzstadl alhir gewesen, wofern man nur das Salz anderwehrtig hette underbringen können, aniezo aber der Plaz ohne allen deren Entgelt richtig ist, mithin nur an denen specifirten Materialien ... ainzig und allein erwündtet [= mangelt]*[6]. 1734 gingen die Augustiner das Bauvorhaben neuerlich an.

1734

14. 5. Wahl des P.Germanus Auer zum Prior[7].

o.Dat. Ende des Jahres schreibt der Prior an die Hofkammer in München, *daß ... die Wahlfahrter in disem ohnedem sehr ruinos[en], fast alle Täg des Einfallens trohendt[en] sehr kurz[en,] eng[en] und schmallen Kürchlein nit underkhommen... derentwegen weillen eine neue [Kirche] zu erpauen die höchste Notturft erfordert, hat man schon vill Jahr lang daryber deliberiert, doch niemahlen sich, als dises Jahr resolviert, das Spatium determiniert, und der Anfang allbereith mit Beyführung ainiger Paumaterialien an Stain, und Kalch gemacht worden ... Wann nun diser Pau aus meines erarmten Clösterleins Mittlen allein nit forthzusezen möglich, als[o] ergehet ... mein Anlangen,... bey dero lobl. Casten und Pauambt Ingolstatt ... zu verfiegen, daß mir das in diser anligenden Specification enthaltliches ... anbefolchen werden möchte.* (Qu.1, Prod. ad 4)

In der undatierten *anligenden Specification* sind die Baumaterialien aufgelistet, *welche vonnethen sein bey Erpauung eines neuen Gottshaus ...*, und zwar *zu einem neuen Tachstuell... [und] zur Machung der Biegen zu den hilzernen Gewelb*, außerdem was *vor den Maurermaister, ... vor seine Crister und anders* erforderlich ist. Diese Aufstellung des noch fehlenden Bauholzes haben Stadtmaurermeister Michael Anton Prunnthaler und Bauamtszimmermeister Jakob Kolmannsberger abgezeichnet und gesiegelt[8]. (Qu.1, Prod. ad 4)

1735

7. 1. Die Hofkammer schickt Auers Schreiben und die *Specification zum churf[ürstlichen] Castenambt Ingolstatt umb B[ericht] et G[utachten].* (Qu.1, Prod. ad 4)

29. 1. Das Kasten- und Bauamt schließt sich den Ausführungen des Priors an. Die alte Kirche sei so klein, daß *kaum ein Orth mehr zu fünden, ein Votivtäfelein aufzuhenkhen, gestalten bereiths alle Mauren sowohl mit silbern- als gemahlenen überhenkht seind.* Es empfiehlt, einen Großteil des erbetenen Materials zu stiften[9]. (Qu.1, Prod.4)

28. 8. Am Fest des Hl. Augustinus besucht Kurfürst Karl Albrecht – anläßlich einer Truppeninspizierung in Ingolstadt – das Gnadenbild. Ihm werden das bereits angeschaffte Baumaterial, das im Klostergarten liegt, und das ausgesteckte Fundament gezeigt. (Qu.1, Prod. 8[10])

2 Zitat nach Stößl (Anm.1), 11, wie überhaupt die kurze historische Einführung dieser grundlegend neuen Darstellung folgt. Darüber hinaus gab uns Marianne Stößl, München, wertvolle Hinweise, für die wir herzlich danken.

3 Vgl. Stößl (Anm.1), 116 f.

4 BayHStA, GL 1453/ad 110. Darstellung der Kapelle auf einem Stich in: Angelus Höggmayr OSA, Monasteria ordinis FF. Eremitarum S. Augustini per Germaniam, (ohne Ort) ca. 1731, Blatt 13; Abb. u.a. bei Stößl (Anm.1), 27.

5 Stößl (Anm.1), 22

6 Schreiben des Kasten- und Bauamtes Ingolstadt an die kurfürstliche Hofkammer vom 29.1.1735; Qu.1, Prod.4. Am 18.1.1736 (Qu.1, Prod.8) wird diese Aussage folgendermaßen wiederholt: Man hätte das Grundstück, worauf der Salzstadel stand, *auch unmitlbahr hergenohmen und den Pau exequirt ..., sofern man das Salz andrwehrtig zu underbringen gewußt hette; aniezo aber der mehriste Theil des Clostergarttens hirzue ausgesehen und zum Fundament der Kirchen ausgezaigt worden ist.* Da es sich um eine nicht zustande gekommene Planung aus der Zeit vor 1726 handelt, ist die 1992 vorgetragene These von Franz Peter (Anm.1) eines Fischer-Projektes 1733 oder 1734 an der Stelle des Salzstadels abwegig.

7 Lins (Anm.1), 97. Auer wird als »flammender Marienverehrer«, der sich dem Kirchenbau »mit Leib und Leben verschrieben« hatte, geschildert; Stößl (Anm.1), 137 ff. und Anm.575.

8 Prunnthaler und Kolmannsberger gehörten dem Ingolstädter Kasten- und Bauamt an, der unumgänglichen Schaltstelle zwischen klösterlicher Bauherrschaft in Ingolstadt und kurfürstlicher Hofkammer in München. Daß beide ihre Unterschriften mit Siegel beglaubigten, zeigt ihr offizielles Auftreten an. Für diesen Hinweis danken wir Josef H. Biller, München.

9 Der Kurfürst antwortet, daß *verstandtner Beytrag sich auf eine solche Summa belaufft, das hirumben bey Unserm Geheimben Rhat selbst das ... petitum gestöllet werden mues.* Gutachten werden eingefordert und meist positiv beantwortet.

10 Schreiben vom 18.1.1736

1736

18. 1. Das Kasten- und Bauamt meldet, aufgrund von Spenden verfügten die Augustiner über die erforderlichen Bruchsteine, Ziegel, Kalk und Sand; *dahero der supplicierende R.P.Prior unns zuvernehmen gegeben, das vor allen dermahlen die Holzmaterialien zu ainem neuen mitteren Tachstuehl unumbgänglich zu besorgen seyen, indeme die Kürchen zwar nit gar groß, iedoch etwas grössers als das questionierte ... erpaut werden müsse.* Als Bauplatz sei *der mehriste Theil des Closstergarttens ... ausgesehen und zum Fundament der Kirchen ausgezaigt worden.* (Qu.1, Prod.8)

23. 3. Kurfürst Karl Albrecht stiftet zum Kirchenbau 40 Eichenstämme sowie anstelle weiteren Holzes 300 fl. (Qu.1, Prod.10)

11. 4. P.Germanus Auer legt den Grundstein zum Kirchenneubau [11], der nördlich der alten Kapelle auf dem Grund der Augustiner aufgeführt wird.

1738

vor 26. 3. Der Prior bittet um 50 Zentner Eisen und 100 Stämme Holz, weil ihm die Fortführung des Baus *aus Mangl der Mitl schwer und überschwer fallen will.* (Qu.1, ohne Prod.-Nr.)

4. 5. Der Kurfürst schenkt 20 Zentner Eisen. (Qu.1, ohne Prod.-Nr.)

1738/39

o.Dat. Freskierung der Gewölbe durch Johann Georg Winter *sub directione [Johann Baptist] Zimmermann]* [12]. (Qu.2)

1739

20. 4. Prior P. German Auer stirbt beim Sturz vom Gerüst, »als er die Deckenmalerei in Augenschein nehmen« will [13].

7. 7. Im Zusammenhang mit Fischers Kirchenbau in München-Berg am Laim wird berichtet, daß er dort schon *die 21iste Kirch baue, worunder vornehmlich nur die Haubtkirchen als ... Gottshaus Aufhausen bei Straubing, die Augustiner Closter Kirch zu Ingolstadt, die Hieronimitaner Closter Kirche zu München ...* [14].

19.11. Der neue Prior P. Benedikt Dotl bittet den Kurfürsten um finanzielle Unterstützung für den auf 4000 fl veranschlagten Hochaltar, der zu *Ehren undt neuen Siz [des Gnadenbildes] ohnumbgänglich gemacht werden solle, hingegen der Betrag auf ein grosse Summ belaufen thuet, welche ich ... ohnmöglich bestreitten ... kunte* [15]. (Qu.3)

nach 19.11. Kurfürst Karl Albrecht besichtigte die neu erbaute Kirche und fand *ein ganz neu prächtig[es] und herrliches Gottshaus* vor. (Qu.3)

o.Dat. Tafel über dem Eingangsportal mit der Inschrift *Magna erit gloria domus istius novissimae plus quam primae*, mit dem Zusatz *MDCCXXXIX* [16].

1740

8. 3. Der Kurfürst stiftet 500 fl zur Herstellung des Hochaltars [17]. (Qu.3)

27. 9. Weihe der Kirche durch den Eichstätter Weihbischof Johann Adam Nieberlein [18]

9.10. Das Gnadenbild wird aus der alten Kapelle in die neue Kirche versetzt [19]; wenig später folgt der Abbruch der Kapelle.

Da die Unterlagen zum Kirchenbau, die 1804 noch existierten [20], inzwischen verschollen sind, bestätigt allein die Nachricht vom 7. Juli 1739 Fischer als Architekten der Ingolstädter Kirche. Aufgrund ihrer Verwandtschaft mit den Bauten in Rott am Inn und München-Lehel (St. Anna) brachte Georg Hager sie 1902 als erster mit Fischer in Verbindung [21].

Über seine Berufung gibt es u.a. die These, Fischers Bruder Andreas, seit 1732 herzoglicher Stadtmaurermeister in Ingolstadt, habe eine Vermittlerrolle gespielt. Es spricht aber sehr viel mehr für eine Empfehlung durch die Münchner Augustiner-Eremiten. Fischer wohnte nämlich von 1726 bis 1736 mit seiner Familie im Augustiner-Mietstock [22], dem profan genutzten Teil des Augustinerklosters. Dorthin kehrte im Mai 1733 eines der namhaftesten Ordensmitglieder seiner Zeit, P. Angelus Höggmayr (1680-1739), nach mehrjährigem Aufenthalt

11 Marianischer Gnaden-Fluß ... (Anm.1), 13

12 S. Hermann und Anna Bauer, Johann Baptist und Dominikus Zimmermann (Aufnahmen von Wolf-Christian von der Mülbe), Regensburg 1985, 318. Meidinger (Anm.1) nennt erstmals Johann Baptist Zimmermann als Freskanten. Stuckierung (und zugleich Freskierung) durch Zimmermann werden um 1738 angesetzt; vgl. Christina Thon, Johann Baptist Zimmermann als Stukkator, München-Zürich 1977, 141-44, 332 f. Zur gleichen Zeit statten zwei andere Zimmermann-Mitarbeiter, der Maler (Franz) Joseph Zitter und der Stukkator Johann Georg Funk, Fischers Kirche in Aufhausen aus; s. WVZ 4.

13 Stößl (Anm.1), 139 und Anm.575

14 PfarrA München-Berg am Laim, 1944 verbrannt; zitiert nach Hagen-Dempf 1954, 97 f.

15 Um die Spendenfreudigkeit zu wecken, versprach der Prior, auch das Wappen des Kurfürsten am Hochaltar anzubringen und *ihn als den höchsten Gutthätter öffentlich dadurch unterthänigst an[zu]deuten.*

16 Zitat der Inschrift nach Lins (Anm.1), 14 und Stößl (Anm.1), 140

17 Die Stiftung war das Grundkapital für den erst 1747 vollendeten Hochaltar; vgl. Stößl (Anm.1), 151 und Anm.608. Die Angabe von Lins (Anm.1, 17), der Hochaltar sei schon 1737 fertiggestellt worden, beruht auf einem Lesefehler des Chronogramms im Altarauszug.

18 Joseph Gerstner, Geschichte der Stadt Ingolstadt in Oberbayern, München 1852, 280 f.

19 Gerstner (Anm.18), 281

20 Beschreibung des Ingolstädter Augustiner-Archivs vom Juni 1804: *Schublade M.M. ... 4. Alte Überschläge über verschiedene Klostergebäude. 5. Aktl den Augustiner Kirchenbau betr. 1735 et sequ[enti] mit Grundrissen* (!); BayHStA, GL 1452/110.

21 Gustav von Bezold/Berthold Riehl/Georg Hager, Regierungsbezirk Oberbayern (KDB, Oberbayern, Teil 2), München 1902, 2038

22 S. Josef H. Biller in Band II, S.62 und Anm.26; vgl auch Lieb 1982, 85

Abb. Ingolstadt, Zentralraum mit nordöstlichen Kapellen

in Rom zurück. Ab 1734 war er Provinzial der bayerischen Augustinerprovinz und als solcher bis 1737 auch in Bauangelegenheiten fördernde und genehmigende Instanz. Für Ingolstadt dürfte sich Höggmayr besonders interessiert haben, hieß doch sein Geburtsort Bettbrunn (Kr. Eichstätt), wo die Ingolstädter Augustiner die Wallfahrt St. Salvator betreuten [23]. Ihm wird Fischer den Auftrag für St. Maria verdanken [24]. Vielleicht war es auch Höggmayr, der den Kontakt zu den Augustiner-Eremitinnen in Niederviehbach herstellte, denn 1727, kurz bevor Fischer den dortigen Klosterbau übernahm, war P.Angelus bei den Ordensschwestern [25].

Höggmayrs Rückkehr 1733 nach München und seine Berufung zum Provinzial 1734 – beide Jahreszahlen passen schlüssig zu den Ingolstädter Baudaten. Kaum vor 1733, mit Sicherheit aber 1734 lag Fischers Entwurf für St. Maria vor, denn ohne konkrete Pläne und ausgearbeiteten Kostenvoranschlag hätte Prior P. Germanus Auer gewiß keine Steine beschafft und Ende 1734 eine *Specification* des für Dachstuhl und ›hölzerne Gewölbe‹ erforderlichen Materials einreichen können. Diese *Specification* ist wahrscheinlich ein Auszug aus Fischers Überschlag mit den entsprechenden Angaben [26]. Die gesiegelten Unterschriften darunter besagen lediglich, daß Prunnthaler und Kolmannsberger als Vertreter des Ingolstädter Kasten- und Bauamtes ihres Amtes gewaltet und die *Specification* geprüft haben; eine Mitwirkung an den Bauarbeiten läßt sich daraus nicht herleiten [27], wenngleich bisher nichts näheres über die Ausführenden bekannt ist.

Fischers Entwurf für die Kirche in Ingolstadt ist auf 1733/34 einzugrenzen, das heißt, er entstand rund ein Jahr nach der Planung für Aufhausen von 1732/33 [28]. Demnach muß die jüngst geäußerte Annahme, entwicklungsgeschichtlich stehe Ingolstadt vor Aufhausen [29], zugunsten der früher gültigen Reihenfolge revidiert werden [30]. Fischer hat die zwei Kirchenbauten allerdings im

23 Lins (Anm.1), 12. Die Angaben zu Höggmayr stammen von Adolar Zumkeller in der Einführung zum Neudruck von Höggmayrs »Monasteria ...« (Anm.4), Würzburg 1974

24 Seine Beziehung zu den Münchener Augustiner-Eremiten brachte Fischer 1747 den Turmbau der Wallfahrtskirche in Aufkirchen ein; vgl. WVZ 5.

25 BayHStA, KL Niederviehbach 13, fol. 198: Im Mai 1727 nahmen an der Priorinnenwahl in Niederviehbach Angehörige des Geistlichen Rates sowie der Münchner Augustiner teil, unter ihnen P. Angelus Höggmayr. Damals bahnte sich bereits Fischers Klosterbau in Niederviehbach an; s. WVZ 47. Exkurs: Von der 1774 durch Leonhard Matthäus Gießl und Veit Haltmayr errichteten Wallfahrtskirche in Bettbrunn heißt es, sie stehe »ganz in der Nachfolge Johann Michael Fischers mit zentralisierendem Grundriß wie in St. Anna,

Abb. Ingolstadt
Kirche von Süden
mit Klosteranschluß

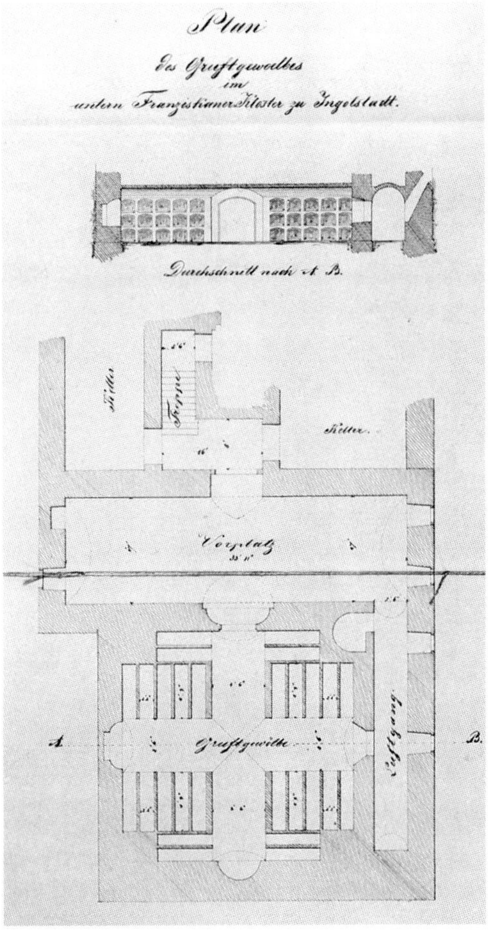

Abb. Ingolstadt
Bauaufnahme der Gruft, 1842

gleichen Jahr – 1736 – begonnen und – 1739 – beendet; in beiden Fällen zog sich die Ausstattung noch länger hin.

1802 wurde das Augustiner-Eremiten-Kloster aufgehoben und zum Zentralkloster II [31] für die Franziskaner bestimmt, die einen Tag nach dem Weggang der Augustiner-Eremiten nach München am 29. März, dort einzogen. Ende des Zweiten Weltkrieges, am 9. und 21. April 1945, wurde das Kloster aus dem 17. Jahrhundert durch einen Luftangriff zerstört und dabei die untere Franziskanerkirche, wie sie jetzt hieß, stark in Mitleidenschaft gezogen. Die Ruine wäre zwar zu retten gewesen, wurde aber trotz vehementen Widerspruchs eines Teils der Ingolstädter Bürgerschaft 1950 abgebrochen. Damit ging der wohl interessanteste Fischer-Bau verloren.

Anna Bauer/Gabriele Dischinger

München, und mit Ecklösungen wie in Aufhausen oder Eschenlohe«; Alexander Rauch, in: Dehio München und Oberbayern, München 1990, 130. In Anbetracht dieser Bezüge und der postulierten Verbindung Höggmayr-Fischer sei hier die Überlegung erlaubt, Gießl und Haltmayr könnten Entwürfe verarbeitet haben, die Fischer einmal in Höggmayrs Auftrag für Bettbrunn angefertigt hat.

26 Franz Peter spricht in bezug auf die Holzgewölbe in Aufhausen und Ingolstadt von »minderwertigen Ersatzlösungen« für ursprünglich geplante Steingewölbe; s. in Band I S.57. Es fällt schwer, zu glauben, man habe in Aufhausen mehr als zwei Jahre (vgl. WVZ 4) und in Ingolstadt 18 Monate vor Baubeginn bereits an derartige Ersatzlösungen gedacht.

27 Aufgrund der *Specification* ist Siegfried Hofmann (Anm.1, 11) überzeugt, Prunnthaler sei »an der Ausführung des Kirchenbaus maßgebend beteiligt« gewesen. Franz Peter (Anm.1) sieht in Prunnthaler sogar den »ausführenden Maurermeister«.

28 S. WVZ 4

29 Peter (Anm.1) sowie Herbert Weiermann, in Band I S.38

30 Vgl. u.a. Hagen-Dempf 1954, 13 ff. und 21 ff. sowie Lieb 1982, 226 - An dieser Stelle sei ein Beitrag über die Ausnahmestellung Ingolstadts im Fischer-Werk angekündigt, für den hier der Platz fehlt.

31 Das obere Franziskanerkloster in Ingolstadt war Zentralkloster I und sollte ebenfalls aussterben. 1827/28 wurden die zwei Franziskanerkonvente im ehemaligen Augustiner-Eremitenkloster vereinigt. – Aus der Zeit danach, von 1842, gibt es eine Bauaufnahme der Gruft unter dem Chor der Fischer-Kirche (StadtA Ingolstadt, A V, 138), die hier erstmals veröffentlicht wird. Für den Hinweis darauf danken wir Christl Karnehm.

20 KIRCHHAM (Kr. Passau, Niederbayern)

Pfarrkirche St. Martin [1]
Planung und Ausführung des Langhauses

Abb. in Band I S.146-149

Schon 1721 befand sich das Langhaus der spätgotischen Kirche (zwischen 1450 und 1600 errichtet) in so schlechtem Zustand, daß man an einen Neubau dachte [2]. 1723 dann veranschlagte ein unbekannter Baumeister die Kosten für erforderliche Bauarbeiten mit 1005 Gulden. Kirchham verfügte aber nicht einmal über die Hälfte des Betrages. Deshalb ersuchte das zuständige Rentamt in Landshut den Geistlichen Rat am 19. Juni 1723, die Aufnahme von Anleihen bei *andern woll bemittleten Gottshäusern* zu genehmigen [3]; am 28. August 1723 erteilte München die Erlaubnis unter der Bedingung, sparsam zu bauen [4].

1 Quellen: Qu.1 = ABP, Ordinariatsarchiv, Pfarrakten Kirchham II, 5c; Qu.2 = BayHStA, GL 1185/1; Qu.3a-e = StA Landshut, Pfleggericht Griesbach K 28-32 (Kirchenrechnungen 1725-1730) Literatur: Josef Blatner, Ein unbekannter Kirchenbau J. M. Fischers, in: Münchner Jb. der bild. Kunst, N.F. 4 (1927) 84 f.; Anton Eckardt, Bezirksamt Griesbach

1724

1\. 9. Landshut berichtet nach München: Der Kirchhamer Pfarrer Johann Joseph Stessl sei mit den Umbauplänen seines Vorgängers [5] unzufrieden und kritisiere die veranschlagten Kosten in Relation zum Bauvolumen, ferner, daß der Platzmangel damit nicht behoben würde; der Vorschlag wäre so unproportioniert, daß der Bau *wie ein darangepauter Kobel [Verschlag] herauskhomete.* Deshalb habe er bei *Johann Michael Vischer, ... als welcher auf die mit ihme gepflogene Berathschlagung die vorige Reparier- und Erweitterung kheineswegs guett gehaissen, anschlissige 2 Riß besambt ainem Yberschlag verfassen lasse[n], woraus zu ersechen, daß beriehrtes Gottshaus nach solcher Anzaig recht zierlich erpauet würdte, auch an Uncösten 1687 fl 50 x erforderet werden, mithin den vorigen Yberschlag umb 682 fl 48 kr ybersteiget.* Stessl hoffe jedoch, durch Spenden von Baumaterial noch Einsparungen zu erreichen. (Qu.2)

3\. 10. Zustimmung mit der Mahnung, man solle aber *die Pauleuthe zur Caution anhalten, daß sye die Yberschläge nit yberschreitten.* (Qu.2)

1725

vor 17. 1. Fischer lehnt gegenüber dem Geistlichen Rat die geforderte Bürgschaft ab: weil *ich nit nur khein Ausländer, sondern ein würckhlich alhier in München angesessener Burger und Stattmaurermaister, und Gottlob niemals so unglickhlich gewesen bin, daß es derentwillen bey mir eines so cleinen Paus halber einer Praecaution vonnetten hette. Negstdeme so habe dises cleine Kürchengepäu nur darumben umb eines geringern Verdienst ybernommen, weillen ohne das unweith davon zu Schärding und Nideraltaich [6] importanten Kürchen- und Thurngepäu vorzustehn habe.* (Qu.2)

17\. 1. Der Geistliche Rat läßt Fischer wissen, mit der Kaution habe man nur darauf hinwirken wollen, *daß die Yberschläg nit so nahmhafft yberschritten* werden, und läßt die Forderung fallen. (Qu.2)

o.Dat. *Dises Gottshaus hat bereiths gegenwertiges Jahr Pauvölligkheit willen völlig abgeprochen werden müessen, mithin man eben in dessen Auferpauung wieder begriffen ist, zu welchem Endte und in specie zu genzlicher Vollfüehrung des Paus, dan Beyschaffung der Altär, Kürchenstüehl und anderweeg yber das schon verschossene ... noch ain Uncosten erfordert wirdt wenigist von 2500 fl.* (Qu.3a, fol.318)

1726

o.Dat. Laut Kirchenrechnung ist der Bau *noch nit vollendt worden und noch im Werkh begriffen.* (Qu.3b, fol.339)

1727

2\. 4. Bericht (in den Kirchenrechnungen), wonach zum Weiterbau noch 2461 fl 33 kr benötigt werden. (Qu.3c, fol.352)

23\. 6. Schreiben des Rentamtes an den Geistlichen Rat: Man befürchtet den Einsturz des alten Kirchturms, der womöglich *die neuerpaute Kirche zu einem Stainhauffen mache.* Der Überschlag für einen neuen Turm laute auf 2361 fl 32 kr. (Qu.2)

1728

o.Dat. *Weillen man mit dem Gottshauspau aus Mangl der Mitl dato noch nit zur Enndtschaft gelanngen* konnte, sind keine Ausgaben notiert. Der ausgewiesene Fehlbetrag ist mit dem von 1727 identisch. (Qu.3d, fol.358, 366)

1729

o.Dat. München bewilligt Geld für die Vollendung des Kirchenbaus, den Turm ausgenommen. (Qu.2)

Widersprüchliche Angaben zum Bau; einerseits ist der G*ottshauspau ... noch nit zur Enndtschaft* gelangt und fehlt das Glas in den Fenstern, andererseits ist *das Gottshaus neu erpauth.* (Qu.3e, fol.361, 369)

1730

9\. 5. ... *auf Verferttigung des Hochaltars* werden dem Pfarrer 300 fl *behandtigt.* (Qu.3e, fol.394)

(KDB, Niederbayern Bd. 21), München 1929, 146-148; Lieb 1982, 222; Möhring 1992, 22-28 – S. auch Franz Peter, in Band I S.145-149

2 Qu.1, Schreiben vom 5.12.1723

3 Qu.2

4 Qu.2, Schreiben vom 1.9.1724

5 Johann Georg Freipichler; Qu.3a.

6 In dieser zeitgenössischen Abschrift von Fischers Brief stand an dieser Stelle zuvor *Deggendorf*, was überschrieben wurde.

1731
o.Dat. Kanzel und zwei Seitenaltäre werden angefertigt [7].

Die im Frühsommer 1723 geplante Instandsetzung und Vergrößerung des Langhauses stieß bei Stessl, der die Pfarrei in Kirchham wohl Ende dieses Jahres übernahm, auf so große Ablehnung, daß er sich schon bald an Fischer wandte; jedenfalls nahm er vor dem 1. September 1724 mit dem Baumeister Kontakt auf und ließ von diesem *2 Riß besambt ainem Yberschlag verfassen*. Fischer, der die ursprünglich vorgesehenen Arbeiten *kheineswegs guett gehaissen* hatte, berechnete die Ausgaben für seinen Vorschlag auf 1687 Gulden, 50 Kreuzer und lag damit rund 680 Gulden höher als der Voranschlag von 1723. Grund für diese Mehrkosten war eine veränderte Planung, wonach das Langhaus nicht nur teilerneuert, sondern die Kirche *bis auf den Chor von neuem auferpauet* wurde [8]. Wie diese Aussage zu werten ist, zeigt der ausgeführte Bau: Das Langhaus wurde von Grund auf, der Chor dagegen auf alten Grundmauern neu errichtet [9].

Fischers Planung ist 1724, die Ausführung 1725 anzusetzen. Allerdings scheint die Kirche bis 1729 nur im Rohbau gestanden zu haben, weil Geldmangel die zügige Vollendung verhinderte. Ob Fischer zwischen 1725 und 1729 nochmals in Kirchham war, vielleicht sogar 1727 den nicht umgesetzten Überschlag für einen neuen Turm lieferte, läßt sich wegen der fragmentarischen Überlieferung nicht belegen [10]. Die endgültigen Baukosten werden 1737 mit 6266 Gulden, 45 Kreuzern angegeben [11].

1914 zerstörte ein Brand das Gotteshaus bis auf die Außenmauern, so daß die bestehende Kirche – nach ihrer Verlängerung beim Wiederaufbau und zusätzlichen Anbauten – Fischers Konzeption nur noch in Ansätzen erkennen läßt. Die auf dem Wege der Rekonstruktion zurückgewonnene Form zeigt einen für Fischer typischen, zentralisierten Raum mit ausgenischten Ecken und seitenkapellenartiger Erweiterung im mittleren Joch [12].

Christl Karnehm

7 Eckardt (Anm.1), 148
8 Qu.2, Schreiben vom 1.9.1724
9 S. den Grundriß bei Eckardt (Anm.1), 147 und die Rekonstruktion bei Peter (Anm.1)
10 Blatner (Anm.1), 85 möchte dem erst in unserem Jahrhundert errichteten Turm »Fischersche Motive« zusprechen.
11 StA Landshut, Pfleggericht Griesbach, K 34, fol.479
12 Vgl. Peter (Anm.1)

21 KLOSTER SCHÄFTLARN (Kr. München, Oberbayern)

Ehem. Prämonstratenser-, heute Benediktiner-Klosterkirche
St. Dionysius und Juliana [1]
Ausführung auf der Grundlage von Gunetzrhainer-Plänen

Schon seit 762 bestanden Benediktinerkloster und -kirche in Schäftlarn, die nach den Ungarnkämpfen 1140 von Prämonstratensern als Propstei übernommen und 1598 zur Abtei erhoben wurden.

Die barocke Neugestaltung von Kloster- und Kirchenbau setzte zu Beginn des 18. Jahrhunderts ein. Zunächst wurde der Münchner Hofbaumeister Giovanni Antonio Viscardi (1645-1713) mit dem Neubau des Klosters beauftragt, dessen Grundsteinlegung 1702 erfolgte. Im Frühjahr 1707 konnten erste Teile bezogen werden, doch ist der weitere Ausbau unter Viscardis Maurermeister Johann Georg Ettenhofer und Palier Veit Rumel bis 1725 nachweisbar [2].

Der Neubau der Kirche, *worzue ... [der] Einfahl des Thurns*[3] *die ganze Ursach gewesen, dann hierdurch nit allein an selber das Gewölb zerkloben [= zersprungen], die Nebenmauer gewichen* [4], somit Einsturzgefahr bestand, konkretisierte sich schließlich zu Beginn der 30er Jahre.

Am 5. Juli 1733, unter Abt Hermann Joseph Frey (1719-1751), wurde der Grundstein zur neuen Kirche gelegt [5], an der als leitender Architekt der kurfürstliche Hofbaumeister François Cuvilliés, als Maurermeister Philipp Jakob Köglsperger d.J. [6] und als Palier Franz Romminger tätig waren. Entsprechend dem Vorgängerbau hatte Cuvilliés die Kirche in Ost-West-Richtung innerhalb

1 Quellen (im BayHStA, mit den Signaturen): Qu.1 = KL Schäftlarn, Landshuter Abgabe Rep.46/2 F.42, Nr.504; Qu.2 = KL Schäftlarn, Landshuter Abgabe Rep. 46/2 F.42, Nr.505; Qu.3 = KL Fasz. 651/13
Literatur: Geographisches, statistisch-topographisches Lexikon von Baiern (Johann Wolfgang Melchinger), III, Ulm 1797, 266-268; Leo Absreiter, Geschichte der Abtei Schäftlarn, Schäftlarn 1916; Richard Hoffmann, Kloster Schäftlarn im Isartal, München 1928; Heilbronner 1933, 45-50; Bernhard Moschick, Kloster Schäftlarn (KKF Nr.537), München 1951; Hugo Solf, Kloster Schäftlarn (KKF Nr.537) [6]München 1976; Lieb 1982, 181 f., 231; Möhring 1992, 288-294
2 Nach Viscardis Tod (1713) führen Ettenhofer und Rumel den Bau weiter: BayHStA, KL Schäftlarn, Landshuter Ab-

des Gevierts der Klostertrakte geplant – wie es später heißt *allzu weithleiffig*, d.h. insgesamt zu groß – und wohl mit im Westen bündigen Abschluß [7]. 1740 und 1741 stagnierten die Bauarbeiten [8], nicht nur wegen des Österreichischen Erbfolgekriegs, sondern auch, wie der Abt später berichtete, weil *bey Suech- und Grabung des Grundts ... unvermuethete Beschwernus gefundten;* auch sprach er von einer *ungewohnlich und erstaunlich tieffe[n] Grundtgrabung*, die seine Kostenberechnung *yberworffen* hätte. Ursache dafür könnte die Grundwassersituation – unmittelbar an der Isar – gewesen sein.

Nachdem der Kurfürst 1749 auf mehrere Bittschreiben 5000 Gulden zum Weiterbau der Klosterkirche bewilligt hatte [9], trat der Bau in ein neues Stadium.

1751

o.Dat. Die Rechnung *yber den beim lobl. Closter Schöftlarn mitls der Vaasgroschen Gelter weitters fortgesezten Kürchenpau* nennt zuoberst den *Churf[ür]stl[ichen] Hofkammerrhat und Hof Oberpaumaister Johan Georg Gunezrhainer* [10], allerdings ohne Angabe seines Verdienstes. (Qu.1)

8. 3. *H[err] Fischer alß Maurermaister* läßt die Bauarbeiten beginnen. Palier ist Melchior Streicher, der zunächst die *Abbrechung des anfengl[ich] allzu weithleiffig angelegten Langhauses der Kürchen* leitet. (Qu.1)

13.11. Ende der Bausaison. (Qu.1)

15.11. Fischer erhält das Gesellengeld (116 fl 21 x) für die vom 8.3. bis 13.11. eingesetzten Maurer. (Qu.1)

o.Dat. Bei den Zimmerleuten wird erwähnt, daß die *ehemallig verhandten geweste Gerist völlig zusammengefallen* waren und man neues Holz habe beschaffen müssen. Des weiteren hätten sie im Dezember das Material geschlagen, *so zu Aufsezung eines Tachstuells über das Chor bedürfftig*. (Qu.1)

gabe Rep.46/2, F.42, Nr.498 (1719), Nr.499 (1719/20 *Keller Pau*), Nr.500 (1725). Parallel zum Kirchenbau wird noch bis in die 50er Jahre, also auch unter Gunetzrhainer und Fischer, mit einigen namentlich genannten Maurern am Kloster weitergebaut.

3 Am 8.4.1710 stürzte der Turm ein, wurde jedoch bis Sommer 1712 neu errichtet; vgl. Hoffmann (Anm.1), 10

4 Qu.3; Schreiben des Abts an Kurfürst Max III. Joseph vom März 1748

5 Geographisch, statistisch-topographisches Lexikon ... (Anm.1), 266 f.; dort auch Angaben über beteiligte Personen.

6 Köglsperger war Fischers Widersacher in München-Berg am Laim; vgl. WVZ 27.

7 Hoffmann (Anm.1, 11) geht aufgrund von Grabungsergebnissen des Jahres 1913 im nördlichen Klosterinnenhof von einer wesentlich breiteren und auch nach Westen längeren Grundrißanlage aus, der sogar der neuerbaute Turm zum Opfer gefallen wäre. Angesichts der angespannten Finanzlage des

Abb. Kloster Schäftlarn
Kirchenraum mit Chor

Abb. Kloster Schäftlarn von Westen

1752/53 wurden angeblich die Gewölbe eingezogen [11].

1754

1. 4. Bauarbeiten *beyr Closterkirchen*, teilweise auch *beim Closter*, werden wieder aufgenommen; Palier ist Melchior Streicher, der am 7. 4. erstmals seinen Wochenlohn von 3 fl abrechnet. (Qu.2)

9.11. Ende der Bausaison (Qu.2)

1755

2. 4. Bauarbeiten *beim Closter* setzen wieder ein; sie stehen nur bis 5.4. unter der Aufsicht von Palier Melchior Streicher. (Qu.2)

1760

19.11. Anläßlich der Jahrtausendfeier der Klostergründung findet die Weihe der Kirche statt; am gleichen Tag erbittet Abt Felix Gege (1752-1776) in München Mittel, um *in der vor einigen Jahren neu erbauten Klosterkirchen den Sakl [= Sockel] mit einer anständigen Gattung Hochenschongauer Marmor versezen zlassen* [12]. (Qu.3)

Klosters, das für den Bau auf Geldzuwendungen angewiesen war, ist dies zu bezweifeln.

8 BayHStA, KL Schäftlarn, Landshuter Abgabe Rep.46/2 F.42, Nr.502: *Weillen aber anheur [1740] an dem Haubtpau nichts vorgenommen,* werden das Cuvilliés zustehende Geld sowie *von Traidt [Getreide] ... 125 fl, dan dem Franzen Rominger, Pällier aus der Au, wochentlich 3 fl 20 x* nicht ausbezahlt. Gleichlautende Nachricht 1741; BayHStA, KL Schäftlarn, Landshuter Abgabe Rep.46/2 F.42, Nr.503.

9 Qu.3, fol.36 f.

10 Irrtümlich für Johann Baptist Gunetzrhainer

11 Hoffmann (Anm.1), 11

12 Nach dem heutigen Bestand wurde diese Absicht nicht verwirklicht.

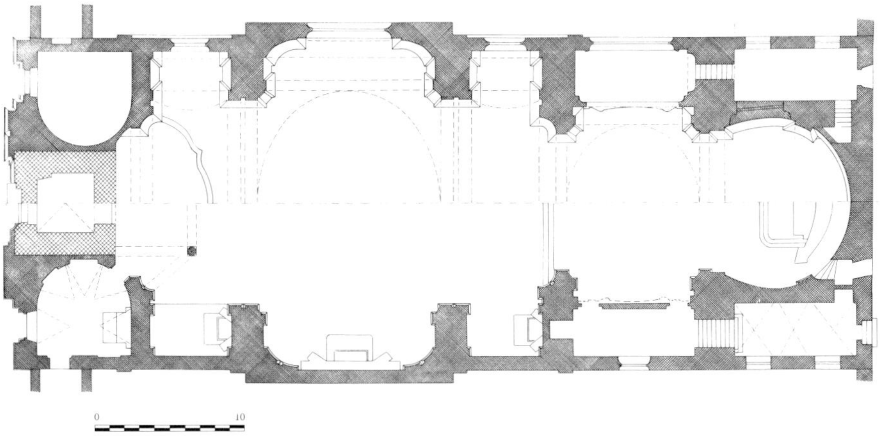

Abb. Kloster Schäftlarn
Grundriß in zwei Ebenen

Bauverlauf und Bauführung sind aufgrund der großen Lücken in den erhaltenen Rechnungen nur schwer zu beurteilen.

Es fällt auf, daß für die Entwürfe von Kloster und Kirche in Schäftlarn nacheinander drei verschiedene Münchner Hofbaumeister herangezogen wurden, was auf eine enge Beziehung der Äbte zum Hof hindeutet: Viscardi, Cuvilliés und Gunetzrhainer. Unter diesen waren jeweils erstklassige bürgerliche Maurermeister eingesetzt, ohne die die Hofleute in Schäftlarn keine Befugnis zur Bauausführung gehabt hätten. Ettenhofer war am Kloster tätig, was Köglsperger in der Frühphase baute, also Fundamente und der Beginn des Langhauses, wurde 1751 unter Fischer wieder abgebrochen.

Was für Cuvilliés ab 1733, gilt auch für Gunetzrhainer ab 1751: Sie waren die planenden Architekten der Kirche. Die ideenmäßige Herkunft des Schäftlarner Grund- wie auch Aufrisses aus dem Werke Gunetzrhainers wird bei Vergleichen mit der Hofmarkskirche in Schönbrunn (1723/24, zugeschrieben), der Damenstiftskirche St. Anna in München (1732-1735) oder auch der Pfarrkirche St. Georg in Ruhpolding (1738-1757) augenfällig.

An Fischer als ausführenden Maurermeister dachte schon Paul Heilbronner[13]. Ob und inwieweit er Einfluß auf den Entwurf seines Schwagers Johann Baptist Gunetzrhainer nahm, ist jedoch unbekannt. Allenfalls die gekehlten Übergänge vom dreiteiligen Hauptraum zur Westempore bzw. zum Chor gehören zu den typischen Stilmitteln Fischers. Eine Variante der sphärischen Gurtbögen, wie man sie aus Diessen, Osterhofen oder Fürstenzell kennt, kehren in Schäftlarn am Gewölbeansatz der beiden schmalen Langhausjoche wieder. Auch die stark ausgerundeten Fensterlaibungen gehören zu seinem Formenrepertoire.

13 Heilbronner (Anm.1)

Abb. Kloster Schäftlarn
Kirchenraum mit Orgelempore

Mit ihrem ›leichtfüßigen‹ Säulenunterbau und ihrer zarten Schwingung fällt die Orgelempore aus dem kraftvoll und klar gegliederten System des Gesamtraumes heraus, so, als gehöre sie einem anderen Stilempfinden an. Hier, wie auch an den Emporengittern zu seiten des Vorchores, stellen sich Assoziationen an Stukkatorarchitektur ein – etwa an Johann Baptist Zimmermann, der ab 1754 an Stuck und Fresken in Schäftlarn tätig war. Überhaupt kann als bestimmendes Merkmal Schäftlarns ausgemacht werden: Hervorragende Meister schufen und gestalteten einen wohlproportionierten, schwungvollen Raum von homogener Gesamtwirkung, in dem sich Bau und Ausstattung harmonisch ergänzen.

Christl Karnehm

22 LICHTENBERG (Gem. Scheuring, Kr. Landsberg/Lech, Oberbayern)

Pferdestallung des kurfürstlich-bayerischen Jagdschlosses [1]
Voranschlag für den Neubau und Ausführung auf der Grundlage von Zuccalli-Plänen

An der Stelle einer staufischen Burg aus der Mitte des 13. Jahrhunderts errichteten die Wittelsbacher 1578 eine regelmäßige Vierflügelanlage, die im Dreißigjährigen Krieg großen Schaden erlitt. Um 1687 wurde das Schloß, das die bayerischen Kurfürsten alljährlich zur Hirsch- und Reiherbeizjagd besuchten, unter Leitung des Münchener Oberhofbaumeisters Henrico Zuccalli (um 1642-1724) umgestaltet. 1688 rechnete der im Namen Zuccallis tätige Maurermeister Antonio Riva († 1713) Fundamentarbeiten ab, die mit dem 1686 erhaltenen Auftrag, die alte Stallung vor dem Schloßhof zu reparieren und in ein Wohnhaus umzubauen, in Zusammenhang standen; das Vorhaben wurde aber fallen gelassen [2].

1719

–. 3./4. Im Frühling werden *die erst anno 1715 von neuen mit Predtern eingeschlagne und eingedeckhte Pferdtstallungen ... hinder der Spallier Gartten Mauren, welche ... wohl auf 500 fl. gecosstet*, wieder ausgebessert. (Qu.1, fol.22)

1720

8.11. Ein starker Sturm zerstört den Holzbau. Verwertbares Baumaterial wird sichergestellt. (Qu.1, fol.22)

20.11. Der Lichtenberger Kastner Paul Bonaventura von Unertl empfiehlt dem Münchener Hof, daß man eine neue Stallung für 84 Pferde, *ein Gatten [= Stockwerk] hoch aufmaurn, gewölben, unnd mit einen flachen Dächel von Ziegeldaschen eingedeckhter, versechen lassen solte, welches sodan ein bestendige Arbeith were, in welcher auch oben under der Tachung die Stallbediente ihr Ligerstatt haben* könnten. Unertls Vorschlag wird weitergeleitet an das Hofunterbaumeisteramt. (Qu.1, fol.22)

10.12. Oberstallmeister Maximilian Graf von Seinsheim favorisiert einen größeren Stallneubau für 100 Pferde. (Qu.1, fol.24)

1721

13. 3. Auf mehrere Anfragen erhält Unertl den kurfürstlichen Befehl, den Bau *auf die Weiß vornemen zu lassen, wie es ... der von Unserm alhiesig Obrist Stallmaisterambt jungst dahin abgeschickhte Sadlknecht Thurnhueber bereits angegeben hat, alsogleich in die Arbeith zuesezen unnd die Yberschlög, wie hoch sich der Uncossten belauffen mechte, fürderlich einzuschickhen.* (Qu.1, fol.29)

28. 4. Kastner Unertl berichtet dem Kurfürsten, er habe sofort nach Erhalt der Baugenehmigung mit den Arbeiten beginnen und für *die hieryber ergehenten Uncossten einen Yberschlag verfassen lassen.* Die Rede ist von Fischers Kostenvoranschlag für die Stallung *de a[nno] 1721,* der auf 5013 fl 31 kr lautet und dem Brief in doppelter Abschrift beiliegt. Er ist signiert von *Franz Göger, dermalliger Pauschreiber zu Lichtenberg und Johann Michael Fischer Maurer Ballier alda.* Nach Unertl ist der Neubau zu dem Zeitpunkt schon *albereits völlig vom Grundt herausgemaurt: auch die Helffte davon, under den Tachstuell gebracht worden, welche Stallung 500 Werchschuech lang und damit die Pferdt doppelt stehen können, 28 braidt – dann im Gemeyrwerch einen Zieglstain dickh unnd 10 Schuech in der ordinari Heche, hoch – auf den hindern – und herfordern Thaill diser aber jeden Orths ein Gatten hoche: unnd 88 Schuech lange Wohnungen vor die Bediente darauf gepauet, dan im yberigen die völlige Dachung mit Häggen unnd Preis* [3] eingedeckhet würdet. (Qu.1, fol.30)

Der Bau der Stallungen war über den Sommer also bereits fertiggestellt worden, während man an den Wohnungen, die sich an beiden Enden des Stalltrakts als um ein Stockwerk erhöhter Baukörper anschlossen, noch arbeitete.

1 Quellen: Qu.1 = BayHStA, GL 1999/44
Literatur: Richard A.L. Paulus, Der Baumeister Henrico Zuccalli, Straßburg 1912, 107 f.; Sabine Heym, H. Zuccalli (um 1642-1724), München-Zürich 1984, 84-86; Christl Karnehm, Schloß Lichtenberg am Lech, in: Bärbel Hamacher/ Christl Karnehm (Hg.), Pinxit, sculpsit, fecit, Festschrift für Bruno Bushart, München 1994, 259-273

2 Qu.1, fol.12. Auf einem Plan Zuccallis (BayHStA, PlSlg 9547) sowie bei Michael Wening (Historico-Topographica Descriptio ..., 1. Teil, Das Rentamt München, München 1701, Taf.129) sind vor dem Schloß Stallungen mit Wohnpavillons erkennbar. Ob sie je in der dort überlieferten Weise bestanden, erscheint nach dieser Nachricht zweifelhaft. Immerhin müssen die erwähnten reparaturbedürftigen Ställe *vor dem Schloßhof* existiert haben.

3 Gemeint sind »Dachhagken, Art Dachziegel mit einer hakenförmigen Erhöhung« sowie »Preis, Ziegel, Backstein, als Einfassung einer Mauer, eines Daches«; Johann Andreas Schmeller, Bayerisches Wörterbuch, [2]München 1872/77, Bd.1, Sp.471 und 1070

16. 9. Das Hofbauamt geht davon aus, daß *ermelte Stallung beraits in volkhomenen Standt gepauet sein wirdtet,* und erkundigt sich nach den Kosten, ferner, *daß ain Riß eingesendet, unnd gemeltet werden solle, wie die obern Wohnungen, obs mit Schidtwendten, Camin, Kuchlen und Deckhen versehen, wie weith die Ziegl, Sandt, Pretter unnd andere Materialien mügen beygefiert werden, massen allso dises in dem eingesendten Yberschlag und Bericht nit enthalten ist.* (Qu.1, fol.38)

1722
25.11. Das Hofzahlamt wird angewiesen, mit dem kurfürstlichen Kassenamt zu Landsberg für die *ganz von Grundt neu erpauthe ... Pferdtstallung, sambt dem im herobern und undern Thaill darauf gepauthen Wohnzimern vor die Stallbediente in allem 6395 fl 19 x 1 hl* abzurechnen. (Qu.1, fol.40)

Diesen ersten höfischen Auftrag verdankte Fischer höchstwahrscheinlich der Vermittlung von Johann Baptist Gunetzrhainer. Dieser war Stiefsohn von Johann Mayr, als dessen Palier Fischer 1720 beim Klosterbau in Schlehdorf nachgewiesen ist [4]. Erst am 10. März 1721 – also kurz vor Baubeginn in Lichtenberg – war Gunetzrhainer zum Unterhofbaumeister aufgerückt [5] und damit unmittelbar dem Oberhofbaumeister Zuccalli unterstellt. Von diesem gibt es vergleichbare Entwürfe für Stallungen in Schleißheim mit ähnlich extremen Maßverhältnissen [6].

Auffallenderweise ist in den Quellen nicht von einem Riß die Rede, so hatte Fischer wohl gar keinen eigenständigen Plan zu liefern, sondern einen des Hofbauamtes – vermutlich von Zuccalli – als Vorgabe erhalten, für den nur noch die Kosten zu kalkulieren waren. Der Bote des Oberstallmeisters könnte diesen nach Lichtenberg überbracht haben [7]. Daß Fischer den Bau der Stallung auch leitete, ist dem Voranschlag zu entnehmen, bezeichnet er sich doch selbst als *Mauer Ballier alda,* nämlich in Lichtenberg.

Da die Schloßanlage 1808 bis auf das Jägerhaus und die Brauerei abgebrochen wurde und keine Ansicht überliefert ist, müssen wir mit einer Baubeschreibung von 1788 vorlieb nehmen: *Die lange Pferd Stahlung samt der daranstehenden 2en Pavillions: Dises Gebäu haltet in der ganzen Länge mit Einschlus der beederseiths verhandenen Pavilons 486 Werkschuech, ist 33 Schuech breit und beede Pavilons sind 17 Schuech, das Pferdstahlungsgebäu aber 10 Schuech hoch. In dem obern Pavilion sind über 1 Stiegen 5 Zimmer, und 1 Küche, zur Ligerstad für die Hofmarställer verhanden. Sodann folget ober der Pferdstahlung ein Hey- und Haaber Boden, und nach disem in untern, oder 2. Pavilion eine Wohnung für den Churf[ürstlichen] Hofgarttner, bestehend in 5 Zimmer und einer Küche. Zu ebenen Fueß aber gehet durch das ganze Gebäu eine Pferdstahlung, worinen sich uf ieder Seithen 100, mithin in allen 200 Pferdstände befünden* [8].

Bei Drucklegung wurde noch folgende Nachricht bekannt:

1723
Februar 19. 20. 22. [hat Johann Baptist Gunetzrhainer] in Schleißheim nachgesehen, dann mit Zuziehung beeder Maurerpallier, Michael Fischer und Ignati Gunezrainer, den 26. 27. 28. das Chf. Schloß Lichtenberg in völligen Stand gebracht, und weilen er obig beeden Pallieren ieden 10 fl bezahlen müssen, auch in den Monat Marti den 18. 20. 22. 23. und 27. bei dem Chf. Residenz Gebäu Schleißh[eim] nachgesehen und iedermahlig mit Einschluß des Geföhrts 3 fl. ins Verdienen gebracht, trifft also sein Verdienst ab 11 zugebrachten Tagen 33 fl. und mit denen ausgelegten 20 fl. [Summe] 53 fl [9]

Aufgrund dessen ist sicher, daß Fischer 1723 nochmals in Lichtenberg eingesetzt wurde. Möglicherweise – die Formulierung läßt keine eindeutige Auslegung zu – begleiteten Fischer und Ignaz Anton Gunetzrhainer den Unterhof-

4 S. WVZ 57
5 BayHStA, HR II, 3215 (Besoldungsbuch 1721), fol.256; am 27.3.1721 erfolgte Gunetzrhainers Ernennung.
6 Vgl. BayHStA, PlSlg 8268: Entwurf Zuccallis für die Ökonomiebauten in Schleißheim. Dort weisen die sogenannten *doppelten* Stallungen eine Länge von knapp 300, bei einer Breite von 28 (Pariser!) Schuh auf. Die über 500 Schuh langen Ställe sind etwas breiter als in Lichtenberg. Auf 100 Schuh Stallänge stehen in Schleißheim 40 Pferde in Doppelreihen.
7 S. weiter oben, 13.3.1721
8 BayHStA, GR 110/14; zitiert bei Karnehm (Anm.1). Die Größenordnung der Stallungen zeigt ein Situationsplan von 1772; BayHStA, PlSlg 6670.
9 BayHStA, HR II Fasz. 19, Bd. 172, Baurechnung 1722/25, Nr. 24., fol. 8 f. Ich danke Cordula Böhm, München, für die freundliche Mitteilung.

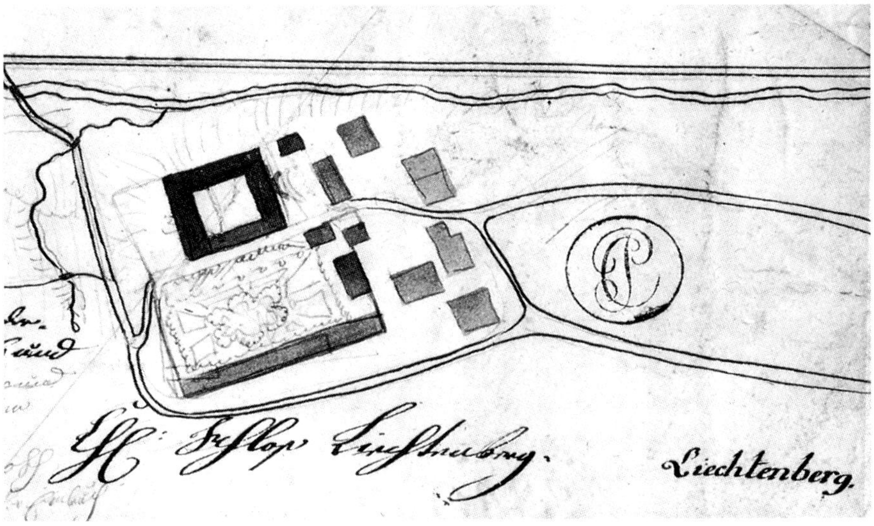

Abb. Lichtenberg
Ausschnitt aus einem
Situationsplan, 1772

baumeister auch zu den erwähnten Aufenthalten in Schleißheim. Darüberhinaus läßt sich damit das Lichtenberg-Zitat bei Max Hauttmann belegen, dessen Herkunft bisher nicht nachweisbar war [10].

Christl Karnehm

10 Max Hauttmann, Der kurbayerische Hofbaumeister Joseph Effner, Straßburg 1913, 75; s. auch Karnehm (Anm. 1), 265, Anm. 25

23 MÜNCHEN

Filial- und Wallfahrtskirche St. Anna in Harlaching [1]
Voranschlag für Außenverputz und Ausbau des Kirchturms

Die Wallfahrtskirche in Harlaching, eine Filiale der Pfarrei Unterbiberg, unterstand der Jurisdiktion und Rechnungsführung des Rats der Stadt München; sie war bis zur Mitte des 18. Jahrhunderts eine mittelalterliche Chorturmanlage [2], in der die spätgotische Statue der hl. Anna als Gnadenbild verehrt wurde. 1748 beanstandete man bei einer Visitation den Zustand des Kirchengewölbes und riet außerdem, die Sakristei von der Nord- auf die Südseite zu verlegen. Der zuständige Pfarrer Johann Lang erlangte jedoch erst am 13. März 1753 die Zustimmung des Geistlichen Rates zur baulichen Erneuerung [3]; diese wurde zwar sogleich begonnen, Finanzierungsschwierigkeiten verzögerten jedoch den Abschluß; 1755 war wenigstens der Innenraum weitgehend fertiggestellt. 1756 signierte Franz Michael Zimmermann (1709-1784) die Deckenfresken [4], das Gnadenbild kehrte am 26. Juli desselben Jahres zurück auf den Hochaltar der neuen Kirche [5]. Am 27. August 1756 stimmte die bischöfliche Verwaltung in Freising der Benedizierung zu [6].

1758

8. 7. Voranschlag von Fischer *zu Ausbauung der lobl. S. Anna Kirchen zu Harläding ... weillen bey diser Kirchen, der Kirchen Thurn nur etwas über die Helfte ist aufgefihrt, und gebauet, auch die gantze Kirchhof Mauern durchaus höchst baufällig sich findtet, wie ingleichen noch dise Kirch auswendig zu verbutzn seye.* Er berechnet 1541 fl 15 x für Außenverputz und Ausbau des Turms. (Qu.1)

20.11. Zimmermeister Joseph Mahl aus München reicht eine auf Fischers Kalkulation aufbauende Kostenaufstellung ein, *was zu den vorhabend neuen Kirchenthurn, dan Kuppl, und Gloggen Stuell Pau ... an Holz- und Zimmerarbeith* nötig sei; die Summe beträgt 302 fl 44 x. (Qu.1)

1761

27. 2. Der Münchner Magistrat reicht die beiden Überschläge von 1758 beim Geistlichen Rat

1 Quellen: Qu.1 = BayHStA, GL 4571/136; Qu.2 = AEM, Visitationsprotokolle, Freising Bd. 58, 185
Literatur: Heilbronner 1933, 47 f.; Heinrich Englmann/Leopold Ellner, St. Anna Wallfahrtskirche München-Harlaching (KKF Nr.51), ²München-Zürich 1961; Lieb 1941, 179; Lieb 1982, 210; Lothar Altmann, Wallfahrtskirche St. Anna München-Harlaching (KKF Nr.51), ⁵München-Zürich 1990; Möhring 1992, 407-410

2 Matthias Paur gibt die Kirche 1692 auf einer Zeichnung mit einem ungegliederten Satteldachturm und einem nur wenig breiteren Langhaus mit Vorzeichen wieder; vgl. BayHStA, PlSlg 5131.

3 StadtA München, Kultusstiftung 474/100-107 (Kirchenrechnungen 1748-1755); dort auch alle Baumaßnahmen bis 1755 verzeichnet, allerdings ohne Nennung des verantwortlichen Baumeisters.

4 S. Lore Lüdecke, Harlaching, in: Hermann Bauer/Bernhard Rupprecht, Corpus der barocken Deckenmalerei in Deutschland, Bd.3.1, München 1987, 82

5 AEM, Pfarrakten Unterbiberg

6 Wie Anm.5

ein. Die St. Anna-Kirche sei unter *voriger Verwaltung des H. Appodeckhers Pürckingers von Grund aus neu erbaut, und bis auf die Helfte des Thurns ... vollendet worden*[7]. Der provisorisch mit Brettern abgedeckte Turm müsse aber zur Verhütung größerer Schäden möglichst bald vollendet werden, wobei die veranschlagte Bausumme von 1800 fl wohl noch reduziert werden könne. Bitte um Zustimmung zu einer öffentlichen Sammlung in München, wofür schon Anstalten getroffen seien. (Qu.1)

31. 3. Der Geistliche Rat lehnt die Sammlung ab. (Qu.1)

28./29.8. Visitation; dabei wird festgestellt, die Kirche stehe *actu in der Reparation*[8]. (Qu.2)

1763

17. 9. Weihe der Kirche[9].

Nachdem die Kirche 1756 zum Gottesdienst tauglich hergestellt und benediziert war, ruhten die Bauarbeiten länger als ein Jahr. 1758 kümmerte man sich dann um den fehlenden Außenverputz und den halbfertigen Turm, bei Fischer sowie Zimmermeister Joseph Mahl wurden entsprechende Überschläge eingeholt[10]. Drei Jahre später reichten die Mittel dann nur für eine reduzierte Ausführung der Planung von 1758. Der Turm fiel niedriger aus als von Fischer beabsichtigt und statt der Turmkuppel wurde ein einfaches Zeltdach aufgesetzt. In seiner heutigen Form muß der Kirchturm als Notlösung betrachtet werden.

Der Voranschlag von 1758 besagt mitnichten, daß Fischer früher schon, ab 1753 an dem Kirchenbau tätig war. Als Architekten von St. Anna werden vorgeschlagen: Fischers Palier Simon Frey[11], Leonhard Matthäus Gießl[12] und Fischers Schwager Johann Baptist Gunetzrhainer[13].

Anna Bauer

7 Paul Nikolaus Pürchinger (gest. 1766) war kurfürstlicher Kammerdiener, Mitglied des Äußeren Rats, Stadtapotheker und zugleich als Verwalter von St. Anna und Rechnungsführer die treibende Kraft des Kirchenneubaus. 1721 tritt er zum ersten Mal für eine Reparatur in St. Anna ein; BayHStA, GL 671/2, fol.173.

8 Die Jahreszahl 1761 am Chorbogen (mit dem Stadtwappen und dem bayerischen Rautenwappen) deutet auf die Fertigstellung des Baus hin; nicht zu überprüfen, weil die Kirchenrechnungen ab 1755 fehlen.

9 Altmann (Anm.1), 4

10 Mahl erscheint bereits 1756 in Verbindung mit Fischer; s. WVZ 42.

11 Lieb 1941, 179

12 Altmann (Anm.1), 6.

13 Franz Peter, Baukunst – Raumkunst, Kirchenbauten Fischers und der Brüder Gunetzrhainer, Ms. 1994

24 MÜNCHEN

Ehem. Hieronymitaner-, heute Franziskaner-Klosterkirche St. Anna im Lehel, und das Kloster[1]
Planung und Ausführung

Abb. in Band I S.34-35, 119, 137, 165-166, 168-169

1689 hatte sich eine kleine Gemeinschaft von Eremiten am Walchensee niedergelassen, die ab 1693 dem Hieronymitaner-Orden angehörte. Ständige Differenzen mit dem benachbarten Benediktinerkloster Benediktbeuern ließen den Wunsch nach einem Ortswechsel aufkommen. 1723 traten die Hieronymitaner an Kurfürst Max Emanuel (1679-1726) heran, um ihn für die *Transferierung* ihres Klosters vom Walchensee nach München zu gewinnen[2]. Im Dezember desselben Jahres ist das Lehel, eine ca. 2000 Einwohner zählende Ansiedlung vor den Toren Münchens, erstmals als Ort der neuen Niederlassung im Gespräch. Am 5. Januar 1724 tragen Vertreter der Lehelbewohner bei Hofe die Bitte vor, die *landsfürstliche Stifftung [der Hieronymitaner möge] zu so nothwendig als nützlichen Seelentrost von Wallersee hieher auf das Lehel ... transferiert werden,* weil es dort keine Pfarrei gibt[3].

1725

19. 3. Der kurfürstliche Geheime Rat macht die Bewilligung der *Translocation* abhängig: 1. vom Nachweis ausreichender Geldmittel, 2. dem Besitz eines geeigneten Bauplatzes für Kirche und Kloster, 3. der Zahl der Klosterangehörigen (6 Patres, 2 Laienbrüder) und 4. von der Klärung der kirchenrechtlichen Fragen. (Qu.2)

13. 6. Die Hieronymitaner verhandeln mit dem Magistrat der Stadt München über den Ankauf eines Bauplatzes *von 3 bis 4 Tagwerch*[4] auf der sog. unteren Bleiche, *weillen ein solches spatium ... zur Kirchen, Clösterl, Gartten nach Einrathen deren Pauverstendtigen hoch vonnöthen* sei. (Qu.2)

1 Quellen: Qu.1 = BayHStA, KL 443/9, Qu.2 = BayHStA, KL 444/27, Qu.3 = AEM, München Hieronymitaner 215/1, Qu.4 = BayHStA, KL 442/4, Qu.5 = BSB, Cgm 3059, Qu.6 = BayHStA, KL 442/3 Literatur: Petrus Hötzl, Geschichte der Klosterpfarrkirche St. Anna in München, München 1879; Joseph Martin Forster, Das gottselige München, München 1895, 769-791; Heilbronner 1933, 11-20; Hagen-Dempf 1954, 6-12, 95; Freckmann 1965, 133-136; Veit Loers, Klosterkirche St. Anna im Lehel, in: Norbert Lieb/Heinz Jürgen Sauermost (Hg.), Münchens Kirchen, München 1973, 145-150; Lieb 1982, 40-44, 223; Gabriele Dischinger, Zeichnungen zu kirchlichen Bauten bis 1803 im Bayerischen Hauptstaatsarchiv, Wiesbaden 1988, 132-136 (Nr.312-318); Sigfried Grän, Klosterkirche St. Anna am Lehel (KKF Nr.42), [5]München-Zürich 1992; Möhring 1992, 44-27 – S. auch Franz Peter, in Band I S.164-168

2 Qu.1. Die Verhandlungen führte über-

4. 7. Genehmigung der bischöflichen Verwaltung in Freising, in dem von dem kurprinzlichen Kammerdiener Joseph Maria von Delling zur Verfügung gestellten Haus, unmittelbar nördlich der späteren Kirche, so lange die Messe zu lesen, *bis derselben Closter Kirch wirdet aufgebaut sein*. Noch im gleichen Sommer wird der erste Gottesdienst dort gehalten. (Qu.2 und 3)

1726
18. 9. Kurfürst Karl Albrecht (1726-1745) bewilligt die *Translocation*. (Qu.2)
18.12. Ziegel aus dem Ziegelofen in München-Berg am Laim werden erbeten. (Qu.4)
o.Dat. *Khirch- und Closterbau [ist] angefangen* (wahrscheinlich mit Aushub der Fundamente). (Qu.5, p.90)

1727
26. 3. Bauarbeiten an der Kirche beginnen[5]. (Qu.4, Prod.6)
28. 3. Die für diesen Tag geplante Grundsteinlegung zum Kirchenbau durch *Kurfürstin Maria Amalia* muß wegen der Geburt des Kurprinzen *Maximilian Joseph* verschoben werden. (Qu.6)
11. 4. *P.Aloysius à SS.Nomine Jesu OSHier* berichtet: *Nach der Zaichnung wird es eine schöne Kürchen von 5 Altären, [die] in der Länge sambt vorstehenter Sacristey von 108, in der etwas oval Praite von 50 französ. Schuechen groß werden solle; das ganze Werkh noch heur zu verfertigen, ermanglet nichts als Gelt* ... (Qu.6)

Die am 11. April 1727 erwähnte *Zaichnung* wird mit Fischers in einer zeitgenössischen Kopie überliefertem Entwurf in Verbindung gebracht, zumal da sich die Angaben über die Altäre wie auch die Abmessungen mit dem Kirchengrundriß decken[6].

4. 5. Der Kaufbrief für den schon im Vorjahr erworbenen Bauplatz, den Dellingschen Garten, wird ausgestellt. (Qu.6[7])
19. 5. *Kurfürstin Maria Amalia* legt den Grundstein zu Kirche. (Qu.4)
20. 7. Vertrag mit Zimmermeister *Johann Ludwig Krafft* aus München über das Dachwerk. Er verspricht, noch *disen Hörbst hindurch zu ... [der] neu erpauten Kürchen mit Einschluß dessen vordern Chors, Sacristey, Oratorien und Behaltnussen wie es dermalen die bereiths aufgefiehrte Mauern erfordern, so vill die Zimermansarbeit anlanget ... einen ganz neuen anstendigen Dachstuel ... [zu] verfertigen* ... (Qu.4)
22.11. Bauarbeiten werden zum Winter eingestellt, die Fenster werden verglast. (Qu.1, Qu.4, Prod.6)

1728
24. 5. Bauarbeiten werden zum Sommer wieder aufgenommen. (Qu.4, Prod.6)
27.11. Bauarbeiten werden zum Winter eingestellt. (Qu.4, Prod.6)
1.12. Kosten des Kirchenbaues betragen bisher 7999 fl 29 x; darunter Ausgaben für *Vergoltung des Thurnknopfs und 2 Creuz* und für kupferne Dachrinnen. (Qu.4, Prod.3)
15.12. Bitte an den Freisinger Bischof Johann Theodor, die fertiggestellte Gruft weihen zu dürfen. (Qu.4, Prod.1)
o.Dat. Zwei Kloster-Risse, *der lezte neue ... in der Länge Schuch 85, jener mit dopleten Stokh in der Länge 93 [Schuch]* werden erwähnt. (Qu.1)

1729
14. 3. Bauarbeiten werden zum Sommer wieder aufgenommen und schließen nun auch das Kloster ein[8]. (Qu.4, Prod.6)
23.10. Bauarbeiten werden zum Winter eingestellt. (Qu.4, Prod.6)
o.Dat. Jahreszahl im Gewölbefresko des Langhauses, von Cosmas Damian Asam (1686-1739) aus München[9]

1730
10. 3. Bauarbeiten werden zum Sommer wieder aufgenommen. (Qu.4, Prod.6)

wiegend der damalige Generalvikar der deutschen Hieronymitaner, P.Aloysius à SS.Nomine Jesu OSHier; sein Gesprächspartner war meistens Franz Joseph Freiherr von Unertl, damals Geheimer Rat, der 1723-1724 seine Hofmarkskirche in Schönbrunn durch Fischers späteren Schwager Johann Baptist Gunetzrhainer errichten ließ.

3 Qu.2; Zitat nach Hötzl (Anm.1), 35 f., Datum nach Ernest Geiß, Die Reihenfolge der Pfarr- und Ordensvorstände Münchens, in: Oberbayer. Archiv 21 (1859-61) 27

4 Ein Tagewerk entspricht 3407,3 m²; nach Fritz Verdenhalven, Alte Maße, Münzen und Gewichte aus dem deutschen Sprachgebiet, Neustadt a.d. Aisch 1968, 49

5 Beginn und Ende der jeweiligen Bausaison sind Fischers Abrechnung über das Gesellengeld (2.4.1734) entnommen; s. Dokument Nr.8, in Band II S.346. Fr.Ambrosius à S.Martino OSHier (1674-1761), der Fischer das Geld aushändigte, war für die Abwicklung des Baues zuständig. Auf seinem Grabstein steht: *procurator ecclesiae et monast[erii] insignis*; vgl. Hötzl (Anm.1), 57

6 S. Kat.-Nr.10, in Band I S.118

7 Schreiben vom 22. 8.1758. Diese Nachricht widerlegt die bisher vertretene Meinung, Kirche und Kloster stünden auf dem Gelände des vormaligen Unertl-Gartens; vgl. z.B. Hötzl (Anm.1), 39. Für den Delling-Garten – *Lenge Schuech französisch 296, Braidt gegen der Stadt 134, Lenge des à parte Einfangs 158 da es am am kürzeren Orth, Braithe dessen Einfangs 15* (Qu.1) – mit Haus bezahlten die Hieronymitaner 7100 fl; Qu.4, Prod.3

8 Erschlossen aus dem Anstieg der Tagschichten; s. Dokument Nr.8, in Band II S.346.

9 1944 zerstört; ehemalige Signatur: *D. Asam pinxit MDCCXXIX*

–. 5. Die Baukosten betragen mittlerweile 10903 fl 51 x. (Qu.4, Prod.4)
3.11. Bauarbeiten werden zum Winter eingestellt. (Qu.4, Prod.6)
27.11. Bischöfliche Erlaubnis, die *zu Ehren der Heyl. Muetter Anna ganz neu erpauthe Kirche interim* zu weihen, damit ... *bis zu würcklicher Einweichung die Heyl. Gottsdienst darinnen mögen gehalten werden* ... (Qu.4, Prod.2)
24.12. Johann Baptist Joseph von Ossinger, Dekan bei Unserer Lieben Frau in München, benediziert die Kirche [10].
o.Dat. Die Kirche ist *bis an die Altar-blöter in völligen Standt khommen*; sie ist freskiert und stuckiert [11]. (Qu.5, p.90)

1731
15. 4. Bauarbeiten werden zum Sommer wieder aufgenommen. (Qu.4, Prod.6)
24. 8. Von dem Kloster ist *bereits ein Stockwerk gebaut.* (Qu.4)
31.10. Bauarbeiten werden zum Winter eingestellt. (Qu.4, Prod.6)

1732
16. 4. Bauarbeiten werden zum Sommer wieder aufgenommen. (Qu.4, Prod.6)
23.11. Bauarbeiten werden zum Winter eingestellt. (Qu.4, Prod.6)

1733
25. 6. Bauarbeiten werden zum Sommer wieder aufgenommen. (Qu.4, Prod.6)
5.10. Bauarbeiten werden beendet. (Qu.4, Prod.6)

1734
1. 1. Die Baukosten, *ohne alle Kost der Arbeither,* betragen mittlerweile 18706 fl 17 x.(Qu.1)
2. 4. Fischer quittiert das Gesellengeld (255 fl 31 x) für *Erpauung des aldasigen Kirch- und thails Closter Paus* von 1727 bis 1733. (Qu.4, Prod.6)

1737
19. 9. Weihe der Klosterkirche durch den Freisinger Weihbischof Johann Ferdinand Joseph von Pödigheim (Qu.6)

1738
12. 1. Vertrag mit Egid Quirin Asam über Herstellung des Hochaltars (Qu.4, Prod.19)
1.10. E.Q. Asam bescheinigt, daß Fischer *wegen dem daselbst zuerichten habenten Chor-Altar* 300 fl zustehen. (Qu.4, Prod.20)
13.11. Fischer quittiert 300 fl für Maurerarbeiten beim Aufstellen des Hochaltars. (Qu.4, Prod.20)

1739
o.Dat. Jahreszahl in der Stifter-Inschrift hinter dem Hochaltar [12] gibt die vorläufige Vollendung der Innenausstattung an.

1753
20. 7. Die Hieronymitaner bemühen sich beim kurfürstlichen Geheimen Rat um die Zustimmung zum Kauf des im Norden an ihr Grundstück angrenzenden Unertl-Gartens.(Qu.4, p.66)
11. 8. Der Geheime Rat bittet um den Riß eventuell geplanter Gebäude in dem Garten. (Qu.6, p. 72 ff.)

Zwischen August 1753 und März/April 1754, als die Aussicht bestand, den Unertl-Garten zu erwerben und dann die Klosteranlage nach dem ursprünglichen Entwurf ausbauen zu können, läßt sich Fischers Fassadenaufriß einordnen [13].

1754
–. 3./ 4. März/April wiederholen die Hieronymitaner ihre Bitte vom 20.7.1753 und beteuern zugleich, *nit das geringste Gepäu* im Unertl-Garten aufführen zu wollen. (Qu.6, p.72 ff.)
vor 18. 8. Der Münchener Steinmetz Johann Michael Mattheo legt eine Entwurfszeichnung [14]

10 Nach Hötzl (Anm.1), 40
11 Vgl. Bruno Bushart/Bernhard Rupprecht (Hg.), Cosmas Damian Asam 1686-1739, München 1986, 295-298 (Bärbel Hamacher). Unter den Ausgaben (Qu.4, Prod.5): *Stukhatorgesöllen haben bis 7. May [1730] empfangen 128 fl*
12 Im Wortlaut in Qu.5, p.90
13 S. Kat.-Nr.11, in Band I S.118 ff.
14 BayHStA, PlSlg 8489; vgl. Dischinger (Anm.1), 134 f. (Nr.317); dort »zwischen 1735 und 1753« angesetzt.

Abb. München
St. Anna im Lehel mit Kloster
Grundriß des 1. und
2. Obergeschosses sowie Schnitt,
zwischen 1807 und 1827

Abb. München
St. Anna im Lehel
Entwurf für die Plattierung
von Johann Michael Mattheo, 1754

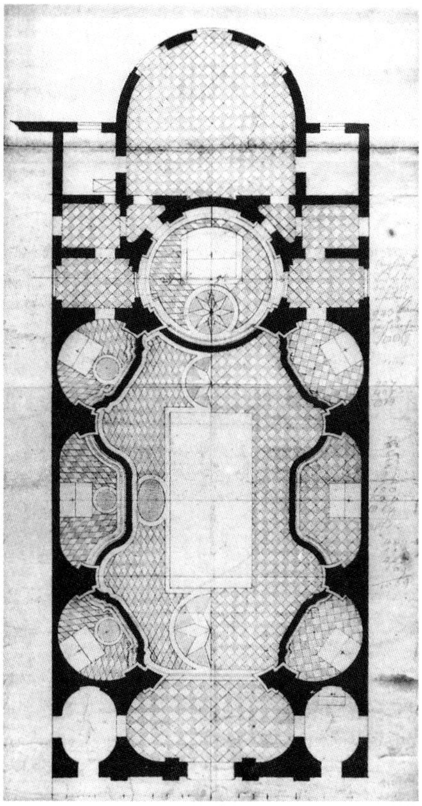

und eine Kalkulation über 1886 Steine für das noch fehlende Kirchenpflaster vor. (Qu.4, Prod.27)

18. 8. Vertrag über Lieferung von 1900 *Kelheimer Pflaster Stain[en] zur Kürchen S.Annae am Lechel* (Qu.4, Prod.28)

18. 9. Der Unertl-Garten wird als den Hieronymitanern ›zugehörig‹ bezeichnet, das heißt, er ist in ihrem Besitz [15].

Mit St.Anna im Lehel und dem Hieronymitanerkloster erhielt Fischer erstmals Gelegenheit, eine Kirche und Kloster umfassende Anlage zu planen. Das Vorhaben wurde zwar vom Münchener Hof gefördert, Auftraggeber waren aber die Hieronymitaner. Daß sie Fischer den Neubau anvertrauten, könnte auf die Vermittlung von Franz Joseph Freiherr von Unertl und Fischers Schwager Johann Baptist Gunetzrhainer zurückzuführen sein [16].

Wahrscheinlich gehörte Fischer bereits zu den *Pauverstendtigen*, die die Hieronymitaner 1725 beraten haben. Sein in einer Kopie erhaltener Grundrißentwurf [17] wird 1725/26 entstanden sein, jedenfalls gewisse Zeit vor Einsetzen der Aushubarbeiten (1726) und vor Baubeginn der Kirche im März 1727.

Bei seiner Konzeption der Anlage ging Fischer von einem Bauplatz aus, der nicht nur den Delling'schen sondern auch den nördlich angrenzenden Unertl-

15 Vgl. die Beschriftung auf BayHStA, PlSlg 20180. Der Kaufbrief wird am 18.1.1755 ausgestellt; Qu.6 (Schreiben vom 22.8.1758).

16 Vgl. Anm.2. Unertl und Fischer hatten sicher auch während des Kirchturmbaues in Deggendorf 1723-1727 Kontakt; s. WVZ 11.

17 S. Kat.-Nr.10, in Band I S.118

18 Vgl. Dischinger (Anm.1), 132-134 (Nr.312)

19 Vgl. Dischinger (Anm.1), 133-134 (Nr.313-316); dort »um 1727« angesetzt.

20 Vgl. BayHStA, Abt.IV Kriegsarchiv, Plansammlung München 336-337 (Grundrißaufnahmen zwischen 1807 und 1827)

21 Vgl. Dischinger (Anm.1), 135 f. (Nr.318)

22 Qu.6 (Schreiben vom 28.11.1754)

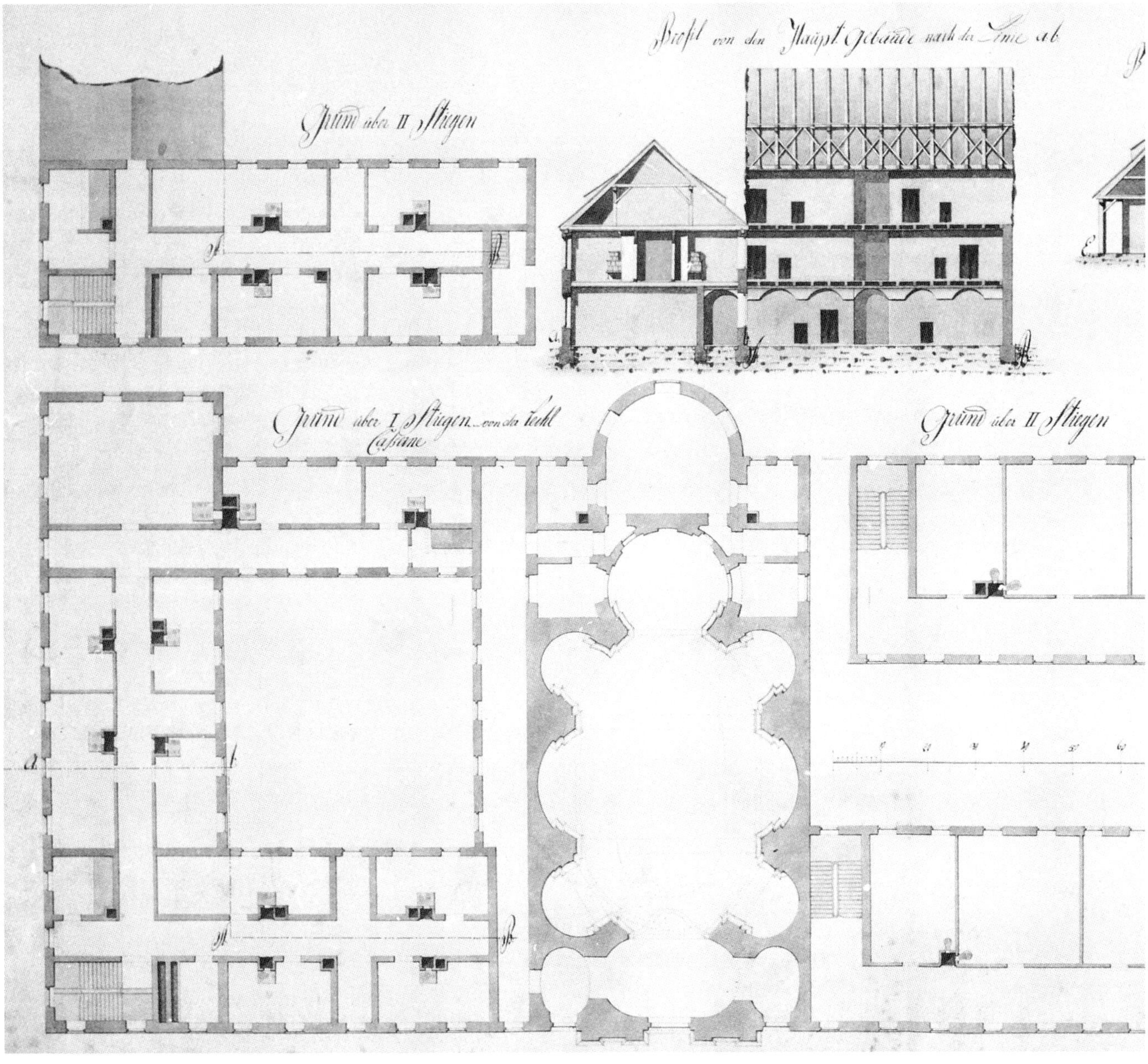

Garten beinhaltete, und plante deshalb beiderseits der (gewesteten !) Kirche, in Eingangshöhe, je einen Klosterflügel [18]. Da der zum Bau des nördlichen Flügels erforderliche Unertl-Garten zur Zeit der konkreten Planung noch nicht Eigentum der Hieronymitaner war, arbeitete Fischer erst einmal nur den südlichen Flügel im Grundriß aus.

1728, gegen Ende des Kirchenbaues, tritt die Klosterplanung in das entscheidende Stadium; zwei Entwürfe werden genannt: Der *neue Closter Riss* mit 85 Schuh Länge orientiert sich an dem von Fischer vorgegebenen Klosterflügel, der andere Vorschlag mißt 93 Schuh. Beide Maßangaben lassen sich mit überlieferten Grundrissen in Verbindung bringen, die aber von Angehörigen des Hieronymitanerordens stammen [19]. Diese Projekte belegen, daß man damals die Zweiflügel-Idee zugunsten einer geschlossenen Dreiflügelanlage südseits der Kirche aufgab, weil der Unertl-Garten wohl wider Erwarten nicht erworben werden konnte.

Ausgeführt wurde der Klosterbau zwischen 1729 und 1733 unter Fischers Leitung. Das Ergebnis war unbefriedigend: An den dreigeschossigen Ostflügel schlossen sich die zweistöckigen Süd- und Westflügel an, deren Grundriß den Eindruck nachträglicher Anbauten kaum verbergen kann [20]. In Anbetracht dessen hat Fischer wohl kaum Einfluß auf die Klosterpläne genommen.

1753 konnten sich die Hieronymitaner neuerlich Hoffnungen auf den Erwerb des Unertl-Gartens machen, verzichteten aber für die kurfürstliche Erlaubnis zum Kauf 1754 auf die Bebauung des Gartens. Die Erwartung der immer verfolgten Grundstückserweiterung dürfte alte Wünsche geweckt haben: Vollendung der Anlage nach dem ursprünglichen Entwurf. In diese Phase, zwischen August 1753 und März/April 1754, paßt Fischers Aufriß für die Kirchenfassade; in der Zeit war die Verlängerung der Ostfront und damit die Verwirklichung der symmetrischen Eingangsfront in erreichbare Nähe gerückt.

Diese Überlegung schließt die Annahme ein, die Fassade sei damals unvollendet gewesen, in den 30er Jahren mit Blick auf die angestrebte Ergänzung der Anlage nach Norden zurückgestellt worden [21]. Daß St. Anna 1754 weder ein Steinpflaster noch Kirchenbänke besaß [22], zeigt, wie weit die Kirche von ihrer Fertigstellung entfernt war.

Spätere Ansichten bilden die Kirche mit ausgebauter Fassade ab [23], doch keine der uneinheitlichen Darstellungen läßt sich mit Fischer in Verbindung bringen. Unterschiedlich wird auch der Dachreiter wiedergegeben, der einst über dem Chor aufragte, aber 1852/53, als man die Kirche um eine Doppelturmfassade ›bereicherte‹, abgetragen wurde. Weitere Substanzverluste und Verfälschungen erfuhr die Kirche durch Ausbrennen 1944 und den anschließenden Wiederaufbau.

Gabriele Dischinger/Christl Karnehm

Abb. München
St. Anna im Lehel, Ansichten von Johann Paul Stimmelmayr, um 1800

23 Um 1800 Zeichnung von Johann Paul Stimmelmayr – AEM, Stimmelmayr, Bd.V, Erinnerungen und Bemerkungen von verschiedenen Orten um die Stadt München zwischen 1750 und 1800, Nr.31; zwischen 1807 und 1827 anonyme Bauaufnahme – bei Loers (Anm.1), 148, Abb.165; um 1840 zwei Zeichnungen von Carl August Lebschée – eine bei Loers (Anm.1), 149, Abb.166, die andere bei Hagen-Dempf 1954, 16/17

25 MÜNCHEN

Pfarrkirche St. Georg in Bogenhausen [1]
Voranschlag für Erhöhung und neues Gewölbe

Seit dem 8. Jahrhundert besaß Bogenhausen eine Pfarrkirche. Dem romanischen Bau mit Westturm wurde in der Spätgotik ein neuer Chor angefügt.

In unmittelbarer Nachbarschaft der Kirche stand das Schlößchen Neuberghausen, das Hofratspräsident August Joseph Graf Törring-Jettenbach (1728-1802) ab 1760 unter der Leitung von Ignaz Anton Gunetzrhainer – einem Schwager Fischers – ausbauen ließ; dem wird eine Planung vorausgegangen sein, die etwa in die Zeit fällt, als auch der Pfarrer von St. Georg – zwischen 1757 und 1789 Franz Georg Riedl [2] – die Kirche zu reparieren beabsichtigte.

1 Quellen: Qu.1 = BayHStA, GL 2733/715; Qu.2a-c = PfarrA München Hl. Blut/St. Georg, Rechnungen 1766-1768 – Für die Bereitstellung der Unterlagen in Hl. Blut danken wir der dortigen Pfarrverwaltung.
Literatur: Michael Lampart, Einige Beiträge zur Geschichte des Pfarrdorfes Bogenhausen bei München, in: Ober-

1759

25\. 4. Voranschlag Fischers, *was zu Erbauung der lobl. S. Gregori Kirchen zu Bogenhaußen, ... auf Bau Materiallien und Taglohn vor die Maurer auch Handlanger ergehen möge.* Neben 22 400 Mauersteinen, Kalk, Sand und Gips berechnet er 891 fl *zu Machung dem Kirchen Gewölb ... [aus] Wurflatten.* Insgesamt kommt er auf die Summe von 1294 fl. (Qu.1)

1\. 5. Voranschlag des Zimmermeisters Joseph Mahl über 519 fl 6 kr, der Fischers Kalkulation ergänzt; daraus geht weiter hervor, daß *der Thachstull ohnedas abgetragen werden mueß, so khenten die Kirchenmaur etwas höhers erhöht und anstatt des hilzigen Taflwerckhs ein mit Latten gemachtes Gewölb hergestölt werden...* (Qu.1)

18\. 5. Pfarrer Riedl berichtet dem Münchner Magistrat, daß *ernentes Gottshaus so schlecht und ruinos, daß alle Augenblickh, besonders bey starkhen Wünd oder Schnee das Einfahlen zubeförchten, massen die Maurpänkh unnd der Tachstuehl lauth Yberschlag völlig verfaulet seynt. Unnd da bey obbemelten Gottshaus genuegsame Mittl vorhanden,* bittet er um Genehmigung der Reparatur. (Qu.1)

8\. 6. Der Magistrat leitet die Unterlagen an den Geistlichen Rat weiter. (Qu.1)

1760

2\. 9. Laut Schreiben des Münchner Magistrats hat Graf Törring, dessen Familie in St. Georg eine Familiengrabstätte unterhält, versprochen, den Hochaltar zu stiften; der Pfarrer ist bereit, *die Seithen Altär nebst andern Erfordernissen ex propriis* herstellen zu lassen. (Qu. 1)

1765

9\. 9. Pfarrer Riedl erinnert beim Geistlichen Rat an das Bauvorhaben[3].

1766

4\. 1. Durch *H[errn] Fischer Maurermeister und Jos[eph] Krafft Zimmermeister [wird] der Augenschein zum vorgehabten Kirchenbau vorgenohmen*; dabei fallen Kosten (1 fl 30 kr) für den *Lehenröss[l]er*, den Mietkutscher, an der die beiden von München nach Bogenhausen gefahren hat. (Qu.2a [4])

26\. 2. Beim Münchner Magistrat liegen neue *Riss samt Überschlägen* vor[5].

3\. 5. Nach Tagelöhnern und Zimmerleuten werden nun auch Maurer bei den Arbeiten am Kirchenbau eingesetzt. (Qu.2a)

2\. 8. ... *6 f 6 x für den Heb-Wein nach Aufhebung des Tachstuhls* (Qu.2a)

o.Dat. Zimmermeister Franz Joseph Krafft erhält *wegen neuen Tachstuhl* 365 fl 54 kr (Qu.2a)

34 Schock Glas Taflen zu denen neuen Kirchenfenstern werden abgerechnet (81 fl 36 kr) (Qu.2a)

Ausgaben für Baumaterial und Handwerker 1766: 2249 fl 50 kr (Qu.2a)

1767

o.Dat. *H. Philipp Hölterhof Fresco Mahler [erhält] für Ausmahlung der Kirchen ... die accordirte* 245 fl, sowie *für noch weithere Mahler Arbeit oberhalb der Bohrkirchen, für Ornamenten so anders extra* 10 fl (Qu.2b)

Jakob Schönauer, Steinhauer aus München-Au, erhält als Abschlag für das Kirchenpflaster 350 fl (Qu.2b)

Ausgaben für Baumaterial und Handwerker 1767: 3189 fl 26 kr 4 hl (Qu.2b)

1768

vor 17. 8. Der Kirchenverwalter berichtet dem Münchner Magistrat: Nachdem *heuer bereits im driten Jahr, ... das uralte St. Georgii Pfarrgottshaus Bogenhausen vast von Grund neu zu erbauen und zu restaurieren angefangen, solle dieser Kirchen-Bau mit dem heurigen Sommer in der Hauptsach zur Endschafft gelangen.* (Qu.1)

o.Dat. Ausgaben für Baumaterial und Handwerksleute 1768: 984 fl 46 kr (Qu.2c)

Fischers Auftreten in Bogenhausen beschränkt sich auf die Zeit vor Beginn der Bauarbeiten in St. Georg. Sein Voranschlag von 1759 lief darauf hinaus, die Mauern der alten Kirche zu erhöhen und unter einem neuen Dachstuhl ein Latten-

bayer. Archiv 26 (1865/66) 161-187; Lieb 1982, 160 f., 234; Norbert Lieb, St. Georg in München-Bogenhausen, München 1987; ders., St. Georg München-Bogenhausen (KKF Nr.57), ²München-Zürich 1991; Möhring 1992, 395 f.

2 Lampart (Anm.1), 187

3 Nach Lieb 1987 (Anm.1), 15

4 Die Rechnungen des Kirchenbaus hat übrigens Fischers Schwiegersohn Johann Georg Dänzl (auch Däzl) geprüft.

5 Wie Anm.3

Abb. München, St. Georg in Bogenhausen, Kirchenraum mit Chor

gewölbe einzuziehen; mitwirken sollte Joseph Mahl, der wenig später auch beim Kirchenbau in Altomünster die Zimmerarbeiten leitete [6]. 1766 wird das Vorhaben wieder aufgegriffen, wobei Fischer nun mit Zimmermeister Franz Joseph Krafft die alte Kirche besichtigte. Knapp sechs Wochen später ist die Rede von neuen Plänen und Voranschlägen; ob diese allerdings von Fischer und Krafft stammten, bleibt offen.

Als Fischer am 6. Mai 1766 starb, setzten erst die Maurerarbeiten bei St. Georg ein, vorher hatte man nur Tagelöhner und Zimmerleute beschäftigt. Drei Monate darauf wurde schon Richtfest gefeiert. Die kurze Bauzeit und das heutige Erscheinungsbild deuten darauf hin, daß 1766 von der alten Kirche nur das Dach abgetragen wurde, um anschließend die Mauern zu erhöhen, größere Fenster einzubrechen, einen neuen Dachstuhl zu errichten und ein neues Gewölbe einzuziehen; die Außenmauern und der Turm der alten Kirche wurden beibehalten [7]. Die Erneuerungsmaßnahmen bewegten sich also im Rahmen des Fischer-Vorschlages von 1759. Dennoch kann Fischer »der ausgeführte Bau aus stilistischen Gründen nicht überzeugend zugeschrieben werden« [8].

Die Aussage von 1768, die Kirche sei *vast von Grund neu* erbaut worden, ist dahingehend zu relativieren, daß man den Innenraum ab 1766 grundlegend verändert hat. Neben Franz Joseph Krafft könnte – nach Norbert Lieb – bei der Teilerneuerung von St. Georg Balthasar Trischberger (1721-1777) als ausführender Maurermeister tätig gewesen sein [9]. An Fischer erinnern lediglich die Kehlungen der heutigen Kirchenfenster.

Gabriele Dischinger/Christl Karnehm

6 S. WVZ 2; vgl. auch WVZ 23

7 Vgl. die Ansicht der alten Kirche auf einer Darstellung von 1716; Abb. bei Willibald Karl (Hg.), Bogenhausen, München 1992, 9. – 1771 hat dann Zimmermeister Joseph Mahl den neuen *Thurn Kuppel Bau* hergestellt und erhielt dafür insgesamt 250 fl; PfarrA München Hl. Blut/St. Georg, Rechnungen 1771 und 1772.

8 Lieb 1991 (Anm. 1), 2

9 Lieb 1987 (Anm.1), 17. – Trischberger tritt 1767 als Fischers Nachfolger in Altomünster auf; s. WVZ 2.

26 MÜNCHEN

Pfarrkirche St. Margaret in Sendling [1]
Dachreparatur

Die Pfarrei Sendling/Thalkirchen (die ursprüngliche Pfarrkirche war Mariä Himmelfahrt in Thalkirchen) war seit 1329 dem Kollegiatstift St. Johann auf dem Burgberg in Freising inkorporiert. Die alte gotische Pfarrkirche in Untersendling war 1705 bei der Sendlinger Bauernschlacht beraubt und schwer beschädigt worden; 1711-1713 Neubau unter Verwendung alten Mauerwerks durch den Münchner Maurermeister Wolfgang Zwerger. 1739, als Schäden an der Eindeckung des Dachs entdeckt wurden, ließ Pfarrvikar Balthasar Hueber (1738-1768) die kleine Reparatur durchführen.

1739
27. 4. Beginn
9. 5. Abschluß der Reparaturarbeiten auf dem Kirchendach (Qu.1)
30. 5. Fischer stellt in einer *Specification* zusammen, was *die Maurer und Handlanger wegen Errichtung der paufelligen Kirch Tachung* wie auch die verbrauchten *Pau Materiallien* gekostet haben und quittiert zugleich die dafür angefallene Summe von 21 fl 35 kr [2]. (Qu.1)

Bei der Reparatur setzte Fischer die Gesellen Simon Frey [3], Martin Göbl und Sebastian Dietl (mit 22 kr täglich) sowie zwei Handlanger ein. 300 Dachziegel und Kalk (*1 Muth 1 Metzen*) wurden verbraucht.

Anna Bauer

1 Quellen: Qu.1 = StadtA München, Sendling 34 (Rechnungen 1739)
Literatur: Hans Lanzhammer, Alt-Sendling und seine Beziehungen zu München, München 1926, 39-54. Georg Böhmer/Hugo Schnell, St. Margaret/München-Sendling (KKF Nr.308), München 1938; Lieb 1982, 227. – Vgl. auch WVZ 42
2 Unterzeichnet mit *Joh. Michael Fischer B[ürge]r und Maurer Meister*
3 Frey war später Fischers Palier; s. Josef H. Biller, in Band II S.71

27 MÜNCHEN

Ehem. Bruderschafts-, heute Pfarrkirche
St. Michael in Berg am Laim [1], und das Franziskanerhospiz
Planung und Ausführung

Abb. in Band I S.52-54, 56, 78, 81-82, 94

Joseph Clemens (1671-1723), Sohn des bayerischen Kurfürsten Ferdinand Maria sowie u.a. Erzbischof von Köln, erlangte 1688 den Nießbrauch der Hofmark Berg am Laim und entschloß sich zum Bau eines neuen Schlosses namens Josephsburg nahe dem alten Hofmarksschloß. Zwischen 1690/91 und 1693 errichtete der Münchner Hofbaumeister Henrico Zuccalli (um 1642-1724) dieses Schloß, einen langgestreckten eingeschossigen Bau mit zweistöckigen Seitenpavillons und rundbogiger Einfahrt in der Mitte [2].

1693 gründete Joseph Clemens die St. Michaels-Bruderschaft und bestimmte die Münchner Franziskaner zur Bruderschafts-Seelsorge [3]. Als Bruderschaftskapelle stellte er die Schloßkapelle in Josephsburg zur Verfügung [4]. Diese Kapelle lag im Nordpavillon des Schlosses, war rechteckig (ca. 6,90 x 12,30 Meter) und erstreckte sich über beide Geschosse [5].

1721 äußerte für den Magistrat der Bruderschaft deren Vizepräfekt Anton Cajetan von Unertl (Dekan bei St. Peter in München) die Bitte, die Kapelle in Josephsburg *bey 10-12 Schuech* (ca. 2,90-3,50 m) nach Westen erweitern zu dürfen. Joseph Clemens war es jedoch *liber, das selbige ohne Erweiterung, in dem iezigen Standt, und zugleich die Mutter-Kirch der Erzbruderschafft S. Michaelis verbleibe* [6].

1723 trat Clemens August (1700-1761), Sohn des Kurfürsten Max Emanuel, die Nachfolge seines Onkels Joseph Clemens an. Am 27. Juni 1725 erhob Papst Benedikt XIII. die Bruderschaft zur *Churcölnischen Erzbruderschaft des heiligen Erzengels Michael*.

1 Quellen: Qu.1 = AEM, Akt Berg am Laim; Qu.2 = PfarrA Berg am Laim (Archiv der St. Michaels-Bruderschaft), 1944 verbrannt und deshalb hier die Auszüge daraus bei Barth (= B. mit Seitenangabe) und Hagen-Dempf (= H. mit Seitenangabe) zitiert (s. Literatur); Qu.3 = BayHStA, HR 146/116, I-IV (Sitzungsprotokolle der St. Michaels-Bruderschaft); Qu.4 = BayHStA, HR 146/107; Qu.5 = BayHStA, GL 4566/117; Qu.6 = BayHStA, GL 4566/118; Qu.7 = BayHStA, Haus- und Familiensachen U, Gesellschaften und Orden, 4; Qu.8 = BayHStA, VA 63/40; Qu.9 = BayHStA, KL Franziskaner Bayer. Provinz 278; Qu.10 = BayHStA, KL Franziskaner Bayer. Provinz 279; Qu.11 = StadtA München, Ratsprotokolle 1739; Qu.12 = StadtA München, Gewerbeamt 2556/2 und 3; Qu.13 = BSB, Oefeleana 112
Literatur (in Auswahl): Ludwig Trost, Die Geschichte des St. Michaels-Ordens in Bayern und der St. Michaels-Bruderschaft seit dem Jahre 1693 bis auf die Gegenwart, München-Leipzig 1888;

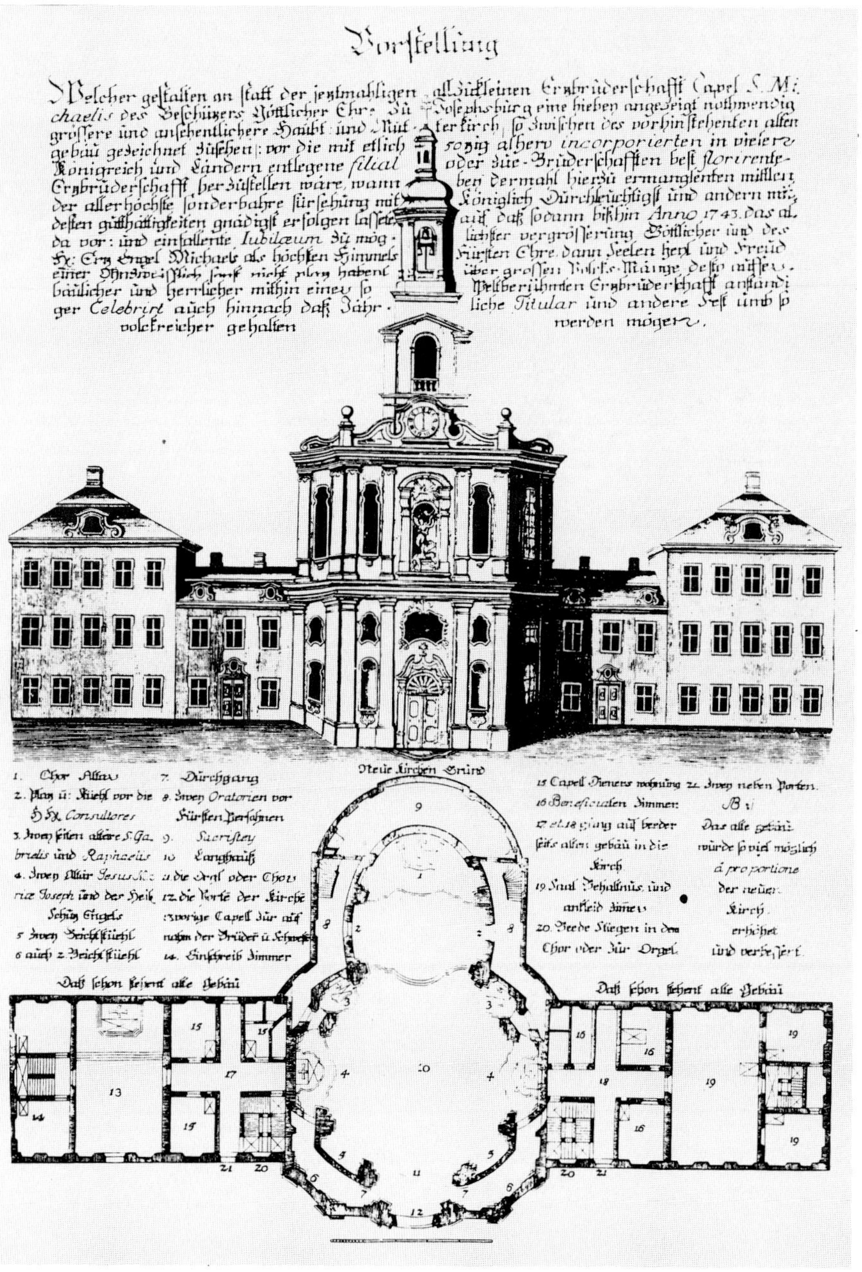

Abb. München
St. Michael in Berg am Laim,
Stich von
Simon Thaddäus Sondermayr,
1735

1735

–. 8. Der Sekretär der Bruderschaft, Franz de Paula Würnzl, läßt bei Simon Thaddäus Sondermayr in Augsburg für 40 fl einen Spendenaufruf mit Grundriß und Fassadenansicht einer neuen Kirche stechen, die *an statt der jetzmahligen allzukleinen Erzbruderschafft Capel* erbaut werden soll und als *nothwendig grössere und ansehnlichere Haubt- und Mutterkirch* der Bruderschaft vorgestellt wird[7]. (Qu.2, B.15 f.)

25. 8. Im Bruderschafts-Magistrat kommt der Neubauplan zur Sprache. Es gibt *ville Irr- und Verwirrungen ... indeme die Subaltern, und Officiales, sich aigenmechtig, und ohne schuldigiste Beanfragung unterstehen,* eine Sammlung für einen Neubau zu veranstalten, zu dem Würnzl *einen unwissent von wemb gemachten Riß in Kupfer* hat stechen lassen. Die Weiterverfolgung seiner Absicht wird Würnzl verboten, weil der Bau einer neuen Kirche zu kostspielig und unnötig sei. (Qu.3[8])

Der *unwissent von wemb gemachte* Plan auf dem Sondermayr-Stich wurde wohl nicht allein aus ständischen Überlegungen abgelehnt, sondern auch wegen seiner unübersehbaren Schwächen. Vermutlich deshalb hat Würnzl dann mit Fischer Kontakt aufgenommen. Dessen Entwurf dürfte im Laufe des Jahres 1736 entstanden sein; er veranschlagte die Baukosten *ohne inwendtige Ausmach-*

Nikolaus Barth, Die Sankt Michaelskirche in Berg am Laim, München 1931; Hagen-Dempf 1954, 29-41, 96-98; Freckmann 1965, 138-140; Veit Loers, Die Hofkirche St. Michael in Berg am Laim, in: Ars bavarica 8 (1977) 55-85; Lieb 1982, 64-76; Robert Stalla, St. Michael in Berg am Laim, Weißenhorn 1989; Möhring 1992, 85-139 – S. auch Franz Peter, in Band I S.52-56

2 Abb. bei Michael Wening, Historico-Topographica Descriptio ..., 1. Teil, Das Rentamt München, München 1701, Taf.31; s. auch Stalla (Anm.1), 15

3 Am 8.5.1693 Einführung der Bruderschaft; Präses sollte jeweils ein Franziskaner sein, Präfekt der Gründer bzw. seine Nachfolger. Am 29.9.1693 gründete Joseph Clemens den St. Michael-Ritterorden. Während in der Folgezeit die Bruderschaft aufblühte, geriet der Ritterorden eher in Vergessenheit.

4 Die Schloßkapelle lag in der Pfarrei Baumkirchen.

5 Dargestellt auf dem Sondermayr-Stich von 1735; s. weiter unten und Anm.7.

6 Qu.1 (Brief vom 20.2.1721, im Schreiben vom 2.5.1744). – Im Gegensatz dazu Trost (Anm.1), 22 f.: Danach gab Joseph Clemens »in den letzten Jahren vor seinem Tode der Erzbruderschaft den Konsens und die Anweisung zu Erbauung einer neuen Kirche ... . Es war dabei seine Intention, daß sie ›zwischen den beiden Pavillons‹ der Josefsburg zu stehen komme ... .«

7 Der Stich ist abgebildet u.a. bei Loers (Anm.1), 65 und Stalla (Anm.1), 17. – Die Spendenaufrufe lagen den ›Bruderschafts-Formeln‹ bei, die alljährlich verschickt wurden. Das Versenden der Formeln oblag Würnzl, er verfaßte auch die Aufrufe und ließ sie drucken.

8 Sitzungsprotokoll vom 25.9.1737

und nothwendiger Ausziehrung, auch denen erforderlichen Nebengepeuen ... auf 11584 fl 49 x [9]. Anschließend hat Würnzl *solchen Kürchenpau ainseithiger Weis an Ihro Churfrtl. Drtl. zu Cölln gebracht unnd dahin vermöget, das Sye ... zu Erbauung der nach dem Riß entworffenen Kürchen* die Zustimmung gab [10]. Würnzls eigenmächtiges Vorgehen dürfte zwischen Oktober 1736 und 11. Februar 1737 einzuordnen sein, als sich der Kölner Erzbischof Clemens August in München aufhielt [11]; und bei dem genehmigten Plan handelte es sich höchstwahrscheinlich um Fischers Entwurf, war er doch *der Erste*, der zu dem Kirchenbau *alle geherige Riß verferdiget* hat [12].

1737

11. 2. Noch in München erteilt Clemens August den Konsens zum Kirchenbau; er hält es für nötig, daß ein so *nuzlich Werck anstatt einer Capell mit einer anständigen Kirch nach Ausweis des vorgewisenen Rises versehen ... werde,* erlaubt, dazu das *Josephsburgische Gebäu [zu] verwendten* und befiehlt dem Magistrat, daß er *nicht allein erwend nöthigen Bau erholten [eingeholten] Rises gemäss führen,* sondern auch Würnzl in seinem Bemühen um den Neubau unterstützen solle [13]. (Qu.1)

15. 9. Freising erfährt, in Josephsburg sei ein Kirchenbau ohne die erforderliche fürstbischöfliche Bewilligung geplant. Würnzl habe *schon villfeltig* Material anfahren lassen und die Baukosten würden *nit wie ain privat Geist nach einer simplen Phantasy auf 11000 fl angibet, sonderen wohl yber 40000 fl gegen 50000 fl gewislich sich belaufen ...* (Qu.1)

20. 9. Kurfürst Karl Albrecht verbietet die Sammlung für den Kirchenbau im Bereich des Kurfürstentums. (Qu.1 und 6 [14])

25. 9. Der Magistrat der Bruderschaft hält Würnzl u.a. vor, er habe trotz aller Verbote nun sogar Kalk und Steine nach Josephsburg bringen und *aine aigene Pauhütten ... errichten lassen.* (Qu.3)

–.10. Würnzl fährt *mit fernerer Beyschaffung der Paumaterialien* fort und gibt Anweisung, *den ausgezeigten Grund zu graben.* (Qu.1 und 5)

7.12. Clemens August ermahnt den Bruderschafts-Magistrat, daß gegen *dises löbl. Werck ... nichts widriges mehr eingewendet, sondern aller Vorschub, wie billich, geleistet* werde. Der Zustimmung seines Bruders, des Kurfürsten Karl Albrecht, sei er sich sicher. (Qu.1)

14.12. Der Magistrat begründet seinen Widerstand gegenüber Karl Albrecht: Der geplante Neubau würde kaum größer als die alte Kapelle [15]. *Unerachtet all dessen iedoch seint yber mehrbesagt dise vorhabente Kürchen nach dem verfassten Yberschlag ohne inwendtige Ausmach- und nothwendiger Ausziehrung, auch denen erforderlichen Nebengepeuen die Uncossten auf 11584 fl 49 x angeschlagen wordten, bey welchen es aber nur allzugewis kheineswegs verbleiben, sondern woll umb die Helffte höhers ankhommen wurdte.* (Qu.5)

1738

4. 2. Würnzl schließt mit dem Hofmaurerpalier Philipp Jakob Köglsperger einen Vertrag über den Neubau. »Bei der Abschrift ein Zettel: *Dieser Köglperg Contrakt ist nicht obrigkeitlich, mithin unkräftig, auch der Riß erst lang danach extradiert.*« (Qu.2, H.96)

2. 3. Würnzl wartet auf den am 17.1. erbetenen Konsens aus Freising, denn er müsse *denen gratis in Schlos Josephsburg befindenten Inleithen [Einwohnern] ... behörig aufkündten,* mit vier Wochen Frist, damit *Anfang des Aprils als ordentlicher Bauzeit das alte Gebäu abgetragen und nach gelegten ersten Stein ... angefangen ... werden möge.* (Qu.1)

7.10. Ferdinand Joseph Reichsgraf von Trauner, kurkölnischer Geschäftsträger in München, legt den ersten Stein zum Kirchenbau [16]. (Qu.10)

28.10. Es werden, *... umb heur noch einen nambhafft gemachten Anfang des Kirchenbaus herzustellen, wirklichen 54 Maurer, Zimmerleith und Taglohner underhalten.* (Qu.1)

3.12. Verhandlungen »mit dem Prälaten von Tegernsee wegen Lieferung von acht Säulen für die Fassade aus dem Tuffsteinbruch von Mühlthal bei Weyarn«. (Qu.2, B.22)

17.12. Fischer fragt Würnzl, ob es nicht gut wäre, wenn er Köglsperger drohte: *... wann er nit gleich ... den Kirchenbau hinden lasse, so will ich mit ihme Keglsperger einen Proces anheben, weill er mir solches Gebey abgevortelt und [ab-]geloffen habe, solle es mich kosten, wass es wolle. ... Es kann auch Ihro Streng [Würnzl] nach Belieben ietermann sagen, ich bauete*

9 Vgl. dazu 14.12.1737

10 Qu.3 (Sitzungsprotokoll vom 25.9.1737)

11 Max Braubach, Clemens August, Versuch eines Itinerars, in: Ausst.-kat. »Kurfürst Clemens August«, Köln 1961, 70 und Stalla (Anm.1), 21

12 Vgl. dazu 17.12.1738; dort sagt Fischer auch, seine Planung habe – wohl auf Würnzls Wunsch – geheimgehalten werden müssen.

13 Der Magistrat verhielt sich ablehnend; Vizepräfekt von Unertl war das Haupt des Widerstands gegen den Neubau und das Hospiz, sekundiert von Nikolaus Praschler, Pfarrer von Baumkirchen; beide bekämpften das Unternehmen und seinen Verfechter Würnzl bis in die 50er Jahre.

14 Schreiben vom 10.11.1738 und Bericht der Bruderschaft vom 24.7.1740

15 Qu.6 (Schreiben vom 24.7.1740): alte Kapelle 41 x 23 Schuh, neue Kirche 70 x 46 Schuh

16 Der Grundstein trug das Wappen Clemens Augusts und die Aufschrift *Clemens Augustus Elector 1737*; Qu.2, B.17. – Fürstbischof Johann Theodor gab seine Zustimmung, die schon im Frühjahr 1738 erwartet wurde, erst unmittelbar vor der Grundsteinlegung; s. die Festpredigt von P.Landelinus Mayr, Glor-Zunahm- und Trostreiche Mark- oder Gezeugnuss-Stein, damahls als dem ... Herrn Clementi Augusto, Ertzbischoffen zu Cölln ..., ... beliebet, die ... Legung des ersten Steins ... für die ... Erzt-Bruderschafft des ... Erzt-Engels Michael von neuem zu erweitern-seyende Mutterkirchen auf den 7. October Anno 1738 ... zu verordnen, München 1738 (Exemplar in der Dombibliothek Freising 210247). Über die Grundsteinlegung ausführlich: Christian Haeutle (Hg.), Die Reindlsche Chronik von München, in: Jb. für Münchener Geschichte 3 (1889) 512 f.

dise Kirchen dem heilligen Michael zu Ehren, so dass mein Verdienst ist umbsonst, und zugleich auch will ich durch einen guedten Freint zu dem Kirchen Pau noch threy hundert Gulten, wan ich den Kirchenbau bekommen werdt, zuebringen, ... Gleich auch wissen Ihro Streng von selbsten, ... dass ich so gar der Erste bin wegen dem Gebey gewesen und darzue alle geherige Riss verferdiget, dass es mir vor ein solchen unsicheren Man wie Keglsperger ist, gebire und billiget, ... Dan wie ich glaubete, es miese solches in der geheim gehalten werden, dan meine Riss kennen von ein ieten Pauverstentigen geschetz[t] und fisitiert werden, aber dess Keglspergers als Pallier nit ... (Qu.2, B.18 f. und H.96 f. [17])

1738/1739

Winter: Prozeß zwischen Fischer und Köglsperger (Qu.12 [18])

1739

13. 2. Köglspergers Intrigen haben Würnzl bewogen, sich *widerumben* Fischer zuzuwenden, *der seines Verstandts genugsam beruemt und schon 20 Kirchen gebaut, alleinig aber anfangs beyseits gesetzt worden, weil ihn Herr von Unertl nicht haben wollen, welcher doch von allen Hoff- und anderen Baumeistern vor capabl und gewachsen genug jederzeit erkennet wirdt, folglich den von dem noch zeitlich abgestellten Hofmaurerpalier [Köglsperger] gemachten Fähler zu verbessern, und das völlige Gotteshaus cum pertinentiis zu gnädigsten Contento nach und nach herzustellen, ..., qualifizirt auch solvendo ist, aus eigenen Mittlen einen wider alles Vermuthen entstehenden Bauschaden zu ersetzen.* (Qu.10)

Als Fischer den Kirchenbau übernahm, waren die Fundamente gelegt und erhob sich das Mauerwerk *schon 26 Schuech in Frontispicio* [19].

27. 2. Auf Köglspergers Eingabe *contra den Fischer ... umb ... Inhibition des Kirchenbaus zu Josephsburg*, beschließt der Stadtmagistrat, *es seye jeweils der Köglsperger, als der Fischer dan der Würnzl auf das Rhathaus zu berueffen und hieryber gegeneinander commissionaliter zu vernemmen.* (Qu.11, fol.108)

16. 3. *Ausständt zum Kirchen Bau S. Michaelis* enthalten den Posten: *Dem Herrn Fischer Maurermeister for Ribs und ander Bemühunhg ...* (Qu.2, H.97 [20])

vor 16. 4. Clemens August wirft Würnzl vor, er habe sich *ohne geherigen Riß* dem Köglsperger anvertraut. (Qu.2, B.19)

»Anfang April 1739 war die vom Kurfürsten [Clemens August] gewünschte Inaugenscheinnahme des Baues durch zwei Maurermeister unter Leitung von Ferdinand Joseph Graf Trauner; sie fiel zu ungunsten Köglspergers aus. Er wurde daraufhin als Baumeister abgesetzt ...« [21]. (Qu.2, B.19)

16. 4. Würnzl schreibt Clemens August, »der Kontrakt mit Köglsperger annulliere sich selbst« [22]. (Qu.2, H.97)

5. 5. Würnzl bittet Clemens August, die *beschehene Anstellung des entgegen wohl bemittelt und erfahrenen Maurermeisters Fischer, der schon 20 Kirchen löblich gebauet und dahero in bestem Ruemb steht, gnädigst zu konfirmieren*, und zwar möglichst bald, weil die Bausaison genutzt werden müsse. (Qu.2, H.97)

21. 6. Fischer bezieht erstmals Gesellengeld. (Qu.2, H.98)

2. 7. Clemens August ordnet an, daß *Dero und Churbayer[ischen] Baumeister Mons[ieur] Gouville [Cuvilliés] über den Josephsburg. Kirchenbau die Inspection aufgetragen seye, nicht nur dasjenige, was bishero verferttigt worden, zu examinieren, sondern auch allenfalls neuer Ribs und Ueberschlag zu machen* [23]; einstweilen sei der Bau einzustellen. (Qu.2, H.97 [24])

7. 7. Daraufhin hat sich Würnzl *heut nebst dem Maurermeister Fischer zu ersagt Mons . Gouville verfüget, deme die Ribs, so mann ihme schon vor angefangenen Bau ad revidendum und zur Vergnehmung producieren widerholte vorgewisen, ... dabey angezaiget, wie hoch man mit dem Bau schon aufgefahrn, hat er Gouville von selbst erkennet, dahs die Ribs alle Anzeig zu einem dhauerhaften Gebäu geben, und mithin umb so weniger was pfuscherisch zu besorgen, als ermelter Fischer ein beruembt gueter Meister seye, der mit diser schon die 21iste Kirch baue* [25] *... wessweg[en] er in besten Credit stehet und bey solch bekannter Beschaffenheit nach schon hoch sich erschwungenen Gebäu so unthunlich als höchst schädlich were, den*

17 S. auch Dokument Nr.10, in Band II S.347; dort ist der Brief in voller Länge abgedruckt.

18 Schreiben Köglspergers vom 22.6. und 3.7.1739

19 Qu.13 (Schreiben Würnzls vom 14.1.1739); s. auch Barth (Anm.1), 22. Demgegenüber Köglsperger später: ... *nachdeme den völligen Grund heraus- und die Faciata samt denen 2 Thurmen 8 Schuech aufgebaut, hat der Maurmaister Fischer durch seine Passion hin und wider so viel zuwegen gebracht, daß mir einige Fehler haben aufgepurdtet werden wollen, ...*; Qu.12 (Schreiben vom 7.4.1742).

20 Bei Hagen-Dempf 1954, 97 fehlt die Summe.

21 Ergebnis des Augenscheins war wohl die Entdeckung, daß Köglsperger zuviele Steine verbraucht hatte. Barth (Anm.1) schreibt (17), »1738 ... hatte man sich schon mit 20000 Gulden [Baukosten] abgefunden und meinte mit 500000 Steinen auskommen zu können. Nun brauchte aber Köglsperger schon zu den Grundmauern und zu einem kleinen Stück der Fassade 180000 Steine; 40000 Steine hatte er verschwendet und Sachverständige redeten schon von 50-60000 Gulden, wenn Köglspergers Plan solid ausgeführt werden sollte.« – Köglsperger sagt darüber: ..., *so sich aber durch den vorgenohmenen Augenschein ... bezaigt, daß der Haubtriß [Fischers] gebliben, und nur inwendig ein so anderes weniges geenderet, allein da es bei meinen Dessin gebliben wäre, weit verträglicher gewesen ...*; Qu.12 (Schreiben vom 7.4.1742)

22 Vgl. dazu 4.2.1738

23 Cuvilliés stand seit 1728 in Clemens Augusts Diensten und bezog in dieser Stellung 400 fl Jahresgehalt. Nach dem Tode Cuvilliés' fand sich in seinen Unterlagen *1 Fascicul in 8° underschidl. Verificat[iones] zu denen Churcöln. Gebäuen zu Berg gehörig*; Qu.8.

24 Schreiben vom 7.7.1739

25 Es folgt die Aufzählung der Kirchen; s. dazu in Band I S.9

Bau im mündiste einzustellen, weillen hierdurch die Benefactores endlich gar abgetriben ... werden, ... (Qu.2, H.97)

Cuvilliés war »nur für eine zierlichere Gestaltung der Fassade«. (Qu.2, B.22)

18. 7. *Dem Herrn Fischer Gesellengelt vom 12.-18. July 1739 a 76 Täg a 2 x [tut] 37 fl 37 x* (Qu.2, H.98)

22. 8. Fischer leiht »der Bruderschaft zu den früheren vierhundert Gulden noch hundert Gulden ...«[26]. (Qu.2, B.22)

25. 9. Zumindest das untere Fassadengeschoß steht bereits im Rohbau, denn Freising erlaubt, daß *in Festo S. Michaelis [29.9.] under der Porten ... ein Altar möge aufgerichtet und auf selben celebrieret werden.* (Qu.1)

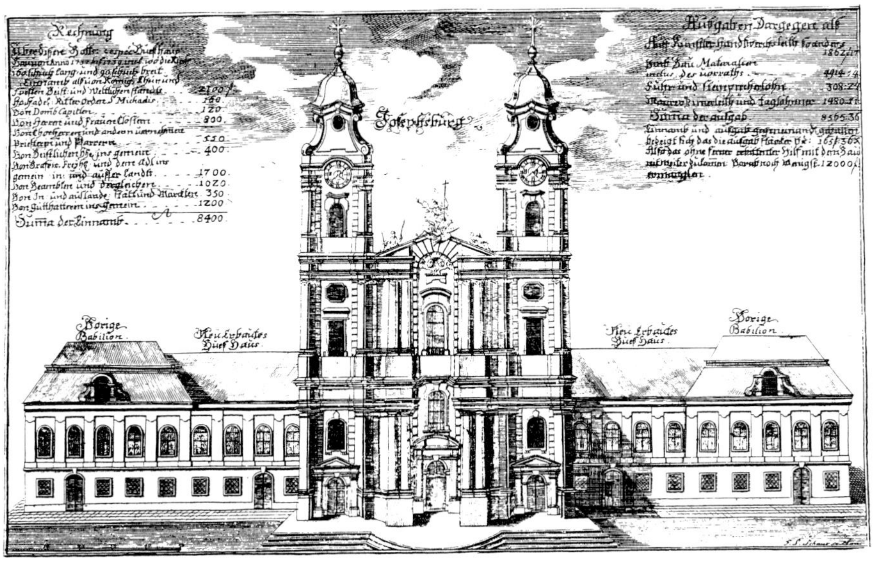

Abb. München St. Michael in Berg am Laim, Stich von Franz Sebastian Schaur, 1739/40

1739/40

Fassadenansicht der Kirche zwischen den Seitenflügeln, gestochen von Franz Sebastian Schaur, mit der sicher von Würnzl zusammengestellten *Rechnung* über den Bau von 1737 bis 1739 einschließlich, *wo die Kirche 160 Schuh lang, und 90 Schuh breit.* Danach stehen 8400 fl Einnahmen 8565 fl Ausgaben gegenüber; erforderlich sind *noch wenigst 12000 f.*[27]

1740

5. 3. Clemens August bittet seinen Bruder, den Freisinger Fürstbischof Johann Theodor, um den Konsens zur Einrichtung eines Hospizes für zwei Franziskaner an der *neu erbaueten Kirchen.* (Qu.1)

21. 6. Würnzl spricht von dem *über die Helfte erbauten Gotteshaus.* (Qu.1)

13. 8. Der Bau gerät ins Stocken; es beginnen *die Guetthetter des zu Berg schon sehr merckhlich in die Höche gehenten ... Kürchengepau abzunehmen ..., wol vermerckhende, das ohne Zueziechung ainiger ... tauglicher Religiosen das so ruembwirdig als höchstnuzliche Churcöllnische Absechen nit khönne erwürckht, mithin alles ... mues eingestelt, und das schon erbauthe öed gelassen werden, gleichwie es zu dato würckhlich sich weegen Abgang der Mittlen und abgedankhten Pauleuthen ergibet.* (Qu.5)

26. 8. Clemens August macht Freising dafür verantwortlich, daß die ausstehende Zustimmung zum Hospiz die Spender abschreckt und der Bau stagniert. (Qu.1 und 6)

29. 9. Zum ersten Mal wird der Gottesdienst in der Kirche gehalten ... *a[nn]o 1740 bey erbauten Kirchentach,* auf einem altare portatile. (Qu.1[28])

1741

Perspektivische Ansicht der Kirche zwischen den Seitenflügeln, von anonymem Stecher[29].

1742

10.12. Johann Baptist Straub erhält den Auftrag für die Michaelsstatue in der Fassadennische. (Qu.1)

26 Aufgrund dieser Nachricht ist der am 17.12.1737 von Fischer erwähnte, anonyme Spender wohl mit dem Architekten selbst gleichzusetzen.

27 Abb. des Stichs u.a. bei Loers (Anm.1), 75 und Stalla (Anm.1), 38

28 Schreiben vom 26.9.1743

29 Abb. bei Stalla (Anm.1), 41

1743

–. 1. »Vertrag mit Thomas Gruber, Steinhauer ob der Au, der für 241 Gulden zur Pflasterung der Kirche 1003 weiße Rauten und fünfhundert graue Steine liefern sollte«. (Qu.2, B.23)

31. 1. Vertrag mit Johann Baptist Zimmermann *wegen Ausmalung und benötigter Auszierung der Kirche mit Stukkaturarbeit* über 1100 Gulden. (Qu.2, B.23)

18. 9. Abschlagszahlung (500 fl) an Zimmermann[30] (Qu.2, H.98)

26. 9. Würnzl berichtet von der *mit einem künstlich ausgemahlenen Gewölb und Fenstern, dan Spalieren versehenen Kirch.* (Qu.1)

–.10. Die Michaelsstatue für die Fassade ist fertig, Johann Baptist Straub erhält dafür 100 Gulden. (Qu.2, B.31)

1744

12. 1. Von Würnzl verfaßte, gedruckte *summarische getreue Rechnung, die neue S. Michaeliskirch mit zwey Thurn in Josephsburg betreffend, so über 3000 Persohnen fasset dann mit 7 Altären, 2 H.H. Leibern, und 2 Fürsten-Oratoriis versehen würdet, im dreyfachen Gewölb aber allschon über die Helffte, die 3 Michaelische Erscheinungen künstlich gemahlen zu sehen.* Die *Rechnung*[31] ist mit dem Aufruf verbunden, für den *annoch nicht gar zu End gebrachten Kirchen Bau ... oder vilmehr dessen Einrichtung* die noch fehlenden 5-6000 fl zu spenden. (Qu.1)

13. 4. Freising erlaubt die Benedizierung, nachdem Würnzl folgenden Zustandsbericht verfaßt hat: Das Langhaus ist *in einem solchen Standt, daß die Seithenwendt schen und rein herunter gepuzt, auch die Kürch bereits mit 6 Fensteren versehen, also daß ... die Gerüster zeitlich vor dem Fest S. Michaelis apparitionis [8.5., Hauptfest der Bruderschaft] herauskommen, auch die Mauern gänzlich verbuzet werden.* Der Boden werde vorläufig mit Brettern belegt, *wie bey dennen Theadinnern alhier.* (Qu.1)

1. 5. Benediktion durch Pfarrer Praschler von Baumkirchen (Qu.2, B.24)

o.Dat. *AEDIFICATA ANNO MDCCXLIIII* – Inschrift auf einer Kartusche am Chorfresko

1745

5. 3. Clemens August erklärt die neue Kirche zu seiner *Hof auch Ritterlichen Ordens und Erzbruderschaffts Kürchen.* (Qu.1[32])

1746

5. 8. Freising erteilt die Konsense zur Transferierung der Bruderschaft und der Ablässe von der alten Kapelle in die neue Kirche. (Qu.1)

1749

–. 2. Der erste Turm ist fertig; ihm wird ein 65 1/2 Pfund schwerer, kupferner und vergoldeter Knopf aufgesetzt. (Qu.2, B.27)

1750

–. 7. Der zweite Turm erhält den gleichen Knopf wie der erste. (Qu.2, B.27)

1751

9. 3. Fürstbischof Johann Theodor und Kurfürst Max III. Joseph geben die Erlaubnis zur Errichtung des Franziskanerhospizes[33]. (Qu.6 und 9)

26. 8. Beginn der Bauarbeiten am Franziskanerhospiz im südlichen Flügel (Qu.6)

19. 9. Weihe der Kirche durch den Freisinger Weihbischof Johann Ferdinand Joseph von Pödigheim[34].

1752

31. 8. Vollendung der Bauarbeiten am Franziskanerhospiz im südlichen Flügel (Qu.6)

1753

17. 1. Würnzl berichtet dem Magistrat der Bruderschaft, der Bau in *Perg* komme einschließlich der Einrichtung auf 42000 Gulden. (Qu.3)

30 In einer Beschreibung der Kirche, die am 25.3.1744 in Freising vorlag, wird gesagt, daß *das mittere Gewölb mit Gips und Mahlerarbeiten wirkhlich gefertiget, hingegen der vordere Chor ... nichts zu melden;* Qu.1. Demnach vollendete Zimmermann 1743 nur den Hauptraum.

31 1737: Einnahmen 2272 fl – Ausgaben 930 fl; 1738: 1973 fl – 3177 fl; 1739: 3915 fl – 3666 fl; 1740: 3299 fl – 3934 fl; 1741: 3528 fl – 3693 fl; 1742: 2103 fl – 2046 fl; 1743: 4721 fl – 4994 fl; Summa summarum: 21814 fl – 22442 fl

32 Beilage zum Schreiben vom 21.3.1745

33 Am 11.3. ›Posessnehmung‹ durch die Franziskaner; Qu.9.

34 Barth (Anm.1), 27. Bei Erwin Gatz (Hg.), Die Bischöfe des Heiligen Römischen Reiches 1648 bis 1803, Berlin 1990, 36 unter »Boedigkeim« verzeichnet.

Abb. München
St. Michael in Berg am Laim
Zentralraum mit Chor

1754
o.Dat. *Ist eine Wasser-Reserva, woraus das Wasser sowohl in die Kuchel, als in die Fontana geleitet worden, errichtet worden.* (Qu.9)

1756
6. 1. Bittschreiben Würnzls an die Bruderschafts-Mitglieder, es seien noch 9000 fl zur Fertigstellung nötig. (Qu.2, B.28)

1757
22.12. Der Bruderschafts-Magistrat beschließt, mit Fischer den Kontrakt über den Außenputz zu schließen: *Ist abgeredt und beschlossen worden, wegen konftiger Ausbauung des Gotteshauss, und der beeden Kürchen Thurn zu Josephsburg die Commission dem ieztmahligen Herrn Cassier [Sebastian] Söll zu übertragen, welcher mit dem Mauermeister Fischer einen Contract schliessen solle, kraft welchem derselbe konftigen Sommer in der Bau puzen solle, auch hierinnen herkommen zu lassen ist, wievill ihme zu Anfang des Baus, dan nach vollendet halben Bau, bezahlt werden solle, der Rest aber, nach vollendet vollkommenen Bau entrichtet werden muss*[35]. (Qu.3)

1758
31. 1. Vertrag mit Fischer, »nach dem er um 4745 Gulden durch einen dauerhaften Verputz der Kirche auch ein schönes Äußere geben sollte«. (Qu.2, B.28)

35 Bei Hagen-Dempf 1954, 96 unter dem falschen Datum 22.12.1737; s. weiter unten.

Abb. München
St. Michael in Berg am Laim
Zentralraum mit Orgelempore

Initiator und Motor, Bauorganisator und Rechnungsführer des Kirchenbaus war Franz de Paula Würnzl (1686-1759), seit 1720 Sekretär der St. Michaels-Bruderschaft. Er gab 1735 den Sondermayr-Stich in Auftrag, mit dem Ziel, Spenden für den Neubau einer Bruderschaftskirche zu sammeln. Der überwiegend in der Literatur vertretenen Meinung, die »Vorstellung« von der neuen Kirche auf diesem Stich sei mit Fischers Entwurf in Verbindung zu bringen, hat jüngst Robert Stalla zu Recht widersprochen. Denn Fischer, der nach eigenem Bekunden als erster Architekt mit dem Kirchenbau befaßt war und *darzue alle geherige Riss* fertigte, hat diese Risse einschließlich Voranschlag wahrscheinlich erst 1736 ausgearbeitet. Bei seinem Konsens zum Kirchenbau (11.2.1737) wird sich der Kölner Erzbischof Clemens August auf eben diesen Fischer-*Riss*, der lange vor dem Magistrat der Bruderschaft geheim gehalten wurde, bezogen haben.

Aus unbekannten Gründen wandte sich Würnzl von Fischer ab und überantwortete die Ausführung der Kirche im Februar 1738 dem Hofmaurerpalier Köglsperger (1707-nach 1750). Erst nach der Grundsteinlegung (7.10.1738) hat Fischer offenbar erfahren, daß er in Josephsburg ausgebootet wurde; er wies Würnzl auf sein Vorrecht hin und drohte Köglsperger mit einem Prozeß (17.12.1738). Wenig später (13.2.1739) übernahm Fischer den angefangenen Kirchenbau, bei dem inzwischen die Fundamente gelegt und die doppeltürmige Fassade schon 26 Schuh (ca. 7.80 m) hoch aufgemauert waren.

Verunsichert durch den Meisterwechsel und die damit verbundenen Streitigkeiten, schaltete der Bauherr den ihm ergebenen Hofbaumeister Cuvilliés ein, der Fischers Pläne guthieß und nur die Fassade »zierlicher« wünschte (7.7.1739). Das Ergebnis dieser Anregung dokumentiert der Schaur-Stich von 1740, dessen Vorlage schon 1739 anzusetzen ist [36].

Der Dauerzwist zwischen dem Bruderschafts-Magistrat und Würnzl, die Ablehnung des Unternehmens durch die Brüder Clemens Augusts – Kurfürst Karl Albrecht in München und Fürstbischof Johann Theodor in Freising – und die Finanzierung durch unterschiedlich fließende Spenden beeinträchtigten den Baufortgang, so daß Fischer die 1739 übernommene Ausführung frühestens 1743, wahrscheinlich sogar erst 1744 beenden konnte. Die Inschrift im Chor *AEDIFICATA ANNO MDCCXLIIII* steht für den Abschluß der Maurerarbeiten wie auch der Dekoration durch Johann Baptist Zimmermann. Mit einiger Verzögerung folgte 1749 und 1750 die Vollendung der Fassadentürme. Danach, 1751-1752, wurde der südlich der Kirche angrenzende Flügel als Franziskanerhospiz ausgebaut – zweifellos ebenfalls durch Fischer [37]. Sicher hat er auch 1754 die *Wasser-Reserva* (eine Zisterne?) errichtet. Anfang 1758 verpflichtete die Bruderschaft Fischer ein letztes Mal; im Sommer sollten Kirche und Türme, die bis dahin unverputzt standen, unter seiner Leitung außen endlich fertiggestellt werden.

Bevor mit Fischer der Vertrag über den Außenputz geschlossen wurde (31.1.1758), hatte der Bruderschafts-Magistrat am 22. Dezember 1757 einen entsprechenden Beschluß gefaßt. Bei diesem protokollierten Beschluß handelt es sich um dasselbe *Conclusum*, das Felicitas Hagen-Dempf unter dem falschen Datum 22. Dezember 1737 in die Literatur eingeführt und überdies inhaltlich um das wesentliche Stichwort *puzen* gekürzt hat. Die unkritische Übernahme der Nachricht von Hagen-Dempf führte in der Forschung zu immer neuen Hypothesen mit der Kernfrage: Sah schon Fischer in seinem ersten Entwurf die beiden Türme vor oder sind sie eine Zutat Köglspergers?

Neben stilistischen Gründen sprechen die Quellen nun – nach ihrer Korrektur – und der forcierte Fassadenausbau vor Übernahme des Baus durch Fischer eindeutig dafür, daß die Idee zur Doppelturmfassade auf Köglsperger zurückgeht. Für eine begründete Scheidung der jeweiligen Planungsanteile ist jedoch hier kein ausreichender Raum; deshalb muß die ausführlichere Darstellung der Vorgänge beim Bau von St. Michael, die bereits in Vorbereitung ist, an anderer Stelle erfolgen.

Anna Bauer/Gabriele Dischinger

36 Robert Stalla (Anm.1, 37) spricht in dem Zusammenhang von einem »Fassaden-Projekt F. Cuvilliés' aus dem Jahr 1740«.

37 Fischer war 1748 bereits für die Münchner Franziskaner tätig; s. WVZ 39.

28 MÜNCHEN

Pfarrkirche St. Peter [1]
Aufforderung zu Entwurf und Voranschlag für die Neugestaltung des Hochaltarraumes

Der Bau von St. Peter stammt in seinen wesentlichen Teilen aus dem späten 14. Jahrhundert. Seit 1630 arbeitete man beständig an der barocken Ausgestaltung von Chor und Langhaus. Unter Dekan Anton Cajetan von Unertl (1722-1753), der über familiäre Verbindungen zum Hof verfügte, wurden hierzu von *underschidlichen der Architectur erfahrenen* Künstlern Entwürfe angefertigt [2].

1725 wurde ein Riß, 1729 ein Modell zur Hochaltargestaltung von Cosmas Damian Asam vorgestellt, das eine neue Chorarchitektur sowie Brixener Marmor und Stuck als zentrale Gestaltungsmittel vorausgesetzt hätte. Die Asam planten die Abwicklung des gesamten Projekts zu einem Festbetrag von 12400 fl, d.h., *daß sye dargegen alle Materialia, und anderes, was immer hirzue von*

1 Quellen: Qu.1 = AEM, Pfarrarchiv St. Peter, Bausachen an der Kirche
Literatur: Jakob Mois, Die Beteiligung der Gebrüder Asam am Hochaltar der St. Peterskirche in München, in: Das Münster 7 (1954) 175-181; Lieb 1982, 151, 223 f.

2 Mois (Anm.1), 175

Mahler, Bildthauer, Maurer und Zimmer- dan Stainmezmaister erfordert würdt, beyschaffen wollten[3]. Der Kurfürst favorisierte hingegen ein kostengünstigeres, auf heimischem Marmor und Holz basierendes Projekt des Asam-Vetters und Hofmalers Nikolaus Gottfried Stuber (1688-1749). Nach verschiedenen Bemühungen Unertls, die Kosten zu senken, wurde Fischer eingeschaltet.

1729

11. 4. Unertl und Kirchenverwalter Johann Franz Mayr[4] halten *sonderbahr zu Einziehung der Uncossten* eine Besprechung ab, an der neben dem *Stainmezen Antoni Matheo, auch der Maurmaister nammens Fischer, und ain verburgerter Khistler albir* teilnehmen. Man hat sie *dazue berueffen, und vernommen ..., wie selbe etwan ihre hirzue erforderliche Arbeith, das selbe auch einen bestendigen Gehalt habe, in Anschlag bringen mechten. Zu dem Endte dan dem Maurmaister Fischer die Beybehaltung diser Arbeith in eventum mit dem Bedeutten zuegesagt, daß er seine bevorstehente Arbeith nit allein in einem Rüss, sonder[n] auch die hiryber ergehenten Uncossten zuverlessig entwerffen und des entlichen Entschlus halben ybergeben solle* ... (Qu.1)

1730

21. 5. Kurz vor Baubeginn stehen im Vordergrund Überlegungen, wie der Chor neu gewölbt werden könnte, ohne die Statik der Hauptmauer zu gefährden. ... *Waryber dan von dennen Pauverstentigen die Erinderung geschechen, das in allweeg thuenlich und dennen Haubtmaurn in geringsten schödtlich seye, wan das alte Gewölb im Chor in der Mitte ausgebrochen und dargegen ein neues in guetten Standt hergestellt werdte, welches man dahero auch geschechen lassen wolle und dahin eingewilliget, das ermeltes alte Gewölb ober den Chor in der Mitte abgetragen, und dargegen ein neues mit guetter und daurhaffter Arbeith ohne Angreiff- und geringster Verlezung der Haubtmaur gemacht, auch damit ohne weittem Verschub angefangen warbey auch die Ausgwölbung beeder Sacristeyen und die Abseithen beyderseiths nidergemachet werden sollen.* (Qu.1)

Es ist nicht bekannt, ob Fischer die gewünschten ›Risse‹ samt Kostenberechnung ausgearbeitet hat, denn sein Name taucht in den Verhandlungen nach April 1729 nicht mehr auf. Letztlich erhielten Ignaz Anton Gunetzrhainer und Johann Mayr, Fischers Schwager und Schwiegervater, 1730/31 den Auftrag zum Chorumbau; es ist jedoch nicht ganz auszuschließen, daß der damals vielbeschäftigte Fischer ihnen diesen Auftrag vermittelt hat und so möglicherweise auf diesem Umwege einige seiner Ideen in die Baumaßnahme einflossen.

Christl Karnehm

3 Wie Anm.2

4 Identisch mit dem Schönfärber Johann Franz Mayr, der in seiner Eigenschaft als Ratsmitglied im Mai 1722 zu der städtischen Kommission gehörte, die Fischers Verhandlungen mit der Maurermeisterswitwe Geiger beiwohnte; s. die »Chronologie«, in Band II S.111.

29 MÜNCHEN

Kapelle im Lazarett[1]

Entwurf und Voranschlag für einen Neubau

Abb. in Band I S.266, 269

Das Münchener Militärlazarett befand sich seit 1715 bis zur Eröffnung eines neuen Gebäudes im Jahr 1778 in dem sogenannten Brechhaus, einem ehemaligen Seuchenspital aus dem 17. Jahrhundert[2]. Unter dem Dach des erdgeschossigen Fachwerkbaus lagen neben den Räumen zur Pflege der Kranken auch eine ungeweihte Hauskapelle sowie die Wohnungen für den Krankenseelsorger und den Mesner. Seit 1731, als eine Nachbildung des wundertätigen Marienbildes von Dorfen auf dem Hauptaltar der Kapelle aufgestellt wurde, nahmen die Besucher und damit auch das Spendenaufkommen zu. Unstimmigkeiten mit der Münchner Mutterpfarrei St. Peter führten dazu, daß der Bischof in Freising am 22.9.1734 die Meßlesung in der ungeweihten Lazarettkapelle für hausfremde Personen untersagte, *bis ein ordentl[ich]e Capelln erbautt*

1 Quellen: (im BayHStA, Abt.IV Kriegsarchiv, mit den Signaturen) Qu.1 = A VII 357; Qu.2 = A VII 369; Qu.3 = A VII 373; Qu.4 = MKr 16014; Qu.5 = A VII 358; Qu.6 = A VII 371; Qu.7 = A VII 366 Literatur: Hans Lehmbruch, in Band I S.266-271

2 Qu.1; Qu.2; Qu.3

und consecriert wird[3]. Daher entschloß sich der Hofkriegsrat im Jahr 1748 zu dem geforderten Neubau der Kapelle[4].

1748

13. 2. Kasernenoberverwalter Wüntter wendet sich an den Hofkriegsrat, er möge beim Kardinal anregen, daß die *Feldhospital Capelln bis zu konfftiger Erpau- und Einweychung, indesen benedicirt und consecrirt werde*[5]. (Qu.2)

17. 7. Der Hofkriegsrat an Kasernenverwalter Wüntter: *Nachdem wir die g[nä]digste Intention führen an eben dem Orth, alwo dermahlen die Hospital Capellen in dem sogenannten Prechhaus stehet, eine andere neue von Stain aufgefiehrte Capellen ... erpauen zu lassen, und zu diesem Zweck von ain so anderen geschickht[en] und wohl erfahrenen Paumeister der Augenschein aufwendigst genommen, und ein ohnmassgebigen Plan, und Yberschlag verfertiget werden soll,* möge Wüntter den *allhiesigen Stattpaumaister [Ignaz Anton] Gunertsrainer oder Fischer ... einen Plan resp[ectiv]ée gewissenhaften Yberschlag der hierauf erlaufenden Ohncössten förderlich abfassen* lassen und mit einem Bericht dem Hofkriegsrat einreichen. (Qu.4)

22. 8. Fischer verfaßt den *Überschlag was auf die von einem Churfrtl. hochlobl. Hofkriegs Rath zu bau[en] g[nä]dist angeschafte Lazaret Kirch ungefähr an Unkosten belauffen mechte.* Zwei Pläne und die *Explication des Gebäus* (Legende zu den Plänen) gehören dazu[6]. Die von Fischer *dem Riß conform* errechnete *Summa des völligen Cösten, doch ohne Stuckotor, und etwan beliebiger Ausmahlung, auch exclusive aller Altär und anderer Einrichtung* beläuft sich auf insgesamt 5086 Gulden und 20 Kreuzer. (Qu.4)

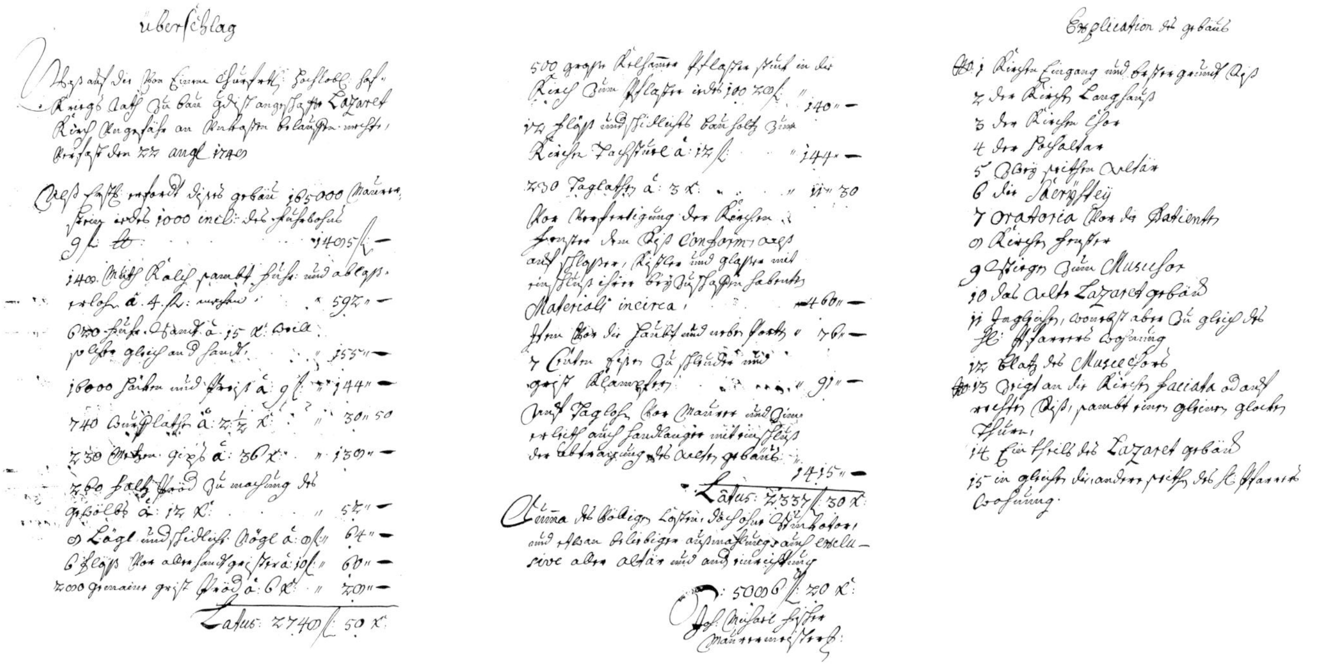

Abb. München, Kapelle im Lazarett Fischers Überschlag und die zu seinem Entwurf Kat.-Nr.12-13 gehörige Legende

26. 8. Kasernenverwalter Wüntter berichtet dem Hofkriegsrat, er *habe nit ermangelt, den hiesigen Statt-Maurermeister Johann Michaln Vischer sogleich* kommen zu lassen, um *den nöttigen Augenschein in Loco vorzunemmen.* Da aber Fischer *entzwischen eine unaufschibliche Reis zuethun gehabt*[7], habe er Plan und Kostenvoranschlag erst am Vortag von dem Baumeister erhalten. Wüntter übersendet die von Fischer übergebenen Stücke und bittet um Zusammentritt einer *Abordnung* des Hofkriegsrats, die Plan und Vorgehen, auch *wasgestalten der verfasste Yberschlag sich wol auf ein münders würdt einziehen lassen,* beraten soll. (Qu.4)

31. 8. Der Hofkriegsrat leitet Entwurf und Kostenvoranschlag Fischers zur Begutachtung an die Hofkammer weiter und bittet um Entsendung einer Abordnung zu einem gemeinsamen Lokaltermin mit der Militärbehörde. (Qu.4)

14. 9. Die Hofkammer sendet den Entwurf zur Lazarettkapelle wieder an den Hofkriegsrat zurück. Sie gibt zu bedenken, daß über die von Fischer errechneten Baukosten hinaus zur *Erhebung der neuen Capellen ad decorum ... wohl noch sovill, wie es in derley Fählen die Erfahrenheit gemeiniglich belehret, erforderlich sein derfften.* Es sei daher zu überlegen, ob die

3 Qu.2
4 Qu.2
5 Das Gesuch blieb ohne Folgen.
6 S. Kat.-Nr.12-13, in Band I S.121
7 Vermutlich nach Ottobeuren; vgl. die »Chronologie«, in Band II S.127.

Mittel für den Kapellenbau tatsächlich ausreichen, *damit nachgehents nicht etwan gesagt werden möge, coepimus aedificare, et non potuimus consumare.* (Qu.4)

1749
1. 8. Der Hofkriegsrat wendet sich bei dem Versuch, das in Form von Darlehen angelegte Vermögen der Hospitalkapelle flüssig zu machen, an das Hofkriegszahlamt, dem seit 1736 mehrfach eine größere Summe vorgestreckt worden war, und bittet um Rückzahlung, da *bekanndter Massen berührte Hospital Capellen in einem solchen ruinosen Stand verfahlen, das man zu Evitierung anderer ohnmittelbahr ervolgen derffenden Unglickhsfählen für hechst nothwendig zu seyn findet, selbe abtragen, und stat dessen eine neue herstellen zelassen.* (Qu.4)
19. 8. Das Hofkriegszahlamt teilt dem Hofkriegsrat mit, daß die Darlehen aus dem Kapellenvermögen gleich allen anderen Verbindlichkeiten in das Schuldenabledigungswerk [8] eingebracht worden seien und daher dort beigetrieben werden müßten. (Qu.5)

1750
15. 6. Der Hofkriegsrat bittet die Hofkammer um Unterstützung, die dem Schuldenabledigungswerk zugeflossene Darlehenssumme mit den inzwischen aufgelaufenen Zinsen für den Kapellenbau flüssig zu machen, da *die Gefahr des Zusammenfahlens berihrter Cappeln von Tag zu Tag mehrers zu beförchten* sei. (Qu.5)

1752
9. 1. Tod des General Heinrich Vambès de Florimond. In seinem Testament hat der General ein Legat von 5995 Gulden *zu Erpauung unser lieben Frauen Capelln zu Klein Dorffen* ausgesetzt. Das Geld wird, bis auf eine geringfügige Summe, gleich anderen der Kapelle vermachten Legate dem Schuldenabledigungswerk einverleibt. (Qu.6)

Die vergeblichen Versuche des Hofkriegsrats, die Mittel für den Kapellenbau flüssig zu machen, lassen sich bis 1761 verfolgen. Dann geht das Projekt in dem Plan auf, das Lazarett aus dem baufälligen Fachwerkbau des 17. Jahrhunderts in einen modernen Neubau zu verlegen. Die Planungen und die Suche nach Baumitteln treten damit in eine neue Phase. Von der mit der Finanzverwaltung befaßten Status-Kommission wird in einem Schreiben an den Geheimen Rat vom 22.Mai 1762 der von Fischer für die Kapelle verfaßte Kostenvoranschlag ein letztes Mal herangezogen, um darzulegen, wie die Baukosten zwischen der Lazarettverwaltung und dem Kapellenvermögen aufzuteilen wären [9].

Hans Lehmbruch

8 Ein zentraler Fonds, in dem die bei Hof- und Regierungsämtern aufgelaufenen Schulden sowie die Mittel zu ihrer Tilgung zusammengefaßt waren.
9 Qu.7

30 MÜNCHEN
Lazarett [1]
Entwürfe (3 Projekte) und Voranschläge für einen Neubau

Abb. in Band I S.140, 162-163, 166, 272, 275, 279, 281-283

Das in München seit 1703 von der Österreichischen Besatzung, dann ab 1715 von der bayerischen Armee als Militärlazarett genutzte Gebäude an der Isar (heutiger Standort bei St. Maximilian an der Baumstraße) war in dem sogenannten Brechhaus, einem Seuchenspital aus dem 17. Jahrhundert, untergebracht. Der erdgeschossige Fachwerkbau zeigte sich seit der Mitte des 18. Jahrhunderts zunehmend als baufällig, er entsprach zudem längst nicht mehr medizinischen und hygienischen Forderungen der Zeit. 1748 entwarf Fischer im Auftrag des Hofkriegsrats einen Plan zur Erneuerung der Hauskapelle [2], der jedoch nicht zur Ausführung kam, weil wenige Jahre darauf Überlegungen aufkamen, das baufällige Lazarettgebäude insgesamt durch einen Neubau zu ersetzen. Die von Fischer in diesem Zusammenhang entwickelten Projekte sind nur durch die Entwürfe belegt, in den Akten jedoch bislang nicht nachweisbar.

1 Quellen: Qu.1 = StA München, Ämternachlaß Törring, Karton 86
Literatur: Gabriele Dischinger/Hans Lehmbruch, in Band I S.272-289 sowie Franz Peter, in Band I S.161-163
2 Dazu ausführlich Hans Lehmbruch, in Band I S.266-271

1754/55

o. Dat. Drei Plansätze (neun Zeichnungen) Fischers für den Neubau eines Militärlazaretts an drei verschiedenen Standorten mit pauschaler Berechnung der Baukosten [3]. (Qu.1)
Gutachten Johann Baptist Gunetzrhainers mit summarischer Wertung der drei Entwürfe Fischers und eines vierten, verschollenen Projekts sowie der verschiedenen Standorte in Hinblick auf ihre Eignung für den geplanten Lazarettbau. (Qu.1)

Keiner der Lazarettentwürfe Fischers kam zur Ausführung, da zu seiner Zeit weder ein geeigneter Bauplatz zur Verfügung stand, noch vor allem die Finanzierung des Neubaus gesichert werden konnte. Erst 1775, also nach seinem Tod, kamen die Planungen mit der Grundsteinlegung zu einem größeren, modernen Lazarettgebäude zum Ziel [4].

Hans Lehmbruch

3 S. Kat.-Nr.14-22, in Band I S.121-123
4 Dazu ausführlich Dischinger/Lehmbruch (Anm.1)

31-32 MÜNCHEN: Stadthäuser

31 Haus des Hammerschmieds Stögmiller, später sog. Steigerhaus (Theatinerstraße 25) [1] Ausbau und Erneuerung

Kurz vor 1565 wurden die beiden Eckhäuser, die an der Einmündung der beiden Schwabinger Gassen in den Platz vor dem Schwabinger Tor die Front bildeten, zu einem Haus zusammengefaßt. Das Sandtnersche Stadtmodell zeigt es als breites, aber seichtes Haus mit zwei Ecktürmchen. Ab 1717 war dieses Haus im Besitz einer Erbengemeinschaft, der auch der Münchner Stadthammerschmied Johann Jakob Stögmiller angehörte. Er erwarb es am 11. September 1726 für 5350 fl und 30 fl Leikauf.

1732

18. 6. Die Stadtkammer berichtet dem Stadtrat, *wasmassen der verburgerte Maurmaister Johann Michael Fischer bey dess Jacoben Stögmiller Burger- und Statt Hammerschmidts angehabten Hauspau an der Schwäbinggassen gegen Unnseres Herrn Thor ain unfuegsamb tentirt weitere Herausfahrung auf das weisse Pflaster gepflogen* hat. Es wird angeregt, allen Werkmeistern die Einhaltung der Bauordnung von 1489 streng einzuschärfen und bei Übertretung Strafen anzudrohen. (Qu.1)

1733

4. 7. Nach Übertretung der Bauordnung bei dem sog. Thürpöckschen Haus auf dem Markt [2] erinnert die Stadtkammer an ihre Eingabe vom 18.6.1732 und erkundigt sich, *welchergestalten hierauf der ermelte Maurmaister Fischer wegen seines Begünnen abgewandlet, und was sonst resolvirt worden,* weil man damals keine Nachricht erhalten habe. (Qu.1)

Durch die ›Anzeige‹ der Stadtkammer, die im Juli 1733 an den Stadtrat gerichtet wurde, erfahren wir nur indirekt und in der Rückschau von Fischers Tätigkeit am Stögmiller-Haus [3]. Er sei mit dem Bau zu weit ›herausgefahren‹, das heißt, er habe die Baulinie an der Seite zum Schwabinger Tor überschritten. Da sich der Wert des Hauses während der Eigentümerschaft Stögmillers mehr als verdoppelte [4], dürfte der Bau durch Fischer weitgehend erneuert worden sein, wobei mit Sicherheit auch altes Mauerwerk des Vorgängerbaues übernommen wurde.

Nach mehrfachem Eigentümerwechsel [5] ersteigerte der Bierwirt Kaspar Ruetzmoser das Haus am 2. November 1805 um 19100 fl [6]. Zwei Jahre nach einem neuerlichen Verkauf wurde es 1840 für den Bau der Feldherrnhalle abgerissen.

1 Quellen: Qu.1 = StadtA München, Stadtgericht 185; Qu.2 = BayHStA, KL Fasz.465/20 (Ridler-Regelhaus); Qu.3 = BayHStA, Kurbayern Geistlicher Rat, Bd. 134, fol.410, 464, 506; Bd. 135, fol.24, 116, 476
Literatur: Häuserbuch der Stadt München, I, München 1958, 406 f.; München um 1800. Die Häuser und Gassen der Stadt, gezeichnet von Johann Paul Stimmelmayr, hg. von Gabriele Dischinger/Richard Bauer, München 1980, Nr.35, Nr.61; Lieb 1982, 225
2 Man hatte *zur Seithen negst gemainer Statt Trünckhstuben unbefuegt ganz neu freue Lichtfenster herausgemacht ... so directe wider gemainer Statt Pausäz Ordnung ... beschicht [= geschieht] ...*; Qu.1
3 Stögmiller wohnte im Lehel und gehörte zu denjenigen, die 1724 bei Hofe um die Ansiedlung der Hieronymitaner einkamen; vgl. Joseph Martin Forster, Das gottselige München, München 1895, 770. Stögmiller wird anschließend mit Fischer Bekanntschaft geschlossen haben, als dieser ab 1727 die Hieronymitanerkirche St. Anna im Lehel errichtete; s. WVZ 24.
4 1755 (25. 8.) geht das Haus noch zu Lebzeiten Johann Jakob Stögmillers († 24.2.1762) für die Kaufsumme von 11500 fl und 100 fl Leikauf an Maria Theresia Freifrau von Leyden über; Häuserbuch I (Anm.1)
5 Vgl. Häuserbuch (Anm.1). 1782, nach der frühzeitigen Säkularisierung des Ridler-Regelhauses (seit 1774 Eigentümer)

Abb. München
Haus Stögmiller
Ansicht von Ferdinand Jodl,
kurz vor dem Abbruch 1840

Das von Fischer vor Juni 1732 errichtete Stögmiller- oder Steigerhaus ist in Abbildungen des frühen 19. Jahrhunderts verhältnismäßig gut dokumentiert. Es hatte in der Tiefe zwei Fensterachsen, in der Breite neun Achsen, wobei die drei Mittelachsen in einem ganz flachen Mittelrisalit vortraten. Das war wohl die Überschreitung der Baulinie, die die Stadtkammer 1732 beanstandete. Das im Bericht erwähnte weiße Pflaster des Platzes war wohl ein Kieselpflaster, wie üblich. Das Erdgeschoß hatte eine feine Rustizierung. Die Fensterrahmungen im Erdgeschoß waren segmentbogenförmig geschlossen, während die Fensterstöcke viereckig waren: dadurch entstand jeweils ein flaches vertieftes segmentförmiges Putzfeld zwischen Fensterstock und rustizierter Wand. Im ersten Geschoß waren die drei Fenster des Mittelrisalits rundbogig; davor befand sich ein seichter Balkon mit einem Gitter, das wohl nicht aus der Erbauungszeit stammte. Alle übrigen Fenster waren hochrechteckig und sechslichtig.

Im dritten Geschoß befand sich zwischen den beiden seitlichen Risalit-Fenstern ein großes hochrechteckiges Madonnenbild. Ein über den Mittelrisalit verkragtes Gesims bildete den Abschluß. Die Wand der Obergeschosse scheint nach den Abbildungen nicht gegliedert. Da das Haus aber 1805 als baufällig bezeichnet wurde, ist es möglich, daß der glatte Putz Ergebnis einer Reparatur war. Auf dem Consoni-Stadtplan von 1806 ist zu sehen, daß in der Mitte der Hofseite das Haus etwa in der Risalitbreite eingezogen war; diese winzige Hoffläche erlaubte zusammen mit dem Hof der benachbarten Häuser eine Belichtung der Rückseite. – Das Haus ragte weiter nach Norden als die Feldherrnhalle und verdeckte die Fassade der Theatinerkirche etwa zu einem guten Drittel.

32 Pötschnersches (Cleersches) Benefiziatenhaus (Sendlinger Straße)[7] Voranschlag für den Ausbau (und Ausführung?)

Das Haus lag an der Westseite der Sendlinger Gasse. Es war das zweite von Süden nach der Einmündung der Hackenstraße und gehörte zum Pötschnerschen Benefizium auf dem St. Katharina-Altar in St. Peter[8]; den ersten Stock bewohnte der Benefiziat, im Erdgeschoß war eine Mietwohnung.

gelangte das Haus durch Verfügung des Kurfürsten in den Besitz des Deutschen Schulfonds (Qu.2), der vom Geistlichen Rat verwaltet wurde.

6 Häuserbuch I (Anm.1). Der Erlös wurde zum Bau des neuen Studienseminars verwendet; Qu.3. Ruetzmoser war der Wirt des im Süden anschließenden Grundstücks mit der Wirtschaft ›Zum Bauerngirgl‹. Bei Stimmelmayr (Anm.1, Nr.35) ist es gut zu sehen: Links das Preysing-Palais, dann das Palais der Grafen Daun, das zweiachsige Haus ›Zum Bauerngirgl‹ und mit der Front das Stögmiller- oder Steiger-Haus. Der Name ›Bauerngirgl‹ ging von der Gastwirtschaft über, die sich schon vorher im Steigerhaus befand.

7 Quellen: Qu.1 = AEM, Pfarrakten St. Peter, Pötschnersches Benefizium St. Catharina
Literatur: Häuserbuch der Stadt München, III, München 1962, 433; Stimmelmayr (Anm.1), Nr. 79, 80, 93, 94; Josef H. Biller, Ein Thesenblatt der Brüder Asam und sein kulturgeschichtlicher Hintergrund, in: Jb. des Vereins für christl. Kunst 14 (1984) 109

8 Das Benefizium wurde 1431 auf dem St.-Katharina-Altar in St. Peter gestiftet von Anna Pötschner und ihren Söhnen Petrus und Bartholomäus, s. Ernest Geiß, Geschichte der Stadtpfarrei St. Peter in München, München 1868, 247 f.: Pötschner, s. Catharinae Benefizium. Die Familie Pötschner stiftete auch das Benefiziatenhaus.

Im August 1755 erhielt Joseph Michael Adam Cleer[9] aus angesehener, vermögender Münchner Handelsfamilie das Pötschnersche Benefizium und damit Wohnrecht in dem Haus. Er faßte sofort den Entschluß, das Haus umzubauen.

1755
–. 8. Fischer verfaßt einen Überschlag für die nötigen Reparaturen an Vorderhaus und Rückgebäude ... *Nehmlichen und fürs erste den fordern Stockh betr[e][fend] so bezeigt sich diser also baufällig, daß die darauf stehente Tachung meisten Theils über die Helffte neu hergestölt, wie auch durchauß gantz von neuen eingedeckt werden mueß, bey dem hindern Theill des Haus aber so gegen den Gartten, mueß das mehriste mit Einschluß der Nebengäng so vill dem Tachstuell belanget, neu hergestelt, und dem Gemäuer aber mit einer Haubt Reparation begegnet werden* ... Fischer hält 12 400 Mauersteine und 20 Muth Kalk (nicht unerhebliche Maurerarbeiten), 46 Metzen Gips (lassen auf das Machen von Weißdecken statt Balkendecken schließen), acht neue Innentüren, sechs neue Kreuzstöcke, drei gute Öfen (jeder 14 fl) usw. für erforderlich.
Zimmermeister Arbeit betr[e][fend] hat solcher dem fo[r]tteren Tachstuell über die Helffte von neuen zu errichten, und solcher in der Lenge 65 und 26 Schuech in der Breite haltet, der hindere Tagstuell aber gegen dem Gartten, so auch in der Lenge 35 und 26 Schuech breit, ist durchauß neu zu verfertigen, nebst deme auch die Nebengäng Fuessbretter, so anders zu errichten sey ... [unterzeichnet] Joh[ann] Michael Fischer Chur Cölnischer Hofbaumeister und Burger in München. Der Voranschlag lautet auf 1539 fl 23 kr. (Qu.1)
30. 8. Die bischöfliche Verwaltung in Freising behandelt Cleers Antrag mit dem beigelegten Überschlag. Cleer schlägt vor, die vorgeschlagenen Reparaturen zunächst selbst bezahlen und sich die Kosten dann jährlich mit 25 fl aus dem Pötschnerschen Stiftungsfonds ersetzen lassen zu wollen. Freising fordert eine Stellungnahme des Pfarrers von St. Peter, Joseph Ignatius von Unertl. (Qu.1)
23.10. Unertl spricht sich für die Reparatur aus und äußert, daß er sich eine *meliorationem Beneficii sonders Zweiffl* erhoffe. (Qu.1)

1756
14. 1. Fischers Schwager, Stadtmaurermeister Ignaz Anton Gunetzrhainer, erstellt ein Gutachten über die Kosten der Reparatur am Benefiziatenhaus, das Unertl nach Freising schickt, um das Gesuch Cleers zu unterstützen. Danach war *in selben ebener Erdt, nur aine kleine Wohnung alt und schlecht, die erste obere Gaden mitlmässig, und das weithere ober disem, allertüngß vor keine Wohnung zu halten, weillen solches nur in Camern und ainer Stuben ohne Küchen bestehet, und gegen der Gassen nur in die Tachung hinein gepaut, und nit mer zum Gebrauch;* somit seien Reparaturen unumgänglich. Außerdem sei das Haus *durch das anstossente Preyhaus ferthiges Jahr dergestalten yberpauet* worden, daß Mauerwerk und Dachstuhl Schaden gelitten haben. Er, Gunetzrhainer, schätze die nötige Reparatur auf 1500 fl. (Qu.1)
24. 1. Freising stimmt der Baureparatur zu unter Inanspruchnahme des Stiftungsfonds in der vorgeschlagenen Form. (Qu.1)

Nach den Angaben in Fischers Voranschlag und im Gutachten Gunetzrhainers sowie nach dem Sandtnerschen Stadtmodell läßt sich das Pötschnersche Benefiziatenhaus um 1755 folgendermaßen rekonstruieren: An der Straßenfront hatte das Haus über dem Erdgeschoß ein Obergeschoß mit Mittelerker. Die Mansarde war nur notdürftig ausgebaut. An der Hofseite war das aufgehende Mauerwerk möglicherweise höher geführt, so daß ein zweites Stockwerk noch nicht im Dachbereich lag. Das Haus hatte zwei Eingangstüren von der Sendlingergasse her. Auf dem Dach waren zwei seitliche Gauben. Im Hof standen seitlich Arkaden *(Nebengäng* – im Erdgeschoß und Hauptgeschoß?), das Hinterhaus war weit seichter als das Vorderhaus. Dahinter lag ein Garten[10]. Das Grundstück war 26 Schuh (ca. 7,80 m) breit, das Vorderhaus etwa 15 m und das Rückgebäude ca. 7,50 m tief. Um 1800 sah das Haus ganz anders aus: Es hatte Erdgeschoß und drei Stockwerke, vier regelmäßige Fensterachsen, keine Dachgauben, ein Eingangstor[11].

9 Cleer (1707-1775) besuchte das Jesuitengymnasium München, ab 1725 die Benediktineruniversität Salzburg. 1727 Magister artis et philosophiae, ab 1729 Studium beider Rechte an der Universität Ingolstadt. Nach dem Studium Jurist in München. Ab 1735 Mitglied des Äußeren, ab 1752 des Inneren Rats. Mit einer Ausnahmegenehmigung erhielt er in der zweiten Jahreshälfte 1754 sämtliche sieben Weihen und war am 21. 9.1754 bereits Priester.
10 S. Häuserbuch III (Anm.7)
11 S. Stimmelmayr (Anm.1), Nr.79, 80, 93, 94

Bei den angeblichen Reparaturen handelte es sich also nicht um einen »unansehnlichen Auftrag« [12], sondern offenbar um einen weitgehenden Neubau des Vorderhauses, der wohl 1756 und wahrscheinlich durch Fischer ausgeführt wurde.

Die Finanzierungsverhandlungen mit Freising [13] lassen auf ein im 18.Jahrhundert durchaus übliches Verfahren schließen: Man nahm den Stiftungsfonds in Anspruch, soweit es von den Stiftungsbestimmungen her möglich war und öffnete für den Rest andere Geldquellen. Im Fall Cleer wurde der Bau wohl überwiegend von ihm selbst finanziert.

1825 wurde das Pötschnersche oder Cleersche Benefiziatenhaus mit beiden flankierenden Häusern abgerissen und an deren Stelle das heute noch bestehende sog. Hackerhaus (Sendlinger Straße 75) errichtet [14].

Anna Bauer

12 Biller (Anm.7)

13 Nach erteiltem Konsens versuchte Cleer, die Bausumme aus den Stiftungsmitteln vorgestreckt zu erhalten, was nicht genehmigt wurde (Qu.1: 8. 3.1756). Bei all diesen Verhandlungen ging es immer nur um die Reparaturkosten, die im Voranschlag genannt sind, nie um die wirklichen Baukosten, die weit höher gewesen sein müssen und unter gar keinen Umständen vom Stiftungsfonds übernommen worden wären.

14 S. Häuserbuch III (Anm.7)

33 MÜNCHEN

Ehem. Gartenschloß des Herzogs Clemens Franz von Paula [1]
Voranschlag für den Ausbau eines Gartenhauses zur kleinen Schloßanlage und deren Ausführung

Am 16. März 1752 tauschte Clemens Franz von Paula, Herzog in Bayern (1722-1770), einziger überlebender Sproß aus der altbayerischen Sekundogeniturlinie [2], sein Gartenhaus vor dem Schwabinger Tor gegen das Grundstück mit Gartenhaus vor dem Sendlinger Tor, das dem Landschaftskanzler Johann Benno von Unertl gehörte; in den folgenden Jahren wurde das Terrain durch Zukäufe erweitert. Der neue Besitz lag in unmittelbarer Nähe zur Herzog-Max-Burg, dem Wohnsitz des Herzogs, etwa deckungsgleich mit dem heutigen Justizpalast zwischen Prielmayrstraße, Elisenstraße und Karlsplatz. An der Nordwestecke stand das alte Unertlsche Sommerhaus. Herzog Clemens Franz ließ das Gebäude nach Westen erweitern; Endziel des Ausbaus war eine langgestreckte symmetrische Anlage mit Mittelpavillon und seitlichen Galerien, daran anschließend im Osten und Westen große Anbauten und im Westen an den Seitenflügel anschließend ein ebenerdiger langer Trakt mit Theater und Orangerie; von den beiden flankierenden Gebäuden bildete das Unertl-Haus den östlichen Teil.

1757/58 (?)

Fischer verfaßt einen undatierten Überschlag für die Erhöhung von Mittelpavillon und Galerien um je ein Stockwerk:

Yberschlag zu dem Hertzogl. Gartten Gebey, wo also noch auf das Gartten Sallet, eine Gatten [=Stockwerk] bis 10 Schuech hoch höcher aufzufihren, sambt deren zwey Gallerien, wo Erstl. das nidtere Gartten Gebey, in der Lenge 44 und der Breite nach 30 Schuech haltet, die zwey Gallerien aber zusammen 106 Schuech lang sich befindten, und allwo auch hier über der Unkosten vor Taglohn der Maurer, Zimmerleite und Handlanger sich wirdt belauffen auf *985 f. –*

Weithers wird zu Beyschaffung deren Bau Materialien ergehen als nembl. vor Maurstein, Kalch, Sandt, Gips, Wurfflatten, dann underschidtliche Nögl, Eißen zur Grist Clampfern und Schleidtern, Gerist und Bottenpretter, auch auf Gerist und Bauholtz, Scharschindtlen so anderes beyzuschaffen, wird hierauf an Unkosten ergehen *780 f. –*

Und letztlichen die sambentliche Zimer und eingangs Diern, sambt al deren Creutzstöckh von Kistler, Gschloßer und Glaßer mit Beyschaffung ihrer Materiallien zu verferdigen, belaufft sich der Unkosten auf *376 f. –*

Summa: 2141 f. –

Und wan solches Gebey inerhalb 3 Monnat solte verferdiget und hergestölt werden, so hat man zu Bestreitung der Taglohn vor Maurer, Zimerleith und Handlanger, sambt Beyschaffung

1 Quellen: Qu.1 = BSB, Oefeleana 114 (I-II, V-VI); Qu.2 = BayHStA, HR I 97/26 $^1/_2$ (Bericht des Franz Ignaz Kirchgrabner vom 26.1.1801 über die Tätigkeit seines Vaters Franz Anton)
Literatur: Lorenz Westenrieder, Beschreibung der Haupt- und Residenzstadt München (im gegenwärtigen Zustande), München 1782, 38, 63; Karl Trautmann, Die Façadenmalereien am ehemaligen Cadettencorps-Gebäude in München und ihr Meister Ambrosius Hörmannstorffer, in: Monatsschrift des Hist. Vereins von Oberbayern 5 (1896) 70 ff., 91 ff.; Friedrich Thiersch, Das neue Justizgebäude in München, München 1897, 1f., Taf.20; Horst Karl Marschall, Friedrich von Thiersch. Ein Münchner Architekt des Späthistorismus 1852-1921, München 1982, 263 f.; Lieb 1982, 146, 228.

2 Sein Vater, Herzog Ferdinand Maria Innozenz, * 1799, war der dritte Sohn Max Emanuels aus dessen zweiter Ehe mit Therese Kunigunde; er war verheiratet mit Maria Anna Carolina von Pfalz-Neuburg.

deren benedtigen Bau Materialien, die Wochen, einer der anden zu Hilf gerechnet, zur Bezahlung von nethen 150 f. – was aber an der Bau Summa noch überig verbleibet, da ohne dem der Kistler, Gschloßer und Glaser dise Arbeit deren Creutzstöckh und Diern, was spedters zu verferdtigen habe, auch zu solcher Zeith nach, bezalt werden kundte.
Joh. Michael Fischer Chur Cöln. Hofbaumeister und Burger in München (Qu.1)

Aus diesem Überschlag geht hervor, daß es sich bei dem Vorhaben zumindest um die zweite Ausbaustufe am Herzoggartengebäude handelte. Galerien und Mittelpavillon standen schon, allerdings nur Erdgeschoß und erster Stock. Es sollte nun der Dachstuhl wieder abgenommen [3] und ein zweites Geschoß aufgesetzt werden. Der Wortlaut des Überschlags zeigt Fischer als Kenner der Baustelle sowie der finanziellen Möglichkeiten des Herzogs. Es kann mit Sicherheit angenommen werden, daß Fischer der Baumeister des ganzen Schloßausbaus im Herzoggarten war. Bei der Ausführung setzte er wohl Joseph Jänisch als Palier ein [4], als Zimmermeister zog er Joseph Mahl heran.

1759
18. 1. Der Maler Johann Georg Hörmann quittiert 100 fl auf seinen *Acort vor die Hochfürstl. Gardten Gebey zu mahlen.* (Qu.1)

Die Quittung bezieht sich wohl auf die Freskierung des Neubaus [5]. Zu diesem Zeitpunkt dürfte der östliche Flügel mit dem alten Unertl-Haus, Mittelpavillon und Galerien fertig gewesen sein.

1761
1. 1. - 1. 4. Johann Michael Kaufmann, Hofmaler des Herzogs, zahlt Kalk, Gips und Bretter. Er ist mit der Beschaffung von Baumaterialien betraut und bekommt vierteljährlich dafür 150 fl. (Qu.1)

Der Bau wurde also fortgeführt, wenn auch mit eingeschränktem finanziellen Aufwand. Es handelte sich um einen Rohbau, wohl um den Theater- und Orangeriebau.

3. 5. Fischer bescheinigt, vom Herzog Geld für die Einstellung eines armen Maurerlehrlings bekommen zu haben: *Daß Ihro Durchl. Hertzogen Clement p.p. dem Joseph Wögerer, ein armer Maurer Sohn aus der Au gebirtig, zu Erlehrnung der Maurer Handtihrung, haben 7 f. 16 x g[nä]dist das Aufding Gelt angeschafft, so welches mir endts gesezten richtig zuhanden ist bezalt worden, bescheindt diss München den 3. May 1761.*
Joh. Michael Fischer Chur Cöln. Hofbaumeister und Burger in München [6]. (Qu.1)
1. 7. - 1.10. Im dritten Quartal bezahlt Kaufmann Floßholz und Kalk. (Qu.1)

1762 und 1763 erfolgten weitere Zahlungen für Floßholz, Bretter und Kalk *zu dem Garthen Bau* [7].

1766
6. 5. Fischer stirbt; auf seinem Epitaph wird er *Dreyer Durchlauchtigister Fürsten Bewährter Bau-Meister* genannt.
–.12. Franz Anton Kirchgrabner übernimmt Fischers Meistergerechtigkeit. Er erhält den Titel eines Hofmaurermeisters des Herzogs Clemens Franz von Bayern [8] und wird *zu Erledigung und vollständiger Aufführung der Rückgebäude des außer dem Karlstor befindlichen Sommer- und Gartenpalastes ganz allein verordnet.* - Mit dem Rückgebäude ist der hintere, westliche Flügelbau gemeint. (Qu.2)

Beim Tod des Herzogs Clemens Franz (6. August 1770) war der östliche Flügel mit dem Mittelpavillon und den Galerien fertig und möbliert, der westliche Flügel war - unter Kirchgrabner - in Bau. Jenseits des neuen Flügels stand das voll

3 Im Überschlag ist vom Dachstuhl nicht die Rede, obwohl die Zimmererarbeit mit eingeschlossen ist.
4 Vgl. Dokument Nr.12, in Band II S.348 sowie S.341, Anm.9
5 Hörmann war Mitarbeiter Ambrosius Hörmannstorffers, der *vor Ihro Drtl. Herzog Clement höchstseel. Gedächtnus, daß ganze Gartn Gebäude vor dem Neuhauser Thor in freschco herunder gemahlen wie auch die 2 Speiß Sallette ausgemahlen in dessen Gebäude, 2 Cabinets alda*; Trautmann (Anm.1), 98. Die Freskierung des zuletzt noch stehenden alten Unertl-Baus, des östlichen Gebäudeteils, wurde 1896 aufgedeckt; Abb. bei Thiersch (Anm.1), Taf.20.
6 Joseph (Maria) Wöger war ein Sohn des Bartholomäus Wöger (Bruder von Fischers Palier Martin Wöger), geboren am 22. 1.1743 in München-Au; s. Josef H. Biller, in Band II S.73, Anm.124.
7 Qu.1
8 Qu.2 und Lieb 1941, 182 f.; s. auch Josef H. Biller, in Band II S.71

eingerichtete Theater mit der anschließenden Orangerie. In seinem Testament bestimmte der Herzog 6000 Gulden für den völligen Ausbau seines Gartenschlößchens. Einen Monat später, am 7. September, ließ die Nachlaßverwaltung die Arbeiten wieder aufnehmen, das Innere ausbauen, Fenster und Türen einsetzen sowie Verputzarbeiten ausführen. Am 19. Januar 1771 erfolgte die Abrechnung dieser Arbeiten[9]. Das Gartenschloß wurde unter der Witwe, der Herzogin Maria Anna, durch Franz Anton Kirchgrabner zu Ende gebaut. Die Herzogin bewohnte es bis zu ihrem Tod 1790.

Die Anlage in ihrer Gesamtausdehnung war rund 202 Meter lang, Pavillon, Galerien und Seitenflügel zusammen circa 125, Theater- und Orangerietrakt etwa 78 Meter[10]. Lorenz Westenrieder spricht von einem »langen Zug kleiner, niedlicher Gebäude«[11]. In der Tat war das Gebäude eher die Miniaturausgabe einer großen Schloßanlage. Der achteckige Mittelpavillon hatte etwa 13 x 9 Meter Grundfläche, die Galerien seitlich vom Pavillon waren circa 15,60 x 3,00 Meter. Der Bau erreichte nicht mehr als rund 12 Meter in der Höhe und hatte keine architektonischen Gliederungen, sondern (zumindest teilweise) eine ornamentale Außenfreskierung von Ambrosius Hörmannstorffer. Die Dächer waren mit Schindeln gedeckt.

Nach 1790 wurde der Bau in Büros und Wohnungen für Hofbeamte aufgeteilt[12], im Theaterbau wurde die Sammlung polytechnischer Modelle eingerichtet[13]. Nachdem man schon 1809 überlegt hatte, ob sich das Herzoggartengebäude als Unterkunft für das Kadettenkorps eigne, wurde dieses 1826 dorthin verlegt. Den Theater- und Orangerietrakt, wo sich die polytechnische Sammlung befand, erweiterte und erhöhte der Münchner Maurermeister Johann Staudhammer[14].

In den folgenden Jahren wurde die Fassade nach Süden hin begradigt. Die Nordfassade zur Elisenstraße wurde mit den Vor- und Rücksprüngen von Pavillon, Galerie und Flügelbauten zunächst beibehalten, später aber auch verbaut. In der alten Form bestehen blieb nur der östliche Flügel. 1890 bezog das Kadettencorps das neue Gebäude auf dem Marsfeld; das Gelände wurde zum

9 GHA München, Korr.-Akt 818/1 und 818/2 (gilt für alle Nachrichten in diesem Absatz)

10 BayHStA, Abt.IV Kriegsarchiv, MKr 9003 (Pläne zur Verlegung des Kadettencorps in den Herzoggarten 1809) sowie MKr 9006 und MKr 9007 (Verlegung des Kadettencorps und Umbauten 1826)

11 Westenrieder (Anm.1),

12 BayHStA, HR I 170/49

13 Wie Anm.10 und BayHStA, HR II 599/34 Nr.II

14 Wie Anm.10

Abb. München
Gartenschloß des
Herzogs Clemens Franz
ab 1826 Gebäude des Kadettenkorps
Grundriß in allen Geschossen, 1827

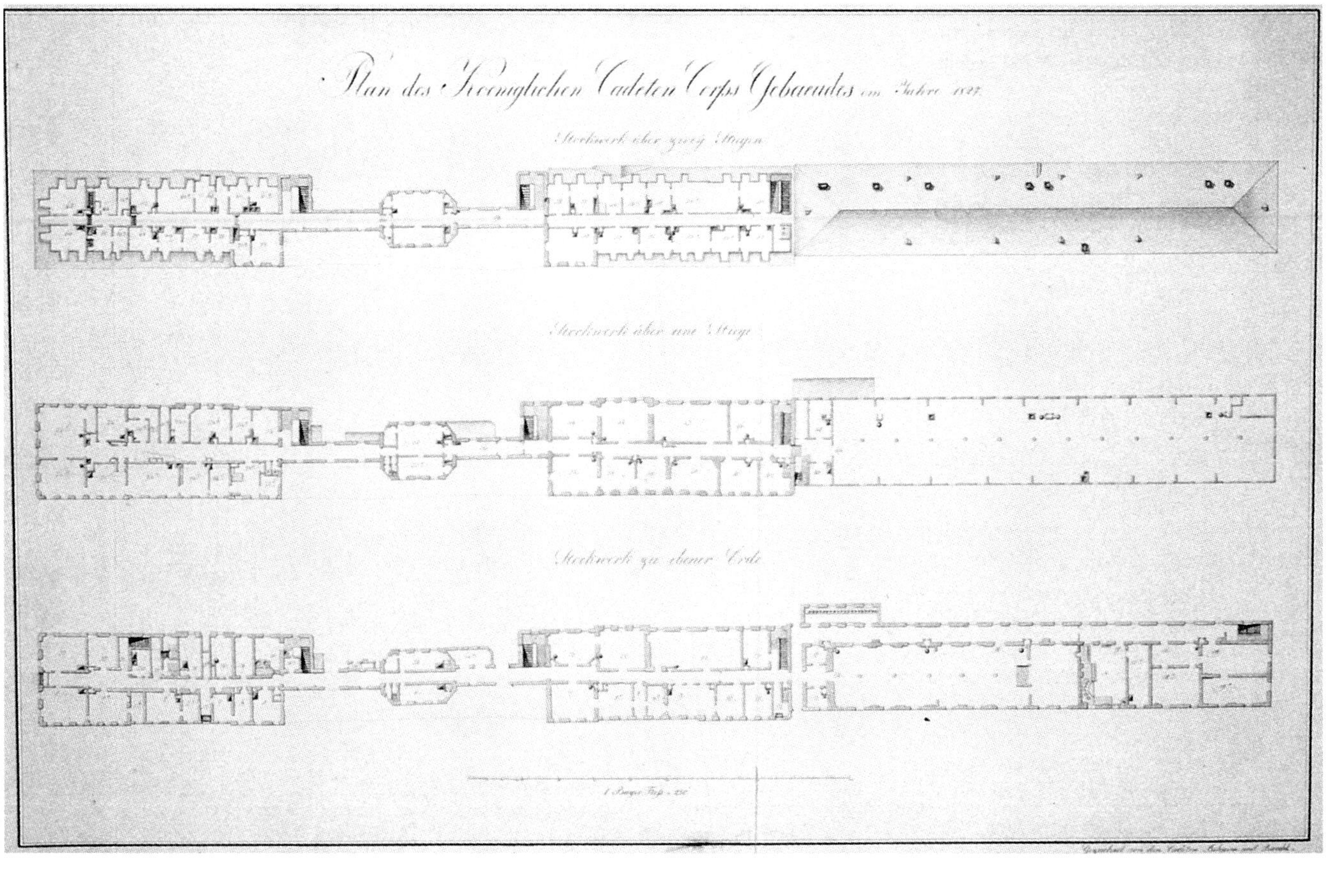

Abb. München
Gartenschloß des
Herzogs Clemens Franz
ursprüngliche Bemalung des
Kopfbaues
rekonstruiert kurz vor Abbruch
1896

Bau des neuen Justizgebäudes bestimmt und das Gartenschloß des Herzogs Clemens Franz abgerissen. Der östliche Bauteil, das alte Unertl-Haus, blieb am längsten stehen und wurde als Baubüro benutzt. 1896 wurden die Fassadenmalereien von Hörmannstorffer aufgedeckt.

Anna Bauer

34-36 MÜNCHEN: Sommerhäuser
Entwürfe für Neubauten [1]

Abb. in Band I S.310, 313, 316, 319

34 Sommerhaus Knöbl [2]

1754
vor 6. 3. Schreiben Johann Franz Knöbls, Mitglied des Äußeren Rats der Stadt München, an den Hofkriegsrat: Knöbl (auch Knebl) hat vor der Stadt ein Gartengrundstück gekauft, auf dem ein altes und völlig ruinöses Sommerhaus steht. Er möchte es durch ein gemauertes Gebäude ersetzen und bittet um die für alle im Festungsbereich liegenden Bauvorhaben erforderliche Baugenehmigung durch den Hofkriegsrat. (Qu.1)

6. 3. Der Hofkriegsrat leitet das Schreiben Knöbls an die Stadtkommandantschaft mit dem Auftrag weiter, den üblichen Lokaltermin vorzunehmen und ein Gutachten über das Bauvorhaben zu erstellen. (Qu.1)

22. 3. Gutachten, erstellt von *Jean Christoph de Hempellsdorff Ingenieur du Cabinet, et Capitain*: Da der zu ersetzende Altbau mehr als 200 Schuh (ca. 58 m) von der Stadtbefestigung entfernt ist, hat das Bauvorhaben für die Stadtverteidigung keine Bedeutung, zumal rings um die Stadt bereits eine große Zahl vergleichbarer Häuser steht. (Qu.1)

Knöbl unterzeichnet vor einem Notar die geforderte Verpflichtungserklärung zum Abbruch des Gebäudes im Fall drohender Belagerung. (Qu.1)

29. 3. Mitteilungen des Hofkriegsrats an Knöbl und an die Stadtkommandantschaft: Der Bau eines gemauerten Sommerhauses wird genehmigt. (Qu.1)

1 Literatur: Hans Lehmbruch, in Band I S.310-321
2 Quellen: Qu.1 = BayHStA, Abt.IV Kriegsarchiv, C 132

Das Gebäude wurde vermutlich noch im selben Jahr errichtet. Es lag südlich der heutigen Karlstraße zwischen Barer- und Meiserstraße. Auf Stadtplänen ist es bis weit in die erste Hälfte des 19. Jahrhunderts noch zu erkennen. Dann ging es in der Bebauung der Maxvorstadt auf. Der Architekt ist in den Akten nicht genannt. Die beiden dem Baugesuch Knöbls beiliegenden Pläne sind nicht signiert. Sie sind auf Grund der Zeichenweise und der Anlage der Architektur einem Mitarbeiter Fischers zuzuweisen [3].

35 Sommerhaus für das Hofwaisenhaus [4]

Das im 17. Jahrhundert für die Versorgung der elternlos hinterbliebenen Kinder von Hofbediensteten gegründete Hofwaisenhaus besaß in der Gegend der heutigen Sonnenstraße am Fuß der Münchner Stadtbefestigung neben landwirtschaftlich genutztem Grund auch einen Garten als Sommeraufenthalt für die Waisenkinder. In dem Garten stand ein älteres ebenerdiges Holzgebäude, das 1755 wegen Baufälligkeit durch ein größeres, solide gemauertes Sommerhaus ersetzt werden sollte [5].

1755

11. 3. Auf eine Beschwerde des Hofkammersekretärs und Hofwaisenhausinspektors Mathias Prändtl wendet sich die Hofkammer an den Hofkriegsrat: Als Vertreter der Stadtkommandantschaft hat Platzmajor von Wadenspanner die Anfuhr des Baumaterials für den geplanten Neubau untersagt [6]. Das alte *Häusl* aber sei unbewohnbar, da ruinös, der Neubau also dringend erforderlich, zudem angesichts der bereits bewilligten Baukosten von 1014 Gulden auch nur ein unbedeutendes Bauvorhaben. Der Hofkriegsrat möge den Platzmajor anweisen, den Bau nicht weiter zu behindern. (Qu.1)

24. 3. Auf die Beschwerde der Hofkammer befiehlt der Hofkriegsrat der Stadtkommandantschaft, der Anfuhr des Baumaterials keine Hindernisse mehr in den Weg zu legen, zumal der Neubau zum Nutzen armer Waisenkinder bestimmt und von der Hofkammer aus diesem Grund bereits bewilligt sei. Gleichwohl möge die Kommandantschaft ausführlichen Bericht über das Bauvorhaben erstatten und Sorge tragen, daß *ein ordentlicher Plan dissfahls entworffen* werde. (Qu.1)

–. 3. oder –. 4. Gutachten von *Jean Christoph de Hempellsdorff, Ingenieur de Cabinet et Capitain* über den Neubau im Hofwaisengarten. Hempelsdorf lehnt das Bauvorhaben in der geplanten Form ab: Das Gebäude sei mit 38 Schuh Höhe *a Proportion der untern, als auch obern Höhe des Walles, zu starck,* würde daher die Sicht von den Festungswerken verstellen, läge zudem zu dicht unter dem Wall und dürfe deshalb auf keinen Fall in Mauerwerk erstellt werden [7]. Nur als Holzbau und nicht höher als 20 Schuh [8] sei es allenfalls auf Ruf und Widerruf zu genehmigen. (Qu.1)

7. 4. Beschluß der Militärbehörde: Ungeachtet des negativen Gutachtens des Festungsingenieurs wird dem Hofwaisenhaus die Baugenehmigung für ein gemauertes Gartenhaus nach vorliegendem Plan genehmigt. Die Hofwaisenhausverwaltung muß sich verpflichten, das Gebäude auf Verlangen des Hofkriegsrats wieder abzutragen. (Qu.1)

14. 4. Der Hofkriegsrat teilt der Hofkammer und der Kommandantschaft den Beschluß vom 7.4. mit. An die Hofwaisenhausverwaltung ergeht Weisung, die geforderte Verpflichtungserklärung einzureichen. (Qu.1 und 2)

Der Akt endet mit der Baugenehmigung. Die Ausführung des Neubaus erfolgte vermutlich noch 1755. Das Gebäude bestand in erweiterter Form bis gegen Mitte des 19. Jahrhunderts, fiel dann der Erschließung und Bebauung der Schwanthalerstraße zum Opfer. Der Architekt ist wie in vielen vergleichbaren Fällen in dem Bauakt nicht genannt. Die Autorschaft Fischers ergibt sich aus den beiden dem Akt beiliegenden Plänen. Sie sind nicht signiert, erweisen sich jedoch durch die Zeichenweise und die Beschriftung in der unverkennbaren Handschrift Fischers als eigenhändige Arbeiten [9].

3 S. Kat.-Nr.23-24, in Band I S.124

4 Quellen (im BayHStA, Abt.IV Kriegsarchiv, mit den Signaturen): Qu.1 = C 132; Qu.2 = A V 161, fol.92 f.

5 Qu.1 (wie Anm.4)

6 Die in dem Schreiben nicht genannte Begründung für das von Wadenspanner ausgesprochene Verbot war die fehlende Baugenehmigung, die für alle im Festungsbereich geplanten Bauvorhaben beim Hofkriegsrat eingeholt werden mußte.

7 Für raschen Abbruch bei drohender Belagerung, damit es feindlichen Truppen keine Deckung bieten kann.

8 Die Höhe des Altbaus

9 S. Kat.-Nr.25-26, in Band I S.124

36 Sommerhaus Solaty [10]

1756

–. 8. Franz Michael von Solaty, Sekretär beim Kurfürstlichen Geheimen Rat wendet sich an den Hofkriegsrat: Solaty plant nach beigefügtem *Rißl* vor dem Neuhauser Tor (das heutige Karlstor) ein gemauertes Sommerhaus zu bauen. Er bittet um Baugenehmigung. (Qu.1)

23. 8. Der Hofkriegsrat leitet das Schreiben an die Stadtkommandantschaft mit dem Auftrag weiter, den üblichen Lokaltermin vorzunehmen und ein Gutachten über das Bauvorhaben zu erstellen. (Qu.1)

25. 8. Die Stadtkommandantschaft (General von La Rosée) sendet dem Hofkriegsrat die zur Begutachtung eingereichten Pläne für das Sommerhaus und einen von Ingenieurleutnant Pusch erstellten Situationsplan [11] des Bauvorhabens zurück: Sie habe keine Bedenken, das Sommerhaus zu genehmigen, da es 99 Schuh (ca 29 m) *Yber die Glacis hinauß* und damit weit genug vor der Festung errichtet werden soll. Fraglich sei allein, ob Solaty als Angehöriger des Geheimen Rats auch dort eine Baugenehmigung einzuholen habe. (Qu.1)

15. 9. Schreiben des Hofkriegsrats an die Stadtkommandantschaft: Die Baugenehmigung für das Sommerhaus wird nach Maßgabe der beiden eingereichten Baupläne und des von Pusch verfaßten Situationsplans erteilt. Solaty dürfte auf keinen Fall *wider die formierten Plane* höher oder größer bauen. Er muß sich wie alle Bauherren im Festungsbereich verpflichten, das Haus bei drohender Belagerung auf Verlangen des Hofkriegsrats wieder abzutragen. (Qu.1)

Das von Solaty geplante Sommerhaus wurde vermutlich noch im selben Jahr errichtet. Es lag im Westen des heutigen Karlsplatzes an der Südseite der Bayerstraße. Nach Besitzwechsel diente es spätestens ab 1785 als Wirtshaus. Sein Standort ist im Komplex des heutigen Kaufhofs aufgegangen. Von den beiden im Akt erwähnten Entwurfszeichnungen ist nur der Grundrißplan überliefert. Er ist nicht signiert; sein Verfasser ist in den Akten nicht genannt. Durch die Zeichenweise und die Beschriftung in der unverkennbaren Handschrift Fischers erweist er sich als eigenhändige Arbeit des Baumeisters [12].

Hans Lehmbruch

10 Quellen: Qu.1 = BayHStA, Abt.IV Kriegsarchiv, C 132

11 Liegt in Qu.1 (wie Anm.10)

12 S. Kat.-Nr.27, in Band I S.124 f.

37 MÜNCHEN

Naturwissenschaftlicher Studiensaal im Jesuitenkollegium [1]
Voranschlag und Ausführung des Einbaus

Johann Georg Dominicus Linprun (1714-1787), seit 1750 kurfürstlicher Münz- und Bergrat, später Mitbegründer der Bayerischen Akademie der Wissenschaften[2], stiftete den Münchner Jesuiten 1500 Gulden zur Errichtung eines naturwissenschaftlichen Studiensaals, für den Fischer einen Kostenvoranschlag lieferte.

1756

2. 8. Für das *Sallet Gebey, so für mathematische Instrumenta ... auf die Tachung des Collegii neben dem Klocken Thurn* kommen soll, veranschlagt Fischer 1011 fl 4 kr. Dafür sind eine Erhöhung von 14 Schuh auf eine Länge von 69 und Breite von 37 Schuh vorgesehen. Eine Variante, *16 bis 17 Schuech kirtzer, so auf 2 Creutzstekh [= Fenster] lang,* bietet Fischer um 180 fl billiger an. (Qu.1, Prod.10)

4. 8. P.Johann Baptist Wirle, *Procurator Provinciae, accordiert* den teureren Ausbau, der unmittelbar darauf begonnen haben muß. (Qu.1, Prod.10)

12. 8. Fischer erhält bereits eine erste Abschlagszahlung von 700 fl in Talern ausbezahlt. (Qu.1, Prod.18)

5.10. Abschlagszahlung 312 fl (Qu.1, Prod.18)

13.11. Abschlagszahlung 289 fl (Qu.1, Prod.18)

22.11. Fischer erhält 40 fl, Wirle quittiert eine Restschuld von 10 fl (Qu.1, Prod.18)

1 Quellen: Qu.1 = BayHStA, HR 290/23
Literatur: Lieb 1982, 150, 233 (»Museum Physicum«)

2 Karl Bosl (Hg.), Bosls Bayerische Biographie, Regensburg 1983, 483

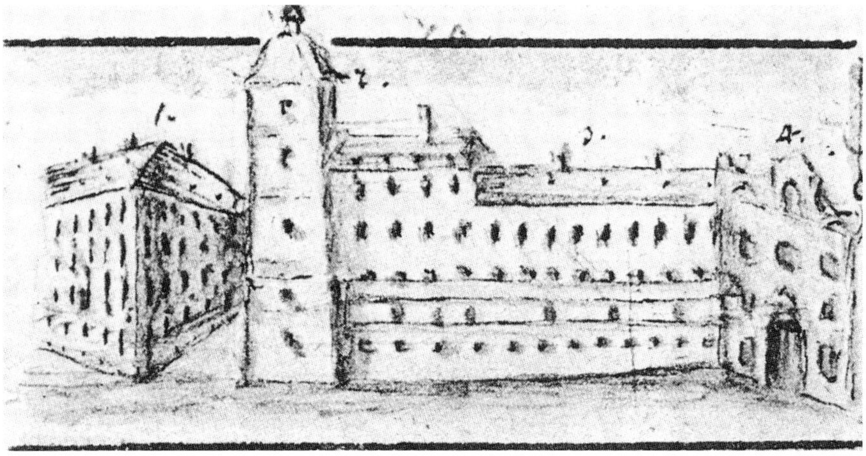

Abb. München
Jesuitenkollegium
Nordflügel mit Studiensaal
Ansicht von Johann Paul
Stimmelmayr, um 1800

Von Fischers nicht erhaltenem Studiensaal-Bau bei den Jesuiten kann man sich nur mit der entsprechenden Abbildung noch eine Vorstellung verschaffen. In seiner gezeichneten und kommentierten Darstellung Münchens aus der Zeit um 1800 gibt Johann Paul Stimmelmayr unter anderem auch den Nordflügel des Kollegiums in einer Ansicht wieder, die neben dem Turm der Jesuitenkirche einen über vier Achsen und eineinhalb Geschosse erhöhten Gebäudeteil zeigt [3]. Danach wurde für das *Sallet Gebey*, den kleinen Saalbau, der Ostteil des Nordtraktes aufgestockt, und zwar über eine Länge von vier und nicht zwei Fenstern. In den Quellen wird der damit gewonnene neue Raum für die Studenten durchweg als *museum philosophicum* bezeichnet, in dem laut Fischers Voranschlag *mathematische Instrumenta* aufbewahrt werden sollten.

Fischer spezifizierte lediglich die Bauausgaben, die auch genau eingehalten wurden. Eigenes Honorar scheint er für die relativ kleine Bauaufgabe weder verlangt noch erhalten zu haben. Aus den überlieferten Handwerkerrechnungen kann erschlossen werden, daß der Raum durch einen Ofen heizbar war und zwei große Tische mit steinernen Platten enthielt.

Christl Karnehm

3 München um 1800. Die Häuser und Gassen der Stadt, gezeichnet von Johann Paul Stimmelmayr, hg. von Gabriele Dischinger/Richard Bauer, München 1980, Nr.70/1

38 MÜNCHEN

Verbindungsgang zwischen dem Institutsgebäude
der Englischen Fräulein und dem ›Arme-Kinder-Haus‹ [1]
Entwurf

Abb. in Band I S.141

1760 beabsichtigten die Englischen Fräulein, zwischen ihrem Institut und dem ›Arme-Kinder-Haus‹ einen überdachten Gang zu errichten; er sollte die Gruftgasse zwischen beiden Gebäuden überbrücken.

1760

26.11. Maria Johanna Mannsdorf, Oberin des Instituts, bittet den Münchner Magistrat, *bis zu den armen Haus über die Gassen einen Gang (damit meine incorporirte Freylen und Jungfrauen nit mehr über die Gassen gehen dürffen, auch ich in ain- so anderm einen Nuzen schaffen kunte) errichten zu lassen.* (Qu.1)

22.12. Der Magistrat reicht das Schreiben mit der Bitte *umb Augenschein und beh[e]rtliches Guettachten* bei der Stadtkammer ein. (Qu.1)

Bei diesem Vorgang liegt eine Planzeichnung, die zeigt, wie der gewünschte Gang über die Gruftgasse aussehen sollte. Die Zeichnung wurde von Fischers Palier Melchior Streicher angefertigt und von Fischer eigenhändig beschriftet [2]. Da sich die Oberin in ihrem Schreiben auf keinerlei Plan beruft, dieser auch

1 Quellen: Qu.1 = StadtA München, Kultusstiftungen 925. – Für den Hinweis auf diese Quelle danke ich Archivdirektor Dr. Richard Bauer, München.
2 S. Kat.-Nr.28, in Band I S.125 f.

keinen entsprechenden Vermerk trägt, wurde Fischers Entwurf für den Gang nicht von den Englischen Fräulein eingereicht und folglich auch nicht in deren Auftrag hergestellt. Vielmehr dürfte der Plan im Zusammenhang mit dem gewünschten Gutachten der Stadtkammer in Verbindung stehen.

Auf kurz nach der Säkularisation 1803 entstandenen Situationsplänen, die das Institut und das ›Arme-Kinder-Haus‹ wiedergeben[3], fehlt jeder Hinweis auf diesen Gang, der somit offenbar nicht realisiert wurde.

Gabriele Dischinger

3 BayHStA, PlSlg 12132, 12135, 12142

39 MÜNCHEN

Ehem. Franziskanerkloster[1]
Besichtigung und Gutachten für den Umbau eines Raumes zur Paramentenkammer der St. Michaels-Bruderschaft

1746 kam wegen des eben überstandenen Österreichischen Erbfolgekriegs und der damit verbundenen Armut auch die an sich vermögende St. Michaels-Erzbruderschaft in finanzielle Schwierigkeiten, weil für die angelegten Kapitalien seit Jahren keine Zinsen bezahlt wurden. Man faßte den Entschluß, die zur Aufbewahrung der Bruderschaftskleider, -Insignien und -Paramente gemietete teure Wohnung am Rindermarkt aufzugeben und sich eine eigene sogenannte *Behaltnus* zu schaffen, in einem Raum, den die Franziskaner in ihrem Kloster angeboten hatten[2]. Dagegen erhob sich innerhalb der Bruderschaft Widerstand, angeführt von deren Materialverwalter Reichenberger, der die Aufsicht über die Sachen hatte und deshalb die Wohnung am Rindermarkt mitbewohnen durfte. Die Gegner des Plans brachten vor, der fragliche Raum sei aus verschiedenen Gründen nicht geeignet. Am 30. Juli 1746 beschloß das Bruderschafts-Konsilium, daß *man die schon vernohmene 2 Baumeister nochmahl auf den vorgeschlagenen Behaltnus Blaz miteinander abordne, und ihre Meynung darüber schrifftlich vernehme*[3].

1746

1. 8. Johann Michael Fischer und Lorenz Sappl nehmen die Besichtigung vor und unterzeichnen anschließend folgendes Gutachten:

... *1mo Sagen beede Herrn Bauverständige, das sich der offerierte, 30 Schuch lang 24 ½ Schuch breite, mithin eben so grosse Behaltnis, als die dermahlige, also gwölben lasse, das die 8 Schuch hoche Kästen darrinnen füglich stehen können.*

2do Wird solche Behaltnus durch zwey aufführente Feurmauren versicheret, so auf Unkosten des Closters hergestellet werden, auf welchen Gebäu kein Wollwerck mehr kombt.

3tio Nach zeig des Rises kombt die Loderey (wovon die Schaben entspringen) 53 Schuch von der Behaltnus wegg, also, das der mindiste Schaden davon zu besorgen, umb so weniger als von wohl hierinnen kein Kleidung oder dergleichen, sondern lauter Leinen- und Seidensachen nebst Silberwerch aufbehalten wird, so die Schaben nit angreiffen.

4to Kan die einerseits anfallente, vor schädlich angegebene Sonn mit einen Tächlein abgewendet werden.

5to Ist vom Preuhaus weder ein Dampf, noch Rauch zu besorgen, weilen Dampflöcher verhandten, und entfernet seind nach Erbietten des hochwürdigen P.Guardians aber zwey davon, auf den Bederffungsfahl gar vermauret werden wolten.

6to Den Bau Kossten belangent, wurde solcher auf 200 f. belauffen, worfür das Closter nit mehrer begehren werde, weilen Sie ohnehin im Bau begriffen, und mit allen Gerüsteren und anderen Materialiis versechen seind.

Welch alles beede Herren Bauverständige mit ihrer eignen Handt Underschrifft bekräfftigen. ...

Johann Michael Fischer Chur Cöln. Hof Baumeister

Lorenz Säppl Burger und Maurermeister in München. (Qu.1, fol.9 f.[4])

1 Quellen: (im BayHStA, mit den Signaturen) Qu.1 = HR 146/116, IV (Sitzungsprotokolle der St. Michaels-Bruderschaft); Qu.2 = KL Franziskaner Bayer. Provinz 309 (Archivium Novum Conventus Monacensis 1721-1801); Qu.3 = KL Franziskaner Bayer. Provinz 310 (Chronik des Münchner Klosters)
Literatur: Wilhelm Kücker, Das alte Franziskanerkloster in München, in: Oberbayer. Archiv 86 (1963) 105 und Taf.III; Robert Stalla, St. Michael in Berg am Laim, Weißenhorn 1989, 43

2 Qu.1 (Sitzungsprotokoll vom 5.3.1746); damals wurde bereits ein Betrag von *circa 150 f.* genannt, um die *Behaltnus* bei den Franziskanern *zu bauen.*

3 Qu.1

4 Vollständig abgedruckt bei Stalla (Anm.1), 226 f.

–.11. Der Umbau ist beendet, *wordurch ein beständiger Nuz geschafft, zugleich der gröste Schaden, wegen unerträglich jährlichen Hauszüns ad 165 f. aufgehebt, imo dadurch die gröste Gefahr von allen Pretiosen und anderen Ornamenten, so wenigst ad 50000 f. zu aestimieren, abgewendet worden.* (Qu.1, fol.11)

1747
–. 3./ 4. Sappl berichtet, der Raum könne bis Michaeli (29.9.) des Jahres bezogen werden, weil er dann trocken sei. (Qu.1, fol.11 f.)

1748
23. 4. Die Bruderschaft bezieht *ihr Behaltnus.* (Qu.3, p.220)

Fischers Name erscheint nur im Zusammenhang mit dem Gutachten. Nachdem die beiden Baumeister den Raum für tauglich befunden hatten, wickelte Sappl die Baumaßnahmen, die 1746 abgeschlossen wurden, wahrscheinlich allein ab.

In der Grundrißaufnahme des ehemaligen Franziskanerklosters aus der Zeit zwischen 1778 und 1787 ist in dem langen Trakt an der Südseite des äußeren Klosterhofs ein kleiner Raum als *S. Michaelis Zimmer* bezeichnet[5]. Dieses Zimmer im Erdgeschoß mißt etwa 20 x 14 Schuh (ca. 6,00 x 4,20 m) und hat ein Fenster nach Norden. Bei diesem Raum kann es sich nicht um denselben handeln, der 1746 begutachtet wurde. Aus dem Gutachten, Sappls Berichten über die Austrocknung und aus den beiden Chroniken des Franziskanerklosters geht nämlich hervor, daß die *Behaltnus* der Michaels-Bruderschaft zwar im Erdgeschoß lag, aber 30 Schuh lang und 24 ½ Schuh breit (ca. 9,00 x 7,35 m) war.

Der Raum war vor dem Umbau noch nicht gewölbt; er war so hoch, daß die Wölbung mindestens bei 2,50 m ansetzen konnte (die Höhe der vorhandenen Schränke betrug ca. 2,40 m); er war dem Bräuhaus benachbart, so daß überlegt wurde, wie man den Schaden durch Dampf aus den dortigen Lüftungslöchern abwenden könnte. Mindestens ein Fenster ging nicht nach Norden, denn im Gutachten wurde zum Schutz vor Sonne ein Dächlein erwogen. Der Raum hatte Fenster auf verschiedenen Seiten, denn Sappl sprach in einem seiner Berichte über den Stand der Austrocknung davon, daß die Luft durchziehen solle; er lag 53 Schuh von einem anderen Gebäude entfernt, in dem die *Loderey* (Tuchmacherei) des Ordens 1746 neu untergebracht wurde. Diese Verlegung und Veränderungen im Bereich der Schreinerei und Bäckerei (*nova structura in Pannificio et Scrinaria cum destinatis pro Archivio Prov. et Archi-Confraternitatis S. Michaelis propriis armariis et cameris*[6]) sowie Loderei (*auch die ganze Loderey inwendtig neu erbauet, so bis 1200 f. gekostet, das Haubtabsehen ware das Archiv und Michaeli Bruederschafft Zümmer*[7]) standen im Zusammenhang mit der Einrichtung der Bruderschafts-*Behaltnus*, in deren Nachbarschaft das Archiv des Provinzialats des Ordens eingerichtet wurde.

Mit großer Wahrscheinlichkeit ist deshalb anzunehmen, daß der Plan von 1778/87 mit den angegebenen Widmungen der Räume zumindest im Bereich des Wirtschaftshofes nicht ganz korrekt ist. Die *Behaltnus* ebenso wie das Provinzial-Archiv wurde vermutlich in dem Bau an der Nordseite des Hofes westlich vom Bräuhaus eingebaut, mit Fenstern nach Süden zum Hof und nach Norden zum Klostergarten. An der Ostseite dieses Baus zeigt der Grundriß einen Raum, dessen Maße mit denen der *Behaltnus* übereinstimmen; er ist auch ca. 53 Schuh entfernt von dem gegenüberliegenden Trakt, in dem 1746 die Loderei ihren Platz gefunden haben könnte. Dieser Raum ist wohl mit der *Behaltnus* der St. Michaels-Bruderschaft zu identifizieren.

1760 wurde das Archiv der Bruderschaft von Berg am Laim in den Bruderschaftsraum im Franziskanerkloster verlegt[8]. Damals erhielt der Raum einen Ofen[9]. Darüber hinaus ist von der *Behaltnus* nichts bekannt. Mit dem Abriß des Franziskanerklosters 1802 verschwand auch der St. Michaels-Bruderschaftsraum.

Anna Bauer

5 BayHStA, PlSlg 5838; vgl. dazu Kücker (Anm.1), 131 f. und Gabriele Dischinger, Zeichnungen zu kirchlichen Bauten bis 1803 im Bayerischen Hauptstaatsarchiv, Wiesbaden 1988, 136 f. (Nr.320)

6 Qu.2, fol.160

7 Qu.3, p.202

8 Qu.1 (Sitzungsprotokoll vom 14.1.1760), fol.115: *Weil wegen des öfteren Gebrauchs, ja fast bey jedem zu haltenden Consilio, das Archiv höchst nöthig bey der Hand zu haben ist; dagegen der bisherige Sedes zu Josephsburg ville Hindernifs deßhalb in den Weeg leget. So ist per unanimia anheut beschlossen worden, besagtes Archiv von Josephsburg anhero nach München in den Material Saal zu denen P.P. Franciscanern bringen zulassen, welches auch also geschehen ...*

9 Qu.2, fol.161

Abb. in Band I S.126

Pfarrhof und Ökonomiebauten der ehem. Pfarrei St. Stephan in Baumkirchen [1]
Besichtigung und Voranschlag für Reparaturen, mit Situationsplan

Die Pfarrei St. Stephan war dem Stift St. Veit in Freising inkorporiert[2]. Der Pfarrhof mit den Ökonomiegebäuden wurde 1717/19 durch den Münchner Maurermeister Philipp Jakob Köglsperger d.Ä. (1673-1730) und den Zimmermeister Wolf Schäffler von der Au neu erbaut[3]. Am 14.April 1755 brannten der 1730 erbaute Stall und der Stadel ab; das Pfarrhaus wurde nur beschädigt. Wiederaufbau 1756/57 unter Pfarrer Christoph Jakob von Chlingensperg (1749-1759) durch Leonhard Matthäus Gießl und den Stadtzimmermeister Johann Michael Häzl[4]. Die veranschlagte Bausumme durfte als zinsloser Kredit von den vermögenderen Kirchen des Gerichts Wolfratshausen aufgenommen werden[5].

1759
10. 7. Tod des Pfarrers Christoph Jakob von Chlingensperg (Qu.2)
zwischen 1. und 4.10. Zweitägiger Aufenthalt Fischers in Baumkirchen. Bei der Nachlaßordnung wird – wie üblich – auch die Baufallschätzung an den Pfarrhofgebäuden vorgenommen [6]: ... *hat man ebenermassen den Pfarrhof Pämbkirchen von Cumulativ Commissions wegen mit Beyziehung Johann Michael Fischer Chur Cöllnischen Hofpau-Maurermaisters, und Franz Joseph Krafft Burgerl. Zimmermaisters zu München allerohrten in Augenschein genohmen unnd dabey erfundten: Beim Pfarrhof befindet sich ein Dach-Stuell, bey welchen sich die Latten deils biegen, weillen die Sparn zu weidt voneinander, vor ein Dach welches mit Ziegl-Platen gedeckt, also in die Lenge nit ertragen werden kan* ... Ein Schindeldach wird empfohlen. Im Pfarrhaus müssen vier Fensterstöcke eingeputzt und ein Rauchfang neu aufgeführt werden. In der Hornviehstallung muß Pflaster gelegt werden und die Außenmauer nach Westen neu verputzt. Der Innenausbau des Stalls muß noch gemacht werden. Das Back- und Waschhaus muß neu gebaut werden, ebenso wie das zum Pfarrhof gehörige Tagwerkerhäusl, das eingefallen ist. (Qu.2)
10.10. Fischer schreibt den Voranschlag über die nötigen Maurerarbeiten, der auf 333 fl 24 kr lautet. (Qu.2, Prod.27)
Zimmermeister Krafft kalkuliert für seine Arbeiten 825 fl 20 kr. (Qu.2, Prod.26)
Mit dem Voranschlag reicht Fischer einen Situationsplan der Pfarrgebäude ein[7].
(Qu.2, Prod.28 ad 27)

1760
17. 4. Fischer quittiert den Empfang der 6 fl Tagegeld für den zweitägigen Aufenthalt 1759 in Baumkirchen. (Qu.3)

In dem Situationsplan sind das Pfarrhaus, die Stallung, Wasch- und Backhäusl sowie Tagwerkerhäusl mit ihren Maßen eingetragen. Fischer hat die Skizze wohl bei seinem zweitägigen Aufenthalt in Baumkirchen als Gedächtnisstütze angefertigt; danach sollte sie dem Auftraggeber als Orientierungshilfe für die im Voranschlag spezifizierten Baumaßnahmen dienen. Obwohl entsprechende Nachrichten fehlen, ist anzunehmen, daß die Reparaturen am Pfarrhof von Baumkirchen auch durch Fischer und Krafft ausgeführt wurden.

Der Pfarrhof von Baumkirchen existiert nicht mehr.

Nachtrag: Im »Katalog der Entwürfe« heißt es, Fischers Situationsplan der Baumkirchener Pfarrgebäude liege nicht mehr im betreffenden Akt[8]. Diese Aussage muß korrigiert werden, da das Original wieder aufgetaucht ist. Daraus ergeben sich für die Angaben zum Plan die Berichtigung von Lagerort und Signatur sowie kleinere Ergänzungen[9].

Anna Bauer

1 Quellen: Qu.1 = AEM, Pfarrakten St. Michael Berg am Laim, Filiale Baumkirchen; Qu.2 = StA München, Pfleggericht Wolfratshausen A 90 (ehem. BayHStA, GL 4566/115); Qu.3 = AEM, Pfarrakten St. Michael Berg am Laim, Resignations- und Verlassenschaftsakten 1758-1800
Literatur: Kanonicus-Schmidtsche Matrikel des Bistums Freising vom Jahre 1738 bis 1740, in: Martin von Deutinger (Hg.), Die älteren Matrikel des Bistums Freising, Bd.2, München 1849, 488 f.; Anton Mayer/Georg Westermayer, Statistische Beschreibung des Erzbistums München-Freising, Bd.2, Regensburg 1880, 619; Lieb 1982, 234
2 Pfarrei bis 1806, heute Filiale von München-Berg am Laim
3 Qu.1; die Materialien wurden, soweit möglich, von der während der kaiserlichen Administration erbauten Kavalleriekaserne in Berg am Laim genommen, die man für diesen Zweck um 600 fl gekauft hatte.
4 Qu.1 und 2. Sie machten die Pläne und Überschläge, Gießl um 1538 fl, Häzl um 1255 fl.; dazu ein Plan Gießls im BayHStA, PlSlg 20560.
5 Die Bausumme wurde überschritten, statt 2783 fl kostete der Bau 3677 fl; der Geistliche Rat erwiderte auf eine Bitte des Pfarrers, er müsse die Differenz *ex propriis* (aus seinem Privatvermögen) bestreiten.
6 Die nötigen Reparaturen an den Pfarrhöfen wurden im Normalfall aus der Hinterlassenschaft des jeweiligen Pfarrers bezahlt.
7 S. Kat.-Nr.29, in Band I S.126 f.
8 Wie Anm.7
9 Nunmehr StA München, Pfleggericht Wolfratshausen A 90; WZ: bekröntes Lilienwappen mit M (identisch im Papier des Überschlags) / Stift: grau über Vorzeichnung und Konstruktionslinien in Blindriß / verso: *Grundt-Riß* (Feder: braun, alt), *28. ad 27.* (Feder: braun; Archivkennzeichnung)

41 MÜNCHEN

Mesnerhaus der Pfarrei Hl. Kreuz in Giesing [1]
Entwurf und Voranschlag für einen Neubau

Abb. in Band I S.127

Schon im Jahre 1725 wird das alte Mesnerhaus als baufällig bezeichnet [2].

1730

2. 5. *Überschlag* von Fischer für einen Neubau *nach Anzeig des beygelegten Ris*; er schätzt die Kosten auf 186 fl 8 kr. (Qu.2)

12. 5. Die *HH. Verwalter des Gottshauses Giesing* übergeben dem Münchener Magistrat *ihre schriftl. Mainung* zu dem geplanten Neubau; der Magistrat reicht die Unterlagen weiter an den Kurfürstlichen Geistlichen Rat. (Qu.3)

30. 6. In seiner Antwort mahnt der Geistliche Rat, *ordentliche Yberschläg verfassen und darinnen separirn [zu] lassen ..., was zum Gottshaus, und zum Mösnerheusl erforderlich, wobey auch der Riss dahin zu corrigieren, damit die Stallung nit an das Gottshaus khomme.* (Qu.2)

12. 7. Der Magistrat leitet das Antwortschreiben an die Verwaltung in Giesing weiter. (Qu.3)

Das Vorhaben wird danach nicht mehr erwähnt; so ist auch unbekannt, ob und wann es zum Neubau des Mesnerhauses kam.

Fischers Vorschlag sah, wie sein erhaltener *Ris* zeigt [3], ein freistehendes Haus mit integrierter Stallung vor; es sollte 50 x 31 Schuh (ca. 15 x 9 m) messen und mit *Pau Materiallien, auch Taglohn der Maurer und Handlanger* 186 Gulden kosten. Sein Entwurf fand aber offenbar keine Zustimmung, denn die *HH. Verwalter des Gottshauses Giesing* reichten eine Planung zur Genehmigung ein, wonach das Mesnerhaus ausgerechnet mit der Stallung an die Kirche stoßen sollte. Daraus ergaben sich zusätzliche Bauarbeiten, deren Kosten zum Ärger des Geistlichen Rates im zugehörigen Überschlag nicht sauber von denen für das Mesnerhaus getrennt waren. Wer diese Planung vorgelegt hatte, gegen wen Fischer das Nachsehen hatte, wird nicht gesagt [4].

Gabriele Dischinger

1 Quellen (im StadtA München, mit den Signaturen): Qu.1 = Kultusstiftungen 451; Qu.2 = Kultusstiftungen 447; Qu.3 = Ratsprotokolle 1730
Literatur: Lieb 1982, 224

2 Qu.1

3 S. Kat.-Nr.30, in Band I S.127. Bei Lieb (Anm.1) irreführend angegeben, der Plan sei »nicht erhalten«.

4 In Qu.2 liegt noch ein anderer, nicht einzuordnender Grundriß für das Mesnerhaus sowie eine Aufstellung des Zimmermeisters Joseph Buchberger über 56 Tage Arbeit (ab 20.3. o.J.) am Mesnerhaus.

42 MÜNCHEN

Pfarrhof-Stadel mit Viehstall in Sendling [1]
Voranschlag für den Wiederaufbau (und Ausführung?)

Der Pfarrhof der alten Pfarrei Sendling/Thalkirchen, etwa zwei Kilometer südlich der Pfarrkirche St. Margaret an der Straße nach Wolfratshausen gelegen, besaß einst die Hausnummer 12 in Mittersendling [2]. Ein großer Stadel mit Viehstall gehörte zum Pfarrhof. Kurz nachdem der Stadel 1756 abgebrannt war, ließ der Pfarrvikar Balthasar Hueber (1738-1768) Kostenvoranschläge für den Wiederaufbau machen.

1756

10. 6. Überschlag des Münchener Zimmermeisters Joseph Mahl (ergänzend zu Fischers Voranschlag) über 2530 fl 40 kr (Qu.1)

18. 6. Fischer überschlägt, *was zu dennen abgeprenten Stallungen und Stadl Gepeu dem Pfarrhof zu Sendlingen an Uncösten der ... Bau Materialien, auch Taglohn vor Maurer und Handlanger ergeben möchte.* Die Summe beläuft sich auf 1384 fl 52 kr [3]. (Qu.1)

Der neue Stadel war in etwa gleich groß wie der alte geplant [4], mit Ställen im Erdgeschoß und der Tenne oben; d.h., Fischer orientierte sich an dem Vorgängerbau. Es ist anzunehmen, daß Fischer und Mahl den Wiederaufbau noch im gleichen Jahr durchgeführt haben. Dieser Stadel brannte am 21. Oktober 1894 ab.

1 Quellen: Qu.1 = BayHStA, KL 851/125 (Akten Schäftlarn, in Sendling Condecimator); Qu.2 = AEM, Pfarrakten St. Margaret Sendling, Pfarrhofbauten
Literatur: Hans Lanzhammer, Alt-Sendling und seine Beziehungen zu München, München 1926, 84; Lieb 1982, 233.

2 Später Plinganserstraße 96; das Pfarrhofareal war 47 896 Quadratfuß (ca. 4300 qm) groß.

3 Der Voranschlag ist nur in einer Kopie überliefert, unterzeichnet mit *Johann Michael Fischer, Chur-Cölln. Hofpaumaister und Burger in München*

4 Qu.2. Mahl rechnete mit 4350 Büschel Schindeln für das Decken des Stadels; 1729 hatte man 4230 Büschel Schindeln gebraucht, um den alten, 1756 abgebrannten Stadel neu zu decken. Einen Begriff von der Größe geben die veranschlagten Materialien: 60000 Mauerstei-

1912 wurde der Pfarrhof nach Untersendling verlegt. Den 1756 errichteten alten Bau hat man zunächst vermietet; 1918 wurde das große Areal an die Chromolwerke München verkauft.

Anna Bauer

ne, 264 Fuhren Sand, 38 Muth Kalk, 22 starke Balken, je 20 m lang, 33 Flöße. Der Innenausbau des Stalls war in Eichenholz geplant.

43 MÜNCHEN
Diverse Maurerarbeiten

43a Einmauern des Epitaphs der Anna Maria Gräfin Fugger in St. Anna, ehem. Klosterkirche der Salesianerinnen [1]

1729

1. 1. Anna Maria Gräfin Fugger stirbt [2].

2. 1. Gräfin Fugger wird begraben [3].

1. 5. Steinmetz Anton Mattheo quittiert Material und Arbeit (165 fl 30 kr) für das Epitaph der Gräfin; er hat *auf einen grossen rothen Marmor ... deroselben drey hochgräfl. Wappen, sambt der importanten Schrift, ingleichen auf das Grab selbsten ein weiße Steinplatten, darauf ein Todtenkopf, und 38 gross romanische Buechstaben eingehauen und hergegeben.* (Qu.1)

18. 5. Georg Anton Littich (1681-1717), Hofsekretär und Dichter, erhält für *Componierung solchen Epitaphii ... 6 Max d'or* (40 fl). (Qu.1)

vor 23. 5. Fischer spezifiziert seinen Aufwand (6 fl 44 kr) für *Ufrichtung dises Grabsteines* und Maler Johann Georg Sang bescheinigt, (für 30 fl) das *Epidavium ... in fresco gemahlen, den Stein die Wappen undt Schrift mit guetten Golt vergoldt [und] die Mahlerey mit Golt aufblukht* zu haben. (Qu.1)

23. 5. Zusammenstellung der Kosten *yber das errichte[te] Epitaphium*, darunter auch die an Fischer und Sang geleisteten Zahlungen (Qu.1)

Die Gräfin, 1651 als Marchesa di San Germano d'Agliè in Savoyen geboren, war in erster Ehe mit Maximilian Ferdinand Graf Törring-Seefeld und in zweiter mit Paul Graf Fugger verheiratet. Ihr Erbe traten die Kinder aus erster Ehe an, allen voran der Sohn Maximilian Cajetan Graf Törring-Seefeld, der Fischer seit 1723 beschäftigte [4].

Nach dem Begräbnis der Gräfin vergingen mehr als vier Monate, bis Fischer im Mai 1729 das von dem Steinmetz Mattheo angefertigte Marmorepitaph bei den Salesianerinnen einmauerte. Das Epitaph hat im Laufe der Jahrhunderte gelitten, ist aber, stark beschädigt, noch im Chorbereich der jetzigen Damenstiftskirche St. Anna erhalten.

Gabriele Dischinger

1 Quellen: Qu.1 = StA München, Törring-Seefeld, BBB 1, Nr.2; s. auch Dokument Nr.4, in Band II S.344
Literatur: Laurentius Koch, Das Palais Portia – Bauherren und Bewohner, in: Zwei Münchner Adelspalais – Palais Portia, Palais Preysing, München 1984, 46
2 AEM, Pfarrmatrikel U.L.Frau
3 AEM, Pfarrmatrikel St.Peter; freundliche Mitteilung von Josef H. Biller, München.
4 S. WVZ 58 und 65

43b Filialkirche St. Philippus und Jakobus in Daglfing [5] Reparatur

Daglfing gehörte zur Pfarrei Oberföhring und damit zur Fürstbischöflich Freisingischen Herrschaft Ismaning. Neubau der mittelalterlichen Kirche 1724.

1752

14.10. Fischer bestätigt mit seiner Unterschrift eine von Pfarrer Johann Franziskus Puechner verfaßte Kostenaufstellung (Summe 13 fl 20 kr) über die *Reparirung der fast durchaus ruinosen Freidthofmaur zu Daglfing.*

5 Quellen (im AEM, unter): Grafschaft Ismaning, Kirchenrechnungen 1752, fol.133 sowie Kirchenrechnungsbelege 1752

43c Filialkirche St. Nikolaus in Englschalking[6]
Reparaturen

Wie Daglfing gehörte Englschalking zur Pfarrei Oberföhring und damit zur Fürstbischöflich Freisingischen Herrschaft Ismaning. Die Kirche wurde um 1300 erbaut und im Barock verändert.

1752

o.Dat. Fischer reparierte *das Kürchel, Sacristey, und Freithof Maur* um 19 fl 36 kr.

6 Quellen (im AEM, unter): Grafschaft Ismaning, Kirchenrechnungen 1752, fol.123 sowie Kirchenrechnungsbelege 1752

43d Pfarrkirche St. Laurentius in Oberföhring[7]
Reparaturen

Oberföhring gehörte zur Fürstbischöflich Freisingischen Herrschaft Ismaning. Neubau der Pfarrkirche 1678-1680 durch die Münchner Maurermeister Wolf Zwerger und Zimmermeister Wolfgang Grimb, die ihren Freisinger Kollegen vorgezogen wurden[8].

1752

o.Dat. Fischer zeichnet eine von Pfarrer Johann Franziskus Puechner geschriebene Quittung gegen; es handelt sich um die Summe von 16 fl 19 kr für *underschidl[iche] Reparationes in, und ausser des lobl. Pfarrgottshauß*

Anna Bauer

7 Quellen (im AEM, unter): Grafschaft Ismaning, Kirchenrechnungen 1752, fol.77 sowie Kirchenrechnungsbelege 1752

8 Sigmund Benker, Pfarrkirche St. Lorenz Oberföhring (KKF Nr.398), ³München 1985, 4

44 NERESHEIM (Kr. Aalen, Baden-Württemberg)
Benediktiner-Klosterkirche Hll. Ulrich und Afra[1]
Gutachten über die Kirchenplanung Balthasar Neumanns (1750)
Bewerbung um dessen Nachfolge (1753)

Nach der Tradition stifteten die Grafen Hartmann von Dillingen-Kyburg in den Jahren 1095 bis 1099 das Kloster. Die nach 1126 errichtete und 1190 geweihte Klosterkirche, eine dreischiffige Basilika, wurde im 18. Jahrhundert durch einen Neubau ersetzt.

1745 begann man mit Erdarbeiten, denen bereits ein Entwurf für die Kirche zugrunde gelegen haben muß[2]. Ab 1747 läßt sich dann die konkrete Planung durch Balthasar Neumann (1687-1753) aus Würzburg verfolgen; zwischen Juli und Dezember legte er dem Neresheimer Abt Aurelius Braisch (1739-1755) verschiedene Entwurfsvarianten vor. 1748 reichte Neumann vorläufige Pläne ein; gleichzeitig wurden die Fundamente zum Langhaus gelegt. Aufsicht über die Arbeiten führte bis 1749 Leonhard Stahl (1730-1774), ein Schüler Neumanns[3]. Palier war Dominikus Wiedemann (1747-1759 nachgewiesen); Abt Aurelius hatte ihn im Frühjahr 1747 aus seiner Heimat, aus Ehingen an der Donau, nach Neresheim berufen[4] und überließ ihm nach Stahls Ausscheiden die Verantwortung über den Kirchenbau. 1749 und 1750 arbeitete Neumann die Ausführungspläne aus.

1750

15. 6. Abt Aurelius und Prior P.Ulrich Hundorf nehmen an der Tagung der Niederschwäbischen Benediktinerkongregation in Ottobeuren teil[5].

4. 7. Grundstein zur Klosterkirche wird gelegt; Neumann ist Gast bei den dreitägigen Feierlichkeiten[6].

1 Quellen: Qu.1 = Fürst Thurn u. Taxis Zentralarchiv Regensburg, Schwäbische Akten 863, fol.78-79; s. Dokument Nr.11, in Band II S.347 f.
Literatur: Willy P. Fuchs, Die Abteikirche zu Neresheim und die Kunst Balthasar Neumanns, Stuttgart 1914; Paulus Weißenberger, Baugeschichte der Abtei Neresheim, Stuttgart 1934; Jörg Gamer, Die Benediktinerabteikirche Neresheim, in: Ausst.-kat. »Balthasar Neumann in Baden-Württemberg«, Stuttgart 1975, 93-119; Lieb 1982, 88 f., 232 f.; Hanswernfried Muth, Die Benediktinerabteikirche Neresheim, in: Ausst.-kat. »Aus Balthasar Neumanns Baubüro«, Würzburg 1987, 257-274

2 Paulus Weißenberger deutet an, dieser Plan könnte von dem späteren Neresheimer Abt Benedikt Maria Angehrn (1755-1787) stammen; denn die Quellen berichten, er habe schon als Pater *zu der ietzig herrlichen neuen Kirche ... den Grundriß und Hauptgedanken so verfertigt, daß derselbe bei Neumann*

1751
31. 3. Abt Aurelius konfrontiert Neumann mit dem Vorschlag, den Hochaltar in die Mitte des Chors zu stellen, als Abschlußwand vor einem zweistöckigen Mönchschor (unten Winter-, oben Sommerchor)[7].
6. 4. Neumann spricht sich gegen diese Idee aus[8].

1753
19. 8. Balthasar Neumann stirbt in Würzburg.
1. 9. Fischer bewirbt sich in Neresheim um die Nachfolge Neumanns als leitender Architekt des Kirchenbaues. (Qu.1)
12. 9. (Ablehnende) Antwort auf Fischers Bewerbung. (Qu.1)

Da Fischer sich schon am 1. September 1753, knapp zwei Wochen nach Neumanns Ableben, bei Abt Aurelius um dessen Nachfolge bewarb, muß er die Nachricht vom Tode des Kollegen sehr schnell erhalten haben; er wußte, daß der Bau der Neresheimer Klosterkirche noch nicht *zu Ende* geführt und der *Platz* des leitenden Baumeisters nun vakant war. Fischer hoffte, daß der Weiterbau der Kirche noch nicht Balthasar Neumanns Sohn Franz Ignaz übertragen worden sei, weil er diesen für *noch gar zu jung* hielt[9]. Zugleich erbot er sich, in Kürze seine Aufwartung in Neresheim machen zu können. Dazu dürfte es aber kaum mehr gekommen sein, denn am 12. September wurde Fischers Brief offenbar abschlägig beantwortet; danach ist nämlich keinerlei Kontakt mehr nachgewiesen.

In seinem Berwerbungsschreiben beruft sich Fischer auf eine frühere Begegnung mit Abt Aurelius in Ottobeuren. Bei dieser Gelegenheit habe er über *dero [des Neresheimer Abtes] Kirch und Besechung des Rises seine Reverenz [Auskunft]* sowie das *ohnmassgebigste Guttachten* abgegeben[10]. Das erwähnte Zusammentreffen – hier erstmals zeitlich fixiert – wird am oder um den 15. Juni 1750 stattgefunden haben, als der Neresheimer Abt und sein Prior in Ottobeuren weilten. Zu dem Zeitpunkt erhalten auch die *Besechung des Rises* durch Fischer und sein Gutachten Sinn, stand doch wenige Tage später, am 4. Juli 1750, die offizielle Grundsteinlegung zum Neresheimer Kirchenbau an. Abt Aurelius nahm sie persönlich vor, und zwar in Anwesenheit der Äbte der Benediktinerabteien (Ober-) Elchingen, (Mönchs-) Deggingen und Donauwörth sowie im Beisein von Balthasar Neumann, einem Vertreter aus Zwiefalten und etlichen Pfarrern[11].

Vermutlich hatte Abt Aurelius die Ausführungspläne für seinen Kirchenneubau mit nach Ottobeuren genommen, um sie seinen dort versammelten Ordensbrüdern, in erster Linie aber wohl dem Architekten der Ottobeurer Kirche zu zeigen. Fischers Ruf als Kirchenbaumeister brachte ihm also selbst die Prüfung des Neumann-Entwurfs für Neresheim ein. Es ist jedoch unbekannt, wie sein Urteil ausfiel. Allerdings läßt aufhorchen, daß Fischer nach *Besechung des Rises* ein *Guttachten* erstellte. Demnach war die *Besechung* eine eingehende Untersuchung, deren Ergebnis schriftlich festgehalten wurde.

Die Frage, ob Fischers *Besechung des Rises* und sein Gutachten in den Quellen zur Neresheimer Kirchenplanung Spuren hinterlassen haben, ist nicht eindeutig zu beantworten. Allerdings könnte der Vorstoß des Abtes von 1751, den Chor mit Hilfe des Hochaltares zu unterteilen, auf eine entsprechende Anregung Fischers zurückgehen; man denke nur an die 1740-1744 von ihm errichtete Kirche in Fürstenzell, wo der Hochaltar ursprünglich in der Mitte des langen Chorraumes stand, vor den übereinander liegenden Räumen von Sakristei und Mönchschor im Ostteil des Presbyteriums[12]. Ferner sei auf einen Grundriß für Neresheim verwiesen, der Nachträge in Bezug auf die ausgeführte Verbreiterung des Chores enthält[13]. Möglicherweise hat die Konsultation Fischers dahingehende Überlegungen ausgelöst.

Gabriele Dischinger

alle Approbation gefunden; zitiert nach Weißenberger (Anm.1), 92.
3 Stahl war ab 15. 7.1749 in Bruchsal tätig; vgl. Jörg Gamer, Bruchsal, 1. fürstbischöflich-speyrisches Residenzschloß St. Damiansburg, in: Ausst.-kat. »Balthasar Neumann...«, Stuttgart (Anm.1), 11.
4 S. Anton H. Konrad, in Band II S.105
5 Walter Pötzl, Neresheim in der niederschwäbischen Benediktinerkongregation, in: Studien und Mitteilungen des Benediktinerordens und seiner Zweige 86 (1975) 261
6 Vgl. Weißenberger (Anm.1), 99 f.
7 Fuchs (Anm.1), 24 (Nr.13) und Weißenberger (Anm.1), 101
8 Wie Anm.7
9 Fischer war sehr gut informiert. Franz Ignaz Michael Neumann, damals 20 Jahre alt, hatte sich bereits am 25. 8.1753 um die Weiterführung des Neresheimer Kirchenbaues beworben; vgl. Weißenberger (Anm.1), 102.
10 Die irrtümliche Auslegung, Fischer habe dem Neresheimer Abt den Ottobeurer Kirchenbau ›erläutert und erklärt‹ – s. Paulus Weißenberger, Johann Michael Fischer's Kirchenbaupläne für Wiblingen, in: Zeitschrift für Kunstgeschichte 3 (1934) 260 – hat Jörg Gamer (Anm.1) korrigiert.
11 Wie Anm.6
12 S. Dischinger/Götz/Karnehm, in Band I S.218
13 Grundriß der Kirche, SE 119; abgebildet u.a. bei Fuchs (Anm.1), 13 und Weißenberger (Anm.1), Abb.60. Der Plan wird als »endgültiger Ausführungsentwurf, Fassung 4« von 1749/50 bezeichnet; Gamer (Anm.1), 108 und Muth (Anm.1), 274.

Abb. Neumarkt-St. Veit
Aufriß des Turmhelms

45 NEUMARKT-SANKT VEIT (Kr. Mühldorf am Inn, Oberbayern)

Ehem. Benediktiner-Klosterkirche, heute Stadtpfarrkirche St. Veit [1]
Entwurf für den Turmhelm (?)

Das seit dem 12. Jahrhundert bestehende Benediktinerkloster St. Veit erlebte mehrere Brandkatastrophen. Nachdem 1708 erneut das Kloster und vom Kirchturm *die schöne Cuppl auf dem hochen Thurn ... in die Aschen gerathen* waren[2], wurden Neubaumaßnahmen eingeleitet, die jedoch zunächst das Kloster betrafen. 1765 erhielt der spätgotische Kirchturm eine neue Haube.

1765

29. 8. Vollendung der Haube mit Aufsetzen des Turmkreuzes; darin wurde ein Zettel eingeschlossen mit der Nachricht: *Simon Frey in Puellach, rei aedilis Director, a D. Joan. Michaele Fischer, Sereniss. Ducis Bav. Clementis Architectonicis Praefecto, substitutus, totum opus direxit et dante Deo perfecit.* (Qu.1)

Danach hat ›Simon Frey aus Pullach, seines Zeichens Baudirektor (Baumeister), unterstützt von Johann Michael Fischer, Hofbaumeister Seiner Durchlaucht des Herzogs Clemens von Bayern, die ganze Arbeit geleitet und mit Gottes Hilfe vollendet‹.

Die wiederholte Zusammenarbeit von Fischer und Frey ist belegt [3], wobei Frey immer als Palier aufgetreten ist. Nimmt man den Wortlaut der Nachricht genau, hat Frey in St. Veit nicht die Rolle des Paliers gespielt, sondern selbständig gearbeitet und wurde von Fischer lediglich unterstützt. Die Formulierung läßt sogar offen, ob Frey nach Fischers Entwurf gearbeitet hat. Fischers Unterstützung könnte sich – wie auch in Suben zu vermuten [4] – auf die Vermittlung seines Mitarbeiters Frey beschränkt haben. Anlaß dazu gibt auch die für Fischer untypische Form des Helms, auf die schon Benno Hubensteiner aufmerksam machte.

Wie die Renovierung 1963/64 ergab – bei der die oberste der drei Kuppelwölbungen vollständig ergänzt wurde – waren die Rocaillen und Fruchtgehänge ursprünglich teilweise vergoldet [5].

Christl Karnehm

1 Quellen: Qu.1 = PfarrA St. Veit (Akten zur Ausbesserung des Turmkreuzes 1832 mit Zettel von 1765)
Literatur: Benno Hubensteiner, Ein Zwiebelturm und Johann Michael Fischer, in: Der Zwiebelturm 5 (1950) 67-68; Martin Lechner, Neumarkt-St. Veit (KKF Nr.948), München-Zürich 1973, 4; Lieb 1982, 206, 235
2 BayHStA, MInn 227 (Schreiben der Regierung Landshut vom 4.7.1708)
3 S. WVZ 8, 26 und 64. Außerdem war Fischer 1749 Taufpate bei Freys Sohn Simon Martin; vgl. Josef H. Biller, in Band II S.71.
4 S. unter Abschreibung, in Band II S.334
5 Lechner (Anm.1), 14

46 NIEDERALTEICH (Kr. Deggendorf, Niederbayern) Abb. in Band I S.64, 90

Benediktiner-Klosterkirche St. Mauritius [1]

Planung und Ausführung des Chores und Ausbau der Westtürme

Bereits aus dem 8. Jahrhundert stammend, gehört die Abtei zu den ältesten bayerischen Klostergründungen, mit einer wechselvollen Geschichte. Der verheerende Brand 1671, der die spätgotische Hallenkirche in Mitleidenschaft zog und die beiderseits des Langhauses freistehenden Marien- und Godehard-Kapellen zerstörte, leitete die Phase der Barockisierung ein. Sie unterstand zwischen 1717 und 1723 dem Passauer Domkapitel-Maurermeister Jakob Pawagner (1680-1743) [2], der nach dem Umbau des Langhauses (ab 1717) 1719/20 den Chor um 18 Schuh (ca. 6 m) nach Osten verlängerte. Im Laufe der nächsten beiden Jahre traten dort starke Risse im Mauerwerk auf. Ein zu Rate gezogener Maurermeister aus Straubing, dessen Name nicht genannt ist, plädierte für den Abbruch des neuen Chores [3]; 1723 schaltete man Johann Michael Fischer ein.

1723

vor 15.11. Fischer hat *das Gebey und Fundament* des Chores untersucht und *gefundten, daß khein Mittl zu helffen ibrig, miesse also der gantze Chor abgetragen und sogar die Fundamenta aufgegraben werdten, weillen nit nur dise zu schmahl, sondern auch in etwelchen Orthen kheinen festen Grundt haben.* (Qu.1, p.132, 268)

15.11. Das Kapitel stimmt zu, Pawagner zu entlassen, *ohne das selber zu Refundierung deren Unkhosten angehalten* wird; an seine Stelle tritt *D[omi]nus Joannes Michael Fischer Architectus Monachii Serenissimi Ducis, qui et collapsam Ecclesiam in Schärding ac turrim in Deggendorf exstruxit* [4]. (Qu.1, p.132, 268)

1724

vor 25. 4. Vereinbarung, *H[errn] Johann Michael Fischer, Paumaister von München, welcher hernach den Chor, wie er aniezo stehet, gebauet,* in der Nachfolge Pawagners als ›Klosterbaumeister‹ anzustellen und ihm *solang die Arbeith weret,* – wohl jährlich – 100 fl zu zahlen; darüber hinaus *auch das Gesellen Gelt, id est täglich von iedem Maurer 2 x* [5]. (Qu.2, p.27)

25. 4. Fischer kommt mit *seinen Leithen* nach Niederalteich. Zunächst werden die 1723 bis zur halben Höhe aufgeführten Marien- und Godehard-Kapellen, die in der Mitte des Langhauses jeweils seitlich angebaut waren [6], fortgesetzt. (Qu.1, p.144, 268)

30. 6. Abbruch des von Pawagner errichteten Chorneubaues beginnt; dabei wird dessen Baufehler aufgedeckt: Die Fundamente waren nur 6, die neu darauf gesetzten Mauern aber 7 ½ Schuh stark. (Qu.1, p.146, 268)

28. 9. Abt Joscio Hamberger (1700-1739), aus München gebürtig, legt den Grundstein zu Fischers neuem Chorbau, der über einer neuen Gruft im Erdgeschoß die Sakristei und darüber den Psalierchor beherbergen soll. (Qu.1, p.149)

17.11. Fundamentierungsarbeiten am Chor werden abgeschlossen. (Qu.1, p.156)

1725

9. 4. Bauarbeiten am Chor werden wieder aufgenommen. (Qu.1, p.166)

4. 8. Rohbau wird fertiggestellt. (Qu.1, p.166)

27. 8. Der Maler Wolfgang Andreas Heindl beginnt, die Marienkapelle zu freskieren, was bis 22.10. dauert [7].

1726

1. 4. Bauarbeiten am Chor werden wieder aufgenommen. (Qu.1, p.190)

12. 4. Fischer kommt aus Osterhofen und bleibt wahrscheinlich bis zum 14. 4. in Niederalteich [8].

29. 4. Heindl beginnt mit der Freskierung des Psalierchores, die er am 1. 7. abschließt (Qu.1, p.192, 197)

2. 7. Heindl beginnt, die Godehard-Kapelle auszumalen, womit er am 2. 8. fertig ist [9].

1 Quellen: Qu.1 = KlosterA Niederalteich, Chronik von P.Marian Pusch, Bd.1 (1716-1728) ; Qu.2 = BayHStA, Landshuter Abgabe 1982, Niederalteich B 3; Qu.3 = BSB, Cgm 1757; Qu.4 = KlosterA Niederalteich, Chronik ..., Bd.2 (1729-1741); Qu.5 = BSB, Cgm 2923
Literatur: Placidus Haiden, Des Closters Niederaltaich kurtze Chronick ..., Regensburg 1732; Karl Muth, Die ehemalige Klosterkirche ... in Nieder-Altaich, Passau 1893; Karl Gröber, Stadt und Bezirksamt Deggendorf (KDB, Niederbayern Bd.17), München 1927, 206 ff.; Winfried Baer, Die Kunsttopographie der Benediktinerabtei Niederaltaich, Diss. Innsbruck 1967 (Ms.); Jakob 1982, 35-37; Lieb 1982, 27-29, 222, 224; Georg Stadtmüller/Bonifaz Pfister, Geschichte der Abtei Niederalteich, ²Grafenau 1986; Emanuel Heufelder/Bonifaz Pfister, Niederaltaich (KKF Nr.120), ¹³München-Zürich 1991; Möhring 1992, 17-21

2 ... *hat man anno 1717 de reparanda Ecclesia deliberiert und beschlossen, solche durch H. Jacob Bawagner ... renoviren, den Chor zu verweithern und in ietzigen Form setzen zu lassen, obwollen einige Capitulares nit den Bawagner, sonder H. Antonium Ritzi zu einen Baumaister verlangten, zumahlen diser schon bekhant, iener aber gantz unbekhandt ware;* Qu.1, p.265. Zu der Zeit arbeitete Rizzi im benachbarten Osterhofen; vgl. WVZ 49.

3 Qu.1, p.268

4 Wahrscheinlich brachte Fischer den Schärdinger Zimmermeister Andreas Höretsberger d.Ä. (gest. 1731) an diesem Tage aus Deggendorf mit; vgl. die Zusammenhänge in der »Chronologie«, in Band II S.112 f.
Höretsberger wird schon ab 1724 in Niederalteich mitgewirkt haben, erscheint aber erst 1734 in den Quellen. Fischers intensive Zusammenarbeit mit dem Schärdinger wird bestätigt durch eine Aussage seiner Auftraggeber in Deggendorf; s. WVZ 11 (20.4.1733)

5 Fischer wurde erst 1744 abgelöst; s. weiter unten.

6 Diese im 19. Jahrhundert abgetragenen Kapellen, ursprünglich unter Abt Paulus Gmainer (1550-1585) errichtet, hat Abt Adalbert Guggemoos (1672-1694) nach dem Brand *in parte meridionali nechenter zur Khürch gezogen;* Qu.1, p.264. Ganz ähnlich angeordnete Seitenkapellen gab es auch in der Klosterkirche Oberalteich.

15. 8. In der Marienkapelle kann in *festo Assumpt. B.V. solemnissime das erste Ambt gehalten* werden. (Qu.1, p.268)

22. 9. Am Fest des Hl. Mauritius, dem Patron der Abtei, wird *in novo choro Laus Divina das erste mahl gesungen.* (Qu.1, p.268)

1.11. An Allerheiligen wird erstmals in der neuen Godehard-Kapelle zelebriert. (Qu.1, p.268)

1727

2. 9. Weihe der Kirche durch den Passauer Fürstbischof Joseph Dominikus Reichsgraf von Lamberg (Qu.3, fol.360)

1729 oder spätestens zu Beginn des Jahres 1730 sind Fischers Pläne zu den *2 grossen Thürmen* [10], d.h. zum Ausbau der Turmobergeschosse einschließlich Hauben ausgearbeitet gewesen [11].

1730

25. 2. Das Kapitel beschließt den Ausbau der Westtürme, trotz bestehender Zweifel an der Festigkeit der alten Untergeschosse; an den zwischen 1698 und 1700 von Antonio Carlone errichteten Obergeschossen des Südturmes traten nämlich bereits Schäden auf. (Qu.4, fol.16)

–. 4. Ausbau des nördlichen Turmes wird in Angriff genommen. (Qu.4, fol.16)

1731

–. 9. Die Abtei begeht ihre 1000-Jahrfeier. Abt Joscio bestellt in Passau eine neue Glocke für den künftigen Nordturm. (Qu.4, fol.62)

1732

20. 3. Kirchturmglocke wird geliefert und, weil der Turm noch nicht fertiggestellt ist, zwischengelagert. (Qu.4, fol.62)

1733

7.10. Bauarbeiten am Nordturm sind abgeschlossen, die neue Glocke wird drei Wochen später aufgehängt. (Qu.4, fol.62; Qu.5, fol.117)

8.11. Für die Turmhauben werden 52 Zentner Tiroler Kupfer angeliefert. (Qu.4, fol.62)

7 Ernst Guldan, Wolfgang Andreas Heindl, Wien-München 1970, 146

8 Vgl. die Zusammenhänge in der »Chronologie«, in Band II S.114

9 Wie Anm.7

10 PfarrA München-Berg am Laim, Schreiben vom 7.7.1739, 1944 verbrannt, zitiert nach Hagen-Dempf 1954, 97; ausführlich wiedergegeben in WVZ 27

11 Nach Lieb (Anm.1, 28) lag Fischers Planung für die Türme »vielleicht schon 1725« vor; s. weiter unten.

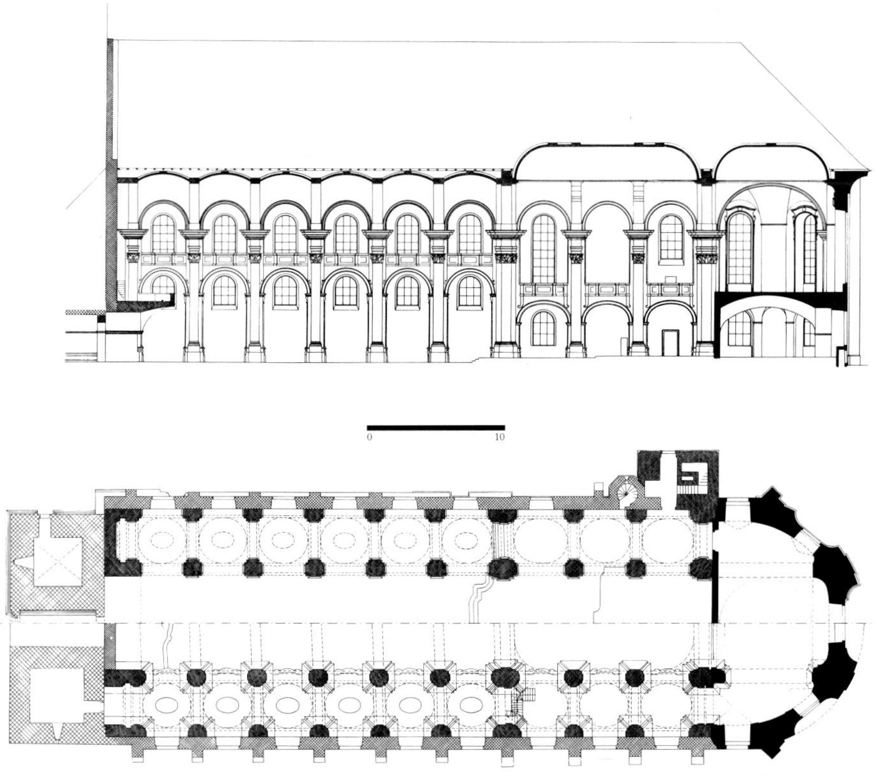

Abb. Niederalteich, Grundriß in zwei Ebenen sowie Längsschnitt

Abb. Niederalteich
Doppeltürme mit den nach 1813
erneuerten Helmen
(Zustand 1947/48)

1734
21. 6. Andreas Höretsberger d. J., Stadtzimmermeister in Schärding, beginnt mit der Eindeckung der nördlichen Turmhaube [12].
19. 7. Höretsberger versetzt Kreuz und Uhr des Südturmes in den Nordturm. (Qu.4, fol.67)

12 Muth (Anm.1), 31

1735
–. 3. Abt Joscio läßt die ab 1698 ausgebauten Obergeschosse des Südturmes, da sie *mit dem Haubtkirchengebäu kein Proportion hatte[n] ... neuendings abtragen* und dem Nordturm entsprechend wiedererrichten. Das dafür aufgewendete Geld *kan leicht eracht werden, da sich das einzige Kupfer der beyden Thürnen auf 11 000 fl erstreckhet*. (Qu.3, fol.367)
13. 8. Nördliche Turmhaube ist fertig eingedeckt. (Qu.4, fol.74)

1736
6. 2. Steinmetze beginnen mit der Arbeit am Südturm. (Qu.4, fol.83)
4.11. Andreas Höretsberger setzt in Schärding verfertigten Knauf und Kreuz auf den Südturm. (Qu.4, fol.83)

1737
–. 3./4. Bauarbeiten am Südturm werden abgeschlossen. (Qu.4, fol.86 f.)

1744
29.12. Fischers Nachfolger als ›Klosterbaumeister‹ wird nicht *Benedict* Schöttl (1688-1742), wie irrtümlich überliefert, sondern dessen Sohn Fr.Albert Schöttl OSB aus Metten. (Qu.2, p.27)

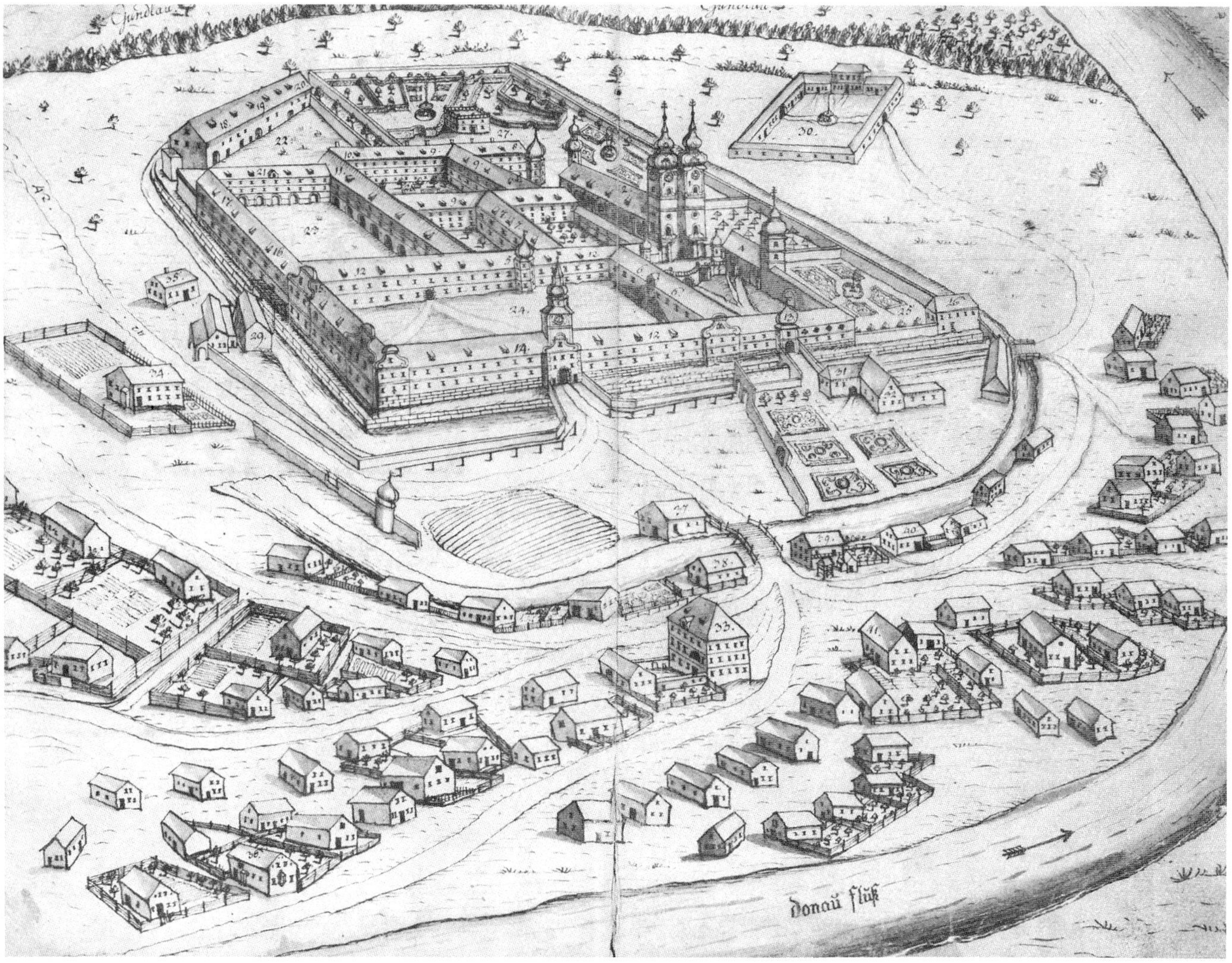

Abb. Niederalteich
Ansicht von Franz Peter Sänftl,
zwischen 1803 und 1813

Die Berufung nach Niederalteich zeigt, daß sich Fischer bei der Lösung bautechnischer Probleme sehr schnell einen guten Namen erworben hatte. Er stellte zunächst die Kapellenbauten des Langhauses fertig, wobei er sich bestimmt an Pawagners Entwürfe gehalten hat, da die Mauern bereits *bis auf die Helffte*[13] aufgeführt waren. Gleichzeitig ließ er für den Choranbau in der von Pawagner projektierten Vergrößerung – *in der Runde herumb und noch umb 18 Schuech hinaus gegen den Garten*[14] – die Fundamente neu legen. Auch bei den aufgehenden Chormauern dürften die Großformen auf Pawagners Entwurf zurückgehen, heißt es doch über dessen Auftrag, man habe 1717 *den Chor ... verweithern und in ietzigen Form setzen ... lassen*[15]. Dies gilt vor allem für die überdimensionalen Fensterlaibungen, gleichsam ›Fensterschalen‹ am Außenbau, die den Außennischen am Langhaus der Pfarrkirche in Schärding entsprechen, wo Fischer ebenfalls in der Nachfolge Pawagners tätig war.

Auch die Geschoßhöhen von Gruft, Sakristei und Mönchschor übernahm Fischer von seinem Vorgänger, entschied sich aber bei den Wölbungsformen wohl gegen das ursprüngliche Konzept. Wenngleich die Flachkuppel in der Sakristei in Fischers Werk keine Parallele besitzt, so paßt doch die Kühnheit dieser weit ausgreifenden Konstruktion und die damit verbundene Zentralisierung des Raumes in sein baumeisterliches Repertoire. Da auch Pawagners mißglücktem Bau ein *Chorgewölb eingespannet*[16] war, ist anzunehmen, daß Fischer sich hier an der ursprünglichen Idee orientierte und ein dem Vorchor ähnliches Kuppelgewölbe einzog. Beim Neubau wurde im Scheitel interessanterweise ein extrem breites Fenster eingesetzt, in Anlehnung an den alten Mönchschor, dessen gerade Schlußmauer *3 grosse Fenster, das mittere ... von absonderlicher Gresse*[17] aufwies.

13 Qu.1, p.268
14 Qu.1, p.267
15 Vgl. Anm.2
16 Qu.1, p.267
17 Qu.1, p.267

Als am 25. Februar 1730 der Ausbau der Westtürme beschlossen wird, dürfte schon Fischers Planung vorgelegen haben, denn der Entschluß zu dieser aufwendigen Baumaßnahme setzt die Kenntnis sowohl des Entwurfs als auch des Voranschlages voraus. Nach Billigung der Pläne, die spätestens 1729/30 entstanden sind, wurden über den beiden spätgotischen Grundgeschossen (aus Haustein) zuerst (1730-1734) der nördliche und anschließend (1735-1737) der südliche Kirchturm zu einem identischen Turmpaar ausgebaut, das schon früh (1739) als Fischers Werk gerühmt wurde [18].

1813 zerstörte ein Brand das Dachwerk der Kirche einschließlich ihrer Seitenkapellen, die *zween herrlichen Türme, mit schwarz gefärbten Kupfer eingedeckt* [19], und den Dachreiter über dem Chor. Da man die Turmhauben in veränderter, noch bestehender Form (mit Pyramidenhelmen), das *Thürmchen mit der Chor-Glocke* [20] aber nicht wieder errichtet hat, ist beider Aussehen nur durch alte Abbildungen überliefert. Am zuverlässigsten erscheint die Ansicht von Franz Peter Sänftl aus den Jahren zwischen 1803 und 1813, die den Dachreiter, passend zu den Türmen, mit gekuppelter Haube wiedergibt. Deshalb ist zu vermuten, daß dieser ebenfalls auf Fischer zurückgeht. Die von Fischer vollendeten Marien- und Godehard-Kapellen wurden nach dem Brand niedergelegt.

Zwischen 1724 und 1744 war Fischer ›bestallter‹ Klosterbaumeister in Niederalteich und als solcher für das klösterliche Bauwesen generell zuständig. So ist davon auszugehen, daß er am Ort wie auch in den inkorporierten Pfarreien für kleine und große Bauaufgaben gleichermaßen eingesetzt wurde. Wie peripher diese gelegentlich waren, zeigt beispielhaft im Jahre 1740 die Nachricht über *die Erbauung der neuen Kuchel unter dem Refektorio, wie auch Vollendtung ... des newen Saallettls ...* [21].

Christl Karnehm

18 Vgl. Anm.10

19 Legende zu der Ansicht von Franz Peter Sänftl; s. weiter unten.

20 Wie Anm.19

21 Qu.3, fol.373

47 NIEDERVIEHBACH (Kr. Dingolfing-Landau, Niederbayern)

Ehem. Kloster der Augustiner-Eremitinnen, heute Dominikanerinnen [1]
Planung und (Teil-) Ausführung

An der Stelle des Klosters über dem Isartal stand ursprünglich ein Jagdschloß der Grafen von Leonsberg, die die Ordensniederlassung 1296 gründeten. Die Kirche stammt aus dem 14. Jahrhundert; im späten 17. Jahrhundert mußte deren Langhaus erneuert werden. Nach der Wahl der Priorin Elisabeth Diethnauer (1712-1727) wurde dem Geistlichen Rat am 19.12.1712 berichtet, *daß freylich denen Closterfrauen wohl zu gönnen, wann sye mit den Mitlen versechen, daß diser gahr alte [Kloster-] Pau, wo nit völlig, doch wenigist maistenthaill zu des Convents nothwendtiger Bequemblichkeit in ein ander Model gegossen ...*, das heißt erneuert werden müßte [2]. Es scheint jedoch – wohl mit Blick auf die angestrebte Klostererneuerung – außer im Chor der Klosterkirche keine Baumaßnahmen gegeben zu haben.

1727

10. 5. Bei der Wahl der aus München stammenden Priorin Maria Maxima Hofberger (1727-1750), wird neuerlich bemängelt, daß *dises ... Chlostergebäu maistens in sehr schlechten Standt, ... der neuen Priorin ist zwar bedeut worden, zu Verhieten großen Schadens die verhandene Paufälligkeiten fürderlich nach Möglichkeit zu wendten, worzue sich ganz willig und berait erzaiget, wan sye nur zu denen hirzue erforderlichen Mitlen gelangen thue...* (Qu.1, fol.198)

1730

–.12. Der Dachstuhl des alten nördlichen Klostertrakts fällt zusammen. Die Schäden am Mauerwerk lassen weitere Einstürze befürchten. (Qu.2, fol.1)

1 Quellen (im BayHStA, mit den Signaturen): Qu.1 = KL Niederviehbach 13; Qu.2 = MInn 101; Qu.3 = Landshuter Abgabe 1982, Niederviehbach A 16
Die Dominikanerinnen gestatteten freundlicherweise, die Räumlichkeiten des Klosters zu besichtigen; dafür möchte ich der Mutter Priorin M. Ulrike OP Dank sagen.
Literatur: Bartholomäus Spirkner, Geschichte des Klosters Niederviehbach, in: Verhandlungen des Hist. Vereins für Niederbayern 54 (1919) 5-95; Anton Eckhardt, Bezirksamt Dingolfing (KDB, Niederbayern Bd.4), München 1912, 102-119; Lieb 1982, 137 f., 224 f.; Fritz Markmiller, Die Kirchen der Pfarreien Niederviehbach – Oberviehbach (KKF Nr.2046), Regensburg 1995

2 Qu.1, fol.177 f. Stadtarchiv- und Museumspfleger Dr. Fritz Markmiller, Dingolfing, wies mit Schreiben vom 7. April 1992 auf ein Klosterprojekt (StA Landshut, Rep.168/4, Fz.917, Nr.1-4) hin, das in diesem Zusammenhang zu sehen ist und 1720/30 entstanden sein wird.

1731

2. 2. Die Priorin bittet um 15-16000 fl ›Anleihe‹ von Gotteshäusern des Rentamtes Landshut, andernfalls könne sie den *unentpöhrlich kostbahren Closter- sambt dem obhabenden bestendigen Wührpau an der Isar* nicht beginnen bzw. fortführen. (Qu.2, fol.1)

vor 20. 5. *Disses Kloster hatt angefangt die hochwirdige in GOTT geistliche Frau Maria Maxima Hoffbergerin, Frau Brieorin in Jahr Anno 1731*[3]

20. 5. Nach Ablehnung ihres Gesuchs vom 2.2.1731 durch das Rentamt Landshut wendet sich die Priorin nach München, da *der Pauverstendigen Aussag nach eine gleiche Fatalitet [d.h. Einsturz] auf denen andern Seithen [des Klosters] zu beförchten stehet.* Sie räumt ein, daß sie im Frühjahr bereits einen Neubau beginnen ließ, ohne über ausreichende Mittel zu verfügen. (Qu.2, fol.7)

Bei diesem Neubau muß es sich um den nördlichen Klosterflügel gegen die Isar handeln.

o.Dat. *Johan Michael Fischer, Burger, Maurer und Baumeister in Minchen hatt dissem Kloster Bau gefiertt Anno 1731*[4]

1732

7. 6. Per Dekret der kurfürstlichen Hofkammer werden Baumaterialien zollfrei in Fuhrwerken und auf Isarflößen angeliefert. (Qu.3)

Der Bau des Nordflügels ist demnach in vollem Gange und könnte nun von Fischers Palier Martin Wöger beaufsichtigt worden sein[5].

20. 6. Die Priorin reduziert ihre Ansprüche des Vorjahres auf 10000 fl aus Anlagegeldern des Pfleggerichts Ried. (Qu.2, fol.10 f.)

25.10. Als auch diese Summe nicht bewilligt wird, bittet die Priorin um 6000 fl gegen Zins. (Qu.2, fol.32)

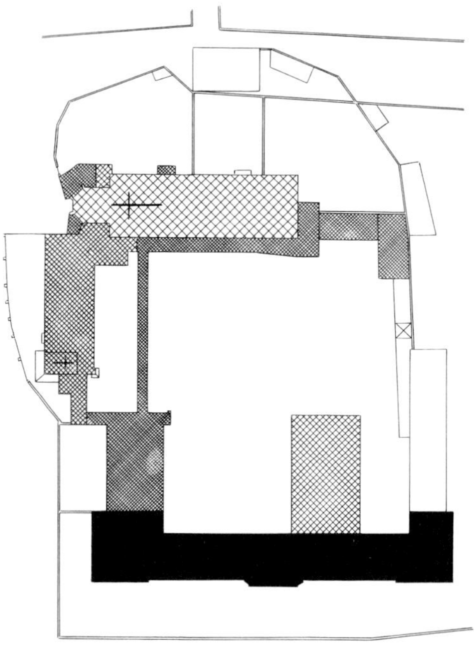

Abb. Niederviehbach
Situationsplan der Anlage

1732 oder 1733 ist die dritte Bauinschrift anzusetzen, wonach *Marthin Wöger Maurer Balliehr negst Minchen in der lieben Au ist gewest bei dissen neien Kloster Bau.*

Abb. Niederviehbach, die Inschriften am Klosterwestflügel

1733

23. 2. Schließlich werden 6000 fl zum Klosterbau gegeben. (Qu.2, fol.40)

o.Dat. *M[aria] M[axima] H[ofberger] P[riorin] – 1733* (Inschrift in stuckierter Kartusche im Erdgeschoß) und *ANNO MDCCXXXIII – MARIA MAXIMA HOFPERGERIN* (Inschrift) auf Rahmung stuckiert im ersten Obergeschoß des Nordflügels

Der Neubau des Klosternordflügels und – nach dem Ort der drei Bauinschriften zu urteilen – auch eines Teils des Westflügels ist lediglich durch eine der Inschriften für Fischer gesichert. Gleiches gilt für die Beteiligung seines Paliers

3 Inschrift an der Ostseite des westlichen Klosterflügels

4 Wie Anm.3

5 S. weiter unten, 1732/33. Wöger kann nicht vor 1732 in Niederviehbach tätig geworden sein, weil er vom 1.1.-31.12. 1731 in Seefeld arbeitete; vgl. WVZ 58.

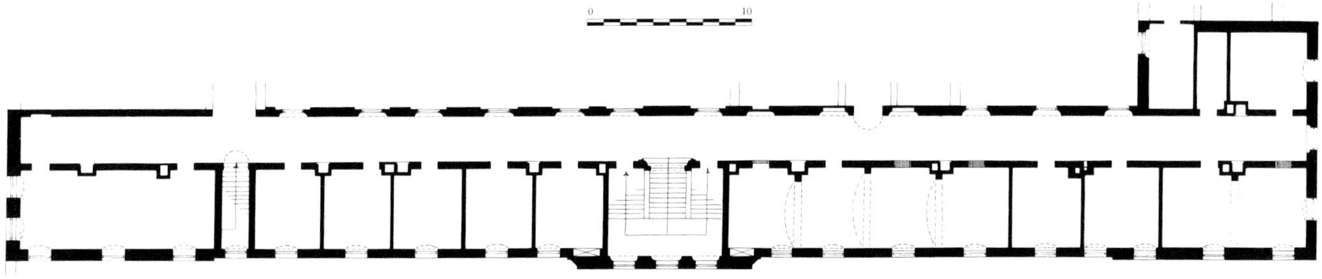

Abb. Niederviehbach
Klosternordflügel
Grundriß und Aufriß

Martin Wöger und für die dreijährige Bauzeit, die sich mit Fischers Auftrag für den Ausbau des nördlichen Turmes (1730-1733) in Niederalteich überschneidet[6].

Theoretisch könnte Fischer bald nach der Wahl der Priorin Maria Maxima Hofberger für Niederviehbach planerisch tätig geworden sein, denn diese war schon 1727 *willig und berait* zu bauen[7]. Sein Entwurf ist spätestens zwischen Dezember 1730 und Februar 1731 entstanden; denn die am 2. Februar 1731 genannte, relativ präzise Summe deutet darauf hin, daß der Priorin zu diesem Zeitpunkt ein zur Ausführung bestimmtes Neubauprojekt mit Voranschlag vorlag. Vermutlich belief sich Fischers Berechnung auf die angegebenen 15-16000 Gulden, was auf einen grundlegenden und umfassenden Entwurf schließen läßt.

Der ab Frühjahr 1731 ausgeführte 21-achsige, dreistöckige Nordflügel mit dem viergeschossigen Mittelrisalit und zwei Eckpavillons zeigt denn auch an verschiedenen Stellen, daß mehr geplant war, als ausgeführt wurde: Von den Pavillons gehen unterschiedlich breite Flügel in Richtung Süden, die jedoch nur im Ansatz realisiert sind. Daß der dreiachsige Mittelrisalit Ausgang und Ziel eines Mitteltraktes nach Süden bilden sollte, ist innen am oberen Ende des dreiläufigen Treppenhauses zu erkennen; dort, im ersten Obergeschoß, an der Südwand und in der Mittelachse des Risalits, befindet sich heute eine zugesetzte Nische, deren portalähnliche, stuckierte Rahmung den Charakter einer Übergangslösung besitzt, so als wäre hier der zentrale Durchgang zu einem geplanten Anbau vorgesehen. Die am Bau zu beobachtenden ›Abbrüche‹ passen zu den aufgezwungenen Einsparungen auf etwa ein Drittel der zunächst erbetenen Bausumme, die überdies erst kurz vor Beginn der dritten und letzten Bausaison 1733 bewilligt wurde.

Als Vollendungsjahr des Teilneubaus wird 1750 angegeben[8]. Es ist nicht bekannt, ob der Nordflügel mit seinen Anschlüssen bei Fischers Weggang 1733 schon ganz aufgeführt war und sich die Fertigstellung danach auf den Innenausbau beschränkte.

Christl Karnehm

6 S. WVZ 46
7 Möglicherweise stellte P.Angelus Höggmayr, Angehöriger des Münchner Augustiner-Eremiten-Klosters und 1727 Teilnehmer (in Vertretung für den Prior) an der Priorinnen-Wahl (Qu.1, fol.198), den Kontakt zu Fischer her. Schließlich lebten beide in unmittelbarer Nachbarschaft; s. Josef H. Biller, in Band II S.62 und Anm.26 sowie WVZ 19.
8 Lieb (Anm.1)

Ehem. Benediktinerkloster [1]

Überarbeitung der Wiedemann-Planung

»Über Größe und Gestalt des Gründungsbaus des Klosters Ochsenhausen aus dem Ende des 11. Jahrhunderts sind keine klaren Vorstellungen zu gewinnen.« [2] Erst nach dem Aufstieg zur selbständigen Abtei (1392) setzten umfangreiche Bauaktivitäten ein. Zwischen 1489 und 1495 wurde eine neue Kirche errichtet: eine dreischiffige, querschifflose Basilika mit zwei Westtürmen. Sie wurde zum Zeichen für die in dieser Zeit erfolgte Rangerhöhung des Klosters zur Reichsabtei [3].

1615 begann man, getragen vom Geist der Gegenreformation, mit dem Neubau des Konvents, damit die Religiosen »desto eifriger Gott dienen und desto williger sich in die klösterliche Ordnung fügen möchten« [4]. Nach der Planung des Jesuitenbruders Stephan Huber (1556-1619) rückte die Kirche in die Achse einer weit um sie herum geführten Vierflügelanlage [5]. Mit der Erhöhung des südlichen Kirchturms setzte 1698 die großartige barocke Umgestaltung von Kirche und Mönchstrakten ein. Von 1725 bis 1727 wandelte der Maurermeister Christian Wiedemann (um 1680-1739) aus (Ober-) Elchingen das Innere des Gotteshauses um [6] in einen Wandpfeilerraum mit durchlaufendem Kranzgesims und einer »Stichkappen-Scheintonne« [7]. Außerdem gab er der gotischen Kirche eine neue Eingangsfront, indem er die beiden Westtürme bis auf Seitenschiffhöhe abtragen und eine konvexe Fassade mit hohem Giebel vorblenden ließ. Wiedemann dürfte auch identisch sein mit dem Baumeister, dem am 2. April 1735 seine Reise nach Ochsenhausen erstattet wurde [8]. Er war offenbar für Veränderungen an den Mönchszellen und Krankenzimmern im Jahr 1736/39 verpflichtet worden [9].

Die große Erneuerung des im 17. Jahrhundert errichteten Konvents übernahm Abt Benedikt Denzel (1737-1767), dem die klösterliche Disziplin ein Anliegen war. So heißt es in seiner Vita: *Primo enim Regiminis Ano probabito Consilio ac Consensu Capitularium Refectorium ac Monasterii partem, qua Meridiem et orientem respicit in eam, quam admirantur omnes, splendidam et huic aevo arridentem formam restituit, ea tamen lege, ut novis ac ornatioribus Muris, novi quoque et ornatiores Mores una introducerentur* [10].

1738

25. 2. ... *ist mit dem Refectori-Baw [= Südflügel] die Renovation des ganzen Closters angefang[en] worden.* (Qu.1, Bd.6 [11])

1739

o.Dat. ... *ist in dem Refectori Baw etc. die Renovation continuirt ... worden.* (Qu.1, Bd.6)

1740

o.Dat. ... *ist der Refectori-Baw zue seiner Perfection gebracht ... worden.* (Qu.1, Bd.6)

1741

–. 3. *Mense Martio 1741 ist die Renovation des Convent Baws [= Osttrakts] von dem Recreations Zimmer hinab gegen Mitternacht bis ahn die Stiegen so in Mitte des Gebäws stehet vorgenohmen, und Novizen, und die 2 obere Gäng sambt allen Zellen in vollkomnen Standt gebracht ... worden.* (Qu.1, Bd.7)

o.Dat. ... *ist Herr Fischer von München aus Bayern gebürtig als Baumeister [in Zwiefalten!] ins künftig angenommen worden, welcher schon zuvor in dem Reichsgotteshaus Ochsenhausen bekannt gewesen, ...* [12].

1 Quellen (im HStA Stuttgart, mit den Signaturen): Qu.1 = B 481 L; Qu.2 = B 481 Literatur: Cornelius Gurlitt, Geschichte des Barockstiles und des Rococo in Deutschland, Stuttgart 1889, 305 f.; Eduard Paulus/Eugen Gradmann, Inventar Donaukreis, 1 (Kunst- und Altertumsdenkmale im Königreich Württemberg 4,1), Esslingen 1914, 164-205; Heilbronner 1933, 50; Adolf Schahl, Das künstlerische Leben in der Reichsabtei Ochsenhausen, in: Heilige Kunst 16/17 (1968/69) 68-98; Gebhard Spahr, Oberschwäbische Barockstraße II, Weingarten 1978, 161-179; Lieb 1982, 103, 139, 152, 227; Albrecht Miller, Die Kunstgeschichte des Klosters Ochsenhausen im Mittelalter und in der Renaissance, in: Max Herold (Hg.), Ochsenhausen, Weißenhorn 1994, 57-67; Otto Beck, Pfarrkirche St. Georg Ochsenhausen, [10]Regensburg 1994

2 Miller (Anm.1), 57; Schahl (Anm.1), 68

3 1488 erhält der Abt die hohe Gerichtsbarkeit, 1495 verleiht ihm der Kaiser den Titel ›Reichsprälat‹ und der Papst das Recht, die Pontifikalien zu tragen.

4 Abt Johann Lang (1613-1618), zitiert nach Spahr (Anm.1), 173

5 Vgl. die kolorierte Federzeichnung von P.Gabriel Bucelin (um 1630); Württ. Landesbibliothek, HB V. 4a, 245r, Abb. bei Paulus/Gradmann (Anm.1), 163. 1615-1616 wurden der an die Prälatur angeschlossene Südflügel, 1617-1632 der Osttrakt errichtet; der 1629 angefangene Nordteil konnte indessen erst nach dem Westfälischen Friedensschluß (1648) vollendet werden.

6 Wiedemann (in den Ochsenhausener Quellen *Widemann*) muß mit dem Innenraum begonnen haben; denn am 28.10.1728 wird Johann Georg Bergmüller, der Maler der Deckenfresken im Mittelschiff, mit der Summe von 1200 fl *an denen noch restirenden 2000 fl* bezahlt; Qu.1, Bd.5 unter *Ausgaab Geldt auff allhießige Kirchen Reparation*. Die Abteirechnungen zwischen 1717/18 und 1727/28 sind nicht mehr nachzuweisen. Wiedemann erhält 1727/28 für die Kirchenreparation 300 fl, 1728/29 empfängt er dafür *an seinen accordirten 900 fl den Rest mit 300 fl*, und 1729/30 werden dem *Baw M[eiste]r Widemann Discretion für heuer* 50 fl gegeben. Qu.1, Bd.5.

7 Schahl (Anm.1), 80

8 Qu.1, Bd.6: 7 fl 30 x unter *Außgaab Gelt ingemein*

1742
–. 4. *Mense Aprili nachdeme all mögliche Verahnstalltung geschehen seynt heür im Convent die 6 Zimer, od[er] Zellen, und Gäng vom Recreation Zimmer ahn, bis zur Stiegen hinab ausgemacht, die neüe kleine Stieg von der Studier Stuben versus Prioratum in den oberen Gang auffsteigen zu können, verfertiget.* (Qu.1, Bd.7)

1743
–. 3. *Zue End des Monaths Martij ist die Renovation des Convent-Baws gegen Sonnen-Auffgang von der mittleren newen Stiegen inclusive biß an daß andere Thurn-Gebäw exclusive reassumiret, die Stiegen Kuppel, durch Herrn Johann Georg Bergmüller von Augspurg ausgemahlet, in Mitte des Gebäw ausserhalb versus ortum ein schönes Frontispicium angebauet, alle Zellen, Gäng und Krankhen-Zimmer mit Stuccadorarbeith exorniret [worden].* (Qu.1, Bd.7)

1744
o.Dat. *Im Convent ist der undere Gang (von der mittleren großen Stiegen biß an den underen des so genannten Fürsten Zimmer undt Capitul Baw) sambt denn Zellen und Kranckhen Zimmern vollkommen von Stoukadorarbeit exorniret ... worden.* (Qu.1, Bd.7)

1746
o.Dat. *Die große mittlere Convent Stieg [ist] mit Baluster, Terminis etc. von Bildhawer und Schreinerarbeit vollkommen hergestellet ... worden.* (Qu.1, Bd.7)
Zwiefalten entlohnt einen Boten, der *mit H[errn] Fischer auf Ochsenhausen* gereist ist [13].

1748
o.Dat. *... im unteren Conventgang sind 12 Fresco Stuckh ex vita S. Patris gemahlet, das Refectorium etc. gebuzet ... worden.* (Qu.1, Bd.7)

1749
o.Dat. *Im Conventgang von der mitleren Stiegen bis an das so genannte Fürstenzimmer sin 6 Fresko Mahlereyen durch den Xaveri Forchner hergestellet ... worden.* (Qu.1, Bd.7)

Die große Renovierung ist damit beendet [14]. Während aber in den Rechnungsbüchern bei der Klostererneuerung hin und wieder die Namen der beteiligten Maler genannt sind, wird nirgends ein Baumeister namentlich erwähnt [15]. Der einzige Hinweis auf eine Beteiligung Fischers findet sich in dem »offenbar von einem Augenzeugen verfaßten« Baubericht der Zwiefaltener Klosterkirche [16]; demnach war Fischer vor 1741 *in dem Reichsgotteshaus Ochsenhausen bekannt*, d.h. mit einem Auftrag betraut worden.

Im Jahr 1889 behauptet Cornelius Gurlitt, daß »der Umbau des Reichsgotteshauses (vor 1741)« von Fischer stamme und meint damit sowohl die Renovierung des Konvents wie der Kirche. Von den Plänen, die ihm nur in Kopien vorlagen, geht er allein auf eine 1759 datierte Darstellung der Fassade ein [17]. Dabei handelt es sich jedoch um einen Aufriß von Dominkus Wiedemann aus Ehingen [18]. Darüber hinaus spricht Eduard Paulus von zwei, 1914 noch im Staats-

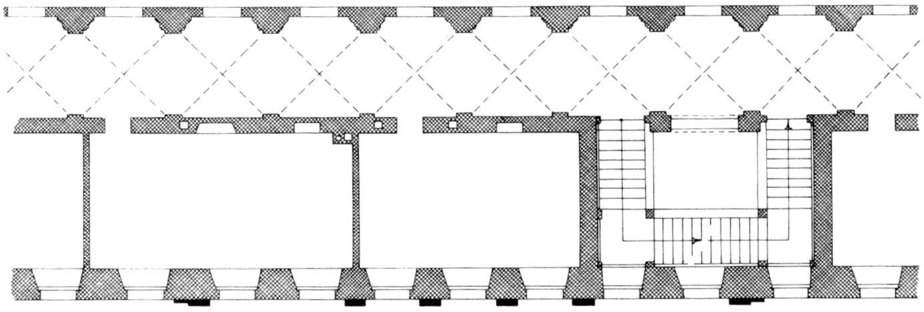

Abb. Ochsenhausen, Klosterostflügel, Teilgrundriß

9 Qu.1, Bd.6 unter *Außgaab Gelt ... Bawkösten*
10 Qu.2, Bd.5, p.72
11 In diesem Band wie auch in allen anderen Bänden der Abteirechnungen beginnt das Rechnungsjahr stets an Martini (= 11.11.). Die Spezial- oder Hauptrechnungen, auf die bei den einzelnen Bauausgaben immer wieder verwiesen wird, fehlen. Die Baukosten sind nur summarisch ausgewiesen; so für 1738 mit 23598 fl 34 x, für 1739 mit 25691 fl 54 x, für 1740 mit 18059 fl 50 x 6 hl. Für die folgenden Jahre lassen sich keine Gesamtsummen mehr angeben.
12 Baubericht der Zwiefaltener Klosterkirche von Fr. Othmar Baumann; zitiert nach dessen Edition von Eduard Paulus, Das alte und das neue Münster in Zwiefalten, in: Württ. Vierteljahrshefte für Landesgeschichte 11 (1888/89) 176. Der Baubericht ist im Original nicht mehr nachweisbar, weder im HStA Stuttgart noch in der Württ. Landesbibliothek oder im Landesdenkmalamt Stuttgart, wo Paulus als Oberkonservator tätig war.
13 HStA Stuttgart, B 555 Bd. 96 (Zwiefaltener Großkellereirechnung 1746), p.35
14 Kleinere Reparaturen stehen weiterhin an; Qu.1, Bd.8 (Abteirechnungen 1750-1762)
15 Nur 1741/42 taucht im Zusammenhang mit *abgelösten Capitalien* der Name des Baumeisters Hannes Merz auf; Qu.1, Bd.7. Neben den Abteirechnungen wurden auch die Rechnungen der Großkellerei (Qu.1, Bd.42), der Kastnerei (Qu.1, Bde. 46, 47), Besoldungsbücher (Qu.1, Bd.302), Burs- und Prioratsrechnungen (Qu.2, Bd.43) sowie Chroniken (Qu.2, Bde.1-12) durchgesehen. Vgl. aber Heilbronner (Anm.1), 50 und Schahl (Anm.1), 98, Anm.6
16 Wie Anm.12
17 Gurlitt (Anm.1); die dort erwähnten Plankopien des Baurats Bahnholzer aus Biberach sind nicht mehr nachzuweisen.
18 Vgl. Paulus/Gradmann (Anm.1), 168 sowie neuerdings Ausst.-kat. »Von Mönchen und gemeinen Leuten, 500 Jahre Klosterkirche Ochsenhausen«, Ochsenhausen 1995, 22 f. mit Abb.
19 Paulus/Gradmann (Anm.1), 168
20 Paulus/Gradmann (Anm.1), 180

archiv Stuttgart (Königl. Domänendirektion) vorhandenen, farbigen Federzeichnungen, von einer *Haubt-Facciata des ... Convents gegen Aufgang* und einer *Facciata des Gebäus gegen Nidergang,* die er Fischer zuschreibt [19].

Diese »großartigen« Pläne »für eine weitgehende Veränderung der Ostfront sowie für ein der Kirchenfassade gegenüber gedachtes Gastgebäude und eine regelmäßigere Ausgestaltung der Kirche durch ein Turmpaar« [20] sind schon 1933 nicht mehr auffindbar [21]. Paul Heilbronner erkennt jedoch am Konvent selbst, am Mittelrisalit des Osttraktes, Formen, die auf Fischer zurückgehen und zieht Vergleiche zu Zwiefalten und Ottobeuren. Allerdings nimmt er an, da er auch Abweichungen von Fischers Stil beobachtet, daß der Münchener Architekt den Bau nicht vor Ort geleitet hat.

Diese Meinung läßt sich mit den wenigen überlieferten Quellen etwas untermauern. So ist es wahrscheinlich, daß Abt Benedikt die Renovierung des Südflügels ab 1738 Christian Wiedemann anvertraute, da dieser bis dato in den Diensten des Reichsstiftes stand. Nach dessen Tod (21.9.1739) hat er vermutlich einen Verwandten des Verstorbenen zum Klosterarchitekten bestimmt [22]. Für die Neugestaltung der langen Ostseite jedoch, durch die das Bild des Klosters zum Ort hin prägnant gesteigert werden sollte, wandte sich der Abt ganz offensichtlich an den bedeutenderen Fischer. Von ihm kamen – gemäß der genannten Zwiefaltener Chronik – Pläne für den siebenachsigen Mittelrisalit und das überkuppelte Treppenhaus noch vor 1741. Mit deren Ausführung wäre dann der nicht näher zu benennende Klosterbaumeister beauftragt worden, wodurch

21 Heilbronner (Anm.1), 50. Nach den Zeichnungen wurde vergeblich gesucht im HStA Stuttgart, StA Ludwigsburg, Landesdenkmalamt Stuttgart und Tübingen, in den Graphischen Sammlungen der Württ. Landesbibliothek, Staatsgalerie, Württ. Landesmuseum; Anfragen an das StA Sigmaringen, die UB Stuttgart, das Landesvermessungsamt Stuttgart und die Landesbildstelle Stuttgart blieben erfolglos.

22 Zur Auswahl stehen: 1. Christian Wiedemanns Sohn Johann Rudolph, der in Ulm-Wiblingen angeblich die Nachfolge seines Vaters antrat; vgl. Adolf Feulner, Kloster Wiblingen, Augsburg 1925, 11. 2. Johann Wiedemann, der 1752-1753 für Ochsenhausen die Pfarrkirche in Winterrieden erbaute; vgl. Schahl (Anm.1), 89. 3.Dominikus Wiedemann, der 1759 den Fassadenaufriß für die Klosterkirche lieferte; s. weiter oben. Zu den Mitgliedern der Maurermeister-Familie Wiedemann s. auch Anton H. Konrad, in Band II S.99.

23 HStA Stuttgart, E 221 Bü. 993

Abb. Ochsenhausen von Südwesten

Abb. S. 247 Ochsenhausen Klosterostflügel, Querschnitt des Mittelrisalits

sich die von Heilbronner bemerkten Abweichungen von Fischers Stil erklären lassen.

1741 scheint der Einbau des Treppenhauses schon vollendet gewesen zu sein; seine flache Kuppel ist bis 1743 ausgemalt, und bis zu dieser Zeit ist auch das Frontispiz vor dem Ostflügel errichtet. 1746 wird die Treppe selbst beendet. Fischers Anwesenheit in Ochsenhausen in diesem Jahr hat offenbar einer Begutachtung des von ihm konzipierten und nun fertiggestellten Traktes gedient.

Eine Veränderung hat dieser repräsentative Bau weiterhin nicht erfahren, obwohl das Kloster Ochsenhausen nach der Säkularisation 1803 von Graf Franz Georg von Metternich als Schloß Winneburg genutzt und 1825 an den Württembergischen Staat verkauft wurde. In diesen Erwerbungsakten liegt eine Beschreibung der Herrschaft Ochsenhausen; darin wird der Konventsbau mit seinen drei Flügeln von 380, 290 und 236 Schuh Länge und *massiv von Steinen erbaut, in Erwägung, daß er bei den örtlichen Verhältnissen zu einer Benützung oder zum Verkauf nicht wohl geeignet sey, auf den Abbruch angeschlagen [taxiert] zu 10 000 fl* [23]. 1842 hat man in seinem Südtrakt eine Ackerbauschule eingerichtet und 1868 in seinen anderen Teilen das Staatswaisenhaus; seit 1987 steht er der Landesakademie für die musizierende Jugend Baden-Württembergs zur Verfügung.

Ute Esbach

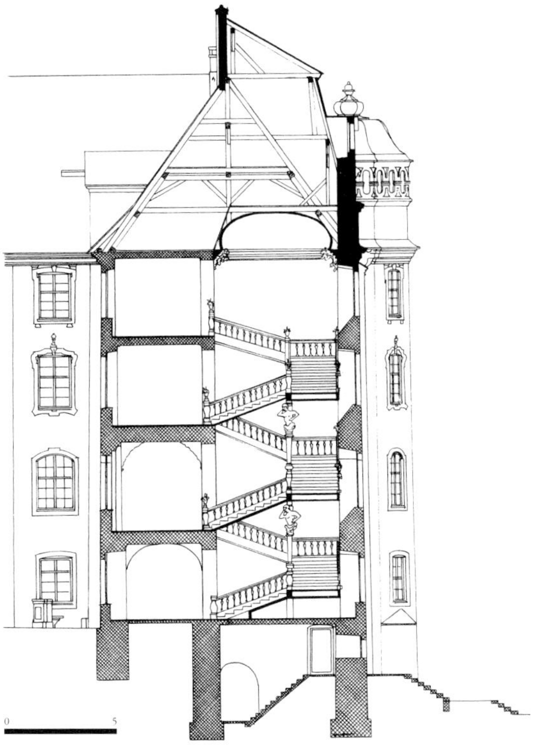

49 OSTERHOFEN-ALTENMARKT (Kr. Deggendorf, Niederbayern)
Ehem. Prämonstratenser-Klosterkirche,
ab 1783 Damenstifts-, heute Pfarrkirche St. Margareta [1]
Planung und Ausführung

Abb. in Band I S.21-22, 87

Das von Herzog Heinrich Hezilo, »dem Lützelburger«, um 1004 gegründete Kloster [2] wurde 1128 durch Bischof Otto von Bamberg den Prämonstratensern übergeben und 1288 zur Abtei erhoben. Die spätgotische Vorgängerin der heutigen Kirche [3] wurde 1480 gewölbt. 1701 zog ein verheerender Brand sowohl die Klostergebäude als auch die Kirche schwer in Mitleidenschaft. Mit dem unmittelbar darauf einsetzenden Wiederaufbau des Klosters betraute man den Graubündener Baumeister Antonio Rizzi (1671-1725).

1721

18. 2. Andreas Huber, *von Antonien Rizzi, Paumaistern, bey allhiesigen Clossterpau bereits in die 9 Jahre lang angestölter Palier,* gibt in einem Gutachten zu bedenken, daß der schlechte Zustand der Kirche ihren endgültigen Einsturz befürchten lasse und so *auch an dem anstossent neuerpauthen Conventstockh und beeden Kürchenthurnen durch den schweren Anfahl und Erschitterungen ein noch gresserer Schaden erfolgen* könnte. (Qu.1, Prod.4)

1725

23.10. Dem Kloster stehen zum Kirchenneubau Stiftungen des kaiserlichen Geheimen Rats, Wilhelm Ernst Baron von Elz (4000 fl) und dem Osterhofener Fr.Wilhelm von Arco (1500 fl) in Aussicht. (Qu.2, Prod.2)

1726

8. 2. Dem Geistlichen Rat in München sind die zu erwartenden Stiftungen *für das so kostbahre Kirchen[ge]päude* zu gering. (Qu.2, Prod.5)

26. 3. Da immer wieder Gewölbeteile herabfallen, bittet Abt Joseph Mari (1717-1727) erneut, den Kirchenneubau beginnen zu dürfen. So sei er des *vor etlich Jahren eingeschickte[n] Kürchen-Riß zu dem bevorstehenten Nothpaw höchstens bedürfftig* [4].

1 Quellen: Qu.1 = BayHStA, GL 3190/73; Qu.2 = BayHStA, GL 3163/6; Qu.3 = BSB, Clm 1365; Qu.4 = BayHStA, KL Osterhofen 10
Für die Möglichkeit, Kirche und ehem. Kloster (heute Maria-Ward-Institut) eingehend besichtigen zu können, danke ich Mutter Oberin Sr. Marcellina.
Literatur: Franz Sebastian Meidinger, Historische Beschreibung der kurfürstlichen Haupt- und Regierungsstädte ... Landshut und Straubing, Landshut 1787, 355-358; von Rudhart, Zur Geschichte des Klosters und der Stadt Osterhofen, in: Verhandlungen des Hist. Vereins in dem Unterdonaukreise 1/2 (1835) 10-43; J.N. Sittersperger, Geschichte des Klosters Osterhofen-Damenstift, Passau 1875; Feulner 1914/15, 41-66; Felix Mader/Joseph Maria Ritz, Bezirksamt Vilshofen (KDB, Niederbayern Bd.14), München 1926, 71 ff.; Heilbronner 1933, 21-25; Max Heuwieser, Osterhofen-Damenstift (KKF Nr.291), München 1938; Jakob 1982, 38-41; Lieb 1982, 29-37; Helmut Stadlthanner, Basilika Osterhofen-Altenmarkt (GKF Nr. 106), München-Zürich 1987; Möhring 1992, 29-36

2 Franziska Jungmann-Stadler, Landkreis Vilshofen (Hist. Atlas von Bayern, 29), München 1972, 99 ff.

5. 4. Der Geistliche Rat beordert den *ohne deme nacher Schärdting unnd ander Orth abgehenden ... Maur[er]maister Johann Michael Fischer* nach Osterhofen. Er solle dort *die ruinose Closster Kirchen in genauen Augenschein nehmen ..., wie etwan dasigem Gebäude mit möglichster Einziehung der Uncossten geholffen werden möge, auch ob nit thunlich seye, das auf die alte Fundamenta mit Auswexlung der Haubtmauren, sovill möglich gebauet werden khönne. Welchenfals er, Maurmaister, zu yberlegen hat, ob sohin ein Gewölb gemacht, oder ein anderwege ausgesehen werden solle.* Falls eine Sanierung des alten Baues unmöglich sei, würde ihm *der yber ein neues Gottshauß verfasste Riß communicirt, auch von ihme ein umständiger Bericht erwarthet, wie dieser Riß zu reducirn, unnd auf weniger Uncossten einzuschrenkhen* wäre. (Qu.2, Prod.7)

vor 12. 4. Fischer besichtigt die alte Kirche und leitet die Maßnahmen zu deren *behuetsamb- als sicheren Abbrechung* ein. (Qu.2, Prod.9)

13. 4. Abt Joseph informiert den Geistlichen Rat, daß Fischer *mit gefährlicher Aussezung seines aigenen Lebens den Tachstuell bestiegen und das Gewölb daselbst auf allen Seithen mit Stekhen-Stoss versuecht* habe und dabei feststellen mußte, *daß mit der Abbrechung keine Zeit mehr zuversaummen seye.* Fischer habe *gestern* (= 12.4.) vor seiner Weiterreise nach Niederalteich noch alles Nötige veranlaßt. Der Abt bittet zum wiederholten Male um Steuererleichterungen. (Qu.2, Prod.9)

nach 16. 4.[5] Wieder in München, faßt Fischer die Ergebnisse seiner Besichtigung in einem Gutachten für den Geistlichen Rat zusammen: Die Seitenmauern der alten Kirche seien aus dem Lot und aufgrund der Feuerschäden nicht weiterzuverwenden, das Gewölbe weise starke Risse auf und sei z.T. schon herabgestürzt; *die zwischen dem Closster und Gottshaus stehente Kürchenthürn* hätten in Richtung der *total schadthafften Kürchen* keinen ausreichenden Halt mehr und gefährdeten so das neue Klostergebäude[6].

Um die Kirche in einen angemessenen Bauzustand zu bringen und gleichzeitig die Türme zu sichern, habe er *ein ... dem Closter conform schenes Gottshaus nach aller Möglichkeit ausgedenkht* und einen Kostenvoranschlag über 13000 fl gemacht, *iedoch ungerechnet der albereits vorhandtenen ... Paumaterialien.* Die Ausführung des alten *allzu costbahre[n] Riss* (Rizzis ?) kostete mindestens 20000 fl. Für seinen Entwurf spräche, *weill die allzugrosse[n] Pfeiller genzlichen ausbleibeten, [so daß] dises Gottshaus eine solche Weithe bekhommen würde, das umb ein nambhafftes mehrer Volckh* ... darin Platz fände. (Qu.2, Prod.8[7])

27. 7. München verlangt die Offenlegung der Finanzen, Überlegungen zu Einsparungen innerhalb des Klosterbetriebs, sowie die Entscheidung für einen Baumeister, der auch eine ausreichende Kaution stellen müsse. (Qu.2, Prod.10)

8. 8. Fischer, der die baufällige Klosterkirche abgebrochen *und mit Herausmauern des Grundts [für die neue] schon angefangen* hat, trifft in Osterhofen mit Mitgliedern des Geistlichen Rats zusammen. Im Laufe des Jahres wolle er die Kirche *über den Grundt heraus, und nechstfolgentes Jahr, da es verlangt sollte werden, entlich under das Tach bringen.* Das Honorar für *seine Bemiehung und öfftern dahin Raisens und Zuesehens* betrage *für ain Jahr 100 f.* Er sei jedoch nicht bereit, eine *Personal Caution* zu leisten; dergleichen habe er weder in Schärding noch in Niederalteich gestellt. (Qu.2, Prod.11)

4.12. Der Geistliche Rat fordert von Fischer eine *Specification* über Kosten und Zeit *zu ganz völliger Aus- und Auferpauung* der Klosterkirche. (Qu.2, Prod.12)

1727

vor 5. 3. Fischer legt Kosten- und Zeitplan für die kommenden drei Jahre vor: Jeweils zwischen April und Oktober sollen 35 Maurergesellen sowie 40 Handlanger eingesetzt werden. 1727 will er das in 34 Schuh Höhe geplante innere Hauptgesims erreichen, 1728 sollen Gewölbe und Dachstuhl fertiggestellt und außerdem mit 30 Maurern und 12 Zimmergesellen die Abmauerung der Seitenkapellen und Oratorien bewerkstelligt werden, 1729 sollen 35 Maurer und 40 Handlanger mit Innen- und Außenputz, Gesimsen und Pflaster den Rohbau vollenden. Für 1727 einschließlich 1729 veranschlagt er die Kosten mit knapp 15000 fl. (Qu.2, Prod.13[8])

5. 3. München schickt eine Abschrift dieses Kostenvoranschlags nach Osterhofen und fordert eine Stellungnahme sowie erneut eine genaue Darlegung der Finanzsituation. (Qu.2, Prod.14)

3 Abb. bei Michael Wening, Historico-Topographico Descriptio ..., 3. Teil, Das Rentamt Landshut, München 1723, Taf. 134

4 Der *Kürchen-Riß* stammte vermutlich von Antonio Rizzi, dessen Projekt der Klostererneuerung offensichtlich einen Neubau der Kirche mit einschloß.

5 Der zeitliche Ansatz ergibt sich aus der »Chronologie«, in Band II S.114

6 Einen Neubau der Türme hatten weder Rizzi noch Fischer in Betracht gezogen, so waren diese wohl in einem akzeptablen Zustand.

7 Vgl. Dokument Nr.1, in Band II S.341 f.

8 Vgl. Dokument Nr.2, in Band II S.343 f.

4. 4. Das Kloster glaubt, an Fischers Berechnungen Abstriche vornehmen zu können; es gedenkt, 1727 mit 11 Maurergesellen weniger als vorgesehen das Hauptgesims zu erreichen und auch 1728 Gesellen einsparen zu können. (Qu.2, Prod.16)
26. 5. Im überhitzten Ziegelstadel des Klosters bricht ein Feuer aus, bei dem über 50000 Ziegel verbrennen. Nach Schätzung des Zimmermeisters (Andreas Höretsberger ?) kostet die Reparatur des Ziegelofens mindestens 1000 fl. (Qu.2, Prod. ad 18)
31. 5. Abt Joseph bittet in München zum wiederholten Male um Unterstützung, da er *an Gelt Mittlen völlig erschöpft und offt manche Wochen nit weis, wie [er] am Sambstag die Maurer und Taglöhner bezahlen* soll. (Qu.2, Prod. ad 18)
23.10. Abt Joseph Mari stirbt, hat aber den *neu aufgefiehrten Bau schon hoch über die Grundfeste vor seinem Hintritt erhöhet gesehen*. (Qu.3, fol.10)
27.11. Teilnehmer an der Wahl (17.11.1727) des neuen Abts Paul Wieninger (1727-1764) stellen fest, daß die Kirche bis zum inneren Hauptgesims gediehen ist. Es seien aber noch große finanzielle Anstrengungen sowohl für den Ausbau der Kirche als auch für den unvollendeten Klosterflügel nötig. (Qu.4)

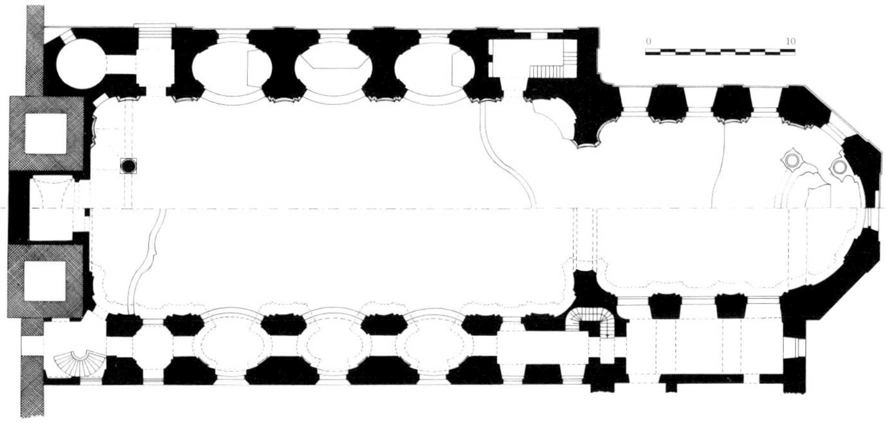

Abb. Osterhofen
Grundriß in zwei Ebenen

1728
21. 4. Abt Paul bittet um Unterstützung, wenigstens bis der Neubau *widerumben under die Tachung gebracht unnd die Gottsdienst hierinnen verrichtet werden können ...* (Qu.1, Prod.10)

Ende 1728 müßte die Kirche nach Fischers Kosten- und Zeitplan eingedeckt und gewölbt gewesen sein.

Ende 1729 werden nach demselben Plan die Bauarbeiten einschließlich Pflasterung abgeschlosssen worden sein, da sich die Ausstattungsphase direkt anschloß. Palier beim Bau war Kaspar Haagn [9], den Dachstuhl fertigte wohl auch diesmal Zimmermeister Andreas Höretsberger d.Ä. aus Schärding [10].

1731
Chronogramm in der Inschrift (*GLorIa In eXCeLsIs Deo et In terra paX hoMInIbVs* = 1731) des stuckierten Spruchbands am Fresko vor dem Chorbogen nennt den Abschluß der Freskierung (durch Cosmas Damian Asam) und Stuckierung (durch Egid Quirin Asam) im Langhaus.

1732 hat Cosmas Damian Asam vermutlich das Fresko im Chor vollendet [11]; wohl im gleichen Jahr wird Egid Quirin Asam den Chorstuck und auch die Arbeiten am Hochaltar beendet haben [12].

1733, Jahreszahl im Chorgitter, die anzeigt, daß der Bereich des Chores zu der Zeit fertiggestellt war [13].

1734
20. 6. Fischers Kommen wird angekündigt [14], d.h. er hat nach wie vor in Osterhofen zu tun.

9 Im Schreiben vom 26.7.1752 (Qu.1, o.Prod.) wird der *[Stadt-] Paumaister von Straubing, als ein bekhanter verständtiger Mann, welcher allschon bey neuer Erpauung alhiesiger Clossterkürchen als Palier gearbeithet,* erwähnt. Haagn starb am 6.3.1775 als Straubinger Stadtbaumeister (BZA Regensburg, Straubing St. Jakob, Sterbematrikel). – Für seine Bemühungen zur Klärung dieser Frage danke ich Stadtheimatpfleger Alfons Huber, Straubing.
10 Höretsbergers Beteiligung liegt nach seinem Mitwirken an Fischers Bauten in Schärding, Deggendorf und Niederalteich nahe; s. auch unter 1751.
11 Bruno Bushart/Bernhard Rupprecht (Hg.), Cosmas Damian Asam, München 1986, 248 (Ralph Paschke)
12 Qu.3, fol.10: (ohne Jahresangabe) ... *Abbt Paul [hat die Kirche] endlich gar unter das Dach nicht nur allein gebracht, sondern auch durch die zwey Münchnerischen berühmten H[erren] Brueder, als Cosmas Damianus und Aegidy Asam zu jedermans Verwunderung ausmahlen* lassen.
13 Da Meidinger (Anm.1, 356 f.) den Hochaltar 1787 als gefaßt beschreibt, gehörte dieser nicht zu den Altären, die nach Sittersberger (Anm.1, 102) bis in die 80er Jahre des 19. Jahrhunderts ungefaßt geblieben waren.
14 S. WVZ 17a, Nachricht vom 20.6.1734

1740

15. 9. Weihe der Kirche durch den Passauer Weihbischof Anton Joseph Reichsgraf von Lamberg (Qu.3, fol.10)

Wenigstens bis 1742 bestanden die westlichen Doppeltürme, die auf einem Votivbild aus diesem Jahr noch wiedergegeben sind [15]. Nach deren Abbruch wurde zwischen den alten Turmstümpfen der heute noch bestehende, große Giebelreiter errichtet.

1751

vor 25.12. Den *neuen Gloggenstuhl* hat der Sohn von Fischers bewährtem Mitarbeiter, der *Stattzimmermaister von Schärdting*, Andreas Höretsberger d. J. ausgeführt. (Qu.1, o.Prod. [16])

Die fortschreitende Baufälligkeit der alten Kirche gefährdete 1726 die Gläubigen ebenso wie die von Antonio Rizzi erstellten neuen Klostertrakte. Der Konvent hatte sich durch diese bereits stark verschuldet [17]. Wie aus den Quellen mit seltener Deutlichkeit hervorgeht, versuchte der Geistliche Rat in München als letzte Baugenehmigungsinstanz deshalb unter allen Umständen zu verhindern, daß neue Baukosten die Kräfte des Klosters überstiegen. So leitete Fischer schon im August 1726 eine auf äußerste Effizienz zielende Organisation des Baubetriebes ein und scheint seinen Zeitplan von 1727 auch eingehalten zu haben, denn mit der Jahreszahl 1731 ist bereits der Abschluß der Gewölbestuckierung durch Egid Quirin Asam genannt; wenig später dürfte Cosmas Damian Asam wohl auch die Deckenfresken vollendet haben.

15 Abb. bei Stadlthanner (Anm.1), 9

16 Schreiben aus Osterhofen an den Geistlichen Rat vom 26.7.1752; s. auch Anm.9 und 10

17 Kloster Niederviehbach lieh zwischen 1701 und 1710 z.B. 15000 fl.; vgl. B. Spirkner, Geschichte des Klosters Niederviehbach, in: Verhandlungen des Hist. Vereins für Niederbayern 54 (1919) 56

Abb. Osterhofen
Kirchenraum mit Chor

Fischer mußte die Fundamente der basilikalen Vorgängerkirche mit dem Dreiachtelchor berücksichtigen, was sich sowohl aus dem Grundriß als auch an der nördlichen Außenmauer des Langhauses deutlich ablesen läßt. Das *Herausmauern des Grunds* (6.8.1726) wird sich demnach auf den Anschluß vom Chor an das Langhaus beziehen.

Abb. links Osterhofen
Votivbild, 1742
Abb. unten Osterhofen
Aufriß der Ostseite mit Ansicht
des Westturmes

Von der Neuplanung ausgespart wurde auch das romanische Turmpaar, das (wohl von Rizzi) barocke Zwiebelhauben erhalten hatte [18]. Beide wurden erst nach 1742 durch einen Giebelreiter ersetzt. Fischers Beteiligung daran ist nicht nachweisbar, aber immerhin versicherte man sich bei dieser sparsamen Lösung noch des gleichnamigen Sohnes und Nachfolgers seines bewährten Mitarbeiters, des Zimmermeisters Andreas Höretsberger d.J. aus Schärding. Eine für Fischer typische Form zeigt der originelle kleine Dachreiter über dem Chor, der auf genanntem Votivbild abgebildet ist, aber inzwischen nicht mehr besteht.

Eingeengt war Fischer ferner durch die von Rizzi gebauten Klostertrakte, die im Westen die ursprüngliche Eingangsfassade der Kirche umschlossen und im Osten an den Chor stießen.

Vom westlichen Langhausende aus betrachtet, staffeln sich Chorkalotte, Chorfresko, Chorbogen und Langhausgurte vor dem Hauptfresko in einer bewegten Geste übereinander. Das eingezogene Chorpolygon ist in den Schrägen und der Kalotte über dem Hochaltar durchfenstert. Mit dem ausgerundeten Übergang vom Langhaus zum Chor ist ein gleitender Übergang zwischen beiden Raumteilen hergestellt. Vergleichbare Akzente setzen die sphärischen Gurtbögen an den Seitenkapellen und die lichtdurchfluteten, raumeinwärts schwingenden Emporen. Darunter öffnen sich ovale Kapellen, deren mittlere durch ihre quergestellten Altäre ein markantes Gegengewicht zu dem längsgerichteten Hauptraum bilden. So hat Fischer die wohl von Rizzi vorgegebene Wandpfeilerplanung elegant modernisiert.

Das Kloster erholte sich von seinen finanziellen Anstrengungen nie wieder[19], so daß es noch vor der Säkularisation, 1783, aufgelöst und dem Damenstift St. Anna in München inkorporiert wurde. Seit 1818 ist die Klosterkirche auch Pfarrkirche, 1858 kauften die Englischen Fräulein in Altötting das Kloster und richteten eine bis heute bestehende Schule ein.

Christl Karnehm

18 Vgl. die Ansicht bei Wening (Anm.3) mit der Darstellung auf dem Votivbild von 1742. Laut Fischers Bericht vom April 1726 mußten die Türme nicht neu gebaut, aber *in eine thaurhaffte Versicherung gebracht werden*.

19 Die Schulden, die schon die Bauarbeiten belasteten, wurden noch drückender durch die wiederholten Zwangseinquartierungen von Soldaten im Österreichischen Erbfolgekrieg (Qu.3, fol.8). Am 21.12.1783 hatte sich allein gegenüber Privatschuldnern eine Last von 131.650 fl 19 x summiert; BayHStA, GL 3191/77, Prod.17.

50 OTTOBEUREN (Kr. Unterallgäu, Schwaben)
Benediktiner-Klosterkirche St. Theodor und Alexander [1]
Planung und Ausführung

Abb. in Band I S.46, 60-61, 63, 84-86, 110, 128, 130, 132, 138-139, 234, 239, 241, 244-245, 247-252

Die Gebäude der 764 gegründeten Benediktinerniederlassung bedurften nach dem Dreißigjährigen Krieg der Erneuerung. Nach ersten Barockisierungen der im Kern noch mittelalterlichen Anlage begann Abt Rupert Ness (1710-1740) den Neubau des gesamten Klosters. 1711 wurde dazu der Grundstein gelegt. Ausgehend von mehreren Vorschlägen auswärtiger Architekten lieferte der Ottobeurer P.Christoph Vogt (1648-1725) die Ausführungspläne für den als dreihöfige Vierflügelanlage konzipierten Konventbau und den ihm achsial im Süden zugeordneten zweihöfigen Ökonomiekomplex.

Für die Lage der einem zweiten Bauabschnitt vorbehaltenen neuen Kirche dachte man zunächst noch an verschiedene Alternativen, konzentrierte sich aber sehr bald auf die heutige, in ganzer Länge vor die Mitte der Nordfront des neuen Klosters hinausgesetzte Position. Doch obwohl man sich immer wieder andere Projekte dafür ausarbeiten ließ, kam es aus äußeren und aus klosterinternen Gründen noch lange zu keinem Neubau, so daß die alte, hochromanische, in der Gotik und danach mehrfach veränderte Kirche die Fertigstellung der neuen Konvent- und Ökonomiegebäude (1725) [2] um mehr als zwei Jahrzehnte überlebte. Erst 1736 trat die Kirchenplanung in ihr konkretes Stadium: Der greise Abt Rupert, welcher mittlerweile *vile Kirchenriss in Handen hatte*, wählte aus allen *das beste* und beauftragte den seit 1717 in Ottobeuren tätigen Maurermeister Simpert Kramer (1675-1753), daraus einen eigenen Entwurf sowie *zur besserer Einsicht des gantzen Werckhs ... ein formliches Modell* anzufertegen [3]. Am 27. September 1737 wurde der Grundstein zu der von Kramer geplanten Kirche gelegt; die Arbeiten begannen nördlich des quer vor dem Klosterquadrum stehenden, geosteten Vorgängerbaus mit den Fundamenten für die künftige Zweiturmfassade.

Als Abt Rupert 1740 starb, waren die Fundamentgräben etwa bis zum Ansatz des künftigen Querhauses vorangetrieben; die Fundamentmauern hatten im Fassadenbereich jedoch noch nicht das Erdbodenniveau erreicht. Sein Nachfolger, Abt Anselm Erb (1740-1767), setzte den Bau fort, nachdem er Kramers Projekt durch den Münchner Hofbaumeister Joseph Effner (1687-1745) – vor allem im Bereich von Chor und Fassade – hatte überarbeiten lassen. 1747, zwei Jahre nach Effners Tod, kam dieser Neuanlauf, bei noch stehender alter Kirche, zum Erliegen [4].

Wahrscheinlich schon im Winter 1747/48 hat man den aus vielerlei Gründen besonders naheliegenden Johann Michael Fischer [5] herangezogen und mit ihm eine neuerliche Umplanung des Kirchenbaus erörtert. In dieser Zeit, vor dem definitiven Beschluß zum Abbruch der alten Klosterkirche im Sommer 1748, müssen die Bestandsaufnahme dieser Kirche sowie erste Grundrisse für den Neubau entstanden sein [6]. Fischers Palier Martin Wöger war höchstwahrscheinlich daran beteiligt [7].

1748

30. 4. (Abrechnung 1747/48 [8]) Rückgang der Zahlungen gegenüber dem Vorjahr, für *Handlanger bey dem Münster 612 fl 4 kr, Maurer bey dem Münster 1193 fl 30 kr, [Maurer] in denen Steinbrüchen 1770 fl, Zimmermänner 729 fl 51 kr* (Qu.1)

vor 28. 7. Neubau der Klosterkirche wird »dem fürtreflichen Churfürstlich Bayerischen Bau-Meistern Herrn Johann Michael Fischer« übertragen [9].

28. 7. Letzte Meßfeier in der alten Klosterkirche [10]

19. 8. Abbruch der alten Klosterkirche beginnt [11]

20. 8. Bei Abbrucharbeiten stürzt ein Gewölbe des Psallierchors ein und erschlägt zwei Maurer [12].

1 Quellen, nach der Zusammenstellung bei Schwager/Dischinger (s. Literatur) und ihrer Ordnung mit folgenden Siglen: Qu.1 = Rechn.60; Qu.2 = Rechn.55; Qu.3 = Rechn.66; Qu.4 = Rechn.56; Qu.5 = Rechn.57
Literatur (in Auswahl): Augustin Bayerhammer, Das Tausend-jährige ... Ottobeyren (Festschrift zur Einweihung der Kirche 1766), Ottobeuren 1767; Maurus Feyerabend, Des ehem. Reichsstiftes Ottenbeuren ... sämmtliche Jahrbücher, 4 Bde, Ottobeuren 1813-1816 (hier zitiert: Bd. IV); Feulner 1913; Norbert Lieb, Ottobeuren und die Barockarchitektur Ostschwabens, Diss. München 1931 [unvollständiger Abdruck in: Mitteilungen des Museumsvereins Weißenhorn und Umgebung 1931/1932, Nr.9-14 (in 20 Fortsetzungen); identischer Druck Augsburg 1933; abweichender Druck Memmingen 1934; Lieb 1953, 81-89; Tilmann Breuer, Stadt und Landkreis Memmingen (Kurzinventar 4), München 1959, 164-180; Freckmann 1965, 141-147; Klaus Schwager, Ottobeuren, die Formwerdung einer barocken Klosteranlage im Spannungsfeld von klösterlichem Autarkie-Streben und überregionalem Anspruch, in: Jb. des Vereins für Augsburger Bistumsgeschichte 11 (1977) 112-122; Hugo Schnell, Ottobeuren (GKF Nr.1), 7München-Zürich 1979; Lieb 1982, 115-126, 229 f; Peter Volk, Straub zeichnet für Fischer, in: Karl Möseneder/Andreas Prater (Hg.), Aufsätze zur Kunstgeschichte, Festschrift für Hermann Bauer, Hildesheim-Zürich-New York 1991, 224-230; Möhring 1992, 237-271; Klaus Schwager/Gabriele Dischinger, Ottobeuren 1672-1803 – Materialien zu Programm, Planung, Bau und Ausstattung der barocken Abtei (in Vorbereitung); Klaus Schwager, Johann Michael Fischer und der Neubau der Ottobeurer Klosterkirche (in Vorbereitung) – S. auch Klaus Schwager, in Band I S.234-253

2 Die Konventgebäude waren bereits 1723 vollendet.

3 Schwager/Dischinger (Anm.1), Chron.17 (1.3.1736); zitiert bei Lieb (Anm.1), 55.

4 Dazu ausführlich Klaus Schwager, in Band I S.235 f.

5 Abgesehen davon, daß Fischer ohnehin um diese Zeit bei Abt und Konvent kein Unbekannter mehr gewesen sein dürfte und sich auch durch seine bisherigen Erfolge für die Ottobeurer Aufgabe besonders empfahl, war er schon vor 1741

1748/49 läßt Fischer weitere Entwürfe ausarbeiten und zeichnet bereits einen Detailplan für das Presbyterium [13]. Ab 1749 muß ein reguläres Vertragsverhältnis zwischen Fischer und dem Kloster angenommen werden, scheint die örtliche Bauleitung des Fischer-Büros unter dem Palier Martin Wöger eingerichtet worden zu sein. Fischer selbst erscheint fortan nur gelegentlich zur *Inspection* der Baustelle [14].

1749

30. 4. (Abrechnung 1748/49) Summarische Bauausgaben für *Hanndtlanger bey dem Münster 1225 fl 49 kr, Maurer bey dem Münster 1195 fl 31 kr 4 hl, Zimmermänner 1030 fl 53 kr* (Qu.1)

20.12. Dem *Baliers ... Sohn* (Johann Georg Wöger?)[15] werden *wegen Riss* (Fischers?) 5 fl 20 kr *verehrt* (Qu.2)

o.Dat. *Baumeister H[err] Joan Michel Fischer* erhält zum ersten Mal seine jährliche Pauschale von 300 fl, Palier Martin Wöger über das Jahr wöchentlich 4 fl 30 kr (Qu.3)

1749/50 bzw. um 1750 entstehen – überwiegend in Ottobeuren – weitere Entwürfe [16].

1750

30. 4. (Abrechnung 1749/50) Summarische Bauausgaben für *Hanndlanger bey dem Münster 2089 fl 10 kr, Maurer bey dem Münster 2594 fl 19 kr 4 hl, Zimmermänner 1079 fl 49 kr* (Qu.1)

Die Bauarbeiten kommen in Schwung, wobei der zukünftige Chorbereich wegen der in Teilen noch aufrecht stehenden alten Kirche etwas im Verzug bleibt.

15. 6. Das Kapitel der Niederschwäbischen Benediktinerkongregation tagt in Ottobeuren und wählt Abt Anselm zum Präses [17].

8.11. *M[eiste]r Martin [Wöger] Ballier* erhält Zehrgeld (nach München?) (Qu.2)

1751

30. 4. (Abrechnung 1750/51) Summarische Bauausgaben für *Maurer bey dem Münster 2314 fl 52 kr, Handtlanger allda 1676 fl 22 kr, Zimmerleüth 1917 fl 15 kr* (Qu.1)

12. 5. *H[err] Bau M[eiste]r [Fischer] von München* empfängt verauslagtes Geld für 14 Gemälde; Bestimmungsort ist das kurz zuvor von der Abtei für Rekreations- und Ferienaufenthalte erworbene Schloß Stein [18] (Qu.4)

9. 9. Einer der beiden Chortürme der alten Klosterkirche wird vom Blitz getroffen und die Haube brennt ab [19].

Obgleich im Bereich des neuen Chores noch Teile der alten Kirche bis in den Herbst 1751 hinein aufrecht stehen, die Arbeiten im zukünftigen Chorabschnitt also weiterhin im Rückstand gewesen sein dürften, scheint das Aufmauern der aufgehenden Teile zügig vorangegangen zu sein.

1752

30. 4. (Abrechnung 1751/52) Summarische Bauausgaben für *Maurer beym Münster 3049 fl 50 kr 4 hl, Handtlanger allda 2207 fl 17 kr 4 hl, Zimmerleüth 2434 fl 3 kr* (Qu.1)

Während man schon die Schließung der Fenster vorzubereiten beginnt [20], werden das aufgehende Mauerwerk auch im Chorbereich so weit in die Höhe geführt und die Zimmermannsarbeiten derart vorangetrieben, daß man sich im folgenden Jahr ganz auf die Errichtung des Dachstuhls konzentrieren kann [21].

1753

30. 4. (Abrechnung 1752/53) Summarische Bauausgaben für *Maurer bey dem Münster sambt dem Ballier 3005 fl 51 kr, Handtlanger allda 2814 fl 28 kr 4 hl, Zimmerleüth 2016 fl 52 kr* (Qu.1)

für die Benediktiner im benachbarten Ochsenhausen tätig geworden und hatte bereits im gleichen Jahr seinen Kirchenriß für die Zwiefaltener Ordensbrüder geliefert; s. WVZ 48 und 67. Auch weilte einer seiner besonderen Förderer, Propst Franz Töpsl vom Augustiner-Chorherren-Stift Polling Ende Juni 1746 in Ottobeuren zu Besuch; BSB, Clm 26461, fol.17. Zum Verhältnis Töpsl-Fischer s. WVZ 8, 52, 66 und 72.

6 S. Kat.-Nr.31-33, in Band I S.128 f.

7 S. Klaus Schwager, in Band I S.237 f.

8 Dauer eines Rechnungsjahrs, wenn nicht anders vermerkt, vom 1. 5. bis 30. 4. des folgenden Jahres.

9 Bayerhammer (Anm.1), 4

10 Feyerabend (Anm.1), 38 f.

11 Feyerabend (Anm.1), 39

12 Bayerhammer (Anm.1), 4 und Feyerabend (Anm.1), 39

13 S. Kat.-Nr.34-38, in Band I S.129 f.

14 Qu.3; s. auch Anm.39

15 Von Josef H. Biller (in Band II S.73 und Anm. 125) als einziger Sohn Wögers im Bauhandwerk nachgewiesen.

16 S. Kat.-Nr.39-44, in Band I S.130-132

17 Walter Pötzl, Neresheim in der niederschwäbischen Benediktinerkongregation, in: Studien und Mitt. zur Geschichte des Benediktinerordens 86 (1975) 261. Bei dieser Gelegenheit dürfte die Begegnung zwischen Abt Aurelius Braisch von Neresheim und Fischer stattgefunden haben, an die der Architekt 1753 erinnert; s. WVZ 44.

18 S. WVZ 81

19 Feyerabend (Anm.1), 45 f.

20 Qu.4

21 Wenn Magnus Bernhard (Beschreibung des Klosters und der Kirche zu Ottobeuren, [2]Ottobeuren 1883, 35) berichtet, der Abbruch der alten Kirche habe »bis zum Jahre 1753« gedauert, so muß sich das um außerhalb des Bauplatzes gelegene Teile des Langhauses gehandelt haben.

Der Dachstuhl samt dem Chortürmchen wird aufgerichtet, umfangreiche Fensterglas- und Pflastersteinlieferungen erfolgen und man besorgt das Kupfer für die Haube des Türmchens und die schmückenden Dachaufsätze. Ganz zu Ende dieses Jahres fängt man mit der Deckung des Dachs an, so daß nun die Ausgestaltung des Inneren beginnen kann [22].

1. 9. Fischer bewirbt sich beim Neresheimer Abt um die Nachfolge des verstorbenen Balthasar Neumann [23].
15.10. Richtfest [24]
–.11./12. Man beginnt, das Kirchendach »mit einer doppelten Blattenreihe« (von Scharschindeln) »nach einem spatern Münchnerplan« zu decken [25].
21.12. Zahlung für Kupfer aus Kössen (Tirol), das über München transportiert wird; *H[errn] Fischer* wird dafür ausgelegtes *Ladunggelt* erstattet. (Qu.4)
o. Dat. Fischer besorgt in München *Schleissheimer Käs* für das Kloster (Qu.4 [26])

1753/54 beschäftigt sich Palier Martin Wöger mit Entwürfen für das Plattenmuster der Vierung [27].

1754
16. 1. Sohn (Johann Georg?) des Paliers (Martin Wöger) erhält Geldgeschenk *bey seinem vermaintl[ichen] Abschid.* (Qu. 4)
27. 4. *H[err] Fischer* erhält im Namen des Abtes die Auslagen *für das Bayr[ische] Landrecht und wegen einem Calender* ersetzt [28]. (Qu.4)
30. 4. (Abrechnung 1753/54) Letzte erhaltene Zusammenstellung der summarischen Bauausgaben für *Maurer beym Münster und Ballier 2826 fl 53 kr, Handtlanger allda 2869 fl 13 kr, Zimmerleüth 1849 fl 41 kr* (Qu.1)

Ausgestaltung des Äußeren und Innenausbau (die Einwölbung z.B.) laufen fortan parallel, wobei es im Einzelnen nicht immer sicher ist, wie weit beide bis zu diesem Zeitpunkt jeweils gediehen sind.

30. 5. Erste Zahlung an den Kupferschmied (Ulrich) Eberle (für Dachaufsätze). (Qu.4)
-. 6./ 7. »im ... Sommer« ist das Kirchendach (zu Ende) gedeckt [29].
27. 7. Erste Zahlung für die Vergoldung des Dachschmucks [30]. (Qu.4)
o.Dat. Erster Vertrag mit Johann Michael Feichtmayr »für die innere Verkleidung der Kirche« [31], d.h. den ersten Abschnitt (Chor und Querhaus?) der Stukkierung.

1755
19. 3. Zahlung (2 fl) an den Bildhauer (und Schreiner Michael Weißenhorn?) *für das Modell zu denen Capitäl bey denen Thürnen H. Fischer* (Qu.4)

Als letzten isolierbaren, größeren Bauabschnitt beginnt man nach neuen, nicht erhaltenen Entwürfen Fischers mit den Obergeschossen der Fassadentürme. Gleichzeitig wird das Innere zu Ende gewölbt, und man entwickelt noch ›unter Fischer‹ erste Ausführungprojekte für die Stuckierung, die Freskierung, das Gestühl, die Orgeln und einige wichtige Altäre, schließt bereits entsprechende Verträge ab, ja beginnt sogar teilweise schon mit ihrer Realisierung.

8. 4. *Porto* für den Transport des Chorgestühlmodells (von Joseph Christian) und *wegen dem Feichtmayr[schen] Modell von Salmenschweil* (für den Hochaltar) (Qu.4)
28. 5. Auf der Dachpyramide über der Vierung wird das vergoldete Namensemblem Jesu angebracht [32].
–. 5. *Ballier* [Martin Wöger] erhält Geldgeschenk *bey Schliessung der Haupt-Kuppel*. (Qu.4)
Erwähnung eines vom Orgelbauer Karl Joseph Riepp konzipierten, von einem Anonymus (Joseph Anton Feuchtmayr?) gezeichneten (ersten) Entwurfs für die Ottobeurer Chororgeln, und eines danach (von Joseph Christian?) geschaffenen Modells [33].

22 Qu.4
23 S. Dokument Nr.11, in Band II S.347 f., und WVZ 44. – Mit der Bewerbung in Neresheim erachtete Fischer offenbar den Großteil seiner Arbeit am Ottobeurer Kirchenbau als getan.
24 Feyerabend (Anm.1), 52; der Wortlaut des im Dachstuhl angebrachten Richtspruchs von Zimmermeister Michael Klein ist abgedruckt bei Bernhard (Anm.21), 36.
25 Feyerabend (Anm.1), 52 f; mit dem späteren »Münchnerplan« ist hier implizit zweifellos auf das Fischer-Büro verwiesen. Zugleich wird dieser Plan explizit gegen die früher unter Rupert Ness geplante Kupferdeckung der neuen Kirche abgesetzt.
26 Die Zahlung dafür ist am 27.4.1754 vermerkt und trägt den Zusatz *de a[nn]o praet[erito = 1753]*; s. weiter unten.
27 S. Kat.-Nr.45-47, in Band I S.132 f.
28 Zusammen mit dem Geld für den 1753 überbrachten Käse; s. weiter oben. – Das bayerische Landrecht ist eine Gesetzessammlung von 1616, die bis 1756 Gültigkeit hatte; dazu ausführlich Hans-Joachim Hecker, in Band II S.80.
29 Feyerabend (Anm.1), 53; vgl. oben unter -.11./12.1753.
30 Zunächst für das Kreuz auf dem Chortürmchen, am 5.9. auch für die Vergoldung der Namensembleme Mariens und Josephs auf den Querhausdächern.
31 Feyerabend (Anm.1), 53; dazu ausführlicher Schwager, Fischer (Anm.1).
32 Feyerabend (Anm.1), 53; dazu und zum »Auge Gottes« über der Fassade auch Qu.4.
33 S. Klaus Könner, Der Süddeutsche Orgelprospekt des 18. Jahrhunderts, Tübingen 1992, 75

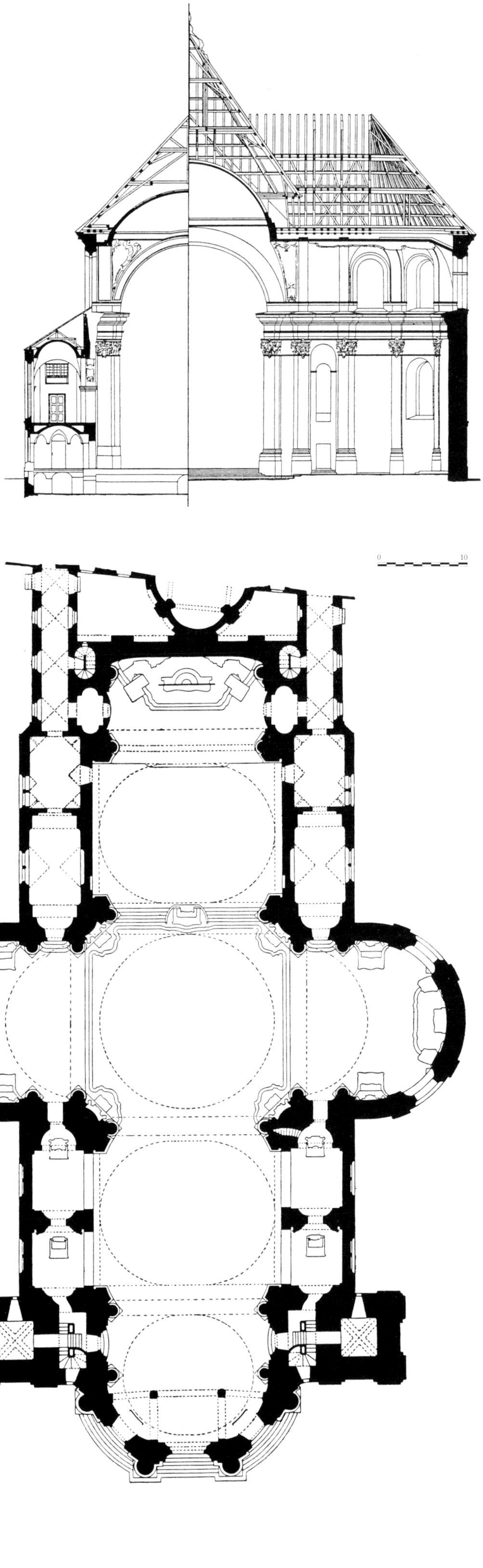

Abb. Ottobeuren
Grundriß sowie Querschnitt
links der Chor, rechts das Querhaus
(nach Breuer, Kurzinventar, 1959)

5.11. Erste Zahlung an den Bildhauer *H[errn Joseph] Christian* für Arbeiten am Chorgestühl. (Qu.4 und 5)

20.11. *Fracht ... wegen einem Modell [Fischers] von München*[34] (Qu.4)

1755, wenn nicht schon im Winter 1754/55 Entwurf Joseph Anton Feuchtmayrs und Karl Joseph Riepps für die große Orgel auf der Nordempore[35].

Abb. Ottobeuren
Kirchenraum mit Chor

34 Höchstwahrscheinlich betraf dieses Modell die Turmoberteile.

35 S. Könner (Anm.33), 104, 294

1756

10. 4. Erste Erwähnung der Freskanten Johann Jakob und Franz Anton Zeiller (Qu.4)

8. 5. Erste Zahlung an Stukkator Feichtmayr (Qu.4)

15. 8. Fünfzigjähriges Profeßjubiläum Abt Anselms; zu diesem Zeitpunkt hatten Feichtmayr und Christian »ihre Modelle [für die Altarausstattung?] zur Einsicht, und Begnehmigung schon aufgestellt«[36].

–. 10. bis 12. Arbeiten an der Chororgel-Anlage Riepps beginnen, höchstwahrscheinlich nach einem Prospektentwurf Christians[37].

o.Dat. *Baumeister H[err] Joan Michel Fischer* erhält zum letzten Mal seine jährliche Pauschale von 300 fl, Palier Martin Wöger im achten und letzten Jahr wöchentlich 4 fl 30 kr (Qu.3[38])

Noch Ende des Jahres beginnt die Ausmalung der Chorgewölbe durch die beiden Zeiller[39]. Spätestens zu der Zeit muß ein Gesamtentwurf für das System der Gewölbeausmalung vorgelegen haben.

1757 geht der Außenbau seiner Vollendung entgegen; die Innenausgestaltung ist auf gutem Weg.

1757

29. 9. Die Türme der Kirche – *Fischer, ein Münchner, war Baumeister* – sind noch im Bau, die Gewölbefresken von Chor und Querhaus fertiggestellt, die Chororgeln – nach dem ersten Entwurf Riepps und Christians (?) vom Vorjahr – ›stehen fast‹[40].

o.Dat. Zweiter Vertrag mit Johann Michael Feichtmayr »wegen der Quadratur, und der zwanzig marmorirten Ziersäulen der Kirche«[41].

Der altersmüde Fischer erwirkt in Ottobeuren seine Entlassung aus der Verantwortung für den Kirchenbau; Palier Martin Wöger tritt nunmehr an seine Stelle[42].

1758

26. 4. Letzte leistungsbezogene Erwähnung des Paliers Martin Wöger (Qu.4)

–. 4. Letzte Zahlung an Kupferschmied (Ulrich) Eberle für Arbeiten an den Turmknäufen der Kirche (Qu.4)

Zu der Zeit war der architektonische Teil der Arbeiten abgeschlossen.

Von Wöger hört man am 28. Januar 1759 zum letzten Mal; damals befand er *sich zue Ottobeyren kranckh ligend*[43]. Zwei Jahre später, am 13. Januar 1761, wurde Fischers dienstältester Palier in Ottobeuren begraben[44]. Obgleich damit die Verbindung zu Fischers Büro in München abbrach, waren die schmückenden und der gottesdienstlichen Funktion dienenden Arbeiten an Innen- wie Außenbau nicht alle beendet. Das gilt für Kirchenpflasterung, Fassadenfiguren, Chorgestühl, Ausbau der Chororgel-Anlage sowie die Altäre mit ihren Figuren und Gemälden. Ihre sich mehr und mehr von Fischerschen Vorstellungen entfernende Fertigstellung dauerte bis zum Weihejahr 1766[45] und darüber hinaus.

Klaus Schwager/Gabriele Dischinger

36 Feyerabend (Anm.1), 67; dort fälschlich unter 1757.

37 S. Könner (Anm.33), 69-93, besonders 92

38 Weiter werden Fischer 130 fl für *Kost, und Raidgelt wan er die Inspection gehalten,* gezahlt; damit betrug sein Verdienst von 1749 bis 1756 insgesamt 2530 fl. Während derselben Jahre summierten sich die Wochenzahlungen an Wöger auf 1792 fl, dazu kamen 550 fl für *Kost* sowie 160 fl für *Holz und Geschirr*, Qu.3. Die registrierten Ausgaben für den Palier (2902 fl) übertrafen also die für den Baumeister. Darüber hinaus hatte Wöger *tägl. 4 M[aß] Bier, Convent[bier], alle Sont- u. Feyrtäg 1 M[aß] Wein, auch Vesper-Trinckh*; Qu.3.

39 S. Franz Matsche, Der Freskomaler Johann Jakob Zeiller (1708-1783), Diss. Marburg 1970, 297, 299 f., 634 f., 663 f.

40 Schwager/Dischinger (Anm.1), Ber.6. – Die von Hildebrand Dussler (Reisen und Reisende in Bayerisch-Schwaben, Bd.1, Weißenhorn 1968, 219-221) herausgegebene Version des Berichtes von P. Placidus Scharl aus Andechs, dem diese Nachrichten entnommen sind, ist eine unscharfe Kompilation aus zwei Fassungen.

41 Feyerabend (Anm.1), 67

42 S. Dokument Nr.13c, in Band II S.349 f.

43 S. Dokument Nr.13b, in Band II S.349; die Nachricht bezieht sich auf den 25.1.1759.

44 S. Josef H. Biller, in Band II S.73

45 Am 28. September mit Hauptweihe durch den Augsburger Fürstbischof Joseph, Landgraf von Hessen in Darmstadt, Auftakt der achttägigen Feierlichkeiten zur Weihe der Klosterkirche; s. Bayerhammer (Anm.1).

51 PASSAU und VILSHOFEN (Kr. Passau, Niederbayern)

Einstige kurfürstliche Bräuhäuser[1]

Besichtigung von Bauschäden

Über die zwei Bräuhäuser ist so gut wie nichts bekannt. Zudem gibt es nur einen indirekten Beleg für Fischers Tätigkeit an den beiden Bauten.

1745

nach 28. 3. Nach Abzug der österreichischen Truppen ist *H[err] Fischer auf Passau und Vils-*

1 Quellen: Qu.1 = BayHStA, KL Fasz. 243/14 (Baubericht Fürstenzell) Literatur: Feulner 1914/15, 58; Lieb 1982, 228

hoven gekomen, die Krüegs Schäden und Bau Reparationes deren Churfürstlichen] Bräuhäusern in Augenschein zu nemmen, [und hat] sich dort einige Tage aufgehalten. (Qu.1, p.24)

Von wem der Schreiber dieser Nachricht, der Chronist des Benediktinerklosters Fürstenzell, diese Information hatte, ist unbekannt. Um welche Schäden es sich handelte und ob es zu konkreten Baumaßnahmen kam, ist ebenso ungewiß. Lediglich im Falle Vilshofen gibt es einen späteren Hinweis, daß dort ein Neubau erfolgt sein könnte [2].

Christl Karnehm

2 Am 16.9.1751 erwähnt der kurfürstliche Brückenmeister in einem Kostenvoranschlag zum Dachstuhl des Brandweinhauses, das offenbar zum Bräuhauskomplex gehörte, daß dieser *an die Sudthaus Tachung von dem Neugepeu der Preugegenschreiberey und des Preumaisters Wohnung anstosset;* BayHStA, GL 4251/51.

51a PLEINTING (Gem. Stadt Vilshofen, Kr. Passau, Niederbayern)

Pfarrhof [1]

Ausführung auf der Grundlage von Pawagner-Plänen

Zu Beginn des Jahres 1730 informierte der neu berufene Pfarrer Johann Paul Schweizer die fürstbischöfliche Verwaltung in Passau erstmals über den ruinösen Zustand des Pfarrhofs und bittet um die Finanzierung eines Neubaues. Passau wiederum bemühte sich beim Geistlichen Rat in München um Unterstützung des Bauvorhabens. Am 8. Mai 1733 endlich bewilligte München die seit 6. Juli 1731 bekannten Baukosten in Höhe von 1775 Gulden und 14 Kreuzern [2]. Der Arbeitsbeginn verzögerte sich jedoch, so daß der Pfarrer im Juni 1733 Befürchtungen äußerte, der Sommer, *die böste Zeit zu pauen*, könnte ungenutzt verstreichen [3].

1733

26. 9. Die Regierung in Landshut weist das für die Ausführung zuständige Pfleggericht Vilshofen an, den Pfarrhofbau zu realisieren. (Qu.1, Prod.63)

13.11. Pfarrer Schweizer beklagt sich in Passau, der Vilshofener Gerichtsschreiber Johann Adam Pauer habe für den Bau selbständig *mit dem Passauerischen Paumeister Jacob Pawagner, und Vilshoverischen Stattzimermaister* [4] *pactiert, wie aber, oder auf was Weis*, sei ihm unbekannt. Auch habe Pauer *die Grundveste bereits herausmauren lassen.* (Qu.1, Prod.64)

18.11. Passau vertritt die Beschwerde des Pfarrers gegenüber der Regierung in Landshut: Der Gerichtsschreiber habe *privativè* gehandelt; *dem alhiesigen Dombcapitlpaumaister Jacob Pawagner [sei] ... ohne daß hierhero der vorigen Observanz gemess ein Riss und Überschlag eingeschickht worden, der ganze Pau anverthrauet, ... Wie zemahlen aber ainerseiths in derley Fählen iedes Mahl beobachtet worden, daß nit allein die Ris und Überschläg auch alhiesigen Ordinariat haben miessen vorgelegt, sondern auch die Pfarrer zu dem Gepäu .. vernohmen werden, ... anderseiths aber bemelder Pawagner bey denen in hiesigen Hoch-Stüfft geführten Pfarrhoffs und Kürchen Gepäuen sattsambe Proben von sich gegeben hat, daß selber die Sach würthschaftlich und dauerhaft anzegreiffen schlechterdings besorget seye, ...* Dennoch werden Pläne und Voranschläge verlangt sowie eine *Inspection* des angefangenen Baues durch Pfarrer Johann Valentin Cichan aus Kirchdorf. (Qu.1, Prod.65)

1734

29. 3. Landshut hat dem Vilshofener Gerichtsschreiber aufgetragen, daß er den *Passauischen Statt-Mauermaister nammens Pawagner bis auf weitters einlauffente Verordtnung ... an dem Pfarrhof zu ... Pleinting nichts mehr undernemmen lassen solle.* (Qu.1, Prod.66)

vor 3. 5. Wieder auf der Baustelle in Pleinting, erfährt Pawagner von den Ereignissen und beteuert, daß er seinen Plan *in duplo* in Vilshofen eingereicht, man diesen aber *nit eingeschickht* habe; *belangent die ungegründte Besorgung ratione des Gepäus* übersendet er *beyligent vollständtigen Ris, woraus zu ersechen, daß diss Gepäu dermallen schon unnd etwan inskünftig nicht nur ... genuegsambe Bewohnung habe, sondern auch standt- unnd untadlhaft seye.* Er ist sogar bereit, *Caution zu leisten.* (Qu.1, Prod.67)

1 Quellen: Qu.1 = ABP, Ordinariatsarchiv, Pfarrakten Pleinting I, 52
Literatur: Wolfgang Fronhöfer, Zur Baugeschichte der Pfarrkirche Galgweis 1710-1760, in: Deggendorfer Geschichtsblätter (in Vorbereitung) – Dem Autor sei herzlich gedankt, daß er kurz vor Drucklegung dieses Bandes auf seinen Archivfund aufmerksam machte.

2 Der Verfasser dieser Kostenberechnung wird nicht genannt.

3 Qu.1, Prod.55

4 Möglicherweise identisch mit Franz Haberstier, der 1740 gemeinsam mit dem Dingolfinger Stadtmaurermeister Georg Weigenthaler den Pfarrhof besichtigte; vgl. Qu.1, Prod. ad 92.

3. 5. Die bischöfliche Verwaltung übermittelt Pfarrer Cichan Pawagners Riß und Überschlag; er solle sie *wohl examinieren, auch ob das Gebau nach solchen angelegt.* (Qu.1, Prod.68)
12. 5. Cichan berichtet von seiner Inspektion: Das Fundament des Baues sei dem *Ris ... in Breitte als Länge nit nur allein ganz ähnlich, sondern auch eines genuegsamben, dauerhaft unnd gelegentlichen Underkommens fähig ..., einfolglich dem Passauer Paumaister [= Pawagner] nit die mündiste Ausstöllung zu machen wuste,* zumal er den Bau sogar noch mit geringeren Kosten geführt hätte als *der ietzmahlige Münchnerische [= Fischer], der ebenfahls das Grundvest in voriger Grösse gelassen, und nur ettwan 10 Schuech nächer zu der Kürchhofmauer gefahren, so aber auch von dem Passauer währe gethan worden, wann ihme nit der abgetrettene Herr Pfarrer selbsten darvon abgehalten hätte ...* Angesichts dieses Sachverhaltes würde Pawagner ungerechtfertigte Härte widerfahren, *wann solcher nit ohne grosse Ehrs- und Reputations-Schmällerung von dem schon wohl angefangenen Werckh anwiderumb solte abstehen miessen.* (Qu.1, Prod.69)
19. 7. Christoph Gottlieb Grillnauer, neuer Pfarrer in Pleinting, wird angewiesen, *nach dem ersten Ris [Pawagners], welcher bereiths untersuecht, guettgeheissen und nach solchen der Pau angefangen worden, zu verfahren*[5]. (Qu.1, Prod.73)

1737
19. 9. Pfarrer Grillnauer will den mittlerweile fertiggestellten Pfarrhof wegen angeblicher Baumängel nicht beziehen. (Qu.1, Prod.75)

1738
vor 10. 3. Er teilt Passau die Gründe für seine Weigerung mit: ... *allweillen diser Pfarrhof so anno 1734 von H. Stattmaurermaister zu Münichen Fischer mit Nammen, auf einen allen Ungewitter unterworfnen Orth, darbey auf wässerig ganz pfizigen und sunftigen Grund ist gesezet worden.* Ferner habe man nur einfache und schlechte Ziegel verwendet, obwohl das Dach einen doppelten Heuboden beherberge. Darin wäre aber viel zu wenig Getreide unterzubringen, weil drei Kamine, *welche nit, wie es seyn solte, erecté stehen, sondern nur aufeinander lainnen und ligen,* den Dachraum ›füllten‹. Außerdem fehlte ein Keller und für Vorräte stünde nur *ein gar kleines Gewölb* zur Verfügung. (Qu.1, Prod.76)
8. 5. Besichtigung des Pfarrhofes durch den von Passau bevollmächtigten Pfarrer von Künzing und den Landauer Stadtmaurermeister Lorenz Stöckl, der an dem Bau jedoch keine *Haubt-Mängel, oder Feller* findet. (Qu.1, Prod.79)

Im Mai 1734, als Fischer erstmals indirekt in den Unterlagen zum Pfarrhofbau erwähnt wird, waren bereits die Fundamente ›herausgemauert‹.

Ende 1733 hatte Jakob Pawagner, Domkapitel-Maurermeister in Passau, den Bau nach eigenen Plänen begonnen. Da diese Pläne aber weder von der bischöflichen Verwaltung in Passau noch vom Pleintinger Pfarrer gebilligt waren, wurde Pawagner im März 1734 suspendiert und ein Gutachten über seinen Entwurf wie auch die gelegten Fundamente angeordnet. Bei der Besichtigung der Baustelle im Mai 1734 ergeben sich zwar keine Anhaltspunkte für die Entlassung des Passauers, doch seine Stelle nahm bereits ein ›Münchnerischer Baumeister‹, Fischer, ein. Dieser vollendete den Pfarrhof wohl noch 1734 nach dem *ersten Riß*, der 1734 ausdrücklich zum Weiterbau empfohlen wurde, d.h. nach Pawagners Plänen.

1737 heißt es, der Pfarrhof sei wegen baulicher Mängel angeblich unbeziehbar; der ausführende Maurermeister, *Fischer mit Nammen*, wird dafür verantwortlich gemacht: Unter anderem habe er den Bau auf sumpfigen Grund gesetzt und schlechte Ziegel verwendet. Die Untersuchung durch einen Fachmann zeigte jedoch, daß der neue Pfarrhof keine nennenswerten Fehler aufwies. Dennoch lieferten die unbegründeten Vorwürfe in Pleinting den Vorwand für die Ablehnung der Pläne Fischers für die Pfarrkirche in Galgweis[6].

Die Beanstandungen an dem Pfarrhof in Pleinting sind nicht mehr nachprüfbar, weil er 1973/74 durch einen Neubau ersetzt wurde[7].

Gabriele Dischinger

5 Zugleich wird ein von Pleinting eingeschickter neuer Riß – von Fischer? – zurückgesandt mit der Bemerkung, er weise Mängel auf.
6 S. WVZ 17a, Anm.4
7 Fronhöfer (Anm.1), Anm.23. – Eine Bauaufnahme des Pfarrhofs von 1911 (vgl. ABP, Pfarrarchiv Pleinting, Akt: Bauveränderungen an den Pfründegebäuden), gibt einen zweistöckigen Bau mit den Außenmaßen 14,50 x 10,30 Meter und einem Krüppelwalmdach wieder; Anklänge an Fischers Architektur fehlen.

52 POLLING (Kr. Weilheim-Schongau, Oberbayern) Abb. in Band I S.300, 302, 304-309

Märzenbierkeller des ehem. Augustiner-Chorherren-Stiftes [1]

Planung und Ausführung

Es wird Propst Herculan Karg (1728-1755) von Diessen, mehrfach Auftraggeber Fischers [2], gewesen sein, der den Kontakt zwischen seinen Ordensbrüdern in Polling und Fischer vermittelt hat; im März 1744 leitete er nämlich die feierlichen Exequien beim Begräbnis des Pollinger Propstes Albert Oswald (1701-1744) [3]. Dessen Nachfolger Propst Franz Töpsl (1744-1796) nahm kurz nach seinem Amtsantritt (16. 4.1744) verschiedene Baumaßnahmen in Angriff, zu denen u.a. der Märzenbierkeller gehörte [4].

Polling unterhielt in Rameck bei Huglfing (Kr. Weilheim-Schongau) ein Bierlager, wo jeden Winter das in der Stiftsbrauerei gebraute Bier eingelagert wurde. Um künftig die Transportwege zu verkürzen, beschloß der Propst, einen Bierkeller in der Nähe des Stifts zu errichten.

1745

vor 18. 5. Propst Franz bespricht *cum D[omino] Joanne Michaele Fischero Architecto Monacensi*, welcher Bauplatz sich für den neuen Bierkeller am besten eignet; auf dessen Anraten wird ein dem Stift unmittelbar benachbartes Grundstück gewählt und vom Klosterwirt eingetauscht. (Qu.1, fol.12)

18. 5. Bauarbeiten beginnen mit dem Aushub der Fundamente. (Qu.1, fol.12)

1. 6. P.Cajetan Kurz, Mitglied des Konventes, legt im Namen des Propstes den Grundstein zum neuen Bierkeller. (Qu.1, fol.12)

o.Dat. Fischer erhält die vereinbarte jährliche Pauschale von 24 Dukaten (à 4 fl 12 x = 100 fl 48 x). (Qu.1, fol.18)

1746

vor 20.12. Bierkeller wird vollendet; die Baukosten betragen ohne Steine und Holz (Eigenleistung des Stiftes) insgesamt 3156 Gulden. (Qu.1, fol.18)

o.Dat *D[ominus] Michael Fischer ... eiusdem [Bau-] director* erhält die vereinbarte jährliche Pauschale von 24 Dukaten (= 100 fl 48 x).

16 neue Bierfässer, die 482 Eimer fassen, werden angeschafft. (Qu.1, fol.18)

Zwar ist der genaue Zeitpunkt, zu dem der Propst mit Fischer Kontakt aufnahm, nicht bekannt, Ortswahl und Planung zum Bau des Märzenbierkellers müssen jedoch einige Monate vor dessen Baubeginn im Mai 1745 angesetzt werden; Fischer befaßte sich also vermutlich bereits im Winter 1744/45 mit dem Projekt. 1745 und 1746 wurde der Nutzbau unter seiner Leitung errichtet.

Der Lagerkeller für das Märzen- oder Sommerbier ist ein mächtiges Gebäude [5] mit eindrucksvollen Kellergewölben [6] und mehrstöckigem Dachraum, das unübersehbar die Biegung der Dorfstraße markiert. Durch Abflachung der nördlichen Gebäudeecken, deren Schrägen sich in der Zone des Walmdaches fortsetzen, wie auch durch eine hohe Standgaube in der Mitte der Ostseite hat Fischer den massigen Baukörper straßenseitig wirkungsvoll gegliedert. Trotz seines derzeit schlechten Erhaltungszustandes sind im Putz noch Reste der aufgemalten Fensterrahmungen und Rustikabänder zwischen den Fensterachsen zu erkennen, die die gelungenen Proportionen dieses Funktionsbaues unterstreichen.

Christl Karnehm

1 Quellen: Qu.1 = BSB, Clm 26461 (Tagebuch des Propstes Franz Töpsl)
Literatur: Georg Rückert, Aus der Pandurenzeit, in: Aus dem Pfaffenwinkel, Weilheim 1926, 232, 235 f.; ders., Der Märzenkeller in Polling, ein Werk Joh. Mich. Fischers, in: Lech-Isar-Land 5 (1929) 81-82; Lieb 1982, 228 und Abb.220a; Max Biller, Pollinger Heimat-Lexikon, Polling 1992, 261 f.; Märzenbierkeller des ehemaligen Klosters in Polling, Arbeitshefte zur Denkmalpflege Nr. 57, Konzept und Grundlagen von Enno Burmeister, München 1994 – S. auch Enno Burmeister, in Band I S.300-309

2 S. WVZ 12, 69, 71 und 73

3 Qu.1, fol.1. Propst Albert nahm 1739 an der Einweihung der von Fischer erbauten Stiftskirche Diessen teil; s. WVZ 12.

4 Vgl. Richard van Dülmen, Propst Franziskus Töpsl (1711-1796) und das Augustiner-Chorherrenstift Polling, Kallmünz 1967, 56; s. auch WVZ 66 und 72

5 Länge 33,10 m, Breite 19,40 m, Firsthöhe 16,80 m; s. auch Enno Burmeister, in Band I S.302

6 In Polling mußte Fischer auf den u.a. *bey denen Preuheussern* eingesetzten Spezialisten für Gewölbebau, seinen Palier Martin Wöger, verzichten, weil dieser 1745 und 1746 in Zwiefalten gebraucht wurde; vgl. Dokument 13c, in Band II S.350 und s. WVZ 67.

53 RINCHNACH (Kr. Regen, Niederbayern)
Ehem. Benediktiner-Propsteikirche,
heute Pfarrkirche St. Johannes d. Täufer [1]
Planung und Ausführung

Abb. Rinchnach
Kirchenraum mit Chor

Eine Einsiedelei des frühen 11. Jahrhunderts war Ausgangspunkt für ein Kloster, das 1040 den Benediktinern in Niederalteich unterstellt wurde. Mehrmals durch Krieg und Feuer zerstört, leitete der Niederalteicher Abt Joscio Hamberger (1700-1739) nach 1708 den systematischen Wiederaufbau ein [2]. Dabei wurden *der neue Stock mit denen Zellen für die anwesende Religiosen, das Bräuhauß, die Binder-Wohnstatt, zweyerley Pferdställe, das Garten-Hauß, etliche Städl mit dem völligen Einfang der Probstey vom Fundament aus neu ausgemauret, und der vorhabende Mayerhof über die Helffte, das Richter-Hauß samt der grossen Tafern aber völlig zum Stand gebracht* [3]. 1721 errichtete ein unbekannter Baumeister an der Chornordseite der 1597 erbauten Kirche einen neuen Turm, wie die dortige Inschrift bezeugt [4].

1727

16./17. 4. Beginn, die baufällige Kirche (*plane ruinosam ecclesiam*) abzutragen. (Qu.1, p.234)

o.Dat. »Zu Rünchna ist seit anno 1727 die in letzter Brunst sehr beschädigte unsichere Closter-Kirchen durchaus nach jetziger Baukunst und Manier, mit einem sauberen Haupt-Schild am Frohn-Bogen, worauf des Herrn Praelaten Wappen und Inschrift ›Joscio Inf. Altahae Abbas. PERFECIT‹ repariret und der neue Kirchen-Thurn mit einem gantzen Uhrwerck ... geziehret worden.« [5]

1 Quellen: Qu.1 = KlosterA Niederaltaich, Chronik von P.Marian Pusch, Bd.1 (1716-1728); Qu.2 = KlosterA Niederalteich, Chronik ..., Bd.2 (1729-1741); Qu.3 = BSB, Cgm 1757; Qu.4 = PfarrA München-Berg am Laim, Schreiben vom 7.7.1739, 1944 verbrannt, zitiert nach Hagen-Dempf 1954, 97
Literatur: Michael Wening, Historico-Topographica Descriptio ..., 4.Teil, Das Rentamt Straubing, München 1726, Taf.83; Placidus Haiden, Des Closters Niederaltaich kurtze Chronick ..., Regensburg 1732; Rudolf Guby, Die Kirche der ehemaligen Propstei Rinchnach, in: Die ostbairischen Grenzmarken 17 (1928) 161-168; Karl Gröber, Bezirksamt Regen (KDB, Niederbayern Bd.19), München 1928, 78-89; Hagen-Dempf 1954, 60 f.; H. Wagner, 950 Jahre Kirche in Rinchnach, Regen 1969; Ernst Guldan, Wolfgang Andreas Heindl, Wien-Mün-

Abb. Rinchnach, Aufriß der Fassade

Abb. Rinchnach
Grundriß in zwei Ebenen sowie
Längsschnitt

Der Rohbau der Rinchnacher Kirche muß somit noch im Jahr 1727 fertiggestellt worden sein. Da die Umfassungsmauern der alten Kirche größtenteils stehenblieben [6], lagen die Arbeiten neben Fenster- und Innenraumgestaltung vor allem im Bereich der Gewölbe und des Dachstuhls.

1732

o.Dat. »Zu gemeldtem Rünchna ist man biß jetzo mit der Einrichtung neuer Altäre, Cantzel, Orgel, Chor und gemeinen Kirch-Stühlen theils schon gewest, theils annoch beschäfftiget.« [7]

1733

14. 9. ... *ist der neüe und alhier [in Niederalteich] von aichenen Holtz verfehrtigte Glokn Stuehl durch 40 Closter Pferdt nacher Rünchna gelifert wordten.* (Qu.2, fol.60)

o.Dat. *Anno 1733 ... bey der incorporierten Brobstey Rinchnach ... hat P.Placidus [Haiden], damahliger Brobst ein 50 Centen schwere Glockhen zu dem neuen Thurn [von 1721] verschafft, so hernach von H. Abbt Joscio zu Rinchnach geweicht worden* [8]. (Qu.3, fol.366)

1739

7. 7. Fischer hat die Kirche der *Probstey Rinching [= Rinchnach] am Böhmerwald* gebaut. (Qu.4)

Fischers Tätigkeit in Rinchnach ist einerseits durch den hier auszugsweise zitierten Brief von 1739 [9] belegt, andererseits durch die Tatsache, daß er von 1724 bis 1744 als bestallter Klosterbaumeister von Niederalteich nachzuweisen ist [10].

Wie bei der Mutterabtei war auch in Rinchnach bereits vor Fischers Eintreffen gebaut worden, in diesem Fall an Propsteigebäude und Turm, vielleicht ebenfalls durch den in Niederalteich eingesetzten Passauer Domkapitel-Maurermeister Pawagner. Die Aussage in den Quellen, daß man die ›gänzlich ruinöse‹ Kirche abtrug [11], bezog sich im wesentlichen auf Gewölbe- und Dachbereich, während die Außenmauern offenbar noch stabil waren. So kam Fischer zu einer ebenso materialsparenden, damit kostengünstigen, als auch zu einer sehr eigenständigen Lösung: Durch Auflassung der Seitenschiffe erhielt die einst dreischiffige Kirche mit eingezogenem Chor eine neue Inneneinteilung und ein

chen 1970, 158-160; Jakob 1982, 37 f.; Lieb 1982, 37-39; Rupert Brandlmeier, Pfarrkirche Rinchnach, [6]Wangen 1986; Möhring 1992, 37-43

2 Guby (Anm.1), 161

3 Haiden (Anm.1), 200. Haiden war Propst in Rinchnach. Schon bei Wening (Anm.1) weisen Fassade und Turm der Kirche, auch Propsteigebäude (mit Zwiebeltürmen) sowie ein vorgelagerter Gartenpavillon barocke Formen auf.

4 Michael Brix (Bearb.), in: Dehio Niederbayern, München 1988, 607 – Karl Gröber (Anm.1, 42) bringt den Turm in Rinchnach fälschlich mit Fischer in Verbindung; s. auch unter Abschreibungen, in Band II S.328.

5 Haiden (Anm.1), 197. An anderer Stelle ist die Rede von dem *nach ieziger Baukunst durchaus erneuerte[n] Gottshaus*; Qu.3, fol.359. – Ernst Guldan (Anm.1, 158 f.) gibt als Vollendungsjahr - bis vor kurzem noch lesbar - 1728 an. Die zeitgenössische Angabe von Propst Haiden ist in diesem Fall allerdings vorzuziehen.

6 Vgl. Gröber (Anm.1), 81

7 Haiden (Anm.1), 197

8 Ein Weihedatum der Kirche ist bisher unbekannt.

9 Ausführlich wiedergegeben in WVZ 27

10 S. WVZ 46

11 S. Nachricht vom 16./17.4.1727

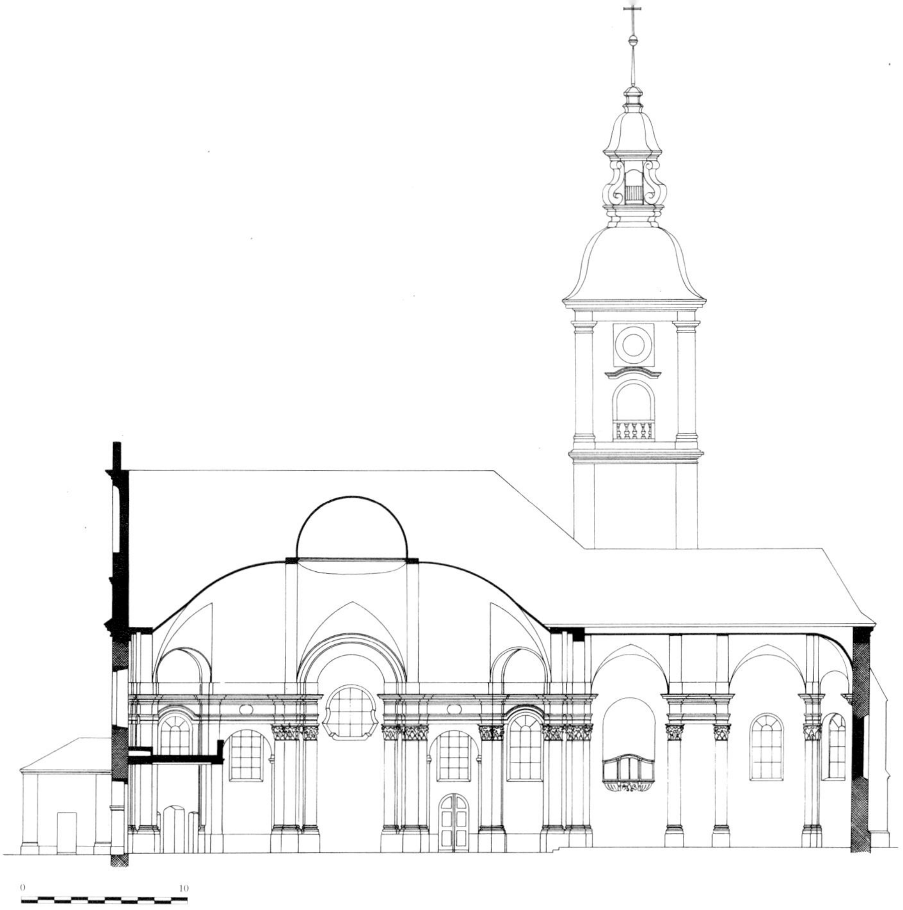

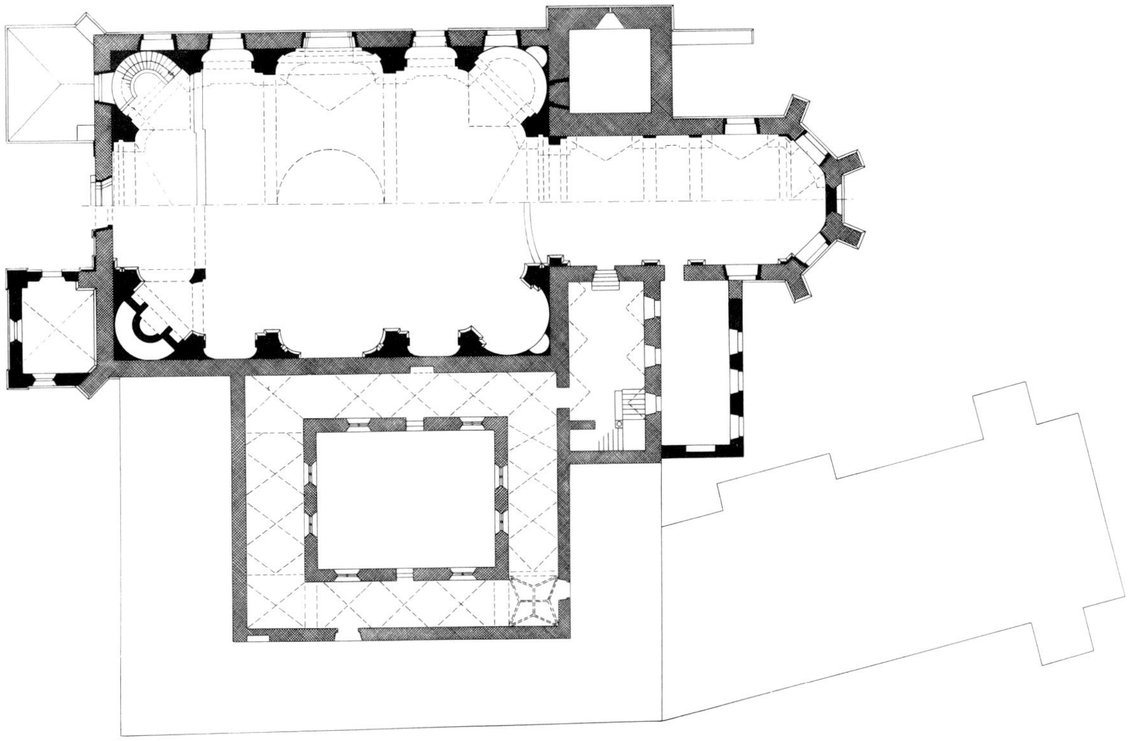

heitliche Gewölbezone. Die abgeschrägten, tief ausgenischten Ecken des Langhauses nehmen im Osten zwei Chorseitenaltäre auf und vermitteln so den Eindruck eines ovalisierenden Raumes, dessen Tendenz durch die Kuppel in der Mitte der Stichkappentonne des Langhauses unterstrichen wird. Eine solche überwölbt auch den Chor.

In der Verbindung von Oval und zum Achteck abgeschrägten Ecken erinnert der Raum von Rinchnach auffällig an Fischers ebenfalls 1727 fertiggestellte Münchner Kirche St. Anna im Lehel. Letztere bietet auch Vergleichsmöglichkeiten für die in äußerst reduzierten Fischer-Formen gestaltete Fassade.

Christl Karnehm

54 ROTT am Inn (Kr. Rosenheim, Oberbayern) Abb. in Band I S.40-42, 58-59, 69

Ehem. Benediktiner-Klosterkirche,
heute Pfarrkirche St. Marinus und Anianus [1]
Planung und Ausführung

Pfalzgraf Kuno von Rott stiftete die Benediktiner-Niederlassung im 11. Jahrhundert. Die wohl zwischen 1158 und 1184 errichtete, dann im 13. Jahrhundert vergrößerte, dreischiffige Basilika mit zwei Osttürmen bildete die Südflanke des ab 1718 renovierten Klosterquadrums. Als Abt Benedikt Lutz (1757-1776) sein Amt antrat, war auch die Kirche erneuerungsbedürftig. Deshalb betrieb er sofort die notwendigen Vorbereitungen und ließ sich von Fachleuten beraten, vorrangig von den *D[omi]nis Feichtmayr et Rauch Gypsariis simul et Architectis Augustanis, qui iam plures Ecclesias renovarunt*[2]. Sie waren der Überzeugung, die Erneuerung unter Beibehaltung der alten Kirchenmauern vornehmen zu können.

1758

8. 1. Zimmerleute beginnen, Bauholz zu schlagen (Qu.1, p.7)

–. 3. Zahlungen für Brechen von Tuffstein setzen ein (Qu.1, p.29)

17. 5. Zahlungen für Kalk, Gips und Nägel setzen ein (Qu.1, p.25)

–. 5. Die Stukkatoren (Franz Xaver) Feichtmayr und (Jakob) Rauch stellen in Rott ihr Erneuerungsprojekt vor: ein *Kirchenmodell* (für 29 fl) und ein *Altar-Modell* (für 11 fl). (Qu.1; Qu.2, p.48 [3])

nach –. 5., vor –.11. Abt Benedikt sucht Fischer in München auf, bespricht die beabsichtigte Renovierung und lädt ihn nach Rott ein. Fischer untersucht die alte Klosterkirche gründlich, konstatiert eine schlechte Bausubstanz und rät zum Neubau. (Qu.1)

9.11. Fischer erhält *ra[ti]o[n]e Kirchenbau-Uebernahmes* ein *Douceur* (Gratifikation) von *3 Max d'or* (21 fl 24 kr). (Qu.1, p.5)

1758/59 arbeitet Fischer ein Projekt aus, das zusammen mit der Kirche die Erneuerung der Klostersüdflanke vorsieht [4].

1759

10. 1. Gesuch des Klosters an den Geistlichen Rat in München, *auf die alte[n] Haubtgemäuer einen neuen Tachstuehl, anstatt des Tabulats [holzgetäfelte Decke] aber ein Lattengewölb ... herstellen* zu dürfen. (Qu.3)

Palier Melchior Streicher erhält eine *Verehrung* (2 fl 30 kr) als *ihme die Ober-Palier Stelle zugesagt worden zum Kirchenbau.* (Qu.1, p.3)

17. 1. München gibt seine Zustimmung zum *Kürchenbau* (!). (Qu.3)

19. 2. Vorbereitungen zum Abbruch der alten Klosterkirche setzen ein; die südlich davon stehende Pfarrkirche wird für die Dauer der Bauzeit als Ersatz für die Klosterkirche hergerichtet. (Qu.1 und 4)

5. 3. Abriß beginnt am *vorderen [östlichen] Kirchentheil;* Aufsicht führt Palier Melchior Streicher. (Qu.1, p.1, 3)

vor 12. 3. Zimmerleute schlagen Linden (für Altarfiguren?). (Qu.1, p.7)

26. 4. Fischer bringt aus München *delineationes et ichnographiam novae Ecclesiae, quae plane artificiosa, et venusta omnium oculos rapuit*[5]. Im Anschluß daran wird vereinbart, daß er den Kirchenbau einschließlich Dach und dafür anfallende Löhne innerhalb von drei Jahren für die Gesamtsumme von 13000 fl übernimmt. Demgegenüber verpflichtet sich das Kloster, alle Materialien bereitzustellen. (Qu.2)

30. 4. Fischer erhält *ra[ti]o[n]e 3fachen Kirchen Riss* 50 fl. (Qu.1, p.5)

–. 5. Fundamente von Chor und Presbyterium werden gelegt. (Qu.2)

1. 6. Die am 19. 2. eingeleiteten Abbrucharbeiten, die das Kloster trägt, sind abgeschlossen; Kosten: 665 fl 33 kr (Qu.1, p.3)

2. 6. Fischer unterzeichnet in Rott den im April verabredeten Accord [6]. (Qu.1)

1 Quellen (im BayHStA, mit den Signaturen): Qu.1 = KL Rott am Inn 61; Qu.2 = KL Fasz. 626/1; Qu.3 = KL Rott am Inn 84; Qu.4 = KL Rott am Inn 86; Qu.5 = KL Fasz. 628/8 - Für ihre Unterstützung meiner Recherchen am Ort danke ich Rektor a.D. Willi Birkmaier und Pfarrer Ludwig Schleiß in Rott am Inn.
Literatur: Gustav von Bezold/Berthold Riehl/Georg Hager, Regierungsbezirk Oberbayern (KDB, Oberbayern, Teil 2), München 1902, 2032-2038; Günther Blumentritt, Das ehem. Benediktinerkloster Rott am Inn und seine Stiftskirche, in: Zeitschrift für Bauwesen 55 (1905) 2-44; Alois Mitterwieser, Aus der Bauzeit der Rotter Klosterkirche, in: Aus den alten Pfleggerichten Wasserburg und Kling, Wasserburg 1927, 39-43; Adolf Feulner, Rott am Inn, Augsburg 1927; Hagen-Dempf 1954, 42-51, 98 f.; Freckmann 1965, 153-155; Lieb 1982, 183-193; Willi Birkmaier (Hg.), Rott am Inn, Weißenhorn 1983, u.a. mit Beiträgen von Willi Birkmaier (66-85), Bernhard Schütz (86-104), Robert Stalla (105-112), Hermann Bauer/Robert Stalla (113-127) und Sixtus Lampl (128-134) zum Kirchenbau; Willi Birkmaier, »Extract der Uncosten 1781«, in: Heimat am Inn 10 (1990) 209-257; Norbert Lieb, Rott am Inn (KKF Nr.14), [14]München-Zürich 1990; Möhring 1992, 305-327; Willi Birkmaier, »Intra Quinquennium«, in: Heimat am Inn 13 (1993) 47-74 – S. auch Gabriele Dischinger, in Band II S. 84-98

2 Qu.1; erste, unpaginierte Fassung des Bauberichts, aus den 80er Jahren des 18. Jahrhunderts, anonym. Beiliegend der 1781 verfaßte *Extract der Uncosten* von P.Joseph Maria Kerscher. Dieser paginierte *Extract* bricht nach Seite 46 ab; seine jetzt erst entdeckte Fortsetzung liegt unter BayHStA, KL Fasz. 626/1 (= Qu.2). – Der Schreiber von Qu.1 hat eine bislang unbeachtete und nicht ausgewertete Abschrift der informativen *Ephemerides Rothensis de anno 1759* ff. hinterlassen: Qu.2. – Die erste Fassung des Bauberichtes (Qu.1) wurde in den 90er Jahren des 18. Jahrhunderts dupliziert, und zwar von dem Rotter Konventualen P.Magnus Schmid; vgl. Birkmaier 1993 (Anm.1), 48. In diese bisher immer zitierte, zweite Fassung des Bauberichts (Qu.4) haben sich allerdings Fehler eingeschlichen; z.B. ist darin das Datum des Vertrages über den Kirchenbau mit 23.6.1759 statt, wie richtig, mit 2.6.1759

Nach diesem *accordmässigen Kirchenbaues Anfang* setzen die mit Fischer abzurechnenden Arbeiten ein. (Qu.1, p.4)

3. 6. Pfingstsonntag: Ein etwa sieben Fuß (ca. 2,10 m) hohes Kreuz wird an der Stelle des künftigen Hochaltars aufgestellt. (Qu.2; Qu.4)

4. 6. Abt Benedikt legt in Gegenwart Fischers und aller Maurer den Grundstein in die Mauer, *qui chorum choralem a Presbyterio distinguit*. Die Mauern sind bereits mannshoch.

Die Grundsteinurkunde enthält folgenden Schlußabsatz: *Porro formam Ecclesiae praesentis aedificii concepit et in lineas fundamentales descripsit Dominus Joannes Michael Fischer Architectus hoc aevo ab Ecclesiis plusquam viginti tum reparatis, tum a fundamento exstructis tam celebris, quam peritus*[7]. (Qu.1)

30. 6. Fischer erhält 1000 fl als erste Abschlagszahlung[8]. (Qu.1, p.4)

–. 6. Fischer erhält *ra[ti]o[n]e der Facciada* 22 fl und *ra[ti]o[n]e des Frontispicii* 20 fl [9]. (Qu.1, p.5)

–. 7./8. Chor und Presbyterium werden aufgemauert und eingedeckt. (Qu.2)

24. 8. Fundamente *pro maiori et media parte Ecclesiae* werden begonnen und noch in demselben Jahre bis in Mannshöhe aufgemauert. (Qu.2)

25. 8. Fischer erhält 1000 fl als Abschlagszahlung. (Qu.1, p.4)

–. 9./10. In der Gruft werden die Gewölbe eingezogen. (Qu.2)

13.10. Fischer erhält 1500 fl als Abschlagszahlung. (Qu.1, p.4)

27.10. Vertrag mit Bildhauer Joseph Götsch aus Aibling über die Kanzel (300 fl) (Qu.2, p.47; Qu.4)

17.11. Bauarbeiten werden zum Winter eingestellt. (Qu.1, p.5; Qu.2)

o.Dat. Stukkator (Franz Xaver) Feichtmayr aus Augsburg erhält *eben der Ursache willen* 11 fl [10].
Maler (Matthäus Günther) erhält *gleichermassen* 43 fl 8 kr [11].
Bildhauer (Joseph) Götsch erhält 2 fl 30 kr [12]. (Qu.4)
Bildhauer Ignaz Günther aus München erhält *für das Modell zum Choraltar* 13 fl. (Qu.1, p.46)
Zimmermeister *Johann Prandstötter von Attl* wird erwähnt [13]. (Qu.4)
Kosten für den Kirchenbau 1759: 6739 fl 27 kr (Qu.5)

1760

3. 3. Bauarbeiten werden zum Sommer wieder aufgenommen. (Qu.1, p.5; Qu.2)

14. 5. Fischer erhält 1000 fl als Abschlagszahlung. (Qu.1, p.4)

5. 7. Fischer erhält 2000 fl als Abschlagszahlung. (Qu.1, p.4)

11. 7. Stukkatoren (Jakob Rauch und ein Geselle) beginnen, den Mönchschor auszustatten. (Qu.2; Qu.4)

19. 7. Erste Zahlung für Steine zum Kirchenpflaster (Qu.1, p.31)

4. 8. Zimmerleute beginnen, den Dachstuhl über dem *mittern Theil* der Kirche zu errichten. (Qu.1, p.11; Qu.2)

20. 8. Auf dem vollendeten Dachstuhl wird die Richtkrone gesetzt; zu diesem Anlaß bekommen die Zimmerleute *einen E[i]mer [Sommer-] Bier zum Douceur.* (Qu.1, p.11; Qu.4)

4. 9. Fischer erhält 2000 fl als Abschlagszahlung. (Qu.1, p.4)

15. 9. Stukkatoren (Rauch und ein Geselle) beenden die Arbeit im Mönchschor. (Qu.2; Qu.4)

20. 9. Die Mittelkuppel ist gemauert. (Qu.2)

24.10. Die neue Gruft wird geweiht. (Qu.2)

4.11. Bauarbeiten werden zum Winter eingestellt und finden einen krönenden Abschluß: Abt Benedikt, ein Rotter Konventuale und zwei Mitbrüder aus Attel senken die vier letzten Steine in die Kuppel; bei *Schliessung der Kirchenkuppel* erhalten Oberpalier Streicher (7 fl 20 kr), der Unterpalier (3 fl 40 kr) und die Maurer (2 fl 45 kr) *Douceur* (Gratifikation). (Qu.1, p.5, 11; Qu.2)

o.Dat. *Stokador Rauch und seinem Gesel[len]* werden (für den Stuck im Mönchschor) 300 fl bezahlt. (Qu.4)
Zahlung (102 fl) *ratione Abbrechung des hinteren [westlichen] Kirchentheils.* (Qu.1, p.8)
Kosten für den Kirchenbau 1760: 10005 fl 38 kr (Qu.5)

1761

2. 3. Bauarbeiten werden zum Sommer wieder aufgenommen. (Qu.1, p.5; Qu.2)

angegeben. Deshalb werden hier vorrangig die früher entstandenen Manuskripte Qu.1 und Qu.2 herangezogen.

3 Fortsetzung des vermeintlich unvollständigen, von Willi Birkmaier 1990 (Anm.1) publizierten ›Extraktes der Unkosten‹; vgl. Anm.2.

4 S. Kat.-Nr.48, in Band I S.133 und in Band II S.22 sowie Dischinger (Anm.1)

5 Übersetzt: ›Zeichnungen und eine ichnographia der neuen Kirche, die, äußerst kunstvoll und schön, aller Augen hinweggerissen hat‹.

6 S. Dokument Nr.14, in Band II S.351 f. Die vereinbarten 13000 fl werden über vier Jahre in zehn Abschlagszahlungen entrichtet; Qu.1, p.4.

7 Übersetzt: ›Die Form des gegenwärtigen Kirchenbaues hat der Architekt Herr Johann Michael Fischer, der in dieser Zeit durch mehr als 20 sowohl wiederhergestellte als auch von Grund auf neu erbaute Kirchen ebenso berühmt wie bestens geeignet ist, entworfen und in Plan gelegt‹.

8 Sehr wahrscheinlich nahm Fischer die hohen Abschlagszahlungen persönlich in Empfang und inspizierte bei diesen Gelegenheiten den Fortgang des Kirchenbaues.

9 Die drei außeraccordmäßigen Zahlungen vom 30. 4. (50 fl) und -. 6. (22 fl und 20 fl) sind in Qu.4 zusammengefaßt: *für verschiedene Modell, und andere vorgängige Arbeit, und Müehwaltung ist demselben [Baumeister] bezahlt worden 92 f.*

10 Die Formulierung knüpft an die vorstehende, Fischer betreffende Nachricht über die Zahlung *für verschiedene Modell, und andere vorgängige Arbeit, und Müehwaltung* an; s. Anm.9. Da der Betrag identisch ist mit der Summe, die Feichtmayr im Mai 1758 für ein Altarmodell erhält, handelt es sich hier um ein entsprechendes Modell. Vgl. auch die weiter unten genannte Summe für Ignaz Günthers Hochaltarmodell.

11 Wie Anm.10. Schon Adolf Feulner (Anm.1, 3) geht davon aus, daß hiermit ein Modell Günthers honoriert wurde.

12 Wie Anm.10. Die Bezahlung wird, wie bei Feichtmayr und Günther, einem Modell gegolten haben, in diesem Fall für die Kanzel. Für Anm.9-12 vgl. auch Dischinger (Anm.1)

13 Prandstetter hat wohl den Dachstuhl der Kirche (nach Fischers Plan?) errichtet. – Nachforschungen (im PfarrA Attel) von Willi Birkmaier, Rott am Inn, ergaben, daß Prandstetter am 27. 3.1776 in unbekanntem Alter starb; freundliche Mitteilung vom 10. 8.1994.

6. 4. Stukkator Rauch beginnt mit den Arbeiten im Presbyterium und den beiden östlichen Oratorien. (Qu.2)

8. 4. Fundamente *pro ultima parte novae Ecclesiae* werden gelegt. (Qu.2)

25. 6. Maler Matthäus Günther beginnt das Fresko im Presbyterium. (Qu.2)

5. 7. Oberpalier Streicher erhält ›Vorschuß‹. (Qu.1, p.11)

2. 8. Stukkator Rauch beendet die Stukkierung des Presbyteriums und der zwei Oratorien. (Qu.2)

5. 8. Maler Günther beendet das Fresko im Presbyterium. (Qu.2)

15. 8. Fischer erhält 1500 fl als Abschlagszahlung. (Qu.1, p.4)

31. 8. Das Dach der Kirche ist vollendet; bei der Gelegenheit spricht der *director fabrorum lignarium [der Zimmerpalier] a summitate tecti* ein kleines Gebet. Diesem Akt wohnen der gerade anwesende Propst des Augustiner-Chorherren-Stiftes Beyharting (Georg Rämbsl) und einige Gäste bei. (Qu.2)

31.10. Erste Komplet wird im neuen Presbyterium gesungen. (Qu.2)

1.11. Erste Matutin wird gehalten. (Qu.2)

7.11. Bauarbeiten werden zum Winter eingestellt. Das Gewölbe über der Orgelempore kann wegen einbrechender Kälte nicht vollendet werden. (Qu.1, p.5; Qu.2)

11.11. Oberpalier Streicher erhält 7 fl 30 kr *Douceur bei Endung des Baujahres.* (Qu.1, p.11)

16.11. Man beginnt, den Hochaltar aufzustellen. Ein Geselle des Bildhauers Ignaz Günther erhält *Douceur* (5 fl) wegen seiner *Bemühungen ... bey Überbringung des Choraltars* (aus München). (Qu.1, p.46; Qu.2)

20.11. Hochaltar ist aufgestellt. Zahlungen an die Zimmerleute *ra[ti]o[n]e Aufsetzung des Choraltars.* (Qu.1, p.7; Qu.2)

–.11. Fischer erhält *bey Schlusse des Kirchen Gebäudes gleichfalls Douceur* von 23 fl [14]. (Qu.1, p.5)

o.Dat. Maler Günther werden *wegen Ausmallung der Kürchen a conto bezahlt 500 f.* (Qu.4)
Stukkator Rauch werden *für verschiedene Arbeit bezahlt 566 f. 10 kr.*
Darüber hinaus erhalten Rauch und seine 4 Gesellen Geldgeschenke. (Qu.2, p.50; Qu.4)
Zahlungen an Steinmetz (Johann Michael) Mattheo aus München (Qu.4)
Kosten für den Kirchenbau 1761: 7558 fl 31½ kr, für Kirchenzierde: 644 fl 42½ kr (Qu.5)

1762

20. 2. Fischer erhält 1000 fl als Abschlagszahlung. (Qu.1, p.4)

28. 4. Stukkatoren beginnen mit den Arbeiten im Mittelteil der Kirche. (Qu.2)

2. 6. Maler Günther beginnt die Ausmalung der Mittelkuppel. (Qu.2)

2.10. Maler Günther stellt das Fresko in der Kuppel fertig. (Qu.2)

16.10. Fischer erhält 300 fl als Abschlagszahlung. (Qu.1, p.4)

23.12. Fischer erhält 1700 fl als letzte Abschlagszahlung. (Qu.1, p.4)

Danach tritt Fischer nicht mehr in Rott auf; sein Palier Streicher führt die Arbeiten ab sofort selbständig und auf eigene Rechnung weiter.

o.Dat. Oberpalier Streicher werden *der einwendigen Kirchen Quadratur wegen, und Abbutzung halber ... accordiertermassen* 300 fl ausgezahlt. (Qu.1, p.11; Qu.4)
Stukkator Rauch erhält 800 fl. (Qu.4)
Kosten für den Kirchenbau 1762: 11021 fl 41⅓ kr, für Kirchenzier: 1257 fl 48 kr (Qu.5)

1763

7. 3. Maurer und Handlanger nehmen unter Leitung von Oberpalier Streicher die abschließenden Arbeiten in der Kirche wieder auf. (Qu.1, p.12)

7. 4. Die Kirche ist *(auch inwendig) ... zu völligen Stand gebracht*; demnach müssen zu diesem Zeitpunkt sowohl die Stuckarbeiten Rauchs als auch Günthers Deckenfresko in der Westkuppel [15] vollendet gewesen sein.
Etwa zu derselben Zeit wird man mit beiden Künstlern abgerechnet haben; Rauchs Verdienst beträgt insgesamt 3000 fl, Matthäus Günthers wird mit 1700 fl für *Fresco Malerey* angegeben [16]. (Qu.2, p.50 f.; Qu.4)

14 Qu.4: ... *wurde ihm [Fischer] ab einer besondern Arbeit bezahlt 23 f.*

15 Signatur: *M: Gündter pinxit. 1763*

16 Qu.2, p.51: *Ferners mahlte besagter Gündter das Crucifix auf dem Freithof an der Kirchenmauer gratis.*

Abb. Rott am Inn
Aufriß der Westfassade

nach 7. 4. Abbrucharbeiten an der Pfarrkirche St.Peter und Paul beginnen. (Qu.1, p.12)
–. 6. Die Pfarrkirche ist *abgeworfen und destruirt*. (Qu.1, p.12)
–.7./8. An der Stelle der einstigen Pfarrkirche, auf der Südseite der Klosterkirche, werden die Fundamente der neuen Abtei gegraben. (Qu.2)
21.10. Das Stiftergrabmal, das während der Bauzeit in der Sakristei untergebracht war, ist in der Vorhalle aufgestellt. (Qu.2)
vor 23.10. Steinmetz Johann Michael Mattheo aus München legt mit zwei Gesellen das Pflaster und rechnet u.a. über *drey Antrittstaffl zum Choraltar* ab. (Qu.1, p.33)
23.10. Der Freisinger Weihbischof Franz Ignaz Albert von und zu Werdenstein weiht die Klosterkirche. (Qu.2)
9.11. Bauarbeiten an der neuen Abtei, die Palier Streicher leitet, werden zum Winter eingestellt. (Qu.1, p.12)
o.Dat. Kosten für den Kirchenbau 1763: 11686 fl 42 kr, für Kirchenzier: 5488 fl 26½ kr (Qu.5)

1764
o.Dat. Maurer und Zimmerleute verdienen beim Bau der neuen Abtei 644 fl 39 kr (Qu.4)
Kosten für den Kirchenbau 1764: 2883 fl 32 kr, für Kirchenzier: 1926 fl 15 kr (Qu.5)

1765

o.Dat. Maurer, Zimmerleute und Handlanger erhalten *bey annoch angehaltenen Kürchen Bau, Abbtey, Kloster, und auch andern Gebäuen* zusammen 1522 fl 41 kr. (Qu.4)

Kosten für den Kirchenbau 1765: 3187 fl 1 kr, für Kirchenzier: 1622 fl 17 kr (Qu.5)

1766

o.Dat. *Maurer, Zimmerleut und Handlanger haben bey dem annoch vorligenden Kirchen und Kloster Bau ins verdienen gebracht 638 f 41 kr.* (Qu. 4) - Letzte Nachricht über Bauausgaben.

Durch neue Quellenfunde lassen sich Planungsverlauf und Baugeschichte der ehemaligen Klosterkirche in Rott nun sehr viel präziser dokumentieren, als bisher angenommen und geschehen [17]. Das gilt sowohl für den Baufortgang als auch für die beteiligten Meister. In der außerordentlich kurzen Zeit von nur einem Jahr, haben sich Abt und Konvent erst zu einer Erneuerung der alten Kirche, auf Fischers Rat dann aber zu einem Neubau entschlossen, seinen Entwurf akzeptiert, das Baugesuch durchgesetzt und den Neubau in die Wege geleitet.

Da das Werk auch zügig realisiert wurde, dürfte Fischer nicht nur einen exakten Kostenvoranschlag sondern auch – wie schon in Osterhofen [18] – einen ebenso genauen Zeitplan ausgearbeitet haben. Zug um Zug folgten auf den Abbruch der alten Kirche Fundamentierung und Aufbau der neuen. Man begann im Osten, dort, wo die romanischen Türmen in den Neubau integriert wurden, und brachte diesen Teil noch in der ersten Bausaison 1759 unter Dach. Bereits im Sommer 1760 war die Kuppel über der oktogonalen Mitte mit den Diagonalkapellen gemauert, und zwölf Monate später der ganze Kirchenbau eingedeckt.

In dem Tempo, wie die Bauarbeiten fortschritten, rückten die Ausstattungskünstler nach. 1760, als die Maurer den Kernraum aufführten und wölbten, stuckierte Jakob Rauch (1718-nach 1785) den durch eine Wand von der Kirche getrennten Mönchschor. Im April 1761, als im Westen die Fundamente gelegt wurden, begann Rauch mit vier Gesellen, das Presbyterium und die beiden östlichen Oratorien auszustatten. Zweieinhalb Monate danach gesellte sich der Augsburger Maler Matthäus Günther (1705-1788) zu den Stukkatoren, arbeitete mit ihnen auf demselben Gerüst und freskierte innerhalb von knapp sechs Wochen die Kuppel über dem Presbyterium. Beinahe gleichzeitig stellten sie den Ostteil der Kirche fertig. Ähnliches vollzog sich 1762: Etwa fünf Wochen nach Rauch nahm Günther am 2. Juni seine Arbeit im Kernraum auf und beendete das Kuppelfresko auf den Tag genau vier Monate später. Während dessen leitete Fischers Palier Streicher auf eigene Rechnung die *innere Quadratur samt der Verbuzung*, die in Fischers Vertrag ausdrücklich ausgeklammert war [19].

Fischer empfing Ende 1762 zwar die letzte Rate der vereinbarten Bausumme, die wandfeste Ausstattung wurde aber erst zwischen 7. März und 7. April 1763 vollendet. Für diese kurze Zeit mußten auch Rauch und Günther neuerlich nach Rott kommen, um den Westteil der Kirche abzuschließen. Daß sie nicht ebenfalls noch 1762 mit dem Kloster abrechneten, deutet auf eine unerwartete Verzögerung hin [20]. Wahrscheinlich um nicht noch weiter in Verzug zu geraten, erschienen Stukkator und Freskant 1763 schon im März, früher als in den Jahren zuvor, auf der Baustelle. Und Günther benötigte für die Ausmalung der westlichen Kuppel fast zwei Wochen weniger als für das gleichgroße Fresko im Presbyterium.

Abgesehen davon, daß die jetzt ergänzten Daten in ihrer Vollständigkeit die zeitliche Abfolge der Geschehnisse klar zu erkennen geben, belegen sie selten deutlich Abhängigkeit und Zusammenspiel von Architektur, Stukkatur und Deckenmalerei bei der Entstehung einer Rokokokirche. Es ist allerdings fraglich, ob Fischers für die Bauarbeiten vorauszusetzender Zeitplan auch die Ausstattung einbezog.

17 S. Anm.2

18 S. WVZ 49 und Dokument Nr.2, in Band II, S.343 f.

19 S. Dokument Nr.14, in Band II S.351 f.

20 Dafür könnte Matthäus Günthers Aufenthalt in Fieberbrunn (Tirol) verantwortlich sein, wo er 1762 im Auftrage des Rotter Abtes das Deckenfresko der Johanneskapelle malte.

Bei seiner Konzeption für Rott hatte Fischer zweierlei zu berücksichtigen: einerseits die Anschlüsse der beiden Klosterflügel im Norden und andererseits die zwei Osttürme der romanischen Basilika. Damit waren die Abmessungen des Neubaues in Länge und Breite gleichermaßen determiniert. Innerhalb dieses verhältnismäßig eng gesteckten Rahmens legte Fischer ein Koordinatensystem an, dessen Längsachse in der Mitte zwischen den Türmen verläuft und dessen Querachse den Abstand zwischen den Klostertrakten halbiert. Der Schnittpunkt beider Achsen fällt zusammen mit dem Mittelpunkt der zentralen Hauptkuppel seiner Kirche. Um diese so gewonnene Mitte entwickelte Fischer seinen Grundriß, wobei er die symmetrische Raumfolge in der Längsachse so anlegte, daß die Belichtung für den Dreisatz der überkuppelten Kompartimente gesichert war. Dafür mußte er die Fenster im Chor- bzw. Westjoch hart an den Ansatz von Klosterflügeln und Kirche setzen.

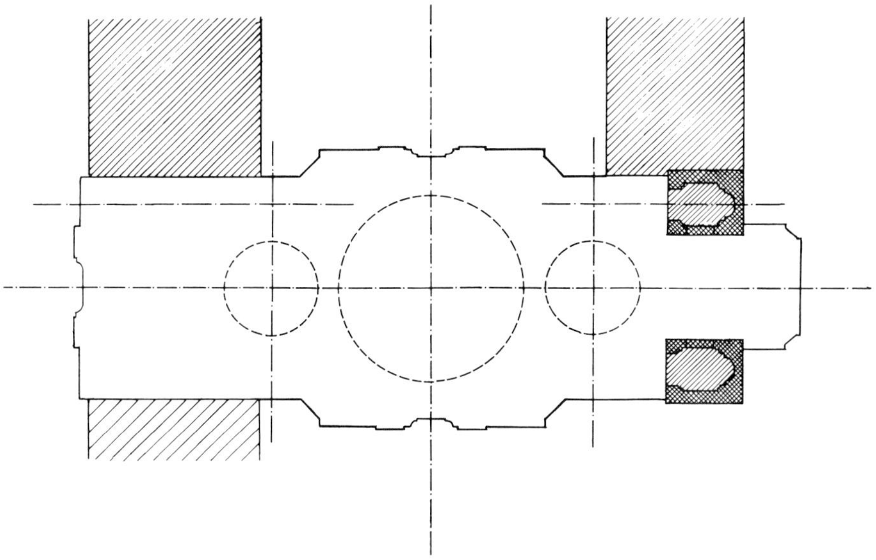

Abb. Rott am Inn
Schema der Hauptachsen
(Zeichnung Ernst Götz)

Vom Schnittpunkt des erschlossenen Koordinatensystems ging Fischer auch aus, als er die Kirchenlänge errechnete. Dieser Punkt liegt nämlich in der Mitte der lichten Länge, genau zwischen der Fassade, die minimal über die Flucht des Klosterwestflügels vortritt, und der Chorαußenwand. Demnach wurde die Strecke zwischen vorgegebener Westgrenze und dem Koordinatenschnittpunkt zur Gewinnung der Kirchenlänge lediglich verdoppelt. Fischer war an der Einhaltung der alten Westgrenze gelegen, beabsichtigte er doch, den Klosterwestflügel auf der Kirchensüdseite fortzusetzen, um die Kirchenfassade in die Klosterfront einbetten zu können [21].

Über diesen Anbau war noch nicht entschieden und somit die Gestaltung der Fassade noch weitgehend offen, als Fischer am 2. Juni 1759 mit seiner Unterschrift unter den Vertrag auch den darin aufgenommenen Passus akzeptierte, wonach *die Statuen S. Benedicti in dem Accord ausgeschlossen* war [22]. Dieser Passus findet erst im nachhinein seine Erklärung: Die Benediktus-Statue *auf dem Kirchen Frontispizio, welche sicher vom Ignaty Gündter zu München nicht unter 60 f. gebildet worden, ... wurde von H[errn] Baumeister Fischer um seine Dankabstattung wegen überlassenen Kirchenbaues zu machen übernohmen* [23].

Fischer stiftete – 1762 oder 1763 – die Figur im Fassadengiebel und Matthäus Günther zeigte sich erkenntlich, indem er das Fresko an der südlichen Kirchenaußenwand unentgeltlich malte [24]. Erinnerungen an die Kapelle in Gossenzugen werden wach, die die am Bau der Klosterkirche Zwiefalten beteiligten Meister zum Dank unentgeltlich erbauten und ausstatteten [25].

Gabriele Dischinger

21 S. dazu Dischinger (Anm.1)

22 Wie Anm.19

23 Qu.2, p.47. Für die Vergoldung *des H. Vätters Benedict auf dem Kirchen frontispicio* erhält Faßmaler Johann Georg Leyrer 30 Gulden; Qu.2, p.54. Ob diese stark verwitterte und inzwischen durch eine Nachbildung ersetzte Holzfigur tatsächlich aus der Werkstatt des Münchener Bildhauers stammt, soll hier nicht untersucht werden. S. dazu auch Willi Birkmaier, Ausst.-kat. »Ignaz-Günther-Kunstwerke in Rott am Inn und Umgebung«, Rott am Inn 1975 (hektographiert), Nr.12: »... nachsigniert 1763, renoviert 1872«. Seit 1964 steht eine Nachbildung in Kupfergalvano von Rudolf Pfefferer in der Giebelnische. Für diese Information danke ich Rektor a.D. Willi Birkmaier, Rott am Inn.

24 S. Anm.16

25 S. WVZ 70

55 SCHÄRDING (Oberösterreich, Österreich) Abb. in Band I S.24, 97

Pfarrkirche St. Georg [1]

Ausführung des Langhauses auf der Grundlage von Pawagner-Plänen

Die ursprünglich gotische Kirche in der bis 1779 kurbayerischen Stadt stammte aus dem 14./15. Jahrhundert und wurde im Spanischen Erbfolgekrieg 1703 stark beschädigt. Schärdings Stadtmaurermeister Georg Köllersberger bewarb sich 1714 um den Neubau. 1715 wurde die alte Kirche bis auf den Chor abgebrochen, jedoch erst 1720 erhielt der Passauer Domkapitel-Maurermeister Jakob Pawagner (1680-1743), der seine Ausbildung im Umkreis der großen Wiener Architekten Fischer von Erlach und Hildebrandt erfahren haben soll, den Zuschlag für den Neubau [2].

1720

o.Dat. Pawagner erklärt sich einverstanden *mit Verhypothecierung all seines Vermögens, unnd Constituirung zweier Porgen [= Bürgen] ... all nach Vollendung dis Kürchen Gepäus innerhalb Jahr unnd Tag entspringenten Schaden ohne Entgelt des Gottshauses zu entrichten*. Noch im gleichen Jahr beginnen die Bauarbeiten. (Qu.1, Prod.13)

1721

21. 3. Der Geistliche Rat in München fordert von der Regierung in Burghausen [3] *außführlichen Bericht ... waß beraiths erpauet worden und annoch nothwendtig erpaut werden miesste, wie die bereits empfangene Gelter verwendet und woher die noch abgängige herzunemmen*. (Qu.2, fol.21)

24.12. Ein Wandpfeiler des Langhauses stürzt ein. Pawagner wird daraufhin sofort in Haft genommen. Anschließend brechen noch zwei Pfeiler. Der Schaden beträgt 17912 fl. (Qu.1, Prod.13)

1722

–.1/2. Der Geistliche Rat betraut Johann Baptist Gunetzrhainer, Unterhofbaumeister in München, mit dem Weiterbau. (Qu.1, Prod.13)

22. 3. und 19. 5. Gunetzrhainer berichtet in München, wie und mit welchem Kostenaufwand der Kirchenbau fortzuführen wäre. Er tritt bei den noch bis 1750 andauernden Schadensersatzverhandlungen zwischen Stadt Schärding, Rentamt Burghausen und Geistlichem Rat als Gutachter auf. (Qu.1, Prod.13)

22. 7. Das Münchner Hofbauamt bittet die Hofkammer, eine größere Menge Bausteine, die für ein nicht gebautes Festungsgebäude in Schärding bestimmt waren, für St. Georg verwenden zu dürfen. (Qu.3)

30. 7. Neuerlicher, inhaltlich unbekannter Bericht Gunetzrhainers (Qu.1, Prod.13)

1723

18. 5. Gunetzrhainers Stiefvater, der Münchner Stadtmaurermeister Johann Mayr, hält sich (an der Baustelle der Pfarrkirche) in Schärding auf. (Qu.4, fol.135)

vor 8. 6. Schärdings Bürgermeister und *Khürchenpaudirektor* von St. Georg, Johann Paul Vischer [4], empfiehlt den *zu Schärdting stehenten und von ... Gunetsrhainer für capabl vorgeschlagnen Paumaister namens Johann Michael Fischer, Burger und Stattmaurmaistern in München* für den Turmbau in Deggendorf, so daß dieser seit dem Sommer 1723 die Baustellen Schärding und Deggendorf gleichzeitig betreute. Durch Fischer wiederum wird der *Stadtzimermaister zu Schärdting namens Andres Höretsberger ... [in Deggendorf] sehr angeruembt, daß er ain woll erfahrner Man seye und schon etliche Thurn Kupeln hin und wider nach Contento verferttiget* [5]. (Qu.4, fol.131)

vor 26. 9. und vor 11.11. Fischer hält sich in Schärding auf [6].

1724

zwischen 3.10.1724 und 17.1.1725 Fischer spricht im Zusammenhang mit der geplanten Er-

1 Quellen (im BayHStA, mit den Signaturen): Qu.1 = GL Innv. Fasz.100/89; Qu.2 = Kurbayern Geistl. Rat, Protokolle Bd.85; Qu.3 = GR 109/12; Qu.4 – GL 671/2 (Deggendorf, Hl. Grab); Qu.5 = GL 1185/I; Qu.6 = GL 3163/6
Literatur: Johann Ev. Lamprecht, Beschreibung der k.k. oberösterreichischen Gränzstadt Schärding am Inn, Wels 1860; ders., Historisch-topographische und statistische Beschreibung der ... Gränzstadt Schärding ..., 2 Bde, Schärding 1887; Feulner 1914/15, 54; Rudolf Guby, Schärding, Passau 1927; Dagobert Frey, Die Denkmale des politischen Bezirks Schärding in Oberösterreich (ÖKT Bd. 21), Wien 1927, 167-180; Lieb 1982, 25-26; Franz Engl, Stadtpfarrkirche St. Georg, Passau o.J.; Möhring 1992, 14-16

2 Die Kirchenrechnung von 1721 (StadtA Schärding) vermerkt, daß *yber das Neue Kirchengepeu ein ganz sonderbahre Rechnung gehalten wirdtet* (fol. 67). Diese Baurechnung ist jedoch leider verschollen.

3 Schärding, im sog. Innviertel gelegen, gehörte bis 1779 zum Rentamt Burghausen im Kurfürstentum Bayern.

4 So bei Lamprecht 1860 (Anm.1), 289 und 388 und bei Guby (Anm.1), 49. In den Kirchenrechnungen und Briefprotokollen (*Notelbücher*, im StadtA Schärding) signiert zur Bauzeit allerdings nur ein Cosmas Damian Vischer.

5 Der zitierte Brief datiert vom 20.9.1723. Die Empfehlung aus Schärding muß aber vor Fischers erstem Besuch in Deggendorf am 8.6.1723 erfolgt sein.

6 Vgl. die Zusammenhänge in der »Chronologie«, in Band II S.112 f.

weiterung der Pfarrkirche in Kirchham davon, daß er *zu Schärding und Nideraltaich*[7] *importanten Kürchen und Thurngepäu vorzustehen habe.* (Qu.5)
o.Dat. Fischer hält sich mehrfach in Schärding auf[8].
Der Rohbau der Kirche steht[9].

1725
o.Dat. Fischer hält sich mehrfach in Schärding auf. (Qu.5)

1726
5. 4. Fischer wird beauftragt, die ruinöse Klosterkirche in Osterhofen zu besichtigen, weil er ohnehin *nacher Schärdting und andern Orth* zu reisen habe, also noch immer dort tätig ist[10]. (Qu.6, Prod.7)
zwischen 5. 4. und 10. 9. Fischer hält sich mehrfach in Schärding auf[11].
o.Dat. Maurerpalier Johann Ceregetti geht von Schärding zum Turmbau bei Hl. Grab in Deggendorf und ist dort während des ganzen Sommers unter Fischers Leitung tätig[12].

Wie aus der strengen, von Wien herzuleitenden Raumdisposition des Langhauses vor dem gotischen Chor angenommen werden kann, hat nach Pawagners Mißgeschick Johann Baptist Gunetzrhainer den Weiterbau von St. Georg auf der Basis von dessen Plänen vorgenommen. Als Unterhofbaumeister hatte er jedoch vielfältige Aufgaben und scheint für die anfängliche Ausführung seinen Stiefvater Johann Mayr (1677-1731) empfohlen zu haben; im Frühsommer 1723 löste Fischer Mayr ab, der danach anderweitig tätig war[13]. In der Folgezeit betreute Fischer die Arbeiten gemeinsam mit dem Schärdinger Zimmermeister Andreas Höretsberger d.Ä. Von Schärding aus reisten sie regelmäßig zur Baustelle in

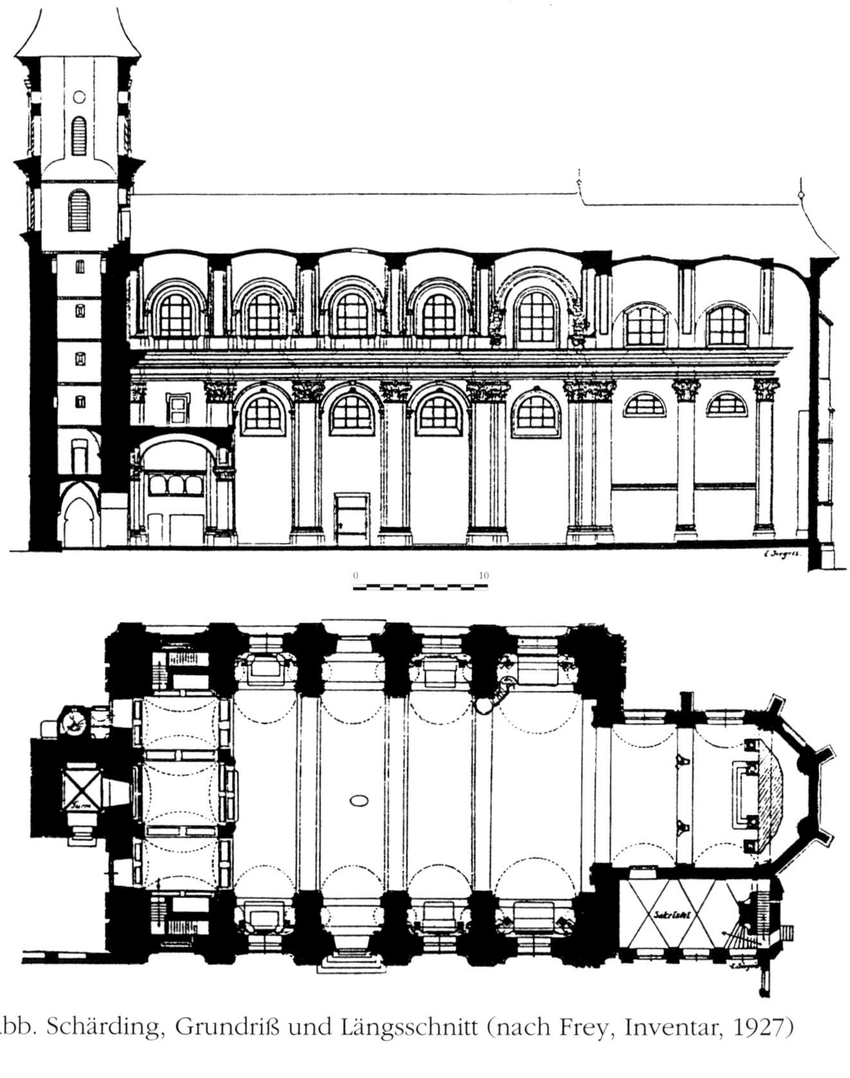

Abb. Schärding, Grundriß und Längsschnitt (nach Frey, Inventar, 1927)

7 Ursprünglich stand in dem Brief *Deggendorf* anstelle von Niederalteich, was das erwähnte *Thurngepäu* erklärt.
8 Wie Anm.6
9 Inschrift über dem Südportal: *DIVO/MARTYRI GEORGIO/HAE/ AEDES PAROCH. SACRAE FUNDITUS DESTRUCTAE/ ANNO MDCCXX/ NOVITER SUNT ERECTAE/ANNO MDCCIIII*
10 Nach Frey (Anm.1, 178) wurden 1726 und 1727 zwei Seitenaltäre aufgestellt, die Bauarbeiten dürften also abgeschlossen gewesen sein.
11 Wie Anm.6
12 PfarrA Deggendorf, Nr.212, fol.25, 28; s. auch WVZ 11
13 Lieb 1941, 79 f.

Abb. Schärding, Kirche im städtebaulichen Kontext

Deggendorf, ab 1724 kamen Niederaltaich, ab 1726 Osterhofen hinzu [14]. Mitarbeiter in Schärding könnte Palier Johann Ceregetti gewesen sein, der 1726/27 in Deggendorf nachgewiesen ist.

Der Versuch, Fischers Anteil in Schärding, so wie es sich heute präsentiert, zu fassen, fällt äußerst schwer. Ungewöhnlich und besonders auffallend sind die am Außenbau vom Boden aus hochgeführten, halbrunden Wandnischen, in die die Fenster eingebettet sind. Eine interessante städtebauliche Parallele könnte zu diesem Thema inspiriert haben: Vom Standpunkt des Oberen Stadtplatzes aus nehmen diese Wandnischen die durchweg gerundeten Fassadengiebel der nördlichen Häuserzeile wieder auf. Diese tief gerundeten Wandnischen finden sich zwar auch am Chor in Niederalteich – dort über einer Sockelzone – doch sind die Quellen so zu interpretieren, daß sich Fischer hier wie dort im wesentlichen auf die Planung Pawagners stützte.

Im Inneren deuten nach den Zerstörungen von 1809 allenfalls noch die ausgerundeten Ecken der Seitenkapellen und deren gurtähnliche Fortsetzung über den Pilastern auf Fischer hin. Die in der Mitte unter der heutigen, breiten Orgelempore stehenden vier Rotmarmorsäulen dienten ursprünglich wohl als Stützen einer kleineren, vielleicht geschwungenen Empore.

Angesichts der über fünf Jahre zu verfolgenden Aufenthalte Fischers in Schärding stellt sich die Frage, ob er dort, insbesondere nach Fertigstellung des Rohbaus 1724, mehr Bauten als die Pfarrkirche betreute; in Betracht käme z.B. das kurfürstliche Schloß am Orte, von dem heute nur noch wenige Reste erhalten sind [15].

Die jetzige Kirche hat mit der des 18. Jahrhunderts nur noch wenig gemein. 1783/84 hat ein Sturm Höretsbergers »meisterhaft geformtes Kuppel-Bundwerk« [16] auf dem Turm, von dem man annehmen kann, daß es einen weithin sichtbaren Akzent setzte, zerstört. 1792/93 wurden die Altargemälde durch neue ersetzt. Mit der Bombardierung Schärdings durch Napoleons Truppen 1809 hat nicht nur die Kirche in ihrer Substanz stark gelitten; Dach, Turm und Chorgewölbe fielen ihr zum Oper. 1810 beseitigte man in dem als Magazin genutzten Gotteshaus auch noch die vom Einsturz bedrohte »Kuppel in elyptischer Form« [17] über dem Querschiff. Erst ab 1814 kam die Wiederherstellung von Bau und Ausstattung in Gang und zog sich bis zur Jahrhundertmitte hin.

Christl Karnehm

14 Vgl. Qu.4, fol.93: Die Deggendorfer Auftraggeber berichten 1733, daß ... *die beed[en] gebrauchten Pau[-meister], als der Stattmaurermaister zue München namens Johann Michael Vischer und der Zimmermaister zu Schördting Ander Hörzberger [sich] biebey dergestalten renomiert gemacht haben, dass ihnen aniezt nit allein bey thails umbligenten und auch entfehrnten Clösstern und andern Orthen alle Haubtgepeu anverthraut werden ...*

15 Am 18. Juni 1724 brannte das Schloß beinahe völlig aus und die Schloßkapelle wurde stark beschädigt. Danach hat man die herrschaftlichen Wohnungen nicht wieder hergestellt, sondern lediglich die als Magazine und für Dienstboten erforderlichen Räume. Vgl. Lamprecht 1887 (Anm.1), Bd.1, 234 und Bd.2, 49.
Da die Möglichkeit besteht, daß Fischer 1725 und 1726 an diesem begrenzten Wiederaufbau mitgewirkt hat, wurde der Versuch unternommen, mehr darüber in Erfahrung zu bringen. Die Suche war jedoch wenig erfolgreich. Aus einem Schreiben vom 13.1.1725 (BayHStA, GR 109/12) geht nur hervor, daß Unterhofbaumeister Gunetzrhainer von Schärding eingeschickte Pläne zum Wiederaufbau und Voranschläge über 10170 fl 48 x in München prüfte.

16 Lamprecht 1860 (Anm.1), 290, Anm.1

17 Lamprecht 1887 (Anm.1), Bd.2, 74; danach wurde sie »Vaticankuppel« genannt.

56 SCHLECHING (Kr. Traunstein, Oberbayern)
Pfarrkirche St. Remigius [1]
Besichtigung wegen Baufälligkeit

St. Remigius in Schleching gehörte als Filiale (seit 1719 Kuratie mit eigenem Kurat) zur großen Pfarrei Grassau, Gericht Marquartstein, Bistum Chiemsee. Es war eine kleine mittelalterliche Kirche. Nachdem Georg Jakob Göz 1730 den Dienst als Gerichtsschreiber von Marquartstein angetreten hatte, wurde die Beschreibung ihrer Baufälligkeit [2] dramatisiert; er betrieb ganz offenbar den Neubau der Kirche. Später sollte es heißen, ohne ihn wäre sie niemals neu erbaut worden [3]. Lebhaftes Interesse am Neubau hatten auch der Pfarrer von Grassau, Georg Gloning (1715-1740), und der Kurat von Schleching, Georg Niederleuthner (1725-1745). Pfleger von Marquartstein war Achaz Ludwig Notthafft Freiherr von Weissenstein.

1732
o.Dat. Erster Bericht des Pflegegerichts Marquartstein an Kirche von Schleching sei baufällig. Das Gutachten eines im Gerden Geistlichen Rat in München, die ichtsbezirk ansässigen Maurermeisters ist angefügt [4]. Es werden Überschläge (desselben Maurermeisters?) für den Neubau eingesandt. (Qu.2, 1732)

1733
10. 4. *In Crafft eines* vom Geistlichen Rat *ausgeförttigt g[nä]disten Befelchs ist Johann Michael Fischer Pau- und Maurermaister in München zu Besichtigung dises pauföllligen Gottshaus Schleching abgeordnet worden ...* (Qu.2, 1733)
nach 10. 4. Fischer, der vom Geistlichen Rat beauftragt ist, Visiere und Überschläge für den Neubau anzufertigen, begibt sich für fünf Tage nach Schleching; *derowegen man deme ab 5 zuegebrachten Tägen das Raisdeputat à 3 f ... guetgemacht hat, mit 15 f..* (Qu.2, 1733; Qu.3)
22.12. Der Pfleger von Marquartstein bittet in München um den Konsens zum Neubau. Fischers Plan und Überschläge liegen noch nicht vor. (Qu.3)

1734
5.10. Erneute Bitte des Pflegers an den Geistlichen Rat um Genehmigung des Neubaus. Fischers Plan und Überschläge liegen noch nicht vor. (Qu.3)
o.Dat. Das Pfleggericht beauftragt Maurermeister Abraham Millauer von der Hausstatt, Visier und Überschläge für den Neubau in Schleching zu liefern; diese werden dem Geistlichen Rat eingesandt.
Konsens des Geistlichen Rats. Am Ende der Kirchenrechnung 1734 wird vermerkt, die Kirche müsse *neuerpauet werden, wesswillen bereits die g[nä]diste Resolution erfolgt ist.* (Qu.2, 1734 [5])

1735
12. 3. Der Pfleger teilt Kurat Niederleuthner die Zustimmung des Geistlichen Rates mit. (Qu.3)
15. 3. Dem Fürstbischof von Chiemsee, Joseph Franz Valerian Felix Reichsgraf Arco, wird berichtet, *es seye von München auß die neu Erbauung des zum würckhlichen Einfahl genaigten Gottshaus Schleching bereits ratificiert worden* [6]. (Qu.3)
24. 3. Es ist *der Anfang der Niderreissung dises Gottshaus bereiths beschechen* [7]. (Qu.3)
29. 3. Pfleger Notthafft bittet um den fürstbischöflichen Konsens zum Neubau ... *nebst underthenigister Anfiegung, das all dises lengstens schuldigistermassen were bevolget worden, wan nit der Münchnerische Statt Maurermaister Johann Michael Fischer, welcher ... bereits vor 2 Jahren ermelt pauföllliges Gottshaus Schleching in Augenschein genommen, aber mit Verfassung der Visier, und Yberschläg bishero saumbig gewesen, das endlichen ainen andern Paumaister die Arbeith verlassen werden müessen ...* (Qu.3)
15. 4. Der Pfarrer sieht die Schuld beim Gericht; es habe Visiere und Überschläge nicht rechtzeitig an ihn weitergegeben und sich mit anderer Arbeit und *Nachlessigkeit des in München g[nä]dist verordneten Paumaisters* entschuldigt. (Qu.3)

1 Quellen: Qu.1 = BayHStA, GL 2353/57; Qu.2 = PfarrA Schleching, Kirchenrechnungen 1732-1734, 1752; Qu.3 = AEM, Pfarrakten Grassau, Filiale Schleching, Kirchenbauten 1735-1758
Literatur: Johann Joseph Wagner, Geschichte des Landgerichts Traunstein und seiner weltlichen wie kirchlichen Bestandtheile, in: Oberbayer. Archiv 28 (1868/69) 178-182; Lieb 1982, 92, 225; Heinrich Gerhard Franz, Dientzenhofer und ›Hausstätter‹, München-Zürich 1985, 102 f.; Peter von Bomhard/Sigmund Benker, Schleching (KKF Nr.889), ³München 1994
2 Kurze Beschreibung jeweils am Ende der Kirchenrechnung
3 Qu.1
4 Bomhard/Benker (Anm.1), 3
5 Die Rechnung wurde allerdings meist erst im Frühjahr des folgenden Jahres verfaßt, so daß sich der Vermerk auch auf den Konsens im März 1735 beziehen könnte.
6 Vom Bistum Chiemsee wird nun die bischöfliche Genehmigung verzögert, weil der Bischof bei der Planung zunächst übergangen worden war (es waren intensive Bemühungen von Pfarrer und Pfleger nötig, um die nachträgliche Genehmigung zu erlangen).
7 Initiator dieses Abrisses ohne bischöflichen Konsens war Georg Jakob Göz; Qu.1.

27. 4. Fürstbischöflicher Konsens und Rücksendung der Visiere und Überschläge von Millauer. Es wird bemerkt, daß die Visiere *uns gegen der Länge in der Breite etwas zu eng vorkhomen.* (Qu. 3)

1735 noch brachte Millauer den neue Kirchenbau unter Dach, 1736 wurde er gewölbt, 1737 gepflastert, stuckiert und geweißt[8]. Feierliche Weihe war am 6. August 1758.

In Schleching hat man Fischer das einzige Mal in seinem Lebenslauf ›Saumbigkeit‹ vorgeworfen. Auch sonst gibt es Widersprüche, die alle auf die Person und das undurchschaubare Taktieren des Gerichtsschreibers Göz zurückgehen. 1738 beschwerte sich der Pfleger beim Geistlichen Rat in München, daß sein Gerichtsschreiber nie rechtzeitig die Überschläge einhole. So habe er es auch in Schleching gemacht. Er behaupte außerdem immer, daß er die Ratifikation des Geistlichen Rats habe, könne sie aber nie vorweisen. Soviel ihm, Notthafft, bekannt sei, habe er die endgültigen Überschläge des Schlechinger Baus noch nicht zur Genehmigung eingesandt. *Dises Pauwesen [sei] allschon maistenthails zu Endt gebracht, iedoch aus Mangel der g[nä]disten Ratification wider meinen Willen und nur alleinig auf Anschaffen des Gerichtsschreibers angefangen worden*[9].

Auch dem Bischof hat Göz offenbar nicht die wirklichen Visiere eingereicht, denn den Vorwurf, die Kirche sei *gegen der Länge in der Breite etwas zu eng*, kann man dem Schlechinger Bau nicht machen.

Der wahre Grund, warum Fischer nicht zum Zuge kam, bleibt verborgen. Zu vermuten ist, daß Göz mit Fischer nicht einverstanden war, ihm Abraham Millauer vorzog und dessen Bauführung mit dem Zurückhalten der Pläne Fischers auch erreichte, ohne die endgültige Genehmigung des Geistlichen Rats zu haben. Da Millauer mit Fischer entfernt verwandt war[10], hat dieser vielleicht darauf verzichtet, sein Recht beim Geistlichen Rat durchzusetzen.

Anna Bauer

8 Abraham Millauer bezog das Gesellengeld; Qu.1. Die Zimmerarbeiten führte Johann Millberger von Ettenhausen durch; vgl. Peter von Bomhard, Die Kirchen des Achentals, Ms. im AEM (Veröffentlichung in Vorbereitung). Sehr summarische Abrechnung des Kirchenbaus erst 1742; Qu.2, 1742.

9 Qu.1. Der Rechnungskommissar Johann Alexander Razer, mit der Prüfung der Kirchenrechnungen des Gerichts Marquartstein beauftragt, klagte am 16.9.1736, die Unordnung sei zu groß und seine Befugnisse zu klein. *Ist vorhin motorie das vor 2 Jahren zurukh Gottshäuser, mit denen da, und dort hergenommenen Geltern, ohne Erhollung g[nä]dister Ratification, völlig erpaut, iedoch nochzumahl nichts verrechnet worden*; Qu.1.

10 Millauer war der Schwager von Fischers Schwiegervater Johann Mayr; vgl. Josef H. Biller, in Band II S. 65

57 SCHLEHDORF (Kr. Bad Tölz-Wolfratshausen, Oberbayern)

Ehem. Augustiner-Chorherren-Stift,
heute Kloster der Missionsdominikanerinnen von St. Ursula in Augsburg[1]
Paliertätigkeit am südöstlichen Klosterflügel

Schlehdorfs Ursprünge reichen zurück bis in das 8. Jahrhundert. 1140 wurde das Kloster mit Augustiner-Chorherren besetzt, deren Gebäude bis zum 18. Jahrhundert südwestlich vom heutigen Standort situiert waren. Die Nähe zum Kochelsee bedeutete für Kirche und Kloster ständig Gefahr, überschwemmt zu werden. Deshalb entschlossen sich die Mönche 1715 – gegen den Protest des damaligen Propstes Bernhard Bogner (1674-1724) –, auf einem etwa 250 Meter entfernt liegenden Hügel, wo ein den hl. drei Jungfrauen geweihtes Kirchlein stand, ein neues Kloster zu errichten. 1715 oder 1716 reichte der Münchner Maurermeister Johann Georg Ettenhofer (1668-1741) einen Entwurf ein, der die Kirche in der Symmetrieachse einer zweihöfigen Anlage vorsah. 1717 ging man an die Ausführung dieses Planes.

1717

vor –. 7. Bauarbeiten beginnen am südöstlichen Klosterflügel; Fundamente werden ausgehoben. (Qu.1)

1718

28. 8. Grundsteinlegung zum Klosterbau. (Qu.2)

1 Quellen (im BayHStA – ausgenommen Qu.5 – mit den Signaturen: Qu.1 = KL Schlehdorf 139; Qu.2 = KL Schlehdorf 7; Qu.3 = KL Schlehdorf 120; Qu.4 = KL Schlehdorf 68; Qu.5 = AEM, Pfarrei Schlehdorf, Bauten; Qu.6 = KL Schlehdorf 82; Qu.7 = KL Schlehdorf 83; Qu.8 = KL Schlehdorf 84
Literatur: Lieb 1982, 221, 223; Gabriele Dischinger, Zur Baumeisterfrage des Klosters Schlehdorf, in: Beiträge zur Heimatforschung (Arbeitshefte des Bayer. Landesamtes für Denkmalpflege, 54), München 1991, 26-38; Möhring 1992, 385 f.

1719
o.Dat. ... *auch des Maurermaisters H[errn] Sohn in München ad primitias verehrt* 3 fl [2] (Qu.3)

1720
–. 9. ... *dem H[errn] Pallier zu seinem Namenstag 1 f.* (Qu.3)

1724
16. 5. Nach dem Tod von Propst Bernhard (15.4.1724) wird P.Augustin von Schlechten zum Nachfolger gewählt. Zu dem Zeitpunkt ist das *neue Gepeu zimblich wohl aufgeführt, aber noch nit vollendet ... Were nur zu wüntschen, daß Gott dem iezigen Praelaten das Leben und die Cräfte erthaillen möchte, daß er nit allein das neue Closter in vollkhommenen Standt sezen, sondern auch anstatt der von disem zimblich entlegnen Closter Kürche eine neue erpauen könnte.* (Qu.4)

1725
13. 3. Der südöstliche Teil des Klosters ist beziehbar. (Qu.5)
27. 3. Bewilligung der fürstbischöfliche Verwaltung in Freising, daß nunmehr, da *gleich nach Ostern* die neuen Räume bezogen werden, *der Chor und all andere geistliche Verrichtungen* in dem unmittelbar neben dem Neubau stehenden alten Kirchlein auf dem Hügel gehalten werden dürfen. (Qu.6)

1726
27. 3. Propst Augustin stirbt [3].
29. 4. P.Constantius Schröller wird zum Nachfolger gewählt. Nach dem Wahlakt nehmen zwei dazu Abgeordnete des Geistlichen Rates *das Neugepeu in Augenschein, welches fast bis auf die Closter Kürchen zimblich wohl aufgeführt, aber noch nit gar vollendt wahr ... were nur zu wintschen, daß Gott dem iezigen Probsten das Leben und die Cräffte erthaillen mechte, daß er nit allein das neue Closter in vollkhommnen Standt sezen, sondern auch anstatt der ... Closter Kürchen eine neue, warzu der Plaz zum Theill ausgezaigt, erpauen könte.* (Qu.4)
3. 5. Fischer gratuliert dem neuen Propst zu seiner Wahl [4].
5. 5. Propst Constantius bitten Freising, *das völlige obere paufällige Kürchlein zu neyer Structur* abreißen zu dürfen. (Qu.7)
9. 5. Freising ist einverstanden; *Chor und andere divina* sind *in dem Kranken Oratorio* abzuhalten, *bis die neüe Kürch auf dem Berg wirdt zum Standt gebracht worden sein.* (Qu.8)
20.10. Nach Auskunft des Propstes ist *die neue Closter Khürchen ... albereith yber die Helfte erpaut.* (Qu.5)
10.11. Freising erteilt die erbetene *licentia celebrandi*, damit über den Winter *in altari portatili* die Messe gehalten werden kann. (Qu.5)

1728
2. 9. Der bis zur halben Höhe aufgeführte Turm stürzt ein. Dadurch erleidet das Unternehmen einen solchen Rückschlag, daß die Arbeiten 1757 erst wieder aufgenommen werden [5].

Nach der Chronik eines Schlehdorfer Kanonikers aus dem ersten Viertel des 19. Jahrhunderts ließ Propst Constantius *den proiectirten Kirchenbau ... i[m] J[ahre] 1727 unter demselben Baumeister Fischer, der das Kloster gebaut hatte*, anfangen [6]. Aufgrund dieser Nachricht wurde Fischer lange als Baumeister der Schlehdorfer Stiftskirche angesehen, obwohl sich der Bau »stilistisch nicht für Fischer sichern« ließ [7]. Beim Vergleich mit den authentischen Quellen erwies sich die Chronik jedoch als unzuverlässig, und zwar nicht nur bei Zeitangaben wie dem Baubeginn der neuen Kirche. Auch die Aussage, Fischer habe das Kloster gebaut, muß relativiert werden.

Auf Fischers Spur führt das Geldgeschenk, das Schlehdorf 1719 dem Sohn des ungenannten Maurermeisters aus München zur Primiz ›verehrte‹. Der genannte Sohn ist nämlich identisch mit Joseph Gunetzrhainer (1694-1756); er feierte am 23. Dezember 1719 seine erste Messe als neugeweihter Priester [8] und

2 Der Posten taucht im Januar 1720 nochmals auf: *unseres Paumaisters primizierendten H. Sohn 3 fl;* Qu. 3
3 BayHStA, KL Schlehdorf 4
4 PfarrA Mariä Himmelfahrt in Partenkirchen. Fischers Brief – s. Dokument Nr. 1a, in Band II S.342 – wurde dort unter völlig anderen Akten von Manfred Feuchtner, Garching, entdeckt und freundlicherweise zur Auswertung überlassen.
5 S. Dischinger (Anm.1), 29
6 AEM, Klosterakten Schlehdorf (ohne Signatur und Paginierung); ausgewertet bei Dischinger (Anm.1)
7 Lieb 1982, 223
8 AEM, FS 126, p.369

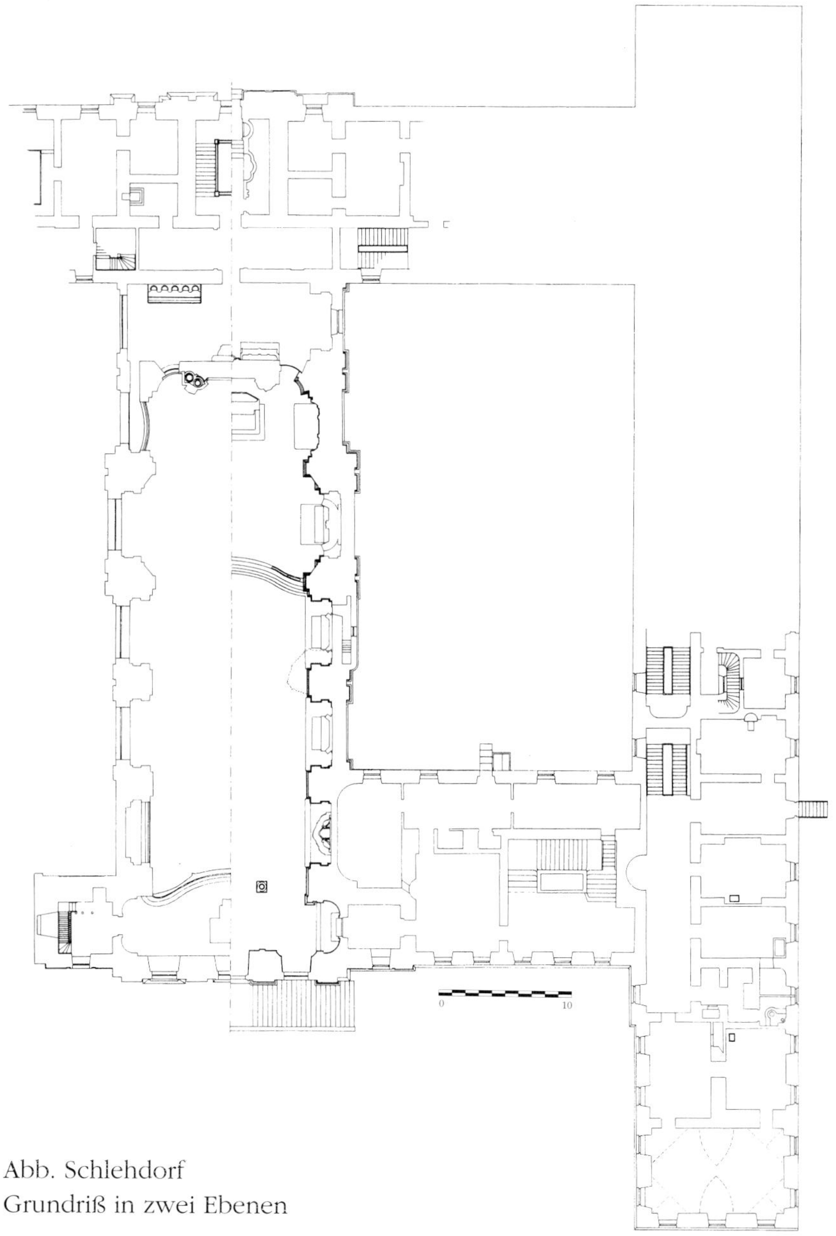

Abb. Schlehdorf
Grundriß in zwei Ebenen

hatte seit 1699, als seine Mutter in zweiter Ehe den Maurermeister Johann Mayr heiratete, diesen zum Stiefvater [9]. Es war also Mayr, der ab 1717 in Schlehdorf baute und Ettenhofers Planung realisierte. Derselbe Mayr beschäftigte seit 1717 oder 1718 Johann Michael Fischer als Palier [10]. Über den in Schlehdorf eingesetzten Palier heißt es 1720, er habe im September Namenstag. Diese Aussage paßt zu Fischer, dessen Namenstag auf den Michaelstag (29.9.) fiel. Demnach fungierte Fischer am Schlehdorfer Klosterbau als Mayrs Palier [11].

Noch als Palier übernahm Fischer 1721 eigenverantwortlich den Bau der kurfürstlichen Pferdestallung in Lichtenberg [12]; daß er gleichzeitig noch in Schlehdorf arbeitete, ist eher unwahrscheinlich. Und danach, vor allem nach seiner Anerkennung als Meister im Februar 1723, beanspruchten seine Bauten in Niederbayern Fischers ganzes Engangement. Insofern stellt das neu aufgetauchte Schreiben, mit dem er Propst Constantius im Mai 1726 zu seiner Wahl gratulierte, in gewisser Weise eine Überraschung dar.

Es ist erstaunlich, wie schnell Fischer von der Propstwahl in Schlehdorf informiert war, denn schon fünf Tage danach beglückwünschte er den neuen Würdenträger. Die Gratulation ist voller Ehrerbietung, jedoch unverbindlich im Tenor; anscheinend haben sich Briefschreiber und Briefempfänger kaum, vielleicht gar nicht gekannt. Insofern stellt sich die Frage nach dem Sinn des Schrei-

9 S. Josef H. Biller, in Band II S.76

10 Vgl. Fischers Gesuch um Zulassung als Maurermeister vom Februar 1722, in der »Chronologie«, in Band II S.111

11 Ergänzend sei eine Nachricht vom August 1720 zitiert, wonach sich *Mayr lange Zeit ufm Landt aufhielt und seine schuldige Obsicht yber die arbeitente Maurer allerdings dem Pallier* überließ; s. die »Chronologie«, in Band II S.111

12 S. WVZ 22

bens. Die Antwort ergibt sich aus dem am 29. April 1726 geschilderten Zustand der Schlehdorfer Baulichkeiten, aus dem Wunsch nach Vollendung des Kloster- und Beginn des Kirchenneubaues, den die beiden Wahlbeobachter und Mitglieder des Geistlichen Rates Johann Baptist Joseph von Ossinger und Johann Anton Ferdinand Ulrich Zuccalli formulierten. Vermutlich wurde Fischer aus den Reihen dieses kurfürstlichen Gremiums informiert, möglicherweise sogar aufgefordert, mit dem neuen Propst in Verbindung zu treten, weil in Schlehdorf gebaut werden sollte [13]. Mit seinem Gratulationsschreiben wollte sich der Baumeister also wohl für anstehende Aufgaben empfehlen.

Trotzdem ist nach wie vor unwahrscheinlich, daß Propst Constantius *den proiectirten Kirchenbau ... unter ... Fischer* anfangen ließ, weil dieser 1726 anderweitig stark gebunden war [14]. Außerdem paßt der ausgeführte überlängte Wandpfeilerbau nicht in das gesicherte Fischer-Werk [15]; er kennt nicht einmal solche fischer-typischen Details wie gekehlte Fensteröffnungen. 1726 führte der neue Propst lediglich weiter, was durch seinen Vorgänger – sicher auch personell – schon in die Wege geleitet war, denn Propst Augustin, die treibende Kraft des 1717 begonnenen Klosterbaues und seitdem Baudirektor des Unternehmens, hatte bereits den Bauplatz ausstecken lassen und im Januar 1726 Holz angefordert, um mit dem Pau der neuen *Closter-Khürchen, Chor, und Sacristey* fortfahren zu können [16].

Gabriele Dischinger

13 Eine Parallele bietet Osterhofen. Es war der Geistliche Rat, der Fischer am 5. April 1726 dorthin schickte, um die baufällige Klosterkirche in Augenschein zu nehmen; s. WVZ 49.

14 S. die »Chronologie«, in Band II S.114 f.

15 Vgl. Dischinger (Anm.1), 33 f. Allenfalls die übereinander liegenden Räume von Sakristei, Psallierchor und Bibliothek erinnern in Anordnung, Größe und Lage (zwischen Chor und Kloster) an Ingolstadt. Sollte Fischer hier Schlehdorf zitiert haben, gehen seine Kenntnisse wohl auf Pläne zurück, an deren Realisierung er 1720 als Palier in Schlehdorf mitarbeitete.

16 BayHStA, KL Fasz.666/11

58 SEEFELD (Kr. Starnberg, Oberbayern)

Äußerer Schloß- oder Wirtschaftshof
des Schlosses der Grafen Törring-Seefeld [1]
Planung und Ausführung

Abb. in Band I S.290, 292-293, 295, 297-299

Das Schloß gelangte 1472 in den Besitz der Törring, die 1630 in den Grafenstand erhoben wurden. Ältester Teil der auf einem Bergsporn situierten Gebäudegruppe ist das Haupt- oder innere Schloß (im Kern 13. Jahrhundert), dessen Eingangsseite durch zwei, von Brücken überspannte Gräben geschützt ist.

1692 erhielt Maximilian Cajetan Graf Törring (1670-1752) die kurfürstliche Erlaubnis, das in Seefeld gebraute Bier frei zu verkaufen [2]. Daraufhin setzten Überlegungen zum Bau einer neuen Brauerei und Ökonomie vor dem Schloß ein, auf dem Terrain zwischen beiden Gräben; die damals (zwischen 1692 und 1701) geplante Dreiflügelanlage blieb aber unausgeführt und ist lediglich im Stich überliefert [3]. 1722/23 erst wurde das Projekt neuerlich aufgegriffen.

1723

vor 5. 2. [4] *Maurer Pälier [Fischer] von München* wird durch einen *ihm in dem ... Taflzimmer [des Schlosses] uf das Haubt heruntergefahlnen grossen Zieglstain* so schwer verletzt, daß er ärztliche Hilfe braucht [5]. (Qu.1a, fol.90)

1724

o.Dat. Erstmals Ausgaben für *das neu anzulegen resolvierte Preuhaus und Mayrschaft [nördliches Wirtschaftsgebäude] zu Seefeld* sowie Gespräche mit dem Augustiner-Chorherren-Stift Diessen wegen Holzlieferungen für das Bauvorhaben. Johann Sigmund Spruner, gräflicher Verwalter in Seefeld, und Johann Georg Lindauer, Törringischer ›Hausmeister‹ in München führen die Verhandlungen. (Qu.1b, fol.92 ff.)

1725-1728

Für Bräuhaus mit Mayerhof werden Ziegelsteine und anderes Baumaterial angeschafft. (Qu.1c, fol.85; 1d, fol.111 ff.; 1e, fol.91 ff.; 1f, fol.97 ff.)

1 Quellen: Qu.1a-l = StA München, Törring-Seefeld Hofmarksarchiv (Archiv II), Geld- und Material-Kastenrechnungen 1723-1733 (Qu.1a für 1723, Qu.1b für 1724 etc.); Qu.2 = AEM, Pfarrakten Bergkirchen, Nachlaß Pfarrer J.G. Scheffler, Kirchenbau; Qu.3 = StA München, Törring-Seefeld Lit. H.H.5, Fasz.IV, Nr.23 Literatur: Friedrich Töpfer, Geschichte des Schlosses Seefeld, in: Oberbayer. Archiv 9 (1848) 3-58; Hans Colsman, Bauaufmaß und Analyse des Torpavillon der Burg Seefeld, Facharbeit an der Universität Bamberg, Ms. 1991 (dort erstmals Fischers Beteiligung am Torbau erwogen); Schloß Seefeld: Torpavillon und äussere Schloßbrücke, Nördliches Wirtschaftsgebäude, Südliches Wirtschaftsgebäude, Arbeitshefte zur Denkmalpflege Nr. 43, 45, 47, nach Konzept und Grundlage von Enno Burmeister, München 1991; Gabriele Dischinger, Ein neu entdecktes Werk Fischers, in: Münchner Stadtanzeiger 48 (1992) Nr.7, 18 (dort erstmals Identifizierung der Gesamtanlage mit Fischer); Eva Ilsanker, Das Torhaus von Schloss Seefeld, in: Lorenz Wallnöfer/Kai-Uwe Nielsen (Hg.), Architektur und Denkmalpflege: Synthese in Theorie und Praxis, Festschrift für

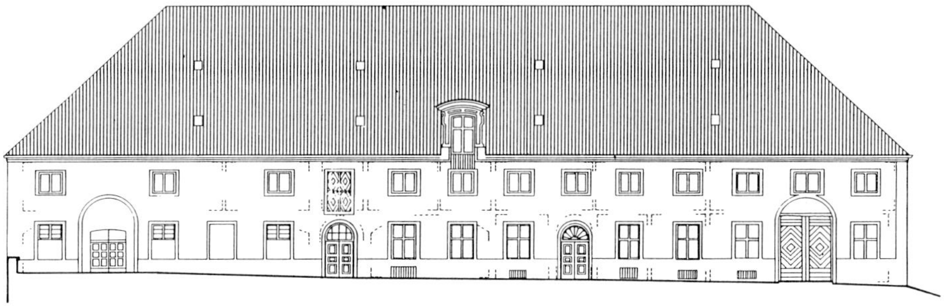

Abb. Seefeld, Hofseite der Brauerei (Zeichnung Büro Burmeister)

1728

1.12.-24.12. Palier Chrisostomus Haininger hilft dem *zu solchen Pau [des Bräuhauses] gebrauchenten Maurermaister Herr[n] Johann Michaelen Fischern zu München nit nur das Planum aus[zu]steckhen*, sondern auch bei den Vorarbeiten zur *Verförtigung des Präuhauswegs*. Zimmermeister Joseph Buchberger aus München liefert 60 kleine Fensterrahmen (für das Bräuhaus?) (Qu.1f, fol.98 f.)

1729[6]

7. 3. Bauarbeiten setzen mit *Grabung des Fundaments* (für die Stützmauer des Bräuhausweges) ein; Palier ist Nikolaus Schönauer.
Gleichzeitig erscheinen Zimmermeister Buchberger und dessen Palier Georg Schönauer auf der Baustelle. (Qu.1g, fol.101 f.)
28. 3. Arbeiten an der Stützmauer beginnen; Paliere sind Nikolaus Schönauer und Martin Wöger (Qu.1g, fol.103)
9. 4. Palier Wöger verläßt die Baustelle bis zum 23. 4.(Qu.1g, fol.103 f.)
23. 4. Grundsteinlegung zum Bräuhaus; aus diesem Anlaß erhalten Oberpalier Wöger und der neue Unterpalier Johann Kloyber *in Carolin* 5 fl
Zimmerleute machen *zu Anlegung des Preuhaus Tachstuells den Anfang* (Qu.1g, fol.104, 123)
25. 4.- 7. 5. Arbeiten an der Stützmauer und Fundamentierung des Bräuhauses (Qu.1g, fol.104)
9. 5.-16. 7. *Auffüehrung des Preuhaus* (Ostflügel des nördlichen Wirtschaftsgebäudes) (Qu.1g, fol.104)
4. 7.-16. 7. Zimmerleute haben *unter diser Zeit* den Dachstuhl (des Bräuhauses) *aufgehoben*. (Qu.1g, fol.108)
–. 8./10. Während der drei Monate war Palier Wöger vom 13.-29.8. und vom 10.9.-17.10. nicht auf der Baustelle. (Qu.1g, fol.110)
–. 9./10. Fischer rechnet gesondert Gesellengeld (5 fl 19 kr $3\frac{1}{2}$ hl) ab für den Bau eines neuen *Prechhauses [zum Flachsbrechen] am Gartten Weyher von 40 Schuech lang und 20 Sch[uh] praid* (Qu.1g, fol.96 f.)
14.11.-26.11. Zimmerleute errichten *nach aller zu dem bereits stehennten Preuhaus verrichteten Zimmerarbeuth, auch den anderten zum neuen Mayrhof [Westflügel des nördlichen Wirtschaftsgebäudes] bedürftigen 140 Schuch lang[en] und 66 Schuch praiden Tachstuehl, welcher sich gegen den Schloß zu praesentiren hat,* und decken das Dach. (Qu.1g, fol.112)
26.11. Unterpalier Kloyber verläßt die Baustelle, Oberpalier Wöger wird bis 31.12. weiterbezahlt. (Qu.1g, fol.112 f.)
wohl –.12. Fischer, *durch welchen obiger Bau gefüehrt worden ist,* rechnet über das 1729 *angefahlene Gsöllengelt als ab 7020 Tag seine angeschaft[en] und in Arbeith gestandenen Maurergsöllen à 2 x* (234 fl) ab; Abrechnung mit Zimmermeister Buchberger über Gesellengeld der Zimmerleute und über 40 große bzw. 62 kleine Fensterrahmen. (Qu.1g, fol.115, 118)

1730

2. 1.- 1. 4. Lohnzahlungen an Palier Wöger für Leitung der Bauarbeiten an Bräuhaus mit Mayerhof und an der Remise (südliches Wirtschaftsgebäude) (Qu.1h, fol.90 f.)
1. 4. Palier Wöger verläßt die Baustelle bis zum 15.5. (Qu.1h, fol.92)
–. 4. Zimmerleute beginnen die *Anlegung des Tachstuells zu dem gegenüber [vom Bräuhaus] zu stehen khommenden Gepäu [der Remise].* (Qu.1h, fol.92)

Enno Burmeister, München 1994, 99-129 – S. auch Enno Burmeister, in Band I S.290-299

2 Töpfer (Anm.1), 54

3 Michael Wening, Historico-Topographica Descriptio ..., 1. Teil, Das Rentamt München, München 1701, Taf.236

4 Die zeitliche Eingrenzung der undatierten Nachricht richtet sich nach dem Datum der Anerkennung Fischers als Maurermeister (am 5.2.1723); s. die »Chronologie«, in Band II S.112.

5 1722 und 1723 sind Zahlungen an Maurermeister Johann Schmidt aus Diessen (s. WVZ 12, Anm.4), Zimmermeister Sebastian Mayr aus Drössling und Maler Johann Georg Sang aus München verbucht; sie führten wohl Renovierungsarbeiten aus und waren vielleicht nicht ganz unbeteiligt an dem Unfall des Konkurrenten aus München.

6 Ab 1729 führte Joseph Anton Schlick, *Oberschreiber* des Grafen Törring, die nicht erhaltenen Baumanuale; Qu.1g, fol.131. 1730 wird Schlick als Sekretär des Grafen Taufkirchen bezeichnet; Qu.1h, fol.125. Joseph Anton Schlick war sicher verwandt mit dem Sekretär des Geistlichen Rates, Ignaz Schlick; s. Dokument Nr.7, in Band II S.346

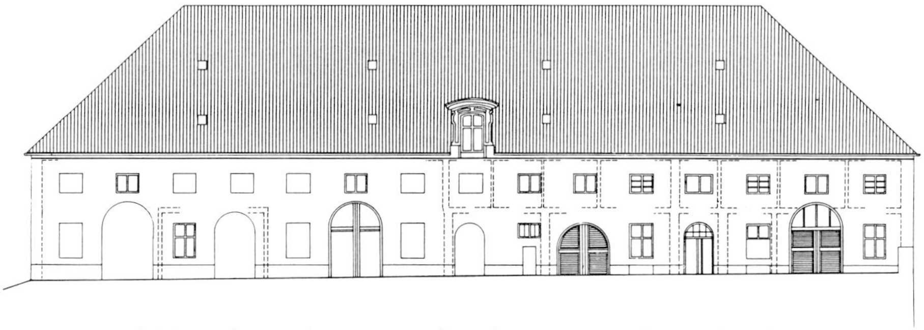

Abb. Seefeld, Hofseite der Remise (Zeichnung Büro Burmeister)

Etwas früher oder gleichzeitig dürften die Maurerarbeiten an der Remise eingesetzt haben.

15. 5.-30.12. Lohnzahlungen an Palier Wöger (Qu.1h, fol.93 ff.)
–. 5.- 7. Bräuhaus mit Mayerhof wird außen verputzt[7]. (Qu.1h, fol.93 f.)
10. 7.-22. 7. Zimmerleute sind *in Anbündtung ersagt[en] 2ten Tachstuells [der Remise] ... begriffen*. (Qu.1h, fol.96)
2. 9. Beim *Beschluß der sammentlichen Gwölber des neuen Preuhauses* erhält der Palier (Wöger) Geldgeschenk (3 fl 20 kr) (Qu.1h, fol.106)
–. 9. Fischer und Zimmermeister Buchberger rechnen gesondert Gesellengeld (4 fl 9 kr bzw. 32 fl 24 kr) für den Bau eines hölzernen Sommerhauses im Schloßgarten ab (Qu.1h, fol.116)
vor 7.12. Fischer und Stadtbrunnmeister Johann Jakob Reiffenstuhl aus München fahren gemeinsam nach Seefeld (Qu.1h, fol.129)
wohl –.12. Fischer rechnet über das 1730 angefallene Gesellengeld (127 fl 22 kr) ab; Abrechnung mit Zimmermeister Buchberger über Gesellengeld der Zimmerleute.
Bildhauer Joseph Fichtl (gest.1732) aus München liefert einen großen marmornen Wappenstein, *welcher auf das außere Haubtthor zustehen khommen, und zwei kleine Wappensteine, welche in das Mitl der beeden Gepäuen [Bräuhaus und Remise] gesezt werden* sollen[8]. (Qu.1h, fol.105)

1731
1. 1.-31.12. Lohnzahlungen an Palier Wöger für Leitung der Bauarbeiten an Bräuhaus und Remise (Qu.1i, fol.94 ff.)
–. 5. bis 6. Im Schloß werden Eingang und Treppe zur Kapelle geändert, die Kaplanwohnung erneuert sowie um die Klause im Schloßareal eine *Prustmaur* gezogen; dafür rechnet Fischer gesondert Gesellengeld (6 fl 57 kr) ab. (Qu.1i, fol.92)
21. 7. Fischer reist von Bergkirchen nach Seefeld (Qu.2)
–.12. *Preuhaus- und Mayrschafts-Anpau [sind] würkhl[ich] vollendet*; zum Abschluß erhält Palier Wöger Geldgeschenk (6 fl 40 kr) (Qu.1i, fol.105 u.111)
wohl –.12. Fischer rechnet über das 1730 angefallene Gesellengeld (87 fl 59½ kr) ab; Abrechnung mit Zimmermeister Buchberger über Gesellengeld der Zimmerleute. (Qu.1i, fol.106)

Die Gesamtsumme für den Bau der beiden Wirtschaftsgebäude inklusive Material beträgt bis dahin 34621 fl 12 kr 6¼ hl.

1732
6. 4. *Maurer Palier [Wöger]* rechnet (4 fl 12 kr) über *Einzüechung der Schlaider* (beim Kirchenbau in Unering?) ab. (Qu.1k, fol.118)

1733
o.Dat. In der Mitte des Schloßvorhofes, zwischen Bräuhaus und Remise, setzt Brunnmeister Reiffenstuhl den Zierbrunnen und stellt *die ehedem im [gräflichen] ... Hausgarten zu München gestandten pleuene [bleiernen] Figuren und kupferne Schallen* darauf. (Qu.1l, fol.118)

1736
22./23. 6. In der Nacht bringt ein Unwetter *die ganze Schlag-Pruggen [Zugbrücke] nebst der*

7 Mitarbeiter u.a Maurer Bartholomäus Wöger; s. dazu Josef H. Biller, in Band II S.73, Anm. 124.
8 Wappensteine wurden gefertigt nach Zeichnung des Malers Johann Georg Sang und Modell des Bildhauers Johann Georg Greiff; Qu.1h, fol.123 und 126.

Abb. Seefeld
Torpavillon mit Brücke

völligen Maur, auch dem Thor, und dem halben Thor-Häusl an dem äußeren Zugang über den Höllgraben zum Einsturz. (Qu.3)
24. 6. Nach provisorischer Reparatur rät der Verwalter Spruner dem Grafen, nicht nur den inneren Pfeiler der Brücke wieder aufmauern, sondern zugleich *auf die ehedem projectierte Weis das Thor ..., so denen Hauptgepäuen proportionierlich kommen mächte,* erbauen zu lassen; vielleicht sollte sogar *die ganze Pruggen mit eingewölbet werden*. Spruner geht davon aus, daß der Graf *der Wichtigkeit halber den Maurermaister Fischer abordnen* werde.
Graf Törring weist Spruner an, sofort *uf die ehevor schon projectirt geweste Arth* den Anfang zu machen; er werde mit *dem Maurermaister Fischer, so heint fruehe schon von hir [München] uf das Closter Diessen abgegangen, und morgen zu Seefeldt einzetreffen sich gestert [gestern] ... verlautten lassen, die Sach dahin[gehend]* besprechen, daß *das Thor denen Haubtgepäuen proportionirlich aufgemaurt* wird. Er ordnet zudem das Schlagen von Holz an für *die hilzernen Pögen [Lehrgerüst] ... zu völliger Ausgewölbung der ganzen Pruggen*. (Qu.3)
29. 6. Spruner erwartet *Fischer ..., umb mit ihme wegen neuer Auffüehrung des Thors die Verabredung nemmen zu könen, wornach er den Riß verfassen und [dem Grafen] ... vorlegen möge*. (Qu.3)
30. 6. Fischer hat seine für den 29.6. geplante Reise von München nach Seefeld wegen schlechten Wetters *bis morgen [1.7.] verschiben miessen;* nach der vorgesehenen Unterredung mit Spruner erwartet der Graf dessen Bericht *nebst Beylegung des Riss und Überschlags*. (Qu.3)
–.7/ 8. Fischer legt zwei Voranschläge zur Instandsetzung der äußeren Schloßbrücke vor, zu *einer von Holz gemachten Bruckhen* (3064 fl 30 kr) und zu *einer gemauerten Bruckhe* (3177 fl 40 kr); letzterer rechnet mit *Aufmauerung deren 2 Pfeillern und 2 Brustwandten, auch die Bruckhen zu quelben [wölben]*. (Qu.3)

1739

15. 3. *Erpauung der eüssern Schlosspruggen und Thorhaus* beginnt.
Neben ungenannten Maurern sind daran beteiligt Zimmermann Hans Schmid und Schlosser Joseph Spensberger aus Diessen. (Qu.3)

26.10. Stukkator Johann Georg Üblher (1703-1763) aus Wessobrunn quittiert in Diessen den Erhalt von 50 Gulden für *die in selbig neuerpauthes Thorhaus von Stuckhodor gemachte Wappenschildt und Kriegs Tachpeten [Trophäen].* (Qu.3)

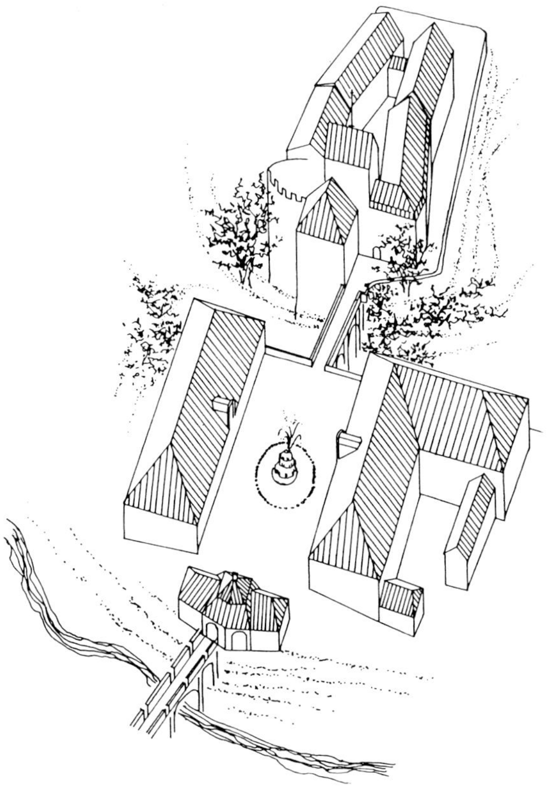

Abb.Seefeld
Isometrie der Anlage
(nach Burmeister, 1991)

31.10. Brücke und Torhaus sind vollendet; Kosten *auf Taglöhner, Eisenwerch und andere Nottwendigkeiten*: 2159 Gulden (Qu.3)

o.Dat. Steinmetz Johann Georg Ditsch aus München rechnet 100 Gulden ab über *vüer Wahcen [Vasen] von Dege[r]nseerer Marbel sambt 4 Gsimbsstikhl und 4 Zockhlen [Sockel]* zum Torhaus. Darüber hinaus möchte er für den Mehraufwand, weil sein *Geseel ... an der Wabben die Cron [hat] wekharbeithen miessen*, entschädigt werden, was aber unterbleibt[9].

Spengler Johann Jakob Warnberger aus München verarbeitet am Torhaus 700 Stück Blech und neun *Spiess bey denen Wappen ..., alwo die Stukhadorarbeith eingemacht* ist. (Qu.3)

Anhand der hier erstmals vorgestellten und ausgewerteten Quellen kann die Entstehung des Seefelder Wirtschaftshofes genauestens rekonstruiert werden.

Den 1724 einsetzenden, konkreten Vorbereitungen für den Neubau des Bräuhauses einschließlich Mayerhof muß eine entsprechende Planung mit exakten Material- und Kostenberechnungen wenigstens ein Jahr früher vorausgegangen sein. Naheliegend, Fischers Aufenthalt Anfang 1723 in Seefeld damit in Zusammenhang zu bringen, wobei offen bleiben muß, ob er damals eine erste Ortsbesichtigung vornahm oder aber die Planung schon fortgeschritten war.

Nach fünfjähriger Vorbereitungszeit, in der Holz geschlagen, ein Kalkofen eingerichtet, Tuffsteine gebrochen und Ziegelsteine geliefert wurden, steckte Fischer Ende 1728 den Baugrund aus. Drei Monate später begannen die Arbeiten mit der Anlage des sogenannten Bräuhausweges an der Nordseite des Schloßberges, über den man das Material zum Bauplatz führte. 1729 wurde das zweiteilige nördliche Wirtschaftsgebäude errichtet, dessen knapp 55 Meter lan-

9 Ditschs Geselle bearbeitete das 1730 gelieferte, zweite kleine Wappen, das ursprünglich das Bräuhaus zierte.

ger Flügel das Bräuhaus aufnahm, der kürzere, quer zum Schloß stehende war dagegen dem Mayerhof vorbehalten. Parallel zum Bräuhaus entstand 1730 als Pendant das südliche Wirtschaftsgebäude für die Remise. Der Innenausbau der Wirtschaftsgebäude zieht sich vor allem durch die aufwendigen Gewölbe im Bräuhaus bis Ende 1731 hin.

Bräuhaus und Remise flankieren den länglichen Hof vor dem Schloß, an dessen Schmalseiten gegen Westen die Brücke zum Schloß und in Richtung Osten, am Torhaus, die Brücke zur Straße ansetzen. Die Verbindungslinie von einem Brückenkopf zum anderen bildet die Symmetrieachse des Hofes.

Von dieser Achse ging der Entwurf für die Anlage des Vorhofes aus; sie teilt das beiderseits abschüssige, unregelmäßige Gelände zwischen den zwei Gräben in eine schmalere südliche und eine breitere nördliche Hälfte. Folglich mußte die Remise dicht an den Rand des Plateaus gerückt werden; hinter dem Bräuhaus aber entstand Platz für eine rückwärtige Zufahrt und für den quergerichteten Mayerhofanbau, der der Abschirmung des Bräuhausinnenhofes gegen das Schloß diente. Auf diese Weise blieben die eher unangenehmen Begleiterscheinungen des Wirtschaftsbetriebes außerhalb des Eingangs- oder Einfahrtbereiches und der Schloßvorhof konnte seine Funktion als Cour d'honneur erfüllen. Diese Nutzung erklärt auch das Aufstellen des Zierbrunnens 1733 in der Hofmitte.

Höchstwahrscheinlich beinhaltete Fischers 1723 anzusetzende Planung für das Vor- oder äußere Schloß in Seefeld neben dem Bau der beiden Wirtschaftsgebäude auch die Erneuerung des Torhauses, worauf Graf Törring aber zunächst verzichtet. Das alte Einfahrtstor an der Zugbrücke erhielt 1730 lediglich einen neuen, großen Wappenstein aus Marmor; zwei kleinerer Wappensteine wurden hofseits an Bräuhaus- und Remisenfassade eingesetzt.

Als im Juni 1736 bei einem Unwetter die Zugbrücke, das Tor und das halbe Torhaus zerstört wurden, kam der Graf auf das *ehedem projectierte* Torhaus, *so denen Hauptgepäuen proportionierlich kommen mächte*, zurück. Fischer sollte umgehend Riß und Voranschlag vorlegen. Erhalten sind jedoch nur zwei Überschläge für die Erneuerung der Brücke, der *einer von Holz gemachten* und der *einer gemauerten Bruckhe*[10]; da die Version in Stein, eingeschlossen die Ergänzung der 1678 errichteten, gemauerten Pfeiler-Bogen-Konstruktion, nur wenig mehr kosten sollte, entschied man sich gegen den Vorschlag in Holz. Mit fast dreijähriger Verzögerung wurden Fischers Vorschläge für Torhaus und Brücke 1739 realisiert[11].

Das Torhaus mit dem fünfeckigen Grundriß, dieser innen gerade, außen aber stumpfwinklig gebrochene, bugartig zugespitzte Bau bildet Ausgang und Ziel der Hofanlage: Die Mittelachse des Wirtschaftshofes trifft im rechten Winkel auf den Torpavillon und mündet im Inneren der Durchfahrt in der Nische zwischen den äußeren Portalbögen. Der südliche Portalbogen rahmt den Ausgang zur Brücke, der nördliche ist heute zugesetzt, war aber wohl einst offen; denn nur ein transparentes Torhaus mit zwei offenen Bögen, die maximalen Durchblick gewähren, konnte von dem Achsenknick an der Nahtstelle zwischen Hof und äußerer Brücke ablenken. Fischer hat die Symmetrie hier buchstäblich bis auf die Spitze getrieben, bis auf den äußersten Punkt, wo die natürlichen Gegebenheiten keine Korrektur mehr zuließen.

Obwohl Fischer 1736 dazu aufgefordert wurde, Riß und Überschlag für das neue Torhaus einzureichen, deutet die innere Logik der Anlage darauf hin, daß schon 1723 geplant war, was erst 1739 vollendet wurde. 1736 hat Fischer vermutlich nur die für die Ausführungen des schon 1723 projektierten Torhauses erforderlichen Pläne ausgearbeitet. Die Gestaltung des Seefelder Vorhofs besticht durch Funktionalität, Ästhetik und Raffinesse, allem voran das Torhaus, in dem Fischers Kenntnisse böhmischer Kloster- und Schloßanlagen zum Ausdruck kommen.

Gabriele Dischinger

10 S. Dokumente 9a-b, in Band II S.346 f.

11 Hervorzuheben ist die Beteiligung des Stukkators Johann Georg Üblher, der seine Arbeit in Diessen kurz unterbrach, um im Oktober 1739 die äußeren Giebelfelder des Torhauses zu stuckieren; vgl. WVZ 12.

59 SIGMERTSHAUSEN (Gem. Röhrmoos, Kr. Dachau, Oberbayern)

Ehem. Hofmarks- und Wallfahrtskirche, heute Filialkirche St. Vitalis [1]
Ausführung auf der Grundlage von Gunetzrhainer-Plänen

Sigmertshausen, der Pfarrei Röhrmoos unterstellt, war einst Hofmark. Das Kirchenpatronat hatte der Hofmarksherr; dieser hieß seit 1717 Franz Xaver Joseph von Unertl (1675-1750), Geheimer Ratskanzler und Konferenzminister des bayerischen Kurfürsten. Nachdem eine 1719 gefundene, kleine Nachbildung der sogenannten Hammerthaler Madonna auf einem Seitenaltar stand, entwickelte sich rasch eine Wallfahrt. Schon 1735, als Franz Xaver Ponschab Pfarrer in Röhrmoos wurde, war die alte Kirche in so schlechtem Zustand, daß man mit dem Gedanken an einen Neubau umging [2]. 1750, nach dem Tod des Bruders, übernahm Johann Benno von Unertl (gest. 1754) die Hofmark. Er leitete den Neubau der Kirche, der in den frühen fünfziger Jahren zwei Blitzschläge den Rest gegeben hatten, in die Wege.

1753

–.11. Bauholz wird angefahren. (Qu.1)

o.Dat. Der Hofmarksherr läßt seinen Beauftragten mit Pfarrer Ponschab von Röhrmoos wegen eines Neubaus verhandeln. *In Betracht der Nothwendigkeit ist mir schon lang vor erkhauffter Hoffmarch von Herrn Hoffmarchsverwalter und titl. Herrn Doctor Schärl Unertlischen Agen-*

Abb. Sigmertshausen
Kirchenraum mit Chor

1 Quellen: Qu.1 = AEM, Pfarrakten Röhrmoos, Filiale Sigmertshausen 1754-1921; Qu.2 = PfarrA Röhrmoos, Chronik Sigmertshausen, von Pfarrer Ludwig Endres, Ms. 1959 (unter Auswertung der Archivalien im PfarrA, die derzeit nicht zugänglich sind).
Literatur: Lorenz Westenrieder, Beschreibung des churfürstlichen Landgerichtes Dachau, Beyträge zur vaterländischen Historie ..., Bd.4, München 1792, 285; Heilbronner 1933, 29; Hagen-Dempf 1954, 63 f.; Max Gruber, Zwei Kirchen Johann Michael Fischers im Kreis Dachau, in: Amperland 1 (1965) 38-40; Freckmann 1965, 150-152; Albrecht Kottmann, Fünftausend Jahre messen und bauen, Stuttgart 1981, 110; Lieb 1982, 158-160, 232; N.N., St. Vitalis Sigmertshausen (Kirchenführer), Sigmertshausen 1988; Möhring 1992, 402-407 - Für freundliche Unterstützung danke ich den Herren Ludwig Tischner und Kirchenpfleger Karl Heinz Ludwig, beide Sigmertshausen.

2 Qu.2, 7

ten aufgetragen worden, alle Veranstaltungen vorzukheren, damit der unumbgängliche Khürchenpau seinen Anfang nemme, und das Gottshaus hergestellt werde, wie dan schon im November vill Hölzer schlagen, und auf den Paublaz bringen lassen. (Qu.1[3])

1754

5. 2. Unertl stirbt in München; die Erben verkaufen die Hofmark an den Geheimen Rat Franz Xaver von Ruffini[4].

10. 4. Pfarrer Ponschab bittet in Freising um den Konsens zum Neubau. Noch vor Erhalt einer Antwort beginnt er mit dem Abbruch der alten Kirche. (Qu.1)

4. 5. Konsens zum Neubau unter der Bedingung, daß Ponschab die Überschläge und Risse einsendet sowie die Finanzierung offenlegt. Das Gotteshaus ist *zum Theil schon zimblich abgebrochen.* (Qu.1)

17. 5. Der neue Hofmarksherr findet bei der ›Possessnehmung‹ Anfang Mai die ohne sein *Vorwissen unternohmene Erbauung* der neuen Kirche in Gang. *Das Gottshaus [ist] völlig aus dem Grund gegraben.* Obwohl Ruffini vor vollendete Tatsachen gestellt war, schießt er 1000 fl als unzinsbares Darlehen zum Kirchenbau vor. (Qu.1[5])

27. 5. Der Bau schreitet fort. *Nun aber man zwar in dem Pau würckhlich begriffen, so wirdtet aber selber vor heur nit mehr in solchen Standt gebracht werden könen, das das Lob Gottes wie vorhin wiederumb anzustimmen, und die Divina zu halten sein werden.* (Qu.1[6])

28. 5. Man beschafft sich einen Überblick über die verfügbaren Baugelder. Hofmarksverwalter Mayr berichtet, im Zechschrein befänden sich 952 fl, *... dann ist specificiertermassen von dem Verwalter in Beysein der Kürchenpröpst, Herrn Gerichtsschreibers, und Herrn Oberschreibers bis auf gegenwärtig obigen Tag zu Bestreittung des Gottshaus Pau genohmen worden 1286 fl. Bezaigt sich also in allem an paar Gelt 2239 fl.* (Qu.1)

1. 6. Ponschab schickt die Auflistung der zum Bau verfügbaren Gelder, Risse und Überschläge (der Bau war auf 3824 fl veranschlagt)[7] nach Freising. Die Baumaterialien seien vorhanden und *das von der Erden über 10 Schuech hoch erhöbte Kürchengebäu under das Tach in Kürze gebracht, und das Chorgewelb khan verförttiget werden.* (Qu.1)

12. 6. Freising beanstandet die übersandten Risse. Es seien zu wenig Fenster (im Chor nur ein Nordfenster, im Langhaus auf jeder Seite nur zwei); der Eingang sei schräg geführt; *die Eckh in die Circl und Rundung gezogen, wodurch die Baucösten ungemein erhöht ... und geben 500 Wurfflathen zu verstehen, als wenn sie hiervon ein Modigwölb [= modisches Gewölbe] machen, so auf dem Land wegen schlechter Nachsicht nit daurhafft.* Da der Bau aber schon 10 Schuh hoch aufgeführt sei, ist *allenfahls das Lattengwölb abzuschaffen.* Es sei *insonderheit auch vor den Thurn nur der Grundt, nit aber das völlige Modell des Thurn angezeigt worden.* Freising tadelt den Pfarrer, daß er *mehrerdachten Riss nit vor Anfang des Baues anhero zur Einsicht behörigermassen eingesendet* habe. (Qu.1)

1755

o.Dat. Franz Joseph Degle (1724-1812) aus Augsburg signiert die Fresken mit der gemalten Stuckdekoration[8].

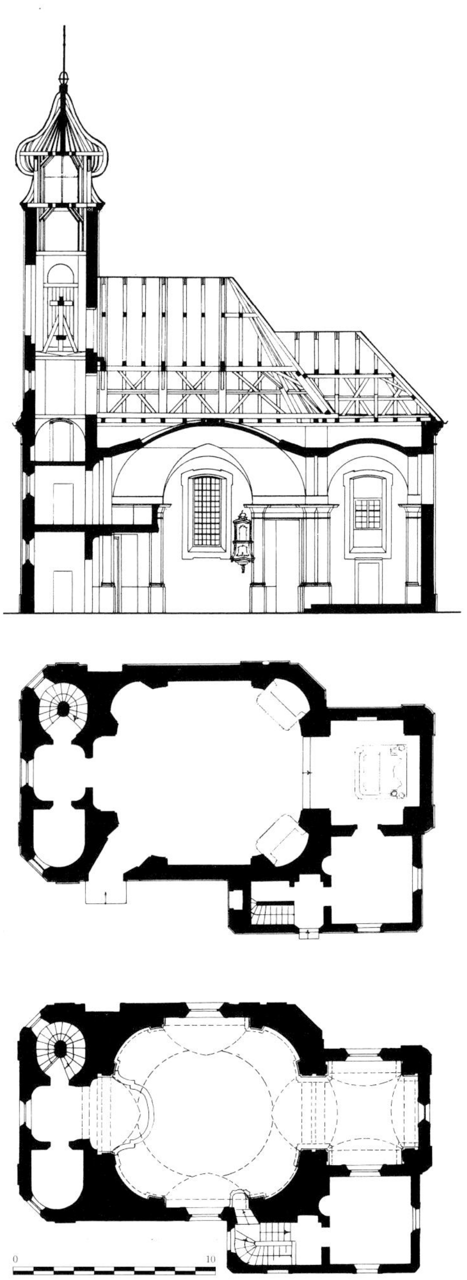

Abb. Sigmertshausen
Grundriß in Eingangs- und
Fensterebene sowie Längsschnitt

Der Kirchenneubau war spätestens seit 1753 beschlossene Sache und wurde somit noch unter dem Hofmarksherrn Unertl geplant. Ziemlich sicher konnten die im Frühjahr 1754 begonnenen Arbeiten noch in demselben Jahr zum Abschluß gebracht, vermutlich sogar die Gewölbe eingezogen werden. 1755 schloß sich dann die Innenausstattung an.

In den bisher bekannten Quellen wird kein Baumeister genannt. Erst 1792 erwähnt Lorenz Westenrieder Fischer: »In Siegmertshausen, wohin ich meinen Weg nahm, ist eine vom Maurermeister Fischer in München 1755 erbaute Kirche, deren schöne, nach italienischer Bauart gestaltete Rundung und Wölbung auch das ungeübteste Auge mit Vergnügen und Bewunderung an sich zieht, aber auch zugleich den Wunsch erregt, daß, wenn künftig bei Erbauung neuer Kirchen stets die Vorsorge getroffen werden möge, die so häufig ungestalten und nicht selten plumpen Formen der Kirche und deren Türme nach und nach verringern und Schönheit und Erhabenheit mit Dauerhaftigkeit zu verbinden«[9].

3 Schreiben Ponschabs vom Juni 1754 an den Fürstbischof in Freising

4 Pankraz Fried, Landgerichte Dachau und Kranzberg (Hist. Atlas von Bayern, 11/12), München 1958, 96 f.

5 Schreiben Ruffinis nach Freising

6 Schreiben der Gemeinde Sigmertshausen an den Freisinger Fürstbischof

7 Qu.2, 7

8 S. Anna Bauer, Sigmertshausen, in: Hermann Bauer/Bernhard Rupprecht, Corpus der barocken Deckenmalerei, Bd.5 (in Vorbereitung). Die Deckengemälde mit der gemalten Rocailledekoration stiftete wahrscheinlich Ruffini, der an den Chorbogen sein und seiner Frau Wappen malen ließ. Weihe der Kirche erst

Doch schon Paul Heilbronner hatte Einwände: »In Sigmershausen ist eine Beteiligung Fischers überhaupt in Zweifel zu ziehen. Die Formgebung der Gunezrhainer ist immer um einen Grad nüchterner, ›objektiver‹, unverbindlicher, ›italienischer‹ als diejenige Fischers und gerade diese Eigenschaften zeigen sich in Sigmershausen« [10].

Heilbronners treffende, später nicht wieder aufgegriffene Stilanalyse läßt sich aus den historischen Gegebenheiten untermauern. Sigmertshausen muß nämlich in Parallelität zur Hofmarkskirche in Schönbrunn gesehen werden, die gleichermaßen der Pfarrei Röhrmoos unterstand und bis 1750 Franz Xaver Joseph von Unertl gehörte. Derselbe Unertl ließ 1723/24 in Schönbrunn nach Entwurf von Johann Baptist Gunetzrhainer eine neue Kirche errichten. Es liegt nahe, daß er – noch vor 1750 – oder sein Bruder – nach 1750 – Gunetzrhainer auch für Sigmertshausen heranzogen. Dort ist also auch aus Gründen der Familien- und Ortstradition mit Plänen von Gunetzrhainer zu rechnen. Vermutlich waren es genau diese Pläne, die Pfarrer Ponschab im Interregnum, besorgt, der neue Hofmarksherr könnte den Neubau ablehnen, Freising erst einmal vorenthielt; er fürchtete genau den Widerstand, der dann tatsächlich kam, aber wegen der schon 10 Schuh hoch aufgeführten Kirchenmauern aufgegeben wurde.

Die Erwähnung des ›Maurermeisters Fischer‹ steht nicht im Widerspruch zur Planung durch Gunetzhainer. Ebenso wie in Deggendorf und in Kloster Schäftlarn [11] wird Fischer 1754 auch in Sigmertshausen lediglich die Ausführung des Baus nach Gunetzrhainer-Plänen geleitet haben [12].

Anna Bauer

am 30.6.1779 durch den Freisinger Fürstbischof Ludwig Joseph Freiherr von Welden.

9 Westenrieders Nachricht wurde in der Folgezeit mehrfach wiederholt, z.B. Geographisches, statistisch-topographisches Lexikon von Baiern (Johann Wolfgang Melchinger), III, Ulm 1797, 348 f.: »Die hiesige Kirche ist seit dem Jahr 1755 von dem Maurermeister Fischer von München neu erbauet, und ihre schöne nach italienischer Bauart gestaltete Rundung und Wölbung kann nicht ohne Bewunderung betrachtet werden«; Joseph von Obernberg, Reisen durch das Königreich Baiern, Teil 1. Der Isarkreis, Bd. 3, München 1816, 412; N. Buchinger, Geschichtliche Nachrichten über die ehemalige Grafschaft und das Landgericht Dachau, in: Oberbayer. Archiv 7 (1846) 126-128

10 Heilbronner (Anm.1)

11 S. WVZ 11 und 21

12 Zum Entwurf Gunetzrhainers ausführlich Franz Peter, Baukunst – Raumkunst, Kirchenbauten Fischers und der Brüder Gunetzrhainer, Ms. 1994

60 SÖLLHUBEN (Kr. Rosenheim, Oberbayern)

Pfarrkirche St. Rupert und Martin [1]

Entwurf für den Neubau

Abb. in Band I S.133, 144, 178-180

Die Hofmark Söllhuben, am alten Gericht Rosenheim gelegen, war mit der Herrschaft Hohenaschau im Besitz der Grafen Preysing-Hohenaschau verwaltungsmäßig vereint [2]. Die Pfarrei gehörte zum Bistum Chiemsee, das ius patronatus mit dem Besetzungsrecht lag beim Erzbischof von Salzburg. Bei einer Visitation 1752 fand der Fürstbischof von Chiemsee die spätgotische Kirche zu eng und minime decor[at]a [3]; eine Erneuerung wäre erforderlich. Johann Maximilian IV. von Preysing-Hohenaschau griff die Aufforderung mit Verzögerung auf; 1754 oder 1755 kam er mit dem Münchner Stadtmaurermeister Ignaz Anton Gunetzrhainer, einem Schwager Fischers, nach Söllhuben [4]. Bei der Gelegenheit hat Gunetzrhainer wohl die alte Kirche aufgenommen, um eine verläßliche Entwurfsbasis zu haben; 1757 lag sein Entwurf vor [5], die Planung wurde aber nicht weiterverfolgt [6].

1763

19. 1. Neuer Vorstoß des Bischofs von Chiemsee in Sachen Kirchen- und Pfarrhofbau. (Qu.3)

Herbst/Winter Pfarrer Joseph Ott beschafft Bauholz *zu einen neyen Pau* und läßt *so vill deren Stainern sprenngen ..., daß es zu dem vorhabenten Pau hinlenghlich seyn sollen.* (Qu.3. [7])

1764

20. 2. Der Bischof drängt beim Grafen Preysing-Hohenaschau erneut auf den Neubau. (Qu.3)

12. 5. Graf Maximilian IV. stirbt; Nachfolger wird sein Neffe Max V.

15.11. Ignaz Anton Gunetzrhainer wird in München begraben.

1765

4. 8. Maurermeister Johann Thaller von der Hausstatt bei Feilnbach (als Gerichtsmaurermei-

1 Quellen: Qu.1 = PfarrA Söllhuben, Akten zum Kirchenbau; zitiert nach Exzerpten aus dem Nachlaß Peter von Bomhards im AEM (Nachlaß Bomhard 270); Qu.2 = StA München, Hohenaschauer Archiv, A 1915; Qu.3 = AEM, Pfarrakten Söllhuben (Kirchen- und Pfarrhof-Bau 1666-1769)
Literatur: Lorenz Huber, Die Kirche in Söllhuben (Die Kirchen der Gegend um Rosenheim, 2), Rosenheim 1907; Josef Neumayr, Die Pfarrkirche zu Söllhuben, in: Kalender des kath. Caritasverbands Rosenheim, Rosenheim 1950, 57-60; Peter von Bomhard, Die Kunstdenkmäler der Stadt und des Landkreises Rosenheim, II/2, Rosenheim 1957, 230-248; Lieb 1982, 206 f., 235; Karl Detterbeck/ Konrad Breitrainer, Riederinger Heimatbuch, Riedering 1988, 333-353 (Pfarrchronik Söllhuben); Möhring 1992, 352-356; Franz Peter, Baukunst – Raumkunst, Kirchenbauten Fischers und der Brüder Gunetzrhainer, Ms. 1994 – S. auch Franz Peter, in Band I S.177-181

2 Die Herren von Hohenaschau hatten in Söllhuben als Hofmarksherren nur die niedere Gerichtsbarkeit.

ster von Brannenburg und Neubeuern, die sich ebenfalls im Besitz der Preysing-Hohenaschau befanden), den Graf Max V. im Februar 1765 hinzugezogen hat, liefert einen Voranschlag für den Kirchenbau. *Das neye Gottshaus ist lang samt den Cor 91 Schuh. Das Langhaus ist weit 45 Schuh alles in liecht*[8]. Der Überschlag beläuft sich auf 4327 fl ohne die Arbeiten von Zimmerleuten, Kistler, Glaser und Schlosser für zusätzliche 3000 fl. (Qu.2)

26. 8. Ott erinnert den Grafen daran, *was ... wegen unsern ... Gottshaus Söllhueben ... resolviert worden;* er soll die *Resolution und Anschaffung mit denen beygebrachte Grundrüss an obbemeltes Gericht ergehen lassen*[9]. (Qu.2)

10. 9. Max V. schreibt aus München seinem Verwalter Johann Achaz Parucker: Er hatte vor, *sowohl zu Besichtigung der Situation, und des hierzue benöttigten Pauvorraths, als zu Aufhebung des Grundtriss alhierigen Hofpaumaister Fischer [nach Söllhuben] abzuordtnen ... Da nun aber mit deme die Sache in weitere Überlegung genommen, auch zu Ersparrung viller Rays-Uncössten mit selben dahin übereins gekommen, daß es das nembliche sein würdte, zu Verrichtung obigen Geschäffts ... einen hierinnen guett verständigen Pällier abzuordtnen, nach welcher Zuruckhkonfft alles völlig examiniert und zu Stande gericht* wird. (Qu.2)

17. 9. Fischers Palier Joseph Kirnberger trifft in Hohenaschau ein. (Qu.2)

18.-21. 9. Kirnberger hält sich in Söllhuben auf, wo er *auf vorher genuegsamb eingenohmenen Augenschein die Grund- und Kirchenriß verferttiget.* (Qu.2 [10])

um 25.11. Ott holt in München Fischers Entwurf für den Neubau ab [11].

28.11. Max V. befiehlt seiner Verwaltung, für die Ziegel zum Neubau der Söllhubener Kirche Sorge zu tragen. (Qu.2)

1766

vor 1. 2. Pfarrer Ott ist mit Fischers Plänen beim Bischof von Chiemsee; dieser bezeigt *Wohlgefahlen, sonderbar aber, wan er ganz, auch mit den hintern Zusaz gebauet werde*, verspricht aber kein Geld für den Bau. Nach Otts Auskunft liegen die Baumaterialien bereit. (Qu.2 [12])

27. 3. Max V. ordnet an, seine Verwaltung solle *durch den Maurermaister [Thaller?] die zu sothannen Pau benöthigte Persohnen zusammen fordern ... lassen ... Wie dann zu dessen Endte den Maurerballier von hier [München] auß konfftigen Oster Erchtag mit der weitteren Instruction abgehen lassen werde.* (Qu.2)

2. 4. Der Hohenaschauer Verwalter schildert die Schwierigkeiten, Baugelder aufzutreiben [13]. (Qu.3)

7. 4. Baubeginn; die Leitung hat Fischers Palier Kirnberger. Noch im April wird das Langhaus abgebrochen. (Qu.1)

20. 4. Kirnberger an Max V.: *Eur Exellenz! Ihro Hochgräffl. Gnaden.*

Weillen die Kirche zu Söllhuben (sonderbar das an Langhaus betröffent) nunmehro bis auf den Grundt völlig abgebrochen, und kimbfftige Wochen zu Ausarbeithung des alten, und Anfangen des neyen Funtaments bestimmet, wolte unermangeln Euer Exellenz zu berichten, und wie daß es (nebst mänigl[icher = aller] Verwunderung, derebn Taurhafftigkeit und Föste halber so balt geschehen können, iedannoch Gottlob) alles glicklich abgegangen seye. Zumallen aber anjetzo allen Ansehen nach, die Arbeith unumgänglich seynen Fortgang haben müsse, und alle Wochen Zötl zur Kirchenrechnung gezogen werden, so bitte diemithigist Eur Exellenz möchten vor mich die Gütte haben, mir meines Lohns halber, auch einen genädigen Ausspruch zu thuen, um selbes dennen ordentl. Wochenzötl einverleiben zu können, damit die Zeutt kein Confusion in der Haubtrechnung machen möchte, und ich in Abgang wirckl. Berichts meiner Besoldung halber, nicht zur Saumseelligkeit gereutzet würde.

Denn es seind mir alleinig! die Zimmerleuth sowohl als die Maurer, aufgebürdet, um weillen die Werckmeister disser Ohrten nach der ächten Baukunst zu arbeiten nicht infermiert, noch weniger derselben kundig seyen. Überdas so kan sich (meines Wissens) der Herr Pfarrer nicht entschlüssen, mir in die Länge die Kost zu geben, welche doch der Zeut (als per intrum) gantz schmall, des Tags zweymall ein Thrunck Pier; endl[ich] die nächtl. Loggi, vors übrige aber ich schon selbst sorgen müste. Wo ohne Geld man derohrten weniger als anderstwo seyn Renomme behalten geschweige ein nach Meriten gemessene Figur machen könne.

Ich sold doch wenigstens im Standt seyn, einen untaugl. Arbeither under der Wochen auszuzahlen, wegen ein und andern Kleinigkeiten, was zum Gebey nothwendig H. Pfarrer nicht nachzulauffen, ja meine selbst übrige Bedürffnussen nicht zu verinträssiren benöthigt seynn.

3 Zitiert nach Bomhard (Anm.1), 235; dort ist die Entwicklung vor Fischers Auftreten ausführlich referiert.

4 Nach einer *Supplica* von 1766 (Qu.1) erfolgte der Besuch *vor 12 Jahren*, d.h. 1754, Bomhard (Anm.1, 235) gibt dagegen 1755 an. – Gleichzeitig beschäftigte Graf Max IV. auch den Bruder des Stadtmaurermeisters, den Münchner Hofbaumeister Johann Baptist Gunetzrhainer; s. WVZ 3.

5 In Qu.2 liegen, von Ignaz Anton Gunetzrhainer signiert, ein Grundriß der alten Kirche sowie Grundriß, Längs- und Querschnitt, Seiten- und Fassadenaufriß für die neue Kirche. Daß sich der Neubauentwurf auf die Bauaufnahme stützt, geht aus dem gemeinsamen Maßstab aller Plänen hervor.

6 Der damalige Pfarrprovisor Ott vermutete 1762, *Herr Gerichtsschreiber von Hohenaschau [habe den Neubau] niemahls ernsthaft gewolt, und sich mit dem Geld Mangl entschuldiget;* Qu.3.

7 Schreiben Otts vom 7.2.1764

8 Diese Maße entsprechen nicht den Gunetzrhainer-Plänen von 1757.

9 Wahrscheinlich Grundrisse von Thaller, deren undatierte Bezahlung (5 fl) in den Rechnungen verzeichnet ist; danach sollte also in Söllhuben gebaut werden.

10 Schreiben der Verwaltung vom 22.9.1765. – In diesen Tagen hat Kirnberger auch für eine *Capellen in den sogenannten Hof- oder Buechwäldl das Terrain abgemessen, und hierüber ebenfahls ein Rißl verfasset.*

11 Zeitangabe nach Bomhard (Anm.1), 237; zu den Plänen s. Kat.-Nr.49-50, in Band I S.133 f.

12 Schreiben Otts an Max V. vom 1.2.1766

13 Zu der sehr schwierigen Finanzierungsfrage s. vor allem Qu.3.

Zur Abwendung all dessen, Eur Exellenz ... mich gehorsamst zu Füssen lege. Als Söllhueben den 20. April 1766.
Eur Exellenz gehorsammer Jos. Kirnberger, Maur Ballier.
NB. Bey den Mössnerheusl hab ich zwar der allzu gähen von Bericht vermutheten Feursgefahr in etwas Vorsorg gedan, iedoch wegen deren gäntzl. Baufälligkeit derfolge der Zeutt, und Eur Exellenz persönlicher Einsicht aufbehalten wohlen.
NB. NB. Übrigens berichte zur Neyigleit, das den 19. in dem an Freithoff stehenten Krammerheisl, vormitags zwischen 10 et 11 Uhr, under den Obdachl, nebst den Camminfeyr ausgekommen, jedoch von Zeutt einer Minute von meinen Arbeithern (ohne weidern Schatten) widerum gelöscht worden seye. (Qu.2)
4. 5. Kirnberger an Fischer: Das Fundament der Kirche (ohne Chor) ist beinahe fertig gemauert; Klage über zu wenig Mitarbeiter, die zu gering entlohnt werden. (Qu.2 [14])
6. 5. Johann Michael Fischers stirbt in München.
13. 6. Gerichtsschreiber Felix Niclas Hözl berichtet dem Grafen, er sei in Söllhuben gewesen und habe *bey dem Kirchenbau nachgesehen, so habe wahrgenohmen, daß mit Aufführung des Gemäurs hette weither geschritten werden können, alleinig, und weillen der Mangl an Maurern vorhanden, indemme die meiste, des ihnen gar zu geringen Lohns halber, von da ab und zu dennen Gebäuden der abgeprenten Märckhten Aybling und Gräfing übergegangen. Die noch übrig bey dem Kürchenbau zu Sölhueben sich befindente auch in meinen erstberiehrten Daseyn zusammen gestanden, und sich verlauten lassen haben, in sofern ihnnen der Lohn nicht verbessert wurde, alda nit mehr zu arbeithen gesinnet zu seyn.* (Qu.2)
2. 8. Hözl berichtet aus Söllhuben: Der Palier hat gesagt, *daß er zu Verfertigung der Kirchenfenster und des Haubtgesims für heuer noch wenigstens ... 6000 Mauersteine unumbgänglich vonnöthen, hingegen die Herstellung des Kirchengewölbs selbsten in diesem Jahr noch praestieren zu können, in Zweifel gesezet hat.* (Qu.2)
15.-27.9. Zimmermeister Ulrich Pertl aus Aufham bei Aschau richtet den Dachstuhl auf. (Qu.3)
19.10. Aus Geldmangel ist der Bau eingestellt worden. Bis dahin, berichtet Ott dem Propst von Chiemsee, ist *der angefangene Kürchenpau ... albereits verflossenen Sommer soweith gebracht worden, daß das ganze Gottshaus bis auf den annoch alt stehenten Kor (welchen man vermög deren Gottesdiensten beybehalten müssen) von Grund aus ohne das mittere grosse Gewölb hergestelt, und mit lerchenen Schindln eingedöckt worden, zu welchem bishero von S[eine]r Hochgräfl. Gnaden 2517 f. 50 x. ungerechnet des Bauholz, welches aus dero Herrschaft Gehilz hergenommen worden, und Fuhrn welche die Gemeinde gratis gethan hergegeben worden. Nun aber ist von Seithen höchstgedacht gnädiger Herrschaft von Preysing der fehrnere Kürchenpau auf dessen fernere Unkösten genzl. ein- und abgestelt, und auf konftiges Fruhejahr nit erlaubt worden ferners fortzufahren* [15]. (Qu.3)

1767
14. 5. Der Fürstbischof von Salzburg schenkt 1080 fl zur Bauvollendung. Über die Verwendung dieses Geldes muß *längstens biß nächst komenten Herbst formblich dociert* werden. (Qu.3)

1768
18. 5. Max V. erlaubt, den Kirchenbau fortzusetzen, bestimmt aber, daß für die Vollendung der Kirche nicht mehr als die 1080 fl aus Salzburg verwendet werden dürfen. (Qu.1)
17. 6. Gerichtsverwalter Johann Conrad Kleber überträgt den Weiterbau Maurermeister Sebastian Steindlmüller aus Schlechtenberg. (Qu.1)
20. 6. Beginn der Arbeiten durch Steindlmüller.
1.10. Ott berichtet, es seien im verflossenen Sommer *von denen 1080 f. ... der alte Chor biß auf die Helfte abgetragen, und der neue angebauth worden. 2do wurde das ganze Gottshaus mit Latten gewölbt. 3tio innen, und aussenher biß auf den Roche verbuzt. 4to wurden von den Glaser die 9 Kürchenfenster verfertigt. 5to die Sakristei bis auf 2 Kasten hergestellt, 6to wurden die Kürchenthürrer, und in Sacristei gemacht, und vom Schlosser beschlagen. Letztlich wurde auch ein Stuck von der Freydhofmauer verfertiget. Das Gottshaus ist nun in solchem Stande das die Divina geziemment können gehalten werden.* Aber noch fehlen der Feinputz im Chor, das Pflaster und die Einrichtung, deren Kosten 644 fl betragen. (Qu.3)

14 Kirnbergers Brief ist in vollem Wortlaut wiedergegeben bei Josef H. Biller, in Band II S.77-78; dort auch (S.71) nähere Informationen zu Kirnberger.

15 Der Bau, mit großem Aufwand geführt, leide dadurch Schaden, weil *auf die ausgetrocknete, und ohne dem nit gar zu dicke Mauern kein schwehres Zieglgwölb nit mehr kunte gesezt werden, ohne äusseriste Gefahr, solche auseinander zu trucken, zu einer Latten-, oder Holzgewölb ist der neu aufgesezte Tachstuell nit eingericht worden. 2. Wann die Mauern von aussenher nit solten verbuzt werden, wurden sye deßwegen schadhaft, weillen das Ungewitter die Ausschifferung zwischen dennen rauchen Stainern, (mit welchen das Gebäu geführt worden) auswaschen wurden, und folglich niemahls mehr ein taurhafter Anwurf wurde könen gemacht werden. 3. Wan der Kor nit gleich an das griene Langhauß angebauth würd, ist zweifelsohne ein immerwehrente Abtheillung, oder Zerspaltung zu förchten, weillen es sich nit zugleich mit dem andern sezen kan ... die 9 Kirchenfenster sint mit Predern verschlagen.* Demnach plante man zu dieser Zeit einen Neubau des Chors.
Ende 1766 war der Hofmarksherr nur dann bereit, den Bau weiter zu finanzieren, wenn der Salzburger Erzbischof ihm das ius patronatus in Söllhuben überlasse. Der Pfarrer bittet das Archidiakonat (Propst von Chiemsee) in dieser Angelegenheit um Hilfe; die Gemeinde wendet sich direkt an den Erzbischof von Salzburg. Der Erzbischof lehnt ab, stellt aber einen ergiebigen Beitrag zum Neubau in Aussicht; Qu.3.

1769
o.Dat. Mit dem Innenputz bauliche Fertigstellung. (Qu.1)

1774
2.11. Weihe der Kirche durch den Fürstbischof von Chiemsee, Ferdinand Christoph Graf von Waldburg-Zeil-Trauchburg.

Damit aber ein vollkommenes Werk hergestelt werde, hat der Herr Graff selbsten in München durch den Hofbaumaister Fischer (weillen die vorige Rüss verlohren gangen) einen neuen Rüss verfertigen lassen[16]. Die alten *Rüss*, das heißt die Gunetzrhainer-Pläne, waren 1765 (obwohl sie bei der Verwaltung Hohenaschau

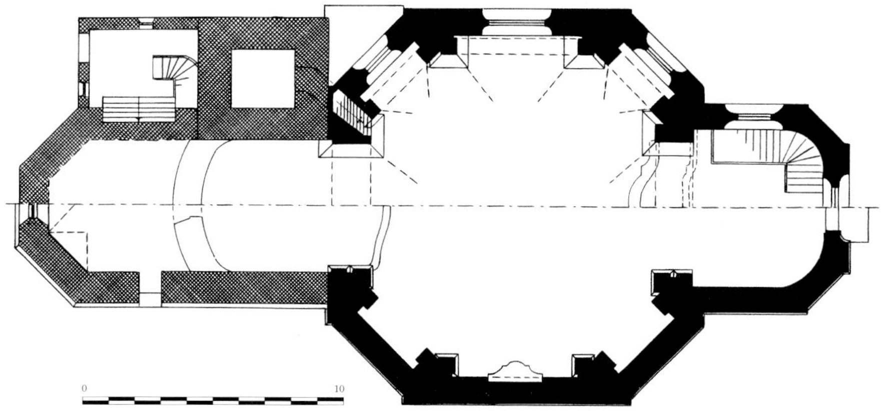

Abb. Söllhuben
Grundriß in zwei Ebenen

lagen) angeblich nicht mehr greifbar und Thallers Vorschlag hat Max V. von Preysing-Hohenaschau offenbar nicht gefallen; aus diesen Gründen trat der Graf im August 1765 an Fischer heran. Der damals 73jährige bemühte sich nicht selbst nach Söllhuben, sondern schickte seinen Palier Kirnberger, der im September vor Ort Aufmaße nahm; anschließend arbeitete Fischer auf dieser Grundlage seinen Neubauvorschlag aus[17].

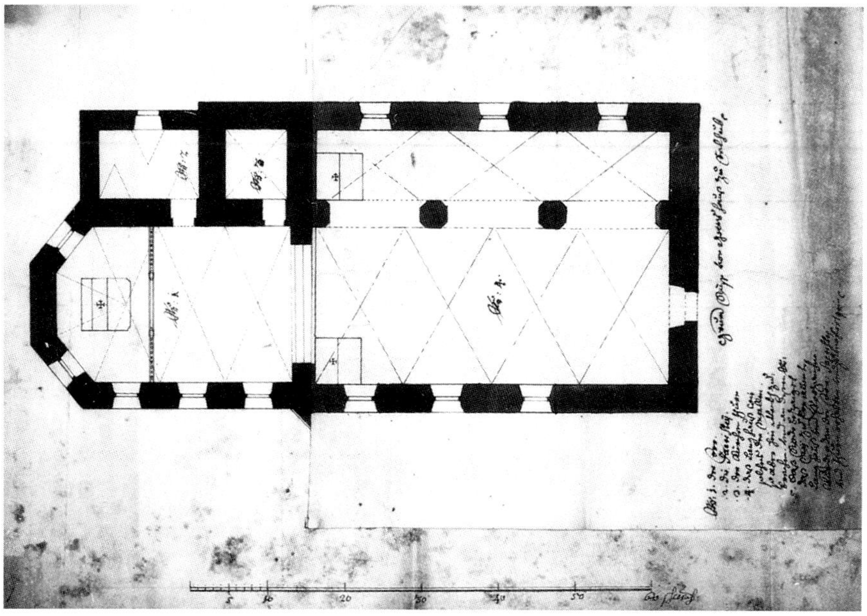

Abb. Söllhuben
Grundriß der Vorgängerkirche von Ignaz Anton Gunetzrhainer, 1754 oder 1755

Glücklicherweise haben sich neben zwei Fischer-Plänen[18] auch zwei Aufrisse von Kirnbergers Bauaufnahme der alten Kirche erhalten[19]. Dadurch läßt sich – bisher einmalig im Fischer-Werk – der Schritt vom vorbereitenden Aufmaß

16 Schreiben der Gemeinde Söllhuben an den Erzbischof von Salzburg vom November 1766; Qu.1 und Qu.3.
17 Vergleichbarer Fall in Babenhausen; s. WVZ 6
18 Wie Anm.11
19 Aufrisse der nördlichen und südlichen Längsseite; Qu.1

Abb. Söllhuben
Aufriß der nördlichen Längsseite
Fischers Entwurf Kat.-Nr.50, 1765

Abb. Söllhuben
Nordseite der Vorgängerkirche
Aufriß von Fischers Palier
Joseph Kirnberger, 1765

zur konkreten Planung verbildlichen und im Vergleich der Pläne selten deutlich das Vorgehen des Architekten beobachten. Teile des Altbaus, deren Form und Substanz wenigstens partiell eine Weiterverwendung erlaubten, wie Chor und Turmunterbau, wurden integriert, allerdings nur soweit es mit einem Kirchenbau Fischerscher Prägung zu vereinbaren war; die Anlage des Zentralraums hatte Vorrang, wurde aber den örtlichen Vorgaben angepaßt.

Fischer überließ seinem Palier Melchior Streicher das Zeichnen der Entwurfspläne [20] und seinem Palier Kirnberger die Bauausführung, blieb aber trotzdem der Projektleiter. Das zeigt Kirnbergers Brief vom 4. Mai 1766, übrigens der einzige dieser Art [21]; daraus generelle Aussagen über das Verhältnis zwischen dem Baumeister und seinen Palieren abzuleiten, ist jedoch nicht möglich. Vermutlich gelangte das Schreiben in die Bauakten, weil es den Adressaten nur noch tot erreichte und an den Absender zurück ging.

Durch Fischers Ableben trat keine Unterbrechung ein, Kirnberger führte den Söllhubener Bau bis Oktober 1766 weiter. Zu dem Zeitpunkt war die Kirche (ohne Chor) unter Dach, aber noch nicht eingewölbt. Nach mehr als einem Jahr Unterbrechung wurde unter neuer Leitung statt des von Fischer vorgesehenen Steingewölbes ein Holzgewölbe eingezogen, der alte Chor *auf die Helfte* abgetragen und der bestehende Ostabschluß gebaut. Daß dabei vom ursprünglichen Plan abgewichen wurde, geben die Unterschiede zwischen Eingangs- und Chorbereich (z.B. in Wölbung, Wölbungsansatz und Dachhöhe) zu erkennen. Den langen Altarraum des Vorgängerbaus bei der Erneuerung zu unterteilen, war aber Fischers Idee, denn sein Aufriß der nördlichen Längsseite (Kat.-Nr.50) dokumentiert die damit verbundene Frage der Eingänge im Chorbereich; zudem ist im Januar 1766 in Bezug auf Fischers Kirchenentwurf vom *hintern Zusaz* die Rede.

Finanzierungsschwierigkeiten, weil die Preysing-Hohenaschau das ius patronatus an der Pfarrkirche in Söllhuben nicht hatten und sich deshalb die Hohenaschauer Gerichtsbeamten gegen den Neubau stellten, verhinderten nach 1766 die Fortsetzung der Bauarbeiten durch Fischers Palier Kirnberger [22] und damit die entwurfsgetreue Realisierung. Dasselbe gilt für den Turm, der 1856 erhöht und mit einem Spitzhelm abgeschlossen wurde. 1863-1867 erneuerte man Innenraum und Ausstattung im neoromanischen Stil. Von 1943 bis 1956 Wiederherstellung in Rokokoformen; die Sakristei wurde aufgestockt, das Turmobergeschoß Fischers Entwurf gemäß erneuert und der Spitzhelm durch eine Kuppelhaube ersetzt.

Anna Bauer

20 Wie Anm.11
21 Wie Anm.14
22 1767 reichte Kirnberger Alternativentwürfe für die Turmerhöhung der ebenfalls den Grafen Preysing-Hohenaschau unterstehenden Pfarrkirche in Aschau ein; s. WVZ 3.

61 STALLAU (Kr. Bad Tölz-Wolfratshausen, Oberbayern)

Abb. in Band I S.174-176

Kapelle [1]
Entwurf zum Neubau

Der Bau der Kapelle hängt eng mit dem der Pfarrkirche Bichl zusammen, den Fischer Ende 1750 im Auftrage des Klosters Benediktbeuern übernahm und bis 1752 errichtete. Fischers Pläne für die Kapelle waren ursprünglich sogar zusammen mit seinem Entwurf für Bichl in das Rechnungsbuch des Bichler Kirchenbaues eingebunden [2]. Auf der Rückseite eines der Pläne hat der Rechnungsführer in Bichl und Baubeauftrage des Klosters, P.Gottfried Luidl (1705-1767) aus Benediktbeuern, die einzige Nachricht über den Kapellenbau festgehalten.

1752
o.Dat. *Von der Erbau[u]ng der Capell zu Stallau ist dises zu merckhen, daß dise anno 1752 vollendet worden; zu disem Bau gabe Thomas Lettner 35, Adam Sonner aber 24 f. in paaren Gelt, und beyde versachen die Maurer, den Zimmerman, so lang der Bau daurte, gar reichlich und zum Yberfluß mit Speiß, wie dan auch beyder Hausvättern Kinder unermiedet arbeitheten. Die ybrige Bürde mehr dan 200 f., welche zum Bau noch nothwendig waren, tragte, und bezalte das Closter durch mich P.Godefridus Luidl, damalligen Pfarr-Vicarium. Haec pro notitia, ut constet, quomodo et a quibus capella haec sit aedificata.* (Qu.1 [3])

1 Quellen: Qu.1 = BayHStA, KL Benediktbeuern 225 (Rechnungsbuch des Kirchenbaus in Bichl) mit PlSlg 3890d und 3890e
Literatur: Adolf Feulner, Die Kapelle in der Stallau, in: Bayerischer Heimatschutz, 19 (1921) 100 f.; Karl Mindera, Benediktbeuern. Das Handwerk im Dienst der Kunst, München 1939, 58; Hagen-Dempf, 1954, 63 und 100; Gabriele Dischinger, Zeichnungen zu kirchlichen Bauten bis 1803 im Bayerischen Hauptstaatsarchiv, Wiesbaden 1988, 242 (Nr. 600-601); Möhring 1992, 275; – S. auch Franz Peter, in Band I S.174-177
2 Vgl. Qu.1 und WVZ 10, Qu.1
3 PlSlg 3890d; s. auch Kat.-Nr.51, in Band I S.134

Demnach ist der Kapellenbau der Privatinitiative zweier Grunduntertanen des Klosters zu verdanken; sie steuerten einen Teil der Baukosten bei, verköstigten die Bauarbeiter und ihre Kinder leisteten unentgeltliche Dienste, doch das Kloster mußte *mehr dan 200 f.* beisteuern. Obwohl der Name des Baumeisters nicht erwähnt wird, gelten die erhaltenen Pläne, ein Grundriß und ein Schnitt [4], seit ihrer Entdeckung zu Recht als eindeutiger Beleg für Fischers Autorschaft. Sie decken sich im Zeichenstil mit seinen Entwürfen für Bichl, die 1750 eingeordnet werden und vermutlich von Fischers Palier Melchior Streicher gezeichnet wurden [5]. Aufgrund der Identifizierung mit Streicher können die Stallau-Pläne nur während dessen Anwesenheit in Benediktbeuern entstanden sein, das heißt zwischen Mai und November 1750 [6], möglicherweise noch in den ersten zwei Monaten des Jahres 1751; ab März 1751 arbeitete Streicher in Kloster Schäftlarn [7].

Nach Fischers Entwurf von 1750/51 wurde die Kapelle – wohl etwas vereinfacht [8] – 1752 ausgeführt. Daran waren außer den Kindern der ›Stifter‹ sicher auch Werkleute des Klosters beteiligt, wahrscheinlich dieselben, die in Bichl tätig waren. Der Überlieferung nach existierte die Kapelle wenig mehr als 50 Jahre und fiel den napoleonischen Kriegszerstörungen zum Opfer.

Gabriele Dischinger

4 S. Kat.-Nr.51-52, in Band I S.134 f.
5 S. Kat.-Nr.5-7, in Band I S.116 f.
6 S. WVZ 8
7 S. WVZ 21
8 S. Peter (Anm.1)

62 STARNBERG (Oberbayern)

Ehem. Pfarrkirche St. Benedikt [1]
Besichtigung wegen Baufälligkeit

Die mittelalterliche Benediktskirche war Pfarrkirche von Starnberg, Gericht Starnberg, Diözese Augsburg. Sie stand in Ufernähe im ehemaligen Aheim, im 18. Jahrhundert Niederstarnberg (heute Possenhofener Straße 1), unterhalb vom Schloßberg. 1727 war das Innere barockisiert worden. Gegen Mitte des 18. Jahrhunderts war die Kirche baufällig; Fischer wurde um ein Gutachten gebeten.

1748
o.Dat. *Johann Michael Fischer Hofmaurmaister in München hat vor Besichtigung der Paufählkeiten bei alhiesigen Gottshaus vermög Scheins empfangen 4 f. 15 kr.* (Qu. 1).

Nach Fischers Aufenthalt in Starnberg entschloß man sich jedoch noch nicht zum Neubau, sondern vorläufig zur Reparatur, mit der 1749 der Maurermeister und Zimmermeister von Wolfratshausen betraut wurden [2]. Erst 1764-1766 entstand auf der Höhe des Schloßbergs an der Stelle des ehemaligen kurfürstlichen Sommerhauses die neue Pfarrkirche St. Joseph; Baumeister war Leonhard Matthäus Gießl. Die alte St. Benedikt-Kirche wurde abgerissen. Am gleichen Ort wurde eine heute nicht mehr bestehende Kapelle erbaut [3].

Anna Bauer

1 Quellen (im StA München, mit den Signaturen): Qu.1 = Pfleggericht Starnberg R 269 (Kirchenrechnungen 1748), fol. 541; Qu.2 = Pfleggericht Starnberg R 270 (Kirchenrechnungen 1749), fol. 545
Literatur: Hugo Schnell, Katholische Kirchen Starnberg am See (KKF Nr.168), ²München-Zürich 1954, 3; Sigfrid Hofmann, Neue Forschungsergebnisse über alte Kirchen, in: 80 Jahre Land- und Seebote, Starnberg 2.7.1955; Lieb 1982, 229
2 Qu. 2; 1749 wurden *dem Zimmer- und Maurmeister von Wolfertshausen, umb selbe zu Besichtigung des ruinosen Gottshaus nacher Starnberg komben ... bezalt ... 2 f. 30 kr.*
3 Lorenz von Westenrieder, Der Würm- oder Starenbergersee, und die umliegende Gegend, ²München-Burghausen 1811, 21. Bis vor etwa 30 Jahren stand dort noch ein Kreuz.

63 STRASSLACH (Kr. München, Oberbayern)

Filialkirche St. Peter und Paul [1]
(Planung? und) Ausführung eines neuen Turms

Die Straßlacher Kirche, über deren Vorgeschichte so gut wie nichts bekannt ist, war dem Kloster Schäftlarn inkorporiert. Der Wunsch nach einem Neubau ist zwar bereits seit 1742 aktenkundig [2], doch kam es nicht dazu, da Schäftlarn für

1 Quellen (im BayHStA, mit den Signaturen): Qu.1 = KL Schäftlarn Nr. 170 (Kirchenrechnungen Endlhausen); Qu.2 =

seine eigenen gleichzeitigen Bautätigkeiten *an denen von derohrtigen Hofmarchs Gottshäusern* Kirchengelder entnommen hatte [3]. Wenngleich es diese teils in Form von Baumaterial, teils als Bezahlung von Gesellengeldern an Straßlach zurückerstattete, konnten dort nur die Hauptschäden, nämlich der *von Holz erzimmerte, auf die Schiessmaur gesezte Thurn* – wohl ein Giebelreiter – sowie dessen Verzapfung mit dem Dachwerk erneuert werden [4].

1754
o.Dat. Zwei vorhandene Glocken, deren eine zersprungen war, werden von einem *Gloggengiesser in München* umgegossen, woran sich die Gemeinde Straßlach mit 15 fl, das Kloster mit 35 fl 12 kr beteiligt. (Qu.2 und 3)

1755
25. 5. Zu Grünwald wird eine Eiche als Bauholz gefällt (Qu.2 und 3)
o.Dat. *Also hat man vor eine Nothwendigkheit angesechen, disen schödlichen Thurn abtragen und anstatt dessen ainen von Ziglstain aufsezen lassen.* (Qu.3)
Vom Kloster Schäftlarn werden 4400 Ziegelsteine um 22 fl bezogen. (Qu.2)
Fischer erhält für 111 Tage Gesellengeld zu 2 Kreuzern: 3 fl 42 kr. (Qu.2 [5])

Da Fischer seine Arbeiten in Schäftlarn 1754 abschloß, bot es sich für das Kloster an, seine Bauleute im Anschluß daran für die vergleichsweise kleine Baumaßnahme am Turm in Straßlach einzusetzen. Sein Palier Melchior Streicher muß überdies in dieser Gegend – nachweisbar im nahe gelegenen Endlhausen – verwandtschaftliche Beziehungen unterhalten haben [6].

Die Kirchenrechnungen, die in zwei nur geringfügig voneinander abweichenden Versionen überliefert sind [7], machen keine genauen Angaben über den Verlauf der Bauarbeiten, noch weniger über das Aussehen des neuen Turms. Aufgrund des Materialverbrauchs von 4400 Steinen muß er größer gewesen sein als der vorhergehende Giebelreiter; die Verwendung von Leinöl *zur Anstreichung des Thurns* läßt auf eine Holzschindeldeckung schließen. Dieser Turm wurde 1870 durch Brand zerstört [8] und 1894 neu errichtet [9].

Christl Karnehm

KL Fasz. 851/106; Qu.3 = KL Schäftlarn 166 (Kirchenrechnungen Straßlach)
Literatur: Lieb 1982, 232

2 Über mehrere Jahre hinweg verzeichnen die Kirchenrechnungen des nahe gelegenen, ebenfalls zu Kloster Schäftlarn gehörigen Endlhausen *zu Neuerpauung dess würdt[igen] SS. Petri et Pauli Gotthauß Straslach* zinslos geliehene Gelder; (Qu.1).

3 Qu.2

4 Qu.3

5 Der Eintrag in Qu.3 ist nahezu identisch, wenngleich Fischer dort nur als *der Maurermaister* bezeichnet wird; die Summe deckt sich jedoch mit der in Qu.2 genannten.

6 Vgl. WVZ 14, Anm. 8

7 Qu.2 und 3

8 Lieb 1982, 232

9 Wilhelm Neu/Volker Liedke, Oberbayern, Denkmäler in Bayern, Bd.I.2, München 1986, 474

64 ULM-Wiblingen (Baden-Württemberg)

Ehem. Benediktiner-Klosterkirche,
heute Pfarrkirche St.Martin, und das Kloster [1]
Ausführung des Klosterostflügels
auf der Grundlage überarbeiteter Wiedemann-Pläne

Das 1093 von den Grafen von Kirchberg gestiftete Kloster erlebte 1271 eine verheerende Brandkatastrophe. Das im Anschluß daran erbaute spätromanische Kloster erfuhr vor allem im 16. und 17. Jahrhundert vielfache bauliche Veränderungen: u.a. 1555 Bau eines Turmes im Stil der Zeit, 1560 bis 1630 entstehen wesentliche Teile der Klosteranlage neu.

1714 begann die Phase der barocken Neugestaltung des Klosters, die erst mit dem Bau der Klosterkirche (1772-1778) durch Johann Georg Specht (1721-1803) ihren Abschluß fand. Die Neugestaltung folgte einem Gesamtplan des Maurermeisters Christian Wiedemann (um 1680-1739) aus (Ober-) Elchingen, der eine von Grund auf neue, mehrhöfige Anlage nordwestlich des alten Klosters zum Ziel hatte.

Anfangs, 1714 bis 1729, wurden Teile der Ökonomiebauten im Westen der Anlage einschließlich des Torhauses errichtet. Abt Meinrad Hamberger (1730-1762) ließ den Gesamtplan von 1714 durch Wiedemann aktualisieren; dessen

1 Quellen (im StA Ludwigsburg, mit den Signaturen): Qu.1 = B 532 IV, Bd.26 (Klosterrechnung 1750); Qu.2 = B 532 IV, Bd.27 (Klosterrechnung 1760)
Literatur: Michael Braig, Kurze Geschichte der ehemals vorderösterreichischen Benedictiner-Abtey Wiblingen in Schwaben, Isny 1834; Adolf Feulner, Die Klosterkirche in Wiblingen, in: Monatshefte für Kunstwissenschaft 7 (1914) 94-103; Gustav Bölz, Die Baugeschichte des Klosters Wiblingen, Diss. TH Stuttgart 1922 (Ms.); Hans Christ/Hans Klaiber, Inventar Donaukreis (Kunst- und Altertumsdenkmale in Württemberg 4, 2), Esslingen 1924, 153-196; Adolf Feulner,

1732 vorgelegte Risse liefen auf eine Vergrößerung der Anlage hinaus [2]. Auf der Grundlage dieser Pläne entstanden bis 1740 der Nord- und Nordwestflügel des Klosters. Nach einer durch den Österreichischen Erbfolgekrieg (1741-1748) erzwungenen Bauunterbrechung wurde Ende der 40er Jahre die Wiederaufnahme der Arbeiten eingeleitet.

1749
o. Dat. Bauholz für den Neubau im Wert von 950 fl wird geliefert. (Qu.1, p.86)

vor 1750
o. Dat. Berufung Fischers zur Fortsetzung des Klosterbaus [3].

1750
wohl vor 28. 3. Abt Meinrad legt den Grundstein zum »Gast- und Clausurgebäude«, dem Ost- und Südostflügel, der Refektorium, Kapitelsaal und Mönchszellen beinhaltet [4].
vor 28. 3. Maurerarbeiten setzen ein.
28. 3. Maurer und Handlanger erhalten erstmals ihren Wochenlohn, darunter Fischers *Ballier Simon Frey* [5]. (Qu.1, p.83 und 85)
10.11. Letzte Abrechnung des Tagelohns der Maurer (Qu.1, p.84)
11.11. *dem Ballier [Simon Frey] auf die Abreis 9 fl 50 x* (Qu.1, p.84)
o.Dat. *Herren Fischer Baumeister sein accordiertes Annuum bezahlt mit 150 fl* [6] (Qu.1, p.84 und 98)
Der Klosterziegler liefert 132106 Mauersteine, 50150 Dachplatten und 72702 *Kalchofen-Mauersteine,* der Schlosser 7000 *Rammnägel,* 4000 *Halbschloßnägel* und 3000 (andere ?) Nägel. (Qu.1, p.88 und 91)

1751 und 1752 dürften die Bauarbeiten stetig fortgesetzt worden sein.

1753
–. 9. Fischer kündigt am 1. 9. an, er wolle *inner 14 Tägen nacher Wiblingen wegen aldort habenten Gottshaus Bau* [7] reisen und es ist davon auszugehen, daß er die dortige Baustelle auch im Laufe des Septembers besucht.

1754
o. Dat. Jahreszahl im Deckenfresko des Kapitelsaals (im Ostflügel), von Franz Martin Kuen (1719-1771) aus Weißenhorn [8]

Bis 1758 scheint man an der Fertigstellung des Ostflügels einschließlich Ansatz des Südflügels weitergearbeitet zu haben, denn erst 1759/60 ziehen die Mönche »nach und nach« in das neue Klostergebäude ein [9].

1760
21. 3. Maler Kuen erhält 33 fl für *2 Stuck Gemähl in das Refectorium* (im Südostpavillon). (Qu.2, p.89)
–. 4. bis 30.11. Weitere Stuck- und Malerarbeiten im Kloster (-neubau ?), u.a. durch Johann Michael Dornacher. (Qu.2, p.89)
o.Dat. Materiallieferungen: vom *Eysenkramer* 2000 *Rahmnägel,* 2000 *Halbschloßnägel,* 2200 *ganze Schloßnägel* und 1000 *Bretternägel,* vom Ziegler 56000 *Ziegelsteine,* 59250 *Dachblatten* und 6800 *Glukher,* spezielle Ziegelsteine, auch zum Kaminbau verwendet.
Unter der Rubrik *Maurer* keine Hinweise auf größere Maurerarbeiten.
(Qu.2, p. 55, 60 u. 91)

Spätestens mit dem Jahr 1758 fanden die Bauarbeiten am Kloster, die Fischers Palier Simon Frey ab 1750 anstelle seines Meisters beaufsichtigte, ihr Ende. Es ist jedoch unbekannt, wann Fischer die Baustelle abschloß; allerdings ist er nach dem Ausscheiden in Ottobeuren (1757) [10] kaum noch in Wiblingen zu erwar-

Kloster Wiblingen, Augsburg 1925; Alois Schwenger, Abtei Wiblingen, München 1930; Paulus Weißenberger, Johann Michael Fischers Kirchenbaupläne für Wiblingen, in: Zeitschrift für Kunstgeschichte 3 (1934) 249-263; Lieb 1982, 139 f., 230, 233.
Von dem bei Feulner (1914, 94, Anm.1) erwähnten »Chronicon monasterii Wiblingani« sind der zweite und der uns hier vor allem interessierende dritte Band (*ab anno 1700-1800*) verloren. Die Stadtbibliothek Ulm, die die ehemalige Kapitelsbibliothek verwaltet, konnte bereits bei Übernahme des Bestandes Anfang der 70er Jahre diese beiden Bände nicht mehr nachweisen; Bd. 1: Stadtbibliothek Ulm, KT 4952.
Ferner ist bemerkenswert, daß zwei von ehemaligen Wiblinger Mönchen nach der Säkularisation verfaßte Chroniken die Beteiligung Fischers an dem Klosterbau mit keinem Wort erwähnen: Georg Ziegler, Kurze Geschichte von dem aufgehobenen Benediktinerstift Wiblingen nächst Ulm in Schwaben, 1806 und G. Maximilian Geisenhof, Geschichte des ehemaligen Klosters und der Pfarrey zu Wiblingen, 1810; beide im PfarrA Wiblingen.

2 Dadurch verschob sich die durch das Torhaus festgelegte Ost-West-Achse der Anlage um 30 Schuh nach Süden; vgl. Bölz (Anm.1), 46 mit Fig.13. Zu entnehmen u.a. auch bei Feulner 1925 (Anm.1), 7, 9 mit Abb.4 und 5
3 Möglicherweise nahm Fischer schon 1745 mit den Benediktinern in Wiblingen Kontakt auf, als er in das nur wenige Kilometer entfernte Erbach gerufen wurde; s. in der »Chronologie« unter 31.10.1745, in Band II S.126.
4 Braig (Anm.1), 292
5 Der Palier erhält wöchentlich 4 fl, die Gesellen täglich 26 kr und die Lehrlinge 20 kr.
6 Die Summe erscheint noch einmal in der Zusammenstellung aller Ausgaben.
7 Aus Fischers Schreiben vom 1. 9.1753 an Abt Aurelius Braisch in Neresheim; s. Dokument Nr.11, in Band II S.347 f. sowie WVZ 44.
8 Signatur: *F[ranz] M[artin] Kuen pinxit 1754*
9 Braig (Anm.1), 300
10 Fischer zog sich 1757 aus Altersgründen aus Ottobeuren zurück; s. Dokument Nr.13c, in Band II S.349 f. sowie WVZ 50.

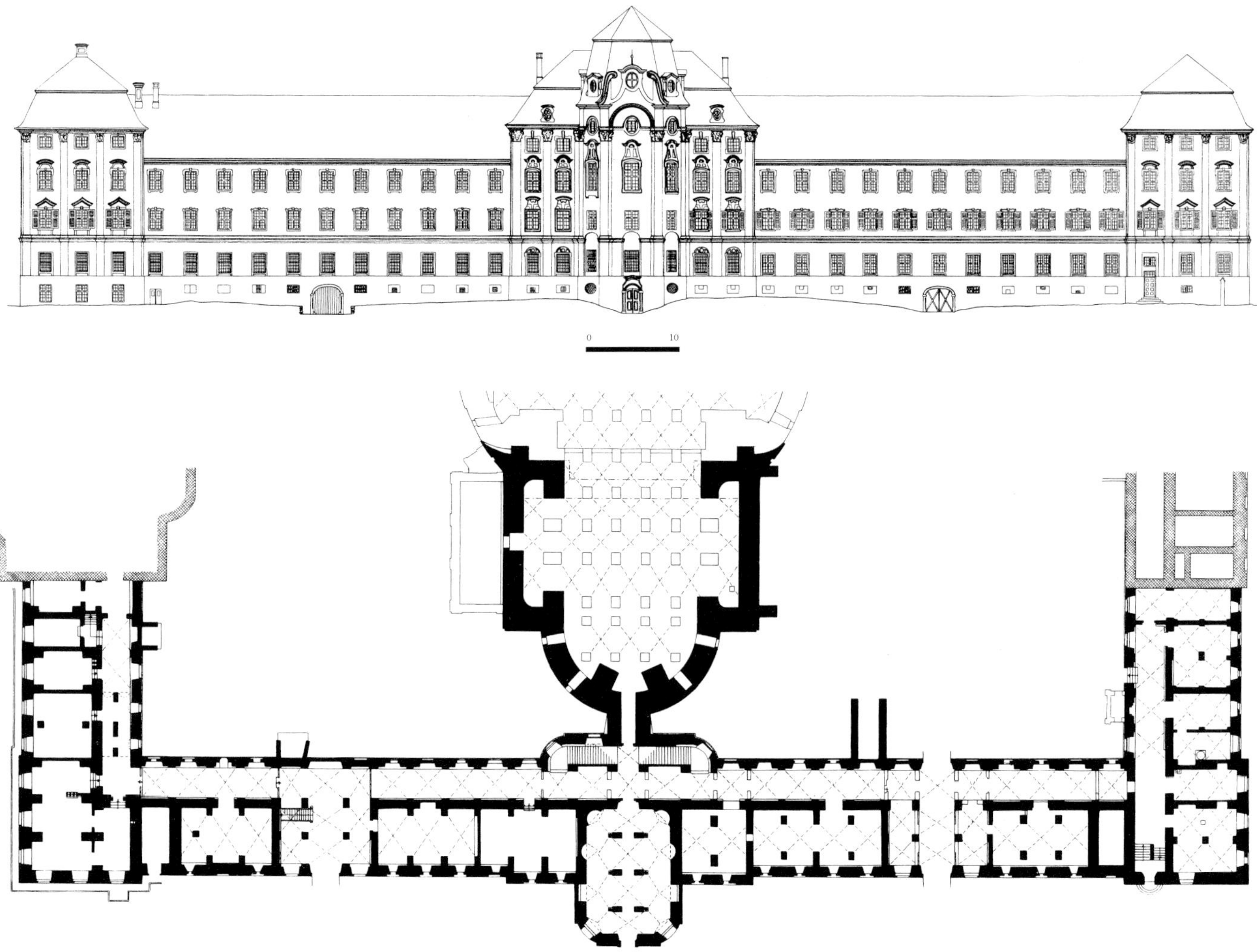

Abb. Ulm-Wiblingen, Klosterostflügel, Grundriß zu ebener Erde und Aufriß der Ostseite (Zustand 1933)

ten. Vorerst unbekannt bleibt auch, ob Fischer jemals Entwürfe für die Klosterkirche eingereicht hat, weil die angeblichen Fischer-Pläne für Wiblingen ihm neuerdings abgeschrieben werden [11].

1750, als der Klosterbau fortgesetzt wurde, war Fischer an die seit 1740 bereits bestehenden Bauabschnitte und an den 1732 beschlossenen Gesamtplan gebunden. Er löste sich nur bei der Ausformung des Mittelrisalits davon. Statt des ursprünglich vorgesehenen, gegen Osten zweifach vorspringenden, breiten Risalits baute Fischer nur einen siebenachsigen und hebt die im Wiedemann-Plan pavillonartig überdachte Mitte sehr viel stärker hervor, indem er sie weiter herausrückt und polygonal bricht. Seiner Stellung im Grundriß entspricht das herausgehobene Mansarddach über dem Mittelrisalit, der den dreigeschossigen Ostflügel um ein Mezzanin überragt. Folgerichtig ist das Polygon knapp um ein weiteres halbes Geschoß erhöht und von einem mehrfach gebrochenen, steil hochgezogenen und durchfensterten Mansarddach überfangen. Die stufenmäßige Steigerung in Grund- und Aufriß vollzieht die Gliederung nach. Zu Recht wurden schon wiederholt Bezüge in Ausformung und Gestaltung zu Vorbildern in Österreich (Palais Rofrano-Auersperg und Hofbibliothek in Wien, Ahnensaalbau von Schloß Frain) beobachtet [12].

Der geplante Bau des Süd- und Südostflügels der Anlage wurde durch die Säkularisation, in deren Folge das Kloster unter württembergische Herrschaft kam, vereitelt. Erst in den Jahren 1915 bis 1917 ließ die württembergische Heeresverwaltung diese Bauteile unter bemerkenswerter Anlehnung an das bereits Bestehende erstellen.

Raimund Waibel

11 S. Weißenberger (Anm.1) und unter Abschreibungen, in Band II S.334-338

12 U.a. Lieb 1982, 139

65 UNERING (Kr. Starnberg, Oberbayern)
Filialkirche St. Martin [1]
Planung und Ausführung

Abb. in Band I S.49-51, 135-136, 150-152

Schon im 18. Jahrhundert war Unering Filiale der Pfarrei Oberalting, die damals zur gräflich Törringischen Herrschaft Seefeld gehörte. 1729, als Fischer für Maximilian Cajetan Graf Törring (1670-1752) den äußeren Schloß- und Wirtschaftshof in Seefeld auszuführen begann [2], setzten Bemühungen ein, Baugelder für die Erneuerung der Uneringer Kirche zu erhalten [3]. Am 6. Juni 1730 gab die bischöfliche Verwaltung in Augsburg ihre Zustimmung, »die alte baufällige Kirche zu Unering, deren Reparaturkosten auf 300 Gulden veranschlagt waren, abzubrechen« [4]. Gleichzeitig wurden Kalk und Bauholz für den Neubau angeschafft [5].

Um 1730 arbeitet Fischer einen Entwurf für den Kirchenneubau aus [6].

1731 [7]

7. 5. Bauarbeiten setzen mit dem Abbruch der alten Kirche ein; Palier ist Christoph Fischer. (Qu.1, fol.155)

28. 5. Pfarrer Johann Georg Faber aus Oberalting legt den Grundstein zur *Ecclesia hac filiali S. Martini et S. Annae Unnering* ... (Qu.1, o.fol.)

–.10./11. *Die Histori von heyl. Kürchen Patron Martino hat Rechnungsfüehrer [Spruner] dem Gottshaus ohnentgeltlich an das Kürchengwölb in fresco mahllen und das herrschaftliche Wappen an den Fronpogen sezen lassen, ...*
Hingegen hat Herr Johann Georgen Sang, Maallern in München, welcher obiges [Deckenbild] verförttiget, wegen ... vergoldeten Kürchenknopfs [8] *und Creuzs ... bezalt werden müessen 15 f.* (Qu.1, fol.131)

10.11. Bauarbeiten werden eingestellt; bis dahin haben *die Maurer mit Abprechung des anno 1718 neu erpauthen Thurms, und des ... ruinos ... gewesenen Gottshauses sowohl als Aufieehrung des neuen Thurms* [9] *und Gotteshauses, auch inwendig völliger Herabpuzung desselben 1387 Tagschichten gemacht* ... (Qu.1, fol.132 und 164)

o.Dat. *1731*, Jahreszahl am Chorbogen zeigt Fertigstellung des Kernraumes an.

Baukosten 1731: 1841 fl 45 kr (Qu.1, fol.132)

1732

29. 1. Pfarrer Faber informiert den Grafen, daß *...vor einem Jahr das Filial Gottshaus ... von Grund aus zu bauen der Anfang gemacht, und der Bau so weit gebracht worden, daß die Kirch sambt dem Thurn völlig stehet, aber noch ein Gewölb beim Chor auszumachen, der Thurn und Sacristei inn- und auswendig, die Kirch aber nur allein auswendig abzubuzen* sei. Für die noch fehlenden Fenster, Türen, Schränke, Beicht- und Kirchenstühle, das Pflaster und eine neue Friedhofsmauer wären etwa 800 bis 1000 fl erforderlich. (Qu.1, fol.279 f.)

8. 2. Fischer quittiert das 1731 angefallene Gesellengeld (für 1387 Tagschichten) 46 fl 14 kr; der Münchner Zimmermeister (Joseph Buchberger) bekommt für 35 Tagschichten 1 fl 10 kr, der Tutzinger Zimmermeister (Veit Mörz) hingegen für 660½ Tagschichten 22 fl 1 kr. (Qu.1, fol.164 f.)

vor 16. 2. *Dem Seefeld[isch]en Maurer Palier Martin Wäger [Wöger], der im Gottshaus-Pau sehr vil bemiehet gewesen, ist zu einiger Erkandlichkeit zugestehlt worden ain Max [d'or] oder 6 f 40 x* (Qu.1, fol.114)

16. 2. Zahlung für *drey grosse Fenster Gätter oder Ramen* (Qu.1, fol.115)

2. 4. Bauarbeiten werden wieder aufgenommen; Palier ist Nikolaus Schönauer. (Qu.1, fol.205)

9. 4. Dem *obigen [bezogen auf: vor 16.2.1732] Maurer-Palier [Martin Wöger]* werden *wegen Einrichtung der Chorpiegen, ab [= für] 7 Täg à 40 x 4 f. 40 x* ausgezahlt. (Qu.1, fol.115)

13. 5. Der Münchner Hofstukkator Johann Baptist Zimmermann reist nach Unering, um den Akkord über die (Stuck-) Altäre zu schließen. (Qu.1, fol.115)

–. 5. Maler Johann Georg Sang aus München erhält 17 fl für das Vergolden des Turmknopfes

1 Quellen: Qu.1 = StA München, Hofmarken Karton 1220
Literatur: Matthias Graf, Geschichte der Pfarrei Oberalting, München 1902, 104-108; Anton Mayer-Pfannholz, Wandern und Sehen, München-Berlin 1930, 194-211; Heilbronner 1933, 29; Hagen-Dempf 1954, 62 f.; Lieb 1982, 49-51, 224; Josef Spindler, Der Kirchenbau in Unering 1731/32, in: Lech-Isar-Land 1992, 181-190; Möhring 1992, 55-58; Wilhelm Neu, Oberalting mit Unering und Seefeld – Drößling mit Meiling und Delling (Kirchenführer), St. Ottilien 1996; Wilhelm Neu, Der Kirchturmbau in Unering 1831-36, in: Lech-Isar-Land 1996, 113-123 – S. auch Franz Peter, in Band I S.49-52 und 150-153

2 Siehe WVZ 58

3 Qu.1, fol.128 f. In dem Zusammenhang wurde auch der Sekretär des Geistlichen Rats, Ignaz Schlick, tätig; zwischen dem 18.11.1730 und 4.5.1731 erhielt er *wegen gehabt villen Bemihung durch Herrn Pfarrer zum Recompens übermacht 1 Max [d'or] per 6 fl 40 x;* Qu.1. Zu Schlick s. auch WVZ 58, Anm.6 sowie Dokument Nr.7, in Band II S.346.

4 Graf (Anm.1), 104; vgl. auch Mayer-Pfannholz (Anm.1), 238

5 Qu.1, fol.129. Zimmermeister Veit Mörz aus Tutzing suchte im November 1730 Bauholz aus; Qu.1, fol.131.

6 S. Kat.-Nr.53, in Band I S. 135 f.

7 In dem Jahr beginnt Johann Sigmund Spruner, gräflicher Verwalter in Seefeld, über den Uneringer Kirchenbau Rechnung zu führen (Qu.1), darin verzeichnet sind aber auch die vorher eingegangenen Baugelder.

8 Knopf auf der Spitze des Kirchendaches

9 Die Eindeckung des Turmes mit Fichtenschindeln erfolgte noch 1731, wurde aber erst 1732 mit 7 fl 20 kr abgerechnet; Qu.1, fol.114.

10 Die Turmuhr wurde von der Dorfgemeinde gestiftet: 1732 ... *Dem Sebastian Schwerzler Urmacher zu Weylhaim seind vor die neu verferttigte Kürchen-Thurn-Uhr mit virfachen Virtl und Stund Zaig- und Schlagwerkhes accordmäßig guet gemacht worden 110 fl. Augustin Franz Mahler in Weylhaim wegen mit guetem Gold vergoldeten 8 Zaigern*

und -kreuzes sowie weitere 10 fl weil er *die von Eisenplech eingerichtete[n] 4 Ziffer Pletter am Thurn, mit Ölfarben gemahlen*[10]. (Qu.1, 116)

–. 5./6. Pfarrer Faber beklagt sich bei Spruner, daß Zimmermanns Gesellen *gahr oft einen blauen Montag und freiwilligen Freitag ... gemacht ... seint ... faule, träge, langsame Gesellen, wie H[err] Martin [Hörmannstorffer] Pallier mismuthig geklagt ... Mithin mueß H[err] Zimmermann den Schaden oder Entgang eines mehrern Gewinn ihme selbst imputiren [= die Schuld zuschreiben]. Warumb hat er nit bessere und fleißigere Leuth anhero geschikt? ... Ich zweiffle gahr nit mehr, daß bis Martini [11.11] alles in vollkommen Stand; ich komme alle Tag hinauf, die Arbeiter zu Vollendung des Paus aufzumuntern. H[err] Sang wird mit aller Arbeit bis kinftigen Pfingstag fertig, und villeicht noch selbigen Tag in Minchen eintreffen. ...* (Qu.1, fol.309)

2. 6. Hofstukkator Zimmermann zeichnet eigenhändig eine Rechnung für Farben ab[11]. (Qu.1, fol.179).

30. 6. Zimmermanns Palier, Stukkator Martin Hörmannstorffer aus München, arbeitet schon sechs Wochen an den Altären. (Qu.1, fol.121)

19. 8. Thomas Gruber, Maurer und Steinmetz aus München *ob der Au*, hat Pflaster- und *Antritt-Stain* geliefert. (Qu.1, fol.116)

30.10. Pfarrer Faber berichtet: ... *gestern ist ... das Gerüst völlig abgebrochen ... worden, worauf die Kistler den Boden zu denen Kirchenstiehlen zu legen angefangen, ... auf Martini [11.11.] wollen wir halt dis Gotshaus einweihen ...* (Qu.1, fol.299 f.)

11.11. Weihe der Kirche am Patroziniumstag (Qu.1, fol.297 f. und 303 f.)

22.11. Bauarbeiten werden abgeschlossen; bis dahin ist man *mit auswendiger Herabpuezung des Thurns und Kürch, auch Ausmachung des Chors, item der Sacristey, dan Legung des Pflasters, auch Aufführung des Kürchen Vorhauses, und der von Grund neu aufgeführten Freydhofmauer* fertig. (Qu.1, fol.123 und 212)

o.Dat. Baukosten 1732: 3997 fl 31 kr 3 ½ hl (Qu.1, fol.124)

... des Maurermaisters [Fischer] Gsöllengelt ... zwar ab obigen 599 ¾ Tägen à 2 x in allem 19 f. 59 ½ x. Weillen deme aber zeithero hiran nichts bezahlt worden, als[o] ist auch disohrts anzusezen – [nichts][12]. (Qu.1, fol.212 f.)

Hofstukkator Zimmermann erhält 325 fl für Choraltar und Seitenaltäre.

Maler Sang verbraucht zur Vergoldung der Stuckarbeiten 50 Buch feines Gold; für die *Ausmahlung der Altär [-nischen] und des Vorzaichens* rechnet er einschließlich Kost 140 fl ab.

Der Münchener Bildhauer Johann Georg Greiff quittiert 132 fl für die Altarfiguren St. Martin, St. Anna und St. Johann Nepomuk. (Qu.1, fol.120)

Es war Georg Hager, der 1902 die Verwandtschaft der Uneringer Kirche mit den Klosterkirchen in Rott am Inn sowie Ingolstadt erkannte und Fischers Autorschaft erstmals in Erwägung zog[13]. Die stilistische Zuweisung wurde durch die späteren Quellenfunde bestätigt.

Seine Tätigkeit in Seefeld, wohin er 1723 berufen wurde, trug Fischer auch den Auftrag für Unering ein; dasselbe gilt für den Maler Sang und den Bildhauer Greiff. Graf Törring ordnete also bewährte Kräfte nach Unering ab[14].

Die Uneringer Kirche zählt zu den wenigen Bauten, für die ein Fischer-Entwurf erhalten ist; es handelt sich um den Grundriß der Balkenlage (Kat.-Nr.53). Aus dem Plan für das Dachwerk geht hervor, daß der Chor gegen Osten ursprünglich keinen Giebel erhalten, sondern abgewalmt werden sollte. Folglich fehlen auch Hinweise auf den späteren Giebelreiter über dem Chor. Aufgrund dieser Abweichungen von der Ausführung gehört der überlieferte Balkenriß in die Frühzeit der Kirchenplanung. Da Fischer kaum vor 1729 damit angefangen hat, im Juni 1730, als der Neubau bewilligt wurde, aber mit ausgearbeiteten Plänen zu rechnen ist, wird der Dachwerksentwurf um 1730 angesetzt[15].

An dem 1731 begonnenen Kirchenbau wurden schon bald nach seiner Weihe 1732 Veränderungen vorgenommen. 1744 hat man die ›Baßgeigenfenster‹ in einfache Rundbogenfenster umgewandelt[16]. Gravierender aber waren die Eingriffe des 19. Jahrhunderts, so daß Franz Peter auf dem Wege der Rekonstruktion den ursprünglichen Zustand zurückzugewinnen versuchte[17]. Darin wird an-

3 f. 30 x ... dem Zimmermaister zu Dutzing [Veit Mörz] wegen Aufzuch- und Hängung der Gloggen und für den sogenannten Hebwein 2 fl; Qu.1, fol.112, 117, 119.

11 Quittung seines Paliers Hörmannstorffer über Material *zur Machung der Altär* ist undatiert; Qu.1, fol.186.

12 Offenbar bekam Fischer sein Geld erst 1733; das Gesellengeld für 1731 quittierte er auch erst am 8.2.1732. – Neben Wöger nennen die Baumanuale als Maurerpaliere: (7.5.-23.6.1731) Christoph Fischer (nicht verwandt mit J.M.Fischer), (11.6.-7.7.1731) Joseph Huber, (2.4.-10.5.1732) Nikolaus Schönauer und (28.4.-14.6.1732) Joseph Kögl. Diese vier werde Seefelder Untertanen gewesen sein, sie arbeiteten bei keinem anderen Fischer-Bau mit. Wöger, Fischers Wölbungsspezialist, wurde offenbar nur gezielt in Unering eingesetzt; sein Tageslohn betrug 40 kr, die anderen bekamen 26 bzw. 30 kr. Wögers Erwähnung in Niederviehbach läßt erwarten, daß er nach dem 9.4.1732 von Unering dorthin gegangen ist; s. WVZ 47.

13 Gustav von Bezold/BertholdRiehl/Georg Hager, Regierungsbezirk Oberbayern (KDB, Oberbayern, Teil 2), München 1902, 2038

14 S. WVZ 43a und 58

15 Geplant (und ausgeführt?) war offenbar auch ein anderes, größeres Fenster im Chor. Anhaltspunkte dafür liefert ein berissener Zettel im zitierten Akt (Anm.1) mit folgenden Notizen: *das Rundel im ga... [ganzen?] Zirkhl ober dem Koraltar 7 ½ Sch[uh], hoch vom Boden gegen 32 Sch[uh], bis zum Fenster 18 Sch[uh] 8 Zohl, Fenster Höche 8 Sch[uh], herunden praith 6 Sch[uh] 10 Zoll.* Diese Angaben – ein Bayer. Landschuh = 29,2 cm – beziehen sich auf das Fenster in der Chorostwand, das 18 Schuh 8 Zoll (ca. 5,40 m) über dem Boden beginnen, 8 Schuh (ca. 2,30 m) hoch und unten 6 Schuh 10 Zoll breit (ca. 2,00 m) werden sollte. Mit einem so großen Fenster, dessen Form vermutlich der der übrigen Kirchenfenstern geglichen hätte, ließe sich das in der Mitte aufgebogene Profilgesims an der Ostfront besser begründen als mit dem bestehenden kleinen Hochoval. Darüber hinaus werfen die Fenstermaße die Frage auf, ob die heutigen, rekonstruierten Fenster die ursprüngliche Form haben, oder ob sie eher den Choröffnungen in Bergkirchen entsprachen, die den Abmessungen in Höhe und unterer Breite nahe kommen; vgl. WVZ 9.

16 Neu (Anm.1), 11 und 116 f. Bei der Restaurierung 1967 bemühte man sich um die Gewinnung ihrer einstigen Form.

17 S. Peter (Anm.1)

schaulich, daß mit dem in den Quellen genannten *Thurn* der schon erwähnte Giebelreiter über dem Chor gemeint ist [18]. Dessen Form und Größe hat man sich allerdings ganz anders als rekonstruiert vorzustellen. Wie die Quellen berichten, waren an allen vier Seiten des Uneringer Giebelreiters Zifferblätter einer Uhr angebracht. Die Bestätigung liefert ein jüngst aufgefundener Bestandsplan von 1830 [19]. Obwohl die Darstellung zeichnerisch schwach ist, zeigt sie doch das wesentliche: einen dreigeschossigen Giebelreiter mit hohen Schallöffnungen (für zwei Glocken), mit der Uhr und geschwungener Haube [20]. Seine Höhe und Ausformung erklären, warum in den Quellen von einem Turm gesprochen wird.

Statt des hölzernen, 1830 abgetragenen Giebelreiters wurde 1836 an der Kirchenwestseite der heute noch bestehende Turm errichtet. Er trat an die Stelle des mehrfach genannten Vorzeichens, das zum Schutz des Eingangs diente. Der quadratische Vorbau war an beiden Seiten zugänglich [21] und hatte bequem Platz unter dem dritten großen Kirchenfenster, das den Öffnungen im Norden und Süden entsprach [22]. Ausgemalt durch den Freskanten der Kirche, scheint es kein Eingangsbau von der ganz einfachen Art gewesen zu sein [23].

Mehr noch als den Außenbau beeinträchtigte der Turmbau den Innenraum, weil damit das große Fenster im Westen verstellt und der Lichteinfall um rund ein Drittel reduziert wurde. Ursprünglich muß der Kirchenraum überwältigend gewirkt haben; Pfarrer Faber kleidete seine Begeisterung 1732 in die Worte: *Was für ein Freid und Vergnügen ich an disem Gottshaus habe, kann unmöglich exprimiren; so offt ich nur daran gedenke, lacht mir das Herz, und meine ich, den Himmel zu sehn, wie ich dann in vorhabenter [Kirchweih-] Predig[t] diss neue Gotteshaus als einen neüen Himmel, den der hl. Joannes in apocalypsi gesehen, vorstellen werde. Jederman bezeiget das gröſste Wohlgefallen und heist es, durchaus kein solche Kirch ist in ganzem Bayern. Gott sei ewiger Dank, wie auch den fundatori* [24].

Gabriele Dischinger

18 Michael Meier vermutete als erster einen Dachreiter; vgl. seinen Artikel »Unering« in: Max Gruber/Klaus Kraft/Michael Meier/Wilhelm Neu, Die Kunst- und Kulturdenkmäler in der Region München, Bd.1, München 1977, 156.

19 Abb. bei Neu (Anm.1), 116. Dieser Plan zeigt übrigens schon eine Westempore mit Treppenaufgang in der südwestlichen Nische. Demnach wurde die Empore nicht erst in Verbindung mit dem Turmbau eingezogen; vgl. Peter (Anm.1), 150.

20 Wilhelm Neu (Anm.1, 115) stellt richtig fest, daß das Gesims über der Uhr auf dem Plan von 1830 falsch wiedergegeben ist; es war wohl, »wie bei Fischer üblich – nur über dem Zifferblatt halbkreisförmig hochgezogen«.

21 Dargestellt auf dem Bestandsplan von 1830. Am 13.12.1732 rechnete der Schmied über *Pändter für 2 Vorzaich[en] Thüren* ab; Qu.1, fol.187.

22 Vgl. den Plan von 1830. – Gerhard Schober, Landkreis Starnberg (Denkmäler in Bayern, Bd.I.21), ²München-Zürich 1991, 258 wußte bereits, daß das für die Raumbeleuchtung wichtige Westfenster existierte.

23 In der Rekonstruktion von Franz Peter fehlt das Vorzeichen.

24 Qu.1, fol.303 f.; zitiert bei Mayer-Pfannholz (Anm.1), 210 f.

66 UNTERAPFELDORF (Kr. Landsberg am Lech, Oberbayern)
Pfarrhof der Gemeinde Apfeldorf [1]
Plan für den Neubau

Der Pfarrhof in Apfeldorf, das dem Augustiner-Chorherren-Stift Polling inkorporiert war [2], wurde schon im Jahre 1700 als reparaturbedürftig beklagt [3]. Doch erst nach dem Österreichischen Erbfolgekrieg konnte Polling an einen Neubau des mittlerweile ganz ruinösen Baus denken.

1745

wohl vor 18.5. [4] *Propst Franciscus [Töpsl von Polling] ließ also den Herrn Johann Michael Fischer, den er ansonst[en] für seinen Baumeister gebrauchte ..., nach Polling und so dann nach Apfeldorf berufen, um einen anständigen und commoden Pfarrhofriss zu verfertigen.* Hinsichtlich des Bauplatzes wird entschieden, daß der neue Pfarrhof auf dem alten Grundstück, aber *weiters zurück und wo ehemals ein kleines Gartl war,* errichtet werden soll. (Qu.1) [5]

1746

o.Dat. Baumaterial wird angeschafft. (Qu.1)

1747

12. 4. Bauarbeiten beginnen mit Abbruch des alten Pfarrhofs. (Qu.1; Qu.2, fol.23)

–. 4. Grundstein zum neuen Pfarrhof wird gelegt und aus diesem Anlaß *den Maurern zum Trunk ein Dukaten verehrt.* (Qu.1; Qu.2, fol.23)

1 Quellen: Qu.1 = PfarrA Apfeldorf, Chronik der Pfarrei Apfeldorf (2 Bde, 18.Jh.); Qu.2 = BSB, Clm 26461 (Tagebuch Töpsl); Qu.3 = PfarrA Walleshausen, Kirchenrechnungen Polling
Literatur: Sigfrid Hofmann, Beiträge zur Bau- und Kunstgeschichte von Polling, in: Heimatpfleger des Bezirks Oberbayern, Wissenschaftliche Veröffentlichungen, Reihe A, Heft 3, Schongau 1954; ders., Geschichte der Pfarrei Apfeldorf, in: Lech-Isar-Land (1971) 149-157; Lieb 1982, 150, 229.

2 Seit Juni 1744 war der Pollinger Chorherr P.Benno Mayr, der am 4. Mai 1744 den Grundstein zum Neubau in Grasleiten gelegt hat (s. WVZ 72), Pfarrvikar in Apfeldorf; vgl. Hofmann 1971 (Anm.1), 151

3 Hofmann 1971 (Anm.1), 149

4 Fischer führte in dieser Zeit auch die vorbereitenden Gespräche für den

7.12. Kosten des Neubaus belaufen sich bereits auf 3559 Gulden, er ist aber noch nicht vollendet. (Qu.2, fol.26)

1748
21.12. Polling hat weitere 813 Gulden für den Neubau ausgegeben. (Qu.2, fol.33)

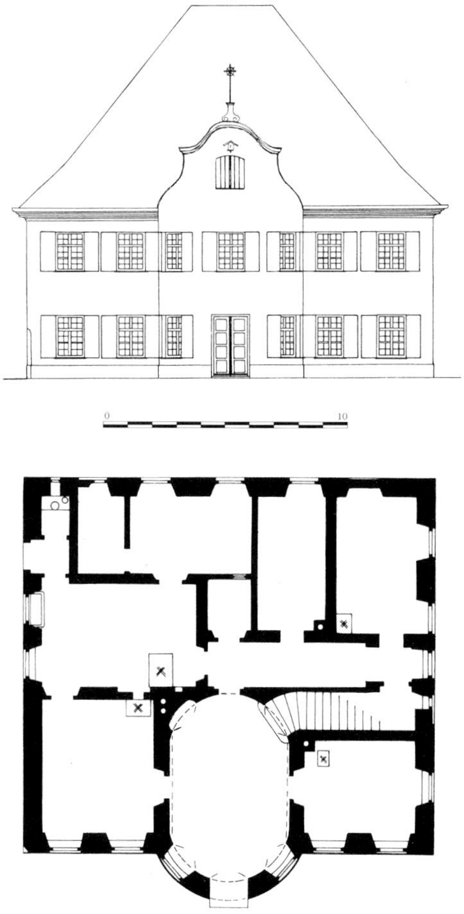

Abb. Unterapfeldorf
Grundriß des Erdgeschosses und Aufriß der Westseite

1749
17. 3. Polling liefert 51 Faß Kalk zum Pfarrhofbau, der wahrscheinlich für den Außenputz bestimmt ist. (Qu.3) [6]
o.Dat. Mit Ausnahme der Ökonomiegebäude wird der Pfarrhof vollendet. (Qu.2, fol.44)

Der Pfarrhof in Unterapfeldorf gehört zu den wenigen erhaltenen Profanbauten Fischers. Am Außenbau fällt der zum Garten halbrund ausgreifende Mittelrisalit mit geschweiftem Giebel auf [7]. Der Mittelrisalit enthält im Erdgeschoß ein ovales Vestibül mit Treppenaufgang in das erste Obergeschoß und über dem Vestibül einen ovalen 'Saal'. Beide Ovalräume sind durch eine Art Enfilade mit den seitlich angrenzenden Zimmern verbunden. Bis auf diese Extravaganz hat Fischer sich bei der Einteilung aber von eher praktischen Gesichtspunkten leiten lassen. Asymmetrien an den beiden Seitenfassaden führen zu der Frage, ob Fischer vielleicht Teile des alten Pfarrhofes mitverwendet hat, als der Neubau zwar an der alten Stelle, aber *weiters zurück ..., wo ehemals ein kleines Gartl war*[8], d.h. ganz an der östlichen Grundstücksgrenze, aufgeführt wurde.

Im Grundriß, der für einen Pfarrhof ungewöhnlich ist, erinnert Apfeldorf entfernt an das (1817 abgetragene) Sommerschloß in Donaurieden, für das Fischer 1745 Entwürfe lieferte und honoriert bekam [9]. Den Bautyp des Apfeldorfer Pfarrhofes nahm Fischers Palier Daniel (Martin) Sacher zum Vorbild für seine Meisterstückrisse, die er 1764 in Ingolstadt einreichte [10].

Christl Karnehm

gleichzeitigen Bau des Bierkellers in Polling; s. WVZ 52

5 Zitiert nach Hofmann 1971 (Anm.1), 153

6 Zitiert nach Hofmann 1954 (Anm.1), 6

7 Das ehemals hohe Rundbogenfenster im Giebel wurde inzwischen verkleinert; vgl. BayHStA, OBB Karten und Pläne Nr.702 (Bauaufnahme des Pfarrhofs, Anfang 19.Jahrhundert).

8 Qu.1; zitiert nach Hofmann 1971 (Anm.1), 153

9 S. Anton H.Konrad, in Band II S.103 sowie WVZ 13. Zwar zog der Auftraggeber des Schlößchens den französischen Architekten Michel d'Ixnard vor, der den Bau auch in seinem Stichwerk überliefert, aber gerade die auffallenden Parallelen zu dem gleichzeitig entstandenen Pfarrhof in Unterapfeldorf machen wahrscheinlich, daß Fischers Ideen in die spätere Ausführung eingeflossen sind.

10 S. Josef H. Biller, in Band II S.72

67 ZWIEFALTEN (Kr. Reutlingen, Baden-Württemberg)

Ehem. Benediktiner-Klosterkirche, heute Pfarrkirche St. Maria [1]

Planung und Ausführung

Abb. in Band I S.30-31, 83, 88, 222, 224-226, 229-231

Das Kloster Zwiefalten wurde im Jahr 1089 von den Brüdern und Grafen Liutold von Achalm und Kuno von Wülflingen unter Mitwirkung des Reformabtes Wilhelm von Hirsau gegründet. Aus den schweren Bedrängnissen durch Kriege und die Reformation immer wieder erholt, ließ das Kloster seine Prälatur und die Klausur im letzten Drittel des 17. Jahrhunderts neu erstellen. Die romanische Klosterkirche präsentierte sich zu Beginn des 18. Jahrhunderts als dreischiffige Säulenbasilika mit Querhaus, Vierungsturm, polygonal geschlossenem Chor mit zwei Nebenchören, einem Langhaus von sieben Achsen mit Kapellenreihen beiderseits der Seitenschiffe und mit einer Vorhalle. Diese war völlig in dem barocken Klosterwestflügel aufgegangen.

Nachdem 1709 ein geplanter Umbau der Klosterkirche durch den Vorarlberger Baumeister Franz Beer (1660-1726) nicht zustande kam, wurde der Gedanke der Kirchenerneuerung erst wieder von Abt Augustin Stegmüller (1725-1744) aufgegriffen. Unter seiner Anweisung haben die Gebrüder Joseph Benedikt (1689-1763) und Hans Martin Schneider (1692-1768) aus dem Klosterort Baach [2] in den 1730er Jahren verschiedene Risse entworfen [3].

Gebaut werden sollte eine Wandpfeilerkirche mit Emporen, bereichert um eine Vierungskuppel mit niedrigem fensterlosen Tambour und ein Chorturmpaar. Vor dem Hintergrund, daß dieser vorgesehene Umbau der alten Basilika große statische Probleme nach sich gezogen hätte [4] und wegen der hohen Kosten im Konvent auf starken Widerstand stieß [5], gelang es Abt Augustin 1738 schließlich, einen Neubau der Klosterkirche mit einem Gewölbe aus Stein durchzusetzen [6].

Der ursprüngliche Plan, zunächst den Chor und dann das Langhaus niederzulegen und neu aufzubauen, wurde wieder fallengelassen [7]. Nachdem man bereits 1739 begonnen hatte, den neuen Chor zu fundamentieren [8], wurde auch das Langhaus abgerissen. Die Fundamentierung des Neubaues konnte mit Ausnahme des Nordturmes bis zum 28.Oktober 1740 zu Ende gebracht werden [9]. Da sich die Gebrüder Schneider jedoch der vom Auftraggeber gewünschten Ausführung gemauerter Gewölbe nicht gewachsen zeigten, sah sich das Kloster nach einem in der Technik erfahrenen Baumeister um und berief 1741 Fischer als neuen Baumeister.

1741

o.Dat. *Da man vermerkt, daß die Maurermeister lieber ein Gewölb von Holz als von Stein in die neue Kirche thäten machen, und ohne dem ein dergleiches Werk von jenen noch niemals ist gemacht worden, so hat man sich, sicher zu sein, um einen Mann gesehen, welcher ein solches Werk besser verstehe; so ist dann der dortmalige in der Kunst berufene Pater Stuarth von Regensburg über Augsburg anhero kommen* [10]. *Endlich aber ist Herr Fischer von München aus Bayern gebürtig als Baumeister ins künftig angenommen worden, welcher schon zuvor in dem Reichsgotteshaus Ochsenhausen bekannt gewesen, und ist dann mit ihm ein neuer Vertrag gemacht worden, nachdem er zuvor seinen neuen Rieß zur Kirchen gezeigt hatte, und die Ursachen, warum er den alten Kirchenrieß verwerfe, angezeigt, die 2 Thürme ausgenommen. Weiter ist für dises Jahr nichts vorgenommen worden wegen dem Kirchenbau.* (Qu.1, p.176)

Ausgaben für den Kirchenbau 1741 [11]: 1493 fl 47 x 6 h (Qu.2, Bd.91, p.37)

davon u.a. Hans Martin und Joseph Schneider für das Hauen und Sägen von Steinen 591 fl 41 x 6 h [12] (Qu.2, Bd.91, p.36 f.)

1741/42 entstand möglicherweise ein Modell nach Fischers Entwurf für die neue Kirche [13].

1 Quellen: Qu.1 = Baubericht bis 1765 von Othmar Baumann; das Original ist verschollen, deshalb zitiert nach dessen Edition von Eduard Paulus (s. Literatur); (Qu.2-4 im HStA Stuttgart, mit den Signaturen) Qu.2 = B 555 Bd.21-103a (Großkellerei-Rechnungen 1599/1600-1786/87 mit Lücken); Qu.3 = B 551 HS 14b (Notae de Parochiis, Beneficiis, Ecclesiis, Capellis etc. Imp. Monasterii B.V.M. in Zwifalten, 1760, mit Nachträgen bis 1787); Qu.4 = B 551 Büschel 28 (hier: Rechnungsvermerk, um 1750) Literatur: Eduard Paulus, Das alte und das neue Münster in Zwiefalten, in: Württ. Vierteljahrshefte für Landesgeschichte 11 (1888/89) 170-188; Bernardus Schurr, Das alte und das neue Münster in Zwiefalten, Ulm 1910; Ernst Fiechter/Julius Baum, Oberamt Münsingen (Kunst- und Altertums-Denkmale in Württemberg, Donaukreis 5), Esslingen 1926, 134-174; Lieb 1982, 103-114, 228; Karl Heinz Schömig, Münster Zwiefalten (GKF Nr.95), München-Zürich 1982; Reinhold Halder, Die ›Schneidermappe‹. Bestandsaufnahme einer Plansammlung historischer Bauzeichnungen und Stiche aus dem 17. bis 19. Jahrhundert beim Landesdenkmalamt Baden-Württemberg, Stuttgart, Tübingen 1987 (Ms.); Hermann Josef Pretsch (Hg.), 900 Jahre Benediktinerabtei Zwiefalten, Ulm 1989, u.a. mit Beiträgen von Reinhold Halder, (140-213) und Stefan Kummer (391-400) zum alten und neuen Kirchenbau; Möhring 1992, 200-236; Reinhold Halder, Benediktinerabtei Zwiefalten. Forschungen zum Bau- und Bildprogramm, Diss. Tübingen (in Vorbereitung) – S. auch Reinhold Halder, in Band I S.222-233

2 Die Gebrüder Schneider waren von ihrem Vater, dem Klosterbaumeister Benedikt Schneider (1654-1705), und vermutlich von Franz Beer ausgebildet worden.

3 Diese haben sich zusammen mit einer Vielzahl anderer Risse in einer nach ihnen benannten Plansammlung, der ›Schneidermappe‹, erhalten. Vgl. Halder 1987 (Anm.1), Nr.5, 6, 8-10 – Plan Nr.7 (um 1709) stammt von Franz Beer – und Halder 1989 (Anm.1), 205-213

4 Halder 1989 (Anm.1), 212 f.

5 Qu.1, p.173

6 Wie Anm.5. Von dem Plansatz der Gebrüder Schneider zur neuen Klosterkirche hat sich lediglich der Aufriß der Nordseite erhalten; s. Halder 1987 (Anm.1), Nr.10. Aus diesem läßt sich

1742

o.Dat. *Erstens sich sicher zu stellen wegen einem steinernen Gewölb, ist man mit der Kirchen 4 bis 5 Schuhe [ca. 1,20-1,50 m] auf beiden Seiten über das alte Fundament hinausgefahren und dann wieder ein neues Fundament gegraben und wo man für nöthig gehalten Pfähle geschlagen, und weillen im ersten Riß, im Langhaus auf einer jeden Seiten 6 Capellen in das Fundament angelegt gewesen, so hat man auf einer jeden Seiten nur 4 behalten, nach dem neuen Riß, wie auch nicht mehrere sind, und im Kreuz ist auch auf einer jeden Seiten eine Capelle, ehe man vom Kreuz in einen Turm kommt, im Grund, da zuvor Pfähle geschlagen worden, gemauert gewesen; so sind diese beide auch ausgelassen worden, damit das Kreuz breiter worden, und weilen nach dem ersten Riß das alte Cimidery wäre stehen geblieben, so wäre die neue Kirche nicht mehr als 7 Schuhe länger geworden als die alte, gegen Sonnenaufgang, aber nach dem neuen Riß ist sie mehrer als 30 Schuh länger worden. Es hätte auch nach dem ersten Riß die Gallerie sollen auf beiden Seiten bis an den Hochaltar sollen kommen, und der Chor hat sollen seinen Anfang gleich bei Anfang des Pfeilers, welcher vor der Capelle gestanden vor dem Thurm, und sein Ende wäre, wo die Thürme Ihr Ende haben gegen Aufgang der Sonnen, das Übrige wäre das Presbytery gewesen, und also diesem Riß nach gar viel zu vile Winkel bekommen und auch nicht gar viel größer geworden, als die alte gewesen, darum hat man solchen verworfen, bis an die 2 Thürme und den jetzmaligen angenommen*[14]. *So hat man dann ... die Pfähle geschlagen und angefangen das neue Fundament aufzumauern, das Cimidery ... abzubrechen und den Platz zu räumen, und ... unterdessen in dem Thurm gegen Mitternacht ist fortgefahren worden mit mauern.* (Qu.1, p.176 f.)

31.10. Die Bauarbeiten werden zum Winter eingestellt; das aufgehende Mauerwerk ist *etwelche Schuhe* hoch (ca. 1-2 m) aufgeführt. (Qu.1, p.178)

o.Dat. Ausgaben für den Kirchenbau 1742: 5471 fl 57 ½ x (Qu.2, Bd.92, p.34)

davon u.a. *dem Balier Martin Wäger [= Wöger], so wochentlich, ohne Kost 3 fl 36 x, zue empfangen hat, l[aut] Sch[ein] 118 fl 48 x* (Qu.2, Bd.92, p.31)

Hans Martin Schneider erhält für gehauene Steine 346 fl 40 x;

Zimmermeister Johann Schueler aus Upflamör 241 fl 48 x (Qu.2, Bd.92, p.32 f.)

1743

o.Dat. *... hat man dann das neue Cimideri [= Gruft auf der Nordseite des Chores] mit dem Kirchenbau ... aufgeführt, auch ist heuer der erste Umfang von Eisen um den Chor geführt worden, anfangend bei dem Kreuz durch die Thürme durch und um den Chor herum, bis es den Chor völlig umgeben hat, auch sind in die Pfeiler bei den Capellen in einen jeden 2 starke Stangen von Eisen gelegt worden, um Sicherheit willen wegen dem Gewölb.* (Qu.1, p.178; Qu.3, p.118)

Ausgaben für den Kirchenbau 1743: 11419 fl 17 x (Qu.2, Bd.93, p.35)

davon u.a. am 16. 5. *Herrn Baumaister Michel Fischer an seinem Deservit à 150 fl auf Abschlag geben l[aut] Sch[ein] 103 fl 52 x*[15] (Qu.2, Bd.93, p.32)

Habe dem Martin Wägner Balier bey dem ney[en] Kirchengebäu, vom 16. Mertz diss Jahr biß gemelt[en] 31. octobr[is] vor 33 Wochen vor iede 3 fl 36 x l[aut] Sch[ein] bezahlt 118 fl 48 x

Hans Martin Schneider für behauene Steine 1970 fl 47 x und jährliches *Deservit* 50 fl (Qu.2, Bd.93, p.33)

Zimmermeister Schueler 549 fl 52 x (Qu.2, Bd.93, p.34)

1744

1. 6. Feierliche Grundsteinlegung durch den am 21. 4.1744 gewählten Abt Benedikt Mauz (1744-1765); der Kirchenbau *ist schon ziemlich hochgekommen.*

o.Dat. Am Ende der Bausaison, als die Mauern fast vollständig hochgezogen sind, *hat man den Chor wiederum mit einem eisenen Umfang befestigt ... und die Capellen auch wiederum mit eisernen Stangen belegt; in den beiden Thürmen aber ist alle Stock hoch Eisen eingelegt worden bis zu oberst unter die Kuppeln.* (Qu.1, p.178 f.)

Ausgaben für den Kirchenbau 1744: 9792 fl 49 x 6 h (Qu.2, Bd.94, p.38)

davon u.a. *Herren Bau Maister Michel Fischer von München seinen jährlichen Deservit pro anno 1744 l[aut] Sch[ein] bezahlt mit 150 fl*

Item dem Kirchenbalier Martin Wöger, wochentlich, ohne Speiß, 3 fl 36 x Ist 126 fl, dessen

aber der Grundriß und der Raumgedanke zur Gänze rekonstruieren; s. Freiermuth 1955, 325

7 Qu.1, p.175

8 Wie Anm.7. Die Fundamente konnten wegen des Grundwasserspiegels nur 9 Schuh und 6 Zoll (ca. 2,80 m) tief ausgehoben werden. Für die Fundamentierung im nassen Untergrund wurden Eichenpfähle in einer Länge von 12 bis 18 Schuh (ca. 3,60-5,40 m) geschlagen, für jeden Turm 218, für jeden der acht Hauptpfeiler 80-100 Stämme. Die Pfähle für die Turmfundamente wurden mit einer Maschine (›Eiserne Katz‹) eingerammt.

9 Qu.1, p.176. Der Nordturm war damals erst zur Hälfte fundamentiert.

10 Zur Rolle Stuarts in Zwiefalten s. Peter Martin Husty, Pater Bernard Stuart (1706-1755). Ein Salzburger Hofarchitekt und die Aufgaben der Zeit, Magisterarbeit Salzburg 1989, 128-131

11 Die Hauptausgaben für den Kirchenbau wurden in den Rechnungen der Großkellerei geführt, die jeweils an Maria Lichtmeß (= 2. 2.) schlossen; Qu.2, Bd.89-103a. Aus der Zeit des Kirchenbaus und seiner Ausstattung haben sich die Bände der Jahre 1738-1751, 1753, 1765 und 1787 erhalten. Im folgenden können daraus nur die für die Baugeschichte aufschlußreichsten Einträge zitiert werden. 1738 sind ausschließlich Kosten für Bauholz und seine Beschaffung entstanden; Qu.2, Bd.89. Die Gesamtausgaben für den Münsterbau betrugen in den Jahren 1739/40 9597 fl 56 x; Qu.2, Bd.90, p.34.

12 An Hans Martin Schneider sind 1741 ebenso wie an den Palier (N.N.), den Zimmermeister und die Maurer Weinabgaben verbucht; Qu.2, Bd.91, p.57. Ab 1743 sind auch für ›den Kirchenpalier‹, Fischers Palier Martin Wöger, Abgaben an Wein und Bier verzeichnet.

13 S. Kat.-Nr.54, in Band I S.136 und in Band II S.22-28

14 Eine andere Quelle (Qu.3, p.115) berichtet über das Wirken Fischers in Zwiefalten: *Videri possunt de his (Ecclesiae laboribus) Prothocolla capitularia, (ut) Alius Architectus Dominus d. N.N. Fischer Monacensis, electus in prioris locum, et jactis iam fundamentis adjecit fundamenta; et Basilicam, ea magnifica forma in modum crucis multorum annorum, non semel tamen a labore vacantium, impendo construxit; qua modo aedificio ingenti quidem, necdum [1767] vero ornatu perfecta conspicitur.* Mit diesem Text schließt ein wenige Seiten umfassender Bericht über Zwiefalten, besonders seine Altäre; es werden dabei alte Chroniken zitiert. Gegen Ende heißt es, der alte Bau sei

Sohn 20 fl 48 x demnach sambtlich lauth Sch[ein] bezahlt 146 fl 48 x (Qu.2, Bd.94, p.33)
Hans Martin Schneider für gehauene Steine 798 fl 33 x und jährliches *Deservit* 50 fl
Zimmermeister Schueler 683 fl 40 x (Qu.2, Bd.94, p.35 f.)

1745
vor 21. 8. Die Mauern werden vollständig hochgezogen.
21. 8. Die Zimmerleute beginnen, den Dachstuhl aufzurichten, *die Maurer [haben] auch schon unterhalb angefangen, das Gewölbe zu machen; nach 4 Wochen* steht der Dachstuhl.
21. 9. Richtfest; der Abt des Benediktinerklosters St.Georgen-Villingen, Hieronymus Schuh, nimmt daran teil.
15.10. Altarraum, Chor und Langhaus sind eingewölbt. (Qu.1, p.179 f.)
o.Dat. Ausgaben für den Kirchenbau 1745: 14910 fl 2 x 6 h (Qu.2, Bd.95, p.56)
davon u.a. *H[errn] Bau-Director Michel Fischer vor sein jährliches Deservit 150 fl*
Item für ein Riß zu dem Portal 30 fl 40 x[16]
Dem Martin Wager [Wöger] Balier vor 32 Wochen à 3 fl 36 x [insgesamt] 115 fl 12 x
Item discretion 30 fl 40 x
Hans Martin und Joseph Schneider für gehauene Steine 1054 fl 25 x, jährliches *Deservit* 50 fl und für beide *discretion* 30 fl 40 x
Zimmermeister Schueler für das Aufrichten des Dachstuhles 1461 fl 4 x, als *discretion* 30 fl 40 x, sein Palier (Martin Arnold) 15 fl 20 x (Qu.2, Bd.95, p.48)
Zahlungen an Maurergesellen 29.3. bis 6.11. (Qu.2, Bd.95, p.49 f.)

1746
o.Dat. *Heuer hat man die [Lehr-] Bögen, nachdem sie 9 Monat unter dem Gewölbe gestanden, weggethan, und das Gewölbe abgeputzt, und sowohl außer als inner der Kirchen das Gesims hingemacht, auch die Galerie ob den 8 Capellen gewölbt; ... auch hat man in dem Kreuz auf beiden Seiten der Kuppel das Gewölb hingemacht, auch sind die 3 Schilde außerhalb der Kirchen [= die Giebel] hingemacht worden, ...*
P.Großkeller läßt zur Beschleunigung des Baues gegen den Willen des Paliers Räder bauen, mit denen die Steine schneller nach oben transportiert werden.
28. 8. Zimmermeister Schueler stirbt; an seine Stelle tritt der bisherige Palier Martin Arnold aus Upflamör. (Qu.1, p.180)
Ausgaben für den Kirchenbau 1746: 14678 fl 21 x 1 h (Qu.2, Bd.96, p.45)
davon u.a. *Herren Bau-Director Michael Fischer sein jährliches Deservit 150 fl*
Dem Martin Wöger Balier weg[en] 29 Woch[en] à 3 fl 36 x [insgesamt] 104 fl 24 x
Hans Martin und Joseph Schneider 1845 fl 13 x 5 h
die Zimmermeister Schueler und Arnold 868 fl 21 x
Zahlungen an Maurergesellen 28.3. bis 15.10. (Qu.2, Bd.96, p.40)

1747
11. 2. Erste Bestattung in der neuen Kirchengruft (Qu.1, p.181)
vor 18. 5. Stukkator Johann Michael Feichtmayr (1696-1772), gebürtig aus Wessobrunn, beginnt mit der Stuckierung im Presbyterium; *von dan[n]en sind sie [die Stukkatoren] oben an den Chor so viel als es selbes Jahr hat sein können.*
18. 5. Erste Abschlagszahlung an Stukkator Feichtmayr[17].
26. 5. Abt Benedikt fertigt Dokument aus für die Monstranz, die auf dem Chordach aufgesteckt wird[18].
7. 6. Das Gewölbe der Vierungskuppel wird mit einem feierlichen Festakt geschlossen; die vier letzten Steine setzen ein: Abt Benedikt, P.Franz Sales Zechetner, Prior, P.Stephan Hensler, Subprior, und P.Gregor Hurter, Senior.
o.Dat. *Der Herr [Franz Joseph] Spiegler seliger hat das Presbyteri heuer auch noch ... gemalt*[19] *..., auch hat der Glaser den Anfang gemacht, ... auch ist ... die Kuppel ober dem Kreuz vollkommen gewölbt worden in Gegenwart ... der Frau Aebtissin des ... [Benediktinerinnenklosters] Urspring.*
Im Dach des Chores, über dem Hauptaltar, wird nachträglich eine kleine Kapelle eingebaut. (Qu.1, p.180)

1739 abgerissen worden und im Mai 1740 fand das letzte Officium am Aurelius-Altar statt.

15 Fischer ist hier erstmals in den Zwiefalter Rechnungen genannt. Es ist nicht bekannt, wann und aus welcher Kasse er die Restsumme seines Jahreslohns von 150 fl, nämlich 46 fl 8 x erhielt.
16 Der Riß selbst ist nicht erhalten, wohl aber zwei andere aus dem Fischer-Umkreis: ein alternativer Grundriß für die Vorhalle mit konkav geschwungener Fassade und ein hälftiger Aufriß der Westfassade; s. 1749 und vgl. Halder 1987 (Anm.1), Nr.15 und Nr.11 sowie Reinhold Halder, in Band I S.228 mit Abb. S.230
17 Feichtmayr erhält 1747 in sechs Abschlägen insgesamt 1600 fl; Qu.2, Bd.97, p.42
18 Vgl. Münster Zwiefalten, Instandsetzung und Restaurierung 1974-1984, Reutlingen 1984, 4
19 Für das Deckenfresko im Presbyterium, das wie die anderen Fresken in den heute nicht mehr erhaltenen Abtei-Rechnungsbüchern verzeichnet worden sein muß, erhielt Spiegler 675 fl, die aber erst im Jahr 1748 ausbezahlt wurden; s. weiter unten 1748.

Ausgaben für den Kirchenbau 1747: 12458 fl 51 x 4 h (Qu.2, Bd.97, p.46)
davon u.a. *Herren Bau-Director Michael Fischer sein jährliches Deservit 150 fl*
Dem Martin Wöger Balier wegen 30 Wochen à 3 fl 36 x [insgesamt] 108 fl, seinem Sohn in 2 mahl verehrt 3 fl 28 x
Hans Martin und Joseph Schneider 2061 fl 35 x und jährliches *Deservit* für zwei Jahre 100 fl
Zimmermeister Arnold 1137 fl 56 x
Zahlungen an Maurergesellen 5.4. bis 27.10. (Qu.2, Bd.97, p.41)

1748
vor 23.10. *Nachdem die Stuccator mit ihrer Arbeit in dem Chor fertig gewesen, so hat dann Herr Spiegler seliger heuer auch das Gemähld ober dem Chor, und auf beiden Seiten des Kreuzes auch verfertiget.*
Maurerarbeiten am südlichen Turm; auf dem Chordach, über dem Hochaltar, wird das vergoldete Marienmonogramm aufgerichtet. (Qu.1, p.181)
23.10. Spiegler erhält für das Deckenfresko im Chor 725 fl, für die vier Wandfresken im Chor 50 fl und für das 1747 gemalte Deckenfresko im Presbyterium 675 fl. Die Fresken der Querhausarme kosten 366 fl, die an Spiegler aber erst 1750 ausbezahlt werden. (Qu.4, fol.1)
o.Dat. Ausgaben für den Kirchenbau 1748: 9682 fl 2 h (Qu.2, Bd.98, p.43)
davon u.a. *Herren Bau=Director Michael Fischer sein jährliches Deservit 150 fl*
Melchior Schleicher [= Streicher] Balier wegen 31 [Wochen] à 3 fl 36 x [insgesamt] 111 fl 36 x
Hans Martin und Joseph Schneider 2126 fl 21 x und jährliches *Deservit* 50 fl
Zimmermeister Arnold 522 fl 30 x
Zahlungen an Maurergesellen 27.3. bis 11.11. (Qu.2, Bd.98, p.40)
Stukkator Feichtmayr empfängt den fünften Abschlag seines Jahreslohnes von 2180 fl. (Qu.2, Bd.98, p.41)

1749
vor 19.11. *Nachdem die Stuccator zuvor die Kuppel verfertigt, so hat Herr Spiegler seliger solche vollkommen gemalt*[20], *wie auch die 4 Teile der Welt, und den Schild, allwo die Wappen Seiner Hochwürden und Gnaden ist.*
Maurerarbeiten am südlichen Turm werden fortgesetzt; *auch ist Anstalt gemacht worden, das alte Vorzeichen [den Eingang] abzubrechen, und ein neues aufzubauen*[21]; *anfänglich war man gesinnet, außen nur ein blindes zu machen, ... da man aber gesehen, wie groß das Kreuz und folgsam das Langhaus zu kurz, gegen einem solchen großen Kreuz, so hat man sich anders besinnet.*
In Bernstein (bei Sulz im oberen Neckartal) wird ein großer Stein geholt, aus dem der Bildhauer (Johann Joseph Christian) dann die Figur des Hl. Stephanus für die Kirchenfassade fertigt. (Qu.1, p.181)
19.11. Spiegler erhält für die mit 2175 fl verakkordierte Ausmalung der Vierungskuppel mit den Zwickelfeldern einen Abschlag von 1000 fl.
31.12 Spiegler erhält weiteren Abschlag von 1000 fl. (Qu.4, fol.1)
o.Dat. Ausgaben für den Kirchenbau 1749: 10269 fl 53 x 4 h (Qu.2, Bd.99, p.43)
davon u.a. Hans Martin Schneider für Steinhauerarbeit 1308 fl Zimmermeister Arnold 209 fl 27 x
Zahlungen an Maurergesellen 8.5. bis 30.11. (Qu.2, Bd.99, p.40)
Feichtmayr empfängt für den Stuck in der Kirche den fünften Abschlag seines Jahreslohnes von 2720 fl sowie (am 25.10.) den ersten Abschlag von 425 fl am neu verdingten Hochaltar. (Qu.2, Bd.99, p.41)

1750
o.Dat. *Auch haben heuer die Stuccator das Langhaus fertig gemacht und nachdem das alte Vorzeichen abgebrochen gewesen, hat man gleich angefangen das Fundament zu graben, und nach diesem wo nöthig, Pfähle geschlagen.* (Qu.1, p.181)
13./14.10. Abrechnung mit Spiegler über die Ausmalung der Vierungskuppel und ihrer Zwickel – diese Arbeit war am 31.12.1749 noch nicht abgeschlossen – und über die beiden 1748 gefertigten Deckenbilder in den Querhausenden[22]. (Qu.4, fol.2)

20 Signatur: *Franc. Jos. Spiegler invenit et pinxit 1749*
21 In der ›Schneidermappe‹ findet sich ein Grundriß zur Vorhalle, der dem engsten Umkreis von Fischer zuzuschreiben ist; vgl. Halder 1987 (Anm.1), Nr.15 und Reinhold Halder, in Band I S.228 mit Abb. S.230. Der Riß, der eine Vorhalle mit konkaver Westfassade in zwei Varianten ausführt, wurde nicht verwirklicht.
22 Der Chronist Baumann (Qu.1) berichtet 1750 von keinerlei Arbeit Spieglers im Münster. Dementsprechend müssen auch die Zwickelbilder in der Vierung zum größten Teil oder vollständig 1749 entstanden sein.

o.Dat. Ausgaben für den Kirchenbau 1750: 13124 fl 23 x 4 h (Qu.2, Bd.100, p.48)
davon u.a. *H[erren] Bau-Director Michael Fischer wegen Fürdergeldt überhaupt per aversum l[aut] C[onto] 300 fl*[23]
Dem Balier [N.N.], so wochentlich sambt der Kost hat 3 fl 36 x l[aut] S[chein] v[om] 4.April bis d[en] 31.Oct[obris] [insgesamt] 97 fl 36 x
Hans Martin Schneider 1816 fl 10 x
Zimmermeister Arnold 738 fl 30 x
Zahlungen an Maurergesellen 6.4. bis 30.11 (Qu.2, Bd.100, p.42)
Feichtmayr empfängt für den Stuck in der Kirche den sechsten Abschlag seines Jahreslohnes von 1422 fl sowie (am 31.10) 800 fl an seinem Akkord für den Hochaltar. (Qu.2, Bd.100, p.44)

1751
vor 31. 7. ... *haben die Maurer ihre Arbeit auf dem Thurm gegen der Mittag Seiten fortgeführt, auf daß dieses Jahr die Kuppel bei Zeiten von den Zimmerleuten konnte aufgerichtet werden.*
31. 7. *Knopf und Kreuz* werden auf den Südturm gesetzt[24]. (Qu.1, p.182)
o.Dat. Das Langhausmittelschiff wird stuckiert und von Spiegler freskiert[25]. Die Zwickel in der Vierung und das Langhaus werden gefaßt[26]. Die Fenster auf der Galerie des Langhauses werden verglast. Die neue Vorhalle erreicht schon eine beachtliche Höhe, *obwohlen es hart hergangen wegen den Gesimsen ober der Säulen, welche der Bildhauer [Johann Joseph Christian] hat anfertigen müssen.* (Qu.1, p.182 f.)
Ausgaben für den Kirchenbau 1751: 16782 fl 17 x 4 h (Qu.2, Bd.101, p.45)
davon u.a. Hans Martin Schneider *wegen den zum Kirchen Portall abgemessenen Steinen* 2040 fl 51 x und *sein Deservit bey dem Kirchengebau* 90 fl
Zimmermeister Arnold 1239 fl 52 x (Qu.2, Bd.101, p.38)
Feichtmayr empfängt für den Stuck in der Kirche den dritten Abschlag seines Jahreslohnes von 1134 fl sowie (am 24.10.) 1000 fl am Akkord des Hochaltares. (Qu.2, Bd.101, p.40)

1752
o.Dat. ... *hat man den Chor angefangen zu pflastern [und das Chorgestühl aufzustellen] ...; auch ist der Hochaltar ... völlig in Stand gekommen ..., nachdem man 5 ganze Jahre mit ihm zugebracht hat, das Altarblatt und die 2 Nebenfiguren auf den Portalen ausgenommen.*
7. 9. Glocken vom alten Vierungsturm hängen im neuen Südturm und läuten erstmals.
18.10. Feierliche Einweihung der Klosterkirche durch Abt Benedikt in Gegenwart des Fürsten Joseph Friedrich von Hohenzollern-Sigmaringen[27] (Qu.1, p.183)
o.Dat. Über der Vorhalle wird der Dachstuhl aufgerichtet; auf die Westfassade wird ein Kreuz gesetzt; das Langhaus wird vollends verglast. (Qu.1, p.184)

1753
nach 21. 3. ... *hat man gleich wiederum an dem Kirchenbau angefangen, maßen ... den 17. April ... schon S. Stephan und S. Aurelii auf das Vorzeichen gekommen.*

23 Fischer erhielt 1750 zweifaches Deservit, weil er 1749 offensichtlich nicht in Zwiefalten gewesen ist.
24 An *Knopf und Kreuz* haben der Schlosser Johann Georg Jüngling aus Gossenzugen und der Vergolder Johann Martin Knoblauch aus Söfflingen bei Ulm mitgearbeitet; Qu.1, p.182.
25 Der Preis für das große Langhausfresko läßt sich aus dem Testament von Spieglers Witwe indirekt mit ca. 2000 fl. berechnen. Vgl. Hubert Hosch, Franz Josef Spiegler und die Benediktinerabtei Zwiefalten. Zur Geschichte einer Beziehung und zur Revision der Münsterausstattung, in: Pantheon 50 (1992) 85
26 Die Faßarbeiten im Langhaus kamen offensichtlich erst 1752 zum Abschluß. Diese Jahreszahl ist einem Geldsäckel in der nordwestlichen Langhauskartusche eingeschrieben.
27 Das Langhaus war noch nicht gepflastert, ferner fehlte der Schmuck der Seitenkapellen bzw. der Emporen (Pflaster, Altäre, Fresken) und die Kanzel mit ihrem Gegenstück. – Fürst Joseph Friedrich ließ ab 1753 St. Anna in Haigerloch bauen; s. unter Abschreibungen, in Band II S.327.

Abb. Zwiefalten
Grundriß in zwei Ebenen

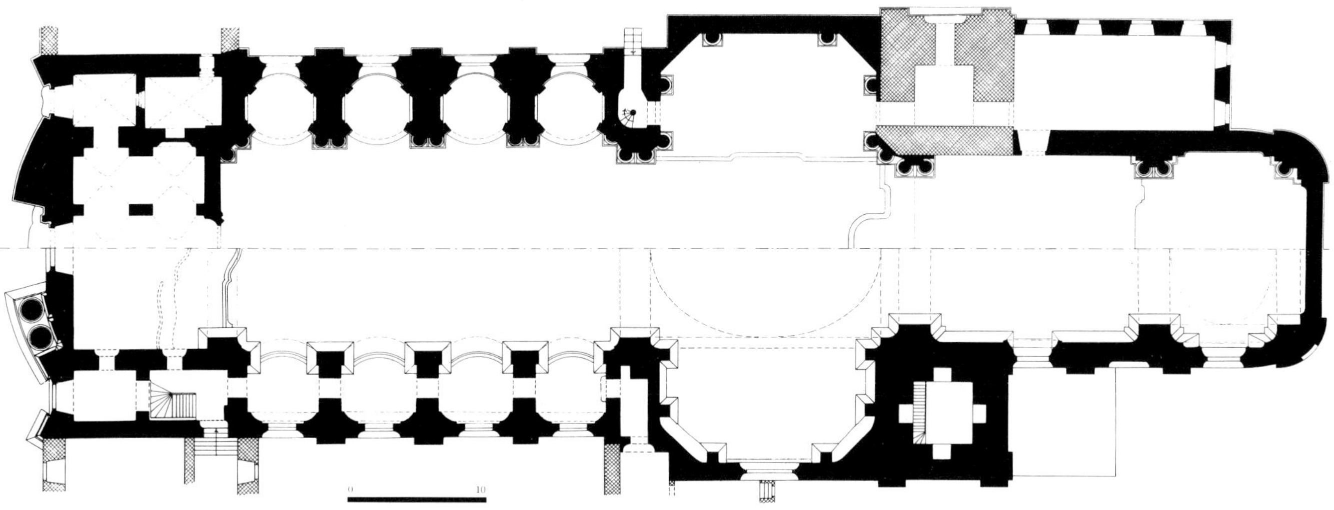

11. 7. Auf dem fertiggestellten Nordturm werden der Knopf und das Kreuz aufgesetzt.
1.11. Die Nordturmkuppel ist eingedeckt.
o.Dat. Das Langhaus wird gepflastert; in der Vorhalle werden die oberen Gewölbe eingezogen. (Qu.1, p.185 f.)
Ausgaben für den Kirchenbau 1753: 13943 fl 7 x (Qu.2, Bd.102, p.43)
davon u.a. Hans Martin Schneider für Abmessen und Versetzen von Bausteinen 2107 fl, Maurertaglohn 440 fl 45 x, sein *Deservit* 75 fl
Joseph Schneider für Arbeit im Steinbruch 32 fl
Zimmermeister Arnold 923 fl 56 x (Qu.2, Bd.102, p.39)
Feichtmayr empfängt an seinem Hauptakkord für den Stuck 40 fl, so daß er hierfür insgesamt 9096 fl eingenommen hat. Am Akkord des neuen Hochaltares wird ihm nichts ausbezahlt, so daß sich sein Akkord bis dahin auf insgesamt 3350 fl beläuft [28]. (Qu.2, Bd.102, p.41)

Von Fischers Wirkungsstätten, die sich im östlichen Bayern und in Oberbayern konzentrieren, liegt Zwiefalten fern ab und am weitesten im Westen. Einheimische Kräfte in und um Zwiefalten zeigten sich der Aufgabe, die neue Klosterkirche mit steinernen Gewölben auszuführen, nicht gewachsen. Fischer wurde offenbar über das Kloster Ochsenhausen nach Zwiefalten vermittelt, weil er als Architekt und Bautechniker einen sehr guten Ruf genoß.

Er überarbeitete die Pläne der Gebrüder Schneider und gab dem bereits ins Fundament gelegte Münster eine neue Gestalt [29]. Wegen der Schubkraft der steinernen Gewölbe wurden die Fundamente auf beiden Seiten um vier bis fünf Schuhe verstärkt. Gleichzeitig mußte ein Gutteil der Fundamente aufgegeben und ein anderer neu gelegt und wie zuvor mit Pfählen abgesichert werden [30].

Tatsächlich war durch die vorgegebene Fundamentierung der Grundriß der Kirche nicht mehr leichtfertig oder gar im ganzen zu verändern. Neben der technischen Beherrschung der Steinwölbung und der Gestaltung im Aufriß liegt Fischers unbestreitbarer Verdienst darin, gerade für den Grundriß und mithin für die Raumwirkung eine Lösung gefunden zu haben, die einerseits die kostenintensive Fundamentierung weitestgehend berücksichtigt und die neue Kirche in die bestehenden Klausurgebäude einpaßt und funktional anbindet; andererseits gelang es Fischer, der eigenen Gestaltungskraft Ausdruck zu geben.

Gegenüber dem Schneider-Projekt unterscheidet sich die Fischer-Kirche in folgenden Hauptpunkten, die bereits der Chronist Baumann als solche erwähnte [31]: Reduzierung der sechs Langhauskapellen pro Seite auf vier; Beschränkung der Emporen auf das Langhaus anstelle bis zum Hochaltar durchlaufender Emporen; Verzicht auf die Kapellen zwischen Vierung und Türmen zugunsten einer größeren Vierung [32]; Verlängerung der Kirche nach Osten gegenüber der alten um mehr als 30 Schuhe, während das Schneider-Projekt eine Verlängerung nur um sieben Schuh gebracht hätte. Als Ursache für die Planänderung gibt der Chronist an, daß die projektierte Kirche zu viele Winkel bekommen hätte und nur wenig größer als die alte Kirche geworden wäre.

In der Tat plante und baute Fischer die Kirche größer und großzügiger als ursprünglich vorgesehen. Er bekannte sich aber doch so weit es ging zu den Vorgaben, insbesondere zum Typus der Wandpfeilerkirche mit Querhaus und überkuppelter Vierung. Er gestaltete den Kirchenraum aber auf seine Art als von der Vierung her zentralisierten Wandpfeilerbau mit großen Tonnengewölben in Langhaus und Chor. Die Gebrüder Schneider dagegen hatten das Münster als Wandpfeilerkirche Vorarlberger Prägung mit alternierenden Jochen im tonnengewölbten Chor und Langhaus geplant. Fischers Konzeption entsprechend nehmen der Chor mit dem Presbyterium und das Langhaus die gleiche Länge ein und auch die anderen Raummaße sind aus der Vierung abgeleitet.

Fischers Planung hatte allerdings zur Folge, daß er den verlängerten Chor wegen der beengten Verhältnisse durch die Klausur schmal halten mußte und das Emporensystem hier nicht ausführen konnte. Des weiteren konnte für ihn eine große Vorhalle, zumal wenn sie sich innen zum Langhaus öffnete und sein

28 Für eine Entstehung der Seitenaltäre im Querhaus und im Langhaus sowie der Kanzel und ihres Gegenstückes unter Feichtmayr vor 1753 gibt es keine Anhaltspunkte. Angesichts eines zweiten Stukkator-Akkords für den Hochaltar ist anzunehmen, daß auch jene Ausstattungsteile in eigenen Akkorden verdingt worden sind und nicht Teil des Hauptakkords waren. Dieser betraf die Stuckierung der Gewölbe und der Wände. Ich datiere Seitenaltäre, Kanzel und Gegenstück ca. 15 Jahre später; s. weiter unten.
29 Zur Überarbeitung der Schneider-Risse s. Reinhold Halder, in Band I S.224 f.
30 Die Aussage Baumanns (Qu.1), der Plan der Gebrüder Schneider sei bis auf die Fundamente der Türme verworfen worden, greift zu kurz.
31 Qu.1, p.176 f.
32 Die Querhausarme sind nicht mehr apsidial geschlossen, sondern sie schließen außen flach und springen wenig vor, innen sind sie aber dreiseitig gebrochen.

Maßgefüge störten, nicht wünschenswert sein. Aber in diesem Punkt mußte er nachgeben. Der Bau der Vorhalle in eben dieser Form wurde 1749 beschlossen und von 1750 bis 1752 ausgeführt. Es ist freilich möglich, daß die Vorhalle ohne Fischers direkte Beteiligung gebaut wurde, denn sie widersprach seinem Raumempfinden, und er und sein Palier 1750 zum letzten Mal in Zwiefalten waren.

Abb. Zwiefalten
Kirchenraum mit Orgelempore

Abb. Zwiefalten, nördliche Kapellen

Bei der vorläufigen Weihe der Klosterkirche 1752 war dann der Rohbau der Klosterkirche so gut wie vollendet und konnte der Chor seiner Bestimmung übergeben werden. Der Fortgang der Ausstattung zog sich sehr schleppend hin und beschränkte sich zunächst auf abschließende Maßnahmen [33]. Mit der Ausstuckierung [34] (1758) und Freskierung der Vorhalle durch Franz Sigrist [35] (1763) wurde das Ende der Ausstattungsphase eingeläutet. Es folgten die Deckenfresken des Meinrad von Au über der Orgelempore [36] (1764) und in den Langhausseitenkapellen und Emporen [37] (1766). 1765, im Jahr einer neuerlichen Kirchweihe [38] wurden endlich die Seitenkapellen im Münster gepflastert [39]. Ab 1767 erhielt das Münster seine restliche Stuckausstattung: die Nebenaltäre im Quer- und Langhaus, die Kanzel und ihr Gegenstück samt ihrem Figurenschmuck sowie die Grotten-Beichtstühle am westlichen Ende des Langhauses [40]. Mit dem Einbau der großen Orgel auf der Westempore [41] (1772-1777) war die Ausschmückung der Klosterkirche vollendet.

Am 8. September 1802, dem Gründungstag des Klosters, ergriff Württemberg im Rahmen der Säkularisation von Zwiefalten Besitz und leitete die Auflösung des Klosters ein. Im einstigen Kloster hat man 1812 eine Landesirrenanstalt eingerichtet. 1814 wurde die seit 1803 geschlossene Klosterkirche als Pfarrkirche wieder geöffnet. Von 1974 bis 1984 erfolgte eine grundlegende Renovierung der ehemaligen Klosterkirche.

Reinhold Halder

33 Dazu zählen u.a. die Pflasterung des Langhauses (1753) sowie die Einwölbung und Verglasung der Orgelempore (1754); vgl. Qu.1, p.187

34 Qu.1, p.188

35 Alle drei Fresken sind signiert, aber nicht datiert; zur Neudatierung in das Jahr 1763 s. Halder Diss. (Anm.1).

36 Das Fresko ist signiert und datiert.

37 Die nordwestliche Seitenkapelle ist signiert und datiert.

38 Das Einweihungsjahr 1765, wofür dem Verfasser keine Quelle bekannt ist, taucht erstmals bei Pirmin Lindner (Professbuch der Benediktinerabtei Zwiefalten, Kempten-München 1910, 89) auf; danach auch Schurr (Anm.1), 76. Die Kirchenausstattung war mit der Weihe noch keineswegs abgeschlossen.

39 Vgl. Halder Diss. (Anm.1)

40 Zur Datierung und Frage der Händescheidung s. Halder Diss. (Anm.1)

41 Tagebuchaufzeichnungen des Johann Andreas Silbermann, zitiert nach Klaus Könner, Das Schicksal der Münsterausstattung nach der Säkularisation. Zur verlorenen Hauptorgel des Joseph Martin von Hayingen, in: Pretsch (Anm.1), 438 ff. Die Orgel wurde 1811 in die Stiftskirche nach Stuttgart versetzt, wo sie 1944 einem Bombenangriff zum Opfer fiel.

68 BENEDIKTBEUERN (Kr. Bad Tölz-Wolfratshausen, Oberbayern)

Ehem. Pfarrkirche Unsere Liebe Frau [1]
Einbau der Orgelempore

Der Benediktbeurer Abt Benno Voglsanger (1758-1784) veranlaßte 1761, in der dem Kloster unterstehenden Pfarrkirche eine neue Orgel einzubauen.

1761
o.Dat. *Weillen die Nothdurft erfordert, ... eine neue Orgl machen zu lassen, so hat man dan mit H. Johann Georg Herderich, Orglmacher von Thirlewang, einen Accord geschlossen, eine dergleichen Orgl zu machen, für welche ihne dan, über Daraufgaab der alten bezahlt hat 300 fl. Dafür hat man das ober- und untere alte Chor herunter gerissen, und von neuen widerumen auferbauet und zwei neue Fenster eingebrochen. Dem Maurer Pallier Simon Frey seint umwillen er bey solchen Pau nachgesechen, verehrt worden 5 fl* (Qu.1)

Seit 1749/50 war Fischer für Benediktbeuern tätig; sein Auftraggeber hieß damals Abt Leonhard Hochenauer (1742-1758) [2]. Dessen Nachfolger setzte weiterhin auf die bewährte Zusammenarbeit und scheint Fischer selbst für die Erneuerung der Orgelempore in der Pfarrkirche, die offenbar auch mit der Umgestaltung der Westwand verbunden war, herangezogen zu haben. Die Kontrolle dieser Maßnahme übernahm mit Simon Frey ein bewährter Mitarbeiter Fischers [3]. – Die Pfarrkirche, die einst in unmittelbarer Nähe der Klosterkirche stand, wurde im Zuge der Säkularisation abgebrochen.

Diese Episode zeigt geradezu exemplarisch die Beziehung des Architekten zu seinen Auftraggebern: Fischer blieb noch viele Jahre nach seinem Weggang ihr Ansprechpartner in Bauangelegenheiten und fühlte sich selbst für Nebensächliches verantwortlich [4].

Gabriele Dischinger

1 Quellen: Qu.1 = BayHStA, KL Benediktbeuern 203 (Kirchenrechnung 1747-1782)
Literatur: Karl Mindera, Benediktbeuern, München 1939, 50; Lieb 1982, 90 f.
2 S. WVZ 8, 10 und 61
3 S. Josef H. Biller, in Band II S.71
4 Eine Parallele bietet der Fall Aufhausen; s. WVZ 4 (Nachricht vom 20.11.1763).

69 DIESSEN-SANKT GEORGEN (Kr. Landsberg am Lech, Oberbayern)

Ehem. Pfarr-, heute Filialkirche St. Georg [1]
Erweiterung und Umgestaltung des Innenraums

In St. Georgen soll um 815 bereits ein von dem seligen Radhard gegründetes Kollegiatstift bestanden haben. Zur Zeit des Augustiner-Chorherren-Stifts Diessen diente die Kirche St. Georg der Gemeinde Diessen als Pfarrkirche, die unter Propst Conrad Maurer (1496-1512) neben dem wenig früher erbauten Turm errichtet wurde [2]. Heute ist sie Filialkirche.

1750
o.Dat. Die Kirche wurde im Auftrag des Diessener Propstes Herculan Karg *im Jahr 1750 merklich erweiteret, mit größeren Fensteren beleuchtet, mit kunstreicher Stockador, und Fresco Gemählde geziehret, und also in einen ansehnlich sehenswürdigen Standt gesezet...* (Qu. 1, p.48f.)
Anno 1750 ist die Pfarrkirchen versus orientem mit einem Daranbau erweitert worden, dabey ein neuer Music Khor, Empor Kirchen und Freydhofs Stiegen sind errichtet worden. Herr Zitterer Mahler in München hat in Fresco gemahlen und Herr Feichtmayr von Augsburg hat die Stoccador Arbeit verfertiget. Diese Künstler, unnd andere Handwerker machten Unkosten 3884 fl 24 x. (Qu. 2)

1 Quellen (im ABA, mit den Signaturen: Qu.1 = Hs 128 (Joseph Dall' Abaco, Chronik von Diessen, 3./4. Teil); Qu.2 = Pf 103, III/9
Literatur: Lieb 1969, 154; Benedicta von Mangoldt, St. Georgen in Dießen a.A., Diessen 1990; Möhring 1992, 388
2 Qu.1, p.48

Abb. Diessen-St.Georgen von Norden

3 Vgl. Lieb (Anm.1) und Lieb 1982 (Werkliste); für Harald Möhring (Anm.1) gehört St. Georgen zu den ›abwegigen Zuschreibungen‹ Norbert Liebs.
4 Die passende Orgel lieferte 1755 der Orgelbauer Johann Baptist Kronthaler aus Kaufbeuren für 400 fl; vgl. Qu.2.
5 Vgl. WVZ 71
6 S. WVZ 4 und 12

Schon Norbert Lieb erwog einmal die Zuschreibung der Umgestaltung von St. Georgen an Fischer, verwarf sie jedoch wieder[3]. Die Zugehörigkeit zum Stift Diessen und die Auftraggeberschaft des Propstes Herculan Karg war jedoch hier – wie auch im Falle Grafrath – Grund genug, sich mit der baulichen Veränderung der Kirche nochmals näher zu beschäftigen.

Abb. Diessen-St.Georgen Kirchenraum mit Chor

1750 wurde die Kirche für den Einbau einer Musikempore um ein Joch nach Westen verlängert. Gleichzeitig hat man die gotischen durch große, oben und unten rund schließende Fenster ersetzt und anstelle des ursprünglichen Gewölbes die bestehende hohe Stichkappentonne eingezogen. Die Fenster sind in der für Fischer typischen Manier innen wie außen kraftvoll gekehlt; vergleichbare Fenster hat er z.B. in die Diagonalen des Pyramidendachs über der Vierungskuppel in Ottobeuren eingebaut. Freskant der Deckenbilder war (Franz) Joseph Zitter (1712-1777), den Stuck fertigte Franz Xaver Feichtmayr (1698-1763). Durch die geschilderten Veränderungen wurde ein weiter und ungewöhnlich lichter Innenraum gewonnen, dessen Klarheit vergessen läßt, welchem Jahrhundert die Hauptmauern angehören. So bilden denn auch außen die gotischen Strebepfeiler einen spannungsvollen Widerspruch zu den barocken Fensteröffnungen. Das Nebeneinander von alt und neu verleiht der Kirche eine Eigenart, die sie von vergleichbaren Pfarrkirchen auffällig unterscheidet.

Der Einbau, *ein neuer Music Khor [und eine] Empor Kirchen*[4], läßt im Bauherrn den Liebhaber und Förderer der Kirchenmusik erkennen: Als Sohn eines Musikers scheint er diesem Bereich eine große Bedeutung beigemessen zu haben, denn auch in Grafrath wurde auf sein Betreiben eine neue Orgel installiert[5]. Insbesondere die Fenster verraten den für die Barockisierung verantwortlichen Architekten; neben Fischer wirkten Feichtmayr, der 1736-1737 in der Diessener Stiftskirche mitgearbeitet, und Zitter, der 1738 Fischers Kirchenbau in Aufhausen ausgemalt hatte[6], mit.

Gabriele Dischinger/Christl Karnehm

Abb. Diessen-St.Georgen
Oratorium im Chor

70 GOSSENZUGEN (Gem. Zwiefalten, Kr. Reutlingen, Baden-Württemberg)

Kapelle St. Magnus[1]
Planung des Neubaus

Abb. in Band I S.97

Gossenzugen war zur Klosterzeit eine Filiale der Pfarrei Zwiefalten. Ein eigener Kirchenbau in dem Ort ist vor dem 18. Jahrhundert nicht nachweisbar. Während der Bauzeit der Klosterkirche wurde die Kapelle errichtet und ausgestattet.

1749

6. 9. Am Fest des hl. Magnus wird der Grundstein gelegt und über einem Tragaltar eine erste Meßfeier zelebriert. Die Kapelle ist eine Stiftung der im Zwiefalter Münster tätigen Franz Joseph Spiegler und Johann Michael Feichtmayr, welche die Freskierung und die Stuckierung der Kapelle besorgen[2]. (Qu.1, p.15 f.)

Die St. Magnus-Kapelle gilt aufgrund ihrer höchst originellen, zentralbetonten Raumfindung als ein unbestrittenes Werk Fischers. Archivalische Belege für seine Urheberschaft sind allerdings keine bekannt. Unklar bleibt auch, bei wem die Bauausführung lag. In der einzig bekannten Quelle wird der Name Fischer nicht genannt, sei es, weil er anders als Spiegler und Feichtmayr nicht zu den Künstler-Stiftern zählte, sei es, weil er vielleicht nur Planender und nicht Ausführender war[3]. So ist der kleine Sakralbau möglicherweise nach Plänen Fischers von dessen Palier am Zwiefalter Münster (Melchior Streicher?) oder von den örtlichen Klosterbaumeistern, den Gebrüdern Schneider, ausgeführt worden.

Über einem Abhang und in bestem Sichtkontakt zur Zwiefalter Klosterkirche gelegen, nimmt die Kapelle außen die Form eines leicht gestreckten Achteckes an, dessen Ost- und Westseite kurvig erweitert ist. Bestimmend für den Außeneindruck ist im weiteren ein hohes verschleifendes Walmdach mit kur-

1 Quellen: Qu.1 = HStA Stuttgart, B 551 HS 14b (*Notae de Parochiis, Beneficiis, Ecclesiis, Capellis etc. Imp. Monasterii B.V.M. in Zwifalten*, 1760, mit Nachträgen bis 1787)
Literatur: Bernardus Schurr, Das alte und das neue Münster in Zwiefalten, Ulm 1910, 28-29; Ernst Fiechter/Julius Baum, Oberamt Münsingen (Kunst- und Altertums-Denkmale im Königreich Württemberg, Donaukreis), Esslingen 1926, 81-82; Max Schneider, Kapellen in Württemberg. Unter besonderer Berücksichtigung derer des 17. und 18. Jahrhunderts und der Gegend um Gmünd-Ellwangen und Ulm-Zwiefalten, Würzburg 1934, 90-93; Lieb 1982, 162, 230; Günter Kolb, Barockbauten im Gebiet der Abtei Zwiefalten, in: Hermann Josef Pretsch (Hg.), 900 Jahre Benediktinerabtei Zwiefalten, Ulm 1989, 378-383; Möhring 1992, 272-275; Reinhold Halder Benediktinerabtei Zwiefalten. Forschungen zum Bau- und Bildprogramm, Diss. Tübingen (in Vorbereitung)

2 In diesem Zusammenhang ist Fischer als Architekt der Kapelle nicht erwähnt. Zur Stiftung der namentlich genannten Spiegler und Feichtmayr heißt es: *Sacel-*

zem First und die Quaderbemalung an Ecklisenen, Maueröffnungen und Sockel. Breite, hoch sitzende Bogenfenster beleuchten den Raum von Norden, Westen und Süden. Der Eintritt erfolgt an der Nordseite.

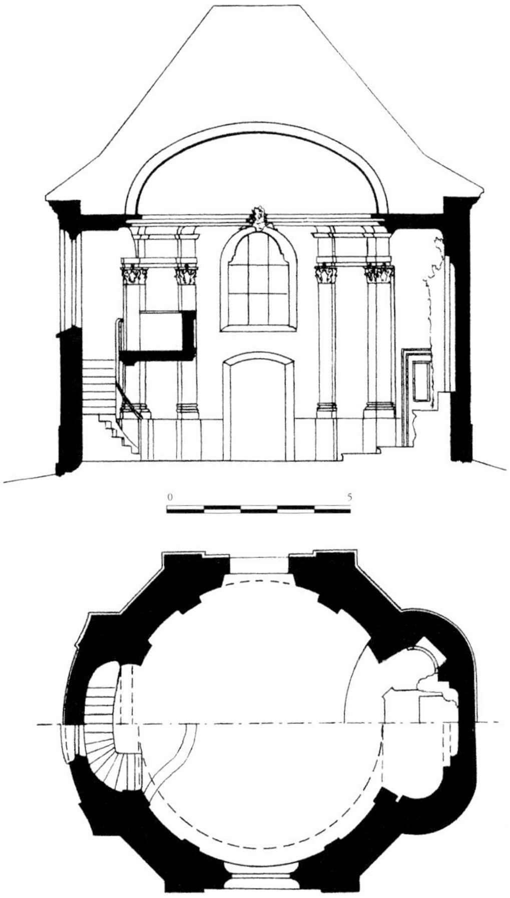

Abb. Gossenzugen
Grundriß in zwei Ebenen und Längsschnitt

Innen weitet sich ein kreisrunder, flach überkuppelter Zentralraum zu quergelagerten Nischen: einer dreiviertelovalen Altarnische im Osten und einer halbovalen Nische für eine kleine Empore im Westen. Acht Pilaster über hohem Sockel gliedern den Wandaufbau. Sie rhythmisieren die diagonalen Kreissegmente durch ihre paarweise Anordnung. Die beiden westlichen und östlichen sind als Eckpilaster ausgebildet und leiten zu den Nischenräumen über.

Bezeichnend für den Raumeindruck ist das Verschränken längs- und zentralräumlicher Tendenzen und das Oszillieren zwischen kreisrunder und achteckiger Zentralform. In der Reihe von Fischers reinen Zentralbauten steht die Kapelle in Gossenzugen derjenigen in Stallau am nächsten [4] und besticht durch räumliche Phantasie bei äußerster Reduktion der Mittel und des Maßstabs.

Aus der Erbauungszeit stammt der als Grottenarchitektur inszenierte Stuckaltar mit der Figur des Patrons [5]. Die Kapelle wurde 1768 mit einem Glöcklein ausgestattet [6], bevor sie 1781 ihre Weihe empfing [7].

Reinhold Halder

lum ... sicut oblationibus erectum est; ita iisdem conservatur: quippe quod aliam fundationem non habet.

3 Nach den Zwiefaltener Quellen war Fischer 1749 nicht dort. Jedenfalls erfolgte in diesem Jahr keine Auszahlung an ihn, wohl aber 1750 in Höhe zweier Jahresbeträge; s. WVZ 67

4 S. WVZ 61

5 Die Figur wird teils dem Stukkator Feichtmayr, teils dem Bildhauer Johann Joseph Christian zugeschrieben; vgl. zuletzt Kolb (Anm.1), 382 f.

6 Das Glöcklein trägt die Jahreszahl *1768* und die Signatur *I.G.E.* (Johann Georg Ernst aus Memmingen).

7 Qu.1, p.16

71 GRAFRATH (Kr. Fürstenfeldbruck, Oberbayern)

Wallfahrtskirche St. Rasso [1]

Umgestaltung des Innenraumes und Erneuerung des Giebelreiters

1132 bereits, in der Gründungsurkunde des Augustiner-Chorherren-Stifts Diessen, ist die Kirche genannt, deren Ursprung in das Jahr 951 zurückreicht; sie

1 Quellen: Qu.1 = ABA, Hs 127 (Joseph Dall'Abaco, Chronik von Diessen, 1./2.

war dem Kloster bis 1803 inkorporiert. Der bestehende Kirchenbau wurde unter dem Diessener Propst Renatus Sonntag (1673-1690) am 12. August 1688 begonnen und am 17. Juli 1695 geweiht [2]; als Entwerfer gilt der Vorarlberger Baumeister Michael Thumb (um 1640-1690) [3]. Mitte des 18. Jahrhunderts berichten die Quellen über erste Bauschäden.

1749

21.10. Propst Herculan Karg (1728-1755) von Diessen wendet sich an den Geistlichen Rat in München. Man habe *an heur vor die ansechlich aufgesezte Orgl, dessen neugefasten Casten ... circa 700 f. verwendet und müsse nun die Reparirung des allzu klein[en] Turms vornehmen; wegen des nothwendig gefiehrt-neuen Closters Kürchen-Thurn und doppelten Anpau[s] sei Diessen jedoch nit nur mitl-loos, sondern auch in einen grossen Schulden Last* [4], so daß die in Grafrath erforderlichen Baumaßnahmen nicht ohne finanzielle Hilfe bestritten werden könnten. (Qu.2, fol.205 ff.)

31.10. Vom Geistlichen Rat geht das Gesuch an den Münchener Magistrat, der sich um die Wallfahrt in Grafrath traditionell verdient gemacht hat [5].

1751

19. 2. Der Magistrat glaubt, *daß diser Kürchen Thurn-Bau thails nuzlich, thails nothwendig zu füehren seye, obschon ainiger Bau-Überschlag oder hierzu erforderl[ich]er Grund-Riss keineswegs bis dato zum Vorschein kommen*; er ist bereit, 300-400 fl beizusteuern. (Qu.2, fol.210 f.)

16. 3. Diese Zusage leitet der Geistliche Rat weiter nach Diessen. (Qu.2, fol.213)

12. 4. Propst Herculan informiert den Geistlichen Rat, der Überschlag zur Erneuerung des Kirchturmes laute auf über 2000 fl; die gewährten 400 fl reichten keinesfalls, *da man aus Erfahrung hat, daß die Paukösten ordinarie den gemachten Yberschlag wenigist umb die Helfte, oder wohl gar umb das alterum tantum ybersteigen*. Diessen brauche deshalb mindestens 3500 fl. (Qu.2, fol.214 f.)

25. 6. Der Münchener Magistrat bleibt bei seiner Stellungnahme vom 19. 2.1751, u.a. weil ihm *noch nit einmahl ainige Pauüberschlag oder hierzu erforderlicher Grundriß zu Gesicht kommen seye*. (Qu.2, fol.217 f.)

Abb. Grafrath von Süden

Teil); Qu.2 = BayHStA, KL Diessen 4; Qu.3 = ABA, Hs 128 (Joseph Dall'Abaco, Chronik von Diessen, 3./4. Teil) Literatur: Peter Dorner, Der heilige Rasso, ein Schutzpatron der Steinleidenden, in: Amperland 6 (1970) 66-70, 95-99; Claus Scheifele/Sigfried Grän, Wallfahrts- und Klosterkirche Grafrath/Amper (KKF Nr.519), 3München-Zürich 1989

2 Qu.1, fol.64a und 67; in Qu.3 (p.64 ff.) heißt es zum Kirchenbau in Grafrath: *Um das Jahr 1680 stunde diese Kirche in einem so elend baufälligen Stande, daß es dem gänzlichen Umsturze sehr nahe ware, dahero ... Probst Renat ... eine ganz neue merklich erweitert- und ganz ansehnliche Kirchen von Grund aus zu bauen [sich] genöthiget sahe. Dieses Gebäude wurde auch durch ... beträchtlichen Beytrag der ungemein häufig ankommenden wahlenden Personen ... glüklich zu Ende gebracht, obschon beym Anfang dieses Kirchenbaues mehr nicht dann 6000 f. vorhanden gewesen, welche Summa nicht zum vierten Theil würde erkleket haben, wenn sich nicht Probst Renat Sonntag auf des Himmel gütiger Vorsicht, und auf der Guthäter Freygebigkeit getröst verlassen hätte.*

3 Norbert Lieb/Franz Dieth, Die Vorarlberger Barockbaumeister, 3München-Zürich 1976, 119

4 S. WVZ 12

5 Der Magistrat stiftete 1689 den Hochaltar und 1759, nach *vorgenommener Reformation* der Wallfahrtskirche, wiederum 950 Gulden für einen neuen Choraltar; vgl. Qu.3, p.66 f. sowie Gerhard P.Woeckel, Ignaz Günther. Die Handzeichnungen des kurfürstlich bayerischen Hofbildhauers Franz Ignaz Günther (1725-1775), Weißenhorn 1975, 287.

Abb. Grafrath
Ausschnitt des Chorfreskos, 1753
Darstellung des ursprünglichen Giebelreiters

1753

o.Dat. ... *1753 ... Erneuerung der Wahlfartskirche ..., welche Probst Herkulan unternommen; der ... Magistrat hat das Vorhaben dieses Prälatens nicht so bald in Erfahrung gebracht, als selber sich schon anheischig gemacht, den beträchtlichsten Gelderlag zu Bestreittung der Kösten zu diesem Werk vorzustreken, ... wie aber auch ... ein ergiebiges zu dieser Renovation von ... Abraham Praunschobers ... reichlich hinterlassenen Vermögens ... sonderlich zu Errichtung einer Orgel hinzugesezt worden*[6]. (Qu.3, p.76)

Dieses schöne und prächtige Gottshaus ... wurde im Jahr 1753 ... nicht nur mit einer raren Stokador-Arbeit sonderen auch mit 2 künstlich- und anmüthigen Fresco Gemälde ausgeziehret, durch ... Johann Georg Bergmüller. (Qu.3, p.78 f.)

Chronogramm im mittleren Gewölbefresko des Langhauses, von Johann Georg Bergmüller (1688-1762) aus Augsburg[7]

Ausgang der Beschäftigung mit der Kirche in Grafrath ist die Gewißheit, daß Fischer während der Regierungszeit des Propstes Herculan und sogar darüber hinaus, in Diessen der für Baumaßnahmen des Klosters verantwortliche Architekt war[8]. Somit gilt es, am bestehenden Kirchenbau zu prüfen, ob die oben geschilderten Modernisierungsarbeiten mit Fischer in Verbindung zu bringen sind.

6 Abraham Praunschober (1674-1750), Leibarzt der bayerischen Kurfürstin Therese Kunigunde Karoline (1676-1730), übersiedelte 1747 in das Augustiner-Chorherren-Stift Diessen, das er zur *Universal Erbin* seines Vermögens einsetzte.

7 Signatur: *GeorgIVs BergMILLer CIVIs AVgVstanVs aDInVenIt pInXItqVe.* Trotz der eindeutigen Angabe 1753 ist als Entstehungsjahr in der Literatur mehrfach 1752 genannt; s. auch Scheifele/Grän (Anm.1), 8.

8 S. WVZ 12 (Exkurs)

9 Scheifele/Grän (Anm.1), 3

10 Vgl. die Fenster im Dach über der Ottobeurer Vierungskuppel sowie die in Diessen-St. Georgen (WVZ 69)

11 S. Kat.-Nr.13, in Band I S.121 und Hans Lehmbruch, in Band I S.266 ff.

12 Abb. im Ausst.-kat. »Johann Georg Bergmüller 1688-1762«, Weißenhorn 1988, 40 (Nr.21)

Bisher wurde angenommen, Diessen habe die Kirche 1752/53 lediglich neu stuckieren und ausmalen lassen [9]. Gleichzeitig erneuerte man aber auch den Giebelreiter an der Kirchenwestseite; jedenfalls deuten sowohl die oben zitierten Nachrichten als auch der Baubestand darauf hin. Die Planung dafür muß jedenfalls spätestens am 12. April 1751 zusammen mit dem Überschlag vorgelegen haben.

Mit der Idee, den Maßnahmen von 1752/53 könnten Fischer-Pläne zugrunde gelegen haben, lassen sich die über Stuckierung und Freskierung hinausgehenden Veränderungen im Innenraum ziemlich genau benennen. Davon betroffen waren offensichtlich auch die Brüstungen der Orgelempore und der Oratorien im Chor; deren Schwingung hat eindeutig die Westempore sowie die Choretti oder ›Schwalbennester‹ der Diessener Stiftskirche zum Vorbild. Indiz für Fischers Beteiligung ist ferner die Form der Fenster in den Trennwänden zwischen Chor und Seitenräumen; sie gehört zu seinem gängigen Repertoire [10].

Bei der Betrachtung des Giebelreiters fällt trotz mehrfacher Erneuerung des Helms die Ähnlichkeit zu jenem Türmchen auf, das Fischer 1748 für die Münchener Lazarettkapelle vorgeschlagen hat [11]. Über das Ausmaß der damaligen Umgestaltung des Westgiebels informiert der Vergleich von Entwurf und Ausführung des Bergmüller-Freskos im Chor. Während die Entwurfszeichnung im Hintergrund der Darstellung »Der Hl. Rasso als Fürbitter der Kranken« die alte Westseite der Grafrather Kirche mit einem (durchfensterten?) Volutengiebel zeigt, aus dem der Giebelreiter – noch mit Zwiebelhaube – aufsteigt [12], stellt das 1753 gemalte Fresko den 1752/53 erneuerten Giebelreiter dar. Zu erkennen ist das ursprünglich an den Ecken rustizierte Glockentürmchen mit Schallöffnungen, die der schon angesprochenen Fensterform in den beiden Chororatorien gleicht [13].

Diese Beobachtungen legen die Schlußfolgerung nahe: 1752/53 wurde die Wallfahrtskirche in Grafrath nach Fischers Entwürfen modernisiert. Dabei hat man den Westgiebel der Thumb-Kirche, der ursprünglich die gleichen Voluten besaß wie noch heute die Ostseite, durch die Entfernung der Voluten nachhaltig verändert, so daß jetzt nur mehr der Giebelreiter ihr einziger Schmuck ist. Die Zuschreibung an Fischer wird auch dadurch gestützt, daß das bekannte Ausstattungsteam der Diessener Stiftskirche – Bergmüller als Freskant, Johann Michael und Franz Xaver Feichtmayr als Stukkatoren – für Grafrath verpflichtet wurde.

Gabriele Dischinger/Christl Karnehm

Abb. Grafrath, Orgelempore

13 Qu. 3, p. 82: *Im üebrigen ist der Thurm sehr klein, und nur an dem voderen Theil der Kirche angebauet, weil das seicht und mosige Terrain keinen ordentlichen anzulegen geduldet; ist nur mit zway kleinen Gloken versehen.* Diese zeitgenössische Charakterisierung enthält die Begründung, warum Bauschäden an der Westseite aufgetreten sind.

72 GRASLEITEN

(Gemeinde Huglfing, Kr. Weilheim-Schongau, Oberbayern)
Schwaighof des Augustiner-Chorherren-Stifts Polling [1]
Planung des Neubaus

Schon 1635 bis 1661 und dann wieder 1720 bis 1803 bewirtschaftete Polling das Gut in Grasleiten in eigener Verantwortung. 1744 schritt Propst Franz Töpsl (1744-1796) zur Erneuerung der hölzernen, einsturzgefährdeten Gebäude von Stallung und Schwaighof.

1744

4. 5. Grundstein zum Neubau aus *Sand und Schiferstain* wird durch P.Benno Mayr, *Granarius* des Stiftes, gelegt; der alte Schwaighof bleibt jedoch dieses Jahr noch stehen. (Qu.1, fol.4)

1745

o.Dat. Fundamente zum neuen Schwaighof werden gelegt. (Qu.1, fol.18)

1 Quelle: Qu. = BSB, Clm 26461 (Tagebuch des Propstes Franz Töpsl)
Literatur: Fritz Mayer, Die Kloster Pollingische Schwaige Grasleiten und der landesherrliche Grasleitner Wald, in: Lech-Isar-Land (1965) 73-83; Max Biller, Pollinger Heimat-Lexikon, Polling 1992, 787-791
Für freundliche Unterstützung bei der Vorarbeit für diesen Text danken wir Reinhard Schmid, Heimatpfleger des Kreises Weilheim-Schongau.

Abb. Grasleiten
ehem. Schwaighof des Stifts Polling
neben der Kapelle (1735)
von Joseph Schmuzer

1746
o.Dat. Aus Mangel an Baumaterial kommt der Bau zum Stillstand[2]. (Qu.1, fol.18)

1747
vor 7.12. Bau der *villae in Grasleiten* ist vollendet; die Baukosten betragen 2371 Gulden. (Qu.1, fol.26)

Die ursprünglich zweiteilige Anlage[3] – das nahezu quadratische Wohnhaus von fünf auf sechs Achsen und das im Westen angebaute, langgestreckte Stallgebäude – ist abschnittsweise entstanden. 1744 hat man offenbar die neue Stallung und im Jahr darauf erst den Schwaighof begonnen. Da die Grundsteinlegung drei Wochen nach der Wahl des Propstes Franz (16.4.1744) erfolgte, wurde das Bauvorhaben sicher noch zu Zeiten seines Vorgängers Propst Albert Oswald (1701-1744) in die Wege geleitet.

1745, als der Bau des Wohnhauses bevorstand, war Johann Michael Fischer bereits für Propst Franz tätig[4], der ihn wahrscheinlich auch im Falle Grasleiten zu Rate gezogen hat[5]; denn das heute weitgehend noch unveränderte Gebäude besitzt außergewöhnliche Qualität. Es fällt sowohl durch seine großzügige und funktionelle Einteilung – in beiden Stockwerken ein in Ost-West-Richtung verlaufender, korbbogengewölbter Mittelgang mit seitlichen Anräumen und ein breites, zweiläufiges Treppenhaus etwa in der Mitte der Nordseite –, seine ausgewogenen Proportionen als auch seine ›edle‹ Dachform, das Mansardwalmdach, auf.

Vergleichbare Nutzbauten hat Fischer in Seefeld und Polling errichtet. Deshalb ist auch für den Schwaighof in Grasleiten anzunehmen, daß er eine bestehende Planung überging oder sogar eigene Entwürfe geliefert hat.

Gabriele Dischinger/Christl Karnehm

2 Vermutlich wurde der Bau in Grasleiten zurückgestellt zugunsten der Fertigstellung des Pollinger Bierkellers in demselben Jahr; s. WVZ 52
3 Vgl. den *Pollinger Grasleüthen Plan* (BayHStAM, PlSlg 6881) von dem Münchener Geometer Castulus Riedl, ein Lageplan aus dem Jahre 1751; nach Erweiterung um 1800 besteht die Anlage heute aus drei Bauabschnitten.
4 S. WVZ 52 und 66
5 Im Zusammenhang mit Unterapfeldorf (WVZ 66) ist überliefert, daß Propst Franz Töpsl Fischer auch *ansonst[en] für seinen Baumeister gebrauchte*, zitiert nach Sigfrid Hofmann, Geschichte der Pfarrei Apfeldorf, in: Lech-Isar-Land (1971) 153

73 MISCHENRIED (Kr. Starnberg, Oberbayern)

St. Rasso-Kapelle der ehem. Diessener Klosterschwaige
(heute profaniert) [1]
Planung (und Ausführung?)

Mischenried ist schon vor Mitte des 13. Jahrhunderts in Diessener Klosterbesitz nachweisbar, wurde Schwaige und später auch Sommersitz der Pröpste. An das bis heute bestehende, stattliche Wohnhaus aus dem 16. Jahrhundert [2] ist eine inzwischen profanierte, oktogonale Kapelle mit einst drei Altären angebaut. Ihre Entstehung fällt in die Regierungszeit des Propstes Berthold Wolf (1755-1797); es heißt, er habe *innerhalb kurzer Zeit ... in das Werck gesezet, was dessen Herr Vorfahrer [Propst Herculan Karg] zu thun vorhabens ware ... 2do hat er neben besserer Zu- und Einrichtung der Schwaig Mischenried allda ein schöne neue Cappelen aufgeführet* [3].

um 1756

o.Dat. *Bertholdus II. Wolf ... Praepositus 35tus ... Capellam S. Annae in Rome[n]thal et in Mischenried funditus exstruxit.* (Qu.2)

Schon 1977 kam Michael Meier zu dem Schluß, daß der oktogonale Zentralraum der ehemaligen Kapelle in Mischenried »in dieser Gegend nicht ohne Beispiel ist« und verweist dabei auf die Fischer-Kirche in Unering [4].

Diese Beobachtung läßt sich trotz der heute stark verstümmelten Raumsituation – eine Zwischendecke teilt die Kapelle in zwei Geschosse und nur der untere Teil ist frei zugänglich [5] – nachvollziehen. Wenngleich es von der Kapelle kein genaues Aufmaß gibt, fällt auf, daß ihr Grundriß zum einen dem von Unering (1731/32) sehr ähnelt, wie auch dem der von Fischer entworfenen Kapellen für das Lazarett in München (1748 bzw. 1754/55) [6]. Das Mischenrieder Achteck ist wie dort außen gleichseitig, innen dagegen wechseln vier breite Seiten (für drei Altäre und den Eingang) mit vier schmalen, welche im Obergeschoß durchfenstert sind und den Putzspuren nach früher tiefer herabreichten. Wie in Unering und in den Entwürfen für das Lazarett sind auch hier in diese Wandteile Nischen gleichsam 'eingegraben'. In Unering sind diese Nischen noch stark gerundet, in den Lazarettplänen hingegen nur noch an den Altarwänden, während dort wie auch in Mischenried übereck gestellte Pfeiler in die Raummitte weisen. Selbst ohne den oberen Teil der Kapelle zu kennen, deutet schon allein das Grundrißschema auf eine Beteiligung Fischers hin und ist um so wahrscheinlicher, als die Kapelle in Mischenried zu Diessen gehörte, wo Fischer gewissermaßen Klosterbaumeister war [7].

Der Mischenrieder Kapellenbau wird in Anlehnung an den in Romenthal, der ebenfalls durch Propst Berthold und nach Fischers Entwurf errichtet wurde [8], um 1756 angesetzt.

Christl Karnehm

1 Quellen: Qu.1 = BayHStA, GR 974/15 (Geschichte des Stifts Diessen von 1757); Qu.2 = ABA, Pf 103, I/20 (unpaginierter Nekrolog, von P.Rasso Manhardt nach dem Tod des Propstes Berthold Wolf 1797 verfaßt)
Literatur: Max Gruber/Klaus Kraft/Michael Meier/Wilhelm Neu, Die Kunst- und Kulturdenkmäler in der Region München, Bd.1, München 1977, 94; Gerhard Schober, Landkreis Starnberg (Denkmäler in Bayern, Bd.I.21), ²München-Zürich 1991, 412

2 Gruber/Kraft/Meier/Neu (Anm.1) und Schober (Anm.1)

3 Qu.1, Doppelblatt *X*. Für den Hinweis auf diese Quelle danke ich Josef H. Biller, München.

4 Gruber/Kraft/Meier/Neu (Anm.1). Das zweite von Meier genannte Vergleichsbeispiel Delling wird mit Blick auf die Bauzeit (1774/75) für Fischer ausgeschieden.

5 Der obere Teil in Privatbesitz war unzugänglich.

6 S. Kat.-Nr.12-22, in Band I S.121-123 und Hans Lehmbruch, in Band I S.266-271 sowie Gabriele Dischinger/Hans Lehmbruch, in Band I S.272-289

7 S. WVZ 12, 69, 71 und 80

8 S. WVZ 80

74 MÜNCHEN

St. Jakob am Anger, ehem. Klosterkirche der Klarissen [1]
Besichtigung

1284 überließen die Franziskaner ihre 1221 gegründete Niederlassung bei der Jakobskapelle im Anger den Klarissen. Die romanische Kapelle aus der Gründungszeit war zu Beginn des 18. Jahrhunderts im Chor einer mittlerweile gotisierten Basilika aufgegangen. Diese Kirche wollten die Klarissen ab 1731, als

1 Quellen: Qu.1 = BSB, Oefeleana 5/VII, p.531 f.
Literatur: M. Traugott Schindlbeck/Hugo Schnell, St.Jakob am Anger in

ihnen durch Erbschaft Hl. Leiber und kostbare Reliquien zufielen, verändern, um die neuen ›Schätze‹ angemessen zur Verehrung aussetzen zu können. 1735 legte der Münchener Maurermeister Johann Michael Pröbstl (1678-1743) drei Projekte zum Um- bzw. Neubau der Kirche vor [2]. 1737 wurde der Münchener Bildhauer und Stukkator Egid Quirin Asam (1692-1750) um Rat gebeten.

1737

19. 4. Asam ist in das *Closter Anger geholt wordten*, um zur beabsichtigten Umgestaltung des Lettners gehört zu werden. Als er erfährt, was geplant ist, erklärt Asam und mit ihm *der Maurer Meister Michl ..., dass sich da nichts rechts dauen [= tun] lest*; man sollte besser e*in neus Werckh anfangen*. Da die Vertreter der Schwestern aber *die alte Kirchen behalten* wollen, ist *von dem neuen Gebey ... kein Gedanckhen [= Plan] zu machen*. (Qu.1 [3])

Von der Besichtigung und ihrem negativen Ergebnis wissen wir, weil Egid Quirin Asam darüber in einem Brief (vom 22. April 1737) an seinen Bruder Cosmas Damian berichtete, der sich zu der Zeit in Mannheim aufhielt. In der Schilderung der Begebenheit erwähnte er ganz beiläufig den *Maurer Meister Michl*, der offenbar ebenfalls zu dem Lokaltermin gebeten war.

Der genannte *Maurer Meister Michl* wurde bisher mit Johann Michael Pröbstl, den die Klarissen über viele Jahre als ›ihren‹ Maurermeister beschäftigten, identifiziert [4]. Da aber inzwischen bekannt ist, wie eng Johann Michael Fischer und Egid Quirin Asam zusammengearbeitet haben [5], dürfte weniger Pröbstl, sondern eher Fischer gemeint sein. Daraus erklärte sich auch die knappe, ja vertraute Namensnennung. Denn bei Fischer konnte Asam davon ausgehen, daß sein Bruder wußte, wer der *Maurer Meister Michl* war; im Falle Pröbstl hätte Cosmas Damian Asam sicher nähere Erklärungen benötigt.

Wenn aber neben Asam auch Fischer in die Vorbereitungen zu der (ab 1737) von Johann Baptist Zimmermann (1680-1758) durchgeführten Barockisierung der Anger-Kirche einbezogen war, gewinnen die 1735 von Pröbstl vorgelegten Pläne eine andere Bedeutung. Vor allem der Neubauentwurf für die Klosterkirche, dessen Nähe zu Fischers Münchener Kirche St. Anna im Lehel bislang als ›Anleihe Pröbstls‹ [6] gesehen wurde, erscheint nun in neuem Lichte. Weitere Überlegungen dazu sollen allerdings der schon in anderem Zusammenhang angekündigten Untersuchung über »Asam und Fischer« vorbehalten bleiben.

Gabriele Dischinger

München (KKF Nr.259/260), München 1937; Gabriele Dischinger, Zu Leben und Werk der Künstlerfamilie Asam, in: Ars bavarica 19/20 (1980) 27 und 37 f.

2 Vgl. Gabriele Dischinger, Zeichnungen zu kirchlichen Bauten bis 1803 im Bayerischen Hauptstaatsarchiv, Wiesbaden 1988, 163 ff. (Nr.392-396)

3 Schreiben vom 22. 4.1737

4 Dischinger (Anm.2)

5 Z.B. in Diessen und Osterhofen; s. WVZ 12 und 49

6 Vgl. Dischinger (Anm.2), 165 (Nr.396)

75 MÜNCHEN

St. Johann Nepomuk (›Asamkirche‹) [1]

Beteiligung an der Ausführung

1729

7. 2. Joseph Anton Adrian Kray von Kläsaimb und dessen Bruder Johann Rudolf Kray, beide in kurfürstlichen Diensten, verkaufen ihr Haus *in der Sendlinger Gassen ... dem wohledlen Herrn Egidio Quirin Asam, Ihro Hochfürstl. Drtl. Bischoven zu Freysing, Cammerdienern und Hof Stuckhatorn* für 8000 Gulden. Außer den beiden Verkäufern und dem Käufer unterschreiben und siegeln: Mathias Ignaz Hayl, kurfürstlicher Hofgerichtsadvokat, Johann Georg Mader, Portenmacher, und Johann Michael Fischer, Maurermeister. (Qu. 1)

1730 erwarb Asam zusätzlich das angrenzende sog. Lambacher Haus. Beide Grundstück zusammen bilden heute das Anwesen Sendlingerstraße 61, das Wohnhaus des Bildhauers und Stukkators, das ›Asamhaus‹. Als die Anwohner der Sendlinger Gasse 1731 den Wunsch nach einer Kirche in unmittelbarer Nähe äußern, machte sich Asam diesen zu eigen.

1 Quellen (im AEM, mit den Signaturen): Qu.1 = Priesterhaus St. Johann Nepomuk, München, Nr.680; Qu.2 = Priesterhaus St. Johann Nepomuk, München, Nr.86/2
Literatur: Richard Bauer/Gabriele Dischinger/Hans Lehmbruch/Heinz Jürgen Sauermost, St. Johann Nepomuk im Licht der Quellen, München 1977; Lieb 1982, 224; Norbert Lieb, St. Johann Nepomuk, die Asamkirche in München (GKF Nr.100), München-Zürich 1983; Richard Bauer/Gabriele Dischinger,

1731
18. 3. Asam erklärt, daß er *zur Erbauung seiner vorhabenden Kapelle wirklich das Benefiziat Lambachersche Hauß käuflich an sich gebracht und eben deswegen von denen Bauverständigen den dazu gehörigen Baurіß habe verfertigen lassen.* (Qu.2)

1733
vor 10. 3. Asam sichert sich durch eine *Eventualkaufs-Verabredung* ein drittes Grundstück, wodurch nun genügend *spatium zu Herstell- und Erbauung einer schönen Kirche* vorhanden ist [2].
10. 3. Bewilligung,
16. 5. Grundsteinlegung zum Kirchenbau

1734
–.12. Der Rohbau steht [3].

1746
1. 5. Weihe der noch unvollendeten Kirche

Wenngleich die Quellen Fischer nur 1729 im Zusammenhang mit dem Erwerb des ersten Grundstücks nennen, so spricht doch die langjährige und um 1730 besonders intensive Zusammenarbeit von Asam und Fischer dafür, daß der Maurermeister zu den *Bauverständigen* gehörte, die 1731 für das Kapellenprojekt hinzugezogen wurden. Aufgrund dessen wird Fischer auch wenigstens »als Fachmann in technischen Fragen« [4] an der Ausführung der ab 1733 errichteten ›Asamkirche‹ beteiligt gewesen sein [5]. Abgesehen davon scheinen sich der Bildhauer und der Architekt auch privat nahegestanden haben; darauf deutet jedenfalls Fischers Zeugenschaft beim Vertragsabschluß am 7. Februar 1729 hin.

Gabriele Dischinger

Asamkirche München (KKF Nr.1277), [5]München-Zürich 1992
2 Zitiert nach Bauer u.a. (Anm.1), 8
3 Am 24.12.1734 war die Kirche soweit hergestellt, *daß auf dem Choraltar das heilige Meßopfer ... gelesen werden* konnte; zitiert nach Bauer u.a. (Anm.1), 21
4 Bauer/Dischinger (Anm.1), 2
5 Dazu Lieb 1983 (Anm.1), 4: »Zur konkreten Planung und zur technischen Ausführung des Kirchenbaus mußte ein sachkundiger, verantwortungsfähiger (bürgerlicher) ›Maurermeister‹ eingeschaltet werden. Daß dies ... Fischer gewesen sein kann, ... [ist] wahrscheinlich«

76-78 MÜNCHEN: Stadthäuser

76 Wohnhaus Johann Michael Fischers, Frauenplatz 9 [1]
Aus- und Umbau

Abb. in Band II S.61

1736
31. 5. *H. Joseph Antoni Schönberg des ausern Rhats und churbayr. Trouppenliferantners verkauft seine Behausung dem ehrngeachten Johann Michael Fischer Burger und Maurermaister derohrten, dan Maria Regina dessen Ehewürthin, auch deren Erben umb 6000 f. Kaufsumma und 500 f. Leykhauf act[um] den 31ten Maij a[nn]o 1736.* (Qu.1 und 2)
2. 6. Der Hauskauf wird ins städtische Grundbuch eingetragen. (Qu.3)

Außer diesen Daten sind keinerlei Nachrichten erhalten, die über etwaige Baumaßnahmen Fischers in seinem Haus Auskunft geben. Auch die Annahme, Fischer habe ihm »wohl bald nach der 1736 erfolgten Erwerbung vor allem im Außenbau ein neues Gesicht« gegeben [2], muß unbewiesen bleiben, denn Abbildungen des am 7. Januar 1945 zerstörten Hauses lassen nichts Spezifisches erkennen [3]. Erschwerend kommt hinzu, daß die Stuckverzierungen über den Fenstern wohl im 19. Jahrhundert erneuert wurden. Trotzdem kann unterstellt werden, daß Fischer das Haus bald nach dem Erwerb seinen Bedürfnissen anpaßte, um sowohl Privat- als auch Arbeitsräume darin unterzubringen; hier, in *Unser lieben Frauen Gässl*, lebte der kinderreiche Fischer bis zu seinem Tode 1766, hier hatte der erfolgreiche Architekt und Bauunternehmer Büro und ›Werkstatt‹.

1 Quellen (im StadtA München, mit den Signaturen): Qu.1 = Stadtgericht 195/2 (Grundbuchextrakt Kreuzviertel von 1761); Qu.2 = Stadtgericht 181/94 (Briefprotokolle 1736), fol.91; Qu.3 = Stadtgericht 183/30 (Grundbuchprotokolle 1734-1736), fol.213
Literatur: Lieb 1982, 148 f., 227
2 Lieb (Anm.1), 148
3 Vgl. z.B. Richard Bauer (Hg.), Ansichten und Einsichten, Hans Grässels Fotosammlung zur Architekturgeschichte Münchens 1860-1945, München 1994, 65 (Aufnahme von 1909). Auf der wohl frühesten Abbildung des Hauses um 1800 fehlen Details; vgl. München um 1800. Die Häuser und Gassen der Stadt, gezeichnet von Johann Paul Stimmelmayr, hg. von Gabriele Dischinger/Richard Bauer, München 1980, Nr.45.

77 Wohnhaus Dienerstraße 21[4]
Aus- und Umbau

1736

2. 6. Von Maximilian Ignaz Jesinger, kurfürstlicher Kammerdiener, kauft Joseph Anton Schönberg das Haus für 17000 Gulden und 1000 Gulden Leihkauf (Qu.1)
Der Grundbucheintrag erfolgt am gleichen Tag. (Qu.2)

1739

28. 9. Fürstbischof Johann Theodor von Freising kauft von Schönberg das Haus für 80000 fl (wohl verschrieben! 18000 fl) (Qu.3)

1746

31.10. Fürstbischof Johann Theodor von Freising verkauft dem mittlerweile geadelten Joseph Anton von Schönberg, *Sr. Ch. Drtl. zu Cöln Truchsess ..., des Inneren Rhats Burgermaistern ... eine Zeit hero ingehebt aigenthumbl. Behausung, nebst denen hierin befündl[ich]en von dem Herrn Kaufer vorhin und seithero weithers hineingeschafften Mobilien besambt dasigen Hof und Stallungen an der Dienersgasse entlegen, mit Grundt und Pothen, all der rechtl. Ein- und Zuegehörungen und zwar umb ein gewise pactierte Kaufsumma ...* (Qu.4)
12.11. Grundbucheintrag des Hauskaufs vom 31.10.1746 (Qu.5)

Schon Adolf Feulner, der das nach dem Zweiten Weltkrieg neu erbaute Haus Dienerstraße 21 noch aus eigener Anschauung kannte, hat es zu Recht mit Fischer in Verbindung gebracht[5]; Kriterium waren die Fensterverdachungen, deren verwandte Gegenstücke über den unteren Öffnungen in den Ottobeurer Kirchtürmen wiederzufinden sind. Allerdings bieten weder die nur im Foto über-

4 Quellen (im StadtA München, mit den Signaturen): Qu.1 = Stadtgericht 181/94 (Briefprotokolle 1736), fol.93-94; Qu.2 = Stadtgericht 183/30 (Grundbuchprotokolle 1734-1736), fol.213 f.; Qu.3 = Stadtgericht 183/32 (Grundbuchprot. 1739-1743), fol.56. Nicht verzeichnet in Stadtgericht 181/97 (Briefprot. 1739); Qu.4 = Stadtgericht 181/104 (Briefprot. 1746), fol.144; Qu.5 = Stadtgericht 183/33 (Grundbuchprot. 1744-1748), fol.156
Literatur: Feulner 1913, 62; Adolf Feulner, (München) Die Stadt des Barock und Rokoko, in: Bayerland 35 (1924) 241; Lieb 1982, 149

5 Feulner 1913, 62

Abb. München
Wohnhaus Dienerstraße 21
(Zustand nach Umbau 1907)

lieferte Eingangsfassade noch die erhaltenen Quellen – einzig die Nachrichten zum Eigentümerwechsel – Anhaltspunkte, wann genau und für wen Fischer das Haus ausgebaut hat. Einerseits ist Fischers Kontakt zu dem erfolgreichen ›Immobilienhändler‹ Schönberg (1701-1760) durch seinen eigenen Hauskauf von 1736 belegt (s. oben), andererseits war Fischer ›Hofbaumeister‹ des Freisinger Fürstbischofs (1703-1763)[6]. Bisher ist unbekannt, wofür er diesen Ehrentitel verliehen bekam; um so größere Bedeutung erlangt die Dienerstraße 21 in diesem Zusammenhang.

78 Wohnhaus Kaufingerstraße 15[7]
Aus- und Umbau

1740
3. 9. Von Georg Cajetan Reichsgraf von Closen kauft Joseph Anton von Schönberg das Haus für 15547 Gulden[8].

1749
11.12. Schönberg verkauft das Haus an Johann Georg Reichsgraf von Hörwarth für eine unbekannte Summe[9].

Grund für die Zuschreibung sind die auffällig an das Haus Dienerstraße 21 erinnernden Fensterverdachungen, wobei der üppige Stuck wohl der Werkstatt Johann Baptist Zimmermanns entstammt. Stuck und Portal machen die Einordnung zwischen 1740 und 1749 wahrscheinlich. Bis auf das Portal und seine Marmorrahmung ist von diesem Haus nichts mehr erhalten, denn es wurde 1898 abgebrochen[10].

Adolf Feulner zog bei insgesamt fünf Münchner Häusern Fischers Beteiligung in Betracht[11]; davon läßt sich jedoch nur eine Zuschreibung – Dienerstraße 21 – aufrecht erhalten.

Gabriele Dischinger

6 S. in Band I S.11
7 Literatur: Gustav von Bezold/Berthold Riehl/Georg Hager, Regierungsbezirk Oberbayern (KDB, Oberbayern, Teil 2), München 1902, 1190; Häuserbuch der Stadt München, III, München 1962, 269; Lieb 1982, 149
8 Häuserbuch (Anm.7)
9 Wie Anm.8
10 Bauer (Anm.3), 86 mit Abb. – Abb. des Portals bei Peter Volk, Münchener Rokokoplastik (BNM, Bildführer 7), München 1980, 92
11 Feulner 1913, 62: Theatinerstraße 10 und 15, Dienerstraße 21, Burgstraße 13 und Rindermarkt 22

79 REINSTETTEN (Kr. Biberach, Baden-Württemberg)
Pfarrkirche St. Urban[1]
Planung des Neubaus

Die Kirche gehörte schon 1157 zum Benediktinerkloster Ochsenhausen, dem sie 1332 inkorporiert wurde. 1498 erhielt der rechteckige romanische Bau einen Chor nach dem Vorbild des Gotteshauses in Ochsenhausen. Dessen baufreudiger Abt Benedikt Denzel (1737-1767) ließ ab 1740 eine ganz neue Pfarrkirche in Reinstetten errichten[2].

1740
9. 6. Nachdem die alte Kirche abgebrochen ist, legt (Abt Benedikt) *bey der newen Rheinstetter Kürchen ... den ersten Stein solenniter.* (Qu.1, Bd.6[3])
o.Dat. Die neue Kirche wird *von Fundament auffgebawt und heür under daß Tach gebracht.* (Qu.1, Bd.6)

1741
–. 3. *Zue Reinstetten seynt Mense Martio für dasige neüe Kirchen fernere praeparatoria also verahnstalltet word[en], daß den Sommer durch das Kirch-Tach sambt benötigten küpfernen Rinnen in vollkomnen Standt gebracht, der Chor mit Gewölb, die übrige Kirch mit einer Decken, hellen Fenstern, und verdingten Mahlereyen exornirt ... worden.* (Qu.1, Bd.7)

1 Quellen (im HStA Stuttgart, mit den Signaturen): Qu.1 = B 481 L; Qu.2 = B 481 Literatur: Eduard Paulus/Eugen Gradmann, Inventar Donaukreis, 1 (Kunst- und Altertumsdenkmale im Königreich Württemberg 4,1), Esslingen 1914, 206-208; Alfons Kasper, Kunstwanderungen im Herzen Oberschwabens II, Schussenried 1968, 51-53; Adolf Schahl, Das künstlerische Leben in der Reichsabtei Ochsenhausen, in: Heilige Kunst 16/17 (1968/69), 87 f.; Gebhard Spahr, Oberschwäbische Barockstraße II, Weingarten 1978, 181; Lieb 1982, 227 f.; 250 Jahre Pfarrkirche Reinstetten, Reinstetten 1992; Möhring 1992, 194-199
2 In der Vita des Abtes ist mitgeteilt: *Ecclesias dein Parochiales in Reinstetten, Winterrieden, et Niederkirch; Filiales Rothum et Wenedach; aedes Parochiales in*

Demnach war der Bau Ende 1741 nicht nur eingewölbt, sondern auch mit Fresken ausgestattet, die jedoch nicht erhalten sind.

1742

26. 9. ... *die Kirchen, und 3 Altär zu Reinstetten, welche von Fundament neu erbauet,* wird durch Franz Karl Joseph Reichsgraf Fugger-Glött, Weihbischof von Konstanz, konsekriert. (Qu.1, Bd.7)

o.Dat. *Allda seynt heüer verfertiget word[en] der Rosch [= Rost?*[4]*], Kirchenstühl, und Canzel.* 2do *die Gäng mit 17zölligen Aichstetter Stein besezt, das Gatter im Chor, die Stühl auff der Bohr Kirchen, die zwey Neben Altär Rahmen mit Engeln gezihrt aufgestellt.* 3^{tio} *vihle Linden zue denen Altär Statuen, Engeln, auch viele Aichen zue dem künfftigen Glockhen Stuhl Thurn, und Dach gefällt ... worden.* (Qu.1, Bd.7)

1743

20. 4. ... *Dominia in albis habe zu Rheinstetten das Heyl. Kreüz Particul solenniter eingesezet.* (Qu.1, Bd.7)

o.Dat. Vier doppelte Beichtstühle und zwei Chorstühle werden verfertigt *und von Mahleren exorniret ...; das Thurn-Tach ist abgehoben, der Thurn umb 80 Schueh hocher gebauet, und mit einem Kupel-Tach von weissem Sturz bedekhet worden.* (Qu.1, Bd.7)

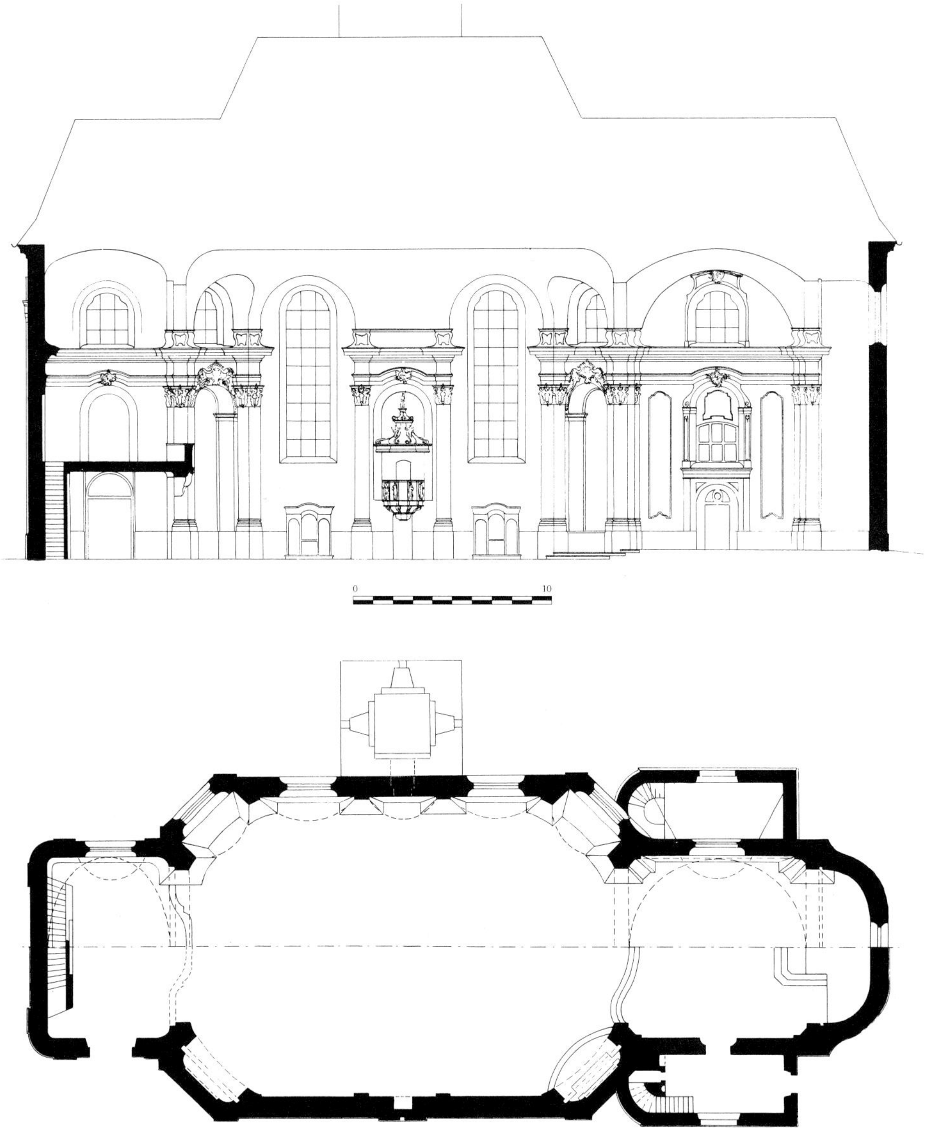

Abb. Reinstetten, Grundriß in zwei Ebenen und Längsschnitt

Laupheim et Kirchdorf a Fundamentis exstruxit; Qu.2, Bd.5, p.72.
In den *Acta und Proventus* der Pfarrei Reinstetten von 1782 ist zur Baugeschichte der Kirche angegeben: *1740 Cum* R^{mus} *D. Abbas Benedictus Ecclesiam e fundamentis, et in augustam formam aedificare coeperat, Parochiani negabant praestare servitia cum manu, et equis. Verum per Decretum Episcopale Interimisticum adigebantur sub Poena 6 thalerorum; Ecclesiae consecratio, et altarium facta 1742;* Qu.2, Bü. 76 Caput 2 §3.

3 Für 1740, 1741 und 1742 sind folgende Bausummen angegeben: 7282 fl 29 x 5 hl, 4488 fl 55 x 2 hl, 2368 fl 39 x.

4 Hermann Fischer, Schwäbisches Wörterbuch, Bd.5, Tübingen 1920, Sp.428: Rosch = Feuerrost, Fundament, Bettrost

Abb. Reinstetten von Südosten

1744

Deo sint laudes aeterno! heür ist daß ganze Kirchen- und Thurngebäu ohne eineß einzigen Menschen [etc.] erlittenen Schaden oder Unheyl in vollkommnen Stand gebracht, undt erstlich der Thurn bestochen, ... in der Kirchen die 3 Altär aufgestellet, gefasset, und der Chor-Altar mit einem schönen Gemähld von Herren Bergmüller ausgeziehret word[en]. (Qu.1, Bd.7)

Ein Architekt ist in den Abteirechnungen von Ochsenhausen auch für die Reinstetter Kirche nicht genannt, und ebenso fehlen auch hier die Spezialrechnungen [5]. Dennoch hat die Zuschreibung an Fischer zu Recht Tradition. Schon Eduard Paulus veranlaßte der zentralraumähnlich angelegte Bau mit seinem Turm an der Nordseite zu der Feststellung: »Der Plan erinnert an J.M.Fischers Bauweise« [6]. Während für Gebhard Spahr der Münchner Architekt mit Sicherheit »als Baumeister fungierte«, vertritt Norbert Lieb die Zuschreibung an Fischer »vermutungsweise« [7].

Hinsichtlich des Turmes nebst seiner Erhöhung ist ebenfalls an einen Entwurf Fischers zu denken, zumal da das Obergeschoß und der Helm auffallend an die Türme in Ottobeuren erinnern [8].

Ute Esbach

5 S. WVZ 48
6 Paulus/Gradmann (Anm.1), 207
7 Spahr (Anm.1) und Lieb 1982, 227
8 Spahr (Anm.1) nimmt Jakob Emele als Baumeister für die Turmerhöhung an. Ausschlaggebend für diese Vermutung dürfte für ihn die Ähnlichkeit des 1743 von Emele im Auftrage Ochsenhausens errichteten Turmaufsatzes der Kirche in Ummendorf gewesen sein. Vgl. Schahl (Anm.1) sowie Albert Angele, Ummendorf und Umgebung, [2]Ummendorf 1954, 92; dort: »Der Ummendorfer Kirchturm, der auch in Reinstetten nachgemacht wurde, ...«.

(Markt Diessen am Ammersee, Kr. Landsberg am Lech, Oberbayern)
St. Anna-Kapelle [1]
Planung (und Ausführung?)

Das Augustiner-Chorherren-Stift Diessen besaß im nahegelegenen Romenthal eine Schwaige, in der die Pröpste ihren Sommer zu verbringen pflegten. Seit 1574 befand sich dort eine der Hl. Dreifaltigkeit und dem Hl. Ulrich geweihte Kapelle, wo 1674 von Propst Renatus Sonntag (1673-1690) *die heilige Mutter Anna von Bildhauer Arbeit als Schuz-Patronin eingesezt* wurde [2]. Inwieweit ein Brand während des Spanischen Erbfolgekrieges [3] die Kapelle in Mitleidenschaft zog, wissen wir nicht, wie überhaupt die Nachrichten sehr spärlich sind.

um 1756
o.Dat. Propst Berthold *ließe erstens das sehr baufällige St. Anna-Kirchlein bey der unweit von Closter gegen Mitternacht entlegenen Schwaig Romenthal niderreissen und dafür ein grösseres, auf hipsche Art von Grund auf neu bauen, auch mit Stockador und Fresco Mahlerey auszieren.* (Qu.1, Doppelblatt *X* [4])
An anderer Stelle steht, er habe ... *dieses Kirchlein in der Runde von Grund aufbauen und mit Fresco Gemälde auszieren lassen; es ist mit einem wohl angemessenen kleinen Thurn versehen, worinn 2 Gloggen hängen.* (Qu.2, p.55)
Bertholdus II. Wolf ... Praepositus 35^{tus} ... *Capellam S. Annae in Rome[n]thal et in Mischenried funditus exstruxit.* (Qu.3)

1757
o.Dat. Jahreszahl und Signatur im zentralen Deckenfresko, von Franz Seraph Kirzinger (1728-1795) [5]

Die hier erstmals für Romenthal ausgewertete Quelle aus dem Jahre 1757 (Qu.1) spricht davon, daß Propst Berthold Wolf (1755-1797) *innerhalb kurzer Zeit... in das Werck gesezet, was dessen Herr Vorfahrer zu thun vorhabens ware und zwar erstens das sehr baufällige St. Anna-Kirchlein bey der ... Schwaig Romenthal.* Der genannte *Vorfahrer* war Fischers bedeutender Auftraggeber Herculan Karg, der am 16. März 1755 starb. Insofern ist die Kapellenplanung auf die Zeit vor dessen Tod und die Bauzeit um 1756 einzugrenzen, denn 1757 hat Kirzinger bereits das Fresko datiert.

Der neben den Schwaiggebäuden errichtete Kapellenneubau wurde erstmals 1933 aus stilistischen Gründen für Fischer in Betracht gezogen [6], was mittlerweile durch die hier mehrfach dokumentierte enge und langjährige Beziehung zwischen Karg und Fischer [7] zur Gewißheit reifte.

Der achteckige Zentralraum mit runder Flachkuppel und je einem angesetzten Querrechteck als Vorhalle und Altarraum, überzeugt durch die schlichte Raffinesse des Raumes, dessen Stuck und Freskierung allerdings eher bescheiden ausgefallen sind. In kleinem Maßstab spiegelt der Grundriß ältere Fischer-Ideen wider, erinnert z. B. an Unering, Bergkirchen und an die Münchner Lazarettkapelle [8]. Dazu gehört auch die gleichzeitige, heute nur noch fragmentarisch erfaßbare, profanierte Kapelle in Mischenried – auch diese von Propst Berthold in der Nachfolge Kargs, der sie aus Krankheitsgründen nicht mehr realisieren konnte, gebaut [9]. Am wohlproportionierten Außenbau erinnert der Dachreiter an den einst von Fischer für Grafrath entworfenen [10].

Christl Karnehm

Abb. Romenthal, St. Anna-Kapelle

1 Quellen: Qu.1 = BayHStA, GR 974/974 (Geschichte von Diessen, 1757); Qu.2 = ABA, Hs 128 (Joseph Dall'Abaco, Chronik von Diessen, 3./4. Teil); Qu.3 = ABA, Pf 103, I/20
Literatur: Heilbronner 1933, 30; Lieb 1941, 184 f.; Alfred Kraut, Die St. Anna-Kapelle zu Romenthal, in: Lech-Isar-Land 1961, 44-51; Wilhelm Theodor Auer, Die Nebenkirchen und Kapellen der Pfarrei Dießen a. Ammersee, Diessen 1966, 93-96; Lieb 1982, 170 f., 175, 233; Möhring 1992, 282-287
2 Qu.1, Doppelblatt *XI*. Dort heißt es, *daß St. Anna Cappelen bey der Schwaig Romenthal ... zum erstenmal von Udalrico II. dem 26. Probsten zwischen 1570 und 1574 zu Ehren der Hl. Dreyfaltigkeit u. des Hl: Udalrici erbauet* wurde. Eine etwas andere Darstellung findet sich bei Auer (Anm.1), 93, der als einzige Quelle Joseph Dall' Abaco angibt. – Für den Hinweis auf Qu.1 danke ich Josef H. Biller, München.
3 Qu.1, Doppelblatt *X*
4 In ähnlichem Wortlaut wiederholt auf Doppelblatt *XI*
5 Signatur: *Franciscus Kirzinger. pinx. 1757.*
6 Heilbronner (Anm. 1)
7 S. WVZ 12, 69 und 71
8 Vgl. WVZ 9, 29 und 65
9 S. WVZ 73
10 S. WVZ 71

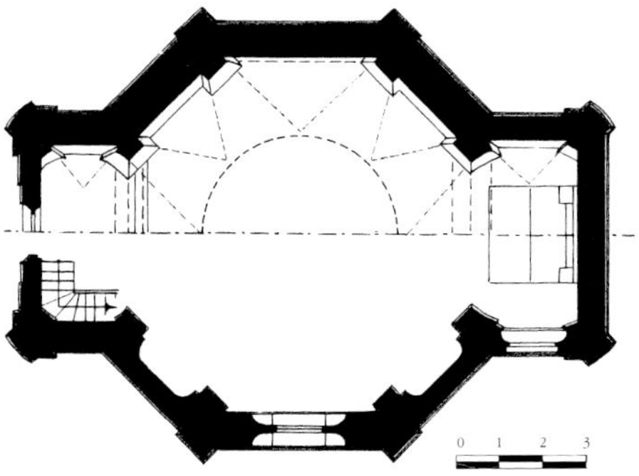

Abb. Romenthal, Grundriß in zwei Ebenen

81 STEIN (Gem. Engetried, Kr. Unterallgäu, Schwaben)

Ehem. Herrschaft mit gleichnamigem Schloß [1]
Ausführung von Umbauarbeiten

1746 erwarb das Benediktinerkloster Ottobeuren die südlich seines Territoriums gelegene Herrschaft Stein, drei Jahre später, 1749, erfolgte deren »feierliche Besitznahm« [2]. Unabhängig von der Herrschaft mußte die »alte Ritterburg Stein ... um mehrere tausend Gulden noch besonders angekauft werden« [3]. Nach »einigen ... Aenderungen« diente das Gebäude den Ottobeurer Konventualen als Ferienunterkunft [4].

1751
12. 5. *H[err] Bau M[eiste]r [Fischer] von München* empfängt verauslagtes Geld für 14 *Malereyen nach [Schloß] Stein*. (Qu.1)
–. 9. In den »Herbstferien« wird das Schloß erstmals benutzt [5].

1751-1752 Kosten für *Maurer, Handtlanger, und Zimmerleüth beym Schloss Stein* in Höhe von 975 fl 15 kr (Qu.2)

1752
3. 5. Zahlung für eine Reise *des Ballier [Martin Wöger]* nach (Schloß) Stein. (Qu.1)
16. 9. *Ballier [Martin Wöger]* erhält Zehrgeld nach (Schloß) Stein. (Qu.1)

Über das Schloß ist kaum etwas bekannt; 1800 wird es zum letzten Mal erwähnt [6] und diente nach einem Brand 1815 als Steinbruch [7]. – Aus den oben zitierten Nachrichten geht hervor, daß Ottobeuren ›seinen‹ Baumeister und dessen Palier auch für Stein einsetzte; 1752, als Wöger dorthin reiste, sind aber nur noch unbedeutende Arbeiten zu erwarten, weil hauptsächlich 1751 Ausgaben für Handwerker im Schloß belegt sind und der Bau zu der Zeit schon seiner Zweckbestimmung zugeführt war.

Klaus Schwager/Gabriele Dischinger

1 Quellen, nach der Zusammenstellung bei Schwager/Dischinger (s. Literatur) mit den Siglen: Qu.1 = Rechn.56; Qu.2 = Rechn.60
Literatur: Maurus Feyerabend, Des ehem. Reichsstiftes Ottenbeuren ... sämmtliche Jahrbücher, Bd.IV, Ottobeuren 1816; Tilmann Breuer, Stadt und Landkreis Memmingen (Kurzinventar 4), München 1959, 223 f.; Peter Blickle, Memmingen (Hist. Atlas von Bayern), München 1967; Klaus Schwager/Gabriele Dischinger, Ottobeuren 1672-1803 – Materialien zu Programm, Planung, Bau und Ausstattung der barocken Abtei (in Vorbereitung)
2 Feyerabend (Anm.1), 29, 41 f.
3 Feyerabend (Anm.1), 29
4 Feyerabend (Anm.1), 42
5 Wie Anm.4
6 Blickle (Anm.1), 162, Anm.720
7 Breuer (Anm.1), 224

82 THUNDORF (Stadt Osterhofen, Kr. Deggendorf, Niederbayern)

Ehem. Wallfahrtskirche St. Quirin, heute Pfarrkirche Maria Himmelfahrt [1]
Planung (und Ausführung?)

Bereits im 9. Jahrhundert ist in Thundorf Niederalteicher Kirchenlehen erwähnt. Obwohl seit dem 13. Jahrhundert zur Pfarrei Aicha an der Donau gehörig, wurde es meist von dem Benediktinerkloster ex currendo betreut. Insofern dürfte Fischer als Niederalteicher Klosterbaumeister zwischen 1724 und 1744 [2] auch für Baumaßnahmen in Thundorf zuständig gewesen sein. Dort wurde wohl 1740 bereits der spätgotische Kirchenbau ausgebaut und neu gewölbt, denn im Jahr darauf fand die Weihe statt.

1741
Die zu Thundorf new erbautte Hl. Kirchen:
16. 4. Den anderten [zweiten] Sontag nach Ostern nahm Abbt Marian [Pusch von Niederalteich] eine herrliche Andachts Solemnitet vor, nachdem die uralte Kirchfahrtskirchen des Hl. Römischen Zunftmaister und Bluetzeugen Quirini enterhalb der Donau mit Stockator undt Fresco Gemähl wie auch newen Altären auf das schenste gezürt undt vollendtet worden, anbey Abbt Marian einen Particul von dem Leib gedachten S. Quirini und seiner jungfreulichen Dochter Balbinae von Rom erhalten ... und in Pontificalibus introduciert... (Qu.1, fol.373)

1 Quellen: Qu.1 = BSB, Cgm 1757
Literatur: Felix Mader/Josef Maria Ritz, Bezirksamt Vilshofen (KDB, Niederbayern Bd.14), München 1926, 314-322; Georg Stadtmüller/Bonifaz Pfister, Geschichte der Abtei Niederalteich, [2]Grafenau 1986, 258 f.; Georg Loibl, Donaupfarreien Osterhofen, Osterhofen 1991, 16-29
2 S. WVZ 46

1755

17. 7. Die neuerbaute Kirche brannte nach einem Blitzschlag ab. »Die Hauptmauern blieben halb stehen.«[3]

1755-1760

»Der Wiederaufbau erfolgte gemäß der von Baumeister Bruder Thassilo Sternökher von Niederaltaich geführten Baurechnung ...«.[4]

Der Niederalteicher Konventuale Fr.Thassilo Sternöcker wird deshalb als Baumeister des Wiederaufbaues angesehen, weil er die Baurechnungen zwischen 1755 und 1760 führte[5]; Sternökher ist jedoch nirgendwo als Planverfasser oder Baumeister nachgewiesen. Hingegen zeigt der Bau viele Stilmerkmale Fischers, wie z.B. die ausgerundeten Ecken mit starken Gesimsen und darübergesetzten Stichkappen; diese greifen über den breiten Langhausfenstern in den Deckenspiegel mit einem einzigen, jochverschleifenden Fresko hinein. An Diessen und Grafrath erinnert der Verlauf der Orgelempore, die Chorfenster kehren identisch in Diessen-St. Georgen wieder[6]. Die starke Kehlung der Langhausfenster außen sind für Fischer typisch, die kräftigen Profilrahmungen innen ebenfalls. Der Turm in seiner konsequenten und wohlproportionierten Gliederung zeugt von der Stilsicherheit seines Meisters.

3 Mader/Ritz (Anm.1), 314
4 Wie Anm.3
5 Vgl. z.B. Mader/Ritz (Anm.1), 314 und Michael Brix (Bearb.), Dehio Niederbayern, München 1988, 715
6 S. WVZ 12, 69 und 71

Abb. Thundorf
Kirchenraum mit Chor

Abb. Thundorf von Nordwesten

Diese Beobachtungen legen den Schluß nahe, daß 1755 beim Wiederaufbau die bauliche Gestalt der 1740/41 erneuerten Kirche wieder aufgenommen wurde, als deren Baumeister aus historischen Gründen nur Fischer in Frage kommt [7]. Gestützt wird diese Annahme außerdem durch die Tatsache, daß Fischers bewährter Zimmermeister Andreas Höretsberger d.J., den er auch in Fürstenzell einsetzte, dort 1740 *en passant von Nideraltach her ist ein und anders mahl eingekhert* [8]. Für Niederalteich kann Höretsberger zu dieser Zeit jedoch nur in Thundorf unter dem Klosterbaumeister Fischer gearbeitet haben.

Nicht umsonst wird die außerordentliche Qualität des ab 1755 wiederholten Kirchenbaues [9] in der Literatur hervorgehoben als »von bemerkenswert kraftvoller Wirkung« [10] und »von der Architektur Johann Michael Fischers beeinflußt« [11]. Zusammenfassend ergibt sich daraus, daß Fischer die wenigstens die Planung, möglicherweise auch die Ausführung der 1740/41 erbauten Thundorfer Kirche zuzuschreiben ist.

Christl Karnehm

7 S. weiter oben und Anm. 2

8 BayHStA, KL Fasz.243/14, p.137; s. WVZ 17, Qu.2

9 Bei Mader/Ritz (Anm.1), 314 falsch: »Am 17. Juli 1755 brannte die Kirche, die als damals ›neuerbaut (nicht wörtlich zu nehmen) und aufs herrlichste geschmückt‹, bezeichnet wird, infolge Blitzschlags ab.«

10 Brix (Amn.5), 715 f.

11 Loibl (Anm.1), 21

ESCHENLOHE (Kr. Garmisch-Partenkirchen, Oberbayern)
Pfarrkirche St. Clemens [1]

Daten und Fakten zum Bau der Kirche sind kaum überliefert. Bekannt sind lediglich a) die Inschrift + *FK + B / 17 + BI + S:Pff65 / Kaltenhauser* auf drei Ziegelsteinen im Scheitel der Chorkuppel, b) die Aussage des Fischer-Paliers und -Werkstattnachfolgers Franz Anton Kirchgrabner vom 14. Mai 1768, wonach zu der Zeit noch ein Gerüst im Hauptraum der Eschenloher Kirche stand, und c) das Datum der Benediktion 2. Januar 1768, die der Ettaler Abt Bernhard Graf von Eschenbach (1761-1779) vornahm [2]. Die zweite Nachricht bestimmte die Auflösung der Inschrift, die da lautet: F[ranz] K[irchgrabner] B[aumeister] [3].

Da der ausgeführte Kirchenbau angeblich »Fischer sehr nahe steht« [4], wurden die aufgezählten, spärlichen Informationen dahingehend gedeutet, Kirchgrabner habe »den nach Entwurf J. M. Fischers begonnenen Chorbau 1765 (als er selbst noch nicht Meisterrecht hatte) in der Ausführung vollendet und darnach den Hauptbau errichtet, vielleicht unter Benutzung oder Überarbeitung eines Fischerschen Gesamtplanes« [5]. Daß Eschenlohe aber mehr von gesicherten Fi-

1 Literatur: Ilse Hoffmann, Der süddeutsche Kirchenbau am Ausgang des Barock, München 1938, 51; Lieb 1941, 186-190; Lieb 1982, 205 f., 235; Möhring 1992, 348-352

2 Die Pfarrei Eschenlohe unterstand dem Benediktinerkloster Ettal; alle Daten und Fakten nach Lieb 1941, 186.

3 Lieb 1941, 186; die Buchstaben der mittleren Zeile blieben ungedeutet, die dritte Zeile nennt den Ettaler P.Ignaz Kaltenhauser, damals Pfarrer in Eschenlohe.

4 Lieb 1982, 205

5 Lieb 1941, 187; Harald Möhring (Anm.1) hat sich dieser Meinung angeschlossen.

Abb. Eschenlohe
Kirchenraum mit Chor

scher-Werken unterscheidet, als selbst nach Revision eines Fischer-Planes zu erwarten wäre, hat Franz Peter deutlich gemacht [6]. Insofern dürfte Kirchgrabner die Kirche in Eschenlohe eigenverantwortlich geplant und gebaut haben. Eine Parallele bietet sich in Neumarkt-St. Veit, wo Fischers Palier Simon Frey schon im Jahr bevor Fischer starb, als selbständiger Baumeister auftrat [7].

Gabriele Dischinger

6 Franz Peter, in Band I S.73

7 S. WVZ 45

FREISING (Oberbayern)

Ehem. Prämonstratenser-Klosterkirche Neustift,
heute Pfarrkirche St. Peter und Paul [1]

Nach einem Brand am 27. Mai 1751, der die von Giovanni Antonio Viscardi errichtete Klosterkirche (geweiht 1722) stark in Mitleidenschaft zog, soll Fischer die Wiederherstellung (bis 1756) geleitet haben [2]. Angeblich »stammt von ihm [Fischer] ein nicht ausgeführter Entwurf für die Kirche« [3]. Die unbewiesenen Aussagen lassen sich nach wie vor nicht belegen und sind auch stilkritisch nicht haltbar, so daß Sigmund Benker beizupflichten ist: »Der oft genannte ... Fischer ist ... wegen der weichen Akzentuierung der neuen Bauteile als solcher [Baumeister] nicht wahrscheinlich« [4].

Gabriele Dischinger

1 Literatur: Karl-Ludwig Lippert, Giovanni Antonio Viscardi (1645-1713), München 1969, 59-70; Sigmund Benker, Neustift-Freising (KKF Nr.255), [5]München-Zürich 1979; Möhring 1992, 388 f.

2 Lieb 1953, 148; Lieb 1969, 154; dort irrtümlich als »Ausbau der Augustiner-Chorherren-Stiftskirche« bezeichnet.

3 Berthold Riehl, Bayerns Donautal, München 1912, 411

4 Benker (Anm.1), 4

HAIGERLOCH (Zollernalbkreis, Baden-Württemberg)

Wallfahrtskirche St. Anna [1]

Fürst Joseph Friedrich von Hohenzollern-Sigmaringen (1737-1769) ließ 1753 die 1408 zum ersten Mal genannte St. Anna-Kapelle abbrechen und eine neue Wallfahrtskirche beginnen. Der Bau war wohl schon 1755 fertiggestellt, die Ausstattung zog sich aber noch bis 1757 hin. Am 10. August 1762 erfolgte die Weihe.

Aufgrund der Verbindung des Fürsten zum Benediktinerkloster Zwiefalten und gewisser Ähnlichkeiten zu dem dortigen, von 1742 bis 1748 durch Fischer errichteten Kirchenbau, wurde die Planung für St. Anna immer wieder mit dem Münchner Architekten in Verbindung gebracht [2]. 1982 dann hat Norbert Lieb die Wallfahrtskirche in Haigerloch ausdrücklich aus der Liste der Fischer-Werke gestrichen [3]. Damit war mehr denn je offen, wem der Entwurf für die Kirche zuzuschreiben sei. Der Maurer- und Steinhauermeister Tiberius Moosbrugger (1727-1799) sowie der hohenzollerische Baumeister Christian Großbayer (1718-1782) wurden in Erwägung gezogen [4].

1993 beschäftigte sich Klaus Berghold, Stuttgart, neuerlich mit dem Kirchenbau in Haigerloch und gelangte anhand von Konstruktionsstudien zu der Auffassung, »die Gebrüder Schneider waren an der Planung von St. Anna beteiligt« [5]. Die These ist ebenso naheliegend wie überzeugend, lassen sich doch mit einem Entwurf von Joseph Benedikt und Hans Martin Schneider, die unter Fischer als Maurermeister in Zwiefalten maßgeblich mitgearbeitet haben [6], sowohl die Anleihen bei dem großen Vorbild (Fensterrahmungen) als auch die Distanz zu Fischers Werken (schwach ausgeprägte Zentralisierung) erklären. Bergholds Argumenten sei noch ein weiteres hinzugefügt: In der überlieferten Sammlung von Plänen aus dem Nachlaß der Brüder Schneider liegen Entwürfe, die sich mit dem Grundriß von St. Anna sowohl in der Gesamtdisposition als auch in Einzelheiten der Ausformung (Chor und Vierung) vergleichen lassen [7].

Gabriele Dischinger

1 Literatur: Lieb 1982, 172; Karl-Werner Steim, St. Anna Wallfahrt Haigerloch, Haigerloch 1987; Möhring 1992, 389 f.; Klaus Berghold, St. Anna in Haigerloch, Seminararbeit am Institut für Kunstgeschichte der Universität Stuttgart, 1993 (Ms.); Hans Albrecht Oehler, St.-Anna-Wallfahrtskirche Haigerloch (KKF Nr.2176), München-Zürich 1995

2 Vgl. Lieb 1953, 148; Karl Freckmann, Die St. Anna-Kirche in Haigerloch, in: Nachrichtenblatt der Denkmalpflege in Baden-Württemberg 1 (1958/59) 96-99; Freckmann 1965, 147-150; Lieb 1969, 154

3 Lieb 1982, 172

4 S. Norbert Lieb/Franz Dieth, Die Vorarlberger Barockbaumeister, [3]München-Zürich 1976, 106 und Eckart Hannmann/Karl Werner Steim, Christian Großbayer (1718-1782), Sigmaringen 1982, 32 f.

5 Berghold (Anm.1), 37. Für den Hinweis auf die Arbeit von Klaus Berghold danke ich Hans Albrecht Oehler, Haigerloch.

6 S. WVZ 67

7 S. Reinhold Halder, Die 'Schneidermappe'. Bestandsaufnahme einer Plansammlung historischer Bauzeichnungen und Stiche aus dem 17. bis 19. Jahrhundert beim Landesdenkmalamt Baden-Württemberg, Stuttgart, Tübingen 1987 (Ms.), Nr.33, 50 und 52 z.B.

KIRCHDORF im Wald (Kr. Regen, Niederbayern)

Pfarrkirche St. Maria Immaculata [1]

Die Pfarrei war der Propstei Rinchnach inkorporiert, die ihrerseits dem Benediktinerkloster Niederalteich unterstand.

In der Niederalteicher Chronik von P.Marian Pusch (1687-1746) [2] heißt es: *Eben anno 1708 wurde das wunderthettige uralte ... Gottshaus U. L. F. Kirchdorf theills erbauet, theills repariert undt anno 1711 mit einen ansechlichen Thurn geziert* [3].

Grund für die Vermutung, Fischer habe den Kirchdorfer Turm entworfen, lieferte die zweifellos enge stilistische Verwandtschaft mit dem der Propsteikirche in Rinchnach; dort wurde der Turm jedoch schon 1721 errichtet und nicht erst 1727 im Zuge der Kirchenerneuerung durch Fischer [4]. Damit läßt sich die Zuschreibung nicht halten, zumal der schwere, nüchtern gegliederte Bau auch keinerlei Ähnlichkeit zu anderen Turmbauten Fischers aufweist.

Christl Karnehm

1 Literatur: Karl Gröber, Bezirksamt Regen (KDB, Niederbayern Bd.19), München 1928, 42; Lieb 1982, 223

2 1739 bis 1746 Abt von Niederalteich

3 BSB, Cgm 1757, fol.349

4 S. WVZ 53

MÜNCHEN

St. Elisabeth, ehem. Spitalkirche der Elisabethinerinnen, mit Kloster- und Spitalbau [1]

Niederlassung und Bau der Elisabethinerinnen sind als Folge und Ergänzung zur Ansiedlung der Barmherzigen Brüder zu sehen; in beiden Fällen handelt es sich um Spitalbauten mit integrierter Kirche, die kurz nacheinander im Auftrage des kurfürstlichen Hofes errichtet wurden [2].

Unterstützt von der Mutter des bayerischen Kurfürsten und von Kurfürst Maximilian III. Joseph (1745-1777) selbst erwarben die Klosterfrauen ab 1750 Grundstücke vor dem Sendlinger Tor für den Neubau ihres Spitals. Im Frühsommer 1756 lag die Planung für eine dreihöfige Anlage vor; Autor war Leonhard Matthäus Gießl (um 1707-1785) [3]. Anfänglich stieß das Bauvorhaben beim Hofkriegsrat auf Widerspruch – zu nah vor dem Festungswall –, wurde dann aber am 28. 7.1756 unter der Bedingung genehmigt, daß der Bau weiter entfernt errichtet wird [4]. Die Grundsteinlegung zum Kloster- und Spitalbau am 23. 4.1757 nennt den offiziellen Baubeginn, am 9. 4.1758 wurde der Grundstein zur Kirche gelegt. Rund zweieinhalb Jahre später, am 9.11.1760 konnte die Kirche schon benediziert werden.

Während Gießl die Kirche 1756 noch in einem Seitenflügel vorsah, rückte er sie bei der Ausführung ab 1757 in die Mitte der Anlage und tauschte den ursprünglich geplanten Längsbau mit einfachem Walmdach gegen eine Kirche aus, deren Gemeinderaum – deutlich breiter als Vor- und Altarraum – außen durch ein Pyramidendach in Erscheinung tritt [5]. Die 1756 konzipierte Kirchenfassade wurde unverändert beibehalten, allerdings nur unvollständig realisiert [6]. Heute ist der Bau schwer zu beurteilen, weil er 1944/45 bis auf die Außenmauern zerstört und 1963-65 wieder hergestellt wurde.

Die Identifizierung Gießls als Autor der Pläne von 1756 hat Adolf Feulners These über den Baumeister von St. Elisabeth bestätigt und zugleich die von Norbert Lieb vertretene Zuschreibung an Fischer widerlegt. Bezeichnend ist, daß Gustav von Bezold, ein guter Kenner der Fischer-Architektur, zu der Kirche lediglich meint: »Wenn auch nicht bedeutend, doch ein hübscher Raum« [7].

Darüber hinaus müssen auch die drei Pläne, die Norbert Lieb wegen ihrer »architektonischen Vorstellung und ... zeichnerischen Wiedergabe ... einwandfrei als Entwürfe Johann Michael Fischers« für St. Elisabeth ansieht [8], aus Fischers

1 Literatur: Adolf Feulner, (München) Die Stadt des Barock und Rokoko, in: Das Bayerland 34 (1924) 243; Hermann Kerschensteiner, Geschichte der Münchener Krankenanstalten, ²München-Berlin 1939, 92-101; Lieb 1941, 185 f. und Abb.77-79; Lieb 1982, 173 f., 233 und Abb.218a-c; Gabriele Dischinger, Zeichnungen zu kirchlichen Bauten bis 1803 im Bayerischen Hauptstaatsarchiv, Wiesbaden 1988, 158 ff. (Nr.383-386); Möhring 1992, 397-402. Nicht mehr berücksichtigt werden konnte: Matthias Feldbaum, Der kurbayerische Hofmaurermeister Leonhard Matthäus Gießl (1707-1785), München 1996

2 S. München, St. Maximilian, S.329 f.

3 S. Dischinger (Anm.1)

4 BayHStA, Abt.IV Kriegsarchiv, A V (1) 162. Für den Hinweis auf diese Quelle danke ich Hans Lehmbruch, München.

5 Vgl. die Bauaufnahmen der Anlage aus der Zeit um 1809; BayHStA, PlSlg 12130-12131. Den Kirchengrundriß in der Planung von 1756 wird man sich ähnlich wie den der 1764-1765 ausgeführten

Werk ausgeschieden werden. Sie fügen sich weder stilistisch noch als Zeichnungen in den »Katalog der Entwürfe« ein [9]; ebensowenig sind sie im entwerferischen Nachlaß Gießls unterzubringen.

Es stellt sich jedoch nicht nur die Frage nach dem Autor, es besteht auch Unklarheit über das Verhältnis dieser Pläne zum Kloster- und Spitalbau der Elisabethinerinnen, weil sich die drei Varianten einer freistehenden Kirche nicht in den Verbund der Anlage einordnen lassen. In den zwei Fassadenaufrissen und dem Längsschnitt scheint es eher um Variationen eines Themas zu gehen, ohne konkreten Bezug. Ihr Idealcharakter und das Bemühen um sorgfältige Darstellung wecken Erinnerungen an Meisterstückrisse. Möglicherweise liegt ein ähnlicher Fall vor, wie wir ihn von Fischers Bruder Andreas kennen, der seine Meisterstückrisse 1732 am Vorbild eines bekannten Baues ausrichtete [10]. Da sich der noch nicht zu benennende Planverfasser an Gießls Kirche St. Elisabeth orientierte und einschlägiges Formengut benutzte, könnte es sich um Meisterstückrisse eines Gießl-Schülers oder -Mitarbeiters handeln. Als Entstehungszeit wird ›um 1760‹ vorgeschlagen.

Gabriele Dischinger

Spitalkirche St. Maximilian bei den Barmherzigen Brüdern vorzustellen haben; s. S.329 f.

6 Vgl. Gießls Pläne mit der Ansicht des Elisabethinerinnen-Baukomplexes, die Johann Paul Stimmelmayr gegen Ende des 18. Jahrhunderts gezeichnet hat; Abb. bei Kerschensteiner (Anm.1), 95 (in Umzeichnung).

7 Gustav von Bezold/Berthold Riehl/Georg Hager, Regierungsbezirk Oberbayern (KDB, Oberbayern, Teil 2), München 1902, 969

8 Lieb 1941, 185. Die drei Pläne liegen in der Graphischen Sammlung des Münchner Stadtmuseums.

9 Vgl. die in Band I S.110-136 zusammengestellten Entwürfe mit den bei Lieb 1941 (Anm.1) und Lieb 1982 (Anm.1) abgebildeten Plänen.

10 S. Josef H. Biller, in Band II S.63 und Anm.38

Abb. München, Fassadenaufriß nach dem Vorbild von St. Elisabeth von unbekanntem Entwerfer, um 1760

MÜNCHEN

St. Maximilian, ehem. Spitalkirche der Barmherzigen Brüder, mit Spitalbau (1809 aufgegangen im Bau des Allgemeinen Krankenhauses) [1]

Auf Wunsch der verwitweten Kaiserin Maria Amalia († 1756), genehmigte ihr Sohn Kurfürst Maximilian III. Joseph (1745-1777) 1750 die Niederlassung der Barmherzigen Brüder in München. Noch in demselben Jahr begannen diese, Grund vor dem Sendlinger Tor zu erwerben, um dort ein Spital mit Kirche zu errichten. 1752 legte die Kaiserin den Grundstein zu dem Neubau und spendete dafür 3000 fl. Begonnen wurde mit dem Spital, das 1754 fertiggestellt war. Am 14. 6.1764 legte der Kurfürst den ersten Stein zur Kirche; deren Innenausstattung »hat sich wohl von etwa 1765 bis über die Weihe ... 1772 hinaus hingezogen« [2].

Über den Baumeister von Spital und Kirche ist nichts bekannt. 1766 taucht erstmals der Münchener Maurermeister Franz Anton Kirchgrabner (um 1740-1800) in den Quellen auf; bis 1769 war er bei St. Maximilian tätig. Da Kirchgrabner nach Fischers Tod 1766 dessen Meisterrecht und Werkstatt übernahm, wurde er auch als Fischers Nachfolger bei den Barmherzigen Brüdern angesehen. Im nächsten Schritt schrieb Norbert Lieb Fischer die Planung für beide Bauten zu.

Zur Klärung der Baumeisterfrage können außer einer einfach gezeichneten Ansicht aus dem späten 18. Jahrhundert [3] inzwischen auch Bauaufnahmen des Spitals herangezogen werden [4]. Sie zeigen eine breitgelagerte, dreigeschossige Vierflügelanlage; im südöstlichem Seitenflügel lag die Kirche, gegenüber war der Krankensaal untergebracht. Die zur Stadt gekehrte Nordostfassade besaß eine aufwendige Gliederung; außen, am Ansatz der Seitenflügel, waren jeweils drei Achsen von Pilastern auf hohem Sockel gefaßt, die mittlere Achse von Dop-

1 Quellen: BayHStA, KL Fasz.418/10 Literatur: Hermann Kerschensteiner, Geschichte der Münchener Krankenanstalten, ²München-Berlin 1939, 71-92; Lieb 1982, 175 f., 231, 235; Peter Volk, Ignaz Günthers Arbeiten für St. Maximilian in München, in: Münchner Jb. der bild. Kunst 43 (1992) 153. Nicht mehr berücksichtigt werden konnte: Matthias Feldbaum, Der kurbayerische Hofmaurermeister Leonhard Matthäus Gießl (1707-1785), München 1996

2 Volk (Anm.1), 153. Dort (152 f.) auch die ausführliche Beschreibung der Kirche nach einem Inventar von 1793.

3 Von Johann Paul Stimmelmayr, Abb. bei Kerschensteiner (Anm.1), 76 (in Umzeichnung), bei Volk (Anm.1), 151 und (farbig) in: Ausst.-kat. »175 Jahre Medizinische Klinik Innenstadt der Universität München«, München 1988, 77

4 BayHStA, PlSlg 12270-12273 (kurz vor 1809). Vgl. auch Volk (Anm.1), 151 f. mit Umzeichnung des EG-Grundrisses, der 1988 ohne Signatur in die Literatur eingeführt wurde; s. Ausst.-kat. »175 Jahre ...« (Anm.3), 27, Nr.4 (Wolfgang Locher) mit Abb.

pelpilastern mit einem Dreiecksgiebel. Kleine Aufsätze über den Giebeln sind wohl als provisorisch überdachte Sockel geplanter Giebelreiter oder Glockentürme zu werten. Die Mittelachse der Eingangsseite rahmten einfache Pilaster; darauf ein geschwungener Giebel, hinter dem der ebenfalls notdürftig eingedeckte Stumpf eines vorgesehenen Turmes aufragte [5].

In Konzeption und Außengliederung ist die Anlage der Barmherzigen Brüder mit dem Spital- und Klosterbau der Münchener Elisabethinerinnen vergleichbar, primär mit der ersten Planung von Leonhard Matthäus Gießl (um 1707-1785) aus dem Jahre 1756. Dort sollte die Kirche genauso in den Seitenflügel eingebettet werden und fast die gleiche Fassade erhalten [6]. Die Ähnlichkeit äußert sich ebenso in Ansichten der ausgeführten Bauten [7]; hier wie dort derselbe Fassadentypus, leider in beiden Fällen unvollendet, d.h. ohne die projektierten Türme. Verwandtschaft zeigt sich auch in den Kirchengrundrissen mit ihre Folge von drei aneinandergereihten Zentralräumen.

Die zwei Spitalbauten hängen stilistisch so eng zusammen, daß von dem Planer des einen auf den Entwerfer des anderen geschlossen werden kann. Planung und Ausführung der Elisabethinerinnen-Gebäude lag mit großer Sicherheit in den Händen von Leonhard Matthäus Gießl [8]; das wird auch für Spital und Kirche der Barmherzigen Brüder gelten [9]. Es ist überdies naheliegend, daß der Hof als Förderer des Ordens ein Mitglied des Hofbauamtes – Gießl war zu der Zeit *Adjunkt* des Hofmaurermeisters [10] – einsetzte.

Gabriele Dischinger

5 Daß hier ein Turm geplant war, geht aus den Grundrissen hervor; sie geben an dieser Stelle besonders breite Mauern wieder.

6 Abb. der Pläne bei Gabriele Dischinger, Zeichnungen zu kirchlichen Bauten bis 1803 im Bayerischen Hauptstaatsarchiv, Wiesbaden 1988, 158 ff. (Nr.383-386)

7 Abb. bei Kerschensteiner (Anm.1), 76 und 95 (in Umzeichnung); s. auch Anm.3

8 S. München, St. Elisabeth, S.328 f.

9 Die Zuweisung an Gießl kann hier nicht weiter diskutiert werden. In dem Zusammenhang sei lediglich auf Parallelen zu anderen Gießl-Kirchen hingewiesen, zur Wallfahrtskirche St. Leonhard bei Dietramszell (1765-69), zu den Pfarrkirchen in Inning (1765-68) und Seehausen (1774/75) – und zur Pfarrkirche in Sandizell (1735); letztere steht Gießl nämlich sehr viel näher als Johann Baptist Gunetzrhainer, dem die Planung bisher – wohl fälschlich – zugeschrieben wird.

10 Vgl. Lieb 1941, 140

MÜNCHEN

Ehem. Gartenhaus Schönberg, späteres Leopoldi-Schlößl [1]

Garten und Gartenhaus lagen auf einer erhöhten Bastion der Stadtbefestigung, auf der sog. Ferdinand-Bastion südlich des Sendlinger Tors. 1745 kam Joseph Anton von Schönberg (1701-1760), damals Bürgermeister in München, in den Besitz des Gartens [2]. Auf seine Bitte erhielt Schönberg 1748 vom Hofkriegsrat die Genehmigung zum Bau eines neuen Gartenhauses; den Plan dazu lieferte der Festungsingenieur Maximilian de Grooth. 1756 gelangte das Anwesen auf der Bastion durch Tausch an die kurfürstliche Regierung, die darin das Kadettenkorps unterbringen wollte [3]. Danach wechselten kurz nacheinander die Eigentümer; einem davon, Zacharias Leopold, verdankt das Gartenhaus seine spätere Bezeichnung. 1900 wurde das mehrfach umgebaute Haus abgebrochen.

Zentrum des Gebäudes war ein Pavillon von rund acht Metern Durchmesser, der ursprünglich einen zweigeschossigen, runden Saal beinhaltete. Den Pavillon in der Spitze der dreieckigen Bastion flankierten zwei abgewinkelte Flügel, die parallel zu den Stützmauern der Bastion standen [4].

Weil Schönberg, der Fischer 1736 sein Wohnhaus verkaufte und ihn bald darauf möglicherweise mit dem Aus- und Umbau des Hauses Dienerstraße 21 betraute [5], Bauherr des Gartenhauses war, folgerte Hugo Steffen kurzerhand, er hätte sich auch diesen »Ruhesitz höchstwahrscheinlich von seinem Freunde ... Fischer erbauen« lassen [6]. Anschließend versuchte Norbert Lieb, den Bau stilistisch in Fischers Werk zu verankern: »Die Zuweisung des ... Gartenhauses an Fischer kann durch die Verwandtschaft mit dem Nordflügel von Wiblingen gestützt werden« [7]. Nunmehr, nach der Entdeckung des wahren Planverfassers, erübrigen sich weitere Überlegungen.

Nicht ohne Bedacht wird Schönberg den Festungsingenieur de Grooth eingeschaltet haben, denn der Hofkriegsrat war eine strenge Genehmigungsinstanz [8]. Wohl aus demselben Grund beauftragte er 1754, als zusätzlich ein kleines Gartenhaus errichtet wurde, den Ingenieurleutnant Franz Xaver Pusch [9].

Gabriele Dischinger

1 Quellen: BayHStA, Abt.IV Kriegsarchiv, C 132 (ausgewertet bei Gabriele Dischinger/Hans Lehmbruch, in Band I S.285)
Literatur: Hugo Steffen, Altmünchner Schlößchen, in: Der Sammler (Beilage der München-Augsburger Abendzeitung) 1929, Nr.90; Lieb 1982, 149 f., 229

2 Dazu Cornelia Baumann, Die Epitaphien, in: Die Epitaphien an der Frauenkirche zu München, München 1986, 218: »1745 schenkte ihm [Schönberg] der Kurfürst Karl Albrecht in Anerkennung seiner Verdienste während des Österreichischen Erbfolgekrieges und der Besetzung Münchens die Ferdinand-Bastion ... und erhob ihn in den Ritterstand«.

3 Vgl. Dischinger/Lehmbruch (Anm.1)

4 Umfangreiche Bilddokumentation des Baus bei Hans Lehmbruch, Ein neues München, Buchendorf 1987, 10 f.

5 S. WVZ 76 und 77

6 Steffen (Anm.1); von einer Freundschaft zwischen beiden ist nichts bekannt. Karl Erdmannsdorfer (Das Bürgerhaus in München, Tübingen 1972, 90) bezeichnet Schönberg als Fischers »Gönner«, was ebensowenig belegt ist.

7 Lieb 1982, 150

8 Vgl. WVZ 34-36 und München, St. Elisabeth, S.328 f.

9 Wie Anm.3

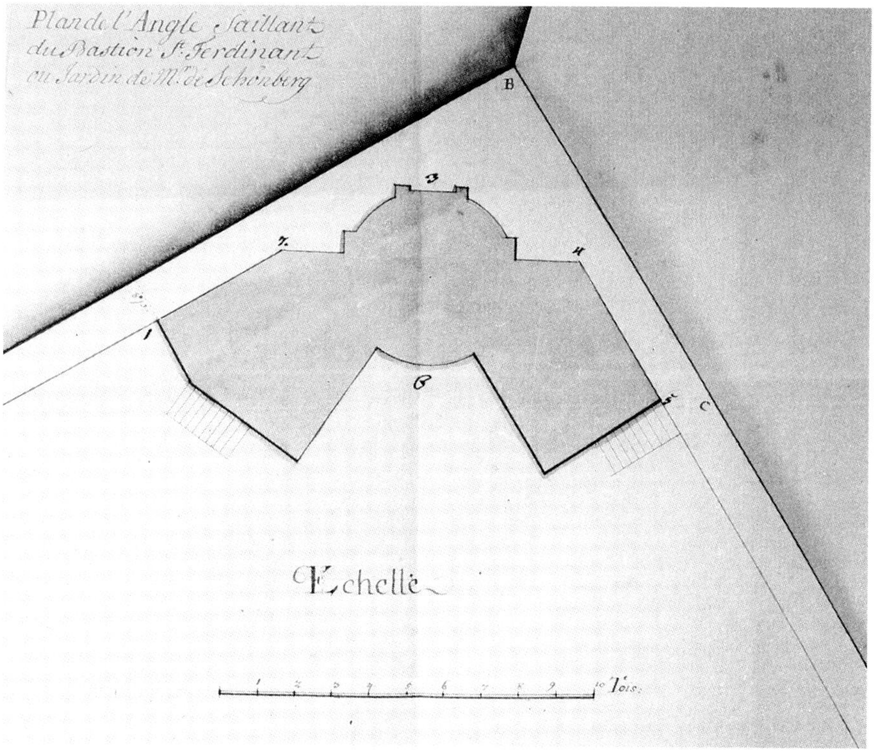

Abb. München
Gartenhaus Schönberg
Plan von Maximilian de Grooth, 1748

MÜNCHEN: Stadthäuser

Von den fünf Münchner Wohnhäusern, die Adolf Feulner mit Fischer in Verbindung gebracht hat, sind vier abzulehnen [1]. Darüber hinaus denkt Norbert Lieb bei dem Haus Residenzstraße 6 an ein Werk Fischers, weil der Eigentümer, Graf Ferdinand Joseph Maria von der Wahl (1697-1757), angeblich ein Auftraggeber Fischers war [2]. Daß Fischer für Wahl gebaut hat, konnte jedoch glaubhaft widerlegt werden [3]; außerdem zeigt das Stadthaus des Grafen Merkmale, die weniger auf Fischer als vielmehr auf Joseph Effner (1687-1745) hinweisen [4].

Fischer soll auch das Wohnhaus des Bildhauers Johann Baptist Straub (1704-1784), Hackenstraße 10, gebaut haben [5]. Straub erwarb das Haus am 18. Mai 1741 für 2500 Gulden und 25 Gulden Leihkauf [6]; für den anschließenden Um- und Ausbau nahm er eine Hypothek von 1000 Gulden auf [7]. Die Zuschreibung an Fischer wird damit begründet, daß der Architekt und der Bildhauer oft zusammengearbeitet haben und deshalb gute persönliche Beziehungen anzunehmen sind. Ohne diese Hintergrundinformation würde man beim Anblick des Hauses mit der 1760/70 anzusetzenden Putzgliederung an Fischer wohl zuletzt denken; wir kennen viel zu wenig Beispiele seiner einfachen Profanbauten, um die Zuweisung stützen zu können. Insofern bleibt vorerst die Frage offen, ob Fischer 1741 am Ausbau des Straub-Hauses beteiligt war.

Gabriele Dischinger

1 S. Feulner 1913, 62 und WVZ 76-78, Anm.11
2 Lieb 1982, 148
3 S. Neuhaus am Inn, S.331-333
4 Abb. bei Laurentius Koch, Ein bayerischer Graf und seine Sammlung französischer Zeichnungen, in: Ausst.-kat. »Simon Vouet«, München 1991, 19
5 Adolf Feulner, (München) Die Stadt des Barock und Rokoko, in: Bayerland 35 (1924) 241, 245 (Abb.); Lieb 1982, 148 f., 220 (Abb.), 228
6 Häuserbuch der Stadt München, III, München 1962, 155
7 Peter Volk, Johann Baptist Straub 1704-1784 (Aufnahmen von Albert Hirmer und Irmgard Ernstmeier-Hirmer), München 1984, 9

NEUHAUS am Inn (Kr. Passau, Niederbayern)

Ehem. Schloß Neuhaus, heute Kloster der Englischen Fräulein [1]

Der mächtige Baukomplex der Schloßanlage von Neuhaus, der insgesamt eine Ausdehnung von ca. 95 x 29 m hat, steht auf einer schmalen, langgestreckten und der Stadt Schärding gegenüberliegenden Insel im Inn, die durch eine Brücke mit dem westlichen Ufer verbunden ist. Die Insellage war vermutlich der Anlaß für die bayerischen Herzöge, in der ersten Hälfte des 14. Jahrhunderts eine Fe-

1 Quellen: Qu.1 = BayHStA, Personenselekt (Wahl), Cart. 487 (Briefe des Grafen Ferdinand Joseph Maria von der Wahl an seinen Sohn Franz Xaver Albrecht; Qu.2 = StA München, Hofmarksarchiv

stungsanlage zur Sicherung der nur unweit gelegenen Brücke über den Inn errichten zu lassen. Bis 1723 – als Graf Colle de Cessana Eigentümer des Schlosses war – hatte sich an der äußeren Gestalt des Gebäudekomplexes kaum etwas veränderte [2].

1737 gelangte das Schloß in den Besitz des kurbayerischen Kämmerers, Geheimen Rats und Hofkammerpräsidenten Graf Ferdinand Joseph Maria von der Wahl (1697-1757), der es wohl wegen seines ruinösen Zustandes ab 1748 – angeblich durch Fischer – umbauen bzw. in der heutigen Gestalt errichten ließ. Von der Baumaßnahme berichten lediglich einige Briefe [3].

1747
1.12. *...prevoyant, que mes Enfants ne se trouverent guere en Etat de rebatir et meubler le Chateau de Neühaus qui tombe en ruins, j'en commence les reparations...;* offensichtlich ist der Baubeginn für das Jahr 1748 geplant. (Qu. 1)

1748
5. 8. *...je ne songe point actuellement d'augmenter, mais a diminuer mes equipages à point comencé a batir cet Eté mon Chateau de Neübaus, qui m'entrainera pondant 3. ans que j'y emplojerais a quelques milliers de florins de depense, il me faut mettre de l'eau dans mon vin, cet endroit fort mal et incomodement bati, s'est trouvé entierement demoli par la derniere guerre – et prevoyant qu' aucun de vous autres mes fils, ne se trouvera d'humeur, n'y peutetre en Etat, d'entreprendre a le rebatir...*(Qu.1)

23.12. *...j'ai deja reformé la moitié de mon Domestique et de mes Chevaux inutils, j'ai fait cesser le Batiment de mon Chateau de Neübaus et m'arrange pour finir mes Jours icy a la Campagne...* (Qu.1)

1752, Jahreszahl im südlichen Giebelfeld des Hauptbaus – mit dem Allianzwappen Wahl/Neuhaus – gibt die Vollendung des Schloßbaues an.

1753
o.Dat. Inventar über die Einrichtung des Schlosses (Qu.2)

Die Bautätigkeit des Grafen von der Wahl in Schloß Neuhaus war bisher nur durch Tradition [4] und durch das im Giebelfeld des Südbaus von Schloß Neuhaus gemalte Wahl'sche Wappen mit der Jahreszahl 1752 belegt. Eventuelle Zweifel daran können durch die mehrfache Erwähnung des Bauvorhabens in der Korrespondenz des Grafen mit seinem Sohn Franz Xaver Albrecht (1723-1791) ausgeschlossen werden. So geht aus dem Brief vom 5. August 1748 hervor, daß die Bauzeit auf drei Jahre angesetzt war und daß – neben der mangelnden Bequemlichkeit – offenbar vor allem schwere Schäden infolge des Österreichischen Erbfolgekriegs ausschlaggebend für den notwendig gewordenen Umbau waren.

Wie das am 23. Dezember 1748 aus Aurolzmünster abgesandte Schreiben zeigt, plagten den Grafen offenbar schwere finanzielle Sorgen, die zur Bauunterbrechung zwangen. Die Bauarbeiten müssen jedenfalls – wie dies die Jahreszahl auf der Fassade ohnehin nahelegte – bereits 1752 weitgehend abgeschlossen worden sein, da ein bisher unbekanntes und recht umfangreiches Inventar aus dem Jahr 1753 bereits eine komplette Möblierung aufführt. Die Bauzeit kann also zwischen 1748 und 1752 eingegrenzt werden, jedoch bleibt die Frage nach dem entwerfenden Architekten weiterhin offen.

Die Umrisse des barocken Schloßbaus, der 1904 durch eine von den seit 1859 in Neuhaus ansässigen Englischen Fräulein errichtete Kirche zwischen Hauptgebäude und dem nördlich gelegenen Meierhof ergänzt wurde, sind auf einem um 1840 erstellten Katasterblatt [5] zu erkennen. In der Gestaltung des Grundrisses und des herrschaftlichen Wohntraktes ist die Anlage dabei im wesentlichen

Zangberg, Inventar des Schlosses Neuhaus aus dem Jahre 1753
Literatur: Feulner 1914/15, 54 ff.; Felix Mader, Bezirksamt Passau (KDB, Niederbayern Bd.4), München 1920, 193-196; 100 Jahre Kloster Neuhaus, Festschrift zur 100-Jahrfeier des Institutes Neuhaus am Inn, o.O. 1959; Lieb 1982, 146 f., 209, 230; Stefan Nadler, Aurolzmünster, Schloß der Grafen Wahl. Barocker Baugedanke von Reichsruhm und Landleben, Diss. Salzburg 1987 (Ms.), 28 f.

2 Vgl. Michael Wening, Historico-Topographico Descriptio ..., Rentamt Landshut, München 1723, Taf.71; Abb. bei Mader (Anm.1), 193

3 Vermutlich wegen der zahlreichen Besitzerwechsel im 19. Jahrhundert – vgl. 100 Jahre ... (Anm.1), 14 – haben sich keine Baurechnungen erhalten. Die Suche danach in den Münchner Archiven, im StA Landshut und im Herrschaftsarchiv Aurolzmünster (Oberösterreichisches Landesarchiv Linz) blieb erfolglos.

4 Vgl. 100 Jahre ... (Anm.1), 15 f.

5 Bayer. Landesvermessungsamt München, Uraufnahme, Blatt Nordost 17-59

von dem wohl in der zweiten Hälfte des 16. Jahrhunderts umgebauten Vorgängerbau abhängig [6]. Entsprechend dieser vorgegebenen Disposition stellt sich die Anlage auch nach dem barocken Umbau als um einen längsrechteckigen Innenhof mit auf der Nordseite abgerundeten Ecken gruppierte Vierflügelanlage dar, an die nördlich ein auf der Westseite durch eine Mauer abgeschlossener Hof grenzt; die wiederum nördlich davon gelegenen Wirtschaftsgebäude, die sich ebenfalls in vier Flügeln um einen kleinen, quadratischen Hof gruppieren, wiederholen in kleinerem Maßstab den Aufriß des Hauptbaues.

Der Herrschaftsbau besteht aus einem dreistöckigen Baukörper von fünfzehn zu sechs Fensterachsen. Im Piano Nobile sind höhere Fenster mit geradem Sturz in rundbogige Putzrahmungen mit Keilsteinen eingestellt, über denen sich ebenfalls rundbogige und profilierte Vorlagen befinden. Im Zusammenhang damit betont Feulner, »gerade diese Form der Fensterumrahmung, die sich auch auf Münchner Bürgerhäusern findet, ist für Fischer charakteristisch« [7]. Auch die durch Pilaster gegliederte Mauer auf der Westseite des Hofes mit dem von toskanischen Pilastern flankierten Portal, das mit seinem geraden Sturz einer Rundbogennische einbeschrieben ist, nimmt Feulner für Fischer in Anspruch.

Eine mehr als nur sehr allgemeine Übereinstimmung mit Fischer'schen Fassadengliederungen läßt sich nicht feststellen; die von Feulner hervorgehobene Übereinstimmung mit dem Kloster Niederviehbach [8] vermag nicht zu überzeugen. Auch die Innenhofgestaltung und die Disposition der Innenräume sowie die für das mittlere 18. Jahrhundert sehr einfache Ausstattung lassen keine Rückschlüsse auf Fischer zu. Außerdem: Fischer ist zuletzt bald nach dem 28. März 1745 in Niederbayern, in Passau und Vilshofen nachweisbar [9]; in der fraglichen Zeit zwischen 1748 und 1752 dagegen war er hauptsächlich in Schwaben tätig [10].

Möglicherweise war der Bauherr Ferdinand Joseph Maria von der Wahl selbst als dilettierender Architekt tätig, wie wohl auch sein Vater, dem der junge François Cuvilliés zur Ausbildung als *dessinateur* unterstellt worden war [11]; in dem Falle wäre es denkbar, daß er – auch aus Kostengründen – die Entwürfe für Neuhaus selbst angefertigt hat und damit gewisse allgemeine Übereinstimmungen – so etwa die Fensterformen – lediglich auf einer bloßen Übernahme Fischer'scher Stilelemente beruhen könnten.

Stefan Nadler

6 Über dessen Aussehen gibt die von Hans Thonauer d.Ä. nach 1588 gemalte Stadtansicht von Schärding im Antiquarium der Münchner Residenz Aufschluß; vgl. Dagobert Frey, Die Denkmale des politischen Bezirks Schärding in Oberösterreich (ÖKT Bd.21), Wien 1927, Abb.182

7 Feulner (Anm.1), 55

8 S. WVZ 47

9 S. WVZ 51

10 Vgl. die »Chronologie«, S.127-130

11 Wolfgang Braunfels, François Cuvilliés, München 1986, 24 f.

SANKT OSWALD (Kr. Freyung-Grafenau, Niederbayern)

Ehem. Propstei-, heute Pfarrkirche St. Oswald [1]

Nach Überlieferung einer gedruckten Chronik wurde die den Benediktinern in Niederalteich unterstehende Kirche während der Amtszeit von Propst P.Joachim Stich (1719-1733) erbaut [2]. Da Fischer ab 1723 in Niederalteich tätig war, wurde in neuerer Zeit die Vermutung geäußert, er könnte auch in Sankt Oswald gebaut haben [3]. Renovierungspläne sind aber bereits seit 1713 nachweisbar, nachdem in Abständen von drei Jahren jeweils von der fürstbischöflichen Verwaltung in Passau die Erlaubnis erteilt wird, *wegen vorhabenter Reparation* auf einem provisorischen Altar zu zelebrieren [4].

1722 berichtet der Propst nach Passau, daß die Reparaturen wegen nicht näher bezeichneten *Hindernussen* verschoben werden mußten, jedoch im kommenden Jahr die begründete Hoffnung bestehe, das Gotteshaus *renovieren und erneuern zu lassen* [5]. Am 9. August 1723 erteilt Passau schließlich die Genehmigung, *daß in der neu erbauthen Kirchen aldort bis auf konftig erfolgende Consecration indessen super aram portatili das H[eilige] Messopfer gelesen werden derffte* [6]; sie war also im Sommer 1723 fertiggestellt [7]. Fischer kommt aber erst im Spätherbst 1723 nach Niederalteich.

Christl Karnehm

1 Literatur: Josef Maria Ritz, Bezirksamt Grafenau (KDB, Niederbayern Bd.24), München 1933, 90-95; Josef Duschl, Klöster um Passau, Passau 1989, 62-65

2 Placidus Haiden, Des Closters Niederaltaich kurtze Chronick ..., Regensburg 1732, 200; s. auch Jos. Anton Zimmermann, Chur-Bayerisch-Geistlicher Calender, Teil 4 (Rentamt Straubing), München o.J., 425

3 Duschl (Anm.1), 65

4 BayHStA, Landshuter Abgabe 1982, Kloster Niederalteich, A 38, Prod.14

5 Wie Anm.4 , Prod.18

6 Wie Anm.4, Prod.22

7 Die Weihe erfolgte erst am 7. 9.1727; vgl. Haiden (Anm.2), 199.

SUBEN am Inn (Bezirksamt Schärding, Oberösterreich)

Ehem. Augustiner-Chorherren-Stiftskirche, heute Pfarrkirche St. Lambert [1]

Die Signatur *Simon Frey Baumeister in Puellach nechst München* an der Orgelempore sagt zwar eindeutig, wer die Kirche errichtet hat, läßt aber genügend Spielraum zu Vermutungen über den Entwerfer, zumal da »keine archivalischen Belege mehr für die Tätigkeit der am Baue beschäftigt gewesenen Künstler« existieren [2]. Schon früh wurde der 1767 begonnene Kirchenbau mit Fischer in Beziehung gebracht [3], die Entwurfsfrage aber anfänglich zugunsten des nachgewiesenen Fischer-Paliers Frey entschieden [4], weil in Suben »kein Gesamtorganismus wie bei J. M. Fischers Lösungen entstanden« ist [5]. Aufgrund der Nähe zu den Fischer-Kirchen in Kloster Schäftlarn, Rott am Inn und Altomünster verfestigte sich später jedoch die Ansicht, Frey habe in Suben wahrscheinlich nach Fischer-Entwürfen gebaut [6]. Inzwischen wird Suben zu Fischers Werk gerechnet, weil die »Architektur ... ein Kompendium von Bauideen aus dem Kreise Johann Michael Fischers« ist [7].

In der Diskussion um den Architekten blieb bisher ein wichtiges Zeugnis der Planungsphase unberücksichtigt. Erstmals sei der Grundriß erwähnt, der auf dem Porträt des Subener Propstes Ildephons Schalkhamer (1763-1767) abgebildet ist [8]. Schalkhamer, der den Kirchenneubau betrieben und auch angefangen hat, weist – ganz Bauherr – mit seiner Rechten auf einen vor ihm liegenden Grundriß der Kirche. Obwohl die Hand Teile des Planes verdeckt und der Chorbereich nur im Ansatz sichtbar ist, bietet der dargestellte Grundriß ausreichende Anhaltspunkte, um von einem indirekt überlieferten Entwurf für die Kirche zu sprechen. Deutlich sind die Unterschiede zum ausgeführten Bau zu erkennen: der querschiffartig erweiterte, in den Diagonalen abgeschrägte Kernraum, dem ein gleichgroßer Raum mit ungewöhnlich tiefer, auf vier Säulen ruhender Musikempore vorgeschaltet und wohl ein entsprechender Chorraum gegen Osten angeschlossen ist. Sehr viel stärker als in der bestehenden Kirche sind die drei Räume als selbständige Kompartimente ausgebildet, sehr viel weniger dominiert die Mitte in der Folge beinahe gleichwertiger, zentralisierter Räume.

Eine Parallele für diese additive Raumanlage sucht man in Fischers Werk vergeblich. Der Entwurf steht vielmehr in Fischers Nachfolge und stammt mit hoher Wahrscheinlichkeit von seinem Palier Simon Frey. Derselbe Frey trat schon zu Fischers Lebzeiten, 1765 in Neumarkt-St. Veit [9], als selbständiger Baumeister auf. 1766 dürfte er seinen Entwurf für Suben eingereicht haben, denn am 26. Januar 1767 gaben die Augustiner-Chorherren ihre Zustimmung zu den Plänen. Im Mai 1767 setzten dann die Bauarbeiten ein [10].

Gabriele Dischinger

1 Literatur: Dagobert Frey, Die Denkmale des politischen Bezirks Schärding in Oberösterreich (ÖKT Bd.21), Wien 1927, 212-226; Lieb 1941, 179-182; Lieb 1982, 207, 235; Bernhard Schütz, Stift Suben am Inn (KKF Nr.953), ²München-Zürich 1984; Franz Engl, Das ehem. Augustiner-Chorherrnstifft Suben am Inn, in: Ausst.-kat. »900 Jahre Stift Reichersberg, Augustiner Chorherren zwischen Passau und Salzburg«, Linz 1984, 67-79; Möhring 1992, 396 f.
2 Frey (Anm.1), 213
3 Vgl. Heilbronner 1933, 42 f.
4 Zu Frey s. Josef H. Biller, in Band II S.71 und WVZ 45
5 Lieb 1941 (Anm.1)
6 Lieb 1982 (Anm.1) u. Schütz (Anm.1), 15
7 Schütz (Anm.1), 14
8 Abb. des Porträts im Ausst.-kat. »... Reichersberg ...« (Anm.1), 335 (Kat.Nr.5.27, von Karl Rehberger) - Die hier verwendete Abbildungsvorlage stellte freundlicherweise Stiftsdechant Dr. Gregor Schauber, Reichersberg, zur Verfügung.
9 S. WVZ 45
10 Engl (Anm.1), 75

Abb. Suben, Abbild eines Kirchenentwurfs im Porträt des Propstes Ildephons Schalkhamer

ULM-Wiblingen (Baden-Württemberg)

Ehem. Benediktiner-Klosterkirche, heute Pfarrkirche St. Martin [1]

1934 stellte Paulus Weißenberger der Öffentlichkeit sieben »sehr schön gezeichnete Kirchenpläne« [2] vor und identifizierte sie richtig als Entwurf für die Wiblinger Kirche. Die bis heute akzeptierte Zuschreibung der Pläne an Fischer ist dagegen entschieden abzulehnen.

Ausschlaggebend für die Zuweisung war sowohl der direkte als auch der indirekte Bezug der Entwürfe zu Ottobeuren. Zu den Plänen gehört ein weiterer, nämlich ein halber Grundriß der Klosterkirche Ottobeuren. Diesen achten Plan verbinden identisches Papier, derselbe Zeichenstil und der gemeinsame Lagerort – ursprünglich das Klosterarchiv Neresheim [3] – mit den anderen Blättern.

1 Literatur: Paulus Weißenberger, Johann Michael Fischers Kirchenbaupläne für Wiblingen, in: Zeitschrift für Kunstgeschichte 3 (1934) 249-263; Ilse Hoffmann, Der süddeutsche Kirchenbau am Ausgang des Barock, München 1938, 112-117; Lieb 1982, 127-135, 233; Möhring 1992, 413-423
2 Weißenberger (Anm.1), 249
3 Weißenberger (Anm.1), 249; heute im

Zudem orientiert sich das sieben Pläne umfassende Projekt stark an Fischers Ottobeurer Kirche. Als weitere ›Beweise‹ dienten Fischers Tätigkeit am Bau des Wiblinger Klosters ab 1750 [4] sowie seine Bewerbung um die Neumann-Nachfolge in Neresheim von 1753 [5]. Aus diesem Grund, so Weißenberger, »und zum Erweis dafür, daß er hierzu fähig sei, [habe Fischer] seine neuesten Kirchenpläne für Wiblingen in unsignierten Duplikaten nach Neresheim« gesandt oder gebracht. Und der Grundriß der Ottobeurer Kirche? »Er sollte offenbar eine Variation (Türme an der Fassade!) zum Wiblinger Grundriß sein« [6].

Während diese abwegige Argumentation bei Ilse Hoffmann uneingeschränkte Zustimmung fand [7], entdeckte Norbert Lieb in den Plänen für Wiblingen »manche Ungelöstheit, ja Zwiespältigkeit«, so daß er bei deren Betrachtung »in manchem zu etwas negativen Ergebnissen« gelangte. Verantwortlich dafür, so Lieb, wäre »die allgemeine Krise, die zu der Zeit die Architektur zu erfassen beginnt und von der auch Fischer berührt worden ist«. Mit »der Zeit« sind die Jahre »um 1757« gemeint [8].

Fischer: um 1757, zwischen Ottobeuren und Rott am Inn, in der Krise – das ist schwer zu glauben. Ebensowenig überzeugt die Erklärung für den Rückgriff: »Fischer selbst mochte sich schöpferisch angeregt fühlen, das Ottobeurer Konzept nochmals aufzugreifen« [9]. Nichts dürfte Fischer ferner gelegen haben, weil dieses Konzept in großen Teilen aufgezwungen und zumindest im Grundriß weitgehend festgelegt war; etwa zwei Drittel der Fundamente lagen, als Fischer den Kirchenbau in Ottobeuren übernahm [10].

1757 verließ Fischer Ottobeuren [11]. Spätestens in dem Jahr wird er sich auch in Wiblingen verabschiedet haben, wo der Klosterostflügel ab 1750 unter seiner Leitung errichtet worden war, und zwar auf der Grundlage der erweiterten Klosterplanung von Christian Wiedemann (um 1680-1739) aus dem Jahre 1732, die Fischer 1749/50 im Bereich des östlichen Mittelrisalits überarbeitet hatte. Im zweiten Obergeschoß diese Risalits liegt der Kapitelsaal mit einem 1754 datierten Fresko [12]. Darauf ist ein Situationsplan wiedergegeben, der – ein seltener Fall – noch im Original existiert [13]; er zeigt das Wiedemann-Projekt von 1732 in Dachaufsicht. Die Kirche, ein Zentralbau mit langem Chor, steht in der Ost-West-Achse der Anlage; ihre Fassade tritt minimal aus der westlichen Flucht des Klosters heraus, der Chor ist durch einen quadratischen Turm mit dem Klosterostflügel verbunden [14]. Plazierung und Größe des massiven Turmes sind zweifellos vom Vierungsturm der Vorgängerkirche inspiriert.

Fürst Thurn u. Taxis Zentralarchiv Regensburg

4 S. WVZ 64

5 S. WVZ 44

6 Weißenberger (Anm.1), 260 f.

7 Hoffmann (Anm.1), 112, Anm.30: »Über die Zuweisung der Pläne an J.M.Fischer und die Lokalisierung nach Wiblingen kann nach der sehr gründlichen Beweisführung von Weißenberger kein Zweifel sein«.

8 Die vorangegangenen Zitate nach Lieb 1982 (Anm.1)

9 Lieb 1982 (Anm.1), 127 f.

10 S. WVZ 50 und Klaus Schwager in Band I, S.235 f.

11 S. Dokument Nr.13c, in Band II S.349 f.

12 Wie Anm.4

13 Im Staatl. Universitäts- und Hochbauamt Ulm. Raimund Waibel, Stuttgart, hat mich freundlicherweise auf den jetzigen Lagerort (füher Bibliothek Wiblingen) aufmerksam gemacht. Abb. des von Gustav Bölz umgezeichneten Planes bei Adolf Feulner, Kloster Wiblingen, Augsburg 1925, 9 und Alois Schwenger, Abtei Wiblingen, München 1930, 31.

14 Das mit einem Turm gleichgesetzte Quadrat ist auf dem erhaltenen Situationsplan das einziges Bauglied, bei dem die eingezeichneten Dachgrate und die rosa Lavierung der Dachflächen fehlen; inmitten der Dachaufsicht wurde also das geschnittene Bauglied, der Turm, deutlich gekennzeichnet. Die Außenmaße des Turmes betragen etwa 11 x 11 Meter. Damit ist er geringfügig schmaler als die abgeschrägte Überleitung zum Klosterflügel, die vermutlich ein ähnliches Treppenhaus wie es von Fischer ausgeführt wurde, beinhaltet.

Abb. Ulm-Wiblingen
Ausschnitt aus dem Fresko
im Kapitelsaal, 1754

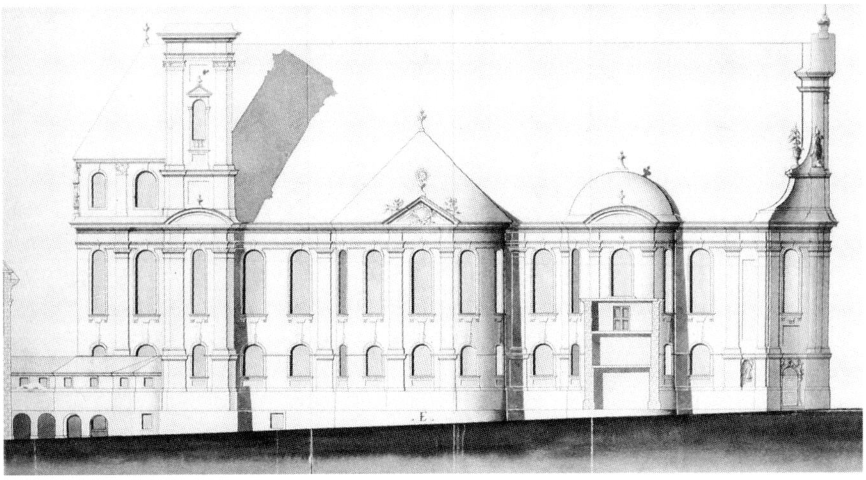

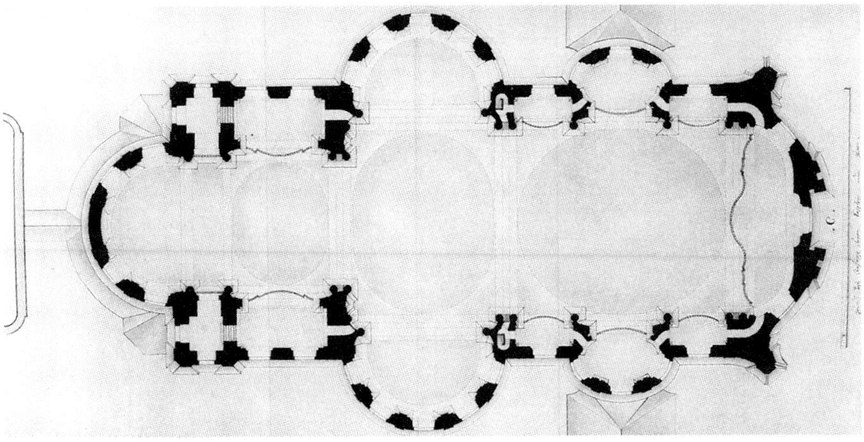

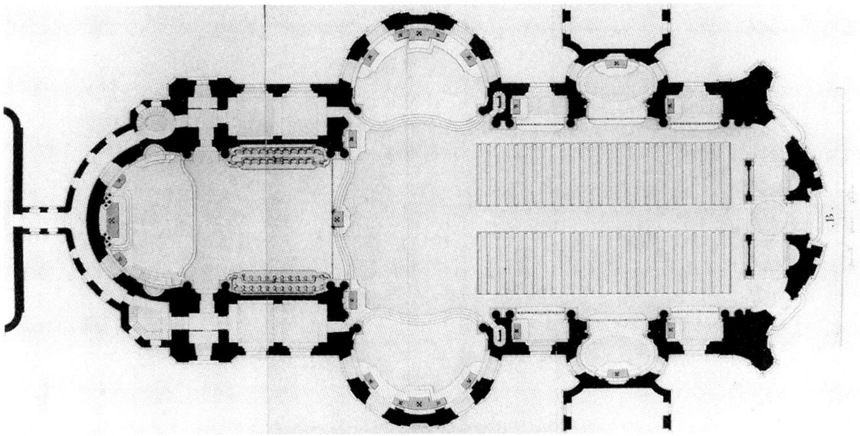

Abb. Ulm-Wiblingen
Kirchenprojekt (ohne Grundriß der Gruft) von unbekanntem Entwerfer, 1760/65

Der Situationsplan im Fresko besagt, daß Wiblingen 1754 noch immer an dem 1732 Geplanten festhielt, sonst wäre ein neues, aktuelles Projekt abgebildet worden [15].

Unter dem Aspekt erscheinen Fischers Änderungen an der vorgegebenen Planung des Klosterostflügels in einem anderen Licht, muß seine Neufassung des Mittelrisalits doch im Zusammenhang mit dem Projekt von 1732 betrachtet werden, speziell mit dem zwischen Kirchenchor und Mittelrisalit vorgesehenen Turm. Als funktionales Verbingungsglied und optischer Höhepunkt der Anlage hätte der Turm vor allem gegen Osten seine Wirkung entfaltet. Mit diesem Turm im Hintergrund gewinnt erst Sinn, daß Fischer die Achsenzahl des Mittelrisalits reduziert und die drei inneren Achsen zu einem Risalit im Risalit ausgebildet hat, dessen Breite von knapp 12 Metern bezeichnenderweise bis auf wenige Zentimeter den Abmessungen des geplanten Turmes entspricht. Die Stufungen in Grund- und Aufriß, die Konzentration auf die Mitte, die Gliederung der zentralen Achse – alles hatte zum Ziel, an der Ostfront eine sich zur Mitte steigernde Fassade zu erhalten, deren Senkrechte in dem Turm ihre Fortsetzung finden sollte.

Fischer bewegte sich also – vermutlich auf Wunsch des Auftraggebers – ganz im Rahmen des 1732 zur Realisierung bestimmten Projektes, seine Korrekturen stehen damit im Einklang; sie sind als prägnante Weiterentwicklung zu verstehen, die der Wiedemann-Planung einschließlich der Kirche markanteres Profil verliehen hätten [16]. Daß Fischer trotzdem einen eigenen, von Wiedemanns Grundidee abweichenden Entwurf für die Wiblinger Kirche ausgearbeitet haben soll, ist mehr als unwahrscheinlich – insbesondere nach Ausführung des durch ein eigenes Treppenhaus erschlossenen Mittelrisalits, den der 1934 in die Literatur eingeführte Entwurf als gebaut voraussetzt.

15 Im Gegensatz dazu geht Harald Möhring (Anm.1) davon aus, daß Fischer sich zu »dieser Zeit auch Gedanken bezüglich der Planung zur Wiblinger Abteikirche machte« (413) und stellt Vermutungen darüber an, »wie Fischers ursprüngliche Gestaltung ausgesehen haben dürfte« (418). Außerdem äußert Möhring die Überzeugung, daß das Torhaus der Wiblinger Klosteranlage »zweifellos als Ganzes von Fischer gebaut ist« (422), obwohl dieses Torhaus bereits zwischen 1714 und 1729 durch Wiedemann errichtet wurde; vgl. WVZ 64.

16 Vergleichbares leistete Fischer – ebenfalls als Wiedemanns Nachfolger – in Ochsenhausen, wo nach seinen Plänen nachträglich und nur nach außen die sieben mittleren Achsen des Klosterostflügels zum Risalit mit aufgesockeltem Mansarddach zusammengefaßt wurden; s. WVZ 48. Bei dieser Maßnahme zur Aufwertung der Ostansicht dürfte der in einigem Abstand hinter dem Klosterflügel aufragende, dominante Kirchturm keine unwesentliche Rolle gespielt haben.

17 S. in Band I S.131

18 S. auch Klaus Schwager, in Band I S.251, Anm.122

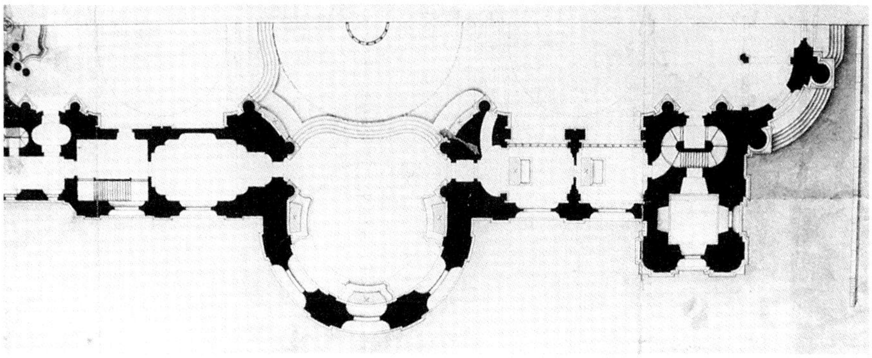

Abb. Ulm-Wiblingen
Paraphrase des Fischer-Entwurfs Kat.-Nr.42 für Ottobeuren von unbekanntem Entwerfer

Abgesehen davon läßt sich keiner der damals publizierten Pläne im authentischen Fischer-Werk verankern, nicht einmal der halbe Grundriß der Ottobeurer Kirche. Gewiß, es bestehen eindeutige Bezüge, insbesondere zu dem erhaltenen, vollständigen Fischer-Grundriß für Ottobeuren Kat.-Nr.42 [17]; die enge Anlehnung an das Original kann aber nicht darüber hinwegtäuschen, daß hier eine verfälschende, mit ›unfischerischen‹ Formen angereicherte Nachahmung vorliegt. Vor allem die eingezeichneten Gewölbe rufen Befremden hervor, die Kreiskuppel mit Laterne über der Vierung und runde Spiegelgewölbe in den Querhausarmen [18].

Was für den einzelnen Plan gilt, ist auch für die sieben Pläne des Entwurfs zur Wiblinger Klosterkirche charakteristisch: Ottobeurer Elemente sind mit Gedankengut durchsetzt, das für Fischer völlig untypisch ist [19]. Die Ähnlichkeit mit Ottobeuren tritt in den Grundrissen sehr viel stärker zutage als in den Schnitten, in der Seitenansicht sucht man vergeblich nach Parallelen zu Fischer-Bauten, die Türme im Fassadenaufriß erinnern dagegen an Zwiefalten. Dort könnte auch der Ursprung für die Idee zu den Chortürmen liegen. Allerdings hat Fischer dieses Motiv niemals in eine Kirchenplanung eingebracht, auch nicht

19 Das wird überdeutlich in der Weiterentwicklung des Projektes; vgl. Gerd Schneider, Unbekannte Werke barocker Baukunst. Ansichten nach Entwürfen von Balthasar Neumann und Zeitgenossen, Wiesbaden 1995, 114 f. Leider geht Schneider davon aus, die Planserie sei für Fischer gesichert, und entwirft ein ›Über-Ottobeuren‹ mit unglücklicher »Häufung von Säulen und Pilastern« (113). Vergleicht man dieses konstruierte Raumgebilde mit dem gebauten Ottobeuren, gibt sich die überdimensionierte, motivisch überfrachtete Lösung des Wiblinger Entwurfs unschwer als unecht zu erkennen, fehlt hier doch in jeder Hinsicht das Maß, vor allem aber die raffiniert-elegante Verbindung von Zentral- und Longitudinalräumen echter Fischer-Kirchen.

in Zwiefalten. Im Falle Wiblingen sollte mit den vorgeschlagenen Chortürmen wohl eher an die alte Kirche mit ihrem Vierungsturm oder an die Wiedemann-Planung angeknüpft werden; eine Erklärung böte auch das nach Osten abfallende Gelände.

Kennzeichen des Wiblinger Kirchenentwurfs ist die Abhängigkeit von den zwei genannten Fischer-Kirchen in Schwaben. Für die axiale Lage innerhalb des Wiblinger Klosterquadrums ausgerechnet das Grundrißschema der frei vor dem Kloster stehenden Ottobeurer Kirche zu wählen, läßt auf geringe Objektkenntnisse schließen; unglückliche Anschlüsse, Verlegenheitslösungen, wie die ovalen Seitenkapellen im Langhaus und der Verbindungsgang zum Klosterostflügel sind die Folge. Von den architektonischen Schwächen des Entwurfs kann auch der Detailreichtum nicht ablenken. Ganz im Gegenteil; die Akribie, die auf Innenausstattung und Dachwerk verwendet wurde, nährt den Verdacht, hier habe ein mittelmäßiger Meister aus der Region den aufwendigen Versuch unternommen, mit d e m Kirchenbauspezialisten seiner Zeit mitzuhalten.

Es scheint sich um einen einmaligen Versuch zu handeln, denn der Entwurf enthält weder im Stil noch in der Zeichentechnik Merkmale, die eine Bestimmung des Autors erlauben. Keiner von den bekannten Baumeistern im südwestdeutschen Raum kommt – zwischen 1760 und 1765, als das Projekt wohl entstand – dafür in Betracht.

Über den fraglichen Entwerfer läßt sich soviel sagen: Er muß Kontakt zu Ottobeuren und auch Zugang zu Fischer-Plänen gehabt haben; nur so konnte er an die Vorlage(n) für den halben Grundriß gelangen, der ihm offenbar als Ausgangsbasis und Planungshilfe für den eigenen Entwurf dienten. Fischers Mitarbeiter sind auszuklammern; warum hätte einer aus diesem Kreis seinem Entwurf für Wiblingen einen paraphrasierten Grundriß von Ottobeuren beifügen sollen ?

Wer den Kirchenentwurf für Wiblingen zu vertreten hat und wie er nach Neresheim gelangte, läßt sich derzeit nicht beantworten.

Gabriele Dischinger

Dokumente

Ausgewählt und kommentiert von Gabriele Dischinger

Bei Erstellen des Werkverzeichnisses (WVZ) wurden für die einzelnen Artikel neben bekannten natürlich auch viele neue Quellen gesichtet; eine Fülle von Nachrichten gelangte zur Auswertung. Dieses reiche Material enthält sowohl kunst- als auch rechts- und wirtschaftshistorisch interessante Informationen. Aus diesem Fundus wurden 16 Dokumente – jedes exemplarisch in seiner Kategorie – ausgewählt, um die Zeit, in der Fischer gelebt und gearbeitet hat, anhand einiger Originaltexte besser verstehen zu lernen.

Was zutage gefördert wurde, betrifft überwiegend den Gutachten erstellenden, Voranschläge einreichenden, Verträge schließenden, Kosten abrechnenden und Mitarbeiter beurteilenden Architekten. Im Vergleich dazu wirken die wenigen bisher bekannt gewordenen Fischer-Briefe, die er im Rahmen seiner Tätigkeit schrieb, geradezu persönlich. Beim Lesen dieser Briefe entsteht das Bild eines an der Sache orientierten, zielbewußten Mannes, dessen charaktervolle Schrift und – abgesehen von zeittypischen Redewendungen oder Höflichkeitsfloskeln – schnörkellose Sprache diesen Eindruck noch unterstreichen. Fischers Selbstverständnis gegenüber seinen geistlichen und adeligen Auftraggebern kommt vor allem in dem hier erstmals publizierten Gratulationsschreiben an den Propst des Augustiner-Chorherren-Stifts Schlehdorf (Nr.1a) sowie in der neu entdeckten Korrespondenz mit dem Grafen Fugger-Boos (Nr.13a-e) zum Ausdruck.

Die 16 Dokumente sind in chronologischer Folge numeriert. Am Anfang steht ein Gutachten, das Fischer 1726 über die alte Klosterkirche der Prämonstratenser in Osterhofen erstellt hat (Nr.1). Einzig in diesem Zusammenhang hat sich Fischers schriftliche Äußerung nach einer Baubesichtigung erhalten; das Ergebnis seines ›Augenscheins‹ in Rott am Inn und Altomünster z.B. ist nicht überliefert.

Nachdem er das jeweilige Gebäude untersucht hatte, berechnete Fischer in der Regel die Kosten für die erforderlichen oder gewünschten Baumaßnahmen. Unter den zahlreich eruierten Voranschlägen bietet der für Osterhofen 1727 (Nr.2) die Besonderheit, mit einem Arbeitsplan kombiniert zu sein; für drei Jahre im voraus hat Fischer das Pensum festgeschrieben sowie Material und Arbeitskräfte für jede Bausaison genauestens berechnet. In Seefeld trat er 1736 (vorerst einmalig) mit alternativen Überschlägen für einen Brücken-Wiederaufbau auf (Nr.9a-b). Von der umfassenden Erfahrung des Kirchenbauspezialisten zeugt die Kalkulation für Altomünster 1763 (Nr.15); darin ist vom Abriß des Alt- über Errichten des Neubaues einschließlich Dachstuhl bis hin zu den Beichtstühlen alles spezifiziert.

Bevor es an die Umsetzung von Entwurf und Voranschlag ging, wurde vermutlich in den meisten Fällen eine förmliche Vereinbarung getroffen, die sowohl die Pflichten als auch die Rechte von Bauherrschaft und Baumeister definierte. Wenngleich bisher auch nur zwei Verträge für Fischer-Bauten bekannt sind, so dokumentieren diese Beispiele doch hinlänglich, wie unterschiedlich die Geschäftsgrundlage für den Architekten sein konnte. Den 1731 begonnenen Kirchenbau in Bergkirchen wickelte Fischer auf der Basis eines Kautionsvertrages ab (Nr.6); danach mußte er bei Überschreiten des für seine Leistung vereinbarten Entgelts um mehr als 100 Gulden für den betreffenden Betrag haften. Fischer schätzte das Risiko offenbar sehr gering ein, denn er bestätigte die Abmachung mit Unterschrift und Siegel.

Anders verhielt er sich in Osterhofen, wo der Auftraggeber 1726 die Stellung einer *Personal Caution*, d.h. eines Bürgen verlangte. Fischer begründete seine

Ablehnung damit, er habe *solche [Personal Caution] weder bey den ... Gepäuen ... zu Schärdting, und ... zu Nideraltaich gelaistet, sondern er sich von selbsten hierinfahls sicher zu stellen habe, weillen durch eine widerige Begebenheit sein völliges Credit fallen, und ein solches sein Lebens lang mit unwiderbringlichen Schaden zu entgelten haben, auch niemandt für ihme zu einer Caution sich einlassen würde, wan er nit dargegen selbigen genuegsambe Versicherung laistete, ...* [1]. Daraufhin wurde die Forderung fallen gelassen [2].

In Rott am Inn dagegen übernahm Fischer 1759 den Bau der ehemaligen Klosterkirche für eine feste, in Abschlägen zu entrichtende Summe (Nr.14). Während der Bauherr das Material stellte, garantierte er, den Kirchenbau für den vereinbarten Betrag innerhalb von drei Jahren auszuführen, einschließlich Dach und Außenputz. Wie schon Matthäus Pest darlegt, ist aus dieser »gewerbsmäßigen Durchführung von Bauarbeiten auf eigene Rechnung und Gefahr für sich oder andere« [3] unschwer ablesbar, daß Fischer in Rott als Bauunternehmer auftrat.

Wohl aus Entgegenkommen für den sicher gewinnträchtigen Großauftrag in Rott am Inn erklärte sich der Architekt denn auch schon bei Baubeginn bereit, eine Benediktus-Statue für die Kirchenfassade zu stiften [4]. Ähnliche Motive dürften hinter der Kapellenstiftung in Gossenzugen stehen; damit zeigten sich der Stukkator Johann Michael Feichtmayr, der Maler Franz Joseph Spiegler und mit ihnen höchstwahrscheinlich auch Johann Michael Fischer 1749 erkenntlich für die mehrjährige, einträgliche Beschäftigung in Zwiefalten [5].

Mit Gegenleistungen wie in Rott am Inn und in Zwiefalten läßt sich vielleicht ein ominöser Vorgang nach Abschluß der Bauarbeiten in München, St. Anna im Lehel erklären. Als Fischer dort nämlich 1734 über das Gesellengeld abrechnete (Nr.8), quittierte er zwar 255 Gulden, ausbezahlt wurden aber nur 200 Gulden. Sollte er aus Dankbarkeit auf rund ein Fünftel seines Verdienstes verzichtet haben? Oder war dieser ungewöhnlich hohe Nachlaß eine Investition in die Zukunft?

Außer dem Gesellengeld von zwei Kreuzern täglich für jeden eingesetzten Maurer berechnete der Architekt gelegentlich auch seine Reisekosten zu den auswärtigen Baustellen. So bescheinigte Fischer 1731 in Bergkirchen den Erhalt von 45 Gulden für 15 Reisetage (Nr.6), was einem Spesensatz von 3 Gulden pro Tag entspricht [6]; seinem Palier Melchior Streicher wurden bei demselben Kirchenbau am Ende einer sechstägigen Arbeitswoche ebenfalls 3 Gulden Lohn ausgehändigt [7]. Darüber hinaus belegt die Quittung, wie häufig Fischer während der ersten Bausaison 1731 nur zwischen 21. Juli und 13. November in Bergkirchen nach dem Rechten gesehen hat.

Aus den Abrechnungsmodalitäten geht hervor, daß Fischer seinen zum Teil langjährigen Mitarbeitern zwar regelmäßig zu Arbeit verhalf und anteilig daran mitverdiente, aber kein Anstellungsverhältnis bestand. Dennoch besaß das Urteil des Maurermeisters über ›seine‹ Paliere und Gesellen hohen Stellenwert, weil auch ganz persönliche Entscheidungen davon abhingen; das lehren die Bescheinigungen für zwei Fischer-Mitarbeiter.

Dem ›ledigen Maurergesellen‹ Thomas Mayr attestierte Fischer 1727, seit vier Jahren für ihn tätig zu sein, über handwerkliche Erfahrung zu verfügen sowie einen ›frommen und redlichen‹ Lebenswandel zu führen (Nr.3). Mayr reichte dieser Bestätigung im Mai 1727 zusammen mit seinem Heiratsgesuch beim Münchner Magistrat ein. Besondere Bedeutung hatte Fischers Zusage, den Gesellen auch weiterhin ins Brot zu setzen, so daß Mayrs *bestendige Arbeith und iährl[iche] Ernahrung* gesichert waren. Dessen ungeachtet wurde der Antrag aber ohne Angabe von Gründen abgelehnt [8].

Fischers Palier Joseph Jänisch hatte mehr Erfolg. Mit Hilfe des meisterlichen ›Attestats‹ vom 2. Januar 1759 über sieben Jahre fleißige und zufriedenstellende Arbeit als Palier (Nr.12) sowie der *Recommendation* durch Herzog Clemens Franz von Paula (1722-1770) erhielt Jänisch am 13. März 1759 die Erlaubnis,

1 BayHStA, GL 3163/6, Prod.11; s. auch Hans-Joachim Hecker, in Band II S.82

2 Schon 1724/25 hatte sich Fischer im Falle Kircham erfolgreich gegen eine Kaution gewehrt, mit dem Argument, er sei *khein Ausländer sondern ein ... in München angesessener Burger und Stattmaurermaister, und Gottlob niemahls so unglickhlich gewesen,* wegen *eines so cleinen Paus* eine *Praecaution vonnetten* zu haben; BayHStA, GL 1185/I (undatiertes Schreiben, das zwischen 3.10.1724 und 17.1.1725 einzuordnen ist). S. auch WVZ 20.

3 Matthäus Pest, Die Finanzierung des süddeutschen Kirchen- und Klosterbaues in der Barockzeit, München 1937, 34

4 S. WVZ 54

5 S. WVZ 67 und 70

6 Vgl. auch WVZ 40 (Nachricht vom 17.4.1760) sowie WVZ 56 (Nachricht nach 10.4.1733)

7 AEM, PfA Bergkirchen, Nachlaß J.G.Scheffler, Bausachen, Maurer

8 Vorgang im StadtA München, Gewerbeamt 2556/2, fol.314-319

einen *Schweinstall vorm Isar Thor* zu erwerben und daraus – statt der gewünschten zwei Wohnungen wenigstens – *aine Wohnung oder Underkommen blos zu ebner Erd für sich und die Seinigen* zu erbauen [9].

Da ihr Kontext bisher unberücksichtigt blieb, tragen beide Schriftstücke die irreführende Bezeichnung »Zeugnis« [10]; es handelt sich aber nicht um übliche Zeugnisse, wie sie am Ende einer Zusammenarbeit und mit gebührenden Aussagen über die fachliche Qualifikation der *Vorweiser* [11] ausgestellt wurden. Die jeweilige Bescheinigung diente vielmehr zur amtlichen Vorlage in einem speziellen Anliegen und erhielt durch das Siegel des Ausstellers – Fischer – den Charakter einer Urkunde.

Über Jahrzehnte betrieb Fischer gleichzeitig mehrere, oft weit auseinanderliegende Baustellen und wird aufgrund dessen vielfach nur per Post zu den verschiedenen Orten Kontakt gehalten haben. Aber statt der zu erwartenden Menge nachgelassener Schreiben sind bisher lediglich sechs Fischer-Briefe aufgetaucht. Darin lernt man den Architekten in unterschiedlichen Rollen kennen: als Unternehmer, der sich um potentielle ›Kunden‹ bemüht (Nr.1a), als Vermittler zwischen Bauherrn und Behörden (Nr.7), als seine Rechte verteidigenden Baumeister (Nr.10), als gut informierten, schnell handelnden Bewerber um ein verlockendes Projekt (Nr.11) und als Organisator bei der Abwicklung einer Aufgabe (Nr.13c u. 13e). Entgegenkommend, doch nicht unterwürfig trat Fischer auf, offen und souverän, bestimmt und pragmatisch ging er die Dinge an – stets zum Nutzen der Sache, zum Vorteil des Auftraggebers und zur Festigung seines Rufes.

Nr. 1 1726 – Gutachten über den Zustand der baufälligen alten und Vorschlag zum Bau der neuen Klosterkirche (der Prämonstratenser) in OSTERHOFEN [12]

Durchleichtigister Churfürst, Genedigister Herr Herr etc.

Eur Churf[ü]r[s]tl[iche] D[u]r[chlauch]t solle yber den negsthin g[nä]dist mir aufgetragnen und nunmehro vorgenommenen Augenschein yber das paufällige Gottshaus, unnd Closter Kürchen Osterhoven, auch welchergestalten selbes aintweeders durch eine Haubt Reparation oder neüen Pau mit eingezognisten Uncosten mechte in behörig päuliche Würdten, und zugleich die zwischen dem Closter, und Gottshaus stehente Kürchenthürn, so zimblich gefährlich anzusechen, auch sich also erfundten haben, in eine thaurhaffte Versicherung gebracht werden, meinen underthenigisten Bericht ganz zuverlessig dahin abgeben, das

1mo Yber woll genau allerseits beobachte[te] Beschaffenheit die dermahlig uralte Kürchen mit Ausbesserung der Seithenmauren so andern darumben nit mehr in päulichen Standt herzustöllen seye, weillen das Gemäuer bey 2 Schuech vom Kürchengewölb hinauswerths henget, also zwar, das hierdurch sogahr die bereits bey 200 Jahr stehent sehr grosse Pfeiller zertrukht worden seint.

2do Were noch umb sovil weniger auf die alte Gemäuer mehr zu pauen, seithemahlen dise wegen erlittner Feürsprunst gantz marb [mürbe] verprent, und ruiniert seint. [13]

3^tio^ Befindet sich das Kürchengewölb gahr heüffig mit Clufften [Spalten], und solchergestalten zersprengt, das würckhlich das mehrere von ainen Schilt us dem Haubtthaill des Gewölbs eingefallen ist, wie dann

4to Bey solch gefährlichen Umbständten und wo nit möglich, das mitls einiger Reparation was Beständtiges herzustöllen, noch minder beede Kürchenthurn versichert werden khönten, massen, ob selbe schon von Seithen des Closter Gepeus ainerseiths thaurhafft stehen, so haben sye doch bey der total schadthafften Kürchen khein einzige Versicher- oder Haltung mehr, das eben selbe durch eine pure Reparation zu wendten were, hingegen aber,

5to Sowohl das Gottshaus von neuem nothwendtig in einem dem Closter anstendtigen Formb, und dermahliger Grösse erpauet, und mit solcher Occasion beede Thurn zugleich in eine thaurhaffte Haltung gebracht werden khönten, habe einen zuverlessigen Yberschlag uf höchstens 13000 f. gemacht, iedoch ungerechnet der albereits verhandtenen, und hiebey specifice

9 Vorgang im StadtA München, Städt. Grundbesitz 182. – Das Eingreifen des Herzogs im März 1759 deutet darauf hin, daß Fischer Jänisch beim Ausbau des herzoglichen Gartenschlosses eingesetzt hat; s. WVZ 33.

10 Lieb 1982, 90 f.

11 S. Dokument Nr.3

12 BayHStA, GL 3163/6, Prod.8. Das Dokument ist undatiert und nur in einer Abschrift überliefert. Da diese Abschrift Korrekturen in Fischers Handschrift enthält (s. Anm.13), wurde sie möglicherweise in seinem Auftrage angefertigt. Entstanden ist der Bericht jedenfalls nach Fischers erstem Aufenthalt in Osterhofen (zwischen 5. und 12.4.1726) und der anschließenden Rückkehr nach München, wahrscheinlich kurz nach dem 16.4.1726; s. WVZ 49.

13 Die Worte *gantz marb verprent, und ruiniert seint* hat Fischer nachträglich eigenhändig in die Abschrift hineinkorrigiert; sie ersetzen die vom Kopisten (durch einen Sprung in der Zeile) falsch abgeschriebenen Worte *sehr grosse Pfeiller zertruckht worden seint.*

entworffenen Paumaterialien, also zwar, das wann mann dem vorig gemachten allzu costbahren Ris nach das Gepeü ergreiffete, würde sich der Uncosten meines Erachtens uf 20000 f. gewis erlauffen, versichere aber, im Fahl wann meinen schon obgemelt verfassten Yberschlag gemess nach pauen würde, mithin die 6000 f. menagiert werden khundte. [14]
Betreffent ein iedoch dem Closter conform schenes Gottshaus nach aller Möglichkheit ausgedenckht habe, auch weill die allzugrosse Pfeiller genzlichen ausbleibeten, dises Gottshaus eine solche Weithe bekhommen würde, das umb ein nambhafftes mehrer Volckh weeder vorhin begreiffen würde.
Ybrigens siche (in Bedenckhung, das diser Pau uf den eusseristen Nothfahl gekhommen, und die hechste Gefahr sowohl bey beeden Kürchenthurn, als dem allerdings paufölligen Gottshaus selbst anzusechen ist) für eine grosse Nothwendtigkheit erachte, das zu Wendtung diser Gefahr und umb Verhiettung grösten Unglickhs, und Schadens vorgebogen werden mechte, wormit zu g[nä]dister Resolution mich underthenigist empfilche.
Eur Churf[ü]r[s]t[liche] D[u]r[chlauch]t etc.

Underthenig gehorsambister
Johann Michael Fischer
Burger, und Maurermaister alhier

[verso:] *Zum Churfürstl. Hochlöbl. Geistlichen Rhat underthenigister Bericht.*
Mem[orandum]
Johann Michael Fischer Burger, und Maurermaistern alhier in München
Den g[nä]dist anbefolchnermassen eingenomenen Augenschein wegen dem pauföhlligen Gottshaus und beeden Thuren des Closters Osterhoven betr[efend] sambt ainer Beylag.

[Beilage] *Specification.*
Der zu Erpauung der Osterhover. Closter Kürchen, und Versicherung der ainerseiths gefährlich stehenten 2 Thurn bereits verhandtenen Pau Materialien, als
Erstlichen seint beyr Stöll 200000 Maurstain.
30 Mutt Kalch
100 Pauholz
Die von der alten Kürchen hergehente Quater, also zwar, das all verhandtnes alt, und neüer Maur Gezeüg mehrer als zu halben Thaill des neüen Gepeus erkhleckhlich seye. Belangent die Gerüster ist an solchen all erforderliches ohne Abgang verhandten.

Nr. 1a 1726 – Schreiben an Propst Constantius Schröller in SCHLEHDORF [15]

Hochwürdig in Gott Hochedlgebohrner, genedig hochgebüettenter Herr Herr.

Was die Election und Erhöchung Eur Hochwürden und Gnaden, so dem Vernemmen nach ersthin vorgegangen [16], *fir Freid und Consolation mir gegeben, das khan sovil nit aussprechen, als mein Gemieth empfindtet, also das zu diser hochen Probsteydignitet hiemit aus dem Grundt meines Herzens underthenig gratuliere und all von selbst desiderierentes Glickh, langes Leben, vergniegte Regierung devotist appretiere, nur alleinig anbey in tieffer Submission erbittente meine Wenigkheit in beharlichen Gnaden zu erhalten, als wohin ich mich ganz underthenig gehorsambl[ich] empfilche als*
Eur Hochwürden und Gnaden

underthenig gehorsambster
München den 3. May 1726. *Johan Michael Fischer*
B[ürge]r und Maurermaister

[ehemals versiegelter Umschlag mit der Adresse:] *Dem Hochwürdigen in Gott hochedlgebornen Herrn Herrn Constantino des hochadel. Stüfft und Closters Schlechdorff erwölten Probsten und Prelathen meinem g[nä]digen Herrn Herrn. Schlechdorf. Franco.*

14 Für diesen Rechenfehler ist wohl der Kopist verantwortlich. Vermutlich lautete Fischers erster Überschlag nicht auf 13000 sondern auf 14000 Gulden, weil diese Summe dem zweiten Überschlag (s. Dokument Nr.2) in Höhe von 14752 fl 20 kr sehr viel näher kommt.
15 PfarrA Mariä Himmelfahrt in Partenkirchen. Gefunden hat diesen Brief Manfred Feuchtner, Garching, dem ich für die freundliche Überlassung danke. Weil das Schreiben erst nach Manuskriptschluß bekannt wurde, mußte es eine a-Nummer erhalten. Zur inhaltlichen Auslegung s. WVZ 57.
16 Am 29.4.1726; BayHStA, KL Schlehdorf 68, Prod.129

Nr. 2 1727 – Voranschlag und Zeitplan für den Bau der Klosterkirche in OSTERHOFEN [17]

Yberschlag

was noch zu Erpauung des Osterhovischen Closters Kürchen-Gepäu erforderlich unnd wie balt solches zu seinen guet thaurhafften Stanndt kan aus- und auferpauet werden, in gleichem auch, was noch zu den schon verhandtnen Pau-Materialien in Abgang sey, sambt der Maurer, Zimmerleith und Handtlanger Taglohn, wie volgt. Als

Erstlichen ist zu solchem bemelten Closter-Kürchen-Gepäu noch vonnethen drey Jahr lang zu pauen, für das erste Jahr zwar ist an Stein unnd Christholz genuegsamb verhanndten, an Kalch aber ist noch zu dem schon vorhandtnen beyzuschaffen 60 Muth, iede Muth nach dess Ohrts ihren Cossten umb 2 f. 30 x t[u]t an Gelt — *150 f. – »*

Ingleichem auch von Sandt in Abgang sey 520 Fuehr, iede Fuehr auszewerffen und zu fiehren 18 x in allem dan t[u]t — *156 f. – »*

Mehr die Pröder zu allerhand Christen 800 ganze zu 12 x und 800 halbe zu 6 x t[u]t — *240 f. – »*

Item 18 Centen Eisen zum Schleidern und Hefftpriegen, auch 5 Centen zu denen Grist Klamppern, ieden Centen mit dess Schmidts Verdienst a 14 f. t[u]t — *322 f. – »*

Von allerhandt Nöglen zum Christern und kleine Piegenwerckh 7 Lägl iede 7½ f. t[u]t — *52 f. 30 x*

Zu dem Kürcheen-Thachstuell 680 Stam Pauholz, weill solches aus dem Closter Hilz kan geschlagen werden, also ist diss Ohrts zu sezen — *– » – »*

Hingegen aber solches Pauholz haben die Zimmerleith aufzuschlagen bis zu Abpindtung dess Tachstuells, thuet vor ieden Stam einer dem andern zu Hilf gerechnet, a 30 x t[u]t — *340 f. – »*

Auf das Fuehrlohn von denen bemelten Pauhölzern, wurdt wenigist aufgehen 270 f. welches man aber von dem Closter selbsten fiehren würd, also diss Ohrts — *– » – »*

Wie auch 43 gros- und kleine Aichen zu dem Spann unnd Spreng-Werckh yber die Kürchen, Oratoria mit Fuehrlohn eine in die andere gerechnet, a 3 f. t[u]t — *129 f. – »*

Weithers seint auch noch 80 000 Maur Stain von dem Closter Zieglstadl beyzufiehren, von iedem tausent 1 f. 30 x t[u]t — *120 f. – »*

Die Taglohn der Maurer, welche das Kürchen-Gepäu auf das Jahr a[nno] 1727 bis an das inwendige Haubtgesimps, welches gegen 34 Schuech hoch ausgemacht, aufzumauren haben, also gebraucht man darzue 35 Maurergesöllen, von dem Monat April, bis zu Endt dess Monats October, vor iedem Maurer Gesellen dess Monats eins dem andern zu Hilf gerechnet, a 7 f t[u]t — *1715 f. – »*

Wie auch die Handtlanger, welche die Maurer zu versechen haben, auch den Schüdt und Urpau abzuraummen, dan Kalch, Sand, Stain, Preter, und dergleichen Arbeith mehr, braucht man den Sommer hindurch deren gegen 40 Man, ieden das Monat an Verdienst gerechnet 5 f. zusamen t[u]t — *400 f. – »*

Summa vors erste Jahr anno 1727 — *4624 f. 30 x*

Auf das Jahr 1728 ist man vorhabens das Kürchen-Gepäu von dem inwendtigen Haubt Gsimps bis an die völlige Heche under den Tachstuell zu bringen, welches gegen 24 Schuech hoch von dem inwendigen Haubtgsimps bis under den Tachstuell sey, auch den Tachstuell darauf zu verferttigen, sambt all der en Gewölbern als, erstlich die Seithen Capelln deren 6 seint, auch Oratoria 4 zweyfache und 6 einfache, sambt dem Haubtgwelb und Chor, ist man darzue nettig, als erstlich 150 000 Maurstain, iedes tausend nach dess Ohrts aller Unkosten a 6 f t[u]t — *900 f. – »*

Zu allem dem Gewelb-Werckh 85000 Gewelbstain, iedes a 7 f. t[u]t — *595 f. – »*

Dann 160 Muth Kalch, iede Muth diss Ohrts Werth, a 2 f. 30 x t[u]t — *400 f. – »*

Nitweniger dan 750 Fuehren Sandt, iede Fuehr a 18 x t[u]t — *225 f. – »*

Widerumben das Eisen zu Schleidern, Briechen und Klamppern 20 Centen, ieden a 14 f. t[u]t — *280 f. – »*

Auch deren Christ Preder 300 ganze und 400 halbe, die ganze zu 12 und halbe 6 x t[u]t — *100 f. – »*

17 BayHStA, GL 3163/6, Prod.13 (alt); auszugsweise abgedruckt bei Feulner 1914/15, 42 f. Das Dokument ist undatiert und nur in einer Abschrift, die der Geistliche Rat in München für den Abt in Osterhofen anfertigen ließ, erhalten. Seine Entstehungszeit läßt sich mit Hilfe anderer, darauf bezogener Schriftstücke eingrenzen: frühestens nach 4.12.1726, wahrscheinlich kurz vor 5.3.1727; s. WVZ 49.

Mehr die 2zöhlige Pottenlätten zu denen Haubtpiegen 230, iedes a 15 x t[u]t	*57 f. 30 x*
Zu Machung der Gwelbpiegen Nöglen, 8 Lägl, iede a 7 f. 30 x t[u]t	*59 f. 30 x*
Vor Abbindtung und Aufsezung dess Tachstuells ist man vonnethen 12 Man der Zimmergesellen, 4 Monath lang, ieden dess Monats 7 f. t[u]t	*336 f. – »*
Und die Taglohn der Maurer, welche das Kürchen-Gepeu wie oben gemelt von dem inwendigen Haubtgsimps an bis under das Tach zu bringen, welches 24 Schuech hoch ausmacht, auch alle Gewelber, Haubtgsimpser und dergleichen Arbeith zu verfertigen haben, ist man vonnötten darzue mehr 30 Maurer Gesellen, von April bis October, ieden Monath 7 f. gerechnet, t[u]t	*1470 f. – »*
Unnd der Handtlanger auch 30 t[u]t	*1050 f. – »*
Widerumben 1400 Tachlathen, iede 2 ½ x t[u]t	*52 f. 20 x*
Und die Latten-Nögl, 9 Lägl, jede 7 f. 30 x t[u]t	*67 f. 30 x*
Dan 60 000 Tachplaten, iedes tausent a 6 f. t[u]t	*360 f. – »*
Summa auf das 1728. Jahr dess Uncostens	*5952 f. 50 x*

Lestlichen auf das Jahr 1729 ist mann vorhabens das Kürchen Gepäu ganz völlig in seinen vollkommentlichen Standt zu bringen, also ist vorzunemmen, das man den Anwurf in- und auswendig zu verferttigen, auch alle Quateratur, sambt allen Haubt- und kleinen Gsimpsern mit Auspflasterung der Kürchen zu arbeithen habe, als volgt

Erstlich das darzue vonnetten seye 270 Muth Kalch, iede a 2 f. 30 x t[u]t	*525 f. – »*
Von underschidlich Sant 950 Fuehren iede a 18 x t[u]t	*285 f. – »*
Dan 900 Mezen Gips, ieden Mezen 30 x t[u]t	*450 f. – »*
Daran haben zu arbeithen 35 Maurer thuet	*1715 f. – »*
Unnd Handlanger 40 Mann thuett	*1400 f. – »*
Summa anno 1729 obigen Unkostens	*4175 f. – »*

Nr. 3 1727 – Bescheinigung für den Maurergesellen Thomas Mayr [18]

Daß Vorweiser dis Thomas Mayr ein ledtiger Maurergesell von Weyhern, der Grafschaft Falley gebirdtig, bey vier Jahren hindurch bey mir in Arbeit stedt. Er besagtes Handwerkh woll erfahren, auch sich der Zeit bei mir from und redtlich verhalten habe, also desen Verhalten nach ihme Mayr die Arbeit zugesagt sey. Actum München den
8. May a[nn]o 1727.

[LS] Johan Michael Fischer
Burger und Maurer
Maister alda

Nr. 4 1729 – Kostenaufstellung über Einmauern des Epitaphs der Anna Maria Gräfin Fugger in MÜNCHEN, St. Anna, ehem. Klosterkirche der Salesianerinnen [19]

Verzeignus

was yber Einmaurung des Epitaphi in dem lobl. Salesian. Gottshaus ufm Creutz vor S. Hochgräfl. Excell. Frauen Frauen Gräfin Fuggerin Chur Bayr[ische] Obristhofm[eisterin] nunmehro hochseel[ig] uf Maurer und Handlangers Taglohn dann in anderweg ergangen 1729.

Erstlich hat die Maurerarbeit 12 ½ Tag erfordert mit Einschlus des Gesellengelts 22 x betragt, t[u]t	*4 f. 35 x*
Ein Handlanger hat vor 3 ½ Tag empfangen à 14 x	*49 x*
dann hat man vor Eisenstöft ausgelegt	*30 x*
Item vor Gips 10 x, Mertls 35, Kalch 10 x thueth	*55 x*
	6 f. 44 x

Johan Michael Fischer
B[ürge]r und Maurer Maister
in München

18 StadtA München, Gewerbeamt 2556/2

19 StA München, Törring-Seefeld, Lit.BBB 1, Nr.2. Das Dokument ist undatiert, kann aber aus dem Aktenzusammenhang Mai 1729 eingeordnet werden; s. WVZ 43a.

Nr. 5 1731 – Vertrag über den Bau der Pfarrkirche in BERGKIRCHEN[20]

Nachdeme von dem Churf[ü]r[s]tl[ichen] Hochlöbl. Geistlichen Rath die g[nä]diste Verwilligung, das löbl. Gottshaus und Pfarrkürchen zu Pörkürchen im Landtg[e]hr[ich]t Dachau von Grundt aus neu zu erpauen, und zu solchem Endte eine Summa Gelt p[e]r 4430 f. zu applicieren g[nä]dist assigniert wordten, daß man sich veobligieren und lavieren solle, dise Summa keinesweegs zu yberschreitten, sondern damit das Gottshaus in vollkhommenen perfecten Standt herzustöhlen, S^r^. Wohlehrwürdten Herrn Pfarrer zu ersagtem Pörkürchen, dan dem Paumaister Johann Michael Fischer die Verabredtung umb des Gottshaus böste zu beobachten beschechen, als nemblichen und

Erstlichen solle jeder Thaill die Helfte der Summa Gelt yber sich nemmen, und zwar der Herr Pfarrer mit seinen 2215 f. treffenten Thaill die Taglöhner, so uf Abprechung des alten Gottshaus, dan auf Herauspauung des neuen Grundts, item dan, was auf Beyschaff- und Beyführung aller Materialien, als Stain, Kalch, Sandt, Gyps, dan vor Schlosser und Schmidt an Eysen, item vor Zimmerleith, Holz, und G[e]ristpretter, sambt all erforderlichen Nöglen, und Geristclampfern, auch vor Kistler und Glaser, und was immer sonst, under die Materiallien gerechnet, und erforderlich sein mechte, allerdings und unverwaiglich beyzuschaffen verbundten und gehalten seyn solte.

Gleichwie sich andern Thaills Johann Michael Fischer hiemit auch obligiert zur Erpauung dises Gottshaus, so neben der Kürchen an sich selbst, die Sacristey, St.Job Capellen, nach Anzaig des bereiths verferttigten Rüss (iedoch ohne Thurn, und darbei ausgenommen des Inwendigen, als Canzl, Altär, Mahlerey, und Stockhathor, Kürchen- und Beichtstüell) begreift, die Taglöhner, vor die Maurer, Zimmerleuth, Handtlanger, Schlosser, Kistler, und Glaser, der mit ihme Paumaister Fischer zugethaillten Helfte der 2215 f., oder etwan 100 f. daryber genzlichen zu bestreitten, iedoch solchergestalten, daß weill er nit immer zugegen sein kan, der Schlosser [Schloß] Mauer Maister von Dachau, damit er mit seinen Leuthen threu, und aufrichtig beyhalt, allenfahls mit ihm haften solle und müesse.

Solchergestalten sodan obligieren sich beede Thaill, iedoch mit disem Reservat, daß an Ausvolglassung des assignierten Paumittl kein Hindernuss gehöriger Ohrten iemahls gemacht, und also kein Schaden uns zugezogen werdte, vorermeltermassen das löbl. Gottshaus zu Pörkürchen in behörigen Standt herzustöhlen, mithin mit der angefüehrten Summa so gehaiß auszulangen, als wie sye, was ieder Thaill mehrer verwendete, aus dem ihrigen zu ersözen hetten, worzue sye sich beyde und ein jeder in besonder expresse verbündtlich macht.

Damit ein jeder nun wisse, was er iederzeit schuldig zu beobachten habe, hat man jedern von diser Caution ein gleichlautentes Exemplar zugestölt, threulich ohne geverdte dessen zu wahrer Uhrkhundt seindt beed[e] errichtete Caution Brief von beeden Thaillen aigenhändig underschriben und mit ihren Pötschaft[en] verförttigt wordten, geschehen den 10ten Julij anno 1731.

[LS] J[ohann] G[eorg] Scheffler
Pfarrer zu Bergkirchen

[LS] Johan Michael Fischer
B[ürge]r Pau- und Maurer
Maister in München
[LS] Gregori Glonner Schloß
Maurer Maister zu Dachau

Nr. 6 1731 – Abrechnung über Reisen nach BERGKIRCHEN[21]

Das Ihro Hochwürden Herr Scheffler Pfarrer zu Pörkirchen, mir Underschribenen, wegen meinen des dortigen Kirchen Baus halber von 21.Jullij bis 13.9ber mit Von- und Zuereisen verwendteten 15 Tag das behorige Deputat des Tags 3 f. zusamen mit fünf und vierzig Gulden richtig bezalt haben, wirdt hiemit bescheindt.
München den 16.9ber [= November] a[nn]o 1731
Zalt est 45 f. –

Jo[hann] Michael Fischer
B[ürge]r Pau- und Maurer
Maister

20 AEM, Pfarrakten Bergkirchen, Nachlaß Pfarrer J.G.Scheffler, Kirchenbau; s. auch WVZ 9.
21 Wie Anm.20

Nr. 7 1732 – Schreiben an Pfarrer Johann Georg Scheffler in BERGKIRCHEN[22]

Hochwürdig und hochgelehrt gr[und]g[ütiger] hochgeehrtister Herr.

Es hat mir H[err] Secretarij Schlickh[23] *versprochen, sobalt dise Sach wirdt heraus komen, mir solches gewislich nacher Haus zu überschickhen; was aber die Ursach sey, daß es so lang hergehe ist, weillen die Rechnung Ihro Hochwürdten H[err] Dechänt mit nacher Haus genohmen, und solche zu Haus übersehn wirdt; ich werdt heudt an all diser Ordt gehn und mich bester massen erkundtigen, und alsogleich Euer Hochwürdten mit der negsten Gelegenheit mehres berichten, worbey mich Euer Hochwürden gehorsam empfelche. München den 29 Jenner a[nn]o 1732.*

Euer Hochwürden *gehorsamb*

Johan Michael Fischer

B[ürge]r Bau- und Mauermaister

Nr. 8 1734 – Quittung über Gesellengeld beim Kirchen- und Klosterbau in MÜNCHEN, St. Anna im Lehel[24]

Specification

was beim lobl. Herrn Hieronimijdanner Closter uf dem so genanten Lögerl ich Entsgesezer, wegen Erpauung des aldasigen Kirch- und thails Closter Paus, das nachvolgente gebiehrente Gesellengelt in das verdiente gebracht habe wie volgent als

Erstl[ich] a[nn]o 1727 von 26.Martj bis 22.9ber 1825 Tag ieten 2 x t[u]t	*60 f. 50 x*
A[nn]o 1728 von 24.May bis 27.9ber 971 Tag à 2 x t[u]t	*32 f. 22 x*
A[nn]o 1729 von 14.Martj bis 23.8ber 1523 ½ Tag à 2 x t[u]t	*50 f. 47 x*
A[nn]o 1730 von 10.Martj bis 3.9ber 950 ½ Tag à 2 x t[u]t	*31 f. 41 x*
A[nn]o 1731 von 15.April bis 31.8ber 1157 ½ Tag à 2 x t[u]t	*38 f. 35 x*
A[nn]o 1732 von 16.April bis 23.9ber 1027 Tag à 2 x t[u]t	*34 f. 14 x*
A[nn]o 1733 von 25.Junij bis 5.8ber 211 Tag à 2 x t[u]t	*7 f. 2 x*
Summa	*255 f. 31 x*

Das mir dise obstehente Summa den 2. Abril ist richtig vergiedtet worden.

Johann Michael Fischer

B[ürge]r und Maurer Maister

[verso:] *Conto H. Fischer Maurermaisters des Gsöllen Gelts von Anfang des Gepeües bis 2ten April 1734 bezalt 200 f [!]*[25]

Nr. 9a-b 1736 – Voranschläge für die Instandsetzung der äußeren Brücke des Schlosses in SEEFELD[26]

9a *Überschlag einer von Holz gemachten Bruckhen zu Seefelt*

Erstl[ich] zu Ensbaumen [Brückenbalken], Bruckh Läthen, Abbindung der 2 Brustwenden [Brüstungen] und deren eingefallenen 2 Bruckhjoch, auch zu Versetzung den Berg under der Bruckhen ist beyzuschaffen 208 eichene Stain Pauholtz ietes mit Einschluss dem Furlohn

6 f t[u]t	*1248 f –*
300 Gristbredter ietes 5 x t[u]t	*25 f –*
100 Stam Gristholtz ieter 25 x t[u]t	*41 f –*
6 Lagl Nögl ietes 7 f. 30 x t[u]t	*45 f 30 x*
15 Centen Eisen ieter mit des Schlosers Verdienst 15 f. t[u]t	*225 f –*
Taglohn der Zimmerleith und Handlanger ist wenigst	*1480 f –*
Latus	*3064 f 30 x*

22 Wie Anm.20; die Rückseite dieses Schreibens benutzte Scheffler für Notizen über den Kirchenbau.

23 Ignaz Schlick, Sekretär beim Geistlichen Rat in München; er erhielt (nach 18.11.1730 und vor 4.5.1731) *wegen gehabt villen Bemihung* um den Kirchenbau in Unering *Recompens* (6 fl 40 x); StA München, Hofmarken Karton 1220. Am 15./16.4.1744 vertritt Baron von Ginsheim *cum D. Secretario Schlickio* den Geistlichen Rat bei der Wahl des Propstes Franz Töpsl in Polling; BSB, Clm 26461, fol.2. Ignaz Schlick war sicher verwandt mit Joseph Anton Schlick, den Fischer 1729 in # kennenlernte; s. WVZ 58.

24 BayHStA, KL 442/4, Prod.6, erstmals abgedruckt bei Pest (Anm.3), 63; s. auch WVZ 24.

25 Notiz des Fr.Ambrosius à S.Martino OSHier, der für die Abwicklung des Baues verantwortlich war; s. WVZ 24.

26 StA München, Törring-Seefeld, Lit. HH 5, Nr.23. Beide Überschläge sind weder datiert noch signiert, sie lassen sich jedoch durch Fischers charakteristische Handschrift unschwer identifizieren und durch die zeitlich bekannten Begleitumstände in die Monate Juni/Juli 1736 einordnen; s. WVZ 58.
Fischer hatte diese Überschläge nicht auf einem Einzel- sondern jeweils auf einem gefalteten Doppelblatt geschrieben, deren zweite Seiten der Seefelder Archivar (Friedrich Töpfer ?) abgetrennt und als Deck- bzw. Rückblatt des Aktes verwendete. Deshalb tragen die Rückseiten dieser beiden Blätter die von Fischer geschriebenen, angeschnittenen Bezeichnungen *Überschlag von Holtz* (Deckblatt) und *Überschlag von Gemeier* (Rückblatt); s. auch WVZ 58.

Erstl[ich] zu Aufmauerung deren 2 Pfeillern und 2 Brustwandten, auch die Bruckhen zu quelben [wölben] ist an Maurer Stein von nethen 216000 Stuckh ietes thausent dis Orths in Unkosten kombt hechstens umb 5 f, zusamen thueth	*1090 f –*
	(1630)[27]
mehr 90 Muth Kalch iete 1 f. 30 x t[u]t	*135 f –*
	(378)
550 Gristbredter ietes 5 x t[u]t	*45 f 50 x*
164 Stam Holtz ieter 25 x t[u]t	*68 f 20 x*
3 Lägl Nögl ietes 7 f. 30 x t[u]t	*22 f 30 x*
5 Centen Eisen ieter mit des Schlossers Verdienst 13 f. 20 x t[u]t	*66 f –*
Taglohn der Maurer und Handlanger ist	*1750 f –*
	Latus 3177 f 40 x
	(3959 40)
	(582)

Nr. 10 1738 – Schreiben an Franz de Paula Würnzl wegen des Kirchenbaues in MÜNCHEN-Berg am Laim[28]

Wohl Edl gestreng großginstig hochgeehrtister Herr und Patron!

Ich bitte mir nit übel zu nehmen, daß ich nit selbsten aufwardte, alleinig geschicht solches von darumben, daß mein Wenigkeit mit gar so vill überlauffen nit überlestig sein will. Ich mechte mich bey Ihro Streng umb iehnen Rath an fragen, ob es nit guedt wehre, daß ich dem Keglsperger schrifftlich, als ein mehres Schrecken, zuschickhete wann er nit gleich von der Sach stil sey und den Kirchenbau hinden lasse, so will ich mit ihme Keglsperger einen proces anheben weill er mir solches Gebey abgevortelt und geloffen habe, solle es mich kosten was es wolle. Er wird gewiß 10mal mehrer Unkosten leithen mießen als er mit dem Gebey gewinnen wirdt. Es kann auch Ihro Streng nach Belieben ieterman sagen, ich bauete dise Kirchen dem heilligen Michael zu Ehren, so daß mein Verdienst ist umbsonst, und zugleich auch will ich durch einen guedten Freint zu dem Kirchen Pau noch threy hundert Gulten wan ich den Kirchenbau bekommen werdt zue bringen, und dessen Freint zu seiner Zeit kauffen will, auch Ihro Streng in Ansehung dessen als dergleichen Bersohnen, eine ziemliche Ursach noch darzue kan vorstellen. Gleich auch wissen Ihro Streng von selbsten, wann eine so andere Bersohn gebet, so von der Sach nit wissen, daß ich mit Ihro Streng vorhin schon noch darzue die Ehr und Verthrauen gehabt, daß ich sogar der Erste bin wegen dem Gebey gewesen und darzue alle geherige Riß verferdiget, daß es mir vor ein solchen unsicheren Man wie Keglsperger ist, gebire und billiget, so bitte mit guedter Gelegenheit von Ihro Streng Ihren guetten Rath und Meinung, ob ich mir nit solches soll von Ihro Streng oder sonsten aufsetzen lassen. Dan wie ich glaubete es miese solches in der geheim gehalten werden, dan meine Riß kennen von ein ieten Pauverstentigen geschetz und fisitiert werden, aber des Keglspergers als Pallier nit. Indessen mich zu dero hochen Wollgewogenheit gehorsambst empfelche als

München, den 17. Dez. 1738.	*Euer Streng gehorsambster Joh[ann] Michael Fischer Maurermeister*

Nr. 11 1753 – Schreiben an Aurelius Braisch, Abt des Benediktinerklosters NERESHEIM[29]

Hochwürdigst in Gott hochwohlgebohrner Reichs Prelath hochgnädiger Herr, Herr.

Nachdeme ersthin versichert vernehmen müssen, wie Herr Neuman hochfürstl[icher] Würtzburg[isch]er Hofbaumeister das Zeitliche gesegnet, als welchem von Euer Hochwürden und

27 Die Summen in runden Klammern wurden nachträglich in den Überschlag eingetragen und sind nicht von der Hand Fischers.

28 PfarrA München-Berg am Laim, dort 1944 verbrannt, deshalb zitiert nach Nikolaus Barth, Die Sankt Michaelskirche in Berg am Laim, München 1931, 18-19; s. auch WVZ 27.

29 Fürst Thurn u. Taxis Zentralarchiv Regensburg, Schwäbische Akten 863, fol.78-79, erstmals publiziert und im Wortlaut abgedruckt bei Willy P. Fuchs, Die Abteikirche zu Neresheim und die Kunst Balthasar Neumanns, Stuttgart 1914, 28-29; s. auch WVZ 44.

Gnaden dero Gottshaus Kirchengebey anverthraut gewesen, und weillen bis zu Ende des Baus nothwendig ein and[ere]r an dessen Platz g[nä]dig ernennet werden wird, und meine Wenigkeit aber schon die hoche Gnad in Ottobeyern gehabt hat, Euer Hochwürden und Gnaden in Gelegenheit ersagt dero Kirch und Besechung des Rises hierüber meine underthänige Reverenz zu machen, und das ohnmassgebigste Guttachten abzustatten.
Als wirdet mir dahero in Gnaden erlaubt sein, mich anstatt erwendten Herrn Neuman und[er]thänig hierdurch zu melden, da ich anderst nit zu spatt komme, obwohlen sehr zweifle, daß des H[errn] Neumans H[errn] Sohn als noch gar zu jung der Kirchen Bau anverthraut worden sein wird, mithin getröste mich allein einer g[nä]dig beliebigen Antwortt mit gehorsambster Erinerung, welcher gestalten gesinnet bin inner 14 Tägen nacher Wiblingen wegen aldort habenten Gottshaus Bau zu verreisen, als mit welcher Occasion zugleich Euer Hochwürden und Gnaden meine Aufwarthung machen zu derffen, mir ausgebetten haben wolte, und thuee mich zu Gnaden in tieffer Submission empfehlen.
Euer Hochwürden und Gnaden

Und[er]thänig gehorsambst

München den 1. 7b[e]r 1753 — *Joh[ann] Michael Fischer Chur Cöln[ischer] Hofbaumeister*

[verso:] *Baumeister v[on] München tragt sich an nach dem Tod des Obrist Neumann.* [und von anderer Hand] *den 12.Sept. a.d. 1753 beandtworthet*

Nr.12 1759 – Bescheinigung für den Maurerpalier Joseph Jänisch [30]

Ich Underschribner attestiere hiermit Vorweiser dis, Joseph Jänisch ein Maurergesell von Starnberg gebirdtig, und bey mir 7 Jahr lang, mehrentheils als ein Maurer Pallier in Arbeit gestanden, auch sich hierunder ieder Zeit so löblich threu und fleißig aufgefihrt, und verhalten, daß er auch iederman mit seiner Arbeit genuegsames Contento geben werde, als habe ihme nebst Ertheillung dises Attestati für ein daugliche Persohn bestermassen recomendieren, und nit aushanden gehen wohlen, geben München den 2. Jenner 1759.

[LS] Joh[ann] Michael Fischer Chur Cöln[ischer] Hofbaumeister und Burger in München

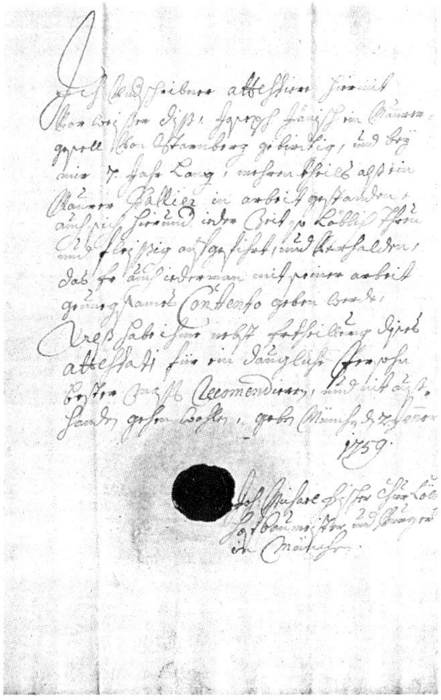

Abb. Fischers Bescheinigung für Palier Joseph Jänisch, 1759

Nr.13a-e 1759 – Korrespondenz mit Johann Jakob Alexander Sigismund Graf Fugger-Boos bzw. mit dessen Kanzleidirektor wegen Umbauten im Schloß in BABENHAUSEN [31]

13a Schreiben (Konzept) des Kanzleidirektors Johann Evangelist Ober an Fischers Palier Martin Wöger

Vihlgeehrter Herr

S[eine] Hochgräfl[iche] Excell[enz] mein Gnädiger Graf und Herr tragen grosses Verlangen mit Herrn Baumaister Fischer wegen Einthailung eines Gebey des ehisten sprechen und dessen Guetachten hierüber in möglichster Bälde erhalten zue können; ich solle mich von dahero mittelst gegenwertigem bey dem Herrn erkundigen, wo sich gedachter Herr Baumeister dermahlen anwesend befinde, umb ihme mit ersterer Post zue schreiben, und ihne anhero requiriren zue könen; solte derselbe aber etwann wirkhlich in Ottobeyren, oder aber in der Nàche anwesend sein, so ersueche ihme dises Schreiben alsogleich behändigen zue lassen, und denselben dises Verlangen halbers zue informieren, mir aber in ein als anderem Fahl Beybringern dis eine Nachricht zuekommen zu lassen.
Unter göttlichem Schuzerlaß allstets verbleibend

des Herrn dienstwilliger

Boos den 25ten Januar 1759 — *Ober*

30 StadtA München, Städt. Grundbesitz 182; Negativform des Fischer-Siegels auf diesem Dokument in der dortigen Siegelsammlung

31 Fugger-Archiv Dillingen, 1, 2, 159; s. auch WVZ 6.

[verso:] *Conceptschreibens ahn Johann Michel Weger Maurer Maister und Balier bey Herrn Baumaister Fischer von Minchen nacher Ottobeyren per expressam und zwar durch Hans Jerg Berg Söldner allhier abgegangen sub dato Boos den 25ten Janu[ar] 1759*
Die Bestellung des H[errn] Baumaister Fischers wegen Einthailung des Rechberger Schloss zu Babenhausen betrefend.

13b Schreiben (Konzept) des Grafen an Fischer

Ahn Herrn Baumaister Fischer in München d[e] d[at]o Boos den 28ten Janu[ar] 1759

Wohledler sonders vilgeehrter Herr

Ich zweifle zwar allerdings nicht, es werde der Balier Weger, welcher sich zue Ottobeyren kranckh ligend befindet, das Schreiben, so von meinem Canzleydirector ihme den 25ten dis zuegeschickht worden ahn meinen vihlgeehrten Herrn würckhlich nacher Minchen übermachet haben, und daraus ersehen worden sein, wie mir sehr lieb, und angenemb wäre, wann ich wegen einer in dem Schloss zu Babenhausen vorhabenden Baureparation, und Enderung baldmöglichst mit meinem vihlgeehrten Herrn selbsten sprechen und sodann desselben Riss und Guetachten in Bälde haben könte; da aber gleichwohlen geschehen därfte, daß der Brief unterwegs etwann verligen bleibete oder aber disem zuvolge eine Rais besonders anhero zue machen mein vihlgeehrter Herr einen Anstand oder Bedenckhen nemmen möchte, so habe durch gegenwertiges mein Ersuechen widerhohlen, und der Hofnung geloben wollen, denselben in Bälde allhier zue sehen; dessen mich dann auch getröste, und inzwischen mit besonderer Estime beharre

Meines vihlgeehrten Herrn
Dienstberaithwilliger

P.S. Umb die Herausrais comoth machen, und dise Mitgelegenhaith beschleinigen zue können, wird ein besonderes Reithpfert zu nemmen das beste Mittel sein.

[verso:] *Conceptschreibens ahn Herrn Baumaister Fischer zue München von mir Johann Jacob Fugger Grafen zu Boos d[e] d[at]o 28ten Janu[ar] 1759*
Die Schlossreparation zu Babenhausen und dessen Anherokunft betrefend

13c Schreiben Fischers an den Grafen

Ihre Excellenz

Euer Hochgräfl[iche] Excellenz hochg[nä]dig an mich zu erlassen beliebtes von 28. Jenner habe mit underthänigen Respect empfangen, und das g[nä]dige Verlangen wegen meiner Dahinreis nach Boos hierinen vernohmen.
Worauf underthänigst berichte, daß hochg[nä]dig mir ist dise Reis angeschaft worden, mit einem Reithpferdt dahin beschleinigen kundte, wie indeme aber ich schon gegen 6 bis 7 Jahr mehr auf kein Reithpferdt gekommen und gerithen bin, und dan der Zeit hero meine Reisen nach Ottobeyern so anderorts mit einem Legengeferdt [Leihgefährt] meines gegenwerdigen Alters halber verrichten miesse, und dessentwegen auch ich a[nn]o [17]57 zu Ottobeyern von dem Reiches Gottshaus wegen Weithe dis Wegs, meine Entlassung ausgebedten hab, dieweillen ohnedem schon solcher Kirchen Bau so weith gekommen, und von mir von aller Haubtgefahr verferdiget und hergestölt worden ist, und das überige aber wo dan alles sich auser der Gefahr hergestölter von einem lobl[ichen] Reiches Stüft ist befundten worden, dem Ballier alda überlassen gar zu verferdigen.
Wie dan auch meine Wenigkeit wegen der Dahinreis nach Boos der unmaßgebl[ichen] Meinung wehre, daß von hir aus München ich ein wohlverständigen Maurer Ballier abschickhen dürfte, welcher die Wohnung und das Ort vor die verwittibte Gnädige Frau Gräfin zu bewoh[nen] sein wird auszumessen, und dise Ausmessung auf dem Babier an seiner nacher Hausreis mir mit nach München zu überbringen, also wolte solchem Riss vor iehne Wohnung nach der g[nä]digen Anschaffung und Willensmeinung zu München verferdigen, und wo also

dan die Reisunkosten von solchen Ballier mit vill leichteren Unkosten zu Fuess kan bestridten werden, als iener der mit Wagen und Pferdt dergleichen Weg machen solte, da annoch anstatt meiner Reis durch den Ballier die Verrichtung kan ersetz werden.
Was auch underdessen bis zum Anfang dem Gebey von Baumateriallien nedtig sein werde, wüste auch schon der überschickte Ballier anzugeben, daß dergleichen Materiallien etwas in voraus, bis zu Anfang des Gebey kundte beygebracht werden, daß wan auch diser Ballier zu Fortsetzung dem Gebey zur hochg[nä]digen Belieben anständig sein wird, kan auch diser dahin überlassen werden, wohingegen aber Ihre Excell[enz] der Ballier von Ottobeyern [Martin Wöger] zu dergleichen Einrichtung von demiehnigen Gebey, ein gar schlechtes Contento würde geben haben, weillen ich solchen zu dergleichen Gebey niehmahlen gebraucht, sondern nur deme zu Kirchengebey und auch bey denen Preuheussern angestelt habe, indessen erwarthe auf die hochg[nä]dige Resolution, sobalt ich solche Beantwortsschreiben erhalten werdte, will ich alsogleich dem nemblichen Ballier mit meiner Instruction abortnen, was solcher in allem zu beobachten habe, womit zu hochen Hulden und Gnaden mich anbey underthänigst empfelche, als
Euer Hochgräfl. Gnaden *underthänig gehorsambster*
Joh[ann] Michael Fischer Chur Cöln[ischer]
Hofbaumeister
München den 2. Feb[ruar]
1759

[von anderer Hand] *praes. den 7ten Feb[ruar] 1759*

13d Schreiben (Konzept) des Grafen an Fischer

Wohledler vihlgeehrter Herr

Dieweilen es nach denen mir unterm 2ten dis anhero zur Vernemmung gegebenen Umbständen für dermahlen nicht wohl sein kan, meinen vihlgeehrten Herrn selbst allhier sehn und besprechen zue können, so will ich zur Untersuechung der Babenhausischen Baureparation den in Vorschlag gebrachten wohlverständigen Maurer Ballier so bald es nur immer sein kan allhier gewertigen, bis wohin das weithere mir vorbehalte, und anbeynebens mit besonderer Estime verbleibe
Meines vihlgeehrten Herrn
Dienstberaithwilliger
Boos den 10ten Feb. 1759

[verso:] *Conceptschreibens ahn H. Baumaister Fischer zu Minchen d[e] d[at]o Boos den 10ten Feb. 1759*
Babenhausische Baureparation betrefend

13e Schreiben Fischers an den Grafen

Ihre Excellenz

Auf die hochg[nä]dige Anbefehlung von 10. dis, habe hier durch disen Ballier zu Ausmessung dem vorhabent gräflichen Wohnungsgebey abgeschickt, und hoffentlich anständig sein werde, wo Euer Hochgräfl[iche] Excellenz mit disen Ballier die mindliche Anschaffung bis hin zu Verferdigung deren Riss genuegsamme Auskonft geben wird, auch wan der Ballier zur Arbeit dem Gebey anstendig sein solt, dem Lohn, oder Soldt gleichwohl von selbsten hochg[nä]dig anschaff[en] zu lassen, damit solcher Ballier mit seiner Verrichtung bey dem Gebey bestehen kan, und möge; wormit zu beharrl. hochgräfl. Hulden und Gnaden mich underthänig gehorsambl. empfehle, als
Euer Hochgräfl.
Underthänig gehorsambst
München den 12. Feb. *Joh[ann] Michael Fischer Chur Cöln[ischer]*
1759 *Hofbaumeister*

[verso Adresse:] *Ihro Excellenz dem hochgebohrnen Grafen und Herrn, Herrn Johann Jacob des Heil. Röm. Reiches Grafen Fugger von Kirchberg und Weissenhorn, Herrn der Herschaft Boos, Heimertingen und Babenhausen, meinen gnädig hochgebüttenten Herrn, Herrn; Franco: Boos bey Memingen.* [mit Fischers Siegel]
[von anderer Hand] *praes. den 16ten Feb. 1759*

Nr.14 1759 – Vertrag über den Bau der Klosterkirche (der Benediktiner) in ROTT am Inn [32]

Kund und zuwissen seye hirmit, mit was massen zwischen des regierenden Herrn Herrn Praelatn Benedicto des hochberiemet und lobl. Stift des Klosters Rott, unser Gnädiger Herr, auch Ihro Hochwürden V.P.Prior [33]*, und gesamten Capitulo besagten Klosters, dero Kirchenbau von neüen zu erbauen vorzunehmen, die unumgängliche Nothdurft zu seyn erachtet, und mithin disen Kürchenbau unter nachgesezten dato folgend verbündlicher Abredung gepflogen worden seye. Als nämlichen*
Verspricht und obligirt sich der edle Herr Johann Michael Fischer Chur Cölnischer Hofbaumaister von München nach Anzaig der genädig ratificirten 4 beyliegenden Grund – und aufrechten Kürchen Rissen, welche zu erkennen geben die Braite und Höche, auch die innwendige Einrichtung von der Architectur, wie diese Kürchen zu erbauen, und gebaut werden solle, dahero dann sich hierüber Ihro Hochwürden und Genaden Herr Praelat samt dem hochlobl. Capitulo mit oben bemelten Baumaister dahin verstanden, auch verwilliget, daß diesem der Kürchenbau zu seiner Direction anvertrauet, und wirklich nach dem geschlossenen Accord der 13000 f. ist überlassen worden, und wie dann derselbe den nachstehenden Thail der alten Kirchen, samt der Frau Capellen auf seine Kösten abzubrechen habe, und das neüe Kürchengebäu hierumen aufzufiehren, und bis dahin aber, doch ohne der inwendigen Verbuzung auch Quateratur zu verförtigen seye, wie alle befündliche Gewelber des beyliegenden Risses nach auszufiehren, den neuen Tachstull auf der Kürche durchaus aufzusezen, einzuladten [mit Latten zu belegen], auch einzudecken, die ganze auswendige Kürche samt der Haubtfaciaten bis an die obriste Gatten deren zweyen Thurne abzubuzen und mit denen dreyen Franten [Frontons] föllig zu verfortigen seye, alle Haubtgerister aufzurichten, und widerum das auswendige Haubtgerist abzutragen habe; wo nit weniger die betreffende Taglohn vor die Maurer, Zimerleüth und Handlanger zu bestreiten, und vor obige benanntliche Arbeith auszubezahlen seyen; mithin was aber die inwendige Quatratur samt der Verbuzung mit dem Anwurf der Kürchen betrift, ie von darumen in den Accord nit eingedungen worden, damit man sich zu selbiger Zeit, da diese Kürche samt der Gewölbung unter das Tach kommen werde, noch ferners hin nach dem hochgenädigen Belieben ersehen, und mit wenig oder viell Stukadorarbeith, wie dann auch dergleichen Mallerey resolvieren möge, und wolle. Gleichwie nun dann hingegen zu Bestreittung deren Taglohn, vor die Taglohn der Maurer, Zimerleüth und Handlanger, wegen oben berierter Arbeith, sich Ihro Hochwürden und Genaden, dann das gesamt hochlobl. Capitulum dahin verwilliget, und versprochen, als nämlich das erstere Jahr anno 1759 an gutt und gangbahrer Münz 3500 f. bis zu End des Monaths 8bris nach und nach bezallen lassen wollen, wie dann auch das betreffende Jahr anno 1760, widerumen nach Nothdurft solcher Taglohn 5000 f. und das drite Jahr anno 1761 mehrmahlen 3000 f. zu erlegen seynd und leztlichen sobald die obig bemelte Arbeith in dem richtigen Stand verfortiget worden, wird der Zeit nach, auch nach und nach 1500 f. ohne Anstand zu bezallen seynd.
Widerumen ist *auch von dem löbl. Closter alliähriger Urbau oder Beschid [Bauschutt] auf diese Kosten samt denen Taglöhneren abzufiehren, wie ingleichen auch die Beschaffenheit hat mit dem Kürchen Pflaster, wo aller Unkosten dem Stein-Mezen mit seiner Arbeith zugehörig, widerumen und gleichermassen das löbl. Closter alle Paumaterialien mit dem benöthigen Werkzeig, so ohne Ausnahm beyzuschaffen, und bis auf den Pauplaz auf ihrem Unkosten zu lieferen haben.*
Wie nicht weniger auch Kupfer, und Kupferschmid Verdienst seiner Arbeith, auch die Statuen S.Benedicti in dem Accord ausgeschlossen verbleibt, wie dann auch vor 2 Maurer Ballier und 1 Zimmer Ballier die Kost, mit dem Trunk aber als der Oberballier des Tags 4, und Un-

32 BayHStA, KL Rott am Inn 61. Das Dokument existiert in zwei Abschriften aus der Zeit 1780/90; die zweite, wohl etwas später angefertigte Abschrift (BayHStA, KL Rott am Inn 86) trägt das falsche Datum 23.6.1759 und ist erstmals, aber unvollständig publiziert bei Bernhard Schütz, Rott am Inn und die Zentralbauten Johann Michael Fischers, in: Willi Birkmaier (Hg.), Rott am Inn, Weißenhorn 1983, 102 f. und danach vollständig bei Willi Birkmaier, ›Intra Quinquennium‹, in: Heimat am Inn 13 (1993) 55 ff. S. auch WVZ 54.

33 Wahrscheinlich hatte Abt Benedikt Lutz mittlerweile Prior P.Anselm Pirchinger (am 10.1.1759 zuletzt nachweisbar) durch P.Rupert Lupperger (1698-1761) ersetzt, den die Urkunde zur Grundsteinlegung (am 4.6.1759) als Prior nennt; zur Person: Martin Ruf, Profeßbuch des Benediktinerstiftes Rott am Inn, Studien und Mitt. zur Geschichte des Benediktinerordens, 32. Erg.-band, St. Ottilien 1991, 261-263

terballier 2, dann Zimmer Ballier 2½ Maas Bier sammt der Ligerstaat zu bewilligen, und mir Baumaister, als so oft ich dero Orth meine Verrichtung machen werde, die Convent Kost und Trunckh, auch die Kost für einen Knecht, das Fueder für 2 Pferd zu raichen ist, und leztlichen was die bezahlte Taglohn von Anfang des Fruehe Jahrs, bis zu Ent des Monats May anno 1759 betroffen habe, ist an dem Accord 13000 f. nicht anzurechnen, sondern davon ausgeschlossener zu verbleiben, dann weilen entgegen vor obige Bezahlung mit einverstandnermassen der Psallier-chor auch die Sacristei Behaltnüs, und Gruft mit der ganzen Abbuzung und Quadratur Arbeit verfertiget werden muß, und endlichen dem Paumaister Herrn Fischer, so lang der Pau thauren wird, alliährl. 3 Eimer Merzenbier den Sommer hindurch zu liefern, und abfolgen zu lassen ist.

Zu Urkund und Versicherung dessen haben gegenwärtigen Accord errichtet, und iedem Thail extradiert worden, eingangs hoch ernannt Sr. Hochwürden Genaden, und hoch dero lobl. Convent sammt dem edlen Herrn Paumaister Fischer selbst mit aigenhändiger Unterschrift und aufgetrükten Insigl geförtiget; so geschehen in dem hochlobl. Stüft und Closter Rott den 2. Juny a[nn]o 1759.

Johann Michael Fischer Chur.Cölnischer
Baumeister.

Nr.15 1763 – Voranschlag für den Bau der Klosterkirche (der Birgitten) in ALTOMÜNSTER[34]

Yberschlag

was zu dem paufällig und durchaus ruinierten Kirchengepey in dem hochlöbl. Stift und Closter zu Altomünster auf Pau Materialien und Taglohn vor Maurer, Zimmerleith auch Handtlanger, so anders in Unkosten ergeben mechte. Verfasst den 6ten Aprill a[nn]o 1763.

Erstlich ist zu denen alt herwider gehenden Maurerstainen vom alten Kirchengepey noch an
neuen 545000 beyzuschaffen, so iedes dausent ohne Fuehrlohn 5 f. kostet t[u]t 2725 f. – x
auch hierzu 534 Muth Kalch, iede Muth ohne Fuehrlohn 2 f. 30 x t[u]t 1335 –
2800 Sandtfuehren, iede Fuehr zu graben à 5 x t[u]t 236 40
Zu dem alt her widergehenten Dachzeug ist noch an neuen
24000 beyzuschaffen, auch iedes dausent 5 f. 30 x t[u]t 132 –
Widerumben 340 Mezen Gips ieder Mezen 36 x t[u]t 204 –
dan 18 Centen Eysen zu Schleider und Krist Clampern, mit Schlosser und des
Schmidt Verdienst zu verarbeiten 16 f. 40 x t[u]t 300 –
Zu Machung vor allerhandt Gewölbpögen und Kristerwerckh seind beyzuschaffen
14 Lägl [Fäßchen] Nögl, iedes 10 f. t[u]t 140 –
Zu obigen Gewölbpögen und der Kristerwerkh ist auch 2200 underschidliche
Pretter beyzuschaffen, iedes 10 x t[u]t 333 20
2400 Khölhammer [Kelheimer bzw. Solnhofer] Pflasterstain,
iedes hundert 24 f. t[u]t 576 –
Zu dem herwidergehenten alten Kristholz vom alten Kirchen-Dachstuehl seynd
noch an neuen beyzuschaffen 230 Stamb, ieder ohne Fuehrlohn 28 x t[u]t 107 20
30 kleine Fensterstöckh, ieder vom Kistler, Schlosser und Glaser à 12 f. t[u]t 360 –
Mehr 24 grosse Kirchen-Fensterstöckh, so einer in den anderen
zu Hilf vom Schlosser und Glaser mit aller Zugehör gerechnet à 35 f. t[u]t 840 –
Dan auch 2 Kirchen Porthen, vom Kistler und Schlosser mit aller Zugehör
iede 28 f. t[u]t 56 –
Auch 18 underschidliche Düren, so eine in die andere gerechnet à 9 f. t[u]t 162 –
Vor Errichtung aller Kirchenstüehl wird sich der Unkosten belaufen wenigist auf 900 –
Und der Unkosten vor 8 Beichtstüehl ist 130 –
Wie nun auch vor Abtragung der alten Kirchenmauren, sambt dem Dachstüehl,
auch die Häckhen und Preys[35] abzulösen, und die alte Maurerstain zuezurichten,
den Urbau vom Pauplaz zu raumen, und andere Arbeith zu verreichten, ist die
Unkosten vor Maurer, Zimmerleith, und Handtlanger Taglohn wenigist 1350 –

34 AEM, Klosterakten A 4,1; das Dokument ist nur in Abschrift erhalten. S. auch WVZ 2.

35 »Hagken« sind »Dachhagken, Art Dachziegel mit einer hakenförmigen Erhöhung« und »Preis, Breis« sind »Ziegel, Backstein, als Einfassung einer Mauer, eines Daches«; nach Johann Andreas Schmeller, Bayerisches Wörterbuch, ²München 1872/77, Bd.1, Sp. 471 und 1070.

Weithers bezeiget sich auch, wan dise Kirchen nach Anzeig der beyligenden Ris von dem rauchen Gemeur und von Grundt aus aufgefiebret wird, ist wenigist der Taglohn für die Maurer 3375 –

So nun auch die hierzue nöthig habende Handtlanger ihr Taglohn sich belaufen wird auf 2180 –

Und leztlichen dise Kirchen zu gewölben, auch durchaus in- und auswendig abzubuzen, die Haubtgesimbser und die ganze Architectur sambt der anderen Provil zu verferttigen ist der Taglohn vor Maurer, Zimmerleith und Handtlanger auch wenigist 2360 –

Volget auch der Unkosten für den Dachstuehl		
Erstlichen 10 starckhe Pauholz, iedes 70 Schuech lang à 1 f. 30 x t[u]t	15	–
Mehr 12 Holz zu 60 Schuech lang, iedes 1 f. t[u]t	12	–
Auch 70 Holz zu 50 Schuech lang, iedes 40 x t[u]t	46	40
Und 45 mittere Holz auf 40 x t[u]t	15	–
800 Dachlatten à 3 x t[u]t	40	–
3 Lägl Nögl à 10 f. t[u]t	30	–
5½ Centen Eysen für Bruechen und Schleider, ieder Centen mit des Schlossers Verdienst à 16 f. t[u]t	82	30
Leztlichen der Zimmerleith Taglohn ist	580	–
	Summa 18623 f.	*10 x*

Joseph [!] Michael Fischer Chur
Cöllni[scher] und Ihro D[u]r[ch]l[aucht]
Herzog Clement in Bayrn
Hoff Paumaister.

Bibliographie (in Auswahl)

Bezold 1911
Gustav von Bezold, Kirchenbau des 17. und 18. Jahrhunderts, in: Erster Bericht über die Arbeiten an den Denkmälern deutscher Kunst, Berlin 1911, 1-4

Bezold 1912
ders., Kirchenbau ..., in: Zweiter Bericht über die Denkmäler deutscher Kunst, Berlin 1912, 7-19 (mit Bericht von Theodor Demmler)

Bezold 1914
ders., Kirchenbau ..., in: Dritter Bericht über die Denkmäler deutscher Kunst, Berlin 1914, 11-14 (mit Bericht von Theodor Demmler)

Ernst 1950
Harro Ernst, Der Raum bei J.M.Fischer, Diss. München 1950 (Ms.)

Ernst 1972 (1)
ders., J.M.Fischers europäischer Rang, in: Jahresbericht des Johann-Michael-Fischer-Gymnasiums 1971/72, Burglengenfeld 1972, 20-25

Ernst 1972 (2)
ders., Zur Himmelsvorstellung im späten Barock besonders bei J.M.Fischer, in: Zwischen Donau und Alpen, Festschrift für Norbert Lieb = Zeitschrift für bayer. Landesgeschichte 35 (1972) 266-293

Faison 1982
S. Lane Faison, J.M.Fischer, in: Macmillan Encyclopedia of Architects, Bd.2, London 1982, 62-71

Feulner 1913
Adolf Feulner, J.M.Fischers Risse für die Klosterkirche in Ottobeuren, in: Münchener Jb. der bild. Kunst 8 (1913) 46-62

Feulner 1914/15
ders., Unbekannte Bauten J.M.Fischers, in: Münchener Jb. der bild. Kunst 9 (1914/15) 41-66

Feulner 1921 (1)
ders., J.M.Fischer, ein bürgerlicher Baumeister der Rokokozeit (1691-1766), in: Kunstchronik 56 N.F.32 (1921) 654-655

Feulner 1921 (2)
ders., J.M.Fischer, ein bürgerlicher Baumeister der Rokokozeit (1691-1766), in: Monatshefte für Kunstwissenschaft 14 (1921) 223-231

Feulner 1922
ders., J.M.Fischer. Ein bürgerlicher Baumeister der Rokokozeit (1691-1766), Wien 1922

Feulner 1923
ders., Bayerisches Rokoko, München 1923, 44-56

Feulner 1925 (1)
ders., Bayerische Baukunst im 18. Jahrhundert, in: Baukunst 1 (1925) 200-208

Feulner 1925 (2)
ders., Historische Architektenbilder (IV), J.M.Fischer, in: Baukunst 1 (1925) 220-224

Franz 1955
Heinrich Gerhard Franz, J.M.Fischer und die Baukunst des Barock in Böhmen, in: Zeitschrift für Ostforschung 4 (1955) 220-232

Franz 1962
ders., Bauten und Baumeister der Barockzeit in Böhmen, Leipzig 1962, 199-205

Freckmann 1965
Karl Freckmann, Proportionen in der Architektur, München 1965, 129-156

Freiermuth 1955
Otmar Freiermuth, Die Wandpfeilerhallen im Werk des J.M.Fischer, in: Das Münster 8 (1955) 320-332

Hagen-Dempf 1954
Felicitas Hagen-Dempf, Der Zentralbaugedanke bei J.M.Fischer, München 1954

Hauttmann 1909/10
Max Hauttmann, Münchens Kunstleben im 18. Jahrhundert, München 1909/10 (Ms. im Kunsthistorischen Seminar der Universität München), 148-154

Hauttmann 1921
ders., Geschichte der kirchlichen Baukunst in Bayern, Schwaben und Franken 1550-1780, München-Berlin-Leipzig 1921, 47 f., 168-185

Hege/Barthel 1938
Walter Hege/Gustav Barthel, Barockkirchen in Altbayern und Schwaben, Berlin 1938, 20-33

Heilbronner 1933
Paul Heilbronner, Studien über J.M.Fischer, Diss. München 1933

Hitchcock 1968
Henry-Russell Hitchock, Rococo architecture in Southern Germany, London 1968, 175-208 – Rez. in: Kunstchronik 23 (1970) 177-184 (Gerhard Hojer) und in: Zeitschrift für Kunstgeschichte 35 (1972) 316-321 (Harro Ernst)

Jakob 1982
Ingrid Jakob, Arbeiten des J.M.Fischer (1692-1766) im Landkreis Deggendorf und in seiner Umgebung, in: Deggendorfer Geschichtsblätter 2 (1982) 30-43

Körber 1941
Dieter Körber, J.M.Fischer. Der Baumeister des bayer. Barock, in: Deutsche Rundschau 67, Bd.267 (1941) 142-149

Lieb 1938
Norbert Lieb, Der Münchener Barockbaumeister J.M.Fischer und seine Familie, in: Blätter des Bayer. Landesvereins für Familienkunde 16 (1938) 97-107

Lieb 1938/39
ders., J.M.Fischer. Das Leben eines bayer. Baumeisters im 18. Jahrhundert, in: Münchener Jb. der bild. Kunst N.F. 13 (1938/39) 142-153

Lieb 1941
ders., Münchener Barockbaumeister, München 1941, 116-117

Lieb 1953
ders., Barockkirchen zwischen Donau und Alpen, München 1953

Lieb 1957
ders., Drei große Münchner Künstler aus

der Oberpfalz (E.Grasser, J.M.Fischer, I. Günther), in: Heimattag der Münchener Oberpfälzer 1957, 19-21, 24

Lieb 1958
ders., J.M.Fischer. Ein Baumeisterleben im Rokoko, in: gehört-gelesen 5 (1958) 929-937

Lieb 1968
ders., J.M.Fischer, in: Herbert Schindler (Hg.), Bayer. Symphonie, Bd.2, München 1968, 176-183

Lieb 1969
ders., Barockkirchen zwischen Donau und Alpen, ³München 1969

Lieb 1982
ders., J.M.Fischer. Baumeister und Raumschöpfer im Barock Süddeutschlands (Aufnahmen von Wolf-Christian von der Mülbe), Regensburg 1982 – Rez. in: Pantheon 40 (1982) 357-359 (Bernhard Schütz) und in: Beiträge zur altbayer. Kirchengeschichte 35 (1984) 258-259 (Edgar Krausen)

Lieb 1984
ders., Barockkirchen zwischen Donau und Alpen, ⁵München 1984; unverändert ⁶München 1992

Möhring 1992
Harald H.-F. G. Möhring, J.M.Fischers Kirchenbauten, Diss. Stuttgart 1992 (veröffentlicht 1994)

Neumann 1951
Günther Neumann, Die Gestaltung der Zentralbauten J.M.Fischers und deren Verhältnis zu Italien, in: Münchner Jb. der bild. Kunst 3.F. 2 (1951) 238-244

Norberg-Schulz 1975
Christian Norberg-Schulz, Architektur des Spätbarock und Rokoko (Weltgeschichte der Architektur), Stuttgart 1975, 129-142

Reinle 1951
Adolf Reinle, Ein Fund barocker Kichen- und Klosterpläne, Teil 2, in: Zeitschrift für Schweizerische Archäologie und Kunstgeschichte 12 (1951) 1-21

Reuther 1961
Hans Reuther, J.M.Fischer, in: Neue deutsche Biographie, Bd.5, Berlin 1961, 193 f.

Rupprecht 1959
Bernhard Rupprecht, Die bayerische Rokoko-Kirche, Kallmünz 1959, 75-87

Scharioth 1975
Barbara Scharioth, Aufhausen und Ingolstadt. Zur dualistischen Raumbildung J.M.Fischers, in: Giessener Beiträge zur Kunstgeschichte 3, Giessen 1975, 219-235

Schinhammer 1928
Clement Schinhammer, J.M.Fischer, der berühmteste Kirchenbaumeister in der Rokokozeit – ein Oberpfälzer, in: Die Oberpfalz 22 (1928) 30-32 und 54-55

Schinhammer 1929
ders., J.M.Fischer, ein Kirchenbaumeister der Rokokozeit, in: Karl Winkler (Hg.), Oberpfälzisches Heimatbuch, Kallmünz 1929, 880-882; unverändert ³Kallmünz 1951, 772-773

Schinhammer 1931
ders., Die Kirchenbauten des Münchener Rokokobaumeisters J.M.Fischer im Gebiete des Bayerischen Waldes, in: Der Bayerwald 29 (1931) 161-167

Schütz 1983
Bernhard Schütz, Rott am Inn und die Zentralbauten J.M.Fischers, in: Willi Birkmaier (Hg.), Rott am Inn, Weißenhorn 1983, 86-104

Seidenfaden 1966
Ingrid Seidenfaden, »... Meister Fischer läßt sich nicht übertönen«, in: Unser Bayern 15 (1966) 33-34

Simbeck 1936 (1)
N. Simbeck, Des berühmten J.M.Fischer Großvater war ein Nabburger, in: Die Nab-Burg 11 (1936) Nr.5

Simbeck 1936 (2)
ders., J.M.Fischer, ein berühmter Oberpfälzer, in: Traute Heimat 11 (1936) Nr.36

Spindler-Niros 1981
Ursula Spindler-Niros, Farbigkeit in bayerischen Kirchenräumen des 18. Jahrhunderts, Frankfurt-Bern-Cirencester 1981, 103-164

Vollmer 1916
Hans Vollmer, J.M.Fischer, in: Thieme-Becker, Allgemeines Lexikon der bild. Künstler, Bd.12, Leipzig 1916, 27-29

Volk 1991
Peter Volk, Straub zeichnet für Fischer, in: Karl Möseneder/Andreas Prater (Hg.), Aufsätze zur Kunstgeschichte, Festschrift für Hermann Bauer, Hildesheim-Zürich-New York 1991, 224-230

Wundram 1985
Manfred Wundram, J.M.Fischers Fassaden in Diessen, Zwiefalten und Rott am Inn, in: Gottfried Boehm/Karlheinz Stierle/Gundolf Winter (Hg.), Modernität und Tradition, Festschrift für Max Imdahl, München 1985, 289-308

Wundram 1993
ders., Raumschöpfungen des Barock. J.M.Fischer und der Wandpfeilersaal, in: Neue Zürcher Zeitung 214 (1993) Nr.12, 64

Zürcher 1938
Richard Zürcher, Der Anteil der Nachbarländer an der Entwicklung der deutschen Baukunst im Zeitalter des Spätbarocks, Basel 1938, 52-57

Verzeichnis der Abkürzungen (für Band I und II)

Vorbereitet von Margit Berwing

ABA	Archiv des Bistums Augsburg
Abb.	Abbildung/-en
ABP	Archiv des Bistums Passau
Abt.	Abteilung
AEM	Archiv des Erzbistums München und Freising
An.	Anno
Ausst.-kat.	Ausstellungskatalog
Bayer., bayer.	bayerische/-r/-s
BayHStA	Bayerisches Hauptstaatsarchiv München
Bd., Bde.	Band, Bände
Bearb.	Bearbeiter
BezirksA	Bezirksarchiv
bild.	bildende/-r/-s
BNM	Bayerisches Nationalmuseum München
BSB	Bayerische Staatsbibliothek München
BZA	Bischöfliches Zentralarchiv
d.Ä.	der Ältere
ders.	derselbe
Diss.	Dissertation
d.J.	der Jüngere
EG	Erdgeschoß
Ehem., ehem.	Ehemalige/-r/-s
f., ff.	folgende
Fasz.	Faszikel
Fig.	Figur
fl (oder f.)	Gulden (Florin)
fol.	folio
Fr.	Frater
Gem.	Gemeinde
GHA	Geheimes Hausarchiv München
GKF	Große Kunstführer
GL	Gerichtsliteralien
Hg., hg.	Herausgeber, herausgegeben
Hl., Hll., hl.	Heilige/-r/-s
hl (oder h)	Heller
Hist., hist.	Historische/-r/-s
Hs	Handschrift/-en
HStA	Hauptstaatsarchiv
Inv. Nr.	Inventarnummer
Jb.	Jahrbuch
Kat.	Katalog
Kat.-Nr.	Katalognummer (im »Katalog der Entwürfe«)
KDB	Kunstdenkmäler von Bayern
kgl.	königliche/-r/-s
KKF	Kleine Kunstführer
KL	Klosterliteralien
KlosterA	Klosterarchiv
Kr.	Kreis
kr	Kreuzer
LS	loco sigilli
M	Maßstab
m	Meter
Mitt.	Mitteilung/-en
mm	Millimeter
Ms.	Manuskript
NF	Neue Folge
N.N.	nomen nescio
o.Dat.	ohne Datum(sangabe)
ÖKT	Österreichische Kunsttopographie
o.fol.	ohne folio (Blattkennzeichnung)
OG	Obergeschoß
o.J.	ohne Jahr(esangabe)
OP	Ordo Fratrum Praedicatorum (Dominikaner)
o.O.	ohne Ort(sangabe)
OSB	Ordo Sancti Benedicti (Benediktiner)
OSHier	Ordo Sancti Hieronymi (Hieronymitaner)
P.	Pater
p.	pagina
PfarrA	Pfarrarchiv
PlSlg	Plansammlung
Prod.	Produkt
Qu.	Quelle
Rez., rez.	Rezension, rezensiert
SDB	Salesianer Don Bosco's
Slg.	Sammlung
Sp.	Spalte
StA	Staatsarchiv
StadtA	Stadtarchiv
Tab.	Tabelle
Taf.	Tafel
TU	Technische Universität
Württ.	Württembergische/-r/-s
WVZ	Werkverzeichnis
WZ	Wasserzeichen
x	Kreuzer
≙	entspricht

Register (für Band I und II)

Erfaßt sind Orte und Personen.
In zwei Fällen bestehen allerdings Einschränkungen: Der Ortsname »München« ist nur in Verbindung mit Objekten in München berücksichtigt und unter dem Personennamen »Fischer« sind nur die engeren Verwandten Johann Michael Fischers genannt.
Die Hinweise **I** *und* **II** *dienen zur Unterscheidung der Bände. Der Zusatz* (Abb.) *soll die Suche nach Abbildungen der betreffenden Objekte erleichtern.*

Nachweis der Abbildungen (in Band I und II) mit Angabe der Seiten

Vorlagen stellten freundlicherweise zur Verfügung:

Augsburg – Archiv des Bistums Augsburg I: 206; Haus der Bayer. Geschichte I: 256; II: 14
Burglengenfeld – Margit Berwing I: 325, 326, 329
Dachau – Wolf-Christian von der Mülbe II: 8
Deggendorf – Erich Kandler II: 113
Frankfurt/Main – Städelsches Kunstinstitut I: 83
Ingolstadt – Stadtarchiv I: 37, 66, 154; II: 63, 72, 191
Kirchham – Pfarrarchiv I: 148
Luzern – Josef Laubacher I: 247
Marburg – Bildarchiv Foto Marburg II: 175, 239
München – Architekturwerkstatt Klaus-Jürgen Probst I: 158, 159, 160, 163, 169, 171, 173, 175, 176, 179, 180; Archiv des Erzbistums München und Freising I: 8, 274; II: 146, 204, 228; Bayer. Hauptstaatsarchiv I: 119, 126, 137, 142, 143, 170, 174, 215; II: 13, 33, 34 r., 75, 93, 94, 199, 202, 203; Bayer. Hauptstaatsarchiv, Abt.IV Kriegsarchiv I: 266, 269, 310, 313, 316, 319; II: 34 l., 217, 224, 331; Bayer. Landesamt für Denkmalpflege I: 185, 302; II: 17 (Foto: Joachim Sowieja), 19, 90 (Foto: Otto Braasch), 91 (Foto: Klaus Leidorf), 145, 159, 162, 164, 169, 182, 186, 189, 190, 194, 195, 196, 206, 213, 214, 250, 251, 261, 283, 308 u., 314, 324, 325, 326; Bayer. Staatsbibliothek II: 80; Bayer. Wirtschaftsarchiv, Industrie- und Handelskammer II: 318; Josef H. Biller I: 84, 85, 110, 128, 130, 132, 138, 139, 239, 241, 244, 248, 250, 251; Enno Burmeister I: 292, 293, 295; II: 278, 279; Gabriele Dischinger II: 12, 24, 25, 35, 88, 95, 242, 272, 280, 289, 308 o., 309, 311, 312, 313, 322, 329; Ernst Götz II: 321; Hirmer Verlag, Fotoarchiv I: 78, 86, 87, 88, 89; II: 256, 305, 306; Werner Neumeister I: 207; Franz Peter I: 133, 144, 178; Uta Schedler I: 265; Staatliche Graphische Sammlung I: 82; Staatsarchiv I: 135, 140, 200, 272, 275, 279, 281, 282, 283; II: 32, 34, 148, 288 u.; Stadtarchiv I: 127, 141; II: 61, 133, 137, 348; Zentralinstitut für Kunstgeschichte, Fotothek I: 220; II: 23, 220
Passau – Archiv des Bistums Passau II: 184
Prag – Prokop Paul I: 97 r.o.; Prager Burgarchiv, Alte Plansammlung (Reprofoto) I: 98, 99; SÚRPMO 1985 (Reprofoto) I: 96; Václav Vančura I: 97 r.u.
Regensburg – Bischöfliches Zentralarchiv I: 322; Fürst Thurn und Taxis Zentralarchiv II: 336, 337; Kunstsammlungen des Bistums I: 115; II: 151
Stuttgart – Hauptstaatsarchiv II: 106; Th. Kleiner, Institut für Navigation der Universität I: 309; Landesbildstelle Württemberg II: 27, 246; Raimund Waibel II: 335
Tübingen – Reinhold Halder I: 224, 230, 231

Für Reproduktionsgenehmigungen ist zu danken:

Berlin – Susanne Gropp KG (II: 78)
Weißenhorn – Anton H. Konrad Verlag (II: 84, 103, 208, 211)

Diesem Band ging voraus:

Gabriele Dischinger und Franz Peter (Hrsgg.)
Johann Michael Fischer
1692 – 1766
Band I
Mit Beiträgen von Margit Berwing, Kathrein Blättler, Enno Burmeister, Dagmar Dietrich, Gabriele Dischinger, Ernst Götz, Reinhold Halder, Christl Karnehm, Friedrich Kurrent, Hans Lehmbruch, Věra Naňková, Franz Peter, Uta Schedler, Klaus Schwager, Peter Volk, Herbert Weiermann, Manfred Wundram
Mit Fotografien von Franz Wimmer
Tübingen 1995

Berichtigung zu Band I

Auf S. 234 sind folgende Anmerkungen nachzutragen:

34 Von der Planungstätigkeit für die 1767 erbaute Pfarrkirche in Daugendorf (Kr. Biberach) zeugen insgesamt sieben Risse; vgl. Halder (Anm.4), Nr.41-45, 50, 59. Die Planreihe, zu welcher der Riß der Marienkapelle in Ertingen zählt, umfaßt im engeren Sinn nicht weniger als neun Nummern; vgl. Halder (Anm.4), Nr.46-54
35 Neben der Ausbildung von Einzelformenvarianten in etlichen Rissen sind hier einige halbfertige Tuschzeichnungen zu nennen; vgl. z.B. Halder (Anm.4), Nr.37-38
36 Halder (Anm.4), Nr.14
37 Halder (Anm.4), Nr.16-17
38 Ähnlich in München-Berg am Laim